고려가사 · 한문 · 빠알리어로
읽는 게송과 배경담

담
마
빠
다

...

法句經

담마빠다

고려가사 · 한문 · 빠알리어로 읽는 게송과 배경담

···현진 옮김···

法句經

조계종
출판사

머리글

한국불교에서 조계종단의 소의경전인 『금강경』이 친숙하고 보편적인 것보다 훨씬 더, 남방불교 국가들에서 『담마빠다』는, 특히 스리랑카에선 한 권의 경전 이상으로 간주된다. 『담마빠다』는 남방 경전어인 빠알리어로 전해지는 판본 외에 인도 북방에서 산스끄리뜨로 몇몇 판본이 현존하며, 그것의 한문 번역본 또한 몇 종이 오래전부터 유통되었다. 『담마빠다』, 혹은 한문본으론 『법구경』이라 불리는 이 책은 서양의 독자들에겐 불교라는 종교적 배경이 굳이 강조될 필요가 없는 인도의 금언집이나 동양의 금언집처럼 이미 오래전부터 널리 유통되었다.

북방불교의 경전을 언급할 때 아함경이나 『법구경』이 함께 거론되더라도 별스런 이질감을 느끼는 이들은 그리 많지 않다. 그것은 이러한 몇몇 남방 경전들이 다양한 경로를 통해 이미 오래전부터 우리에게 소개되었기 때문이다. 그러나 인도 북방의 산스끄리뜨 판본이 한문본으로 옮겨진 『법구경』이 아닌, 빠알리어 판본에서 바로 옮겨진 『담마빠다』에는 한문본 『법구경』에서 느끼지 못하는 인도 문화의 생동감을 실감할 수 있는데, 이것이 바로 우리가 굳이 남방 경전을 새삼스레 끌어와 읽어 보려는 까닭이다.

그처럼 『담마빠다』에서는 『법구경』에서 발견할 수 없는 인도인다운 색깔을 쉽게 읽어 낼 수 있다. 그런데 그렇게 읽어 낸 인도인다운 색깔이 잠시 글의 다채로움을 인식하게 하는 것으로 그칠 것이 아니라, 1차원적인 경전을 2차원적으로, 그리고 손으로도 만져지는 3차원적인 생명체로 키워 내는 데 활용된다면 최소한 『담마빠다』 편집자의 의중이 조금이라도 더 또렷해지지 않을까 한다.

이 책이 나오게 된 것은 범어연구소에 개설된 산스끄리뜨 및 빠알리어 강좌에서 한때 함께 공부한 인연이 있었던 조계종출판사 전 출판부장 이상근 님의 조언에 힘입은 바가 크다. 산스끄리뜨와 빠알리 어학 교재들에 대해 비상업적인 법공양 출판만을 고집하고 있던 차에, 출판사를 통한 번역본 출간과 동시에 연구소에선 예전처럼 어학 교재로 편집하여 법공양으로 출판을 겸하면 되지 않겠냐는 의견에 기인한 것이기 때문이다.

　그리고 무엇보다, 별 주목을 받지 못하는 불교 경전의 기초어학 분야에서 이렇게 오랫동안 다른 마음을 먹지 않을 수 있었던 데는 재적본사인 교종본찰 봉선사 사부대중의 변함없는 관심과 배려에 더하여, 종단 교육원의 교육아사리 시스템에 의한 체계적인 지원이 큰 힘이 되었다.

불기 2561(2017)년 8월

虛舟 玄津

물깊은나루빈배에앉아강건널길손을기다리며

차례

머리글 · 4

일러두기 · 10

석존의 생애 · 11

제1장　**쌍을 이룬 게송들의 장**【쌍요품 · 雙要品】 43

　　　　게송 001 ～ 게송 020

제2장　**방일하지 않음에 관한 장**【방일품 · 放逸品】 85

　　　　게송 021 ～ 게송 032

제3장　**마음에 관한 장**【심의품 · 心意品】 111

　　　　게송 033 ～ 게송 043

제4장　**꽃을 들어 비유한 장**【화향품 · 華香品】 135

　　　　게송 044 ～ 게송 059

제5장　**어리석음에 관한 장**【우암품 · 愚闇品】 173

　　　　게송 060 ～ 게송 075

제6장   **지혜로움에 관한 장**【명철품 · 明哲品】 209
　　　　게송 076 ~ 게송 089

제7장   **지혜로운 이를 말한 장**【나한품 · 羅漢品】 235
　　　　게송 090 ~ 게송 099

제8장   **'천 마디의 말'로 표현된 장**【술천품 · 述千品】 257
　　　　게송 100 ~ 게송 115

제9장   **악행의 결과를 들어 경계한 장**【악행품 · 惡行品】 295
　　　　게송 116 ~ 게송 128

제10장   **폭력을 경계한 장**【도장품 · 刀杖品】 325
　　　　게송 129 ~ 게송 145

제11장   **늙음을 들어 경계한 장**【노모품 · 老耗品】 359
　　　　게송 146 ~ 게송 156

제12장   **자신에 견주어 알도록 한 장**【애신품 · 愛身品】 383
　　　　게송 157 ~ 게송 166

제13장   **세간을 언급한 장**【세속품 · 世俗品】 405
　　　　게송 167 ~ 게송 178

제14장 **부처님을 들어 설명한 장**【술불품·述佛品】 *433*

계송 179 ～ 계송 196

제15장 **행복으로 이끄는 장**【안녕품·安寧品】 *471*

계송 197 ～ 계송 208

제16장 **사랑과 애착에 관한 장**【호희품·好喜品】 *493*

계송 209 ～ 계송 220

제17장 **성냄과 분노에 관한 장**【분노품·忿怒品】 *517*

계송 221 ～ 계송 234

제18장 **더러움을 인식토록 한 장**【진구품·塵垢品】 *545*

계송 235 ～ 계송 255

제19장 **받들어 행할 것을 언급한 장**【봉지품·奉持品】 *583*

계송 256 ～ 계송 272

제20장 **가야 할 길을 밝힌 장**【도행품·道行品】 *611*

계송 273 ～ 계송 289

제21장 **이런저런 내용의 장**【광연품·廣衍品】 *641*

계송 290 ～ 계송 305

제22장 **지옥을 들어 경계한 장** 【지옥품 · 地獄品】 673
　　　게송 306 ∼ 게송 319

제23장 **코끼리로 비유한 장** 【상유품 · 象喩品】 701
　　　게송 320 ∼ 게송 333

제24장 **애증과 욕망을 경계한 장** 【애욕품 · 愛欲品】 725
　　　게송 334 ∼ 게송 359

제25장 **사문이 무엇인지 밝힌 장** 【사문품 · 沙門品】 771
　　　게송 360 ∼ 게송 382

제26장 **어떤 이가 수행자인지 밝힌 장** 【범지품 · 梵志品】 813
　　　게송 383 ∼ 게송 423

　　　꼬리 주석 · 896
　　　꼬리말 · 922
　　　참고서적 · 923

일러두기

1. 본서는 기본적으로 책을 펼쳤을 때 왼편에는 ① 고려가사 형식의 게송 ② 한문 게송 ③ 한문 게송 번역 ④ 빠알리어 게송 ⑤ 빠알리어 게송 번역의 순으로 게송을 배열하였으며, 오른편은 배경담을 싣고 그 아래에 필요할 경우 각주를 배치하였다. 단, 여러 편의 게송이 하나의 배경담에 있을 경우에는 게송을 먼저 배열한 뒤 배경담을 실었다.

2. 각주는 비교적 간단한 내용으로 정리하되, 자세한 설명이 필요할 경우 해당 각주의 끝에 미주로 연결됨을 표시하였다. 단, 미주는 표제어의 가나다 순으로 배열하였다.

3. 본서에 사용된 빠알리어 『담마빠다』 본문은 특정 판본을 기준하지 않고 현재 스리랑카에서 가장 보편적으로 사용되는 『담마빠다』의 원문을 그대로 사용하였다. 한문 게송 또한 특정 판본에 구애받지 않고 국내에서 가장 널리 읽히는 내용을 집록하되, 빠알리어 원문의 내용과 한문의 내용이 지나치게 차이지는 게송은 여타 판본의 한문을 사용하였다.

4. 본문의 게송은 빠알리어를 기준으로 하였으나, 각주와 미주에는 빠알리어와 산스끄리뜨가 혼재되어 있다. 그러나 필요한 경우나 두 언어를 병기할 경우만 빠알리어는 'ⓟ.'를 표시하고 산스끄리뜨는 'ⓢ.'를 표시하였을 뿐, 특히 산스끄리뜨가 많이 사용된 미주는 두 언어의 구분 표시를 하지 않았다. 본문에 사용된 빠알리어 및 산스끄리뜨의 한글 표기는 봉승아학당의 '범어 한글 표기법'에 준한다.

5. 게송의 배경담 또한 빠알리어 원문이 존재하며, 그 번역은 아래 두 종류가 현재 한국에 출판되어 있다. 본서에 정리하여 게재한 배경담은 아래 두 책의 한글 번역문을 참조하여 그 내용을 본서의 배경담이 위치할 쪽의 분량에 맞추어 임의로 첨삭한 수정문이다. 원문의 내용을 좀 더 자세히 알고자 하는 경우 아래 책을 참고하기 바라며, 그 가운데 전재성 역주의 책에 수록된 내용이 조금 더 상세한 것 같다.
   • 전재성 역주, 『법구경-담마파다』, 한국빠알리성전협회, 2012년 9월 재판본.
   • 거해 스님 역주, 『법구경』, 샘이깊은물, 2007년 8월 개정본.

6. 본문의 각주 가운데 내용머리에 '전'이 부기되어 있는 것은 전재성 역주의 『법구경-담마파다』 중 해당 부분의 각주를 근거로 필요한 내용을 정리하여 전재한 것이다. 인용된 책에서는 각주 내용의 출전을 상세히 밝혀 놓았다. 각주의 출전과 보다 자세한 내용을 필요로 할 경우 상기의 해당 책을 참고하길 권한다.

석존의 생애

깨달음의 길, 열반의 길

본 '석존의 생애'는 나까무라 하지메(中村元) 등 3인이 저술하고 김지견이 번역한 『불타(佛陀)의 세계』(김영사, 1990년 5월 2판본) 제2장의 내용을 간추려서 단편적인 내용으로 줄이고 일부 사항을 첨가한 글이다. 나까무라 하지메를 비롯한 저자들은 남방 경전에 서술된 내용을 근거로 고고학적 사료와 철저한 인도현지 고증을 통해 신화적이며 신앙적인 색채를 조절하여 불타의 일생을 서술하고, 거기에 더하여 새로운 의견까지 제시하였다. 이미 국내에도 근년에 들어 '인간 붓다' 유형의 글들이 많이 소개된 까닭에 역사에 실존했던 석존에 대한 지나친 신격화는 제법 누그러진 상태이며, 또한 남방 경전을 통해 인간 붓다의 이미지는 많이 보편화되었다. 이에, 보다 역사적인 사실에 가까운 석존의 모습을 가늠할 수 있는 자료로써 활용될 수 있으리라는 생각으로 이 자료를 소개한다. 부처님 일생 전반에 걸친 가르침을 4백여 게송으로 담고 있는 『담마빠다(法句經)』의 내용을 좀 더 현실적인 가르침으로 이해하는 데 도움이 될 수 있을 것이다.

1. 카필라바스투[1] - 샤캬족과 그의 도성

1) 샤캬족

불교가 일어나기 이전의 브라만교 문헌에는 샤캬족에 대한 언급이 전혀 없다. 불교 문헌의 전승에 따르면, 샤캬족의 조상은 서북 인도 지방에서 비데하족, 릿

---

[1] 이 글 서술에 사용된 지명과 고유명사 등의 발음 표기는 『불타의 세계』 한국어판에 수록된 표기를 그대로 전용한다. 예) ⑤.kapilavāstu(까삘라와스뚜) ⑫.kapilavatthu(까삘라왓투) → 카필라바스투[本書]

차비족, 말라족 등과 함께 동쪽으로 이동해 온 것으로 추정된다. 샤캬족이 비데하족 등과 동진해 왔다는 사실은 그들이 아리안이라는 방증이다. 그러나 출산을 위해 친정을 방문하는 등 기록에 남은 샤캬족의 풍습이나 습관에 근거하여 몽고족 계열로 추정하는 학자(영국의 역사학자 빈센트 스미스)도 있다.

샤캬족은 벼농사를 주로 하는 농경민족이었다. 이러한 사실은 슛도다나 왕의 한역인 정반왕(淨飯王) 및 전설에서 왕의 형제라고 하는 백반왕(白飯王)과 감로반왕(甘露飯王) 등의 이름에서 발견되는 '반(飯)'이라는 글자에서 유추할 수 있다. 하지만 샤캬족은 유목민족이었다가 농경민족으로 정착하였다고 보는 것이 더 타당하다.

샤캬족은 나중에 코살라국에 병합되며, 코살라국은 후에 마가다국에 멸망당해서 마우리야 왕조의 일부가 된다. 석존 스스로도 "샤캬족은 히말라야 산중턱에 살며, 정직하고 부와 용기를 고루 갖춘 코살라국 주민이다."라고 언급하였다. 그러나 석존 입적 시에 카필라바스투의 샤캬족이 유골의 분배를 요구한 것을 보면, 샤캬족이 코살라국에 의해 전적으로 지배를 받고 있었던 것이 아니고 부족국가로서의 독립성은 유지하고 있었던 것으로 생각된다.

샤캬족은 공화제에 가까운 정치 형태를 띠고 있었다. 샤캬족 전체의 의사는 '샤캬 가나(샤캬족의 집회)'에서 결정되었으며, 샤캬 가나는 8만을 헤아리는 샤캬족의 크샤트리야들로 구성되어 있었다. 수도 등지에 '산타가라'라 불리는 공회당이 있었으며, 공회당은 정치적 회합뿐만 아니라 문화적·사교적 행사를 위해서도 사용되었다. 중요한 안건의 의결에는 투표를 통한 다수결의 전통이 존재했던 것 같다. 슛도다나 왕도 공회당에서 거행된 샤캬 가나를 통해 선출된 샤캬족의 대표자였던 것으로 보인다.

2) 석존의 가문

석존의 샤캬족은 유목민족이었다가 농경민족으로 정착하였다고 보인다. 석존의 가계에서 보이는 일종의 근친혼은 유목민족으로서의 습속에 의한 것으로 볼 수 있다.

전하는 말에 의하면, 석존 조부의 누이인 '야쇼다라'라는 여성이 콜랴족에 출가하여 석존의 어머니인 마야와 석존의 이모이자 계모인 마하프라자파티를 낳았다고 한다. 이런 사실은 종형제자매상호혼(從兄弟姉妹相互婚), 즉 형 또는 동생의 자식과 상대방 부족에 시집간 누이 또는 여동생의 자식이 결혼하는 풍습이 있었음을 말해 주고 있다.

2. 석존의 탄생 – 역사적 사실과 전설

1) 탄생에 관한 전설

베다에 이르기를, 태초에 스스로 태어나 존재하는 자인 우주인간(宇宙人間, puruṣa)이란 존재가 있었다. 그의 입은 '브라만'이라 하여 베다를 읊어 우주에 고루 퍼지게 하였고, 그의 팔은 '크샤트리야'라 하여 우주를 보호하였으며, 그의 다리는 '바이샤'라 하여 모든 먹거리를 일구는 일을 맡았으며, 그의 발은 '슈드라'라 하여 다른 부위들이 제 기능을 할 수 있도록 돕는 일을 맡았다고 한다. 나중에 인간들이 생겨나 우주인간이 했던 일들에 상응하는 일을 할 경우 그에 해당하는 부분의 이름으로 그 신분을 삼게 된 것이 사성 계급의 시초이다.

석존께서 마야 부인의 오른쪽 겨드랑이로 태어나심은 그 계급이 왕족에 해당하는 크샤트리야에 속함을 암시한다. 이와 같은 표현은 불교 이전에도 있었는데, 선인이 태어날 때 "아루르바는 허벅지로부터 태어났고, 쁘루투는 손바닥으로부터 태어났으며, 만다뜨루는 정수리로부터 태어났고, 깍쉬밧은 팔과 어깨로부터 태어났다." 등으로 표현한 것을 『붓다차리타』 등에서 찾아볼 수 있다.

또한 석존께서는 태어나자마자 일곱 걸음을 걸으며 "천상천하 유아독존"이라고 외치셨다 하였다. 인도 풍속에서 숫자 7은 영원과 지속을 상징하며, 역시 영원성을 상징하는 북극성을 중심으로 도는 북두칠성에서 기원되었다고 한다. 그러므로 석존의 일곱 걸음 또한 영원과 지속을 상징하는 것으로 볼 수 있다.

2) 석존의 탄생 연대

① 불기 3000년설(북방불교설) : 주로 중국과 한국 및 일본 등지에서 오랫동안

사용해 온 대승불교권의 설이다. 이 설의 근거는 중국의 위서(僞書)인 『주서이기(周書異記)』이다. 이 책에서는 석존의 탄생을 주(周)나라 소왕(昭王) 24년(갑인, B.C.1107) 4월 8일로, 그 입멸을 주나라 목왕(穆王) 52년(임신, B.C.1027) 2월 15일로 기록하고 있다. 『주서이기』의 기록에 따라 입멸을 기준으로 하는 불기(佛紀)를 계산하면 서기 2017년은 불기 3044년이 된다. 그러나 『주서이기』의 기록은 중국에서 불교와 도교가 서로 다툴 때 도교의 시조 노자(B.C.431~404)보다 그 탄생 연대를 높여 노자가 석존의 후신임을 주장하기 위해 조작된 것임이 밝혀지고는 아무런 설득력이 없는 연대기가 되고 말았다.

② 입멸 B.C.544년설(남방불교설) : 현재 우리나라에서 쓰고 있는 불기로서 남방불교에 전해 내려오는 '불멸 B.C.544년설'에 근거를 두고 있다. 이에 따르면 서기 2017년이 불기 2561년이 된다. 그러나 이 설 또한 남방의 전설에 의지하고 있기 때문에 지금으로선 실증적인 석존 연대라고 볼 수 없다.

③ 입멸 B.C.486년설(세계불교계 공인) : 다까구스 준지로(高楠順次郎)의 설이기도 하며, 전 세계의 공인된 불기인 입멸 B.C.486년설(불탄 B.C.566년설)은 이를 뒷받침하는 두 가지의 유력한 자료가 있어 참고할 가치가 있다. 그 유력한 자료란 하나는 아쇼카 왕(즉위 B.C.268)의 석주이며, 하나는 중국 제(齊)나라(478~501) 때 인도 승려 상가바드라가 가져온 『중성점기(衆聖點記)』[2]이다. 아쇼카 왕의 석주에 따르면 석존의 입멸은 왕의 즉위(B.C.268) 이전인 218년설과 즉위 이전 100년설이 있으므로 불멸은 각각 B.C.486년과 B.C.368년이 된다. 그런데 상가바드라가 가져온 『중성점기』에 따르면 A.D.489년 그가 광동에 와서 『선견율비바사(善見律毘婆沙)』 18권을 번역할 때 석존이 입멸하신 지 975년이 되었다 하였으니 B.C.486년이 입멸년도가 되는 셈이다. 이 설은 『사자주고전(獅子洲古傳)』의 B.C.483년설 및 『면순전

---

2) 『중성점기』는 석존 입멸 후 율장을 전한 비구들이 매년 1회씩 행하는 우안거(雨安居)가 끝날 때마다 점을 한 개씩 새겨서 경과된 햇수를 표시한 것을 후대의 '상가바드라'라는 승려가 중국 남부의 광주 지방에 전한 것이다. 그러나 점을 찍기 시작한 시기와 점의 수효 모두 명확하지 않기 때문에 많은 문제점을 내포하고 있다.

(緬順傳)』의 B.C.485년설과 비슷하다.

④ 입멸 B.C.383년설(나까무라 하지메 설) : 나까무라 하지메 박사는 아쇼카 왕의 즉위 연대를 기준으로 북방의 여러 전승을 비교 연구한 결과, 탄생을 B.C.463년, 입멸을 B.C.383년으로 추정하고 있다.

3) 석존의 탄생일

① 2월 15일 : 근거 문헌은 『자타카』와 『대당서역기』이다. 남방불교의 전승에 따르면 석존의 탄생과 출가 및 성도와 입적은 모두 인도력 바이샤카 월의 보름날, 즉 만월일로 되어 있다.

② 2월 8일 : 근거 문헌은 『붓다차리타』와 『불본행집경(佛本行集經)』이다. 인도력의 춘분에 해당하는 2월 8일이다.[3]

③ 4월 8일 : 근거 문헌은 『수업본기경(修業本起經)』과 『붓다차리타』이다. 4세기에 한역(漢譯)된 『반니환경(般泥洹經)』에는 "부처님은 사월 초파일에 탄생하여, 사월 초파일에 출가했으며, 사월 초파일에 정각을 얻어 성도하고, 사월 초파일에 입적했다."라고 되어 있다. 일자 기준은 음력 4월 8일이다.

4) 룸비니 동산

룸비니 동산이 석존의 탄생지로 역사적인 인정을 받게 된 것은 동산에 남아 있는 아쇼카 왕의 석주에 새겨진 비문이 해독되면서부터이다. 아쇼카 왕 당시에 사용된 브라흐미 문자로 각인된 다섯 줄의 비문 내용은 다음과 같다.

"천애희견왕(아쇼카 왕)은 관정(즉위) 제20년에 이곳에 스스로 와서 친히 참배했다. 여기서 불타 샤캬무니가 탄생하셨기 때문이다. 그래서 돌로 말의 상을 만들고 석주를 건립하도록 하였다. 이곳에서 석존이 탄생하신 것을 기

---

3) 인도의 역법을 근거로 보면 바이샤카 월의 보름날(2월 15일)과 음력 4월 초파일은 모두 인도력의 춘분과 관계가 있다. 중국의 고력(古曆)으로도 음력 4월 초파일은 춘분에 해당한다. 따라서 춘분점을 가장 상서로운 것으로 생각한 고대 인도인들이 석존의 탄생을 여기에 결부시킨 것으로 추정되며, 남방불교와 북방불교 모두 자신들의 역법에 근거하여 '춘분점'을 불탄일로 잡았다고 보인다.

념하기 위한 것이다. 룸비니 마을은 조세를 면제해 주고, 또 생산의 1/8만 지불하게 한다."

룸비니를 방문한 현장 스님은 "악룡의 뇌성벽력으로 그 기둥은 중간 부분이 부러져서 땅에 떨어졌다."고 기록하였는데, 현존하는 석주 역시 중간 부분이 부러진 채 낙뢰를 맞아 검게 그을린 자국이 남아 있다. 그리고 석주의 머리 부분에 있었던 것으로 추정되는 말의 상은 일부 파편이 석주 북쪽 10미터 되는 지점에 있는 마우리야 왕조 시대의 벽돌 유적 안에서 발굴되었다.

이곳을 순례한 스님과 근대 고고학자는 룸비니를 다음과 같이 묘사하였다.

① 5세기에 순례한 법현 스님 : 마야 부인이 목욕을 했다는 연못에 대해서 기록하고, 이 연못의 물을 모든 승려들이 마셨다고 함으로써 이곳에 불교 승려들이 거주했었음을 시사하였다. 그러나 이 지방은 대단히 황폐한 곳이어서 "흰 코끼리와 사자가 출몰하여 매우 무서운 행로였다."고 기록하고 있다.

② 7세기에 순례한 현장 스님 : "이제는 다 말라 죽은 아쇼카 나무, 목욕에 쓰이던 연못, 석존 탄생의 전승이 얽힌 스투파들, 아쇼카 왕의 석주 등이 있을 뿐이다."

③ 8세기에 순례한 혜초 스님 : "이 근방은 숲이 무성하고 길에는 도적이 출몰하기 때문에 순례자는 방향을 잡기 무척 어렵다. 따라서 길을 헤매게 되는 경우가 많다."

④ 13세기에 순례한 다르마스바민(티베트 스님) : 네팔에서 시작하여 보드가야의 순례와 참배를 목표로 했던 그의 자전 여행기에는 룸비니에 관한 기록이 전혀 없다. 이로 보아 룸비니는 그 당시 사람들의 기억 속에서 사라졌던 것 같다.

⑤ 고고학자 무케르지 : 퓨라에서 아쇼카 왕 석주를 발견하고 티라우라 콧트를 발굴한 후, 1896년 룸비니를 거쳐서 룸비니의 북쪽 30킬로미터 지점인 사이나 마이나의 불교 유적까지 탐사했다. 당시 룸비니에 관한 기록 사진으로는 '잡목이 무성하고 벽돌이 흐트러져 있는 나지막한 언덕', '형태가 뚜렷치 않

은 연못', '땅속에 묻혀서 겨우 머리 부분만 노출시키고 있을 뿐인 아쇼카 왕의 석주'만을 볼 수 있을 뿐이라 하였다.

3. 출가와 수행 – 구도의 편력

1) 궁정 생활

불교 문헌 외에는 석존의 유년 시절을 기록한 것이 없는 것으로 보아 샤카족이 후대에 출현하는 군주제 국가와 같은 거대한 권력을 가지고 있지는 않았을 것으로 여겨진다. 그러나 당시 흥성하던 상권 세력 등을 볼 때 샤카족의 나라 또한 상당한 풍요를 누렸던 것으로 추측된다.

『니다나 카타』에서는 석존 자신이 다음과 같이 자신의 궁정 생활을 술회하고 있다.

"궁전의 정원에는 청색, 홍색, 백색 연꽃이 떠 있는 연못이 있고, 몸에는 항상 카시(바라나시의 옛 이름)에서 나는 부드러운 옷을 걸치고, 뜨거운 태양빛을 피하기 위한 흰 양산이 나를 받치고 있었다. 우기나 여름과 겨울에는 때에 따라서 각기 다른 세 곳의 궁전에서 살고, 특히 우기인 4개월 동안은 여자들만으로 구성된 악사들에게 둘러싸여 궁전에서 한 걸음도 나가지 않고 지냈다."

바라나시 장자의 아들로서 석존의 제자가 된 야샤스도 석존과 마찬가지로 때에 따라 겨울과 여름 및 우기를 위한 각각 다른 주택에 살면서 오락을 즐겼다고 한다.

후대 성립된 석존의 전기 가운데에도 당시의 풍요를 보여 주는 내용이 존재한다.

"집은 강에 인접한 곳에 위치하고 있는데 그 주위에는 정원을 배치하였고,

안쪽 깊숙한 방에는 부인들이 거주하였다. 풍부한 향료의 향기가 풍기는 바깥쪽 방에는 천개(天蓋)가 있는 편안한 침대가 놓여 있는데, 거기에는 새하얀 시트가 덮여 있고 벽에는 악기와 붓, 꽃, 책 등이 상아로 만든 못에 걸려 있다. 옥외에는 관상용 새장이 매달려 있고, 정원수 아래로는 잔디를 심어 놓고 편히 쉴 수 있는 의자를 놓아두었다."

석존은 16세 때 야쇼다라와 결혼하여 아들 라후라를 낳았다고 전해진다. 석존의 결혼 생활에 대한 기술은 너무 간략하여 "라후라의 생모는 그의 첫째 아내였다."며 아내의 이름조차 명기하지 않은 것도 있다. 후대의 문헌에 그의 아내는 데바다하에 거주하는 콜랴족의 딸인 밧다캇차나라고 기록되어 있기도 하며, 샤캬족 단다파니의 딸인 고피였다는 전승도 있다. 어느 쪽을 취하든 그녀는 석존의 종매(從妹)가 된다.

2) 출가의 길

석존은 전생에 유반자야 왕자였을 때의 일을 『자타카』를 통해 말하였다.

"어느 날 아침 예쁘게 단장한 마차를 준비시켜 유원에 가서 나뭇가지와 거미줄에 진주처럼 걸려 있는 이슬방울들을 보았는데, 저녁때가 되어 그 이슬들이 사라져 버렸음을 알고는 사람의 목숨도 그와 같이 덧없는 것임을 깨달았다. 그리하여 늙음과 병듦과 죽음이 닥쳐오기 전에 부모에게 출가를 허락받아, 애욕의 마음을 버리고 막내동생인 유딧틸라 왕자와 함께 설산에 들어가서 초막을 짓고 선정에 힘쓰며 숲속의 나무뿌리나 열매만을 먹으며 평생을 보냈다."

그리고 싯달타 왕자로 태어난 금생에서는 부왕이 농경제의 식전에 참가하는 동안 시원한 잠부 나무 그늘에서 명상에 잠겼는데, 흙에서 기어 나온 벌레가 새에게 쪼아 먹히고 그 새가 다시 독수리 같은 사나운 새에게 잡아먹히는 광경을 목격하고는 세상이 무상함을 느끼게 되었다.

출가의 계기가 된 사문유관(四門遊觀)의 모습은 옛 문헌에 과거칠불의 한 분인 비파슈인불의 출가 이야기로도 전해진다.

"어느 날 불타는 놀이 동산으로 가기 위해서 곱게 꾸민 수레를 신두 산(産)말에 매고 가던 중, 머리는 희고 이는 빠진 채 지팡이를 손에 쥐고 부들부들 떠는 노인을 만남으로써 살아 있는 모든 것이 늙는다면 태어나는 일 자체가 화(禍)라고 느꼈으며, 마찬가지로 질병과 죽음을 보고 인생의 덧없음을 알았다. 그리고 마지막으로 출가 수행자를 보고 자신도 집을 떠날 결심을 굳혔다."(『마하파다나 숫타』)

3) 성을 넘어 출가하다

왕자의 출가를 염려한 숫도다나 왕은 모든 수단을 다 동원하여 석존의 출가를 단념시키거나 막아 보려고 하였다. 그러한 노력 가운데 많은 무희들로 춤과 노래가 끊이지 않게 한 적도 있었는데, 석존은 어느 날 아침에 잠을 깨었을 때 요염한 무희들이 온갖 추한 모습으로 잠들어 있는 것을 보고 자신의 육체와 세속적 생활이 부정하고 무상한 것이라는 혐오감에 싸여서 마침내 세속의 생활을 떠날 결의를 굳혔다.

그러나 사문유관이나 무희난상(舞姬亂狀) 등은 출가의 결심을 굳히도록 도움을 주었을 뿐, 실제 출가로 이끈 계기는 라훌라의 출생으로 보인다. 이모의 손에서 자라며 여러 경로를 통해 일찍 무상(無常)을 체험한 왕자에게 사문유관이나 무희난상 등이 세속을 염리(厭離)토록 하는 작용을 했다면, 라훌라의 출생과 그럼으로써 생겨날 자식에 대한 애착은 금생에 출가를 시도조차 못할지도 모른다는 두려움을 가져오게 하기에 충분하였을 것이다. 그럼으로써 지금까지의 결심을 행동으로 옮긴 것이다.

4) 석존 출가의 종교적 배경

인도에 정착한 아리안은 자연 현상을 지배하는 힘을 신격화하여 다신교를 성립시켰다. 이러한 신들은 인간의 생활 양식 속에 직간접적으로 관련되어 있기 때문에 다양한 제례 의식이 수반되어 발전하였으니, 곧 브라만교의 제식만능주의 (祭式萬能主義)라고 할 수 있다. 이러한 제식만능주의가 지배하는 사회에 제례 의식을 행하는 브라만 계급이 대두하였으며, 제례 의식 그 자체가 신과 동격화되었다. 그리고 브라만 계급 또한 인간신으로 간주되게 되었다.

그러나 인더스 평원에서 더욱 동쪽으로 나아간 아리안들은 그 지역의 선주민과 문화적으로 접촉하게 되자 종래의 제식만능주의인 종교에 상대하여 우주와 인간과 도덕이란 무엇인가 등의 문제를 추구하는 철학적 사색 또한 싹트게 되었다. 그 결과 우주의 보편적인 나〔梵〕와 개인인 나〔Ātman〕의 합일이야말로 최고의 존재라고 하는 범아일여(梵我一如)의 철학이 성립되게 되었다.

그러던 가운데 경제와 사회의 변화 등이 발생한 기원전 6~5세기경에 전통적인 신과 제식 및 브라만의 권위를 부정하는 자유로운 사상가가 출현하였다. 그들 대부분은 집을 버리고 숲속에서 간소한 생활을 영위하며 도를 구하는 출가 수행자들이었다. 그들은 베다의 신들, 제식과 그에 필요한 공양, 공회(公會), 그리고 브라만의 권위 등을 모두 부정하며, 또 업인(業因)과 업과(業果)까지도 부정하는 물질 중심의 인간관과 감각적 유물론을 신봉하는 자들이 대다수를 차지하고 있었다.[4]

5) 길을 찾아서

브라만의 전통적 권위를 부정하는 자유로운 사상가인 사문들의 수행 방법은 수정주의(修定主義)와 고행주의(苦行主義)로 분류할 수 있다. 수정주의는 선정을 통해서만 해탈을 얻는다고 주장하였으며, 고행주의는 호흡의 정지나 단식 혹은 감식(減食) 등 신체적 고통을 통해 정신적 자유를 얻는다고 주장하였다. 석존께서 스스로 고행주의를 택하기 전에 찾아간 다음의 두 스승은 모두 수정주의에 해당한다.

먼저 번영하던 상업 도시 바이샬리에 터전을 잡고 있던 '아라다 칼라마'를 찾아간 석존은 그로부터 무소유처(無所有處)의 가르침을 배웠다. 무소유처란 스스

---

4) 물질 중심의 인간관과 감각적 유물론을 신봉하는 자들로 육사외도(六師外道)를 들 수 있다. ⇒ 参 '육사외도'

로에게 속하는 것이 없다는 뜻이니, 이는 자손이나 재산은 물론 소유물이나 도구까지도 가지지 않는, 세간에 대한 모든 욕망을 버리는 경지에 해당한다.

그리고 라자그리하에 터전을 잡고 있던 '우드라카 라마푸트라'는 비상비비상처(非想非非想處)의 가르침을 석존에게 전하였으니, 그것은 표상이 있는 것도 아니고 없는 것도 아닌 삼매의 경지를 말한다.

후대에 발달한 불교 교학에서는 우주를 욕계(欲界: 인간, 아귀, 축생 등 욕망을 가진 것들이 사는 세계)와 색계(色界: 온갖 욕망을 떠난 것이 사는 세계. 이곳에 있는 모든 것은 맑고도 오묘한 상태임) 및 무색계(無色界: 욕망과 물질을 초월한 세계)의 세 단계로 나누고, 무소유처와 비상비비상처가 포함된 최상위의 무색계 위에 불타의 경지를 두어 차츰 이 같은 경지에 이르기 위하여 갖가지 선정을 수행해 나가는 과정을 설하게 된다.

석존께서 한 사람의 수도자로서 마가다국의 라자그리하 성 밖 판다바 산에 머물고 있을 때 마가다국의 왕 빔비사라가 탁발하는 석존을 환속시키고자 하였으나 석존께서는 "나는 유서 깊은 샤카족 출신으로 욕망의 충족을 위하여 출가한 것이 아니라 욕망을 벗어나 열심히 수도하기 위해 출가한 것이다."라고 말하며 거절하였다.

4. 고행과 성도 – 석존의 깨달음

1) 고행

예로부터 인도인들은 고행에 의한 정신의 정화(淨化)를 믿었다. 사람의 마음은 본래 청정하지만 육신이 장애가 되기 때문에 집착을 끊고 모든 욕심을 억제하여 정신을 정화하기 위해서는 육체에 극단적인 고통을 주어야 한다고 여겼다. 수행 가운데 불살생이나 무소득의 수행이 수동적이고 소극적인 수행법을 대표하는 데 비해, 고행은 능동적이고도 적극적인 수행법을 대표한다.

고행을 나타내는 산스끄리뜨 원어 타파스(tapas)는 원래 열(熱)을 뜻하는 말이다. 이는 고행을 행함으로써 신체에 열이 축적되며, 그 열의 힘에 의해서 목적하는 일이 성취된다고 하는 생각에서 연유한 말이다. 리그베다에서는 인드라 신이 고행을 통해 천계를 얻었다 하였으며, 힌두교의 우주 창조설은 최고의 원리인 브라흐만의 고행으로 열이 발생하여 이 우주와 모든 세계가 생겨났다고 설명하고 있다. 그리고 천계(天界)에 흐르고 있던 갠지스 강이 지상으로 내려오게 된 것은 바기라타 선인이 행한 고행의 결과였다.

고행의 방법으로는 단식(斷食), 불면(不眠), 부좌(不坐), 부동(不動) 등이 대표적이다. 또한 물속에 서서 몇 시간을 지내는 고행, 밤낮을 가리지 않고 눕지 않은 채 똑바로 서서 자세를 흩트리지 않는 고행, 늘 허리를 굽혀서 절대 똑바로 서는 일이 없는 고행, 물속에 한 발만으로 서서 항상 얼굴을 태양 쪽으로 향하게 하는 고행 등이 있다. 자이나교 개조 마하비라의 거상에 표현되어 있는 다리에서 허리까지 뻗어 올라간 덩굴풀은 그가 똑바로 서서 눕지 않는 고행을 했음을 상징적으로 나타내고 있다.

석존의 고행은 철저하였다. 몸에 옷을 걸치지 않아 언제나 알몸이었으며, 예의는 모두 무시했다. 식사 초대는 결코 받아들이지 않았으며, 물고기와 육고기 및 술을 먹지 않고, 하루 한 끼니로 시작하여 반달 동안에 한 끼만으로 견디기에 이르렀다. 야채와 생쌀, 참깨 가루, 풀의 열매 및 저절로 떨어진 과일만을 먹었다. 삼옷이나 묘지에 버려진 시체를 쌌던 헝겊이나 내버린 누더기를 이어서 만든 옷, 검은 양가죽으로 만든 옷, 나무껍질로 만든 옷, 사람이나 말의 머리털로 짠 옷, 부엉이의 날개깃으로 만든 옷 등을 걸치고 지냈다. 수염이나 머리카락을 뽑는 고행, 똑바로 서는 직립의 고행, 앉지 않는 부좌의 고행, 항상 웅크리고 있는 고행, 가시 돋친 자리에 눕는 고행, 하루에 세 번 목욕하는 고행을 했다. 또 아무리 작은 생물이라도 혹 부주의로 죽이지나 않을까 염려하여 언제나 길을 갈 때나 돌아올 때 주의를 하고, 한 방울의 물에도 세심한 주의를 기울였다. 깊은 산이나 숲속에서 홀로 수도를 하여, 마치 사슴이 사람의 모습을 보고 도망치듯이 숲에서 숲으로, 산에서 산으로, 소치는 목동까지 피해 다녔다. 항상 숲속에 살면서 묘지에 있는 시체의 백골을 자리 삼아 휴식을 취했다.

2) 종교의 도시 가야

'가야'라는 도시 이름은 옛날에 이곳에 살면서 제사와 공희(供犧)를 행하던 '가야'라는 이름을 가진 아수라의 수도자에게서 유래했다. 창조신 브라흐마도 가야에서 공희를 행했다는 전설이 있다. 비쉬누 파다 사원을 비롯한 많은 유적과 함께, 사원을 관리하면서 순례자들의 시중을 드는 '가야 와리'라는 특정 카스트의 브라만이 이 가야 땅에 살고 있다.

　인도 전역의 힌두교도에게 있어서 가야는 조상공양(祖上供養, 특히 죽은 뒤에 고통으로 시달리는 조상의 영령에게 공양을 올림)을 위한 성지로 현재까지 그 맥이 이어지고 있다. 힌두교도가 조상공양을 올리는 방법은 다음과 같다.

① 조령제(祖靈祭)를 위한 순례자는 가야로 출발하기에 앞서 자신이 거주하는 마을을 다섯 번 돌면서 조상의 영혼을 부른다.
② 가야에 도착하면 우선 화르구 강의 성스러운 물에 목욕을 한다.
③ 도시 교외의 라무시라 언덕과 푸레타시라 언덕에 위치한 사원에 공양을 바친다.
④ 가야 시 안팎의 45개 사원을 돌면서 조령제를 올리고 공양을 바친다.

3) 악마의 유혹

석존께서 성을 나온 직후에 마왕으로부터 유혹이 있었다. 마왕이 "만일 출가를 포기한다면 7일 만에 윤보(輪寶)가 나타나서 1만 2천의 작은 섬으로 둘러싸인 네 개 큰 주(洲)의 왕이 될 것이다."라고 유혹하자 석존께서 "나는 일만 세계에 명성을 떨칠 불타가 될 것이니 왕위는 필요 없다."라고 하셨다. 그러자 마왕은 "그렇다면 만일 당신이 탐욕의 마음이나 진에(瞋恚)의 마음이나 위해(危害)의 마음을 품게 될 때는 내가 당신을 휘어잡겠다."라고 말한 후 석존의 과실을 탐지하기 위하여 석존의 곁을 떠나지 않고 그림자처럼 따라다녔다고 한다.

　석존께서 나이란자나 강변에서 고행할 때도 악마 나무치가 고행을 포기하도록 유혹하며 이렇게 말하였다.

　"당신은 고행의 결과 몸이 여위어 살아남기 어렵다. 생명이 있어야 여러 가지

착한 행위도 가능한 것이다. 범행자(梵行者)로서 깨끗한 생활을 하면서 공양물을 바쳐도 많은 공덕을 쌓을 수 있다. 고행에 열중한다고 해서 무슨 성과가 있겠는가. 정진의 길은 가기 어렵고 도달하기 어려운 것이다."

그러자 석존께서 답하셨다.

"내게는 그와 같은 세속적인 선업을 구할 필요가 전혀 없다. 내게는 믿음이 있고, 정진 노력이 있고, 지혜가 있다. 신체의 살이 빠질 때 마음은 더욱더 맑게 개이고, 생각과 지혜와 선정이 더욱더 굳어진다. 마음은 갖가지 욕망을 전혀 돌아보지 않는다. 보라! 이 몸과 마음의 깨끗함을."

불교 경전에 나타나는 악마는 그 이름을 통해 다양성을 드러내고 있다. 파순(波旬)이라 번역된 '파피만'은 여러 이름으로 불리는 악마를 통칭할 때 쓰이는 이름이다. 그 외에 구체적으로 '마라'는 죽음을 관장하는 신으로서의 악마를 말하며, '나무치'는 수행자의 수행을 방해하는 악마를 말한다. '캉하'는 그 이름이 검다는 의미인데 어둠이나 악운을 몰고 오는 악마를 말하며, '아디파티'는 마의 세계를 지배하는 통치자로서의 악마를 말하며, '안타카'는 마라와 유사한 죽음을 관장하는 신이거나 죽음 그 자체를 대변하는 악마로서 드러날 때 일컫는 이름이다.

4) 고행의 포기

석존께선 아라다 칼라마 등으로부터 수정주의를 익혔다가 그에 만족하지 못하고 스스로 고행주의를 택하게 되었다. 그러나 수정주의나 고행주의는 비록 정신적 정화를 이루고 사람들로부터 존경을 받을 수는 있겠지만 모두 인간으로의 삶으로부터 도피하려는 경향을 지니고 있다. 석존은 현실 생활로부터 등을 돌리는 일 없이 인간의 불안과 미혹과 공포와 고통 등에 대처할 수 있는 근본적인 해결 방법만이 진실로 필요하다고 생각하는 현실 중시적인 태도를 지니고 있었기에 결국 고행주의도 버리게 되었다.

석존께서 고행주의를 버리며 처음 공양을 받은 음식은 쌀죽에 우유와 꿀과 설탕을 넣어 만든 '파야사'라고 불리는 묽은 우유죽이다. 불교 설화에도 석존의 잉태를 기뻐한 숫도다나 왕이 크림과 꿀과 설탕이 든 우유죽을 금은으로 된 사발에 담아서 브라만들에게 공양했다는 이야기가 나온다. 이러한 '우유죽 공양' 이야기는 고대 인도에서 천지일체의 창조신으로 여겨지는 프라자파티가 고행의 결과로 심한 허기를 느꼈을 때 우유를 마시고 소생했다는 신화를 불교의 전설에 채택한 데서 연유한 것인지도 모른다.

또한 우유죽의 공양에는 비(非)아리안적인 신앙의 형태인 나무신〔木神〕 숭배사상이 결부되어 있다. 『니다나 카타』에는 세나 마을 장자의 딸인 수자타가 한 그루의 냐그로다 나무에 기원하면서 결혼 후 첫아들을 낳게 되면 매년 공양을 바치겠다고 맹세했다는 내용이 있다. 소원대로 사내아이를 낳자 그녀는 인도력 바이샤카 월의 보름날에 우유죽을 만들어 금 사발에 담아서 냐그로다 나무 아래로 갔다. 그리고 그때 그곳에 앉아 있는 석존을 본 그녀는 나무신이 나타난 것으로 알고 매우 기뻐하면서 공양을 올렸다고 한다. 또한 성도 후의 석존에게 최초로 메밀과 꿀을 공양한 트라푸샤와 바릭카라는 두 상인은 나무신의 권유로 보시와 공덕을 쌓기 위해 석존에게 공양을 올렸다고 한다. 후대의 불전(佛典)에는 고행의 결과 쇠약해진 석존은 목욕을 하던 강물 속에서 한 나무여신〔女樹神〕이 내민 나뭇가지에 매달려 겨우 강 언덕으로 올라올 수 있었다는 표현도 있다.

5) 성도

수자타의 우유죽으로 기력을 찾은 석존께선 나이란자나 강의 차가운 물로 몸을 깨끗이 씻어 체력을 회복한 뒤에 아쉬밧타 나무(보리수) 아래로 가서 길상초를 얻어 깔고 앉아 깊은 명상과 사색에 잠겼다.

'이제 만일 여기서 번뇌를 멸하고 미혹과 거짓의 세계를 벗어나는 길을 찾지 못한다면, 설령 이 몸이 가루가 된다 해도 이 자리를 떠나지 않으리라.'

그리고 바이샤카 월의 보름날, 2월 8일 새벽에 하늘에는 금성이 반짝이고 있을 무렵 드디어 깨달음을 얻으셨다.

석존께서는 깨달음을 통해 만물의 참모습〔實相〕을 아셨다. 지식(知識)으로서 무엇을 안다는 것은 무엇을 아는 주체와 알게 되는 그 무엇인 객체가 나눠지는 반면, 지혜(智慧)로서 무엇을 안다는 것은 무엇을 아는 주체와 알게 되는 객체인 그 무엇이 하나로 일치된 상태에 이를 때의 앎이다.

석존께서는 참모습을 알 수 있는 바른 깨달음을 통해 삼법인(三法印) 혹은 사법인(四法印)을 체험하셨다. ① 제행무상(諸行無常)은, 모든 존재는 서로 관련을 맺으며 관계성 안에서 존재할 수 있는 것이지 어떤 것이 독립하여 존재할 수 없다는 사실을 깨달은 것이다. 만물은 반드시 어떤 인(因: 원인)과 연(緣: 조건)이 서로 결합되어 지금 여기에 존재하고 있기 때문이다. ② 제법무아(諸法無我)는, 무상(無常)에 의거하여 모든 것에는 나라고 할 만한 실체가 존재할 수 없음을 말한다. ③ 일체개고(一切皆苦)는, 인간에게 있어서 근원적인 욕망이 제멋대로 작용하는 까닭은 모든 것이 무상하며 무아라는 진실을 알지 못하는 무지〔無明〕가 진리의 눈을 가리고 있기 때문인데, 그러한 무지를 깨트려 소멸시킴으로써 괴로움이 극복된다는 가르침이다. 이는 곧 십이인연설(十二因緣說)의 원형인 셈이다. ④ 열반적정(涅槃寂靜)은, 석존이 인생의 괴로움을 불가피한 것으로 우선 인정하고 그것과 대결하지만 괴로움을 극복하는 종교적 안심의 세계가 엄연히 존재한다는 것을 드러내기 위해 추가된 것으로 볼 수 있다.

석존께서 그러한 체험을 교리로 정리하신 것이 사성제(四聖諦)이다. ① 고(苦)란, 인간의 삶에는 괴로움과 불안이 존재한다는, 현실에 대한 올바른 이해를 가리킨다. ② 집(集)이란, 그러한 괴로움이 번뇌라는 원인 때문에 생긴다는, 문제의 원인에 대한 올바른 이해를 가리킨다. ③ 멸(滅)이란, 그 번뇌를 멸하느니보다 억제함으로써 번뇌가 구체적인 형태로 외부에 작용해 나오지 않도록 하면 괴로움이 소멸된다는, 문제 해결에 대한 올바른 이해를 가리킨다. ④ 도(道)란, 그렇게 하기 위한 여덟 가지 바른 실천의 길이니, 문제 해결에 대한 올바른 이해를 가리킨다.

선정(禪定)은 그러한 불교가 실천의 도로써 지니는 수행법이다.

6) 불교의 성지 보드가야

기원전 3세기 초엽에 마우리야 왕조의 아쇼카 왕에 의해 보드가야에 아잔타 석굴에서 볼 수 있는 보리수 잎 모습의 입구를 지닌 장방형의 건축물로서 탑이 아닌 정사(精舍)가 최초로 건립되었다.

5세기 법현 스님의 기록에 의하면, 법현 스님이 이곳을 방문했을 때는 탑을 짓고 상을 만든 것이 그대로 있었다고 한다. 그렇지만 법현 스님이 본 탑은 간단한 형태의 것으로서 현재의 보드가야 대탑이 그때엔 아직 존재하지 않았던 것으로 보인다.

보드가야 대탑이 현재의 형태와 규모를 갖춘 건 7세기 들어서인 것으로 보인다. 현장 스님은 석존 성도의 땅에 정사가 아쇼카 왕에 의해 건립되었다가 후에 어떤 브라만이 증축하였다고 기록하였다. 또한 현장 스님이 『대당서역기』에서 "보리수 동쪽에 정사가 있다. 높이가 160~170척이 되고, 아래의 기단 넓이가 20여 보가 된다. 푸른 기와로 쌓고 나서 그 위에 석회를 발랐다. 여러 층으로 겹쳐진 감실에는 모두 각각 금상(金像)이 들어 있다. 사방의 벽에는 진기한 조각이 새겨져 있는데 염주를 이어 놓은 것처럼 보이는 것도 있으며, 천선(天仙)의 상을 새긴 것도 있다. 정사의 위에는 금동제 보물 단지를 놓았다. 정사의 동쪽 가까이에는 중각(重閣)이 건조되어 있다."라고 한 것은 현재의 대탑에 대한 묘사로 보인다.

보리수 역시 이미 몇 차례의 세대교체를 겪었다. 현재의 보리수는 1876년 폭풍으로 쓰러진 고목의 뿌리에서 나온 싹이 자란 것이다. 그리고 그 곁에는 고사(枯死)를 대비하여 별도의 싹에서 성장시킨 또 다른 보리수가 자라고 있다.

5. 전도의 개시 - 초전법륜과 교단의 성립

1) 브라흐마 신의 간청

보리수 아래서 깨달음을 얻은 석존께서는 7일씩 모두 일곱 차례에 걸쳐 보리수 밑과 그 주위를 옮겨가며 깨달음의 경지를 즐기셨다. 제1주차는 보리도량이니, 깨달음을 얻은 석존께서 보리수 아래에 그대로 앉아 해탈의 기쁨을 누렸다. 제2주차는 응시탑이니, 보리수 건너편 언덕에서 눈을 깜빡이지 않은 채 보리수와 보리좌를 응시하였다고 한다. 제3주차는 보배경행대이니, 보리수 옆으로 나 있던 경행처에서 왔다갔다 경행하며 아라한과를 즐겼다. 제4주차는 보배전각이니, 석존께서 당신의 가르침을 정리한 곳이다. 제5주차는 아자빨라 냐그로다 나무 아래이니, 석존께서 한 브라만에게 당신이 깨달았음을 처음으로 밝힌 곳이다. 제6주차는 무칠린다 연못이니, 폭우가 쏟아지자 커다란 뱀이 나타나 석존의 몸을 감싸 보호했다고 전해진다. 제7주차는 라자야따나 나무 근처이니, 여기서 깨달음의 기쁨과 행복을 누리고 있을 때 두 명의 상인이 지나가다 나무신[樹神]의 권고로 메밀과 꿀로 만든 떡을 석존께 공양 올렸다. 이것이 석존께서 받으신 최초의 공양이며, 두 상인은 최초의 재가신자가 되었다.

석존께서는 당신이 깨달은 진리가 난해하여 중생들이 이해하기 힘들 것이라 생각하고 바로 반열반에 드시려 하였다. 이에 범천이 세 차례나 간청을 되풀이하자 석존께선 생명을 얻어 살고 있는 모든 중생에 대한 자비심으로 가르침을 펼치기로 하였다.

2) 바라나시 여행

석존께선 당신의 가르침을 펼치기 위해 당시나 지금이나 인도의 모든 사상가들이 모여드는 바라나시로 향하였다. 석존은 보드가야를 출발하여 라자그리하와 날란다를 거쳐 파탈리푸트라를 지나는 행로로 가셨다.

그 노정 가운데 파탈리푸트라에서 아지비카 고행자였던 우파카를 만났다. 우파카가 석존에게 출가의 목적과 스승의 이름과 받드는 종교를 묻자, 석존께서 답하셨다.

"나는 일체를 깨달은 사람이다. 일체의 사물에 더럽혀지지 않은 망집에서 벗어난 해탈자이다. 내가 세상에서 유일한 정각자이다. 모든 번뇌를 버린 사람은 나와 같이 세상에서의 승리자이다. 미혹의 세계에서 감로의 북을 치며 법륜을 굴리기 위해서 나는 바라나시의 거리로 향한다."

석존의 대답을 들은 우파카는 "존자여! 그럴지도 모르겠습니다."라는 반응만 보였다고 한다.

힌두교 7대 성지 가운데 한 곳인 바라나시는 남쪽으로 흐르던 갠지스 강이 크게 원호를 그리며 북쪽으로 잠시 물길을 바꾸는 곳의 서쪽에 위치해 있다. 그러한 도시의 북쪽으로는 작은 바라나 강이 흐르고, 도시의 남쪽으로는 다시 작은 아시 강이 흘러서 두 강 모두 갠지스 강에 합류한다. 그래서 바라나시는 세 강에 둘러싸여 있다. 세 강이 감싸고 있는 도시 바라나시 시내에는 50킬로미터 남짓의 거리를 6일 동안 순례하는 힌두교 순례길이 있는데, 지금도 많은 순례자들로 붐빈다. 그들은 순례길 안쪽의 바라나시에서 목숨을 마치는 것이 하늘로 오르는 가장 가까운 길이라 믿고 있기에 지금도 '죽음을 기다리는 집'이 그곳에 운영된다. 그리고 남쪽으로 흐르다 바라나시 지역에서만 잠시 북쪽으로 흐르는 갠지스 강은 천상에서 내려온(南下) 강줄기가 다시 천상으로 올라가는(北上) 모습을 지녔다 여기기에 바라나시의 가트에서 화장되어 강물에 뿌려지면 자연히 천상으로 돌아가리라는 믿음이 생겼다.

현장 스님의 『대당서역기』에 묘사된 바라나시는 다음과 같다.

"민가는 빗살처럼 즐비하며 주민은 성대하게 집집마다 풍요한 부를 누리고, 방마다 진기한 물품으로 가득 차 있다. ⋯ 대개는 외도를 믿는데, ⋯ 제사 지내는 곳은 백여 개소, 외도는 1만이 넘고, 모두 대자재천(大自在天)을 신봉하는데, 어떤 사람은 단발을 하고 있고, 어떤 사람은 상투를 높게 틀었다. 몸을 내놓고 옷을 입지 않은 자, 몸에 재를 바르는 자 등, 고행에 정진하여 생사의 경지에서 이탈하기를 추구하고 있다."

3) 초전법륜

창조의 신 브라흐마는 자신이 창조해 놓은 우주를 유지하기 위해 우주의 바퀴를 돌린다 하는데, 그것이 곧 브라흐마의 바퀴인 차크라이다. 지상에서의 이상적인 왕이 지니는 일곱 개의 보물 가운데 하나도 바로 그 바퀴로서 이를 윤보(輪寶)라 부르는데, 그 바퀴를 굴리는 자라는 뜻으로 이상적인 왕을 전륜성왕(轉輪聖王)이라 일컫는다.

석존의 최초 설법은 법의 바퀴인 다르마 차크라를 처음으로 굴린 것에 비유하여 '초전법륜(初轉法輪)'이라고 한다.

석존께서는 최초의 법문에서 중도(中道)를 말씀하시고 사제(四諦)를 밝히셨다. 중도는 애욕과 탐욕에 집착하는 생활을 영위하는 것(懶怠)과 스스로 고민하고 괴로워하는 것(苦行)이 모두 바람직하지 못하고 부질없는 일이므로 현명한 사람은 그 양극단을 떠나야 됨을 말한 것이다. 사제는 이 세상은 생로병사 등 모든 것이 괴로움[苦]이고, 그 원인이 되는 것은 망령된 집착[集]이며, 망집과 갈애를 완전히 벗어나 소멸된 곳[滅]에 바른 깨달음과 해탈의 경지가 열리니, 그러기 위해서는 여덟 가지 바른 길[八正道]에 따라 수행하지 않으면 안 된다는 것을 말한 것이다.

4) 사르나트의 유적

바라나시의 북동쪽 약 7킬로미터 지점에 위치한 사르나트는 그 지명이 '사랑가 나타(사슴의 왕)'란 말에서 유래하였으며, 경전에는 '므리가다바(사슴동산, 鹿野苑)', 또는 '리쉬파타나(선인들이 사는 곳, 仙人住處)' 등의 지명으로 기록되어 있다.

사르나트에 현존하는 아쇼카 왕의 석주 상단부에는 네 마리 사자상이 있었는데, 이 사자상은 현지 박물관에 남아 있으며 현재 인도의 국가 문장으로 사용되고 있다. 일부 남아 있는 기둥엔 아쇼카 왕이 내린 칙령이 열한 줄에 걸쳐 브라흐미 문자로 새겨져 있다. 그 내용은 불교 교단의 분열을 경계한 것으로, 비구나 비구니로서 만일 승가를 파괴하는 자가 있으면 흰옷을 입혀 승가의 사람이 살기 적당치 못한 곳에서 살게 하라고 하는 등이다.

사르나트 녹야원에는 초전법륜의 장소로서 숭배되던 곳에 건립된 다르마라지카 스투파가 그 기단만 남아 있으며, 아직까지 거대한 탑신이 남아 있는 다메크 스투파가 있다. 현장 스님은 『대당서역기』에 석존께서 미륵보살을 수기한 장소에 세워진 스투파에 대해 언급하고 있는데, 그것이 다메크 스투파인지는 확실치 않다.

사르나트에서는 많은 불상이 출토되고 있다. 불상이 처음 제작되기 시작한 인도의 쿠샨 시대(B.C.184~A.D.320)에는 주로 마투라에서 불상을 제작하였는데, 그때는 아직 사르나트에서 불상을 제작하지 않았기에 마투라에서 제작한 것을 옮겨와 안치하였다. 그러다가 굽타 시대(A.D.320~500)에 와서야 사르나트가 마투라와 더불어 불상 제작의 양대 중심지가 되었다. 사르나트 박물관에 남아 있는 불상 가운데 마투라에서 제작된 대표적인 것은 일산 기둥이 있는 보살상으로 붉은 사암으로 제작되었으며, 사르나트에서 제작된 불상 가운데 대표적인 것은 '초전법륜상'으로 회백색 사암을 사용하여 정밀하게 표현하였다.

5) 불교 교단의 성립

석존으로부터 최초의 법문을 들은 다섯 비구들은 정각을 이룬 시기가 동일하지 않다. 먼저 '카운디누야'는 최초의 법문을 듣는 즉시 정각을 얻었는데, 지혜를 갖추었다는 의미로 '아즈냐타 카운디누야'라고 불리었다. 그리고 '밥파'와 '밧디야'는 카운디누야에 이어 차례로 정각을 얻었다. 나머지 '마하나마'와 '아쉬바지트'는 최초의 법문에서는 정각을 얻지 못하고 석존과 함께 탁발 공양하며 생활하는 가운데 정각을 얻었다. 이러한 다섯 제자들에 대한 그 후의 기록은 발견되지 않았다.

바라나시의 부유한 상인의 아들 '야샤스'는 출가 전후의 사정이 석존과 유사하다. 야샤스 역시 풍요롭게 생활하다가 어지러이 잠들어 있는 기녀들의 모습을 보고 눈앞의 묘지를 보는 것 같은 혐오감을 느끼고 사문이 되었다고 한다. 집을 떠나 유행하고 있는 그를 만난 석존께선 처음부터 난해한 교리를 설한 것이 아니라 일반적 도덕론을 일러 주어 먼저 인도한 다음에 사성제의 교리를 설하는 차제설법(次第說法)을 하였다. 이렇게 사성제에 대한 설법을 들은 야샤스는 마음속의 모든 괴로움이 사라져 부처님께 출가하고 계를 받았다고 한다. 연이어 그의 친구들 50명도 함께 출가하여 교단이 형성되기에 이르렀다.

승단의 재가신자로는, 야샤스를 찾으러 온 그의 부친이 남성으로서는 최초이며, 역시 야샤스의 모친과 아내가 여성으로서는 최초이다. 재가신자 집단은 교단을 재정적으로 지탱해 나가는 데 큰 역할을 하였다.

6. 전향과 귀의 – 석존의 제자들

당시 마가다국과 코살라국을 중심으로 하는 지역에서 도를 구하던 많은 사람들이 석존에게 대거 귀의하였다. 석존은 귀의한 출가자들과 함께 올바른 생활을 몸소 실천하였으며, 석존의 의욕적인 전도(傳道)에 발맞추어 많은 제자들이 폭넓은 지역에 걸쳐 전도 활동을 펼친 까닭에 교단은 비약적으로 발전하게 되었다.

1) 석존을 둘러싼 비구들

불을 섬기던 카샤파 삼형제는 당시 마가다국 내에서 가장 명성이 높은 종교가로서 이미 많은 제자들을 거느리고 빔비사라 왕의 존경을 받고 있었다. 그러나 석존께서 화룡(火龍)의 동굴에서 화룡을 굴복시키고, 이어서 카샤파에게도 3천 5백 가지의 신통한 변신을 보여 굴복시키니 카샤파와 그의 두 아우 및 그들의 제자 모두 석존께 귀의하였다.

샤리푸트라와 마우드갈라야나는 본래 친구 사이로서 먼저 산자야 밑으로 들어가서 수행하여 그의 수제자가 되었다. 그러나 그 정도로는 만족을 느끼지 못하고 있던 중에 비구 아쉬바지트의 단정한 모습을 보고 부처님께 귀의하게 된다. 두 사람은 비록 승단에 다소 늦게 참여하였으나 석존은 샤리푸트라의 지혜와 통솔력 및 마우드갈라야나의 신통력이 교단을 이끄는 데 큰 힘이 될 것임을 알고서 그들을 상수제자로 인정하였으며, 결국 그 둘의 역할이 교단의 발전에 지대한 영향력을 발휘하였다.

마하카샤파는 언제나 의식주에 대한 집착을 누르고 규범을 잘 지키며 간소하게 생활하였다. 석존께서 열반에 드셨을 때 그가 오기를 기다려 다비가 지연되기도 하였다. 그는 석존의 열반 후 교단의 동요와 분열을 염려하여 비구들을 라자그리하의 칠엽굴에 모이게 하고 석존의 바른 가르침을 확인하기 위한 경(經)과 율(律)의 제1결집을 주도하였다.

아난다는 25년간 석존을 시봉하는 시자로 그 역할을 충실히 하였다. 아난다가 시봉하기 이전 20년간은 석존께선 특정한 시자 없이 약 여덟 명의 제자들로부터 시봉을 받았다. 그 가운데 수낙카타 같은 이는 수년간 시자로 있으며 훈도를 받았으나 후에 외도로 개종하기도 했다. 석존과 연배가 비슷한 아난다는 시자로 있으면서 폭넓고 원만한 인간성을 보여 주었다고 한다. 그리고 출가 및 재가의 여성 교화에 진력하기도 하던 그는 마하카샤파와 함께 제1결집을 주도할 때 경을 송출하였다.

샤캬족으로서 출가한 이들로는 석존의 종형제인 아난다 외에도 출가 후 석존을 도와 교단의 통솔에 진력하였으며 석존 입멸 시 사람들을 위로했던 종제 아누룻다가 있으며, 아들인 라후라와 이복동생인 난다, 그리고 종제로서 부처님을 해치고 교단을 빼앗으려다 산 채로 지옥에 떨어진 데바닷다, 샤캬 귀족의 이발사였다가 출가한 우팔리 등이 있다.

특이한 제자로는 우매하여 한 수의 게송도 외지 못하다 마루를 닦던 걸레를 통해 무상을 깨달은 출라판타카, 그리고 브라만 학생으로 잘못된 스승의 꼬임에 빠져 살인을 저지르다 부처님께 귀의하여 인욕을 수행하고 아라한이 된 앙굴리말라가 있다.

2) 여성 출가와 비구니들

최초의 여성 출가자는 석존의 양모였던 마하프라자파티이다. 그녀는 카필라바스투의 냐그로다 동산에 체류하고 있던 석존을 찾아가 세 번씩이나 교법과 계를 베풀어 달라고 간청하였으나 거절당하였다. 그러자 스스로 삭발하고 가사를 입은 뒤에 같은 뜻을 가진 샤캬족 여인들과 함께 석존을 좇아 바이샬리의 중각강당에 이르러 정사의 문밖에 선 채로 출가 허락을 재차 간청하였다. 사정을 안타깝게 여긴 아난다가 세 번이나 간청하였으나 석존께서 거절하였는데, 아난다가 네 번째로 간청하여 허락을 얻어 냄으로써 교단에 여성 출가자가 처음으로 생기게 되었다.

아난다는 "여성도 출가하여 수도하면 최후에는 아라한과를 얻을 수 있다."고 하신 석존의 말씀을 방패삼아, '어머니가 돌아가신 뒤에 자애롭게 보살펴 주신 양어머니의 은혜를 생각해서라도 그들의 소망을 들어주는 것이 옳을 것'임을 말씀드려 석존의 허락을 얻어 내었다고 한다. 석존께선 비구니는 설령 자기보다 늦게 출가한 비구라도 공경해야 하며, 비구의 교단에서 떨어진 독립된 장소에서 살아서는 안 된다는 등의 여덟 개 조항을 부가하여 여성 출가를 허락하셨다.

그 외에 비구니의 출가 설화는 『테리가타〔長老尼偈〕』에 수록된 것을 중심으로 여러 경전과 그 주석서에 관련 내용이 보인다.

여성 출가자는 수메다와 소마처럼 석존의 가르침을 접하고 발심하여 악마의 유혹을 물리친 뒤 출가한 경우, 소나와 바다마타처럼 나이가 들어 자식들로부터 버림을 받자 교단에 의탁하고자 출가한 경우, 파타차라와 키사고타미처럼 결혼하였다가 식구가 모두 불의의 사고를 당하거나 자식의 갑작스런 죽음에 방황하다가 석존의 가르침을 받아들여 출가한 경우 등 다양한 이유로 출가하였다.

3) 재가신자와 후원자들

왕들의 귀의로는 석존께서 주로 전교 활동을 펼치셨던 마가다국과 코살라국, 그리고 카우샴비국 왕의 경우가 있다.

마가다국 빔비사라 왕의 경우에는, 출가 후 라자그리하로 간 석존과 만나 성 밖의 판다바 산 앞에 있는 동굴 속에서 대화를 나눈 일이 있었다. 석존께서 성도한 뒤 카샤파 삼형제의 귀의 직후 제자들과 라자그리하 인근 숲에서 머물 때 빔비사라 왕이 많은 사람들과 함께 석존을 찾아 가르침을 듣고 귀의하였다. 그리고 왕은 성의 북문에 인접한 죽림원을 죽림정사로 기증하고 영취산 등 석존이 체류하는 곳으로 통하는 길을 새로이 만들었다. 빔비사라 왕의 아들 아자타샤트루는 부왕을 투옥하고 데바닷다와 공모하여 석존을 해치려고까지 하였으나, 후에 개심하여 부처님께 귀의하였으며, 석존의 입멸 후에는 유골의 분배를 요구하였다.

코살라국의 푸라세나짓트 왕은 원래 브라만교 신자였으나 후에 왕비 말리카의 권유에 따라 석존에게 귀의하였으며, 카우샴비국의 우다야나 왕은 왕비의 영향을 받아 고시타 원림(園林)을 방문하여 욕망의 제어에 대해 비구와 문답을 교환하기도 하였다.

장자들의 귀의로는 바라나시의 야샤스 장자, 기원정사를 건립하여 기증한 쉬라바스티의 수닷타 장자, 사케타 거리에 카라카 원림(園林)을 건립하여 기증한 카라카 장자, 카우샴비의 유명한 금융업자로서 제각기 정사를 기증한 고시타 장자 외 2인, 유명한 의사로서 라자그리하에 정사를 기증한 지바카 장자 등이 있다.

　여성 신자들로는 쉬라바스티 수닷타 장자의 며느리인 수자타를 비롯하여, 남편이 중병에 걸렸을 때도 평온한 마음을 보여 남편의 병까지 낫게 한 나크라의 아내, 나체행자에게 귀의하고 있던 시댁으로 시집을 갔으나 결국엔 시아버지를 비롯한 모두를 부처님께 귀의토록 만들고 그에 감동한 시아버지의 도움으로 쉬라바스티 동문 밖에 정사 동원녹자모강당(東園鹿子母講堂)을 건립하여 시주한 비사카 등이 있다.

7. 전도의 나날 – 석존의 가르침과 전도의 발자취

1) 석존의 설법과 가르침

석존의 전도 활동은 35세 경의 초전법륜을 시작으로 열반에 드신 80세까지 약 45년에 걸쳐 행해졌다. 이를 형태상 크게 세 기간으로 나눠볼 수 있다. 초기 전도는 다른 수행자 교단의 집단 개종이라는 특징이 있는데, 불을 숭상하던 카샤파 삼형제와 산자야의 수제자였던 샤리푸트라와 마우드갈랴야나 등이 자신의 제자들과 함께 개종한 일을 말한다. 집단 개종은 초기 교단의 성립에 지대한 공헌을 하였으며, 초기 몇 차례를 제외하면 더 이상 집단 개종은 나타나지 않는다. 그 후 타 종파와의 항쟁을 통해 교단의 기반을 넓혔으니, 이는 당시 사회적으로 흥성했던 신흥 종교의 발생 과정에서 불교가 그 중심에 있었음을 말해 준다. 이때 석존은 쉬라바스티에서 망고 나무를 성장시키고 천불화현의 기적을 보여 준 것을 비롯하여 외도들의 온갖 모함을 의연히 극복해 냄으로써 뜻 있는 신자들의 귀의처로 자리잡게 되었다. 그러나 석존의 전도 활동이 주류를 이루는 시기는 도를 구하는 사람들 개개인에 대한 가르침이 행해졌던 세 번째 기간이라고 보는 것이 타당하다.

　석존의 가르침은 대기설법(對機說法)과 비유(比喩)라는 두 가지 특성을 지닌다. 대기설법은 인간의 심리를 통찰하고 사람들의 능력에 따라서 설법을 행하는 것이니, 비구니 키사고타미가 출가 전에 죽은 아들 때문에 방황할 때 그녀에게 죽은 사람이 없는 집의 겨자씨를 구해 오게 한 것 등이 그것이다. 비유설법은 난해한 교리를 설명할 때 능숙하게 비유를 사용하여 법을 듣는 자들의 이해를 돕는 것이니, 중도를 가리키는 거문고의 비유와 독화살을 맞은 사람의 비유, 맹인들이 코끼리를 만지는 비유 등이 그것이다.

재가신자에 대한 설법은 차제설법(次第說法)을 통해 이뤄졌다. 차제설법이란 먼저 시론(施論: 보시를 행함으로써 얻어지는 갖가지 공덕을 밝힘)을 말하고 계론(戒論: 계율을 준수함으로써 얻어지는 질서의 유지를 밝힘)을 일러 준 뒤에 생천론(生天論: 앞의 두 가지 덕행을 기반으로 하여 도덕적인 선에서 벗어나는 일이 없이 생활을 영위한다면 사후에는 하늘에 태어남을 밝힘)으로 가르침의 마무리를 짓는 것이다.

이와 달리 출가자에게 설법할 때는 먼저 중도를 말하고 사제를 밝히셨다. 출가자에게는 반드시 필요한 교리일지라도 재가자에게는 불필요한 것이 있을 수도 있음을 헤아려서 그 설법 여부를 신중히 하신 것이다. 석존의 가르침을 따르는 자는 모든 것을 버리고 출가하여 수도를 하는 것이 기본이지만, 집에 있으면서 석존의 가르침을 받드는 자는 재가신자로서 가정을 지키고 재산을 유지하며 윤리적으로 바른 생활을 하도록 하는 것이 우선적으로 권장되었던 것이다.

2) 45년간 전도의 발자취

석존의 전도 범위는 갠지스 강의 중류 유역 일대로 보인다. 경전에 나타난 석존의 방문 지역은 갠지스 강 남쪽인 마가다국의 라자그리하와 가야 일대, 갠지스 강 북쪽인 릿차비족의 바이샬리 일대, 마가다국 북서쪽 코살라국의 쉬라바스티 일대, 그리고 갠지스 강과 야무나 강의 합류점 유역의 카우샴비 일대 등이다. 석존께서 모든 지역을 직접 다니셨다기보다는 각국의 수도와 바라나시 등을 중심으로 전도를 행하셨다.

석존께서 전반기에 전도하셨던 중심 도시는 마가다국의 라자그리하였다. 이곳은 영취산과 칠엽굴 및 죽림정사가 있는 곳이기도 하다.

석존께서 후반기에 전도하셨던 중심 도시는 코살라국의 쉬라바스티였다. 이곳에는 가장 오랫동안 머무셨던 기원정사가 있으며, 기원정사 밖으로도 앙굴리말라와 관련된 유적지 등이 산재해 있다.

3) 전도유행으로부터 정주

승가는 화합하는 대중이란 의미로서 스님들의 집합체를 말한다. 그러한 승가가 유지되기 위해서 계(戒: 불교를 닦고자 하는 사람이 자발적으로 지켜야 할 도덕적인 덕행)와 율(律: 승가의 질서 유지를 위하여 필요한 타율적인 행위 규범)이 준수되어야 했다.

출가자가 유행 생활에서 기본적으로 지켜야 하는 생활 양식을 사의지(四依止)라 하는데, ① 식사는 탁발에 의해서만 얻어야 하며, ② 밤에는 나무 아래에 앉아서 쉬며, ③ 분소의(糞燒衣)를 입으며, ④ 약으로는 부란약(腐爛藥)으로 만족하는 것 등이 그것이다.

그러한 사의지가 후대에 발전하여 정리된 것이 십이두타행(十二頭陀行)이다. ① 재아란야처(在阿蘭若處: 인가와 떨어진 조용한 곳에 머물 것), ② 상행걸식(常行乞食: 항상 걸식으로 식사를 해결할 것), ③ 차제걸식(次第乞食: 걸식할 때 빈부를 가리지 말고 차례로 할 것), ④ 일종식(一終食: 하루에 사시 때 한 끼만 먹음), ⑤ 절량식(節量食: 과식하지 말 것), ⑥ 중후부득음장(中後不得飮漿: 점심이 지난 정오 후에는 과실즙이나 꿀 따위도 먹지 않을 것), ⑦ 착폐납의(著弊衲衣: 남루한 옷감으로 만든 옷을 입을 것), ⑧ 단삼의(但三衣: 세 벌의 옷 외에는 소유하지 말 것), ⑨ 총간주(塚間住: 무덤 곁에 머묾으로써 무상관에 도움이 되도록 할 것), ⑩ 수하지(樹下止: 주거처에 대한 애착을 없애기 위해 나무 밑에 머물 것), ⑪ 노지좌(露地坐: 한데 공지에 앉을 것〔나무 밑에서 자는 경우 습기와 새똥, 독충의 해가 있기 때문〕), ⑫ 단좌불와(但坐不臥: 항상 앉아 있고 눕지 않을 것)가 그것이다.

초기의 유행전도(遊行傳道) 형태는 교단이 확대되고 재가신자들이 토지와 건물을 기증하게 되면서 정주전도(定住傳道)의 형태로 바뀌게 된다. 특히 전도 초기에 석존이 잠시 금하기도 하였던 우안거(雨安居)가 교단에도 받아들여짐으로써 안거 때의 거주지 역할을 하는 원림(園林)과 정사(精舍)가 정착되었다.

원림(園林, 아라마)이란 휴식처 또는 과일이 있는 동산이란 뜻이다. '승가의 사람들이 모이는 아라마' 란 명칭은 승가람(僧伽藍)으로 음역되어 나중에는 사원 건축을 총칭하는 말로 사용되었다. 정사(精舍, 비하라)란 원래 명상과 수도를 위한 장소나 오두막을 가리키는 말이었다. 그러다 교단이 확대되고 수행자들의 공동생활을 영위하기 위한 대규모 건축물이 건립되자 이른바 승원(僧院)의 조직을 뜻하는 말이 되었다.

　대표적인 정주처로는 석존께서 가장 오랫동안 머무셨던 쉬라바스티의 기원정사(祇園精舍)를 들 수 있다. 5세기에 이곳을 방문한 법현 스님의 기록에서는 "흐르는 물은 예전의 그 물이 아니로되 맑고 깨끗하며, 수풀과 나무도 아직 무성하여 온갖 화려한 색을 제각기 자랑하니, 그 초목의 울창함을 보라. 여기가 이른바 기원정사다. 기원정사를 둘러싼 모습으로 98개(일설에는 18개)의 승가람이 세워져 있는데, 그 모든 곳에 승려가 살고 있었으며, 다만 한 곳만이 비어 있더라."라고 하였다. 그리고 7세기에 방문한 현장 스님의 기록에서는 "가람은 수백이 있지만 허물어진 것이 많다. 승려들은 많지 않은데, 이들은 정량부(正量部)의 학설을 배우고 있다. 외도의 사람들이 매우 많다."라고 하였다. 그리고 법현 스님의 기록에 "기원정사는 원래 7층 건물로서 공양하는 사람들의 연등이 끊길 날이 없었다. 그러나 쥐가 나와서 연등을 물고 달아나는 바람에 모든 건물이 불에 타서 재가 되고 말았다."라고 하였으니, 이를 통해 기원정사가 목재로 건축되었음을 알 수 있다.

8. 위대한 열반 – 최후의 여행과 입멸

석존의 활동에 대한 역사적인 전후관계는 잘 알 수 없다. 그나마『대반열반경』은 다양한 판본이 있음에도 거의 동일한 내용을 담고 있기에 석존의 열반 직전의 일부 기간에 대한 역사적이며 지리적 사실을 어느 정도 나열해 볼 수 있다.

1) 최후의 여행

80세를 맞은 석존은 라자그리하의 영취산을 뒤로 하고 북쪽으로 길을 떠났다. 행선지는 여래의 출생지인 카필라바스투였던 것으로 짐작된다. 이 여정에는 아난다와 몇 명의 제자가 동행했다.

　아난다와 함께 갠지스 강 남쪽 강기슭에 있는 파탈리(후에 마가다국 수도가 된 도시) 마을로 갔다. 그 마을에서 석존과 제자들을 초대하였으며, 석존은 밤이 깊도록 설법하셨다.

다음날 파탈리 마을을 나오신 석존께서는 갠지스 강을 건넜다. 이때 석존께선 힘 센 장사가 굽혔던 팔을 펼치는 정도의 짧은 순간에 갠지스 강의 이쪽 강가에서 모습을 감추더니 곧 저쪽 강가에 모습을 나타내셨다고 한다.[5] 갠지스 강을 건너 최초로 닿은 곳이 모래톱 위에 있던 코티 마을이다.

코티 마을에서 나온 석존은 나디카 마을에서 체류하며 설법하셨으며, 나디카 마을을 나온 뒤에는 바이샬리로 떠났다.

바이샬리는 석존 시대 때 릿차비족의 중심 도시로서 공화제가 선포되고 상업도시로서 크게 번영하고 있던 곳이었다. 석존 당시에 많은 정사가 건립되었으며, 석존 입멸 후 제2결집이 이곳에서 거행되었다.[6]

석존은 동행하던 비구들에게 "바이샬리 근방에서 친구에 의지하거나 아는 사람에 의지하여 우안거에 들라."고 이르시고는 아난다와 둘이서 근처의 죽림촌에서 하안거를 지냈다. 죽림촌에서의 하안거 동안 석존은 매우 위독한 병에 걸려 죽음에 가까우리만큼 심하게 고통받았다. 석존은 그 고통을 참아냈지만, 근심한 아난다가 석존의 입멸 후 무엇에 의지해야 하는가를 여쭙자 석존께서 답하셨다.

"나는 안팎의 구별 없이 모든 법을 설했다. 나의 가르침에는 무엇인가 제자들에게 감추는 듯한 스승의 악권(握拳, 꼭 쥔 주먹)이 없으며, 나에게는 비구들이 나를 의지하고 있다거나 나는 비구들을 가르쳐서 이끈다는 등의 생각이 없다. 비구들은 설령 내가 입멸한다고 해도 스스로의 몸과 스스로의 마음을 알고, 또 법을 알고 나서 탐욕과 근심과 슬픔을 제거하고, 남에게 의지하지 말고 마치 강 가운데의 모래톱(dīpa)[7]과 같이 자기 자신에 의지할 것

---

5) 이 지역은 갠지스 강의 강폭이 굉장히 넓기도 하거니와, 배를 띄우면 비스듬하게 거슬러 오르내리며 강을 건너는 사행항로(斜行航路)인 까닭에 연락선으로 약 한 시간 반 정도 소요된다.
6) 바이샬리는 빠알리어로 '웨쌀리'에 해당한다. 보다 자세한 내용은 미주 참조. ⇒ 㬌 '웨쌀리'
7) 빠알리어 'dīpa'는 모래톱과 등불이란 의미를 모두 지니고 있기에 이 부분의 번역이 '스스로를 등불로 삼고(自燈明), 법을 등불로 삼으라(法燈明).'로 되어 있기도 하다.

이며, 다른 것에 의지하지 말고 모래톱에 의지하듯 법에 의지하여 수행을 계속해 나간다면 높은 경지에 도달할 수 있을 것이다."

석존께서는 죽림촌에서 최후의 안거를 지낸 다음에 매우 심한 병에 걸렸다가 겨우 회복한 직후, 자신의 몸이 늙어서 간신히 걷고 있는 모습을 가죽 끈에 의지한 낡은 수레에 비유하여 말씀하셨다.

"나는 노쇠하고 나이도 팔십에 이르렀다. 아난다여! 예컨대 낡은 수레가 가죽 끈의 도움으로 겨우 움직여 가듯이 여래의 몸도 가죽 끈의 도움으로 간신히 움직이고 있구나."

죽림촌에서 우안거를 마친 석존께서는 바이샬리 거리로 탁발을 다니거나 시내의 사당(祠堂)에서 휴식을 취하셨다. 이때 마라가 나타나 열반을 권유하자 교단에 대한 근심스런 마음이 담긴 말씀으로 그 권유를 거절하셨다.

"출가 비구들과 재가신자들이 자기 자신을 잘 억제하고 현명하며, 스승의 가르침을 잘 듣고 올바른 수행을 닦으며, 스승의 설법을 지키고, 또 스승의 가르침에 대한 비방자를 항복시킬 때까지는 열반에 들지 않겠노라."

그러나 마라가 재차 열반을 권하자 석존께서 인근에 있는 비구들을 모아놓고 3개월 후에 있을 자신의 입멸을 예고하였다. 그리고는 바이샬리를 떠나 반다 마을과 핫티 마을 등을 거쳐 쿠쉬나가라로 향하였다. 바이샬리를 막 벗어나 팔라 언덕에 이른 석존께서는 코끼리가 되돌아보는 것처럼 천천히 몸을 돌려[8] 바이샬리를 돌아보며 아난다에게 말씀하셨다.

"이로써 내가 바이샬리를 보는 것도 마지막이 되리라."

---

8) 부처님께서 코끼리처럼 혹은 사자처럼 천천히 몸을 돌리셨다는 표현은 위의를 갖춘 행위로 보는 시각도 없지 않지만, 실은 연로하신 데다 병이 겹쳐 몸을 쉽사리 가누지 못하는 모습으로 보는 것이 타당하다.

바이샬리를 떠난 석존은 몇몇 마을을 지나 쿠쉬나가라에 이르렀다. 그리고 쿠쉬나가라 근처의 파바 마을에서 대장장이 춘다의 망고 동산에 머무르며 버섯의 일종인 수카라 맛다바[9]를 드신 후에 중병에 걸린다. 붉은 피가 쏟아지고 죽음에 가까운 심한 통증이 일어났다.

2) 석존의 입멸

고통을 참으며 석존은 아난다와 함께 쿠쉬나가라에 이르러 말라족의 우파밧타나에 있는 사라나무 숲으로 들어가셨다.

> "아난다여! 그대는 나를 위해 사라쌍수(雙樹) 사이에 머리를 북쪽으로 향할 수 있도록 자리를 깔도록 하라. 나는 피곤하다. 나는 자리에 누울 것이다."
> "모든 행은 무상하니 방일하지 말고 정진하라."
> "이 세상에서 생명 있는 모든 것들은 마침내 육신을 버리게 되리라. 마치 세상에서 비할 바가 없는 사람, 이와 같은 스승, 힘을 갖춘 수행 실천자, 정각을 얻은 그분이 사라지듯이."

날이 새자 아난다는 석존의 입멸을 쿠쉬나가라의 말라족에게 전하였다. 말라족은 남녀노소 할 것 없이 향과 꽃다발과 온갖 악기와 5백 겹의 천을 가지고 사라나무 주위로 와서 주악과 꽃다발과 향으로 석존의 유체에 공경하며, 천막을 치고 만다라화를 바치며 6일 동안 공양하였다. 석존의 유해는 5백 겹의 천으로 둘러싸이고 쇠기름관에 넣어졌다. 7일이 되는 날, 머리를 감고 새 옷을 입은 여덟 명의 말라족 수장들에 의해 쿠쉬나가라 북문을 통해 시내로 들어갔다가 동문을 통해 나와서 동쪽 교외 마쿠타 반다나 차이탸[天冠寺]에 안치되었다. 그리

---

9) '돼지'라는 이름이 들어간 버섯의 일종으로 보는 의견과 돼지고기로 요리된 음식으로 보는 의견이 있다. 우빠니샤드 가운데 『브릭핫아란야까 우빠니샤드』 제6장(6.4.18)에는 "누구든지 어떠어떠한 아들을 얻기 원한다면 송아지 고기나 육죽(肉粥)을 조리하여 정제 버터와 섞어 부부가 함께 먹어야 한다. 그러면 그러한 아들을 얻을 수 있다."라고 되어 있다. 그런데 브라만은 소고기를 먹지 않으므로 이를 다른 것으로 보는 의견이 있는데, 이와 유사한 경우라고 볼 수 있다. 그러나 베딕 시기에 일부 현인들이 육식을 하였다는 것은 적지 않은 설화를 통해 전해진다.

고 마하카샤파의 도착을 기다렸다가 향목(香木)을 태워 다비되었다.

　다비 후에 사리를 분배 받은 여덟 부족은 각기 자신들의 주거지로 돌아가 사리탑(舍利塔)을 세웠다. 그 여덟 부족이란 ① 마가다국의 아자타샤트루 왕, ② 바이샬리의 릿차비족, ③ 카필라바스투의 샤캬족, ④ 알라캅파의 부리족, ⑤ 라마그라마의 콜랴족, ⑥ 베타두비파의 브라만, ⑦ 파바의 말라족, ⑧ 쿠쉬나가라의 말라족이다. 그 외에 사리 배분을 결정한 브라만 드로나는 사리가 들어 있던 병을 가져가 병탑(甁塔)을 세웠으며, 뒤늦게 당도한 핍팔리바나의 모랴족은 다비장의 남은 재를 가져가 회탑(灰塔)을 세웠다.

第1章

यमकवग्गो

쌍을 이룬 게송들의 장

쌍요품

雙要品

001　어떠한일 무엇에든 생각제일 앞서있고
　　　　어떤일에 무엇이든 생각가장 뛰어나니
　　　　모든일은 어찌되든 생각으로 시종일관.
　　　　온갖못된 생각으로 지껄이고 뒤척이면
　　　　괴로움이 그의뒤를 그림자로 따를지니
　　　　수레바퀴 황소발굽 어김없이 뒤따르듯.

心爲法本 心尊心使 中心念惡 卽言卽行 罪苦自追 車轢于轍
마음은 (모든) 법의 근본이 되나니
마음이 (가장) 존귀하며 마음이 (모든 것을) 부린다.
속마음에 사악함을 생각하면
(그것이) 그대로 말이 되고 (그것이) 그대로 행동이 된다.
(그 결과 얻게 되는) 죄과의 고통은 저절로 뒤따르기 마련이니,
(마치) 수레가 바퀴 자국 안에서 삐꺽거리(며 나아가)듯이.

manopubbaṅgamā dhammā, manoseṭṭhā manomayā |
manasā ce paduṭṭhena, bhāsati vā karoti vā |
tato naṁ dukkhamanveti, cakkaṁva vahato padaṁ ||
모든 일에 있어서 생각이 앞장서 나아가고
(모든 일에 있어서) 생각이 가장 뛰어나며
(모든 일은) 생각으로 이루어져 있다.
만약 사악한 생각으로 언행을 하거나 행위를 한다면,
그러면 괴로움이 그를 뒤따를 것이다
마치 수레를 끄는 황소의 발굽을 수레바퀴가 (뒤따르듯).

* 001

벌레를 밟은 짝쿠빨라 장로

부처님께서 싸왓티(Sāvatthī)[1] 제따(Jeta) 숲의 승원에 계실 때, 수행을 하다 눈이 먼 장로가 실수로 벌레를 밟은 이야기이다.

싸왓티의 한 부호가 나무신에게 정성을 들여 두 아들을 낳았다. 그들은 장성하여 부친이 돌아가시자 막대한 유산을 물려받아 생활하였는데, 형인 마하빨라(MahāPāla)가 어느 날 부처님 제자들이 여법하게 수행하는 모습을 보고 발심하여 아우의 만류에도 불구하고 출가하였다.

마하빨라는 부처님의 가르침에 따라 삼장을 먼저 공부한 뒤에 통찰을 통한 수행으로 정진하였으며, 장좌불와(長坐不臥)까지 감행하여 심한 눈병을 얻었지만 그에 굴하지 않았다. 그 결과 그는 아라한(阿羅漢)의 경지에 이르렀을 때 장님이 되고 말았다. 그럼에도 동료 수행자들에게 깨달음을 전하는 데 소홀하지 않아 '짝쿠빨라(Cakkhu〔눈〕 Pāla〔지킴이〕)'란 이름을 얻었다.

장로 짝꾸빨라는 안거를 마치고 부처님을 뵈려고 제따 숲으로 온 저녁, 경행(經行)[2]을 하다 우연히 벌레를 몇 마리 밟고 말았다. 다음날 아침 장로를 찾아왔다가 죽어 있는 벌레들을 본 수행승 가운데 장로를 험담하려는 비구들이 부처님께 그 일을 말씀드렸더니, 이미 아라한의 지위에 오른 짝꾸빨라의 경우 보지 못해 일어난 의도적이지 않은 살생이니 그의 허물이 아니라고 부처님께서 말씀하셨다. 아울러 짝쿠빨라가 아라한의 경지에 오름에도 눈이 먼 것은, 그가 전생에 의사로서 한 여인의 눈을 고쳐 주다 그녀가 미리 한 약속을 지키지 않자 오히려 눈을 멀게 해버린 업보로 금생에 장님이 된 것이라 말씀해 주셨다.

이처럼 한 번 저지른 악업은 그 업보가 다할 때까지 수레바퀴가 황소의 발굽을 따르듯 영원히 따라다님을 말씀하신 것이다.

---

1) 싸왓티는 부처님 당시 꼬쌀라국의 수도로서 부처님께서 가장 오랫동안 머무셨던 도시이다.
2) 경행이란 사원의 전통 의례 가운데 하나로서 법사를 따라 경전의 문구를 외우며 부처님 주위를 도는 의식, 또는 좌선 중에 피로를 풀고 졸음을 쫓기 위해서나 수행의 한 방편으로 가벼이 걷는 것을 말한다.

어떠한일 무엇에든 생각제일 앞서있고
어떤일에 무엇이든 생각가장 뛰어나니
모든일은 어찌되든 생각으로 시종일관.
만족하는 생각으로 말도몸도 고분하면
즐거움이 그의뒤를 그림자로 따를지니
빛비추는 어디엔들 그림자가 사라지리.

心爲法本 心尊心使 中心念善 卽言卽行 福樂自追 如影隨形
마음은 (모든) 법의 근본이 되나니
마음이 (가장) 존귀하며 마음이 (모든 것을) 부린다.
속마음에 착한 것을 생각하면
(그것이) 그대로 말이 되고 (그것이) 그대로 행동이 된다.
(그 결과 얻게 되는) 복업의 즐거움은 저절로 뒤따르기 마련이니,
마치 그림자가 (그 그림자를 만든) 형체를 뒤따르듯.

manopubbaṅgamā dhammā, manoseṭṭhā manomayā |

manasā ce pasannena, bhāsati vā karoti vā |

tato naṁ sukhamanveti, chāyāva anapāyinī ||

모든 일에 있어서 생각이 앞서 나아가며
(모든 일에 있어서) 생각이 가장 뛰어나며
(모든 일은) 생각으로 이루어져 있다.
만약 만족하는 생각으로 언행을 하거나 행위를 한다면
마치 (사물에) 붙좇는 그림자처럼 즐거움이 그를 뒤따른다.

* 002

자린고비 부친을 회개시킨 죽은 아들

부처님께서 싸왓티 제따 숲의 승원에 계실 때, 죽은 아들이 자린고비인 부친을 회개시킨 일에 대한 이야기이다.

싸왓티에 자린고비로 유명한 한 부호가 있었다. 그는 워낙 아끼는 것에만 집착하였기에 귀한 외아들의 생일 선물인 금 귀걸이도 세공비가 아까워 직접 만들어 주었다. 이렇게 조잡하게 만든 귀걸이를 한 아들은 '맛타꾼달리(Maṭṭha〔광낸〕Kuṇḍali〔귀걸이〕)'란 이름으로 친구들에게 놀림감이 되었다.

맛타꾼달리가 열여섯 살 때 황달에 걸려 급히 치료해야 했었는데, 그 아비는 의사를 부르면 낭비라며 스스로 황달 치료법을 배우느라 치료 시기를 놓치고 말았다. 그러고도 곧 들이닥칠 조문객이 부담된다며 죽음에 임박한 아들을 미리 화장터 곁의 정자에 내다 놓았는데, 평소 선업을 지은 그를 위해 부처님께서 화장터로 직접 가셔서 임종 법문을 해주셨다. 부처님의 가르침에 진심으로 귀의한 맛타꾼달리는 죽어서 삼십삼천(三十三天)[3]에서 천왕의 아들로 태어났다.

'내가 부처님의 임종 법문을 들은 공덕으로 이렇게 천상에 태어나 복락을 누리고 있으니, 부친께도 내가 직접 가서 부처님께 귀의토록 말씀드려야겠다.'

천상에서 더 많은 선업을 지은 맛타꾼달리는 그 선업의 공덕으로 부친을 위해 잠시 지상으로 내려와 불법에 귀의하길 권해 드렸다. 죽었던 아들이 모습을 드러내어 보여 준 여러 가지 이적(異蹟)을 보고 회개한 부친은 마침내 진심으로 부처님의 가르침에 귀의하였다.

부처님께서 회개한 맛타꾼달리의 부친을 위해 말씀해 주셨다.

"재가불자여! 사람의 생각이 모든 행동의 근본이요, 모든 행동에는 생각이 항상 앞서가는 법이니라. 그리고 생각을 일으켜 행동한 결과는 그렇게 행동한 사람에게서 결코 분리되지 않고 뒤따름을 알지니라."

가르침을 듣고 맛타꾼달리의 부친은 이내 예류향(預流向)에 들었다.

---

3) 삼십삼천은 도리천(忉利天)이라고도 하며, 욕계 제2천(天)의 수미산 정상에 위치한다.

003   저놈이날 흘뜯었어 저놈에게 맞았다네.
제가나를 능멸했어 제가내것 가져갔어.
이세상에 그누구도 이생각에 빠져들어
그리생긴 증오라면 어찌가라 앉으리오.

人若罵我 勝我不勝 快意從者 怨終不息
남이 만약 나를 욕하면
나 자신을 이겨 낼 뿐 (남을) 이기려 하지 말라.
제멋대로인 생각을 쫓아다니는 자는
그 원한이 끝내 식지 않는다.

akkocchi maṁ avadhi maṁ, ajini maṁ ahāsi me |
ye ca taṁ upanayhanti, veraṁ tesaṁ na sammati ||
"그가 나를 헐뜯었다. 그가 나를 때렸다.
그가 나를 이겼다. 그가 내 것을 가져갔다."
그래서 어떤 누구라도 이런 생각에 빠져들면
그들의 경우 증오는 가라앉지 않는다.

004 저놈이날 흘뜯었어 저놈에게 맞았다네.
제가나를 능멸했어 제가내것 가져갔어.
제아무리 아둔해도 이생각만 벗어나면
그에게서 증오란것 어디에서 찾으리오.

人若致毀罵 役勝我不勝 快樂從意者 怨終得休息
어떤 이가 설령 (나를) 해코지하며 욕하기에 이르더라도
노력하여 나 자신을 이겨 낼 뿐 (남을) 이기려 하지 말라.
흔쾌히 (자신의) 의지를 쫓아가는 자는
그 원한이 결국엔 쉬어 들기 마련이다.

akkocchi maṁ avadhi maṁ, ajini maṁ ahāsi me |
ye ca taṁ nupanayhanti, veraṁ tesūpasammati ||

"그가 나를 헐뜯었다. 그가 나를 때렸다.
그가 나를 이겼다. 그가 내 것을 가져갔다."
그러나 어떤 누구라도 이런 생각에 몰입되지 않으면
그들에게 있어서 증오는 가라앉는다.

거만한 띳싸 비구

부처님께서 싸왓티 제따 숲의 승원에 계실 때, 부처님의 사촌으로 거만했던 띳싸 비구에 대한 이야기이다.

비구 툴라띳싸(ThullaTissa)는 부처님의 부친인 숫도다나 왕의 누이동생의 아들로서 늦깎이로 출가하였다. 그는 매우 뚱뚱하여 뚱보라는 의미인 띳싸(Tissa) 비구로 불리었는데, 다른 비구들에 비해 늦은 나이에 출가하였지만 세속에서 대접만 받던 습관이 남아 있었다. 그래서 제따 숲을 방문하는 수행승들이 자신을 시중들거나 공손하게 대해 주기를 항상 바랐다.

'내가 이래봬도 세속에 있을 때 장로 못지않았단 말이야. 그러니 갓 출가했어도 당연히 장로 대접을 받아야 마땅하지!'

어느 날 법당 한가운데 당당히 앉아 있는 띳싸 비구를, 마침 그 승원을 방문한 수행승들이 보고 부처님의 상수제자 가운데 한 분일 거라고 여겨 온갖 예절을 갖추어 시중을 들자 그는 당연한 듯 그 시중을 받았다.

그러나 아무래도 어쭙잖은 행동에 의심을 품은 한 비구가 그에게 몇 차례의 안거(安居)[4]를 지냈는지 물었다. 그리고 아직 한 철의 안거도 나지 않은 단순한 늦깎이라는 것을 알게 된 젊은 수행승들은 띳싸 비구를 호되게 꾸짖었다. 이에 띳싸 비구는 오히려 법랍(法臘)[5]에만 의존하는 것은 승가의 폐해라고 항변하며 화를 버럭 내고는 부처님께 호소하러 가겠다며 성을 내었다.

함께 몰려온 띳싸 비구와 젊은 수행승들로부터 자초지종을 들은 부처님께서 띳싸에게 사과할 것을 권했으나 그는 잘못한 것이 없다며 고집을 꺾지 않았다. 그러자 부처님께선 띳싸 비구가 전생에도 남 탓하는 마음에 쓸데없는 고집을 부려 낭패를 보았던 일을 말씀해 주셨다.

–

예전에 어떤 왕이 바라나씨를 다스릴 때 히말라야에서 고행하던 두 수행자 데왈라(Devala)와 나라다(Nārada)가 우기(雨期) 때 쓸 소금과 식초를 구하러 도시로 나왔다가 우연히 같은 움막에서 하룻밤을 지내게 되었다.

잠자리에 들며 애초부터 제자리에 얌전히 누워 있던 나라다와는 달리 데왈라는 이리저리 뒤척이다 출입문을 막은 채 곯아떨어졌다. 그런데 한밤중에 바깥일을 보려고 어둠을 더듬으며 나가던 나라다가 데왈라의 머리를 밟고야 말았다.

"어이쿠! 이게 무슨 일이야! 누가 내 머리를 밟는 게야!"

야단법석을 떠는 데왈라에게 나라다는 용서를 빌었지만 소용이 없었다. 그래서 그냥 나온 나라다는 일을 본 뒤에 다시 들어가며 조심한다는 것이 이제는 거꾸로 돌아누워 있던 데왈라의 목을 밟고야 말았다.

"컥! 에고, 사람 살려! 이놈의 화상이! 네 머린 일곱[6]으로 쪼개질 게다!"

화가 치민 데왈라가 온갖 험담에 몹쓸 저주까지 퍼부었다.

그런데 자신의 잘못은 아랑곳 않고 남 탓만 하여 부린 데왈라의 저주가 결국엔 데왈라 자신에게 돌아갈 것을 안 나라다는 신통을 발휘하여 신중들을 달램으로써 데왈라가 위기를 모면하게 해주었다. 하마터면 신중들에 의해 오히려 자신의 머리가 일곱으로 쪼개질 뻔했던 데왈라는 그럼에도 나라다를 증오하는 마음을 지닌 채 달아나 버렸다.

–

부처님께서 들려주신 전생담에서 데왈라는 띳싸 비구였으며 나라다는 석가모니 부처님 당신이었다고 말씀하셨다.

부처님으로부터 자신의 전생 이야기를 들은 띳싸 비구는 그제야 증오의 마음을 가라앉고 참회하며 젊은 수행승들에게 용서를 구하였다.

---

4) 안거는 인도의 우기 때 실시되는 불교 승단의 연중행사이다. 이 시기는 우기 때 나온 벌레를 밟는 등의 살생을 피하고 만행의 불편을 해소하기 위해 한 곳에 모여 수행하며 외출을 삼간 것에서 유래되었다.
5) 법랍은 비구나 비구니가 구족계를 받은 이후의 햇수를 가리킨다. 출가한 수행자는 속세의 나이를 세지 않고, 구족계를 받은 이후에 지낸 하안거의 횟수에 따라 비구나 비구니로서의 나이를 셈한다.
6) 숫자 7은 북극성을 중심으로 하는 북두칠성에 배경을 두어 영원성을 나타낸다. 부처님께서 마야 부인으로부터 태어나셨을 때 일곱 발자국을 걸으셨다고 하며, 명상 수행에 들어가기 전에는 보리수를 일곱 바퀴 돌았다고 한다. 불교의 과거칠불이나 칠성신앙 외에도, 인도 풍습엔 결혼식 때 신랑신부가 하나의 끈으로 연결된 상태에서 마당에 지펴 놓은 불 주위를 일곱 발자국 함께 걸음으로써 서로에게 영원한 사랑을 다짐한다.

005 이세상의 어떤일을 그어떻게 하더라도
　　　　미운놈을 미워하면 그미움이 또내게로.
　　　　미워하지 않고서야 가라앉을 너나마음.
　　　　이게바로 가장오랜 맑고참된 법인것을.

　　　　不可怨以怨 終以得休息 行忍得息怨 此名如來法
　　　　원한으로써 원한을 갚고자 하면
　　　　끝내 그것으론 원한을 쉬게 하지 못하나니,
　　　　'참음을 행함으로써 원한을 쉬게 할 수 있다.'
　　　　이것을 여래의 법이라 이름하나니라.

　　　　na hi verena verāni, sammantīdha kudācanaṁ |
　　　　averena ca sammanti, esa dhammo sanantano ||
　　　　실로 이 세상에서 어떻게 하더라도
　　　　증오는 증오에 의해 가라앉지 않는다.
　　　　그래서 "증오하지 않음으로 (증오는) 가라앉는다."
　　　　이것이 오래된 (참된) 법이다.

몇 생에 걸쳐 이어진 악연

부처님께서 싸왓티 제따 숲의 승원에 계실 때, 두 여인 사이에서 몇 생에 걸쳐 이어졌던 악연에 관한 이야기이다.

하루는 한 여인이 갓난아이를 품에 안은 채 승원으로 헐레벌떡 뛰어 들어왔다. 그녀는 부처님에게 어떤 여자 귀신이 자신의 두 아들을 태어나자마자 해치더니 세 번째 아이까지 해치려 든다며 도움을 청하였다.

부처님께선 신장(神將)에게 제지당해 승원에 들어서지 못한 채 입구에서 증오심에 몸을 떨고 있는 여자 귀신을 보시고는 두 여인의 거듭된 원한이 몇 생에 걸쳐 이어져 왔음을 아셨다. 곧 장로 아난다(Ānanda)를 시켜 여귀를 안으로 들이게 한 뒤, 그들에게 질기게도 이어져 온 원한과 증오가 얽힌 기나긴 전생의 이야기를 들려주셨다.

전생에 갓난아이의 엄마는 한 부호의 첫 부인이었는데, 석녀(石女)인 까닭에 아들을 갖지 못하는 자신을 대신하려고 두 번째 부인을 직접 구하여 남편과 연을 맺게 해주었다. 그러나 막상 아이가 태어나려 하자 불안을 느낀 첫째 부인은 갓 태어난 어린아이를 아무도 모르게 연이어 죽였다. 세 번째 아이가 태어났을 때 역시 첫째 부인의 계략으로 아이가 죽자 그 충격에 두 번째 부인도 죽고 말았다. 나중에야 모든 사실을 안 부호는 첫째 부인마저 죽음으로 내몰았다.

그렇게 시작된 두 여인의 원한은 생을 거듭하며 암탉과 고양이로, 다시 표범과 암사슴으로 번갈아 환생하며 원수의 인연을 이어 오더니, 결국엔 깊어진 원한 때문에 여귀로 화한 둘째 부인이 해산을 돕는 친구로 변신하여 첫째 부인의 후신(後身)의 몸에서 태어난 갓난아이를 연이어 해쳤던 것이다.

부처님께서는 증오는 증오로 어찌해도 풀 수 없음을 거듭 이르시며, 여인에게 갓난아이를 여귀에게 건네주어 안아볼 수 있도록 하라고 하셨다. 부처님에 대한 믿음으로 갓난아이를 건네주자, 아기를 건네받은 여귀는 입맞춤하고 다시 어미의 품으로 건네주었을 때 모든 악연은 사라지고 없었다.

006 이세상의 어떤이는 그러고도 모르나니
증오미움 내던지면 더할나위 없단것을.
누구라도 이세상서 그한가지 알게되면
모든다툼 가라앉길 삼복더위 소나기라.

不好責彼 務自省身 如有知此 永滅無患
남을 책망하기만 좋아하지 말고
스스로 자신을 살피길 힘쓸지니,
만약 이와 같은 (도리를) 알면
(고뇌는) 영원히 소멸되어 근심이 없으리다.

pare ca na vijānanti, mayamettha yamāmase |
ye ca tattha vijānanti, tato sammanti medhagā ||
그리고 어떤 이들은 우리들이 여기(이 세상)에서
(증오를) 억제해야 한다는 것을 알지 못한다.
그러나 어떤 누구라도 (같은) 이곳에서 (그것을) 안다면
(모든) 다툼들은 가라앉을 것이다.

승가의 화합을 이끌어 낸 공양

부처님께서 싸왓티 제따 숲의 승원에 계실 때, 꼬쌈비(Kosambi)[7]의 고씨따(Ghosita) 승원에 각기 5백 명의 제자를 지도하는 강사와 율사가 있었다.

하루는 해우소(解憂所)의 세세한 율을 알지 못해 약간의 실수를 한 강사에게 율사가 그의 앞에선 괜찮다는 듯 말했다가 자기 제자들 앞에서는 무식한 강사가 계율을 어겼다며 험담하였다. 그렇게 시작된 사소한 말다툼이 결국 그 지역 전체는 물론 천상의 범천들까지 두 패로 나뉘어 다투는 커다란 분쟁으로 번졌다.

부처님께서 소식을 들으시고 그곳으로 몇 차례 장로를 보내어 타이르시며 화합을 종용하였으나 다툼이 그치지 않자 직접 꼬쌈비로 건너가셨다. 그리고 그곳에 머무시며 가르침을 펼치시길, 예전에 어떤 왕자가 자신의 부왕을 살해하고 나라마저 빼앗은 타국의 왕을 화합으로 맞아들임으로써 결국 평화롭게 나라를 되찾은 이야기까지 들려주었으나 아무런 소용이 없었다.

이에 홀로 꼬쌈비를 떠나 소금 굽는 마을로 말없이 거처를 옮기신 부처님은 그곳의 숲에서 코끼리와 원숭이의 봉양을 받으시며 지내셨다. 이 모든 사실을 알게 된 국왕과 큰 시주 등을 비롯한 모든 신도들은 고씨따 승원에 대한 공양을 모두 끊음으로써 싸움에 빠진 두 무리의 비구들이 부처님의 가르침에 진심으로 귀의하여 화합할 수 있도록 등을 떠밀었다.

걸사(乞士)[8]로서 하루하루의 먹거리를 신도의 공양에 의지하지 않을 수 없는 처지인 비구들은 그제야 정신을 차리고 부처님의 가르침을 돌아보며 헛된 증오심에서 시작한 다툼을 그칠 수 있었다.

그들이 제따 숲으로 돌아와 계신 부처님을 함께 찾아뵙고 용서를 빎으로써 고씨따 승원은 다시 화합된 옛 모습을 되찾을 수 있었다.

---

7) 꼬쌈비는 부처님 시대에 있었던 고대인도 16국 가운데 중부에 위치했던 밧싸(Vatsa)국의 수도이다.
8) 걸사는 '구걸하는 자'를 의미하는 '빅쿠(bhikkhu)'에서 온 말이다. 수행승으로서 구걸하는 자란 구걸로 연명하며 수행하는 자를 의미하는데, 한역(漢譯)에서는 '士(공부하는 선비)'를 추가하여 그 숨은 의미를 담았다.

007   제몸하나 어찌못해 감각들에 끄달리어
즐기기에 정신없고 더나아가 집착하며,
먹거리엔 환장하고 게으르며 나약하면
마왕파순 그런이를 고목나무 베버리듯.

行見身淨 不攝諸根 飮食不節 慢墮怯弱 爲邪所制 如風靡草
육신은 깨끗하다 여겨 어떤 감관도 다스리지 않으며
마시고 먹음에 절제하지 않은 채
게으르고 나태하여 겁이 많고 나약하면
삿됨에 의해 제약받게 됨이
마치 바람이 풀을 쓸어 넘기는 것과 같으리라.

subhānupassiṁ viharantaṁ, indriyesu asaṁvutaṁ |
bhojanamhi cāmattaññuṁ, kusītaṁ hīnavīriyaṁ |
taṁ ve pasahati māro, vāto rukkhaṁva dubbalaṁ ||
감각 기관[9]들을 조절하지 못하여
쾌락을 추구하고 (그것에) 집착하며
또한 먹거리에 무절제하고 게으르며 나약한
그를 마왕[10]은 쉽게 제압해 버리나니,
마치 바람이 힘없는 나무를 (무너뜨리는 것)처럼.

008

감각들을 부여잡아 자기몸을 건사하길
쾌락추구 아니하고 조용하게 머무르며,
먹거리도 절제하는 신뢰와힘 갖춘이는
바위산에 바람불듯 마귀왕도 속수무책.

觀身不淨 能攝諸根 食知節度 常樂精進 不爲邪動 如風大山
육신은 깨끗하지 않다 들여다보고
모든 감관을 다스릴 수 있으며
먹음에 있어선 절도를 알고 항상 정진을 즐겨 하면
삿됨에 의해 흔들리지 않음이
마치 큰 산에 바람이 불 때와 같으리라.

asubhānupassiṁ viharantaṁ, indriyesu susaṁvutaṁ |
bhojanamhi ca mattaññuṁ, saddhaṁ āraddhavīriyaṁ |
taṁ ve nappasahati māso, vāto selaṁva pabbataṁ ||

감각 기관들을 잘 조절하여 쾌락을 추구하지 않음에 머무르며,
그리고 먹거리[11]에 있어서도 절제할 줄 알고
신뢰와 더불어 힘을 갖춘 그를
마왕은 절대 제압하지 못하나니,
마치 바람이 바위로 된 산(을 어찌할 수 없는 것)처럼.

형만 한 아우 없다더니

부처님께서 쎄따브야(Setavya) 근교의 승원에 계실 때 일이다.

쎄따브야에 형제인 세 장자가 여러 나라와 무역을 하며 살고 있었다. 큰형인 마하깔라(MahāKāla)와 막내인 쭐라깔라(CullaKāla)가 대상을 이끌고 물건을 해 오면 중간인 맛지마깔라(MajjhimaKāla)가 이를 내다팔았다.

한번은 예전처럼 두 형제가 대상을 거느리고 싸왓티를 지나던 중에 많은 불 자들이 꽃과 향 등 공양물로 승가에 장엄하게 공양 올리는 모습을 보았다. 이 모습을 본 마하깔라는 큰 감명을 받고는 이끌리듯 부처님의 법문을 한 차례 들 은 끝에 발심하여 모든 일을 막내에게 맡기고 출가해 버렸다.

항상 큰형에게 의지하여 험난한 대상(隊商)의 길도 어렵지 않게 여겼던 쭐라 깔라는 앞으로 상단을 홀로 책임져야 한다는 생각에 낙담하였다. 그래서 승원 으로 찾아가 이미 비구가 된 형에게 다시 집으로 돌아오시라 간청도 해보고 막 내로서 떼도 써 보았지만, 이미 부처님 곁에서 열심히 수행하는 마하깔라의 마 음을 돌리지는 못하였다.

마하깔라는 나이가 들어 출가한 탓에 삼장을 외는 등의 공부는 미진하였지만 부처님의 가르침에 따라 통찰을 통한 수행에 정진하였으며, 특별히 화장터에서 의 두타행(頭陀行)[12]에 전념하였다.

그가 닦은 화장터에서의 두타행이란 열세 가지 두타행 가운데 하나로서, 무 덤가에 머물며 부정관(不淨觀)이나 무상관(無常觀)을 닦는 '무덤가에 머묾〔塚間 住〕'을 말한다. 그래서 그는 항상 모든 사람들이 잠든 초저녁에 화장장에 가서 수행한 다음 모든 사람들이 일어나기 전인 새벽녘에 승원으로 돌아왔다. 그리 하여 마하깔라는 얼마지 않아 아라한의 경지에 올랐다.

아라한이 된 마하깔라 곁에는 막내였던 쭐라깔라가 이미 비구가 되어 함께하 고 있었다. 그러나 단지 출가한 형을 데려가려는 욕심에 따라나선 길이었기에 쭐라깔라는 삼장의 공부나 통찰을 통한 수행과는 거리가 먼 일상을 보내며 승 가의 하루하루를 지겨워하고 있었다.

마하깔라가 아라한의 경지를 얻었을 때, 마침 부처님께서 수행승들과 함께 유행하시다 쎄따브야에 들르셨다.

그러자 늘 남편을 되찾으려고 안달하던 쭐라깔라의 아내는 기회를 얻으려 부처님과 비구들을 모두 집으로 초대하였다. 아내의 예상대로 쭐라깔라가 공양 준비를 돕고자 먼저 집에 도착하였기에 이런저런 핑계로 가사를 벗겨 부엌일을 거들게 하였고, 공양을 마치고도 뒤처리를 도우라고 잡아 두더니 결국엔 남편을 주저앉히고 말았다.

마하깔라의 아내도 같은 욕심으로 부처님께 공양청을 올렸지만 마하깔라는 동생처럼 공양 준비로 속가에 미리 가지 않고 대중들과 함께 움직였다. 상심한 마하깔라의 아내는 공양이 모두 끝나서 돌아갈 무렵 부처님께 마하깔라가 불법에 대한 자신의 의문에 답해 줄 수 있게 잠시 머물게 해 달라고 청하였다.

부처님께선 마하깔라에게 잠시 머무르게 한 다음 대중들과 승원으로 돌아오셨다. 돌아오는 길에 일부 비구들은 불만을 제기하며 마하깔라가 쭐라깔라처럼 환속하지나 않을지 걱정하였다.

부처님께선 마하깔라와 쭐라깔라가 비록 사이가 좋은 형제지만 수행의 세계에서 한 사람은 쾌락을 뒤쫓는 범부이며 한 사람은 감관(感官)을 제어하는 상근기의 수행자로서 서로 같지 않다고 말씀하셨다.

역시 부처님의 말씀대로 마하깔라는 평온한 얼굴로 아내의 마음을 안정시킨 뒤에 늦지 않게 승원으로 돌아왔다.

---

9) 감각 기관 또는 감관(感官)의 원어인 'indriya'는 최고의 신 인드라(Indra)에 걸맞는 힘이나 능력을 가리킴과 동시에 감관을 지칭하는 말로서 동사 '강력하다(√ind)'에서 파생되었으니, 감관이란 강력한 힘을 지녔기에 잘 제어되지 않으면 야생마처럼 제멋대로 날뛸 수 있다는 의미가 내포되어 있다.

10) 마왕(Māra)은 경전에 나타나는 천마(天魔)의 왕 파순(波旬)을 가리킨다. 그런데 단어 'mara'가 죽음을 의미하기도 하므로 염라대왕으로 간주되기도 한다. 그러나 염라대왕은 야마(Yama)에서 온 말이며 죽음을 관장하는 특정한 신을 가리키므로 파순과 동일하지는 않다.

11) 먹거리란 단지 음식에 국한된 것이 아니라 모든 감각 기관이 상대하는 각각의 감각 대상을 이르므로, 눈의 먹거리는 색(色)이요 귀의 먹거리는 소리[聲]이며, 나아가 생각의 먹거리는 법(法)이다.

12) 두타(頭陀)는 산스끄리뜨 동사 '√dhū(흔들어 떨어 버리다)'에서 온 말로서, 심신에 묻은 때를 떨어 없애 버린다는 의미이니, 두타행은 마음을 닦아 의식주에 대한 탐욕을 떨어 버리는 수행을 가리킨다.

009　깨끗하지 못함에서 자유롭지 않은자가
　　　자기자신 멋에겨워 귀한가사 입었지만,
　　　절제되지 아니하고 진실마저 부족하면
　　　그가사의 한올한올 억누름을 어이하리.

　　　不吐毒態 欲心馳騁 未能自調 不應法衣
　　　독이 되는 태도를 뱉어 내지 못한 채
　　　욕심에 따라 내달릴 뿐
　　　스스로 (자신을) 다스리지 못하면
　　　법의法衣[13]를 받을 자격이 없다.

　　　anikkasāvo kāsāvaṁ, yo vatthaṁ paridahissati |
　　　apeto damasaccena, na so kāsāvamarahati ||
　　　누구라도 깨끗지 못함에서 자유롭지 않은 자가
　　　가사袈裟를 입었다면
　　　절제와 진실이 결여된 그는
　　　가사를 (입을) 자격이 되지 않는다.

010　비록지금 꼬질꼬질 더러움에 덮였어도
그허물을 벗기위해 계율들에 정착하여,
절제하는 몸가짐에 진실또한 갖춘다면
몸에가사 천근인들 깃털같지 않겠는가.

能吐毒態 戒意安靜 降心已調 此應法衣
독이 되는 태도를 토해 내버리고
계에 (머문) 뜻이 안정될 수 있어서
항복된 마음이 조절되었다면
그는 법의法衣를 받을 자격이 있다.

yo ca vantakasāvassa, sīlesu susamāhito |
upeto damasaccena, sa ve kāsāvamarahati ||
그러나 누구라도 더러움을 벗어던지기 위해
계율들에 잘 안착하였다면[14)
절제와 진실을 갖춘 그는
진실로 가사袈裟를 (입을) 자격이 된다.

부처님의 사촌동생 데와닷따

부처님께서 싸왓티 제따 숲의 승원에 계실 때, 부처님의 사촌동생이면서 출가하여 라자가하 지역에 머물고 있었던 데와닷따와 관련된 이야기이다.

부처님의 으뜸가는 두 제자인 장로 싸리뿟따(Sāriputta, 舍利弗)와 목갈라나(Moggallana, 木連)는 언젠가 각각 5백 명의 수행승들과 함께 제따 숲에서 라자가하로 간 일이 있었다. 그때 라자가하 주민들 가운데 승가의 여법한 모습을 지켜보던 몇몇 사람이 전래의 관습에 따라 손님을 대하는 예법으로 자신들의 형편에 맞는 보시를 베풀었다.

이에 장로 싸리뿟따가 감사의 말을 전하였다.

"여러분들께서 스스로 하시는 보시는 그만큼의 공덕이 자신의 내생에 반드시 갖추어질 것입니다. 그런데 이렇게 스스로 일으킨 마음으로 자신만이 보시함에 그치지 않고, 그 마음을 이웃과 남에게 전해 주어 함께 보시할 수 있도록 한다면 그 공덕은 더 불어나 다음 생에 너나없이 모두가 풍족한 부를 성취할 수 있을 것입니다."

싸리뿟따의 가르침에 많은 사람들이 자신뿐만 아니라 주위에 권선하여 보시를 행하게 되었다. 그러한 권선을 전해 들은 한 현인이 두 분 장로와 1천 명의 수행승을 함께 공양에 초대하고자 준비하며 주위에도 함께 동참할 수 있도록 재차 권선하였다. 그래서 많은 사람들이 동참한 가운데 한 장자가 십만 냥의 값어치가 있는 바라나씨의 황색 고급 천을 내놓으며 비용에 충당케 하였다.

그 고급 천을 처분하지 않아도 될 만큼 많은 이들이 보시하여 승가에 대한 공양을 무사히 마친 뒤, 사람들은 논의 끝에 그 천으로 한 수행자의 가사를 지어 드리고자 하였다. 사람들은 두 분 장로도 훌륭하다 여겼지만, 항상 그 지역에 머물며 수행하는 데와닷따에게 가사를 지어 드렸다. 그런데 아직 수행력이 부족한 데와닷따는 분에 넘치는 가사를 얻자 이내 사람들의 입방아에 오르내리는 행동으로 물의를 빚게 되었다.

라자가하의 데와닷따가 분에 넘치는 가사를 걸치고 잘못된 행동을 한다는 소문은 부처님도 들으시게 되었다. 부처님께선 그가 전생에도 그와 같이 자신에게 어울리지 않는 옷을 입곤 했다며 다음과 같은 이야기를 들려주셨다.

－

옛날 바라나씨 인근에 코끼리를 잡아 상아와 몇몇 부위만 도려내어 팔고, 나머지는 버리는 사냥꾼이 있었다. 그의 잔인함은 사람들은 물론 코끼리에게도 널리 알려져 커다란 숲에 많은 코끼리가 살고 있었지만 그의 그림자만 나타나도 모두 도망을 가버려서 사냥꾼인 그도 곤란하게 되었다.

한번은 그가 먼발치에서, 연각불(緣覺佛)이 서 계시는 앞을 코끼리들이 공손하게 무릎을 꿇는 예를 취하고 지나가는 모습을 보았다. 그렇잖아도 이리저리 궁리하며 코끼리에게 접근할 방도를 찾고 있던 사냥꾼은 분명 저 황색의 가사를 걸치면 코끼리들에게 접근하기 쉬우리라 생각했다. 그래서 연각불이 강에서 목욕하는 틈에 그 가사를 훔쳤다.

손에 창을 든 채 그 위로 가사를 걸친 사냥꾼은 생각대로 숲속 어느 길목이건 서 있기만 해도 쉽사리 많은 코끼리들을 사냥할 수 있게 되었다.

그 소문마저 숲속에 퍼지자 코끼리의 왕은 황색 가사를 걸친 사냥꾼에게 경계를 풀지 않고 접근하여, 마침내 그를 큰 코로 휘감아 내동댕이쳤다. 그러나 연각불의 가사를 걸치고 있었던 덕분에 죽임만은 면한 사냥꾼은 코끼리를 사냥하는 일을 그만두었다.

－

부처님께선 그때의 사냥꾼이 지금의 데와닷따이며, 코끼리의 왕은 당신께서 전생의 보살로서 몸을 나타내셨던 것이라 말씀해 주셨다.

---

13) 법의는 '법식(法式)에 맞는 옷'이란 의미로서 가사를 가리킨다. 그 법식 가운데 하나가 빛깔로서, 가사는 청·황·적·백·흑 등 다섯 가지 정색(正色)이 아닌 황토색에 가까운 검붉은 색으로 물들여 쓰도록 규정하고 있다. 이는 가사가 원래 버린 누더기의 성한 부분들을 잘라 만들고 손쉽게 구하는 황토로 자연염색을 해서 입은 것에서 기인하였다.

14) 계율들에 잘 안착한다는 것은 청정으로 이끄는 네 가지 유형의 계행[四淨戒, catupārisuddhisīla]을 말한다. ① 외적인 제재로서 계율 덕목을 잘 따르는 것, ② 내적인 제재로서 여섯 감관을 잘 제어하는 것, ③ 청정한 삶에 어울리는 위의를 갖추는 것, ④ 기본 의식주인 의복, 음식, 처소 및 의약품에 검소한 것이다.

011   핵심아닌 것에다간 핵심이라 간주하고
　　　　핵심적인 것에대해 아니라고 여기면서,
　　　　헛된생각 못벗어나 하릴없이 맴을돌면
　　　　핵심적인 것에게는 어찌해도 못닿으리.

　　　　以眞爲僞 以僞爲眞 是爲邪計 不得眞利
　　　　참을 거짓이라 여기고 거짓을 참이라 여긴다면
　　　　이는 삿된 셈이 되니 참된 이익을 얻지 못한다.

　　　　asāre sāramatino, sāre cāsāradassino |
　　　　te sāraṁ nādhigacchanti, micchāsaṅkappagocarā ||
　　　　핵심[15]이 아닌 것에 대해 핵심적이라 여기고
　　　　핵심적인 것에 대해 핵심이 아니라 보는
　　　　그들은 (결국엔) 핵심적인 것에 가닿지 못하나니,
　　　　(그저) 잘못된 생각에 떠돌[16] 뿐.

012 핵심적인 것에게서 핵심이란 것을알고
    핵심아닌 것에게는 아니라고 알게되면,
    그리옳고 바른생각 영위하는 사람들은
    핵심적인 그무엇에 결국에는 가닿으리.

知眞爲眞 見僞知僞 是爲正計 必得眞利
참을 참으로 여길 줄 알고 거짓을 거짓으로 알아본다면
이는 바른 셈이 되니 반드시 참된 이익을 얻을 것이다.

sārañca sārato ñatvā, asārañca asārato |
te sāraṁ adhigacchanti, sammāsaṅkappagocarā ||
그러나 핵심적인 것으로부터 핵심인 것을 알고
핵심이 아닌 것으로부터 핵심적이지 않음을 안다면
올바른 생각을 영위하는[17] 그들은
(결국엔) 핵심적인 것[18]에 가닿는다.

싸리뿟따와 목갈라나, 그리고 싼자야

부처님께서 라자가하 웰루(Velu) 숲의 승원에 계실 때, 으뜸가는 제자인 싸리뿟따와 목갈라나 존자에 대한 이야기이다.

부처님께서 세상에 출현하시기 전에 라자가하에서 멀지 않은 두 마을인 우빠띳싸(Upatissa)와 꼴리따(Kolita)에 절친한 두 브라만이 살았다. 그들은 한날한시에 각기 아들을 낳았는데, 그 아이들은 가문의 장손이자 앞으로 마을을 이끌 것이라 하여 각기 마을의 이름을 따서 '우빠띳싸'와 '꼴리따'라 불렀다.

우빠띳싸와 꼴리따는 서로 왕래하며 라자가하에서 열리는 큰 축제에도 함께 참여하곤 하였는데, 그때마다 제각기 수많은 화려한 황금빛 가마들이 뒤따르고 5백이나 되는 소년들이 수행하였다. 그러던 어느 날 축제에 참가하였지만 즐거움이 예전 같지 않던 두 소년은 자신들을 위해 마련된 수레에 높이 올라앉아 축제를 내려다보며 동시에 이런 생각에 잠겼다.

'저 모습들… 백 년이 지나기도 전에 죽어 버리면 그 무엇이 남게 되는가? 결국엔 해탈의 길로 나아가야 하지 않겠는가.'

같은 곳에 앉아 같은 것을 바라보며 서로 같은 생각을 하고 있음을 확인한 두 소년은 이내 출가를 결심하고 모든 시종들을 돌려보냈다. 그러고는 마침 많은 유행자(遊行者)[19]들을 거느리고 라자가하에 머물고 있던 싼자야 밑으로 들어가 수행을 시작하였다.

그러나 불과 며칠 만에 싼자야의 모든 가르침을 섭렵한 그들은 이내 한계를 느끼고 그의 밑에서 나오게 되었다. 그리고 함께 세상을 편력하며 많은 선지식을 찾아다녔으나 만족하지 못한 채 결국엔 고향으로 돌아왔다.

"서로 헤어져 수행하다가 먼저 불사(不死)를 얻은 자가 알려 주기로 하세."

그러던 어느 날 우빠띳싸가 공양을 마치고 수행처로 가던 중에 마침 라자가하에서 탁발하던 부처님의 오비구(五比丘) 가운데 한 분인 앗싸지(Assaji) 장로를 보게 되었다. 그리고 앗싸지 장로의 위의 갖춘 모습을 보고 마음이 움직였다. 그래서 그가 공양할 때 곁에서 시중을 든 뒤에 가르침을 청하였다.

"모든 현상의 진행은 원인으로부터 시작됩니다. 여래께서 모든 현상은 원인에 의해 일어나고 또한 원인에 의해 사라진다고 말씀하셨습니다."

참다운 가르침임을 바로 알아차린 우빠띳싸는 꼴리따와 함께 앗싸지의 스승인 부처님께 귀의하기로 하였다. 가는 길에 옛 스승인 싼자야에게 들러 함께 갈 것을 권했으나 거절당했는데, 싼자야 밑에 있던 5백 명의 유행자들 가운데 절반이 그들을 따라나서자 싼자야는 충격에 피를 토하였다.

이제 목갈라나로 불리게 된 꼴리따는 부처님의 도움에 힘입어 명상을 통해 7일 만에 아라한의 경지에 올랐으며, 싸리뿟따로 불리게 된 우빠띳싸는 부처님 말씀을 독송하는 소리에 따라 삼매에 들어 14일 만에 아라한의 경지를 얻게 되었다. 장로 싸리뿟따가 다소 늦게 깨달음을 성취한 것은 향후 승단에서 행할 많은 일들을 위해 더 많이 준비한 까닭이라 한다.

모든 제자들의 불만을 잠재우고 새로운 두 제자를 상수제자로 앉힌 부처님께서는 싸리뿟따로부터, 싼자야에게도 함께 올 것을 권하였으나 '얼마 되지 않은 현명한 자들은 붓다에게 갈 것이지만, 수많은 어리석은 이들은 내게 올 것이다.'라며 고집을 부렸다는 이야기를 들으시고 말씀하셨다.

"무엇이 진실이고 거짓인지를, 그리고 무엇을 중히 여기고 가벼이 여길 것인지를 아는 것 또한 매우 중요하다는 것을 알아야 할지니라."

---

15) 젠 핵심적인 것이란 열 가지 올바른 견해와 그 가르침을, 핵심적이지 않은 것은 먼저 물질적인 것으로 의식주와 의약품인 네 가지 생필품과 정신적인 것으로 열 가지 삿된 견해와 그 가르침을 특징하기도 한다. 열 가지 정견(正見)과 사견(邪見)은 서로 상대적인 개념으로, 사견이란 과보가 없다고 여기는 등을 일컫는다.

16) 젠 잘못된 생각에 떠돈다는 것은 ① 욕망에 빠진 사유[欲思惟, kāmavitakka]와 ② 분노에 매몰된 사유[恚思惟, vyāpādavitakka] 및 ③ 폭력에 얽매인 사유[害思惟, vihiṁsavitakka] 등의 세 가지 유형의 사유에 빠져 있는 것으로 특징하기도 한다.

17) 젠 올바른 생각을 영위한다는 것을 '잘못된 생각에 빠진 상태'의 상대적인 개념으로 볼 경우 ① 감각적 쾌락의 욕망을 여읜 사유[出離思惟, kāmavitakka]와 ② 분노를 여읜 사유[無恚思惟, vyāpādavitakka] 및 ③ 폭력을 여읜 사유[無害思惟, vihiṁsavitakka] 등의 셋으로 구분될 수 있다.

18) 핵심적인 것을 열 가지 올바른 견해로 특징할 경우 정견(正見)과 정사유(正思惟) 등 팔정도의 여덟 가지에 올바른 지혜[正智慧]와 올바른 해탈[正解脫]을 더하여 구성하기도 하며, 다섯 가지로 된 오분향례에 견주어 ① 계행이라는 핵심[sīlasāra]과 ② 삼매라는 핵심[samādhisāra]과 ③ 지혜라는 핵심[paññāsāra]과 ④ 해탈이라는 핵심[vimuttisāra] 및 ⑤ 해탈에 대한 앎과 봄이라는 핵심[vimuttiñāṇadassanasāra]을 말하기도 한다.

19) 유행자란 브라만교의 전통 방식에 따라 출신지 인근의 숲속 등 한곳에 상주하며 수행하는 것이 아니라 여러 곳을 돌아다니며 수행하는 출가자를 말한다.

013   어설프게 이은지붕 봄비에도 새버리듯
가꿔지지 못한의식 탐욕들이 스며드리.

蓋屋不密 天雨則漏 意不惟行 淫泆爲穿

지붕 잇기가 조밀치 않으면

하늘에서 비 내린즉 새고 말 것이요

생각이 사려 깊게 행해지지 않으면

음욕이 끓어올라 (마음은) 뚫리게 될 것이다.

yathā agāraṁ ducchannaṁ, vuṭṭhī samativijjhati |

evaṁ abhāvitaṁ cittaṁ, rāgo samativijjhati ||

마치 지붕이 잘못 이어진 집에 비가 새듯이

그처럼 가꿔지지 못한 의식意識에 탐욕이 스며든다.

014   조밀하게 이은지붕 긴비에도 새지않듯
      잘가꿔진 의식이면 탐욕들도 어이못해.

      蓋屋善密 雨則不漏 攝意惟行 淫泆不生
      지붕 잇기가 잘 되어 조밀하면
      하늘에서 비 내리더라도 새지 않을 것이요
      다스려진 생각이 사려 깊게 행해지면
      음욕의 끓어오름이 일어나지 않는다.

      yathā agāraṁ suchannaṁ, vuṭṭhī na samativijjhati [20] |
      evaṁ subhāvitaṁ cittaṁ, rāgo na samativijjhati ||
      마치 지붕이 잘 이어진 집에 비가 새지 않듯이
      그처럼 잘 가꿔진 의식意識[21]에 탐욕이 스며들지 않는다.

* 013-014

방편을 방편으로 알아차린 비구 난다

부처님께서 라자가하의 웰루 숲에서 새로이 건립된 싸왓티 제따 숲의 승원으로 옮겨가 계실 때, 부처님의 이복동생인 난다 비구와 관련된 이야기이다.

부처님께서 웰루 숲에 계실 때 부친인 숫도다나 왕은 당신의 아드님을 보고 싶은 마음에 아홉 명의 사신을 보냈으나 그들은 오히려 웰루 숲에 도착하자마자 출가해 버렸다. 열 번째로 부처님의 오랜 친구였던 깔라우다이를 보냈는데, 그 역시 부처님을 뵙자 이내 출가하였다. 그러나 한편으로 숫도다나 왕의 마음을 헤아린 그가 부처님께 여러 차례 간청을 드린 끝에, 결국 부처님께서 많은 제자들과 함께 고국인 까삘라왓투(Kapilavatthu)²²⁾를 방문하셨다.

까삘라왓투에서 부왕 숫도다나와 양모 마하빠자빠띠 두 분에게 알맞은 게송을 읊어 줌으로써 두 분 모두 예류과(預流果)를 성취케 하신 부처님께서는, 다음 날 자신의 이복동생이자 왕자로서 그날 있을 결혼식 준비에 분주한 난다의 집에 들러 탁발하시며 난다에게 발우를 건넨 채 축복을 빌어 주고는 발우를 돌려받지 않고 바로 돌아서 나오셨다. 부처님에 대한 존경심이 지극한 난다는 감히 발우를 억지로 건네지 못하고 다만 부처님 뒤를 따라갔다. 뒤늦게 소식을 듣고 뛰어와 돌아가길 애걸하는 신부마저 놓아두고 난다는 그렇게 승원으로 들어오게 되었다. 그리고 결국엔 부처님의 말씀에 따라 내심 원치 않는 출가까지 하였다.

부처님께서는 난다뿐만 아니라 당신의 아들인 라훌라마저 출가하게 하였다. 그의 모친인 아쇼다라 태자비가 왕실의 유산을 상속받아 오라면서 부처님에게 등을 떠밀어 보낸 것을, 진실한 유산이라 말씀하시며 출가시키신 것이다. 어린 나이에 출가한 라훌라는 교단 최초의 사미(沙彌)²³⁾가 되었다.

여러모로 충격을 받은 숫도다나 왕은 부처님께 청을 드려, 이후의 모든 출가자들은 부모의 승낙을 얻은 다음에 교단에 들어갈 수 있게 하였다.

까삘라왓투에서 라자가하로 되돌아오신 부처님은 얼마지 않아 싸왓티 교외 제따 숲에 새로이 건립된 기원정사(祇園精舍, Jetavanānāthapiṇḍikārāma)²⁴⁾로 옮겨 가셨다.

그때 함께 제따 숲으로 수행처를 옮긴 난다는 부처님의 위신력에 억눌려 행한 억지 출가에 늘 불만을 품었다. 그리고 아직까지도 자기를 기다리고 있을 신부에게 기회가 되면 달려갈 마음에 수행은 뒷전이었다. 드디어 공공연히 속마음을 대중에게 드러내며 분란을 일으키는 난다를 부처님께서 부르시더니 함께 가볼 곳이 있다며 앞장을 서셨다.

신통력으로 난다를 데리고 천상으로 오르신 부처님께선 그곳 삼십삼천의 세계에 노니는 아름다운 자태의 5백 천녀들을 가리키며 신부와 비교케 하였다. 그리고 아무리 신부가 아름답기로서니 천상의 천녀보다는 당연히 못하다는 난다에게 부처님께서 약속하셨다.

"난다여! 기운을 내어 모든 욕심을 내려놓고 수행에 집중한다면 머지않아 저 모든 5백 명의 천녀들을 네가 모두 얻을 수 있을 것이다."

다시 제따 숲으로 돌아와 예전 같지 않게 열심히 수행 정진하는 난다를 두고 대중들은 설왕설래하였다. 얼마지 않아 천상에서 부처님이 하신 말씀까지 들먹이며 대중들이 난다를 혹평하였으나, 그때의 난다는 이미 쉬지 않고 정진한 끝에 가장 높은 깨달음의 경지를 성취한 뒤였다. 난다가 부처님을 찾아뵙고 천상에서 한 약속은 철회해 주실 것을 말씀드리자, 부처님께선 이미 난다가 방편을 방편으로 알아차리고 정진하여 아라한의 경지에 오른 것을 아시었다. 그리고 아직도 난다의 참된 변화를 믿지 못하는 비구들에게 부처님께서 말씀하셨다.

"앞서 난다의 마음은 엉성하게 지붕을 이은 집과 같았으나, 지금은 지붕이 잘 이어진 집과 같이 되었노라."

---

20) 비가 샌다는 의미인 'sam[더불어]ati[지나치게]vijjhati[새다]'에서 'ati'의 의미가 강조되면, '좋은 집의 지붕'이란 완벽한 차단이 아닌 적절한 통기성(通氣性)을 갖춰야 한다는 뜻이 된다.
21) 멈춤[止, samatha]과 통찰[觀, vipassana]에 의해 의식이 잘 가꿔지면 탐욕과 성냄과 어리석음과 자만 등의 모든 번뇌가 그러한 의식에 스며들지 못한다.
22) 까삘라왓투는 흔히 '가비라위'로 불리며, 지금의 네팔 따라이 지방이다. 가비라 선인이 있었던 곳이라고 한다.
23) 사미는 'sāmaṇera'의 소리옮김으로, 십계를 받고 수행 중인 14세 이상 20세 미만의 남성을 가리킨다.
24) 기원정사는 꼬살라국의 수도 싸왓티 남쪽 근교의 승원으로, 아나타삔디까 장자가 제따(Jeta, 祇陀) 태자의 정원을 구입하고 정사를 건립하여 부처님과 교단에 헌납한 것이다. 부처님은 생애 후반의 약 25년을 이곳에서 지내셨다.

015   살아서도 근심하고 죽어서도 근심하니
죄를지은 사람들은 여기서도 저기서도.
그리근심 하던이가 자기業을 보게되면
근심과는 비교안될 큰충격을 받으리라.

造憂後憂 行惡兩憂 彼憂惟懼 見罪心懅
애초에도 걱정하고 나중에도 걱정하고
악을 행하면 이래저래 근심이라.
그(러한) 근심은 생각건대 두려워할 것이어서
(그로 인해 받게 될) 죄업罪業을 살피자니 마음이 조급해진다.

idha socati pecca socati, pāpakārī ubhayattha socati |

so socati so vihaññati, disvā kammakiliṭṭhamattano ||

이 세상에서 근심하고 죽어서도 근심하니
죄악을 지은 이는 두 곳에서 (늘) 근심하는데,
근심하던 그는 자신의 오염된 업業을 보고 (커다란) 충격을 받는다.

* 015
백정 쭌다의 과보

부처님께서 라자가하 웰루 숲의 승원에 계실 때, 살아서 과보를 받은 돼지백정 쭌다에 관한 이야기이다.

쭌다(Cunda)는 55년이란 긴 세월 동안 백정을 업으로 삼았다. 그래서 천민이지만 많은 돈을 벌었는데, 그럼에도 가까운 곳에 있는 승원에 쌀 한 푼 공양하거나 공덕이 될 만한 일을 한 적이 한 번도 없었다.

그는 기근이 들면 곡식 몇 포대를 가지고 촌락에 들어가 싼값에 돼지를 사들였으며, 그렇게 사들인 돼지들을 열악한 환경에 놓아 길렀다. 그리고 도살할 때는 고기를 부풀리고 연하게 하려고 끔찍하게 몽둥이질을 해대었으며, 펄펄 끓는 물을 아직 살아 있는 돼지의 입에 계속 들이부어 내장의 속이 모두 깨끗이 씻겨 내려가도록 하는 등, 보통 사람은 상상도 할 수 없는 해괴하고도 몸서리쳐지는 방법을 사용하였다. 하지만 사람들은 결국 자신들의 입에는 맛난 그의 고기를 항상 찾았다.

그러던 어느 날 아비지옥의 문이 열리고 지옥의 불길이 와 닿아, 살아서 과보를 받게 된 쭌다는 손발이 돼지처럼 오그라들었고 돼지 멱따는 소리를 내지르며 온 마을을 기어 다녔다. 마을 사람들은 몽둥이질을 하여 그를 쫓아내었고 집안사람들마저 집안에 울타리를 만들어 그를 가두었다. 그는 결국 그렇게 비참한 모습으로 고통을 받다가 이레 만에 죽고 말았다.

죽어서도 아비지옥에 떨어진 쭌다는 다시 그곳에서 자신이 돼지에게 저지른 행위를 그대로 받으며 고통스러워 하였다.

쭌다의 이야기를 전해 들은 부처님께서는, 누구든 지나치게 방일(放逸)[25]한 자는 이 세상은 물론이요, 저세상으로 옮겨가서도 그 과보를 반드시 받게 된다고 말씀하셨다.

---

25) 방일이란 빠알리어 '어빠마더(appamāda)'의 번역어로, 어떤 행위에 푹 빠져 그것에서 헤어나지 못한 채 자신을 전혀 돌아보지 못하는 상태를 말한다.

016 살아서도 기뻐하고 사후에도 기뻐하니
공덕지은 사람들은 여기서도 저기서도.
그리기뻐 하던이가 맑아진業 보게되면
더할나위 없을만큼 진심으로 기뻐하리.

造喜後喜 行善兩喜 彼喜惟歡 見福心安
애초에도 기뻐하고 나중에도 기뻐하고
선을 행하면 이래저래 기쁨이라.
그(러한) 기쁨은 생각건대 환희로운 것이어서
(그로 인해 입게 될) 복업福業을 살피자니 마음이 편안해진다.

idha modati pecca modati, katapuñño ubhayattha modati |
so modati so pamodati, disvā kammavisuddhimattano ||
이 세상에서 기뻐하고 사후에도 기뻐하니
공덕을 지은 이는 두 곳에서 (늘) 기뻐하는데,
기뻐하던 그는 자신의 깨끗한 업業을 보고 더없이 기뻐한다.

*016

재가신자 담미까의 임종

부처님께서 싸왓티 제따 숲의 승원에 계실 때, 천상에서 수레를 보내어 서로 데려 가려 했던 재가신자 담미까의 이야기이다.

싸왓티의 수많은 재가신자 가운데 담미까는 모든 면에서 으뜸이었다. 그는 주어진 계행을 잘 지키며 예법과 절기에 맞춰 승가에 항상 공양하였다. 그의 일곱 아들과 일곱 딸도 그를 따라 승가에 공양을 게을리하지 않는 등, 온 식구가 모든 사람들의 존경을 받으며 행복하게 살았다.

그러다 담미까가 연로하여 조그만 병을 이기지 못하고 자리에 눕게 되었다. 그는 자신의 죽음이 임박했음을 알고 부처님께 열여섯 명의 비구들을 보내 주시기를 청하였다. 초빙된 비구들께 공양을 올리고, 이미 기력이 떨어져 아무것도 보지 못하는 자신을 위해 『대념처경(大念處經)』[26]을 읽어 주길 청하였다.

독경 소리를 듣고 있던 담미까는 눈앞이 점차 밝아 오는 것을 느꼈다. 그의 눈에 보인 것은 천상 여섯 곳의 천인들이 그를 데려가려고 앞다투어 타고 내려온 여섯 대의 장엄된 수레였다. 천인들이 서로 그를 데려 가려고 야단하자 담미까는 그로 인해 비구들의 독경이 중단될까 봐 병석에 누운 채 허공을 가로저으며 천인들에게 "멈추시오! 멈추시오!" 하였다. 그랬더니 오히려 비구들이 잘못 알아듣고 독경을 멈추고 승원으로 돌아가 버렸다.

담미까는 허공에 머물러 있지만 눈에 보이지 않는 천인들의 수레에 꽃을 뿌려 윤곽을 보여 줌으로써 자식들에게 그들의 존재를 확인시켜 주었다. 그리고 죽음을 맞이한 그는 만족을 아는 신들의 하늘에서 온 수레를 타고 도솔천(兜率天)에 올라 자신이 쌓은 공덕에 걸맞는 복락을 누렸다.

부처님께선 방일하지 않은 이라면 그 누구라도 이 세상과 사후의 세상 두 곳에서 한결같은 기쁨을 누릴 것이라고 말씀하셨다.

---

26) 『대념처경』에 해당하는 빠알리 경전은 『마하싸띠빳타나쑤따(Maha Satipatthana Suta)』로서, 60권인 중아함경의 권26에 있다. 몸과 마음의 네 가지 대상에 생각을 집중하여 해탈을 성취하는 방법이 설해져 있는 경전이다.

017 살아서도 괴로웁고 죽어서도 괴롭나니
　　　 죄를지은 사람들은 여기서도 저기서도.
　　　 괴로움에 떨던이가 제잘못을 깨닫고서
　　　 비참한곳 가닿으면 더더욱더 괴로우리.

今悔後悔 爲惡兩悔 厭爲自殃 受罪熱惱
지금도 후회하고 나중도 후회하고
악을 저지르면 이래저래 후회니
그것은 자신에게 재앙이 되기에
죄를 받음에 크게 고통스럽느니라.

idha tappati pecca tappati, pāpakārī ubhayattha tappati |
"pāpaṁ me katan"ti tappati, bhiyyo tappati duggatiṁ gato ||
이 세상에서 괴로워하고 죽어서도 괴로워하니
죄악을 지은 이는 두 곳에서 (늘) 괴로워한다.
'죄악이 나로 인해 저질러졌구나.'라고 괴로워하다가
비참한 세계로 간 그는 더욱 괴로워하게 된다.

* 017
# 산 채로 아비지옥에 떨어진 데와닷따

부처님께서 싸왓티 제따 숲의 승원에 계실 때, 싸끼야족의 왕자로서 출가했으나 늘 부처님께 대적하다 아비지옥에 떨어진 데와닷따의 이야기이다.

싸끼야(Sākiya, 釋迦)족의 다른 다섯 왕자들과 함께 출가한 데와닷따(Devadatta)는 다른 이들이 일정한 경지에 이를 때도 범부로서 기이한 신통력을 얻는 데 그쳤다. 그런 그가 부처님과 함께 꼬삼비 지방의 한 승원에 머물고 있을 때, 부처님께서 크나큰 존경을 받는 모습을 보고 질투심을 느꼈다. 그 후 부처님께서 라자가하 웰루 숲에서 많은 대중에게 설법하고 계실 때 승단을 자기에게 맡겨 달라고 제안하였다가 큰 꾸지람을 듣고 마음속으로 복수하리라 다짐하였다.

데와닷따는 라자가하의 왕자 아자따쌋뚜(Ajātasattu)를 꼬드겨 부왕을 몰아내고 왕위를 찬탈케 하는 한편, 자신은 부처님을 해치고자 몇 차례 시도하였다. 처음엔 자객을 보냈으나 부처님을 만난 그 자객은 오히려 출가하여 버렸고, 부처님을 향해 직접 바위를 굴렸으나 그 파편으로 발을 약간 다치게 하는 데 그쳤으며, 약을 먹여 난폭해진 코끼리를 부처님께 내몰았으나 부처님 발아래 이른 코끼리는 오히려 온순해져 버렸다.

모든 시도가 실패하자 그는 다시 승단의 계율이 너무 방만하다 트집 잡으며, 수행승이라면 평생 숲속에서 지내고, 탁발한 것만 먹고, 분소의만 입고, 나무 밑에서만 명상하며, 고기를 먹지 않아야 한다고 주장하였다. 그러나 부처님께선 그 모든 것이 이미 행해지고 있거나 너무 지나치다 말씀하시며 그의 의견을 물리치셨다. 처음엔 데와닷따의 의견에 동조한 일부 수행승들이 그를 따라나서기도 하였으나, 얼마지 않아 모두 승단으로 복귀하였다.

얼마 뒤 중병이 들어 오랫동안 자리에 누워 있던 데와닷따는 부처님 뵙기를 간청하였고, 그의 애원에 못 이긴 제자들이 그를 제따 숲에 계신 부처님께 데려오려고 하였다. 하지만 "그는 여래를 볼 수 없으리라."라고 하신 부처님의 말씀대로 그가 승원 근처에서 병든 몸을 씻으려 가마에서 내려서 땅을 딛는 순간 땅이 갈라지고 그 속으로 빨려들어 아비지옥으로 떨어지고 말았다.

018 살아서도 기뻐하고 사후에도 기뻐하니
공덕지은 사람들은 여기서도 저기서도.
제가이룬 공덕보며 즐겁고도 즐겁다가
행복한곳 가닿아선 그곳서도 즐거우리.

今歡後歡 爲善兩歡 厥爲自祐 受福悅豫
지금도 기뻐하고 나중도 기뻐하고
선을 행하면 이래저래 기쁨이니
그것은 자신에게 도움이 되기에
복을 받음에 크게 기쁠 것이니라.

idha nandati pecca nandati, katapuñño ubhayattha nandati |
"puññaṁ me katan"ti nandati, bhiyyo nandati suggatiṁ gato ||
이 세상에서 즐거워하고 죽어서도 즐거워하니
공덕을 지은 이는 두 곳에서 (늘) 즐거워한다.
'공덕이 나로 인해 이루어졌구나.'라며 즐거워하다가
행복한 세계로 간[27) 그는 더욱 즐거워하게 된다.

*018
부친을 동생이라 부른 쑤마나

부처님께서 싸왓티 제따 숲의 승원에 계실 때, 재가신자의 딸로서 높은 경지에 오른 쑤마나에 대한 이야기이다.

싸왓티의 대부호인 아나타삔디까(Anāthapiṇḍika)와 위싸카(Visākhā) 두 집에서는 매일 같이 2천 명이나 되는 많은 비구들이 탁발 공양을 받아가곤 하였다. 그래서 누구라도 여법한 공양을 올리고자 하면 항상 그들에게 물어보곤 할 정도였다.

얼마 후에 나이가 든 위싸카 부인은 공양 준비를 손녀에게 맡겨 승가에 대한 정성이 이어지게 하였다. 세 명의 딸이 있는 아나타삔디까는 첫째 딸부터 그 일을 맡도록 하였다. 그녀는 지극한 정성으로 승가에 공양을 올리며 한편으론 비구들께 수행에 관해 질문하여 답변을 듣곤 하였는데, 얼마 후 일정한 경지에 오르고는 이내 좋은 곳으로 시집을 가게 되었다.

연이어 일을 맡게 된 둘째 딸도 첫째 딸처럼 그러했다. 셋째 딸인 쑤마나(Sumanā)는 일을 맡고 나서 공양을 올리는 지극한 정성이 더욱 깊어졌고, 그만큼 수행에 대해서도 적극적이며 진지한 모습을 보였다. 그리하여 두 언니들과는 달리 쑤마나는 많은 혼처도 거절한 채 수행에 전념하다시피 하였다.

그러나 원인 모를 병을 앓던 쑤마나는 어느 날 맑은 모습으로 부친을 찾았다.

"무슨 일이냐? 내 귀한 막내딸 쑤마나야!"

"아우님! 내가 아무런 두려움 없이 편히 먼저 갑니다."

자신을 아우라 부르는 딸의 말에 당황하고 있는 사이 쑤마나는 임종하였다. 경황없이 장례를 치르고 부처님을 찾아뵌 아나타삔디까가 자초지종을 말씀드리자 부처님께서 말씀하셨다.

"아나타삔디까여! 그대의 딸 쑤마나는 이미 그대보다 높은 경지에 이르렀기에 그대를 아우라 부른 것이니라. 그는 이미 도솔천에 이르렀구나."

---

27) 선업을 행하여 하늘나라로 간 사람은 그 과보로 5억 7천 6백만 년 동안 그곳에서 영광을 누린다고 한다.

019 비록많은 경전들을 틀림없이 왼다해도
그것들을 행치않는 태만하고 게으른자,
남의소나 세고있는 목동이나 다름없어
사문중의 일원이라 말하기가 어려우리.

雖誦習多義 放逸不從正 如牧數他牛 難獲沙門果
비록 많은 경전을 암송하여 익히더라도
방일放逸한 채 올바름을 따르지 않는다면
마치 다른 사람의 소나 세고 있는 목동과도 같이
사문沙門이 되는 결과를 획득하긴 어렵다.

bahumpi ce saṁhitaṁ bhāsamāno, na takkaro hoti naro pamatto |
gopova gāvo gaṇayaṁ paresaṁ, na bhāgavā sāmaññassa hoti ||
만약 비록 많은 경전을 외우는 자라 할지라도
그것을 실행하는 자가 되지 못하는 태만한 사람은
마치 다른 사람들의 소들을 세고 있는 목동처럼
사문의 일원이 되지 못한다.

020 단몇줄의 경전만을 외는자라 하더라도
    탐욕비난 어리석음 털고얻은 지혜로서,
    온전하게 걸림없는 바른인식 간직한채
    여법하게 법에따라 행하는자 되어서는,
    이세상도 저세상도 집착않는 수행자면
    사문중의 일원이라 말하기에 충분하리.

時言少求 行道如法 除婬怒癡 覺正意解 見對不起 是佛弟子
때에 맞게 말할 줄 알고 작게 추구하며
도를 행할 때도 법에 맞게 하고
음욕과 성냄과 어리석음을 떨쳐 버린 채
올바름을 깨달아 뜻이 이해되면
(감관이) 대상을 보더라도 (잘못된 생각이) 일어나지 않나니
그러한 자야말로 불제자니라.

appampi ce saṁhitaṁ bhāsamāno,
dhammassa hoti anudhammacārī |
rāgañca dosañca pahāya mohaṁ, sammappajāno suvimuttacitto |
anupādiyāno idha vā huraṁ vā, sa bhāgavā sāmaññassa hoti ||
만약 비록 법의 경전을 조금만 외우는 자라 할지라도
탐욕과 비난과 어리석음을 버리고 올바른 지식을 지닌 채
온전히 걸림 없는 인식으로 법에 따라 행하는 자가 된다면
이 세상에서나 저세상에서도 집착하지 않는 그는
사문沙門의 일원이 된다.

친구 사이였던 두 비구

부처님께서 싸왓티 제따 숲의 승원에 계실 때, 아주 친한 친구였던 두 비구에 대한 이야기이다.

싸왓티의 귀족 가문 출신의 두 젊은이가 우의를 나누며 지내고 있었다. 약간의 나이 차이가 있는 그 둘은 어느 땐가 제따 숲에 들러 부처님의 설법을 듣고는 마음이 움직여 집을 떠나 출가하였다.

그들은 출가 후에 다섯 해 동안을 아사리(阿闍梨, ācariya)와 친교사(親敎師, upajjhāya)[28] 밑에서 보낸 뒤에 부처님을 뵙고 가르침을 청하였다. 부처님께서 그들에게 통찰을 통해 수행에 몰두할 수 있는 길[29]과 경전을 통해 수행에 몰두할 수 있는 길[30]이 있음을 상세히 설명해 주었다.

둘 가운데 나이가 조금 더 든 비구는 자신이 삼장(三藏)을 외워 경전 공부에 몰두하기엔 이미 늦었다고 여기고, 통찰을 통한 수행에 몰두하기로 마음을 먹었다. 그는 다소 늦었다는 마음으로 포기하기보다 자신에게 맞는 수행법을 가지고 더욱 분발하여 용맹 정진한 덕에 얼마지 않아 아라한의 경지에 이르게 되었다.

한편 나이가 조금 덜 든 비구는 열의를 가지고 삼장을 외는 것을 시작으로 경전을 통한 수행에 집중하였는데, 그는 부처님의 가르침을 일목요연하게 정리하여 암기한 뒤 여러 곳을 다니며 그 가르침을 펼쳤다. 그 결과 부처님을 직접 뵐 수 없는 많은 수행승들은 부처님의 가르침을 조금이라도 가까이하고자 그를 자신들의 스승으로 모셨으니, 각지의 열여덟 곳에 있는 큰 모임에서 그는 아사리가 되었다.

한편 부처님으로부터 명상 주제를 받아 수행하는 비구들 가운데 많은 이들이 이미 통찰의 의무를 다하여 아라한의 경지에 이른 나이든 비구에게 가서 지도를 구하였다. 그리고 그 가운데 적지 않은 이들이 이내 거룩한 경지를 성취하였다. 그들은 그에게 감사의 인사를 올리며 말하였다.

"저희들은 장로님을 깨달음으로 이끄신 부처님을 뵙고 싶습니다."

"벗들이여! 나의 이름으로 나의 예경을 올리며 그분께 가 뵙도록 하시오. 그 분뿐만이 아니라 그분의 위대한 제자들도 찾아뵙도록 하시오."

그들은 부처님과 부처님의 큰 제자들, 그리고 끝으로 그 장로의 도반이자 많은 모임의 아사리가 되어 있는 젊은 비구도 찾아뵙고 장로의 예경과 인사를 전하였다.

젊은 비구는 많은 수행자들의 환희에 찬 인사를 받자 내심 언짢은 기색을 감출 수가 없었다. 아둔하여 경전도 외지 못하던 도반을 이토록 추앙하는 것은 분명 무엇인가 잘못되었을 것이라 생각했다.

그래서 젊은 비구는 얼마 후에 자리를 함께하게 된 도반을 많은 대중 앞에서 시험하여 자기가 더 우월함을 과시하려 하였다. 이를 알아차린 부처님께서는 그 자리에 함께하셔서 몇 가지 물음을 젊은 비구에게 던졌다.

선정이 무엇인지, 선정과 아울러 물질 세계와 비물질 세계에 대한 질문에는 술술 대답하던 젊은 비구는 흐름에 드는 길에 대한 질문에는 아무런 대답도 할 수 없었다. 반면 젊은 비구의 도반인 장로는 자신이 직접 수행에서 경험한 것을 바탕으로 답변에 막힘이 없었으며, 나머지 질문에도 그러했다.

부처님께서 젊은 비구에게 말씀하셨다.

"수행승이여! 그대는 비록 많은 비구들의 아사리가 되었지만 나의 가르침 안에서는 흡사 고용되어 소를 돌보는 사람과 같을 뿐이다. 저 장로처럼 진정한 소의 주인이 되어야 그 소에게서 나는 우유를 가져다 다양하게 익혀서 그 맛을 향유할 수 있게 되느니라."

---

28) 아사리는 제자의 행위를 교정하며 그의 사범이 되어 지도하는 스승을 말하는데, 제자의 입장에서 닮고자 [ā√car] 할 만한 행위를 갖춘 이를 가리킨다. 친교사는 가까이 모시어 가르침을 받는 스승을 말하는데, 제자가 다가가 그 곁에 있고 싶을[upa√dhā] 만한 이를 가리킨다.
29) 통찰의 의무(vipassanādhura)를 말한다. vipassanā[위빠사나, 觀照]-dhura[의무]
30) 공부의 의무(ganthadhura)를 말한다. gantha[경전]-dhura[의무]

第2章

∞∞∞∞∞∞∞∞∞∞∞

अप्पमादवग्गो

방일하지 않음에 관한 장

방일품

放逸品

∞∞∞∞∞∞∞∞∞∞∞

021   방일하지 않는자는 사멸하지 않는길로,

방일한자 가는길은 다름아닌 죽음의길.

방일하지 않는자는 죽더라도 살아있고,

방일한자 숨을쉬며 살더라도 죽은목숨.

戒爲甘露道 放逸爲死徑 不貪則不死 失道爲自喪

계戒를 지킨다는 것은 감로를 얻는 길이며

방일放逸하다는 것은 죽음으로 가는 지름길이다.

탐내지 않으면 죽지 않을 것이나

(제 갈) 길을 잃으면 스스로를 죽이는 것이 된다.

appamādo amatapadaṁ, pamādo[1] maccuno padaṁ |

appamattā na mīyanti, ye pamattā yathā matā ||

방일하지 않는 자는 불멸의 길[2]로

방일한 자는 죽음의 길로.

방일하지 않는 자들은 죽지 않으나

방일한 자들은 마치 죽은 이와 같다.

022 지혜로운 사람들은 방일하지 않는다는
     그말뜻이 무엇인지 분명하게 안다음에,
     방일하지 아니함에 만족하고 안심하며
     고귀한자 그들세계 그곳에서 기뻐하리.

慧智守道勝 終不爲放逸 不貪致歡喜 從是得道樂

지혜智慧가 지켜져 도道가 수승해짐으로써

결국에까지 방일하지 않게 되며

탐욕을 부리지 않음에도 환희로움에 이를 수 있으면

그로부터 도의 즐거움을 얻게 될 것이다.

evaṁ visesato ñatvā, appamādamhi paṇḍitā |

appamāde pamodanti, ariyānaṁ gocare ratā ||

지혜로운 자들은 방일하지 않음에 대해

그렇게 참으로 분명히 알고

방일하지 않음에 만족하며

고귀한 이들의 세계[3]에서 기뻐하게 된다.

023　명상위해 필요하단 끈기마저 갖추고서
　　　거기에다 꾸준하게 의욕으로 노력한이,
　　　얽매임도 있지않고 위도없는 열반으로
　　　현명하다 하는이면 어김없이 가닿으리.

常當惟念道 自強守正行 健者得度世 吉祥無有上
응당 언제나 오직 도道를 생각하며
바른 행위를 스스로 굳게 지키면
건장한 자라면 세상의 건넘을 얻게 될 것이요
(그 결과로 얻게 될) 길상吉祥은 더할 나위가 없는 것일 것이다.

te jhāyino sātatikā, niccaṁ daḷhaparakkamā |
phusanti dhīrā nibbānaṁ, yogakkhemaṁ anuttaraṁ ||
명상[4]을 위해 끈기가 있으며
꾸준히 의욕적으로 노력하는 이들,
얽매임에서 자유롭고도 위없는 열반에[5]
(그렇게) 현명한 이들은 가닿게 될 것이다.

* 021-023
우데나 왕의 두 왕비

부처님께서 꼬삼비(Kosambi) 인근의 고씨따(Ghositā) 승원에 계실 때, 국왕 우데나의 두 왕비인 싸마와띠와 마간디야에 대한 이야기이다.

우데나(Udena) 왕의 현명하고 어여쁜 왕비인 싸마와띠(Sāmāvatī)는 매일 아침마다 시녀 쿳줏따라(Khujjuttarā)를 시켜 꽃을 사오게 하여 왕비의 궁전을 꾸미게 하였다.

하루는 예전처럼 쿳줏따라가 꽃을 사러 갔더니 꽃집 주인이 그날은 부처님의 설법이 있는 날이라 부처님께 공양 올릴 꽃을 먼저 준비해야 한다고 말하며, 아울러 쿳줏따라에게 함께 법회에 참석할 것을 권하였다.

왕비보다 꽃을 먼저 받을 분이 누구인가 궁금했던 쿳줏따라는 꽃집 주인을 따라 그날 법회에 참석하였다. 그렇게 한 차례의 설법을 듣고 그녀는 바로 예류과를 증득하였다.

자비로운 싸마와띠 왕비는 한참 늦게 돌아온 그녀를 야단치는 대신, 자초지종을 듣고는 앞으로 열리는 모든 법회에 참석해도 좋다고 허락해 주었다. 그리고 매번 모든 궁녀들과 함께 부처님 설법을 듣고 돌아온 쿳줏따라를 스승으로 모시고 부처님의 법을 전해 들었다. 쿳줏따라는 전생에 뜨거운 공양을 발우에 받아가느라 곤경에 처한 연각불에게 아홉 개의 상아 팔찌를 보시하여 받침으로 쓰게 하였는데, 그 과보로 금생에 삼장(三藏)을 모두 외우고 깊은 지혜를 갖게 되었던 것이다.

－

예전에 꼬삼비의 브라만 부호 마간다(Maganda)는 준수한 외모의 부처님을 뵙고는 자신의 딸 마간디야(Māgandiyā)의 배필로 삼고자 청혼한 적이 있었다. 그러나 부처님은 당신께서 수행할 때 죽음의 왕 마라(Māra)의 딸들이 화사한 미모를 앞세워 어떻게 자신을 유혹했던가를 이야기해 주며, 똥과 오줌으로 가득 찬 육신은 발로도 접촉하기 싫다고 말씀하셨다. 부처님의 말씀에 깨달음을 얻은 마간다와 그의 아내는 마간디야를 그녀의 숙부에게 맡기고 출가하였다.

부정관(不淨觀)으로 마간다 부부를 출가하게끔 한 부처님의 말씀에 정작 마간디야는 자존심에 큰 상처를 받았다. 그리고 앙심의 씨앗을 키워 갔다.

마간디야를 맡은 숙부는 그녀의 미모를 이용해 자기 욕심을 채우고자 그녀를 꼬삼비국 왕 우데나에게 바쳤다. 싸마와띠 왕비 또한 왕의 두 번째 왕비로 간택된 마간디야를 너그러운 마음으로 받아들였다. 하지만 마간디야는 일찍이 품었던 사악한 마음으로 모든 것을 바라보고 있었다.

왕실에 들어선 마간디야는 왕을 비롯한 모든 이들이 부처님을 존경하고 있다는 사실에 견딜 수가 없었다. 특히 싸마와띠 왕비의 존경심이 지극함을 보고 왕에게 갖은 모해를 해대기 시작하였다. 그러나 왕 또한 그리 어리석지 않았기에 '왕비가 부처와 내통하기 위해 벽에 구멍까지 뚫었다.'는 등의 많은 무고에 대해 간단히 조사해 보고는 마간디야가 잘못 안 것이라 여겨서 별 신경을 쓰지 않았다.

마간디야의 모함은 날로 심해지고 빈번해졌다. 한번은 왕이 항상 가지고 다니던 거문고 통 안에 뱀을 몰래 넣어놓고 왕비가 왕을 독살하려 했다고 한바탕 큰 소동을 벌였다. 그제야 왕은 왕비를 의심하기 시작했다. 그래서 왕비를 왕궁 뜰에 세워 놓고 독을 먹인 화살을 쏘아 벌하려 하였으나, 시위를 떠난 화살이 오히려 살촉에 꽃을 머금고 되돌아오는 신기한 현상을 보고 왕은 왕비에게 어떠한 죄도 없음을 확신할 수 있게 되었다.

그럼에도 포기하지 않은 마간디야는 결국 자신의 숙부까지 동원하여 왕비와 그를 따르는 궁녀 5백 명을 왕비의 궁전에 가두고 불을 질러 버렸다.

이미 빠져나가지 못할 것을 안 왕비와 궁녀들은 그 짧고도 절망적인 상황에서도 당황하지 않고 명상으로 마음을 집중하였으며, 그 결과 왕비를 비롯한 모든 궁녀들은 사람에 따라 일래과(一來果) 또는 불환과(不還果)를 증득한 뒤에 죽음을 맞았다.

왕비궁의 화재 사건이 있고서야 모든 일의 자초지종을 알게 된 우데나 왕은 짐짓 마간디야에게 자신의 속내를 숨긴 채 다정하게 말을 건넸다.

"이제야 안심이로세! 싸마와띠가 살아 있을 때는 내가 늘 암살당할까 잠까지 설쳤는데, 이제는 안심이야! 누가 이 일을 해냈단 말인가? 이것은 내게 충직한 자가 용기를 낸 게 분명해!"

"자애로운 왕이시여! 이 일은 제가 한 일입니다. 제가 저의 숙부와 지인들에게 은밀히 일을 도모하라 이르고 대왕의 안위를 위해 거사한 것입니다."

왕은 다시 마간디야에게 일렀다.

"그래! 이 일을 해낼 사람은 그대뿐일 줄 내 이미 짐작했소이다. 일을 도운 숙부와 지인들을 모두 왕궁으로 초대하시오. 내 후하게 상을 내리리다."

마간디야가 왕의 말을 믿고 그 일을 함께 꾸민 친족들을 왕궁으로 불러들이니, 왕은 마간디야와 그들 모두를 궁궐 정원에 파묻고 불을 질러 버렸다.

왕궁에서 두 번에 걸쳐 일어난 큰 참변은 온 나라를 떠들썩하게 하였다. 그런 가운데 고씨따 승원의 비구들은 아무런 죄도 없이 참변을 당한 싸마와띠 왕비와 5백 명의 궁녀들에 대해 이야기를 나누었다.

"세존이시여! 이유 없이 어찌 그리 끔찍한 죽임을 당할 수 있습니까?"

"수행승들이여! 그들은 전생에도 왕비와 궁녀였는데, 물놀이 끝에 몸을 녹이려 무심코 불을 붙인 초막 안에 연각불께서 선정에 들어 계신지 알지 못했던 적이 있었느니라. 그처럼 누구든 과보는 피할 수 없느니라."

---

1) ⓟ. 'pamāda'는 ⓢ. 동사 'pra[굉장히]√mad[(술, 약품에) 취하다]'에 해당하며, 좋지 못한 상태에 심취해 있기에 본래는 능력이 됨에도 어떤 일에 태만하거나 방만한 것을 말한다. 방일한 상태라고 하는 것은 내·외적인 요인의 영향으로 정신을 놓음으로써 감지되는 것에 대한 알아차림을 잃은 상태를 말한다.

2) 불멸 또는 불사의 길은 열반(nibbāna)을 말한다. 이미 생겨난[生] 그 무엇이 죽지 않음[不死]이 불사가 아니고, 열반에 듦으로써 다시 생겨나지 않음[不生]으로 인해 죽음이 수반되지 않게 된 것을 불사라 한다.

3) '고귀한 이'로 번역되는 '아리안(ariyan)'은 브라만교에서 베다(Veda)의 가르침을 따름으로써 절대 존재인 브라흐만의 상태에 가닿을[√r̥] 수 있는 사람[-ya]이란 의미가 내포되어 있다. 고귀한 이들이란 부처님과 연각불 및 그들의 제자들을 말하는데, 그들의 세계에는 깨달음에 도움이 되는 37가지 수행의 원리인 37조도품(助道品)과 세간을 벗어날 수 있는 아홉 가지 원리인 구출세간법(出世間法)이 존재한다고 여긴다.

4) 명상(瞑想, jhāyin)이란, 주제를 가지고 그 주제에 대해 고요하고도 깊게 생각하는 것을 말하는데, 특별히 38가지 명상 주제에 대한 이치에 맞는 정신 활동을 일컫기도 한다. ⇒ ㈜ '38가지 명상 주제'

5) ㈜ 열반이 얽매임에서 자유로운 것이라 할 때의 그 얽매임이란 사람을 윤회에 묶어 두는 네 가지 멍에를 일컫는다. ① 감각적 쾌락의 욕망이라는 멍에(kāmayoga), ② 존재라는 멍에(bhavayoga), ③ 견해라는 멍에(diṭṭhiyoga), ④ 무지라는 멍에(avijjāyoga) 등이 그것이다.

024 정열에다 사려깊고 행을해도 순수하며
조심스레 행동하고 자제할줄 아는이가,
여법하게 살아가며 방일하지 않는다면
그가가진 명성이란 커나가기 마련이리.

正念常興起 行淨惡易滅 自制以法壽 不犯善名增
바른 생각이 항상 분발되어 일어나면
행위가 청정해져 악은 쉽사리 소멸되며
스스로 통제함으로써 법다운 수명을 누리게 되고
범접할 수 없는 훌륭한 이름이 날로 더하게 될 것이다.

uṭṭhānavato satīmato, sucikammassa nisammakārino |
saññatassa dhammajīvino, appamattassa yasobhivaḍḍhati ||
정열적이고 사려 깊으며 순수한 행위력을 지닌 자로서
조심스레 행동하고 자제할 줄 알며 여법하게 살아가는[6]
방일하지 않는 이의 명성은 성장하기 마련이다.

신중했던 꿈바고싸까

부처님께서 라자가하 웰루 숲의 승원에 계실 때, 역병과 집안의 몰락을 이겨 낸 현명한 꿈바고싸까에 대한 이야기이다.

라자가하의 한 구역에 역병이 심하게 돌았다. 그곳의 부호 집안에도 병은 어김없이 퍼지더니 결국 주인 부부까지 그 병에 걸리고 말았다.

"애야! '내 무르팍 깨지던 곳, 동쪽에 뜬 두 번째 해. 물로 식혀 내놓으면, 메루산도 그 아래에.' 이 게송을 잊지 말거라. 너를 지켜줄 신장이니라."

어린 아들 꿈바고싸까(KumbhaGosaka)에게 게송 하나만 열심히 외게 하고 역병을 피해 먼 시골로 보낸 뒤 부부는 얼마지 않아 운명을 달리하였다.

아이가 커서 다시 집으로 돌아왔을 땐 뒤뜰의 너른 호수가 딸린 부호의 집은 흉가로 버려진 채 친척은 뿔뿔이 흩어졌고, 라자가하에서 누구도 그를 알아보지 못하였다. 그는 흉가를 조금 손보아 살며 어느 보름날 뒤뜰의 호수로 나갔다. 그리고 어릴 때부터 외웠던 게송을 통해 밝은 달이 걸린 호수의 동쪽 끝 물속에 집안 대대로 내려온 엄청난 황금과 보석이 숨겨져 있다는 사실을 알게 되었다.

'이것을 그냥 꺼내 놓으면 오히려 내가 무슨 도적 취급을 받겠지?'

이렇게 신중히 생각하고 우선 집안을 일으키기로 한 그는 생계 수단으로 왕궁 근처 마을에서 궁궐로 일하러 들어가는 사람들을 깨워 주는 일을 하였다.

새벽마다 게송에 실려 마을에 울려 퍼지는 청아한 그의 목소리를 왕궁의 빔비싸라 왕도 듣게 되었다. 그저 일꾼들 깨워 주는 천한 계급의 청년일 뿐이라는 보고에도 더 상세히 알아보게 하여, 결국 그의 모든 속사정까지 알게 된 왕은 그의 신분을 회복시켜 주고 숨겨진 재산을 사용할 수 있게 해주었다.

그가 보여 준 신중함에 감복한 왕은 공주를 그에게 시집보내고, 나라의 재정관으로 임명하였다.

---

6) 여법하게 살아간다는 것은 재가인(在家人)은 신분에 맞는 의무를 다함으로써 올바른 직업을 통해 생계를 유지하며 살아가는 것을 말하고, 출가인(出家人)은 의술이나 점술 같은 직업을 갖지 않은 채 걸식 등을 통해 계행을 지키며 승가에서 화합하여 수행하며 살아가는 것을 말한다.

025 현명하다 하는이는 근면함은 물론이요
방일하지 아니하고 자제절제 함으로써,
어마무지 홍수일어 제아무리 덮쳐와도
안심하고 머물만한 섬한덩이 마련해야.

發行不放逸 約以自調心 慧能作定明 不返冥淵中
수행을 해나감에 방일하지 않으며
스스로 조절함으로써 마음을 단속하면
(그로 인해 생긴) 지혜는 안정된 밝음을 지을 수 있으니
다시는 깊고도 어두운 곳으로 돌아가지 않으리라.

uṭṭhānenappamādena saṁyamena damena ca |
dīpaṁ kayirātha medhāvī, yaṁ ogho[7] nābhikīrati ||
현명한 이는 근면과 방일하지 않음과 자제 및 절제로
홍수洪水가 휩쓸어 가지 못하는 섬[8]을 만들어야 한다.

걸레질하다 아라한이 된 쫄라빤타까

부처님께서 라자가하 웰루 숲의 승원에 계실 때, 아둔하여 수행에 진전이 없다가 걸레질로 아라한이 된 쫄라빤타까(CūḷaPanthaka)에 대한 이야기이다.

라자가하의 한 부호에게 마하빤타까와 쫄라빤타까란 두 손자가 있었다. 그들은 할아버지와 함께 부처님 법회에 다니다 형제가 차례로 출가하였다.[9]

출가한 지 얼마 되지 않아 심신(心身)에서 일어나는 현상을 관찰하여 아라한의 경지에 오른 마하빤타까와는 달리, 게송 하나 제대로 외지 못하는 동생은 아둔하여 늘 놀림만 받았다. 아라한인 형도 동생을 어찌할 수가 없었다.

"쫄라빤타까야! 너는 지금부터 그만두라고 할 때까지 이 수건으로 마루를 닦으며 '라조할라낭(rajohalaṇaṁ, 때가 없네)!'을 반복해서 외거라."

부처님께서는 지와까의 공양청에 대중과 함께 가시며 이렇게 일러두셨다.

부처님 말씀대로 '라조할라낭'을 외던 쫄라는 때가 벗겨져 반질반질해진 마루와 더불어 시커먼 걸레로 변한 수건을 보고 모든 조건 지어진 것은 변한다는 깨달음을 얻게 되었다.

천안(天眼)으로 이를 살피신 부처님께서 쫄라 앞에 영상으로 나투어 법을 설하니, 용기를 얻은 쫄라는 더욱 현상 관찰에 집중하여 아라한을 성취하였다.

지와까의 집에서 공양청에 맞는 법을 설하실 부처님께서는 승원에 유일하게 남아 있을 쫄라를 데려오게 하였는데, 데리러 갔던 비구가 놀라서 돌아왔다.

"부처님! 한 명이 아니라 1천 명의 쫄라가 벅적이며 걸레질을 하더이다."

비구를 다시 보내며 그 가운데 제일 먼저 자신이 '쫄라'라고 답하는 비구의 가사를 부여잡고 오라 하였더니, 나머지는 모두 사라져 버렸다. 부처님께선 그렇게 데려온 쫄라에게 당신을 대신하여 대중에게 법을 설하게 하셨다.

---

7) 젠 홍수, 폭류 또는 세파(世波)로도 해석되는 'ogha'는 번뇌의 거센 흐름을 말하는데, ① 감각적 쾌락에 대한 욕망의 거센 흐름[欲流, kāmʼogha], ② 존재의 거센 흐름[有流, bhavʼoghā], ③ 견해의 거센 흐름[見流, diṭṭhʼogha], ④ 무지의 거센 흐름[無明流, avijjʼoghā] 등 네 가지로 나눌 수 있다.

8) 빠알리어에서 섬과 등불을 의미하는 'dīpa'는 산스끄리뜨에서 'dīpa(등불)'와 'dvīpa(섬)'로 나누어진다.

9) 빤타까 형제가 부모가 아닌 조부의 손에 자라게 된 이야기는 게송 407번 배경담 참조.

026 무지하고 어리석은 하고많은 사람들은
방일함에 제자신을 내던지듯 맡기지만,
누구라도 제자신이 현명하다 여긴다면
으뜸보물 지키듯이 방일하지 아니하리.

愚人意難解 貪亂好諍訟 上智常重愼 護斯爲寶尊
어리석은 사람의 마음은 헤아리기 어렵나니
분란을 탐하고 말다툼과 따지길 좋아하며,
으뜸지혜를 지닌 이는 항상 거듭 신중하여
그것(인 방일하지 않음)을 보호하길 마치 귀한 보물처럼 다룬다.

pamādamanuyuñjanti, bālā[10] dummedhino janā |

appamādañca medhāvī, dhanaṁ seṭṭhaṁva rakkhati ||

무지하고 어리석은 사람들은 방일함에 (자신을) 내맡기지만

현명한 이는 마치 최상의 재물을 (지키듯) 방일하지 않음을 지킨다.

027 방일함엔 언제라도 끄달리지 말것이요
욕락과의 교류에도 끄달리지 말지니라.
방일하지 않은채로 명상에든 자가되면
무엇보다 더커다란 즐거움을 얻으리라.

莫貪莫好諍 亦莫嗜欲樂 思心不放逸 可以獲大安
탐내지도 말고 말다툼을 좋아하지도 말며
욕락을 즐기지도 말지니라.
(늘) 생각하는 마음으로 방일하지 않으면
커다란 평온을 가질 수 있느니라.

mā pamādamanuyuñjetha, mā kāmaratisanthavaṁ |
appamatto hi jhāyanto, pappoti vipulaṁ sukhaṁ ||
방일함에 끄달리지 말고 욕락과의 교류에 (끄달리지 말라).
참으로 방일하지 않은 채 명상에 든 자는
커다란 즐거움을 얻게 될 것이다.

바보 축제

부처님께서 싸왓티 제따 숲의 승원에 계실 때, 시중에서 행해지던 '바보 축제'에 대한 이야기이다.

전국 어디건 한 해에 몇 차례의 떠들썩한 축제가 없는 곳이 드문 가운데, 싸왓티 또한 매년 몇 가지 축제가 성대히 치러졌다. 그 가운데 '바보 축제'라는 것이 있었다. 그 축제 때가 되면 젊은 사람들이 신분고하를 막론하고 쇠똥과 나뭇재를 물에 개어서 거의 벌거숭이가 된 자기 몸에 덕지덕지 바르고 이 집에서 저 집으로 떼를 지어 돌아다니며 괴팍한 말과 행동을 보였다. 그 모습이 흡사 바보 같다 하여 축제의 이름이 된 것이다.

어디서건 바보와 맞닥뜨린 사람이 그의 말과 행동에 성을 내거나 불평하면 어떨 때는 벌금처럼 돈을 내어놓아야 하고, 혹은 큰 망신을 당하였다.

"어이구! 그냥 지나칠 줄 알았더니, 결국 우리 집 문도 두드리고 난리네."

그렇게 얻은 돈으로 그들은 밤새 음식을 먹으며 시끄럽게 노래를 불러 대었다. 그래서 브라만 등 상위 계급들은 자식들이 그 축제에 참가하지 못하도록 말리기도 하고, 어쩌다 자기 아들이 참여하더라도 점잖은 어른들은 축제를 가능한 외면하기 일쑤였다. 그래서 여느 축제와 달리 그 기간엔 싸왓티 전체가 떠들썩하면서도 다소 침울한 분위기를 띠는 것이 보통이었다.

싸왓티에 살며 부처님의 가르침을 따르는 사람들은 대부분 점잖은 사람들이기에 바보 축제 기간에는 아예 바깥출입을 삼갔다. 그런데 문제는 승원에 계신 수행승들의 탁발이었다. 축제에 참가한 짓궂은 젊은이들은 약속이나 한 듯 탁발을 나온 비구들의 행렬을 뒤따르며 고함을 지르고 놀려 대었다. 일반인들도 그들에게 화를 내지 못하는데, 수행자들이 잘못 반응하면 더 큰 놀림감이 되기 때문에 여간 곤란한 일이 아니었다.

그래서 신자들은 승원에 연락하여, 그 기간에는 모두 승원에 머무시도록 청하고는 공양을 준비하여 이른 새벽에 직접 승원으로 가져가 공양을 드시도록 준비하여 드렸다.

그렇게 바보 축제 때문에 불편하게 안거의 한 기간을 보낸 며칠 후, 바보 축제가 끝나자 신자들이 부처님과 비구들에게 공양청을 올리며 말씀드렸다.

"세존(世尊)[11]이시여! 이제 불편하셨던 축제 기간이 끝났습니다. 저희들이야 며칠 동안 집안에서 나오지 않으면 되니 그리 큰 불편은 없었습니다만, 승원에 억지로 발이 묶여서 많이 불편하셨겠습니다. 특히 올해는 승원 입구에까지 몰려와서 다소 무례를 범했다 하오니….'

"지금과 같은 축제는 어리석은 이들의 장난처럼 당분간 지속될 것 같구나."

"세존이시여! 다른 축제는 그나마 이런저런 의미를 찾을 수가 있습니다만, 이 축제는 정말 바보처럼 아무런 의미도 없이 치러지는 것 같습니다."

며칠 만에 금족령이 풀린 사람들처럼, 새로운 법회 소식을 듣고 한달음에 승원으로 달려온 신자들이 그간의 불편함을 부처님께 토로하였다.

"모든 것은 허투루 생겨난 것이 하나도 없느니라. 다만 허투루 대할 뿐이지. 바보 축제도 처음엔 허툰 것이 아니었음을 알아야 할지니라. 이 축제는 모든 틀을 깨고 격식에 구애받지 않은 채 수행하는 고행자의 생활이 어떠한 것인지, 그렇게 수행하지 못하는 이들이 잠시나마 그 삶을 체험해 보고자 시작된 것이니라. 언젠가 나도 해야 될 것이라 여기면서. 그렇지만 그 시작을 기억하지 못하고 겉모습만 남은 것에 어리석은 이들이 아무렇게나 빠져들고 제 자신을 내맡기니, 그저 이렇게 막무가내로 혼란스런 축제로만 남아 있는 것이다."

다소 예기치 못한 부처님의 말씀에 모두들 귀를 기울였다.

"무엇이든, 그것이 좋은 것이든 나쁜 것이든, 그것에 빠져 방일해지면 결국 남는 것은 욕락에 끄달리는 것밖에 없느니라. 무엇에건 방일하지 않아야 결국엔 커다란 즐거움을 얻게 되느니라."

---

10) 무지하다는 의미의 단어 'bāla'에는 '어린' 또는 '어린애 같은'이란 의미도 내포되어 있다.

11) 세존의 원어인 바가완(Bhagavan)은 '위대한 이(Bhaga)로서 여섯 가지 덕목을 지닌(-van) 이'란 의미이다. 위대한 이가 지녀야 할 여섯 가지 덕목은 ① 절대적인 권능(絶對的權能, aiśvarya), ② 법(法, dharma), ③ 명예(名譽, yaśas), ④ 부귀(富貴, śrī), ⑤ 지식(智識, jñāna), ⑥ 내려놓음(無執着, vairāgya) 등이다.

028 방일하지 않음으로 방일함을 떨쳐내면
    지혜로운 사람으로 지혜큰탑 올라서서
    근심걱정 떨쳐낸채 세상근심 볼것이니,
    마치산정 높이선이 땅위사람 내려보듯
    현명한이 지혜로써 우매한이 지켜보듯.

    放逸如自禁 能郤之爲賢 已昇智慧閣
    去危爲卽安 明智觀於愚 譬如山與地
    방일함을 만약 스스로 멈추거나
    (설령 일어나더라도) 그것을 물리쳐 어진 이가 될 수 있다면
    이미 지혜의 누각樓閣에 오른 것이기에
    위태로움을 떨쳐 버리고 편안케 되리니,
    밝은 지혜로 어리석음을 들여다보는 것은
    비유컨대 땅 위에 솟은 뫼와 같으니라.

    pamādaṁ appamādena, yadā nudati paṇḍito |
    paññāpāsādamāruyha, asoko sokiniṁ pajaṁ |
    pabbataṭṭhova bhūmaṭṭhe, dhīro bāle avekkhati ||
    지혜로운 이가 방일하지 않음으로 방일함을 떨쳐 버릴 때
    지혜의 큰 탑에 올라 근심을 떨쳐 버린 이가 (되어)
    근심어린 세상을 (지켜보나니),
    마치 산정에 선 이가 땅 위에 서 있는 이들을 (지켜보듯)
    현명한 이는 어리석은 이들을 지켜본다.

* 028
# 장로 마하깟싸빠의 한계

부처님께서 싸왓티 제따 숲의 승원에 계실 때, 모든 중생들의 생사까지 꿰뚫어 보려다 한계에 부딪혔던 마하깟싸빠 장로에 대한 이야기이다.

두타행이 으뜸인 장로 마하깟싸빠(MahāKassapa, 大迦葉)가 라자가하에 인접해 있는 삡팔리(Pipphali) 동굴에서 수행하고 있을 때였다.

장로는 라자가하에서 탁발을 한 뒤에 적당한 곳에서 공양을 마친 후 홀로 수행하고 있던 삡팔리 동굴로 돌아왔다. 다시 명상에 든 장로는 자신의 수행을 통해 얻은 천안(天眼)으로 땅 위와 물속과 하늘의 모든 존재들의 생사를 관찰해 보고자 마음을 집중하였다.

그때 싸왓티 제따 숲의 승원에 계시던 부처님은 이 사실을 멀리에서도 아시고 비구들에게 가르침을 펴시며 말씀하셨다.

"존재의 생사에 대해 온전히 안다는 것은 이미 깨달음을 성취한 이의 지혜로서도 그리 쉽지 않다. 존재들이 모태에 어떤 인연으로 들어앉아 어떻게 새로운 삶을 받아서 어떻게 태어나는지는 정작 그 본인부터 아무것도 알지 못하니, 그것은 다만 여래의 경지일 뿐이니라."

그리고 동시에 멀리 라자가하의 삡팔리 동굴에서 정진에 든 마하깟싸빠 앞에도 영상을 나투시어 존재들의 생사를 온전히 알아냄이 어려움을 말씀하셨다.

"모든 존재의 생사를 아는 것은 온전히 깨달은 붓다의 경지일 뿐이니라."

그리고 게송으로 멀리 있는 마하깟싸빠와 더불어 모든 제자들의 수행을 더욱 독려하셨다.

"지혜로운 이가 방일하지 않음으로 방일함을 떨쳐 버릴 때…."

이미 깨달음에 이르러 더 이상의 정진이 필요치 않으리라 여겼던 마하깟싸빠 장로에게도 아직 한계가 분명히 있음을 알게 된 비구들은, 아직 장로에게도 한참 못 미친 자신을 돌아보며 부처님의 말씀에 귀를 기울였다.

029 방일한채 잠에취한 그런이들 가운데서
방일하지 않음으로 깨어있는 지혜인은,
날렵한말 달려가서 허약한말 떨쳐내듯
그렇게들 모든이를 앞서가게 될것이리.

不自放逸 從是多寤 羸馬比良 棄惡爲賢
스스로(를 챙겨) 방일하지 않고
올바름을 좇아 늘 깨어 있으면
수척한 말에 비견되는 준마처럼
사악함을 떨치고 어진 이가 되리다.

appamatto pamattesu, suttesu bahujāgaro |
abalassaṁva sīghasso, hitvā yāti sumedhaso ||
방일한 자들과 잠자고 있는 자들[12) 가운데에서
방일하지 않은 채 확연히 깨어 있어 온전한 지혜를 갖춘 이는
마치 날렵한 말이 허약한 말을
떨구어 버리고 (나아가듯) 앞서 나아가게 된다.

*029

두 비구가 수행하며

부처님께서 싸왓티 제따 숲의 승원에 계실 때, 출가 전에는 친구였다가 함께 출가하여 도반으로 지내는 두 비구의 수행 모습에 관한 이야기이다.

싸왓티에서 태어나 친구로 지내다 함께 출가한 두 비구는 함께 수행하는 도반으로 늘 같은 곳에서 지냈다. 친구인 그들은 성격과 행동이 매우 달랐다.

어느 해 안거 때, 두 비구는 부처님께서 직접 내어 주신 수행 주제를 받아서 정진을 위해 함께 같은 숲의 같은 처소에서 지내게 되었다. 처음으로 부처님으로부터 직접 수행 주제를 받은 두 비구는 결연한 마음으로 안거를 시작하였으나, 얼마지 않아 본래의 성품대로 정진하는 모습이 확연히 달라졌다.

"도반이여! 벌써 마음이 풀린 게요? 안거에 들어선 지 이제 얼마 지났다고! 게으름이 일어나면 자꾸자꾸 부처님의 가르침을 떠올려 보시게나."

게으름 피던 비구는 도반의 잔소리를 듣고 도반이 있을 때면 열심히 정진하는 모습을 보였다. 그러나 정해진 시간에 경행을 나서는 도반이 보이지 않을 때면 그저 잠만 자거나 이런저런 잡생각에 빠져 있기 일쑤였다.

"에고, 집중력이 없어 한 식경도 버티지 못하는 도반이여! 어찌 그리 들락날락하며 숲으로 나가 바람이나 쐬는 거요. 어찌 그리 차분하질 못하오!"

경행을 나가는 도반을 그렇게 꾸짖다시피 하고는, 그가 보이지 않으면 잠부터 청하던 그 비구는 당연히 안거 동안 진전은커녕 살만 쪄 있었다.

'부처님께선 우리가 있던 숲에 한 차례도 왔다 가신 적이 없으니….'

안거가 끝나고 함께 부처님을 뵙는 자리에서도 게으른 비구는 자신이 더욱 정진에 열중했다고 거짓말만 늘어놓았다. 그러자 부처님께서 말씀하셨다.

"날렵한 말과 허약한 말은 달리게 해보면 단번에 알 수 있듯이, 수행자가 방일하였거나 그러지 않았음은 겉모습에 모두 드러나 있느니라."

---

12) 잠자고 있는 상태란 비록 육체적으로는 깨어 있더라도 정신적으로 새김을 잃은 상태를 말하는데, 행주좌와·어묵동정에서 잠자는 듯한 상태에 있는 것을 표현한 것이다.

030   방일하지 않음으로 인드라는 천상에서
뭇신들이 뒤따르는 천상의왕 되었나니,
방일하지 아니함을 사람들은 찬양하고
방일함은 어느때건 비난되기 마련이리.

不殺而得稱 放逸致毀謗 不逸摩竭人 緣淨得生天
('방일하지 않는다.'는 생각을)
덜어 내지 않으면 칭찬을 얻게 될 것이나
방일해진다면 상처 입고 비방 당하게 될 것이니,
(이러한 정신을) 잃지만 않는다면 저 마가다국의 사람도
(그로 인해 얻은) 청정함에 반연하여
하늘에 태어남을 얻게 될 것이다.

appamādena maghavā,[13] devānaṁ seṭṭhataṁ gato |
appamādaṁ pasaṁsanti, pamādo garahito sadā ||
방일하지 않음으로 인해
인드라는 신들 가운데 최상으로 나아간다.
(사람들은) 방일하지 않음을 찬양하고
방일은 항상 비난되기 마련이다.

*030
제석천왕은 어떤 존재인가

부처님께서 웨쌀리 근처 꾸따가라(Kūṭāgāra) 승원에 계실 때, 제석천왕(帝釋天王)이 어떤 존재인지에 대해 말씀해 주신 이야기이다.

웨쌀리에 사는 릿차위(Licchavi)족의 마할리(Mahāli)는 부처님께서 제석천(帝釋天)의 질문에 답하시며 베푸신 가르침을 듣고는 정말로 부처님께서 제석천왕을 보기나 하셨는지, 정말 알고나 계신지 궁금해 하였다.

베풀어 준 가르침에는 바로 들지 못하고 그 언저리에서 궁금증만 키워 가는 마할리에게 제석천왕이 어떤 존재인지 부처님께서 친절하게 설명해 주셨다.

우선 제석천왕이 전생에 어떤 사람이었는지 말씀해 주셨다.

"그는 수행자로서 이름이 마가와(Maghavā)였기에 그것이 그의 별칭이 되었다. 그리고 유행자로서 만행과 보시를 잘했기에 뿌린다다(Purindada)라 불렸으며, 특히 여법한 보시에 뛰어났기에 싹까(Sakka)라고도 불렸다. 그는 수행자들의 처소를 곧잘 보시하였기에 와싸와(Vāsava)라 불렸으며, 천 가지를 동시에 생각할 수 있기에 싸하싹카(SahasSakkha)라 불렸다."

그리고 제석천왕이 인간이었을 때 일곱 가지 서원을 세우고 그것을 잘 지켰기에 지금의 제석천왕 지위를 얻게 되었다고 마할리에게 말씀해 주셨다.

'나는 살아 있는 한 아버지와 어머니를 부양할 것이며, 한 가문의 연장자를 공경할 것이며, 온화하게 말할 것이며, 남을 모함하지 않을 것이며, 번뇌와 인색함을 벗어 버린 마음으로 관대하고 청정하게 보시하고 탁발하는 자가 쉽게 다가오도록 할 것이며, 진실을 말할 것이며, 화내지 않으며 만약 일어나는 화가 있으면 곧바로 그것을 제거해 버릴 것이다.'

이러한 가르침을 들은 마할리는 그 자리에서 예류향(預流向)에 들게 되었다.

---

13) '마가완(maghavan)'은 인드라의 별칭으로 '부귀(magha)를 지닌(-vat) 자'라는 의미에서 온 것이다. 천신들의 우두머리란 지위에 걸맞게 한문으로는 제석천이라 번역된다. 하늘의 가장 중요한 신으로 번개를 무기로 지니고 두 마리의 붉은 말이 끄는 수레나 코끼리를 타고 다닌다. 베다 시기에는 가장 중요한 신으로 간주되었으나 이후에 그 지위가 많이 떨어졌다. 불교에서는 도리천에서 태어나 모든 천상계의 제왕이 아닌 사천왕을 거느린 삼십삼천의 제왕으로 간주된다.

031　방일하지 않음에다 온마음을 쏟아붓고
　　　방일함에 두려움을 항상갖는 비구라면,
　　　작은불씨 번져나가 무엇이건 태우듯이
　　　크고작은 속박들을 다태우게 되리란걸.

　　　比丘謹愼樂 放逸多憂怨 結使所纏裏 爲火燒已盡
　　　비구는 말을 삼가고 마음을 진실되게 하여
　　　(그 결과로 얻게 된 것을) 즐길 뿐
　　　방일함에 대해선 늘 허물이 생길 것을 근심하여
　　　얼기섥힌 번뇌로 감싸인 가슴속은
　　　불길로 살라 버리듯 남김없이 비워 버린다.

　　　appamādarato bhikkhu, pamāde bhayadassi vā |
　　　saṁyojanaṁ aṇuṁ thūlaṁ, ḍahaṁ aggīva gacchati ||

　　　방일하지 않음에 마음을 쏟고
　　　방일함에 두려움을 느끼는 비구는
　　　마치 불길이 (무엇이건) 태워 버리듯
　　　크고 작은 속박[14]을 (태워 버리고) 나아간다.

* 031

산불에 갇혀 깨달음을 얻은 비구

부처님께서 싸왓티 제따 숲의 승원에 계실 때, 산불 속에 갇혀서 타오르는 불길을 보고는 아라한의 경지에 오른 비구의 이야기이다.

한 수행승이 부처님으로부터 아라한의 경지에 이르는 수행 주제를 받아 숲속으로 들어가 정진하였다. 그러나 좀체 진전이 나타나지 않자 다시 부처님을 찾아뵙고 보다 적합한 수행 주제를 부탁드리기 위해 제따 숲으로 갔다.

그는 자신이 머물던 숲에서 채 벗어나기도 전에 숲의 입구로부터 시작된 불길을 피해 야트막한 산의 정상으로 황급히 발길을 돌렸다. 산 정상으로 피한 그는 안전한 곳에서 맹렬한 불길에 타오르는 숲을 지켜보았다.

'어이구! 하마터면 큰일날 뻔했구먼. 제법 뜨겁긴 하지만 불길이 여기까지 닿진 않을 것이니, 덕분에 불구경이나 하게 생겼군.'

발 아래쪽 먼발치지만 그래도 시커먼 연기와 열기를 뿜으며 이글거리는 불길을 강 건너 불 보듯 별스런 생각 없이 지켜보던 수행승은 문득 자신이 의도치 않은 명상에 안착되는 듯한 느낌이 일었다.

'저 아래쪽에서 시작된 불길에 벌써 아래쪽의 나무들은 잿더미로 변해 버렸다. 숲 가운데 깊은 골짜기의 큰 나무들도 불길을 거부하지 못하고 있는데, 그 기세는 이 너른 숲의 모든 나무를 남김없이 쓸어버릴 듯하구나. 한 줌의 불씨에서 시작되었을 저 불길이 크고 작은 나무들을 모두 재로 만들어 버리듯이, 삶에서 일어난 크고 작은 모든 집착을 지혜의 불길로 태워 버린다면….'

향실(香室)에 계시던 부처님께서 수행승의 이러한 생각을 아시고 멀리서 그에게 영상을 나투시어 그의 생각이 올바름을 게송으로 일러 주셨다. 그리하여 숲의 불길이 채 식기도 전에 수행승은 아라한의 경지에 올랐다.

---

14) 졘 크고 작은 속박이란 존재를 윤회의 고통에 얽어매는 열 가지 결박을 의미하기도 하는데, ① 개체가 있다는 견해[有身見, sakkāyadiṭṭhi], ② 회의적인 의심[疑, vicikicchā], ③ 규범과 금기에 대한 집착[戒禁取, sīlabhataparāmāsa], ④ 감각적 쾌락에 대한 탐욕[欲貪, kāmarāga], ⑤ 분노[有對, paṭigha], ⑥ 미세한 물질계에 대한 탐욕[色貪, rūparāga], ⑦ 비물질계에 대한 탐욕[無色貪, arūparāga], ⑧ 자만[慢, māna], ⑨ 흥분[掉擧, uddhacca], ⑩ 무명[無明, avijjā]이다.

032 　방일하지 않음에다 온마음을 쏟아붇고
　　　방일함에 두려움을 항상갖는 비구라면,
　　　뒤로물러 설리없고 추락될리 또없으니
　　　니르바나 가까이에 이미벌써 와있다네.

守戒福致善 犯戒有懼心 能斷三界漏 此乃近泥洹
계戒를 지키면 그 복락이 선업善業에 이르고
계를 범하면 두려워하는 마음이 있게 되나니,
삼계三界의 번뇌를 끊어 버릴 수 있는
이것이 바로 열반에 가까워지게 하는 것이다.

appamādarato bhikkhu, pamāde bhayadassi vā |
abhabbo parihānāya, nibbānasseva santike ||

방일하지 않음에 마음을 쏟고
방일함에 두려움을 느끼는 비구는
물러설 리 없으니[15] 바로 열반의 앞에 와 있다.

홀로 정진하던 한 수행승

부처님께서 싸왓티 제따 숲의 승원에 계실 때, 싸왓티 출신의 검소한 수행승인 니가마와씨띳싸(NigamavāsīTissa)에 대한 이야기이다.

그는 두 손으로 들 수 있는 분량의 생필품만 지니고 있었다. 탁발은 수행처 인근의 몇몇 친지들에게 의지하되 얻어지는 그대로 좋고 나쁨을 가리지 않았다. 그의 모든 행위는 수행을 위해 존재하였으니, 심지어 아나타삔디까 장자나 빠쎄나디 왕의 화려하고도 풍족한 공양은 거들떠보지도 않았다.

모든 것에 초연하여 수행에만 몰두하는 그를 곱게 보지 않은 일부 비구들은 이런저런 핑계로 그를 비난하기에 바빴다.

"세존이시여! 비구로서 탁발을 어찌 자기 친족 집으로만 한결같이 다닐 수 있습니까. 이는 맛난 것만 먹고자 해서 그런 것입니다. 그리고 무엇보다 대중이 함께하는 공양청에도 전혀 참여하지 않는 것은 독선일 뿐…."

모든 상황을 이미 알고 계시지만, 짐짓 니가마와씨띳싸 비구를 불러 대중 앞에서 수행에 전념하고자 하는 그의 진심을 확인시켜 주신 부처님께선 그를 칭찬하시며 앵무새 왕의 이야기를 비구들에게 들려주셨다.

갠지스 강변의 한 숲은 화려한 꽃과 풍부한 열매 덕에 많은 새들이 살고 있었다. 그런데 꽃이 떨어지고 맛있는 열매가 동이 나자 대부분의 새들은 다른 숲으로 옮겨갔지만, 한 마리의 앵무새는 맛없는 나무 순이나 나무껍질을 먹는 것에 만족하며 그곳을 떠나지 않았다. 어차피 기나긴 건기(乾期)를 견디며 살아갈 수 있는 곳은 강변의 숲인 그곳뿐임을 알고 있었기 때문이다.

제석천왕이 시험하고자 숲을 더욱 혹독한 환경으로 변화시켜도 결국 앵무새 왕은 굴복시키지 못하였다. 결국 건기가 시작된 지 얼마지 않아 많은 새들이 다시 돌아왔고, 함께 나무 순을 먹으며 건기를 이겨 냈다고 한다.

---

15) 항상 깨어 있기에 방일하지 않는 수행승이란 멈춤[止, samatha]과 통찰[觀, vipassana]이라는 두 가지 수행을 그만두거나 그러한 수행의 과정에서 퇴보할 리가 없음을 말한다.

第3章

ᲲᲲᲲᲲᲲᲲᲲᲲᲲᲲᲲᲲᲲᲲᲲᲲᲲᲲᲲᲲᲲᲲᲲᲲ

चित्तवग्गो

마음에 관한 장

심의품

心意品

ᲲᲲᲲᲲᲲᲲᲲᲲᲲᲲᲲᲲᲲᲲᲲᲲᲲᲲᲲᲲᲲᲲᲲᲲ

033 맘이란게 걸핏하면 쉽사리도 흔들흔들
        붙들기도 다루기도 감싸기도 힘들지만,
        지혜갖춘 자가되면 제스스로 바루기를
        활장인이 가지눌러 곧은화살 만들듯이.

心多爲輕躁 難持難調護 智者能自正 如匠搦箭直
마음은 걸핏하면 가볍게 동요하기에
(평온을) 유지하고 조절하며 보호하기 어렵지만
지혜로운 자는 스스로 바루길
마치 장인이 화살을 잡아 곧게 만드는 것처럼 한다.

phandanaṁ capalaṁ cittaṁ, dūrakkhaṁ dunnivārayaṁ |
ujuṁ karoti medhāvī, usukārova tejanaṁ ||

동요하고 산만하며 지키기 힘들고
제어하기 힘든 의식意識을
마치 화살 장인이 (곧은) 화살을 (만들듯)[1]
현명한 이는 올곧게 만든다.[2]

034   있어야할 제본자리 깊은연못 벗어나서
　　　　마른땅에 내던져진 물고기가 그러하듯,
　　　　생각이랑 맘이란놈 두렵고도 황망하여
　　　　마구니에 쫓기듯이 죽음이야 나살려라.

如魚在旱地 以離於深淵 心識極惶懼 魔衆而奔馳
마치 물고기가 깊은 연못에서 벗어나 마른 땅 위에 놓인 것처럼
(죽음에 사로잡힌) 마음과 의식意識은 극도의 두려움에
마구니들에게 쫓기거나 하는 듯 내달릴 뿐이다.

vārijova thale khitto, okamokata[3] ubbhato |
pariphandatidaṁ cittaṁ, māradheyyaṁ pahātave ||
마치 보금자리인 물에서 나와
뭍에 내던져져 펄떡이고 있는 물고기처럼
죽음에 사로잡힌 이 의식은
(그것을) 떨쳐 버리기 위해 펄떡이고 있다.[4]

무엇을 기다릴지부터 생각하면서

부처님께서 짤리까(Cālikā) 산에 계실 때, 부처님의 시자였던 메기야 장로가 조급한 마음을 드러냈던 일에 대한 이야기이다.

메기야(Meghiya) 장로는 한때 부처님의 시자로 지낸 적이 있었다.

"세존이시여! 저는 오늘 잔뚜(Jantu)⁵⁾ 마을로 탁발하러 가고 싶습니다."

여래를 모시는 시자로서 홀로 탁발을 나서는 일이 옳지는 않으나, 항상 무엇인가 성취하려는 의욕이 남달랐던 메기야의 성품을 알고 계셨던 부처님께서는 허락을 하셨다.

'아! 저 망고 숲은 참으로 아늑하구나. 내가 저 숲에서 정진하면 머지않아 세존의 제자로서 궁극적인 기쁨을 성취하게 될 것이 분명하다.'

잔뚜 마을에서 탁발하여 적당한 공양 장소를 찾던 메기야의 눈에 뜨인 것은 마을 안쪽에 위치한 망고 나무가 우거진 아늑한 숲이었다. 그 숲에서 공양을 마친 메기야는 잰걸음으로 승원에 돌아왔다.

"세존이시여! 시자로서 바른 행동이 아닙니다만, 허락해 주신다면 잔뚜 마을의 망고 숲에서 정진함으로써 세존의 은혜에 보답하고자 합니다."

"여래의 시자로서 여래를 홀로 남겨 두는 것은 네가 아직 감당하기 힘든 업이 될 것이니, 기다려라! 기다려라! 다음 시자가 올 때까지만이라도."

하지만 한시가 급한 메기야는 부처님의 말씀도 아랑곳 않고 며칠을 떼를 쓰듯이 부처님께 간청을 드렸다.

"세존이시여! 세존께서는 더 이상 해야 할 일이 없으시고 더 이상 보태야 될 일도 없으십니다. 그렇지만 저는 해야 하고 보태야 될 일이 산재하였으니, 부디 제가 저의 일을 할 수 있도록 허락해 주십시오."

부처님께서는 메기야의 굳게 닫힌 생각이 그렇게 해야만 열릴 수 있음을 아시고 그가 망고 나무 숲으로 떠나는 것을 허락하셨다.

들뜬 마음으로 망고 숲에서 명상에 들어간 그는 다음날도, 그리고 그다음 날도 탁발하러 나가는 시간도 아끼며 정진에 온 힘을 기울였다.

그런데 수행 주제에 집중하려 하면 할수록 예전에 이미 극복했다고 여겼던 불건전한 사유들, 즉 욕망과 분노와 폭력의 사유에 다시금 더욱 깊숙이 얽매여 들어 오히려 퇴보를 느낄 뿐, 아무런 진전도 감지할 수가 없었다.

'이건 놀랍고도 당황스런 일이다. 내가 이 좋은 수행처에 앉아서 더할 수 없이 정진하였건만 오히려 이리도 선명히 퇴보를 느끼는 것은 분명 무엇인가 애초부터 잘못된 것이 있지 않고서야…'.

자신에게 적합한 최상의 수행처를 찾았다는 커다란 기쁨, 그것의 그림자로 일어났던 조급함에 매몰되어 버리고 만 메기야는 결국 정진을 포기하고 다시 부처님께 돌아올 수밖에 없었다.

풀이 죽어 돌아온 메기야 장로에게 부처님께서 말씀하셨다.

"메기야여! 여래가 좋은 수행처를 찾아 정진을 위해 떠나겠다는 비구를 잡은 것은 단지 여래의 불편함 때문이 아니었음을 너는 알아야 할지니라. 네가 성취하려던 것은 결국 마음의 안정이거늘, 어찌 그리도 날뛰는 의식으로 그것이 가능하리라 여겼느냐. 여법하지 못하고 계행이 갖춰지지 않았기에 불안해진 네 자신은, 비록 흡족하다 여긴 한 줄기의 향기로 그 불안을 잠시 가릴 수는 있을지언정, 어차피 드러날 그 불안에 사로잡힐 뿐이란 것을 알아야 할지니라. 그러니 기다려라! 기다려라! 무엇을 기다릴지부터 생각하면서."

---

1) 화살 장인은 숲속에서 나무를 가져와 껍질을 벗겨 다듬고[→수행자는 동요하는 마음을 두타행을 통해 거친 번뇌를 제거하고], 기름을 바르고 가열하며[→믿음을 가지고 고행하며], 뾰쪽하게 날을 세운 화살촉을 끝에 매달아[→멈춤(止)과 통찰(觀)을 익혀], 머리카락도 쏘아 맞출 수 있도록 화살을 만든다[→번뇌를 여읠 수 있는 육체와 정신을 만든다].
2) 쥔 올곧게 다듬어진 의식을 지닌 이는 감각적 욕망의 세계와 미세한 물질의 세계 및 비물질 세계의 형성을 명상하고, 거대한 무명의 다발을 부수며, 세 가지 밝은 지혜[三明, tevijjā]와 여섯 가지 곧바른 앎[六神通, chaḷabhiññā] 및 아홉 가지 출세간의 원리[九出世間法, navalokuttaradhammā]를 성취하게 된다.
3) 빠알리어 'oka'는 '물' 혹은 '보금자리'를 의미한다. 그러므로 'okamokato'는 '보금자리(oka)인 물(oka)로부터(-to)' 또는 '이 물(oka) 저 물(oka)로부터(-to)'로 두 가지 해석이 가능하다.
4) 쥔 의식이 죽음을 떨쳐 버리기 위해 펄떡거림을 세 가지의 소용돌이로 나누기도 하는데, ① 무명과 갈애와 집착의 윤회를 말하는 번뇌의 소용돌이가 있고, ② 형성과 행위 존재의 윤회를 말하는 업력의 소용돌이가 있으며, ③ 명색과 의식과 여섯 가지 감역과 접촉과 느낌과 재생 존재와 태어남과 늙고 죽음의 윤회를 말하는 과보의 소용돌이가 있다. 소용돌이는 번뇌→ 업력→ 과보→ 번뇌…로 끝없는 윤회가 전개된다.
5) 잔뚜(Jantu)란 마을 이름에는 '태어나게(√jan) 하는 것(-tu)'이란 의미가 담겨 있다.

035 다루기도 어렵거니 거기에다 경박하여
바람따라 나풀나풀 결국에는 타락하는,
그런마음 통제되면 무엇보다 좋으리니
잘다뤄진 마음에서 즐거움이 솟나니라.

輕躁難持 唯欲是從 制意爲善 自調則寧
가볍게 동요하는 (마음이 평온하게) 유지되기 어려운 까닭은
하고자 하는 바가 옳다 하여 오로지 그것을 따르고자 하기 때문인데,
(그러한) 의식意識을 제어한다는 것은 선업善業이 될지니
스스로 조절이 되면 (그것이) 곧 평온이리라.

dunniggahassa lahuno, yatthakāmanipātino |
cittassa damatho sādhu, cittaṁ dantaṁ sukhāvahaṁ ||
제어하기 어렵고 경박하며
욕망에 따라 타락하고 마는
의식의 통제란 좋은 것이다.
통제된 의식은 즐거움을 가져온다.

* 035

타심통을 이룬 공양주

부처님께서 싸왓티 제따 숲의 승원에 계실 때, 타심통을 이루어 많은 비구들에게 수행에 적절한 공양을 올렸던 한 신자의 이야기이다.

꼬쌀라국 산기슭의 마띠까(Mātika)라는 마을에 '마띠까'라는 이름의 촌장이 있었다. 그의 어머니는 모든 수행자들에 대한 예우가 항상 극진하였다.

한번은 60명의 비구들이 부처님으로부터 아라한의 경지에 이르는 명상 주제를 받아 마띠까 마을로 와서 탁발하였다. 이에 마띠까의 어머니는 비구들이 원하는 바를 살펴, 마을 인근 숲에 안거 동안 머물 적절한 수행처를 마련해 드리고 모든 뒷바라지를 약속하였다.

"도반들이여! 이제 훌륭한 인연처를 만났으니 여법하게 정진하도록 합시다."

60명의 비구들 또한 그녀의 신심과 정성이 헛되지 않도록 청규를 정하고 명상 주제를 이루기 위해 다소 엄격한 수행에 들어갔다.

"스님들이 다 어디 계시지? 오! 저기 종이 있구나. 저것을 쳐 봐야겠다."

마띠까의 어머니가 공양을 올리러 왔으나 모두 각자의 방에서 선정에 들어 있던 까닭에, 큰일이 발생하면 사용키로 한 종을 쳐서 모두 밖으로 나오게 하였다.

"스님! 죄송합니다. 그런데 그 선정이란 것을 저도 배울 수 있습니까?"

우연한 기회에 비구들의 수행 방법을 알게 된 그녀는 오히려 정진력이 월등하여 이내 타심통이 열리고 불래과(不來果)를 증득하였다. 그렇게 얻은 능력으로 그녀가 더욱 열심히 시봉하였더니 안거 끝에 모든 비구들은 명상 주제를 해결하여 아라한의 경지에 오르게 되었다.

그 후에 한 비구가 자기 편하자고 혼자서 그곳으로 가서 정진하였다.

'어이쿠! 타심통을 한다는 신자에게 의지해 편하게 수행 생활인 듯 아닌 듯 지내려고 했더니, 오히려 내 속내를 들킬 일만 남았네. 안 되겠다, 도망가자!'

혼자서 그곳에 갔던 비구는 공양주의 신행력에 겁을 먹고 며칠 후 다시 승원으로 쫓기듯 돌아왔다. 그러자 부처님께서는 그 비구를 불러, 그곳이 바로 네가 있어야 할 수행처라 말씀하시며 다시 그곳으로 돌려보내셨다.

036 아주보기 어렵고도 아주매우 미세하며
욕망따라 어디로든 내려앉는 이마음을
현명하다 하는이는 잘지켜야 옳으나니,
잘수호된 마음만이 즐거움을 가져오리.

意微難見 隨欲而行 慧常自護 能守卽安
의식意識은 미세하여 (살펴)보기 어려운데
(그저) 하고자 하는 바에 따라 나아갈 뿐이다.
지혜로운 자는 항상 스스로 (의식을) 보호하나니,
(그리하여 의식이 잘) 지켜질 수 있으면
(그것이) 곧 평안平安이다.

sududdasaṁ sunipuṇaṁ, yatthakāmanipātinaṁ |
cittaṁ rakkhetha medhāvī, cittaṁ guttaṁ sukhāvahaṁ ||
아주 보기 어렵고 매우 미세하며
욕망에 따라 어디든 내려앉는
의식을 현명한 이는 (잘) 지켜야 한다.
(잘) 수호된 의식은 즐거움을 가져온다.

## 036

이것 한 가지만 지킬 수 있다면

부처님께서 싸왓티 제따 숲의 승원에 계실 때, 차근차근 수행하다 계율의 번다함에 막혀 버렸던 한 비구에 관한 이야기이다.

싸왓티의 한 은행가의 아들이 집안의 장자가 된 지 얼마지 않아 탁발을 나온 한 장로에게 괴로움을 벗어나 해탈로 나아갈 수 있는 길에 대해 물었다.

"우선 재가건 승가건 가리지 말고 베풂을 행하시오. 그러다 자신의 베풂이 별스럽지 않다 느껴질 때 재산을 삼등분하여 한 몫은 사업에, 한 몫은 가족 부양에, 나머지 몫은 승가에 시주하고 부처님의 가르침을 익히시오."

얼마 후 그는 장로의 가르침에 따라 오계를 받고 부처님의 재가 제자가 되었다.

"이제는 열 가지 계행을 지키는 새내기 수행승이 되시오."

마침내 그는 다시 정식 계를 받고 비구가 되어 수행하였다. 그래서 그는 순서에 따른다는 의미인 아누뿝바(AnuPubba)로 불렸다.

장로의 인도에 따라 차근차근 수행의 단계를 높여 가던 아누뿝바는 정작 비구가 되고서야 심각한 고민에 빠지기 시작하였다.

'대체 이 계율이란 게, 이 번잡한 게송들이 다 뭐란 말인가! 내가 부귀와 식솔을 버리고 출가한 것은 괴로움을 벗어나 해탈하길 바라서인데, 이럴 거면 아예 세속으로 돌아가 열심히 살며 괴로움을 극복하는 것이 낫지 않겠나.'

이런 생각에 빠져들자 아누뿝바는 비구의 수행 생활이 지겹고 답답하게만 느껴졌다. 그래서 장로가 내려준 명상 주제는 자꾸만 달아나 버리고, 그에 따라 쇠약해지는 몸은 피골이 상접해질 지경이었다. 장로 또한 자신이 이끈 제자의 고민을 알았으나 자신의 능력으로는 어찌할 수 없음을 알았기에, 그와 함께 부처님을 찾아뵙고 있는 그대로 말씀을 드렸다.

"아누뿝바여! 계율이건 게송이건 모두 돌아보지 말고, 오직 이것 한 가지만 온전히 수호할 수 있다면 네가 바라는 대로 될 것이니라."

"세존이시여! 그것이 무엇이옵니까?"

"그것은 네 마음이니라. 너는 그것 한 가지만 잘 지키도록 하여라."

037 제혼자서 움직이며 한도없이 나아가고
물질또한 아닌것이 굴속깊이 자리하는,
마음이란 그런건데 그걸조절 하는이는
마왕파순 속박에서 자유롭게 되나니라.

獨行遠逝 覆藏無形 損意近道 魔繫乃解
홀로 움직이며 멀리까지 나아가고
(늘) 가려지고 감춰져 있으나
(드러내 보이려도) 형체가 없으며,
의도意圖를 감쇄시켜 도道에 가까워지면
마귀의 속박도 이내 풀려지나니.

dūraṅgamaṁ ekacaraṁ, asarīraṁ guhāsayaṁ |
ye cittaṁ saṁyamessanti, mokkhanti mārabandhanā ||
멀리 나아가고 홀로 움직이며
육신을 지니지 않은 채 깊은 굴속에[6] 자리하고 있는
(그러한) 인식認識을 조절하고자 노력하는 자는
마왕의 속박[7]으로부터 자유롭게 된다.

그칠 줄 모르는 망상의 나래

부처님께서 싸왓티 제따 숲의 승원에 계실 때, 장로 쌍가락키따와 그의 조카였던 한 비구에 대한 이야기이다.

장로 쌍가락키따(SaṅgharakKhita)는 출가 후 정진하여 아라한의 경지에 올랐다. 장로의 여동생이 결혼하여 낳은 아이의 이름도 '쌍가락키따'라 하였다.

나이가 들자 출가한 조카는 구족계를 받고 한 지역의 승원에서 우기를 보내고 돌아오며 그곳 신자가 보시한 값비싼 가사 두 벌을 갖게 되었다.

'한 벌은 존경하는 장로님께 드리고, 한 벌은 내가 입어야지.'

승원으로 돌아간 조카는 기쁜 마음으로 장로에게 나아가 인사를 올리고 가사를 드렸는데, 장로께선 필요치 않다 하시며 끝내 받지 않으셨다. 그래서 하는 수 없이 쉬시는 장로 곁에서 잠시간 부채라도 부쳐 드렸다.

'이걸 어떻게 하지? 왜 안 받으시는 걸까? 내 시봉을 안 받으시면 나도 비구 생활이 별론데. 에이! 그냥 집으로 돌아가 버려? 이 비싼 가사 두 벌로 암염소 몇 마리 사고, 그게 새끼를 치면⋯ 그러다보면 어느새 나는 농장주. 히, 그럼 예쁜 색시를 얻어서 나같이 멀쑥한 아들도 하나 낳아서⋯ 그래도 장로님은 뵈러 와야지! 마차를 몰고 장로님 뵈러 오는 길에 마차를 탄 아내가 따뜻한 햇살에 졸면, 에고, 아이를 놓칠라. 내가 아이를 옮겨 받으려다⋯ 그러다가 놓쳐서⋯ 에이! 이놈의 마누라! 너 때문에⋯.'[8]

조카는 노곤하여 졸음이 몰려오는 가운데 그칠 줄 모르는 망상의 나래를 펼치다, 부치고 있던 부채로 장로의 머리를 후려쳐 버렸다.

'어이쿠!' 하는 소리에 잠이 달아난 조카는 눈앞에 펼쳐진 사태를 알아채고 앞뒤 가릴 것도 없이 그냥 줄행랑을 쳐 버렸다.

---

6) 베딕(Vedic)에선 몸안에 내재된 아뜨만인 뿌루사(Puruṣa)가 심장 중앙의 조그만 공간에 머문다고 여긴다.

7) '죽음의 속박'은 '마왕(Māra)의 밧줄(bandhana)'로도 해석될 수 있다. 죽음을 관장하는 염라대왕과 마왕 파순은 종종 동일시되기도 하는데, 인도 신화에서 염라대왕인 야마(Yama)는 항상 죽음에 이른 자를 묶어 올 밧줄을 지니고, 그러한 자를 식별해 내는 눈 셋 달린 점박이 개를 거느리고 있다.

8) 인도 우화집 『빤짜딴뜨라』에 이와 유사한 설화가 수록되어 있다. ⇒ 🔟 '망상의 나래'

038 안정되지 않은마음 신념마저 흔들흔들
참된법엔 무지하여 아무것도 모르는이,
그에게는 지혜란게 생겨날리 만무지만
그나마도 생겼다면 온전할리 있겠는가.

心無住息 亦不知法 迷於世事 無有正智
마음은 머무름도 쉼도 없고 게다가 법法도 알지 못한 채
세간의 일에 미혹되어 있으면 바른 지혜가 있을 수 없다.

anavaṭṭhitacittassa, saddhammaṁ avijānato |
pariplavapasādassa, paññā na paripūrati ||
안정되지 않은 인식認識을 지닌 채 신념이 흔들리며
참된 법에 대해 무지한 자의 경우
지혜는 채워지지 않는다.

039 새나옴이 없는마음 혼란이란 없는생각
     선과악을 내려놓고 깨어있는 자가되면
     그에게는 어떤위험 그무엇이 있으리오.
     그에따라 두려움도 존재하지 않게되리.

     念無適止 不絶無邊 福能遏惡 覺者爲賢
     생각은 (제 스스로) 적절하게 그침이 없기에
     (적절히) 끊어 주지 않으면 끝이 없으며
     복덕은 (모든) 악업을 막을 수 있나니,
     (이를) 깨달은 자는 어진 이라 할 수 있다.

     anavassutacittassa, ananvāhatacetaso |
     puññapāpapahīnassa, natthi jāgarato bhayaṁ ||
     새어 나옴이 없는 의식意識[9]과
     혼란스럽지 않은 인식[10]을 지닌 채
     선과 악을 내려놓은[11] 깨어 있는 자의 경우
     두려움은 존재하지 않는다.[12]

여섯 번 환속했던 장로 찟따핫타

부처님께서 싸왓티 제따 숲의 승원에 계실 때, 여섯 번이나 환속했던 장로 찟따 핫타에 대한 이야기이다.

싸왓티의 평범한 집안에서 태어난 찟따핫타(CittaHattha)는 어느 날 풀을 먹이 다 소를 잃어버렸다. 소를 찾으러 숲을 헤매던 그는 소도 찾지 못한 채 주린 배 만 움켜쥐고 돌아오다 자그만 승원의 공양청 자리에서 밥을 빌었다.

"수행하시는 분들은 이런 잔치를 자주 하시나요?"

"아닐세. 이것은 우리 같은 신도들이 특별히 준비한 공양청이니, 잔치상인 셈 이지. 그래도 탁발 나오시면 우리가 먹는 정도는 매일 드시지."

찟따핫타에겐 공양청이건 탁발이건, 어떨 땐 쌀죽도 힘겨운 자신에 비해 아 무 일 않고도 배불리 먹을 수 있다는 승가의 생활이 마냥 신기해 보였다.

'그래! 그러면 나도 출가해서 수행승이 되자. 아등바등 살면서 배도 못 불릴 바에야 출가해서 느긋하게 있기만 하면 대접도 받고 배도 불리고.'

그래서 출가해 버린 찟따핫타는 자신이 바라던 대로 매일 일곱 집을 꽉꽉 채 워 돌며 얻어 온 수북한 먹거리로 맘껏 즐기며 지냈다. 그러다보니 얼마지 않아 체중은 엄청나게 불어났고, 쌓여 가던 게으름에 결국 매일 나가는 탁발마저 귀 찮게 여기기에 이르렀다.

'내가 왜, 남한테 밥을 빌어먹으며 살아야 하지? 밥 한 술에 굽실거리며.'

그래서 그는 환속해 버렸다. 그렇지만 불편하던 것이 편해진 것보다 편하던 것이 다시 불편해지자 다시 출가를, 그러다 다시 환속을 하였다. 그렇게 승원을 들락날락거리길 아침녘 탁발하듯 하더니, 급기야 여섯 번째로 환속하였다.

'이제 거긴 죽었다 깨어나도 다신 안 갈 테다. 야, 이러니저러니 해도 내 집이 최고라니까!'

찟따핫타에게 있어서 그동안의 삶은 재가나 승가나 매일반으로 제법 힘들거 나 그저 무료함으로 일관되었다. 그러던 가운데 여섯 번째 환속은 아내가 임신 했다는 소식을 듣고서 감행한 것이었다.

'아니? 저 모습은… 저게 내 마누라란 말인가? 침까지 질질 흘리네?'

임신한 자식이 아들일 거란 점쟁이의 호언까지 들은 아내는 기세가 등등했다. 그래도 아내가 예뻐 보이던 찟따핫타였지만 한밤중에 일어나 건너편 침대에서 불룩한 배에 옷은 아무렇게나 풀어헤친 채 코를 골며 입을 벌리고 침까지 흘리며 잠들어 있는 아내의 모습을 보는 순간, 그는 여섯 번째 속퇴를 결심할 때보다 더 큰 충격에 빠졌다. 지금까지와는 차원이 전혀 다른 충격에.

"애야! 더 이상 네 남편을 잡지 마라! 이번엔 정말 안 돌아올 것 같구나."

같이 살던 장모가 이 모든 모습을 지켜보다가, 울며 승원으로 쫓아가려는 딸을 달랬다.

찟따핫타는 지금까지 느끼지 못했던 무게의 발걸음으로 승원에 도착하기도 전에 부정관(不淨觀)을 통한 무상(無常)의 진리를 체득하여 예류과에 들었다.

"여기가 무슨 해우손가? 한두 번도 아니고, 이젠 일곱 번째로? 안 돼!"

승원의 소임 장로는 이제 아무리 간청해도 소용없다며 완고했다. 그러나 앞서와 다른 그의 진심어린 눈빛을 본 몇몇 장로들이 나서서 다른 대중들을 설득한 끝에 그는 다시 가사를 입을 수 있었다. 그리고 일곱 번째 출가 이후 처음으로 제대로 된 수행을 하였고, 이내 아라한의 경지에 올랐다.

부처님께서 법회 때 찟따핫타를 가리키며 말씀하셨다.

"비구들이여! 안정되지 않은 채 흔들리는 신념을 가졌던 찟따핫타는 이제 여기 없다. 지금의 그는 깨어 있기에 아무런 두려움이 없는 수행자이다."

---

9) 의식[citta]의 새어 나옴[avassuta]이란, 인식이 안정되지 않은 까닭에 인식 대상의 여하에 반응하여 악화된 상태가 생성되어 드러나는 것을 말하니, 대상에 끄달려 번뇌가 일어나는 상태를 말한다.

10) 인식[cetas]의 혼란스러움[anvāhata]이란, 'anvāhatacetas'는 두들겨 맞은[anvāhata] 인식[cetas]을 말하니, 곧 인식이 인식의 대상에 의해 마치 두들겨 맞은 듯 나쁜 영향을 받아 악화되어 있는 혼란스러운 상태를 말한다. 황무지에 비유하여 탐욕의 황무지[貪栽, rāgo khilo]와 성냄의 황무지[瞋栽, doso khilo] 및 어리석음의 황무지[痴栽, moho khilo] 셋으로 나누기도 한다.

11) 악은 물론 선까지 내려놓았다는 것은 아라한향(阿羅漢向)을 통해 미래에 다시 태어나는 원인이 되는 악행과 공덕을 모두 끊은 상태를 말한다.

12) 번뇌를 모두 부수었고, 믿음(saddha), 정진(viriya), 새김(sati), 집중(samād), 지혜(paññā)를 갖추었기에 항상 깨어 있게 된 아라한에겐 두려움이 없음을 말한다.

040 질그릇과 같은육신 있는대로 다알고서
그곳에다 이마음을 성곽처럼 자리하고
선한생각 무기삼아 죽음맞서 싸울지니.
그리얻은 승리라면 잘지킴은 물론이요
그럼에도 그승리에 안주하면 아니되리.

觀身如空甁 安心如丘城 以慧與魔戰 守勝勿復失
빈 병과도 같은 이 몸을 잘 들여다보아
언덕 위에 (굳게 서 있는) 성곽처럼
마음을 편안케 하고 지혜로써 마구니에 맞서 싸워 내어,
(그렇게 얻어진) 승리를 지켜 낼 뿐
(그 승리를) 다시 잃어버리진 말지니라.

kumbhūpamaṁ kāyamimaṁ viditvā,
nagarūpamaṁ cittamidaṁ ṭhapetvā |
yodhetha māraṁ paññāvudhena,
jitañca rakkhe anivesano siyā ||
질그릇 같은 이 육신을 (잘) 알고
도성都城과 같이[13] 이 의식意識을 자리잡게 한 뒤
선善을 무기로 죽음과 싸워야 한다.
그리고 (쟁취한) 승리를 (잘) 지켜야 하며,
(그럼에도 그 승리에) 안주하지 않는 자가 되어야 한다.

*040
5백 비구와 목신들의 전쟁

부처님께서 싸왓티 제따 숲의 승원에 계실 때, 5백 명의 비구들이 선(善)을 무기로 수행하여 모두 아라한이 된 이야기이다.

5백 명의 비구들이 부처님의 설법을 듣고 육신에 대해 명상하여 깨달음을 얻을 주제를 받아서 수행자의 삶을 실천하기 위해 길을 나섰다.

그들이 한 마을에 도착하여 탁발하니, 마을 사람들은 시봉을 자청하였다.

"저희 마을에서 얼마 떨어져 있지 않은 곳에 수행처로 적당한 숲이 있습니다. 안거 동안 탁발은 저희 마을로 오시면 정성을 다하도록 하겠습니다."

'수행자들이 오시네? 나무 아래 머무실 텐데, 우리가 나무 위에서 버틸 순 없지. 자! 우리 모두 수행자들이 계시는 동안 땅으로 내려가 있자!'

그 숲에서 나무에 깃들여 사는 목신들은 수행자에 호의적인 까닭에 단지 하루나 이틀 머물 거라 생각하고 모두 땅으로 내려왔다. 그러나 지내보니 안거 석 달 내내, 게다가 우기 때 질척이는 진흙탕에서 지낼 생각에 넌더리를 쳤다.

'아무래도 안 되겠다. 온갖 귀신 형상으로 나타나 비구들을 쫓아 버리자!'

그렇게 시작된 5백 명의 비구들과 숲속 목신들의 전쟁 아닌 전쟁은 비구들의 수행력이 아직 부족한 까닭에 이내 목신들의 승리로 일단락되었다.

"비구들이여! 그대들은 무기도 없이 전쟁에 임했는가? 질그릇같이 깨어지기 쉬운 육신 안에 깃든 의식을 공고히 하는 것만으론 부족하니라. 자비의 마음과 선한 마음. 그것이 바로 그 무엇이든 이겨 내는 최상의 무기니라."

부처님의 가르침을 받아 『자애경(慈愛經, Mettasutta)』을 지닌 비구들은 다시 그 숲에 들어갔다. 5백의 비구들이 숲의 입구에서부터 경문을 외우며 들어서니 숲의 모든 목신들은 저절로 굴복되었으며, 마을 사람들의 공양과 목신들의 외호를 받은 비구들은 안거 끝에 모두 아라한의 경지에 올랐다.

---

13) 육신은 질그릇 같아 깨어지기 쉬우니, 그러므로 그 안에 마음을 들여놓을 때는 마치 도시 주위에 성곽을 둘러 외적의 침입을 막는 것처럼 잘 방비해야 함을 말한다. 도성(都城)은 외부로 깊이 판 해자(垓字)를 비롯하여 성곽을 높이 세우고 성문마다 초소를 두어 그 방비를 튼튼히 함을 비유한 것이다.

041   머지않아 이육신이 귀찮아서 싫어지고
기력마저 사라져서 돌아볼힘 없게되면,
벌레먹어 내다버린 한토막의 나무처럼
차디찬저 땅바닥에 나뒹굴게 되나니라.

是身不久 還歸於地 神識已離 骨幹獨存
이 몸은 오래지 않아 땅으로 돌아가게 되리니,
(몸에서) 정신이 떠나 버리면
뼈다귀만 덩그러니 남게 되리라.

aciraṁvatayaṁkāyo, pathaviṁadhisessati |
chuddho apetaviññāṇo, niratthaṁva kaliṅgaraṁ ||
오! 머지않아 배척되고 기력이 사라져 버린 이 육신은
마치 버려진 나무토막처럼 땅에 뉘어질 것이다.

* 041
온몸에서 고름이 난 띳싸 장로

부처님께서 싸왓티 제따 숲의 승원에 계실 때, 온몸에서 썩는 냄새를 풍기며 피고름이 나던 띳싸 장로에 대한 이야기이다.

싸왓티의 한 젊은이가 건실한 삶을 살아가던 가운데 우연찮게 부처님의 가르침을 접하고 이내 출가하여 비구가 되었다. 그는 계율을 잘 지키고 게송을 잘 외는 등 모든 면에서 뛰어났으며, 그러고도 누구보다 열심히 정진하였기에 오래지 않아 모든 젊은 비구들이 그와 가까이하기를 원할 정도였다.

그러던 어느 날, 그의 온몸에 겨자씨만 한 크기의 종기가 하나둘 생겨나기 시작하였다. 자잘한 종기들이 몸을 뒤덮어 성한 곳이 한 군데도 없자, 그때부터는 종기들이 점차 크게 자라 올랐다. 겨자씨가 콩알이 되고, 콩알이 대추씨가 되고, 대추씨만 하던 것이 급기야 아말라까 열매만 해졌다. 그리고 드디어 여기저기서 종기가 터지기 시작하였다.

이미 종기가 대추씨만 해졌을 때 모두 그의 곁에 가기를 꺼려하였다. 그러다 종기가 더 자라 곧 터질 것만 같아졌을 때는 그에게 같은 수행자로서 연민을 느껴 간호를 해주던 몇몇 비구들도 그를 멀리하기 시작하였다. 그리고 온몸에서 나는 악취와 더불어 터지는 종기들로 손을 쓸 수 없을 정도가 되자 결국 그를 수행처의 한갓진 곳에 버려 두기에 이르렀다.

부처님께서는 그가 이제 마지막 경지를 얻을 때가 되었음을 아시고 온몸에서 흘러나온 고름으로 가사가 몸에 엉겨 붙은 채 신음하고 있는 그에게 가셨다. 부처님께서는 손수 옷을 벗겨 세탁하시고 직접 목욕을 시켜 주셨다. 터진 종기의 쓰라림보다 세존께서 모든 불결을 마다않고 씻겨 주시기에 느낀 상쾌함이 더 크게 가슴에 와닿은 띳싸 장로는 편안함을 느꼈다.

몸의 물기가 모두 마를 때쯤, 밖에 널어 두었던 가사도 벌써 따가운 햇살에 잘 말라 있었다. 가사를 가져다 다시 입히며 부처님께서 말씀하셨다.

"애착을 갖든 내버려두든, 이 육신은 어차피 나무토막처럼 버려질 것이다."

가르침 끝에 장로는 아라한과를 증득하고 조용히 열반에 들었다.

042 적이되어 서로에게 퍼다부은 해코지나
품은원한 한이되어 쏟아붓는 해독보다,
잘못먹은 제맘탓에 제스스로 할퀸상처
그것들이 저것보다 더욱악독 하리란걸.

心豫造處 往來無端 念多邪僻 自爲招惡
마음이 간섭되어 (업業이) 지어진 자리는
(윤회에) 오고감이 끝이 없나니,
(그때의) 생각은 대부분 삿되고도 (한쪽으로) 치우쳐 있기에
(그러한 생각) 자체가 악업을 불러들이게 된다.

diso disaṁ yaṁ taṁ kayirā, verī vā pana verinaṁ |
micchāpaṇihitaṁ cittaṁ, pāpiyo naṁ tato kare ||
적이 (자신의) 적인 어떤 이에게, 또는 더 나아가
원한을 품은 이가 (자신이) 원한을 품은
어떤 누구에게 어떤 무엇을 할 수 있다면
그릇되게 적용된 인식은 (다름 아닌)
그에게 그것보다 더욱[14] 악독하게 할 수 있다.

* 042
# 소치는 목동 난다

부처님께서 싸왓티 제따 숲의 승원에 계실 때, 목동 난다의 이야기이다.

싸왓티에 사는 난다(Nanda)는 부호 아나타삔디까의 소를 돌봐 주는 목동이었다. 그는 비록 낮은 신분이었지만 자신도 제법 부를 일군 농장주였다.

아나타삔디까는 자주 부처님과 대중들을 초빙하여 공양을 올리고, 야단법석(野壇法席)을 마련하여 법문을 청하였다. 난다도 부처님의 가르침을 몇 차례 접하다가 용기를 내어 부처님께 공양청을 올렸다. 그러나 부처님께서는 아직 가르침을 받아들일 인연이 되지 않았다 여겨 그의 청을 정중히 물리치셨다.

그리고 얼마 후, 그제야 난다가 법을 받아들일 때가 되었음을 아신 부처님께서는 몇몇 비구들과 함께 난다의 집으로 탁발을 가셨다.

"세존이시여! 부디 저희 집에 이레 동안 머무시며 저의 공양을 받아 주십시오. 제가 받은 가르침에 대한 은혜를 이렇게라도 갚음하고 싶습니다."

부처님께서는 난다의 청을 받아들여 이레 동안 머무시며 그의 농장에서 나는 갖가지 음식으로 극진한 대접을 받으셨다. 그리고 마지막 날엔 난다를 위해 특별히 법을 설하시니, 난다는 법문 끝에 예류과(預流果)를 증득하였다.

법회를 마치고 마을 입구까지 부처님을 배웅한 난다는 집으로 돌아가는 길에 전생에 깊은 원한으로 악연이 된 사냥꾼의 화살에 죽임을 당하였다.

"세존이시여! 난다는 그처럼 여래와 비구들에게 정성을 다하였는데, 혹시 배웅이라도 나오지 않았다면 죽지 않았을 것이 아닙니까?"

"비구들이여! 그가 어디에 있든 어떤 정성을 쏟든 다가오는 죽음은 피할 수 없느니라. 비구들이여! 그대들은 그의 죽음을 슬퍼하기보다 그가 행여 타락한 마음에서 벗어나지 못한 채 죽었을까 염려해야 하느니라. 내부의 타락한 마음은 외부에 있는 원수의 어떠한 칼날보다 더 큰 재앙이기 때문이다."

---

14) 다른 사람의 적이 되어 누구에게 아무리 악독한 행위를 하더라도 그 해악이 기껏해야 현세에서의 불행과 죽음을 몰고 오는 것으로 끝나지만, 잘못 지향된 자신의 마음으로 인해 스스로에게 끼치게 될 해악은 금생뿐만이 아니라 내생과 그 이후까지 영향을 미치게 되기 때문이다.

043 부친모친 정성다해 해줄만큼 해주거나
능력있는 친척들이 힘을다해 돕더라도,
올바르게 먹은마음 올곧게만 행한다면
그리하여 성취된것 저것보다 나으리라.

是意自造 非父母爲 可勉向正 爲福勿回
올바른 뜻에 의해 자연스레 짓게 된 것은
부모라고 해줄 수 있는 것이 아니니,
힘써 올바름으로 향해 갈 수 있으면
(그) 복됨은 되물러지는 일이 없을 것이다.

na taṁ mātā pitā kayirā, aññe vāpi ca ñātakā |
sammāpaṇihitaṁ cittaṁ, seyyaso naṁ tato kare ||
그에게 모친이나 부친이라 하더라도 해줄 순 없나니,
그리고 설령 다른 친척들이라 하더라도.
올바르게 적용된 인식認識은
그런 그에게 그것보다 더 낫게 할 수 있다.

성(性)이 바뀌었던 쏘레이야 장로

부처님께서 싸왓티 제따 숲의 승원에 계실 때, 남성에서 여성으로, 다시 남성으로 바뀐 적이 있었던 쏘레이야 장로에 대한 이야기이다.

싸왓티 인근의 쏘레이야(Soreyya)라는 마을에 두 아들의 아버지인 한 젊은 부호가 살았다. 그는 친구들과 교외로 물놀이를 다녀오는 길에 수레를 타고 싸왓티를 벗어날 때쯤 길을 가던 장로 깟짜야나를 보고 생각했다.

'아! 저 수행승이 내 아내였으면! 어찌 저리도 피부가 곱단 말인가!'

그렇게 여법치 못한 생각을 일으키는 순간 그는 자신의 몸이 여자로 바뀜을 느꼈다. 당황하여 수레에서 떨어진 그는 그 길로 먼 타향으로 발길을 돌렸는데, 함께 수레를 타고 가던 친구들은 그런 상황을 전혀 알지 못했다.

여인이 된 그는 한 상인의 도움으로 딱까씰라(TakkaSilā)라는 곳의 어떤 부호에게 시집을 가서 두 아들의 어머니가 되었다.

그러던 어느 날, 고향의 친구 가운데 한 명이 장사를 위해 딱까실라에 온 것을 보고 그를 집으로 초대하여 극진히 대접했다.

"마님께서는 어찌 생면부지인 저를 이토록 환대하시는 겁니까?"

친했던 예전의 기억을 친구에게 상기시키며 자신이 여인으로 변한 사정을 밝힌 그는 막막했던 속내를 처음으로 속시원히 털어놓게 되었다.

"그렇다면 그 장로님을 모셔서 해결책을 찾아보세. 필시 도움이 될 걸세."

수행력이 깊은 장로를 상대로 여법하지 못한 망상을 피운 죄과는 그의 참된 뉘우침과 장로의 용서로 눈 녹듯 사라지고 그는 남자의 몸을 회복하였다. 곁에서 이 모든 것을 지켜본 남편은 남자로 돌아온 그에게 형제처럼 함께 생활하기를 권하였다.

"아닙니다. 이곳에선 어머니로 저곳에선 아버지로 모두 네 아이들의 부모가 된 셈이니, 이 모든 업보를 벗어나는 길은 출가 수행밖에 없을 것 같습니다."

기구하게나마 한 생에 두 삶을 살았던 그는 그것을 수행으로 승화시켰으며, 사람들은 그가 살던 곳의 이름을 따서 그를 '쏘레이야 장로'라고 불렀다.

第4章

पुप्फवग्गो

꽃을 들어 비유한 장

화향품

華香品

044　누가이땅 정복하며 염라대왕 저세상과
신들또한 함께하는 이세상을 정복하리.
마치솜씨 좋은이가 예쁜꽃을 따모으듯
잘설해진 멋진법문 그누구가 정복하리.

朳能擇地 捨鑑取天 誰說法句 如擇善華

어떤 이가 땅을 가려 택할 수 있으며

감옥(같은 지옥)을 버리고 천상을 취할 수 있겠는가.

그 누가 (잘) 설해진 법문을 (가려서 취하기를)

마치 아리따운 꽃을 가려서 따듯이 할 수 있겠는가.

ko imaṁ pathaviṁ vijessati, yamalokañca imaṁ sadevakaṁ |

ko dhammapadaṁ sudesitaṁ, kusalo pupphamiva pacessati ||

그 누가 이 땅을 정복할 수 있을 것이며,

그리고 야마의 세계와 신神도 함께하는[1]

이 세상을(정복할 수 있겠는가)!

마치 솜씨 좋은 이가 꽃을 따 모으듯이,

그 누가 잘 설해진 법문을(정복할 수 있겠는가)!

045　다름아닌 학인들이 이땅에다 염라세상
　　　신들또한 함께하는 이세상을 정복하리.
　　　마치솜씨 좋은이가 예쁜꽃을 따모으듯
　　　잘설해진 멋진법문 학인들이 정복하리.

　　　學者擇地 捨鑑取天 善說法句 能探德華
　　　배움에 있는 자가 땅을 가려 택하며
　　　감옥(같은 지옥)을 버리고 천상을 취할 수 있으며,
　　　(배움에 있는 자는) 잘 설해진 법문을 (가려서 취하기를)
　　　마치 덕스러운 꽃을 가려서 따듯이 할 수 있을 것이다.

　　　sekho pathaviṁ vicessati, yamalokañca imaṁ sadevakaṁ |
　　　sekho dhammapadaṁ sudesitaṁ, kusalo pupphamiva pacessati ‖
　　　배움에 있는 자[2]가 이 땅을 정복하며,
　　　그리고 야마의 세계와 신神도 함께하는
　　　이 세상을(정복할 것이다).
　　　마치 솜씨 좋은 이가 꽃을 따 모을 수 있듯이
　　　배움에 있는 자는 잘 설해진 법문을(정복할 것이다).

닦아야 할 길

부처님께서 싸왓티 제따 숲의 승원에 계실 때, 5백 명의 비구들이 닦아야 할 길에 대해 논하던 이야기이다.

안거를 무사히 마친 얼마 후, 간혹 내리는 늦은 비 덕분에 아직은 본격적인 무더위가 시작되기 전이기에 다니기 그리 힘들지 않은 틈을 타서 부처님과 수행승들은 싸왓티의 서남쪽 제법 먼 곳까지 며칠에 걸쳐 유행(遊行)을 다녀왔다.

대중들이 다시 돌아온 날 저녁, 비구들은 제따 숲의 승원에 있는 집회당에 모여 낯설게 다녀온 그 먼 길의 이런저런 것에 대해 이야기하고 있었다.

안거 때의 큰 비로 인해 군데군데 우마차가 다니지 못할 정도로 수레길이 훼손된 곳이 있었는데, 어느 마을은 왜 그리도 진흙길이 군데군데 웅덩이를 이루고 있었던지, 어느 길은 자갈이 많아 걷기 다소 불편해도 훼손된 곳 없이 깨끗했는데 아마도 그 지역 사람들이 잔돌을 가져다 일부러 깔아 놓아 그랬을 거라는 등등의 이야기를 나누고 있었다.

"비구들이여! 그대들이 지금 하는 대화는 무엇에 대한 것인가?"

흡사 낯선 곳으로 소풍이라도 다녀온 듯, 간혹 웃음까지 터트려 가며 편안한 마음으로 담소를 나누고 있던 비구들에게 그곳을 지나시던 부처님께서 다가오셔서 물으셨다.

"세존이시여! 저희들은 며칠 동안 유행하며 다녀온 곳에 대해 이런저런 이야기를 나누고 있었습니다. 특히 지나쳐 온 지역의 길이 모두 제각각이라 그것에 대해서, 그리고 땅도 처음 보는 색깔이 적지 않았고 게다가 한결같지도 않아서 그에 대해 이야기를 나누고 있었습니다."

그러자 부처님께서 말씀하셨다.

"비구들이여! 그대들이 이야기하고 있는 것은 외부적인 땅[bāhirapaṭhavī]에 대한 것이다. 그것뿐만이 아니라 이제는 내부적인 땅[ajjhattikapaṭhavī]에 대해서도 언급하며 논의해야 하느니라. 지금 이야기하고 있는 것들은 단지 토질과 길의 겉모양에 대한 이야기에 불과하니라. 너희들은 그것보다는 몸안의 토질과 길에 대해 이야기하거나, 그것들을 청정하게 하는 것에 대해 이야기하고 힘써야 할지니라."

다시 부처님께서 말씀하셨다.

"수행승들이여! 너희들은 그러한 길에 대해서 명상 수행을 닦아야 하느니라. 발로 딛고 다니는 길뿐만이 아니라."

가르침이 끝나자 5백 명의 수행승들은 네 가지 분석적인 앎과 더불어 아라한의 경지를 성취하였다.

---

1) 야마의 세계는 염라대왕이 관장하는 죽음의 영역이며, 신(神)도 함께하는 이 세상이란 신의 천상계와 인간의 지상계를 통틀어 일컬은 삶의 영역을 가리킨다.

2) '배움에 있는 자'의 원문 'sekha'는 베다의 여섯 가지 기초학문 가운데 첫 번째인 음성학(sikkhā)을 배우는 상태를 말하므로 아직 배울 것이 많은 사람이란 의미를 지니는데, 유학(有學) 중에서도 초기 단계에 있는 이를 가리킨다. 불교에서는 배움의 대상을 기초학문 등으로 굳이 구분하지 않으니, 학인 혹은 수행자로서 세 가지 측면의 배움인 삼학[三學, tisso sikkhā]이 배움의 대상이 된다. 베딕(Vedic)에서는 베다를 정확하고 올바르게 이해하기 위해 익혀야 하는 보조학문으로 음성학(śikṣa), 제례학(kalpa), 문법학(vyākaraṇa), 어원학(nirukta), 음률학(chandas) 및 천문학(jyotiṣa) 등 여섯 가지를 들고 있다.

046 이육신을 일다마는 물거품과 같이알고
이게바로 신기루라 그리알고 깨달은이,
죽음묻은 꽃화살을 내버리듯 부수고는
죽음의왕 시야너머 그건너로 나아가리.

見身如沫 幻法自然 斷魔華敷 不睹生死
이 몸은 물거품과도 같으며 (그러한 몸에서 일어나는)
허깨비 같은 법法 또한
스스로 그러한 것일 뿐임을 보게 된다면
꽃으로 장식된 마구니의 화살을 끊어 버리고
생사生死를 보지 않게 되리라.

pheṇūpamaṁ kāyamimaṁ viditvā,
marīcidhammaṁ abhisambudhāno |
chetvāna mārassa papupphakāni,
adassanaṁ maccurājassa gacche ||
이 육신3)을 물거품 같은 것으로 알고
(그것이) 신기루라는 사실을 완전히 깨달은 자는
죽음의 꽃화살들을 부숴 버리고
죽음의 왕 시야 너머로 나아갈 수 있다.

* 046
아지랑이와 물거품

부처님께서 싸왓티 제따 숲의 승원에 계실 때, 한 비구가 아지랑이와 물거품을 통해 깨달음을 얻은 것에 대한 이야기이다.

한 비구가 부처님으로부터 명상 주제를 받아 숲에서 정진하였으나 아무런 진전이 없이 답답함만 느껴지자, 새로운 명상 주제를 받기 위해 승원으로 갔다. 아직 안거 중의 우기여서 느닷없는 비가 한 차례 뿌리고 지나간 뒤에 나온 햇살은 대지를 금방 달궈 버렸다.

'멀리서 아른거리는 저 아지랑이… 멀리서 보면 무엇인가 손에 잡힐 말한 것이 분명 저기 저렇게 있는 것 같은데, 저것에 실체라고 할 만한 것이 있을까? 없다면 마음도 그와 같지 않을까? 마음도 일어나고 사라지는 현상이 있기는 하지만 인연이란 것 때문에 아지랑이처럼 아른거리는 것일 뿐, 실체가 있는 것은 아닐 테지.'

달아오르는 대지로 인해 생긴 지평선의 아지랑이는 물론, 더위에 지친 육신 때문에도 긴 걸음을 재촉하긴 쉽지 않았다. 마침 커다란 산등성이를 끼고 숲길이 제법 이어지더니 시원스럽게 흐르는 계곡 끝으로 폭포가 나타났다. 비구는 아찌라와띠(Aciravatī) 강으로 이어지는 계곡물에서 땀을 식히고 폭포수가 건너다 보이는 언덕의 그늘 아래 앉아 몸의 물기를 말렸다.

'그리 높지 않은 곳에서 바위로 떨어진 물이 일으키는 저 물거품들. 존재가 태어나고 죽어가는 것이 저 물거품과도 같지 않은가! 저 물거품처럼….'

멀리 제따 숲에 계시던 부처님께서 그가 명상하는 것을 비춰 보아 아시고 그의 곁에 영상으로 나투시어 미소를 보이셨다.

---

3) 전통적으로 인도에서 육신은 머리카락을 비롯한 32가지 구성 요소로 이루어져 있으며, 질그릇처럼 쉽게 깨어지고 물거품처럼 쉽사리 사라지는 것으로 여긴다. ①머리카락(kesa), ②몸털(loma), ③손발톱(nakha), ④치아(danta), ⑤피부(taco), ⑥살(maṁsa), ⑦근육(nahāru), ⑧뼈(aṭṭhi), ⑨골수(aṭṭhimiñja), ⑩신장(vakka), ⑪심장(hadaya), ⑫간장(yakana), ⑬늑막(kilomaka), ⑭비장(pihaka), ⑮폐(papphāsa), ⑯창자(anta), ⑰장간막(antaguṇa), ⑱위장(udariya), ⑲배설물(karīsa), ⑳뇌수(matthaluṅga), ㉑담즙(pitta), ㉒가래(semha), ㉓고름(pubba), ㉔피(lohita), ㉕땀(seda), ㉖지방(meda), ㉗눈물(assu), ㉘임파액(vasā), ㉙침(kheḷa), ㉚점액(siṅghānikā), ㉛관절액(lasikā), ㉜오줌(mutta).

047 오직꽃을 따는데만 집착하는 사람들은
마치성난 큰홍수가 느닷없이 닥치어서
곤히잠든 마을하나 통째쓸어 가버리듯
죽음이란 그것에게 순식간에 쓸려가리.

如有採華 專意不散 村睡水漂 爲死所牽
만약 어떤 이가 꽃을 따는 데만
오로지 마음을 쏟을 뿐
(그러한 집착을) 흩어 버리지 못한다면
마을이 잠에 빠졌을 때 홍수에 떠내려가 버리듯
죽음에 끌려가 버리게 된다.

pupphāni heva pacinantaṁ, byāsattamanasaṁ naraṁ |
suttaṁ gāmaṁ mahoghova, maccu ādāya gacchati ||
오직 꽃을 따는 데 집착하는 마음을 가진 사람을
마치 거대한 홍수가 잠든 마을을 (휩쓸어 가듯)
죽음이 데려가 버린다.

싸끼야족의 멸망

부처님께서 싸왓티 제따 숲의 승원에 계실 때, 싸끼야족을 멸족시키고 돌아가
는 길에 급류에 휩쓸려 죽은 위두다바에 관한 이야기이다.

싸왓티의 빠쎄나디(Pasenadi) 왕은 부처님을 위시한 수천 명의 수행승들이 탁
발을 위해 왕궁을 지나 재가신자 아나타삔디까의 집으로 들어가는 장엄한 행렬
에 매료되어 왕궁으로 매일 탁발을 나오시도록 부처님께 청을 올렸다.

"대왕이시여! 여래는 한곳에서 규칙적으로 공양을 받는 법이 아닙니다. 이는
여래에게 공양 올리는 공덕을 다함께 하기 위해서입니다."

그래서 장로 아난다를 비롯한 일부 비구들만 왕궁으로 탁발을 가게 되었는
데, 부처님이 오시지 않는다는 생각에 왕은 일곱 날을 넘기지 못하고 공양에 소
홀하게 되었다. 그러자 여법하지 못한 공양에 비구들은 다른 집으로 탁발을 가
게 되었고, 겨우 아난다 장로만 혼자 가서 공양을 받게 되었다.

'내가 공양을 청해 놓고는 좁은 생각으로 부처님과 승가에 큰 실례를 범했구
나. 내가 직접 신경을 쓰지 못하더라도 더 이상 실수를 하지 않기 위해 부처님
의 혈족을 왕실에 두어서 수행자들의 공양을 맡기도록 해야겠다.'

이렇게 생각한 빠쎄나디 왕은 싸끼야족의 공주를 왕비로 삼겠다고 싸끼야족
에게 제의했다. 요청을 받은 싸끼야족은 꼬쌀라국이 비록 위세는 있으나 평소
에 다소 업신여기고 있었던 까닭에, 왕족인 마하나마와 노예 사이에서 태어난
와싸바캇띠야(Vāsabhakhattiyā)를 공주라 속여 시집을 보냈다.

싸끼야족의 공주로서 환대를 받은 그녀는 빠쎄나디 왕과 결혼하여 아들 위두
다바(Viḍūḍabha)를 낳았다. 위두다바는 왕실에서 자라며 다른 왕자들은 외갓집
으로부터 많은 선물과 더불어 왕래가 빈번한 데 반해 자신의 외가인 싸끼야족
으로부터는 그 누구도 찾아오지 않는 것에 대해 늘 궁금해 하였다.

"어머니! 저도 이제 외가인 까삘라왓투에 한번 다녀오고 싶습니다."

열다섯 살이 되던 해에 드디어 위두다바는 처음으로 외가를 찾게 되었다.

공주라 속여서 보낸 노예의 아들이 왕자가 되어 온다는 소식에 까삘라왓투의

싸끼야족 왕실에서는 그가 싸끼야족의 왕자나 공주와 만나지 못하도록 그들을 모두 외지로 잠시 보낸 뒤에 위두다바를 맞았다.

"까삘라왓투의 모든 젊은이들과 함께 특별한 수련을 위해 지방으로 갔다네."

왕실 원로의 말을 그대로 믿은 위두다바는 며칠을 즐겁게 지내다 싸왓티로 돌아가기 위해 까삘라왓투를 출발하였다.

"에이! 노예의 자식이 지냈던 곳을 왜 하필 내게 청소하라는 거야!"

두고 간 물건을 가지러 왔던 왕자의 시종이 그곳의 시녀가 하는 말을 듣고 그대로 왕자에게 고하자 충격을 받은 위두다바는 자초지종을 확인하고는 분노에 치를 떨었다.

'내 반드시 꼬쌀라국의 왕이 되어 이 싸끼야족을 한 놈도 살려놓지 않으리라!'

그러한 사실은 빠쎄나디 왕의 귀에도 들어갔다. 화가 난 왕은 왕비와 위두다바 왕자의 지위를 박탈하고 노예로 삼아 버렸다. 그리고 이 모든 사실을 부처님께서도 아시게 되었다. 부처님은 빠쎄나디 왕을 설득하여, 위두다바가 왕의 피를 이어받은 유일한 왕자임을 들어 그 둘의 지위를 회복시키도록 하셨다.

한편, 꼬쌀라국의 최고 사령관은 현명한 여인 말리까(Mallikā)를 아내로 둔 반둘라(Bandhula)였다. 그는 한때 억울한 누명을 쓴 채, 부호들에게 사주를 받은 재판관들에게도 불이익을 당하던 평민을 변호하여 구해 준 덕분에 백성들에게도 두터운 신망을 쌓게 되었다. 그러나 그 일로 앙심을 품은 재판관들은 백성의 신망을 등에 업은 그가 역모를 꾸미고 있다고 왕에게 고변하였다.

"반둘라여! 변방에 반란이 일어났다 하니 그대가 용맹한 32명의 아들과 함께 군사를 데리고 가서 평정하도록 하시오."

왕은 왕실 직속의 군사에게 특별한 명령을 내려 반둘라와 함께 변방으로 보낸 다음, 존재하지도 않는 변방의 반란군을 찾아 헤매도록 하였다. 그리고는 반둘라와 32명의 아들이 피로해서 잠시 방심한 틈을 타 모두 주살해 버렸다.

말리까 부인이 남편과 자식들의 몰살 소식을 반둘라의 심복 부하로부터 들었을 때는 마침 장로 싸리뿟따를 비롯한 많은 비구들에게 공양을 올리고 있었다.

"하녀가 질그릇을 깬 일에 너무 신경 쓰지 마십시오. 어차피 그릇이란…."

공양 시중을 들다 그릇을 깬 하녀가 혼날까 봐 싸리뿟따 장로가 부인에게 이렇게 말하자, 부인은 남편과 자식들의 험한 소식을 알리며 그 일에 마음 쓰지 않는다고 말하였다. 그리고 며느리들에게도 이 일로 슬퍼하거나 원한을 가지지 말라고 다독였다.

이러한 정황을 있는 그대로 전해 들은 빠쎄나디 왕은 말리까 부인의 고귀한 행위에 자신이 저지른 과오를 뉘우치고 부인의 요청대로 그녀의 며느리들을 고국으로 무사히 돌아갈 수 있도록 배려하였다.

반둘라의 후임으로 반둘라의 조카인 디가까라야나(DīghaKārāyaṇa)를 임명한 빠쎄나디 왕은, 그래도 그들을 무고하게 주살한 것을 괴로워하며 부처님을 뵙기 위해 몇몇 호위 무사만을 데리고 작은 마을 울룸빠에 머물고 있었다.

'억울한 삼촌의 원을 풀어 주기 위해서라도 왕을 폐위시켜야겠다.'

디가까라야나는 왕으로부터 넘겨받아 맡고 있었던 왕의 상징물들을 위두다바에게 넘기고 그를 왕으로 세우니, 빠쎄나디는 그제야 사태가 심각함을 느끼고 도망하여 누이가 왕비로 있는 마가다국으로 갔지만 그곳에서 죽고 말았다.

빠쎄나디가 승하하자 정식으로 왕위를 이어받은 위두다바는 어릴 때부터 마음먹은 대로 싸끼야족을 멸족시키기 위해 군사를 일으켰다.

"제겐 이 얇은 그늘이 좋습니다. 제겐 친지들의 그늘이 있어 시원합니다."

싸왓티에서 모든 사실을 지켜보고 있던 부처님께서는 위두다바가 군사를 일으켜 까삘라왓투로 쳐들어가자 신통력으로 한 발 먼저 그 길목에 가서 나무 그늘을 두고도 햇볕 아래 앉아 위두다바 왕의 출정을 가로막았다. 왕은 부처님에 대한 존경심으로 군대를 세 차례나 돌렸으나, 네 번째의 출정 때는 싸끼야족의 업보를 아신 부처님께서 더 이상 그를 가로막지 않았다. 그렇게 싸끼야족은 자신들의 혈족에게 멸망당하였고, 위두다바 왕 또한 군사를 돌려 싸왓티로 돌아가던 중 급류에 휘말려 많은 군사들과 함께 몰살하는 참변을 겪었다.

048 오직꽃을 따는데만 집착하는 맘가지고
하고많은 욕망들에 정신없이 휩싸여서,
즐길만큼 즐기고도 만족않는 사람들은
죽음이란 마왕에게 *始終*으로 휘둘리리.

如有採華 專意不散 欲意無厭 爲窮所困
만약 어떤 이가 꽃을 따는 데만
오로지 마음을 쏟을 뿐
(그러한 집착을) 흩어 버리지 못한다면
(무엇을) 하고자 하는 마음은 물리는 일이 없기에
궁지에 빠져 곤란하게 된다.

pupphāni heva pacinantaṁ, byāsattamanasaṁ naraṁ |
atittaññeva kāmesu, antako kurute vasaṁ ||
오직 꽃을 따는 데 집착하는 마음을 지닌 채
그저 수많은 욕망에 휩싸여 만족하지 못하고 있는 사람을
죽음은 (자신의) 영향력 아래 두게 된다.

* 048
구운몽

부처님께서 싸왓티 제따 숲의 승원에 계실 때, 천상에서 지상을 잠시 다녀간 선녀 빠띠뿌지까에 대한 이야기이다.

삼십삼천에서 천상의 꽃밭을 관리하는 천자(天子) 말라바린(MālaBhārin)은 항상 1천 명의 선녀들과 함께하였는데, 꽃동산에 들어가면 그 가운데 5백 선녀들은 꽃을 따고 5백 선녀들은 그 꽃으로 천자를 장엄하였다.

그러던 하루, 꽃을 따던 한 선녀가 가지에서 떨어져 발이 땅에 닿자마자 천상에서 사라진 뒤 지상에 있는 싸왓티 한 고귀한 집안의 딸로 태어나게 되었다.

신기하게도 천상에서의 모든 일을 기억한 채 태어난 그녀는 점차 성장하며 항상 천상의 남편에게 돌아가길 기원하였다. 열다섯 살에 시집을 가게 된 뒤에도 여전히 자신의 소원이 이뤄지도록 항상 기도하며, 그 소원이 이뤄지도록 승가의 공양에 지극한 정성을 쏟았다. 남편의 곁으로 돌아가고 싶다는 그녀의 말을 들으며 단지 지극한 열부(烈婦)로만 여겼던 사람들은 그녀의 이름을 남편을 공경하는 여인이란 의미로 '빠띠뿌지까(PatiPūjikā)'라 불렀다.

빠띠뿌지까는 네 명의 아들까지 낳아 키우는 와중에도 비구들의 공양과 만행하는 비구들이 쉬어 갈 수 있는 공간을 마련하여 세심하게 관리하는 등 한 치의 게으름도 없이 생활하다가 아직 젊은 나이에 갑자기 죽음을 맞이하였다.

"아니! 어디 다녀오는 게요? 잠시나마 보이지 않더니…."

빠띠뿌지까는 곧바로 천상에 화생(化生)하였는데, 그 기간이 천상에서는 잠시밖에 되지 않았던 것이다.

"그래! 1백 년도 안 되는 짧은 시간에 인간은 방일하게 지내더란 말이지?"

천상에서 1천 년을 사는 천인은 인간 세상의 3천 6백만 년을 사는 셈인데, 1백 년도 못 사는 인간들이 영원히 죽지 않을 것처럼 방종할 뿐, 해탈을 위해 수행하진 않는다는 선녀의 말에 천자는 자못 놀라워하였다.

부처님께선 천자와 선녀의 대화를 천이통(天耳通)으로 들으시고, 이를 다시 비구들에게 들려주어 가르침으로 삼게 하셨다.

049 꽃에앉은 벌한마리 빛깔향기 해치잖고
     그속에서 단즙만을 고이따서 날아가듯,
     수행자는 탁발위해 들어가는 마을마다
     벌이꽃을 대하듯이 그렇게들 해야하리.

     如蜂集華 不嬈色香 但取味去 仁入聚然
     마치 벌들이 꽃에 모여 앉더라도
     (꽃의) 색과 향은 어지럽히지 않고
     다만 맛난 것만을 취해 가 버리듯이
     인자한 이는 취락에 들어가서도
     (바로) 그와 같아야 하느니라.

     yathāpi bhamaro pupphaṁ, vaṇṇagandhamaheṭhayaṁ |
     paleti rasamādāya, evaṁ gāme munī care ||
     또한 마치 (꽃의) 빛깔과 향기를 해치지 않는 벌이
     꽃으로 (날아들어) 즙을 가지고 날아가듯,[4]
     수행자는 마을에서 그렇게 행동해야 한다.

자린고비의 짜빠띠 공양

부처님께서 싸왓티 제따 숲의 승원에 계실 때, 인색한 부호로 소문난 맛차리꼬씨야에 대한 이야기이다.

라자가하에서 그리 멀지않은 곳인 싹카라(Sakkhara)에 엄청난 재산을 지녔지만 자린고비로 유명한 부호 맛차리꼬씨야(MacchariKosiya)가 살고 있었다. 그는 비록 억척같이 절약하여 큰돈을 모았으나 자기 식구는 물론 자신에게도 인색했기에 그의 부는 아무런 쓸모가 없었다.

한번은 왕궁에 다녀오는 길에 배가 고파 길거리에서 본 짜빠띠를 먹고 싶었지만 참고서 집으로 돌아왔다. 그리고 식구들 몰래 혼자서 구워 먹으려고 집의 가장 위층인 7층까지 올라가 모든 문을 걸어 버렸다.

멀리 싸왓티의 제따 숲에 계시던 부처님께서는 장로 목갈라나 존자를 부르시더니 꼬씨야가 이젠 깨달을 인연이 익었음을 일러 주시고 그를 교화케 하셨다.

목갈라나 존자는 신통력으로 순식간에 꼬씨야의 집 7층으로 옮겨 가서 그가 공중에 떠 있으라면 떠 있고, 허공에서 가부좌를 틀라면 트는 등, 그가 하라는 그대로 다하며 굽고 있는 짜빠띠를 승가에 공양하라고 설득하였다. 꼬씨야가 짜빠띠의 양이 적다고 말하면 목갈라나 존자는 그 양을 신통력으로 한정 없이 늘렸고, 싸왓티까지 가서 공양하기엔 너무 멀다 말하면 신통력으로 그곳 7층에서 몇 굽이의 계단만으로 제따 숲까지 바로 연결해 주었다.

자신의 말에 모든 것을 맞춰 가며 계속 공양을 권하는 목갈라나 존자의 교화에 드디어 꼬씨야는 자포자기한 듯 한 덩이의 짜빠띠를 내놓았다. 자기 살점을 베어 내는 듯한 심정으로 짜빠띠를 떼어서 내밀던 그는 난생 처음 참된 베풂을 경험하게 되었다. 그리고 누구보다 독실한 승가의 시주자가 되었다.

---

4) 벌은 자신들이 먹을 분량에 더하여 벌집에 놓아두어 꿀을 만듦으로써 새끼 벌을 키울 수 있는 여분만 더 꽃에서 채집해 갈 뿐이며, 수행자는 탁발할 때 최대 일곱 집에서 그날 먹을 분량에 어린 사미들의 아침 죽을 위한 여분의 공양만 더 받을 뿐이다. 필요 이상의 욕심을 부리지 않기에 벌이 지나간 꽃이나 탁발승이 지나간 시주의 집은 빛깔과 향기나 믿음과 부(富)에 있어서 변화됨이 없는 것은 동일하다.

050 이게잘못 됐다느니 그리하지 말라느니
다른사람 하고말고 그것신경 쓰기보다,
오직할일 하고나서 제가하면 안될일을
혹시하고 있지않나 지켜봐야 할지니라.

不務觀彼 作與不作 常自省身 知正不正
남이 하는지 하지 않는지 지켜보는 데 힘쓰지 말고
항상 스스로 자신의 몸을 돌아보아
(자신이) 바른지 바르지 않은지 알도록 해야 한다.

na paresaṁ vilomāni, na paresaṁ katākataṁ |
attanova avekkheyya, katāni akatāni ca ||

다른 사람들의 잘못이나
다른 사람들이 하거나 하고 있지 않는 것이 아니라,
오직 자신이 한 것이나
하지 않은 것을 지켜보아야 한다.[5]

나형외도를 섬기던 한 여인

부처님께서 싸왓티 제따 숲의 승원에 계실 때, 외도로서 나체 수행자인 빠티까와 관련된 이야기이다.

싸왓티에 사는 한 여인이 나형외도(裸形外道)인 빠티까(Pāṭhika)를 집안에 모시고 그 뒷바라지를 해주며 어느 때는 양자처럼 어느 때는 스승처럼 집안의 대소사도 의논하며 살아가고 있었다.

그런데 언제부턴가 이웃집 여인이 제따 숲에서 설법을 듣고 와서 부처님에 대한 칭송을 쏟아 내자 그녀도 법회에 참석해 보고 싶었다. 그러나 빠티까는 혹시 자신이 버림받을까 염려하여 그녀가 법회에 가는 것을 허락하지 않았다.

"어머님이 저렇게 부처님을 뵙고자 하니, 부처님과 몇몇 수행자들을 집으로 공양청하여 간단한 법문을 듣는 것이라도 허락해 주세요."

보다 못한 그녀의 친아들이 겨우 빠티까를 설득하였으나, 부처님께 공양청은 하되 집이 어딘지는 알려 주지 않고 그냥 돌아오게 하였다.

'제아무리 신통해도 이 넓은 싸왓티에서 어느 집인지 찾진 못하겠지.'

그러나 부처님과 비구들은 다음날 공양 시간을 정확히 맞춰 집에 도착하여 정성들여 준비한 공양을 마쳤다. 부처님께서는 특히 공양 시중을 들며 보인 그녀의 지극정성을 크게 칭찬해 주시고는 작은 가르침을 펼치셨다.

"아니! 지금껏 나를 섬기더니 갑자기 저따위 고따마 무리에게 현혹되다니 말이나 되는 게요? 칭찬 몇 마디가 뭐라고 그리 감격까지 하면서….."

숨어서 모든 동정을 지켜보던 빠티까가 흥분하며 나서서 급기야 여인과 부처님에게 욕까지 퍼부어 대자 여인은 당황하고 안절부절못하며 법문에 귀를 기울이지 못하였다. 그러자 부처님께서 조용히 말씀하셨다.

"여인이여! 정법을 배우는 자는 밖을 신경쓰지 말고 안을 챙길지니라."

---

5) 釋 승단으로 출가한 사람은 항상 지난날을 되돌아보고 '어떻게 낮과 밤을 보낼 것인가!'라고 숙고해야 한다. 이러한 교훈을 간직하고 믿음으로 출가한 자는 자신이 행하고 행하지 않은 것에 대해 무상하고 괴롭고 실체가 없는 세 가지 특징을 새긴 뒤에 명상 수행에 필요한 실천을 어떻게 할 것인가 성찰해야 한다.

051　마치곱고 아름다운 갖은빛깔 지녔지만
　　　향기라곤 그무엇도 그비슷한 한가닥도.
　　　그러한꽃 그것처럼 말은정말 멋지지만
　　　행하지를 않는다면 아무리잘 설해진들.

　　　如可意華 色好無香 工語如是 不行無得
　　　마치 마음을 둘 만한 꽃이건만
　　　빛깔은 좋으나 향기가 없(으면 쓸모가 없)듯이
　　　멋진 말 또한 이와 같아서
　　　행하지 않으면 얻을 것이 없다.

　　　yathāpi ruciraṁ pupphaṁ, vaṇṇavantaṁ agandhakaṁ |
　　　evaṁ subhāsitā vācā, aphalā hoti akubbato ||
　　　또한 마치 아름답고 고운 빛깔을 지니고 있지만
　　　아무런 향기가 없는 꽃이 그런 것처럼,
　　　행하고 있지 않는 자의
　　　잘 설해진 말은 결실이 없다.

052　아름답고 고운빛깔 고루갖춘 모습에다
　　　더불어서 향기또한 곱게지닌 어여쁜꽃.
　　　그꽃처럼 멋진말에 행위또한 뒤따르면
　　　그런이가 설한말은 열매또한 알차리라.

　　　如可意華 色美且香 工語有行 必得其福
　　　마치 마음을 둘 만한 꽃이
　　　빛깔도 아름답고 향기롭기까지 하(다면 쓸모가 많)듯이
　　　멋진 말에 실행력까지 있으면
　　　반드시 그 복덕을 얻게 될 것이다.

　　　yathāpi ruciraṁ pupphaṁ, vaṇṇavantaṁ sugandhakaṁ |
　　　evaṁ subhāsitā vācā, saphalā hoti kubbato ||
　　　또한 마치 아름답고 고운 빛깔과 더불어
　　　좋은 향기를 지닌 꽃이 그런 것처럼,
　　　행하고 있는 자의
　　　잘 설해진 말은 결실을 맺게 된다.

재가신자 찻따빠니와 꼬쌀라국의 두 왕비

부처님께서 싸왓티 제따 숲의 승원에 계실 때, 꼬쌀라국 빠쎄나디 왕의 두 왕비에 대한 이야기이다.

싸왓티에는 부처님의 가르침을 모두 외우고 있으며 행위도 그에 부합하는 재가신자 찻따빠니(ChattaPāṇi)가 있었다. 하루는 포살일을 맞아 그가 부처님을 찾아뵙고 가르침을 듣고 있는데, 마침 꼬쌀라국의 왕 빠쎄나디가 부처님을 뵙기 위해 찾아왔다.

'왕이시다! 내가 일어나서 인사를 올려야 하나? 아니지! 부처님은 왕 가운데 왕이시니, 부처님 앞에서는 단지 간단한 목례로 대신하는 것이 옳으리라.'

이렇게 생각한 찻따빠니는 앉은 채 빠쎄나디 왕을 맞았다. 부처님께 예를 올린 왕은 부처님 곁에 앉으며 속으로 그를 괘씸하다 여겼다.

"찻따빠니는 재가신자로서 승가의 가르침에 정통한 현자입니다. 그래서 그의 행위는 옳고 그름을 분간하는 여법함이 있습니다."

두 사람의 속마음을 모두 들여다보신 부처님께서 이렇게 그를 칭찬하시자 평소 부처님을 지극히 존경하던 왕은 다소 마음이 누그러졌다.

얼마 후에 왕궁의 뜰을 지나가던 찻따빠니를 왕이 시종을 시켜 불러들였다. 왕 앞에 이른 그는 신발을 벗어 놓고 왕에게 다가와 정중히 인사를 올렸다.

"이제야 내가 왕인 것을 아신 모양입니다. 오늘은 어찌 이리 정중하십니까."

"앞서 승원에서도 대왕을 뵈었습니다. 다만 그 자리는 왕 중의 왕이신 부처님께서 계신 곳이라 제가 대왕께 깍듯한 예를 갖추지 못했을 뿐입니다."

예의는 무턱대고 있는 그대로 다 차리는 것만이 옳은 것은 아님을 찻따빠니가 좋은 예를 들어가며, 그러면서도 빠쎄나디 왕의 심기를 흐리지 않는 표현으로 조근조근 말씀드리니 그제야 왕은 그를 완전히 받아들였다.

"부처님 말씀대로 그대는 현인 가운데 현인이오. 그대가 왕실의 두 왕비를 위해 내궁에서 부처님의 가르침을 설해 주시오."

"대왕이시여! 그것은 불가하옵니다."

찻따빠니는 왕실, 특히 내궁은 법도가 엄하여 조심스러운 곳인데 수행승도 아니고 그저 일개 재가신자인 자신이 두 왕비를 위해 가르침을 설한다는 것은 비난과 혼란을 초래할 뿐이라 말씀드리며 극구 사양하였다.

왕은 그의 말이 틀리지 않음을 알고 그를 돌려보낸 뒤에 부처님을 찾았다.

"대왕이시여! 여래는 한곳에 정기적으로 가는 것은 불가능합니다. 이는 보다 많은 중생들로 하여금 여래의 가르침을 듣게 하기 위한 까닭입니다."

빠쎄나디 왕은 부처님께 정기법문을 청했으나 그 또한 불가능해지자, 다시 요청을 드려 두 왕비가 장로 아난다에게 가르침을 받을 수 있도록 하였다.

그래서 아난다 장로는 정기적으로 왕실의 내궁을 방문하여 두 왕비인 말리까(Mallikā)와 와싸바캇띠야(VāsaBhakhattiyā)를 위해 법문하였다. 그런데 총명한 두 왕비는 비슷한 듯하면서도 확연히 다른 모습으로 아난다 장로의 가르침을 받아들였다.

우선 말리까 왕비는 배워 익힌 가르침을 항상 실천하고자 노력하였기에 아난다 장로의 눈에도 매번 와서 가르침을 펼 때마다 조금씩의 진전이 있었다. 그에 반해 부처님과 같은 싸끼야족인 와싸바캇띠야 왕비는 역시 총명한 머리로 매번의 가르침을 잘 외고 잘 이해하였으나 늘 거기까지일 뿐, 번거로움과 괴로움이 다소 수반되는 실천은 도외시하는 까닭에 전혀 진전이 없었다.

"아난다여! 어떠하더냐? 두 재가 여신도는 가르침을 잘 이해하더냐?"

어느 날 부처님께서는 아난다에게 두 왕비의 상황에 대해 물어보셨다.

"세존이시여! 두 왕비는 가르침을 모두 잘 외며 잘 이해하고 있습니다. 다만 말리까 왕비는 실천에까지 이르는 반면, 와싸바캇띠야 왕비는 알음알이에서 그치는 까닭에 아무런 진전이 없는 듯합니다."

부처님께서는 그런 일이 재가신자에서만 일어나는 것이 아님을 말씀하셨다.

"아난다여! 누구든지 여래의 가르침을 성실하게 들어서 모두 외우고 온전히 이해한다 하더라도 실천하지 않으면 아무런 결실도 거둘 수 없느니라."

053 이나무와 저나무서 송이송이 꽃을모아
화려하고 멋진화관 꽃다발을 만들듯이,
그먼길에 어렵사리 사람되어 나왔으면
어려운길 오른김에 좋은일을 많이해야.

多集衆妙華 結鬘爲步瑤 有情積善根 後世轉殊勝
온갖 오묘한 꽃들을 많이 모으면
화관花冠을 엮어 머리장식으로 삼을 수 있듯이
유정들이 선근善根을 쌓으면
후세에 (그것이 전변轉變되어 공덕이) 수승해지리라.

yathāpi puppharāsimhā, kayirā mālāguṇe bahū |
evaṁ jātena maccena, kattabbaṁ kusalaṁ bahuṁ ||
또한 마치 꽃 무더기로
많은 꽃다발을 만들 수 있는 것처럼,
그처럼 사람으로 태어났으면
좋은 일을 많이 해야 한다.

녹자모강당

부처님께서 싸왓티 제따 숲의 승원에 계실 때, 녹자모강당이라 불리는 뿝바라마 승원을 건립하여 시주한 청신녀 위싸카에 대한 이야기이다.

　부처님의 재가 여신도 가운데 보시제일로 알려진 위싸카는 마가다국 밧디야의 부호 다난자야(DhanañJaya)의 딸로 태어났다. 부친은 물론 조부인 멘다까람(MendakaRam) 또한 부처님의 가르침을 따르는 독실한 신도였다.

　싸왓티는 꼬쌀라국의 수도였고, 당시 왕은 빠쎄나디였는데, 그는 항상 자신의 나라에 거부(巨富)가 없음이 마음 쓰였다. 한번은 매제 관계인 빔비싸라 왕에게 요청하여 마가다국의 부호 가운데 한 집안을 꼬쌀라국으로 옮겨 오도록 하였다. 마가다국의 5대 부호 집안 모두 반대하였지만, 빔비싸라 왕은 그 가운데 한 부호이자 위싸카의 조부인 람에게 특별히 부탁하여 이미 대부호였던 그의 아들 다난자야가 꼬쌀라로 이주하게 하였다.

　"왕이시여! 이곳은 어디입니까? 마치 제 고향같이 아늑합니다."

　빠쎄나디 왕과 함께 싸왓티로 집안을 옮겨 가던 중에 싸왓티에서 동쪽으로 그리 멀지 않은 어느 지역에 도착한 다난자야는 그곳을 자기 집안의 근거지로 삼고 싶어 하였다.

　"그러시오, 다난자야여! 이곳은 인근에 우거진 숲도 있는 귀한 땅이라 민가가 들어서지 못하도록 왕실에서 보호하고 있던 곳입니다. 오늘 밤 여기서 묵는다면 당신이 이 땅에서 최초로 밤을 보내는 사람이 될 것이오."

　그리하여 그 지역에 처음으로 사람이 정착하게 되었는데, 그런 의미에서 그곳은 싸께따(Sāketa)라 불리게 되었다.

　한편, 싸왓티에는 그나마 꼬쌀라국의 대부호로 대접을 받는 미가라(Migāra, 鹿子)가 있었는데, 그의 아들 뿐나왓다나(Puṇṇavaddhana)가 나이가 차서 신붓감을 찾고 있었다.

　"다섯 가지 아름다움을 갖춘 신붓감을 찾아오는 분에게 큰 시주를 하리다."

나형외도의 신자인 미가라는 108명의 브라만을 모셔 공양을 올린 후에 그 가운데 여덟 명의 신망 있는 브라만에게 특별히 부탁하였다.

그들은 어엿하게 한 지역으로 정착한 싸께따에서 해마다 개최되는 젊은이들의 개방적인 축제에 들렀다가 아름다움과 기품을 갖추었으며 모든 이들의 부러움을 받고 있는 위싸카를 발견하고 두 집안을 맺어 주고자 동분서주하였다.

'내가 아직 이 나라에 뿌리를 완전히 내리진 못하였다. 부처님께서 가까이 계신 곳인데도 이교도 집안인 것은 마음에 걸리지만 사람들은 점잖고 사리에 밝은 것 같으니, 집안을 위해서라도 혼사를 진행해야겠구나.'

그래도 마음이 놓이지 않았던 다난자야는 위싸카를 싸왓티로 보내며 많은 재물과 함께 현명한 판단을 할 수 있는 특별한 시봉 여덟 명을 딸려 보냈다.

그들의 결혼식에는 시아버지가 나형외도들만 잔뜩 초대하였을 뿐, 가까이 계신 부처님과 승가엔 공양청도 넣지 않았다. 결혼식장에 들어선 위싸카는 식장 한편 가득히 벌거벗은 채 앉아 있는 고행자들을 보고 기겁하였다. 놀라는 위싸카를 지켜보던 고행자들 또한 그리 썩 좋은 기분은 아니었다.

"미가라여! 자네 집안이 이 꼬쌀라에서 무엇이 부족하다고 저런 외도의 여식을 며느리로 들이는 게요. 그리고 자네들은 어찌 저런 여인을 찾아내어…."

"아라한들이여! 그래도 성품은 누구보다 훌륭합니다. 그리고 이미 이렇게 꼬쌀라의 큰 집안끼리 맺은 인연이니 물리기도 쉽지 않습니다."

그렇게 결혼식이 끝난 후에도 항상 집안에는 고행자들만 들락거렸다. 그러던 어느 날, 시아버지가 쌀죽을 들고 계시고 위싸카는 곁에서 부채를 부치며 시중을 들고 있었는데, 먼발치 마당으로 탁발을 위해 연로한 장로 한 분이 들어오셨다. 위싸카는 달리 말은 못하고 시아버지가 장로를 볼 수 있도록 비켜서며 부채질을 계속하였다.

'응? 건너편 숲에서 온 비구잖아. 에이! 재수 없어.'

슬며시 몸을 돌리는 시아버지를 본 위싸카는 장로에게 다가가 말했다.

"오늘 저희 어른이 드시는 것은 식은 죽일 뿐이니, 다음에 오시죠."

"무슨 소릴 하는 게냐! 황금 접시에 담긴 따뜻한 유미죽을 먹고 있구먼!"

귀 밝은 미가라는 불같이 성을 내었다. 그는 연이은 고행자들의 성화도 있던 참이라, 이 일을 빌미로 아예 며느리를 쫓아내려고 하였다.

"저는 단지 아버님의 신망에 누가 될까 봐 방편으로 그리했을 뿐입니다."

시아버지와 며느리의 이 다툼은 급기야 고행자들과 위싸카의 후견인들까지 가세하며 치열해지다 결국 위싸카의 남편이 중재하여 겨우 마무리되었다.

"제게 허물이 없음을 모두 인정하셨으니, 그만 친정으로 물러나겠습니다."

"아니! 허물이 없다는데 왜 굳이 그러느냐?"

"그러면 제가 아버님을 위해 아라한들을 싫다 않고 시봉하였듯이, 아버님께서도 저를 위해 부처님과 수행자들께 공양 올리는 것을 말리지 마십시오."

그렇게 하여 위싸카는 시집온 후 처음으로 부처님과 비구들을 초빙하여 공양을 올리고 법문 자리를 마련하였다. 당연히 고행자들은 미가라에게 법문에 참석치 말라고 조언하였고, 다시 시아버지와 며느리 간의 작은 밀고 당김이 있었다. 결국 귀 밝은 미가라는 멀찌감치 휘장을 두른 곳 안에 있기로 하였다.

그러나 미가라 또한 사리가 밝은 현인인지라 부처님의 법문이 몇 자락 지나지 않아 벌써 심경에 변화를 일으키더니 법문 끝에 예류과를 성취하였다.

"애야! 네가 나를 다시 태어나게 했구나. 오늘부터 너는 나 미가라의 어미란 의미로 미가라마따(MigāraMātā, 鹿子母)로 불릴 것이다."

그러며 미가라는 꼬쌀라 최고의 보석들로 화려하게 장식된 외투를 위싸카에게 선물하였다. 시아버지의 전격적인 후원까지 얻게 된 위싸카는 제따 숲의 승원에 큰 법회가 있는 날이면 한 차례도 빠지지 않았는데, 한번은 법회 끝에 보석 외투를 벗어놓고 집으로 돌아왔다가 그냥 승원에 시주하려 하였다.

하지만 승원의 책임자인 아난다도 그 시주를 받지 않았고, 그것을 팔아 시주하려 해도 꼬쌀라국 안에는 살 만한 사람이 없었다. 그래서 위싸카는 그것을 자신이 되사서 그 돈으로 싸께따 인근 숲에 승원을 지으니, 그 승원을 사람들은 녹자모강당(鹿子母講堂, Migāramātupāsāda)이라 불렀다.

054 꽃향기는 진하대도 바람줄기 못거슬러
목단향기 따가라향 재스민향 그무엇도.
그렇지만 훌륭한이 미미한듯 풍기는향
센바람을 거슬러서 사방으로 번지니라.

花香不逆風 芙蓉栴檀香 德香逆風熏 德人徧聞香
꽃향기는 바람을 거스를 수 없나니
부용이나 전단향이라 할지라도.
덕德의 향기는 바람을 거슬러 훈습熏習되나니
덕스러운 이는 (모든 이가) 그 향기를 두루 맡을 수 있다.

na pupphagandho paṭivātameti, na candanaṁ tagaramallikā |
satañca gandho paṭivātameti, sabbā disā sappuriso pavāyati ||
꽃향기는 바람을 거슬러 나아가지 않나니,[6]
목단향이나 따가라[7] 향이나 재스민 향일지라도.
그러나 훌륭한 이의 향기는 바람을 거슬러 나아가나니,
좋은 이의 향기는 모든 방향으로 번진다.

055　그윽한향 목단향기 상큼한향 따가라향
　　　눈에가득 연꽃향기 코찌르는 재스민향
　　　향기이는 무엇이든 모두모아 놓더라도
　　　그가운데 계율향기 으뜸으로 뛰어나리.

　　　旃檀多香 靑蓮芳花 雖曰是眞 不如戒香
　　　전단향 따가라 향 청련화향 재스민 향,
　　　비록 '이게 진짜야!'라고 말들 하지만
　　　계행戒行의 향기만 못하리라.

candanaṁ tagaraṁ vāpi, uppalaṁ atha vassikī |

etesaṁ gandhajātānaṁ, sīlagandho anuttaro ||

목단향이나 따가라 향, 또는 연꽃 향이나 재스민 향.
향기가 일어나는 것들 가운데
계율戒律의 향기가 가장 뛰어나다.

056 따가라꽃 목단나무 좋은내음 지닌향기
어찌됐든 그향기는 무시할게 못되니라.
그렇지만 신중들의 천상에도 이는향기
계율지닌 이들향기 그향기가 으뜸이리.

華香氣微 不可謂眞 持戒之香 到天殊勝
꽃향기는 그 기운이 미약하여
'참되다!' 일컬을 수 없지만
계戒를 지닌 사람의 향기는
하늘에 가닿도록 빼어나(약해짐이 없)다.

appamatto ayaṁ gandho, yāyaṁ tagaracandanī |
yo ca sīlavataṁ gandho, vāti devesu uttamo ||
따가라와 목단이 지닌 향기는
어쩌든 무시할 만한 것이 아니다.
그러나 신중神衆(들의 천상) 가운데서(도) 부는
계율을 지닌 이들의 향기가 최상이다.

천상까지 가닿은 계율의 향기

부처님께서 싸왓티 제따 숲의 승원에 계실 때, 가르침으로 베푸셨던 계율의 향기에 대한 이야기이다.

어느 날 저녁, 장로 아난다는 좌선 중에 이런 생각이 들었다.

'많은 향기들… 부호의 집에 들어서면 코를 찌르는 전단향, 길을 걷다가 두리번거리지 않아도 가까이 신전이 있음을 알 수 있는 따가라 향, 그리고 이 제따 숲에도 이름 모를 많은 향기들이 있지 않은가. 그렇지만 그 모든 향기들은 바람에 따라 흩날려 버릴 뿐인데. 바람에 거슬러 흐르고 멀리 천상까지 가닿는 향기는 없을까?'

아난다는 시공을 초월하는 여래의 향기를 지니고 계신 부처님이라면 그 답을 아실 것이라 여겨 부처님을 찾아뵈었다.

"세존이시여! 여래의 향기는 시공을 초월하옵니다만, 전단향이나 따가라 향 등은 겨우 바람도 거스르지 못합니다. 그러면 비록 여래의 향기 같지는 않더라도 바람을 거슬러 사방에 이를 수 있는 향기가 있을 수 있습니까?"

"아난다여! 세상 사람으로서 재가에 있건 승가에 있건, 여래와 담마와 승가에 의지하여 신(身)·구(口)·의(意) 삼업을 청정히 하고 모든 악업은 일어나지 않도록 방비한 채 일체의 선업을 짓도록 노력하는 이에게서 번져 나오는 향기, 계율의 향기는 그 어떤 바람도 거슬러 사방으로 퍼져 나가느니라."

아난다 장로는 부처님의 가르침을 듣고는 마치 천상의 향기를 맡은 듯, 편안해진 마음으로 향실에서 물러 나왔다.

―

싸왓티에서 멀리 라자가하 웰루 숲 승원의 인근에서 장로 마하깟싸빠가 이레 동안의 멸진정(滅盡定)에 들었다가 나오게 되었다. 출정(出定)한 장로는 탁발을 위해 라자가하의 가난한 사람들이 사는 마을로 갔다. 멸진정에서 나온 수행자에게 올리는 첫 공양은 큰 공덕이 있기에, 장로께서는 그 공덕을 가난한 사람들에게 돌아갈 수 있도록 일부러 그 마을로 향했던 것이다.

장로께서 멸진정에서 나오는 그 순간, 천상의 제석천왕은 천궁 깊숙이 앉아 있다가 난데없는 향기에 온몸이 맑아지는 듯한 느낌을 받았다. 분명 천상의 온갖 정원에서 풍기는 향기는 아닌 것을 직감한 천왕은 신통력으로 온 천지를 두루 살펴본 결과 장로께서 막 출정하였다는 사실을 알았다.

비록 천왕의 신분으로 삼십삼천을 다스리고 있으나 지금의 장로에게 올리는 첫 공양이 지니는 공덕이 너무나 큰 것을 알고 있던 천왕은 곧장 베를 짜는 가난하고 늙은 노인으로 변신하여 그 마을로 먼저 가서 장로를 기다렸다.

"장로님! 제가 준비할 수 있는 공양은 변변치 않지만 쌀밥에 맛있는 카레 정도입니다. 맛있게 드시고 제게 축원을 부탁드립니다."

마을에 들어서자마자 떡하니 길을 가로막고 있는 허름한 오두막에서 허리가 굽은 베 짜는 노인이 나오더니 기다렸다는 듯이 공양을 올렸다.

'이상하다? 이 마을은 가난하여 하루 한 끼 먹는 사시 때도 밥 짓는 연기가 오르지 않는 집이 절반이 넘는데, 이 허름한 집에서 웬 쌀밥에 카레까지….'

무엇인가 이상하다 여긴 마하깟싸빠 장로는 자꾸 공양 드시기만 재촉하는 노인네에게 이것저것 물어보더니, 드디어 꾸짖는 소리로 정체를 밝히라며 추궁하였다. 천왕도 이미 자신의 연기가 서툴렀으며, 더군다나 막 멸진정에서 나온 장로를 이렇게 속이는 것이 오히려 큰 허물이 되리라는 것을 깨닫고는 장로에게 사실을 말씀드리며 용서를 구하였다.

"장로시여! 제가 큰 결례를 범하였습니다. 조용히 물러나겠습니다."

제석천왕이 제 모습을 회복한 뒤 천상으로 돌아가자 급히 준비했던 많은 양의 쌀밥과 맛있는 카레가 큰 솥으로 한가득 남아 있게 되었다.

"제가 막 먹으려는 이 음식은 비록 쌀겨로 쑨 거친 죽이지만 스님께 공양 올리고 싶으니 받아주십시오."

장로께선 다시 발걸음을 옮겨 마을에서 가장 가난할 것 같은 집에 도착하여 석장(錫杖)을 두드리니, 막 식사를 하려던 한 노인이 손에 들고 있던 그릇을 그대로 들고 문간으로 나와서 장로께 말씀드렸다.

쌀겨로 쑨 죽을 발우에 시주받은 깟싸빠 존자는 그것을 소중한 듯 품안에 품고서 노인에게 먼발치를 가리키며 말하였다.

"이 마을은 쌓은 복덕이 뛰어나서 천상의 제석천왕이 천공(天供)을 저렇게 내려놓고 갔습니다. 부디 마을 분들과 함께 나누어 맛있게 드십시오."

노인이 허기져 힘든 발걸음을 옮겨 깟싸빠 존자께서 가리킨 곳에 가보니 예전에 보지 못했던 허름한 움막 안에 흰 쌀밥과 향기 가득한 카레가 큰 솥으로 그득하였다. 노인은 마을 사람들을 모두 불러 함께 나누어 먹으니, 오늘 겨우 허기를 때웠거나 또 하루 굶으려니 하던 사람들이 모두 흡족해 하며 먹었다.

이 모든 정황을 멀리 싸왓티의 제따 숲에 계시던 부처님께서 아시고 아난다는 물론이요, 승원의 모든 비구들에게 이야기를 해주시며 말씀하셨다.

"비구들이여! 수행이 높은 장로 마하깟싸빠의 경지에 이르면 그가 풍기는 계행의 향기는 라자가하에서 이곳 싸왓티 멀리까지는 물론이요, 저 제석천왕의 천상에까지 이르느니라. 천상의 신중들도 향유할 수 있는 계율의 향기가 어찌 꽃 몇 송이의 향기에 비할 수 있겠느냐."

---

6) 인드라의 하늘, 혹은 도리천에는 붉은 콩이 열리는 빠릿찻따까(pāricchattaka)란 나무가 자라는데, 그 크기는 높이와 넓이 모두 1백 요자나이다[1요자나는 최대 15킬로미터]. 이 나무에 꽃이 피면 그 송이가 50요자나까지 뻗게 되고 향기는 1백 요자나보다 더 퍼져 나가는데, 향기는 오직 바람을 타고 퍼져 나갈 뿐 바람을 거슬러서는 단 한 뼘도 퍼지질 못한다고 한다.

7) 목향수(木香樹)로도 불리는 '따가라'는 인도 북부에서 태국까지 분포하며 1~1.5미터까지 자라는 관목이다. 그 꽃은 삼우화(三友花)로도 불리며, 주로 흰색의 꽃잎이 약간의 소용돌이 모양을 띈 채 홑꽃 또는 겹꽃으로 핀다. 인도에서는 지금도 힌두사원 근처에 따가라 나무가 흔하게 심겨져 있고, 일상적인 참례 때는 신전에 그 꽃을 따서 바친다.

057　완벽하게 갖춘계율 방종않고 살아가며
　　　완벽하게 이룬지혜 수행으로 들이고서,
　　　이세상의 모든것에 자유로운 이된다면
　　　마라마저 접근할길 찾을수가 없으리라.

　　　戒具成就 行無放逸 定意度脫 長離魔道
　　　계행戒行이 갖추어져 성취되고
　　　수행에 방일放逸함이 없으면
　　　선정禪定[8]에 든 마음은 득도得度하고 해탈하여
　　　마구니의 길로부터 멀리 여의게 될 것이다.

　　　tesaṁ sampannasīlānaṁ, appamādavihārinaṁ |
　　　sammadaññāvimuttānaṁ, māro maggaṁ na vindati ||
　　　완벽한 계율을 갖춘 채 방종하지 않게 살아가며
　　　완벽한 지혜를 통해 자유롭게 된[9] 그들의 경우
　　　마왕이 (근접할) 길을 찾지 못한다.

아라한의 경지에 오른 고디까 장로

부처님께서 라자가하 웰루 숲의 승원에 계실 때, 스스로 목숨을 거둠과 동시에 아라한의 경지에 오른 고디까 장로에 대한 이야기이다.

라자가하에서 멀지 않은 이씨길리(Isigili) 산 중턱의 검은 바위 위에서 홀로 정진하던 고디까(Godhika)는 오랜 기간 방일하지 않은 덕분에 어느 순간 일시적 인 마음에 의한 해탈을 얻었다. 그런데 해탈에 머문 것은 순간일 뿐, 의도치 않 게 곧장 물러서게 되었다.

그렇게 일시적인 마음에 의한 해탈을 무려 여섯 차례나 증득하였으나 그때마 다 이내 물러서고 말았다. 그래도 굴하지 않고 다시 열심히 정진하여 일곱 번째 의 일시적인 마음에 의한 해탈을 얻었다.

'나는 여섯 차례나 일시적인 마음에 의한 해탈에서 의도치 않게 물러서게 되 었는데, 이제 일곱 번째로 다시 얻게 되었다. 또다시 물러서게 되기 전에 스스 로 목숨을 거두어 해탈에 머물도록 할까?'

그리고 결국 스스로 목숨을 거둔 장로 고디까는 그 즉시 아라한과를 증득하 여 열반에 들었다.

고디까 장로가 스스로 목숨을 거둘 생각을 하던 처음 그 순간부터 죽음의 왕 마라는 장로가 일을 치르면 이내 데려갈 욕심으로 그의 언저리를 배회하였다. 그러나 정작 장로가 목숨을 거둔 순간 그의 흔적을 찾지 못했다. 당황하던 마라 는 대부호로 변신하여 부처님을 찾아와 그 연유를 여쭈었다. 짐짓 마라임을 아 신 부처님께서는 아무 일 없다는 듯 말씀하셨다.

"완벽한 지혜를 통해 자유롭게 된 이는 마라도 그 흔적을 찾지 못한다."

---

8) 선정(禪定)의 선(禪)은 산스끄리뜨 'dhyāna(명상)'의 소리옮김이며 정(定)은 그것의 뜻옮김이니, 결국 선정 (禪定)과 명상(瞑想)의 어원은 동일하다. 본서에서는 한문의 번역은 '선정'으로, 빠알리어의 번역은 '명상'으 로 통일하였다.

9) 쥔 완벽한 지혜를 통해 자유롭게 되었다는 것은, 우선 그 원인을 정확히 지각하고, 지각된 것을 사유하 며, 사유된 것을 숙고에 의해 사실로 이해하고, 그렇게 이해된 사실을 최종적으로 다섯 가지 해탈[五解脫, pañcavimutti]을 통함으로써 궁극적인 해탈을 얻게 된 것을 말한다.

058 큰길한쪽 한켠으로 내버려진 저쓰레기
그와같은 진흙속에 고스란히 피어올라,
순수한향 지니고서 마음마저 맑혀주는
연꽃이란 꽃한송이 피어날수 있는듯이,

如作田溝 近于大道 中生蓮華 香潔可意
밭 사이 봇도랑을 큰길 가까이 만들어 두면
그 가운데 핀 푸른 연꽃은
향기가 청결하여 마음에 둘 만하듯이,

yathā saṅkāraṭhānasmiṁ, ujjhitasmiṁ mahāpathe |
padumaṁ tattha jāyetha, sucigandhaṁ manoramaṁ ||
마치 큰길에 버려진 쓰레기 더미 그곳에서
순수한 향기를 지니고 마음을 즐겁게 해주는
연꽃이 피어날 수 있는 것처럼,

059 눈먼존재 범부들의 하고많은 무리속에
쓰레기나 진배없는 존재들의 그속에서,
지혜로써 온전하게 깨달음을 얻은이들
부처님의 聲聞제자 밝디밝게 빛나리라.

有生死然 凡夫處邊 慧者樂出 爲佛弟子
어떤 이의 삶이 바로 그러하여
범부라 할지라도 (성인의) 곁에 자리하면
지혜라는 것이 자연스레 우러나와
(결국엔) 부처님의 제자가 되는 것이다.

evaṁ saṅkārabhūtesu, andhabhūte puthujjane |
atirocati paññāya, sammāsambuddhasāvako ||
눈먼 존재인 범부凡夫[10] 가운데
그렇게 쓰레기 같은 존재들 속에서
지혜로 온전한 깨달음을 얻은
성문聲聞제자[11]는 밝게 빛난다.

부처님을 시험하려 했던 가라하딘나

부처님께서 싸왓티 제따 숲의 승원에 계실 때, 자이나교도인 가라하딘나가 부처님을 시험하려 했던 이야기이다.

싸왓티에 부처님의 가르침을 따르는 씨리굿따(SiriGutta)와 자이나교도인 가라하딘나(GarahaDinna)가 비록 믿음은 달랐지만 그럭저럭 친구 관계를 유지하며 지내고 있었다.

그러다 언제부턴가 가라하딘나 집에 한 무리의 사명외도(邪命外道) 수행자들이 머물기 시작하면서부터 가라하딘나의 태도가 적극적으로 변했다.

"친구여! 그저 점잖기만 한 고따마를 찾아가 봐야 뭐 얻을 게 있는가? 차라리 우리 고귀한 스승들을 찾아뵙고 그들에게 공양을 올리게. 그분들은 삼세를 모두 훤히 내다본다네. 자네를 보기만 해도 뭐든 다 안단 말일세."

그저 권선하는 것을 지나 자신이 따르는 수행자들을 폄하하는 말이 이어지자 씨리굿따는 그를 골려 주려는 마음이 들었다.

"정말 그렇단 말이야? 아이고, 친구! 진작 말하지 그랬나. 그런 분들이라면 나도 당연히 공양을 올려야지. 몇날 며칠에 우리 집으로 모셔 오게."

그래서 슬쩍 그의 말을 좇는 척하며 자기 집으로 공양청을 하고, 저택의 너른 뒤뜰에 며칠 동안 사람들을 시켜 단단히 준비하였다.

'이렇게 구덩이를 길게 파서 오물을 잔뜩 집어넣고 잘 여미서 덮은 다음에 가벼운 의자들을 죽 걸쳐 놓으면… 앉기만 하면? 크흐흐. 모든 일의 미래까지 보신다니 잘 피하시겠지. 음식들도 겉에만 살짝 올려놓고 속은 모두….'

드디어 도착한 수행자들은 겉의 한 겹만 진짜 음식을 살짝 올려놓은 것을 알지 못하고, 그 화려하고 다양한 거짓 음식에 현혹되었다. 그리고 적당히 놓인 의자 밑으로 무슨 꿍꿍이가 숨어 있는지도 전혀 눈치를 채지 못했다.

"자, 이제 자리에 함께 앉으시면 저희들이 공양을 올리겠습니다."

"어이쿠! 이게 뭐야? 이게 웬일이야! 웬 오물 구덩이야, 이게!"

의자째 오물 구덩이로 넘어진 수행자들은 허겁지겁 그곳을 빠져나왔다.

며칠 후, 자기 집에 머물던 수행자들이 화만 잔뜩 내고 모두 떠나 버리자 약이 바짝 오른 가라하딘나는 왕에게 고변하여 씨리굿따가 자신에게 1천 까하빠나를 변상토록 탄원서를 제출하였다.

"그래도 수행자들인데 심한 장난을 친 씨리굿따의 잘못도 없진 않지만, 혹세무민하는 말을 친구에게 억지로 권한 가라하딘나의 잘못도 적진 않다."

그래서 없던 일로 덮어두고 친구의 관계를 회복하라는 명을 받게 되었다. 그러나 가라하딘나는 분이 풀리지 않아 자기도 비슷한 일을 꾸미고자 부처님과 비구들을 자기 집으로 공양에 초대하였다.

"세존이시여! 이런저런 일이 있었으며, 제가 지나친 점이 있었기에 참회하고 있습니다. 그런데 친구가 이런저런 준비를 해놓고 공양청을 하니 어찌해야 할지 모르겠습니다."

곤란해진 씨리굿따가 부처님께 이실직고하니 부처님께서는 씨리굿따의 잘못을 엄히 꾸짖으시고는 가라하딘나의 공양청을 받아 그의 집으로 가셨다.

가라하딘나는 성난 마음에, 집 입구 길목에 구덩이를 넓고 깊게 팠다. 그리고 구덩이 바닥에는 아카시아 나무로 만든 숯불에 불을 붙여 한 자 깊이로 깔아 두고, 땅위로는 물에 적신 얇은 멍석을 평평히 깔아 두어 표가 나지 않게 하였다. 그리고 마당의 공양처에는 빈 항아리만 잔뜩 가져다 놓았다.

마침내 부처님께서 이미 열기가 올라 김이 나기 시작하는 멍석을 발로 밟으시자 걸음마다 커다란 연꽃이 펴서 부처님 발을 지탱하였으며, 연꽃에 밀려 구덩이 아래 숯불로 떨어진 멍석 때문에 일어난 연기는 온갖 향기로 변해 집 주위로 진동하였다. 당황하며 따라간 가라하딘나는 부처님과 비구들이 음식으로 가득찬 항아리들 앞에 여법하게 앉아 계신 모습을 보게 되었다.

---

10) 한문의 범부(凡夫, 평범한 지아비)나 빠알리어의 뿌투자나(puthujjana, 보통 사람) 모두 일반인으로서 무지하여 눈이 먼 존재이긴 하나 쓰레기로까지 취급되지는 않지만, 지혜로 온전한 깨달음을 얻은 성문제자에 비하면 상대적으로 그리 평가될 수도 있음을 나타냈을 뿐이다.

11) 성문제자(聲聞弟子)란 본래 부처님의 가르침을 직접 듣고 배운 제자를 뜻하지만, 확장해서 성문을 위한 가르침에 의지하여 불도를 닦는 이를 가리키는 말로도 사용된다.

第5章

∞∞∞∞∞∞∞∞∞∞∞∞∞∞

बालवग्गो

어리석음에 관한 장

우암품

愚闇品

∞∞∞∞∞∞∞∞∞∞∞∞∞∞

060 잠이루지 못하는자 그한밤은 길고길며
길위에서 지친자의 그한길은 멀고머네.
참된법을 알지못해 어리석음 품은이는
앞서거니 놓여있는 윤회의길 아득하리.

不寐夜長 疲悓道長 愚生死長 莫知正法
잠 못 드는 이에게 밤은 길고
피로한 이에게 길은 멀어라.
어리석은 이에게 삶은 기나니
바른 법을 알고 있지 못하다면.

dīghā jāgarato ratti, dīghaṁ santassa yojanaṁ |
dīgho bālānaṁ saṁsāro, saddhammaṁ avijānataṁ ||
잠 못 이루는 자의 밤은 길고
지친 이의 1요자나[1]는 멀며,
참된 법을 알지 못하는
어리석은 이의 윤회는 아득하다.[2]

* 060
남의 아내를 탐하던 빠쎄나디 왕

부처님께서 싸왓티 제따 숲의 승원에 계실 때, 아름다운 남의 아내에 빠져 그녀를 뺏으려 했던 빠쎄나디 왕의 이야기이다.

먼 길을 나섰다가 싸왓티로 돌아오던 빠쎄나디 왕이 어떤 거리를 지나다 2층 테라스에서 왕의 행렬을 구경하던 한 여인에게 빠져들고 말았다.

"당장 그녀의 남편을 데리고 오도록 하라!"

일의 사태를 직감한 그녀의 남편은 왕의 비위를 거스르지 않으려 최선을 다하였으나, 왕실 연못에만 있는 붉은 진흙과 푸른색 흰색 연꽃을 이틀 안에 구해 오지 못하면 엄벌에 처할 것이란 말에 죽음을 직감하였다.

"여보! 밥이 설익었더라도 그냥 싸 주시오. 빨리 다녀와야 될 곳이 있소."

아내에겐 모든 일을 숨긴 채, 하루 거리에 있는 큰 못에 지푸라기라도 잡고 싶은 심정으로 다녀오려고 남편은 걸음을 재촉하였다. 그는 가는 길에 만난 걸인에게 가지고 있던 밥의 일부를 떼어 주었는데, 마음씨가 착한 남편은 설익은 부분은 자신이 먹으려고 남기고, 잘 익은 부분을 내주었다. 그리고 배고픈 줄도 모르고 하루를 꼬박 걸어 도착한 못은 황량하기만 하였다.

'아! 이런 못에 왕궁에나 있는 푸르고 흰 연꽃이 피어 있을 리가 없지.'

지쳐서 한 걸음도 천 길 같은데다 하루 종일 굶은 배가 허기져서 온갖 걱정에 앞서 우선 배라도 채워야 살아남겠다는 생각에 음식 주머니를 풀었다.

"젊은이! 그것 나 좀 줄 수 없겠나? 내가 사흘을 굶었다네."

홀연히 곁으로 다가온 걸인 행색의 노인이 방금 펼쳐 놓은 밥주머니를 보더니 손을 내밀어 주린 자기 배와 입을 가리키며 구걸하였다. 자신도 하루를 굶었지만 사흘을 내리 굶었다는 말에 남편은 설익은 것이나마 건네주었다.

"자! 여기 있네. 내가 잘 먹었으니, 대신 내가 가진 것을 조금 넣었다네."

돌아앉아 열심히 먹던 노인은 다 먹은 보자기에 무엇인가 잔뜩 넣어서 그에게 건넸다. 보자기를 받아 풀어보니, 놀랍게도 그 안에는 붉은 진흙과 두 가지 색의 연꽃이 있었다. 놀란 그가 고개를 들었을 때는 아무도 없었다.

지친 걸음도 간데없고 배고픔도 어느새 달아나 버린 그는 인근 숲의 나무 밑에서 밤을 보낸 다음, 동이 트자마자 발길을 싸왓티로 돌렸다.

한편 왕은 혹시 그녀의 남편이 어디선가 그것들을 구해 올까 염려하여 왕성의 문을 해도 지기 전에 모두 닫게 하고 그 열쇠까지 가져오게 하였다. 그래서 남편이 왕성에 도착했을 땐 성문이 모조리 닫혀서 풀을 먹이러 나왔던 목동들도 집으로 돌아가지 못해 아우성치며 난리가 아니었다.

'아! 왕이 미리 문을 닫았구나. 이를 어쩌면 좋은가.'

낙담한 그는 많은 목동들이 보는 앞에 두 송이의 연꽃을 붉은 진흙으로 성벽에 붙여 놓고는 단지 '왕의 명령이 이러저러하여 이렇게 해놓으니, 나중에 일이 생기면 여러분들이 증인이 되어주십시오.'라고만 말하고는 인근 제따 숲으로 밤을 보내러 들어갔다.

그 시각, 성문의 열쇠를 받아 쥔 왕은 이른 시각에 문이 잠겨 성문 밖이 목동들과 과객들로 큰 혼란이 일어났다는 보고에도, 그 누구도 절대로 들여보내지 말라고 엄명한 뒤 조금은 안심이 되어 일찍 잠자리에 들었다. 그러나 내일이면 데려올 그 여인에 대한 욕정으로 잠을 설쳐 길게만 느껴지던 밤이 어슴푸레한 빛에 쫓겨 물러날 무렵 깜빡 선잠이 들었다.

'어푸! 아이고 뜨거워, '내'.'

'나 살려! 에고, 죽겠네, '지'.'

'뜨거! 뜨거, 뜨거, 뜨거워, '이'.'

'에고! 에고, 에고, 아이고, '나'.'

왕이 잠에서 깨어난 것은 아직 날이 다 밝지도 않은 시각이었다. 그저 잠시 졸았을 뿐인데도 그 사이에 이상한 꿈을 꾸고는 깨어나 식은땀을 흘렸다.

꿈속에서 본 큰 무쇠 솥은 그 깊이가 1요자나였는데 펄펄 끓는 구리 쇳물로 넘실대었으며, 그 쇳물 속에서 네 사람이 잠겼다가 다시 떠오르며 단말마의 비명 아닌 비명을 지르고는 이상한 소리를 끝으로 다시 끓는 쇳물 속으로 잠겨 들었다. 마치 쇳물 속에 같이 있는 듯, 왕도 그 고통을 함께 느꼈다.

'내가 죽을라나? 왕국이 망할라나? 이게 무슨 꿈이지? 이게 무슨 일이야!'

너무나 또렷한 꿈에 불안해진 빠쎄나디 왕은 날도 밝지 않았지만 왕실 사제인 브라만을 불러들였다.

"대왕이시여! 아무래도 변고가 생길 것 같으니, 미리 예방코자 하시면 갖은 가축과 짐승 및 동남동녀들을 준비하여 큰 희생제를 지내셔야겠습니다."

그러나 현명한 왕비 말리까는 허둥대는 왕을 안정시킨 후에 왕의 윤허를 얻어 희생제의 준비를 취소하고 부처님을 함께 찾아뵈었다. 마침 준비된 법문 자리에는 여인의 남편도 한쪽에 자리하고 있었다.

"그 꿈은 다른 변고를 일러 주는 것이 아니라, 깟싸빠(Kassapa) 부처님 때 남의 아내를 탐하던 네 명의 사내가 지금까지 지옥에서 고통을 받고 있는 모습을 보신 것일 뿐입니다. 네 명 모두 한 수의 게송만 다 외면 그 고통에서 벗어나는데, 각자 고통을 토로하느라 아직 게송의 첫 글자밖에 외질 못하고 있군요.

'내'가행한악한일 쌓인것이메루산, 많은재산가지고 즐기고만살았네.

'지'옥에서지내길 이제벌써육만년, 얼마를더살아야 이고통을벗을까.

'이'고통은도대체 어디에서끝날까. 괴롭다는생각도 사치뿐인이고통.

'나'여기서벗어나 다시인간된다면, 계행지켜선한일 아낌없이하리라."

부처님께서 이렇게 게송을 모두 일러 주시고는 말씀하셨다.

"무기력으로 지친 범부의 발걸음은 1요자나가 만 리 길보다 멀었을 것이요, 욕망에 휩싸인 이의 하룻밤은 3천 날의 밤보다 길었을 것이며, 저 어리석은 중생들의 윤회는 아직 끝날 줄을 모르고 아득할 뿐입니다."

---

1) 한문으로 '유순(由旬)'인 요자나(yojana)는 거리 단위로서 최대 15킬로미터에 이르는데, 정확한 척도는 시대와 지역에 따라 차이가 난다. 1요자나는 황소가 수레의 멍에를 지고 하룻길을 가는 평균 거리로 여긴다.

2) 圈 부처님께서 다음과 같이 말씀하셨다. "수행승들이여! 이 윤회는 시작을 알 수 없다. 무명에 덮인 뭇 삶들은 갈애에 속박되어 유전하며 윤회하므로 그 최초의 시작을 알 수 없다. 수행승들이여! 예를 들어 어떤 사람이 잠부강의 섬에서 자라는 모든 풀과 나뭇가지와 잎사귀를 따다가 피라미드처럼 쌓아놓고 '이분은 나의 어머니, 이분은 나의 어머니의 어머니….' 하는 식으로 하나씩 헤아려 나간다면, 수행승들이여! 그 사람은 자신의 헤아림이 끝나기도 전에 잠부강 섬의 모든 풀과 나뭇가지와 잎사귀들이 모두 소진되어 없어질 것이다. 그것은 무슨 까닭인가? 수행승들이여! 이 윤회는 그 시작을 알 수 없으니, 무명에 덮인 뭇 삶들은 갈애에 속박되어 유전하고 윤회하므로 그 최초의 시작을 알 수 없기 때문이다."

061　배움길을 가는자는 제주위를 둘러보아
더낫거나 동등한이 찾을수가 없다하면
다떨치고 굳건하게 제홀로서 나아가라!
무지한자 그들에겐 우정따윈 없나니라.

學無朋類 不得善友 寧獨守善 不與愚偕
배움에 있어 무리 지을 부류가 없고
착한 벗을 얻을 수 없으면
차라리 홀로 선善함을 지킬지언정
어리석은 이와 디불이 가지 말지니라.

carañce nādhigaccheyya, seyyaṁ sadisamattano |
ekacariyaṁ daḷhaṁ kayirā, natthi bāle sahāyatā ||
(수행의 길을) 가는 자는 자신과 견주어
만약 더 나은 자나 동등한 자를[3] 찾을 수 없다면
굳건하게 홀로 살아가라!
무지한 자에게 있어서 우정은 존재하지 않는다.[4]

* 061

제자에게 화를 당한 장로 마하깟싸빠

부처님께서 싸왓티 제따 숲의 승원에 계실 때, 불성실한 제자를 제도하려다 오히려 화만 입은 마하깟싸빠 장로의 이야기이다.

장로 마하깟싸빠께서 두 제자를 데리고 뻽팔리 동굴에서 수행하고 있었다. 그런데 둘 중 한 제자는 성실한 데 반해 다른 제자는 남의 공로나 가로채고 성질도 나쁘기로 승원에서 이름이 났다. 하지만 그를 제도해 보겠단 생각에 그도 함께 데리고 동굴로 갔던 것이다.

그러나 장로의 노력에도 불구하고, 불성실한 제자는 성실한 제자가 세숫물과 양치 솔을 준비하고 있으면 얼른 뛰어가 '세숫물과 양치 솔이 준비되었습니다.'라고 공을 가로채는 등, 제 버릇을 고치지는 못하였다.

한번은 장로와 성실한 제자가 잠시 승원에 들어간 틈을 타서 마을로 내려가 장로께서 편찮으시단 말로 신도들을 속여 맛난 음식을 가져다 혼자 먹었다.

"지난번에 편찮으시다고 하셨는데, 이젠 다 나으셨습니까? 부디 정진하시면서도 건강을 살피십시오. 기별만 하시면 다시 음식을 공양 올리겠습니다."

장로는 신자의 정성어린 말에 미소로만 답하고 동굴로 돌아왔다. 그리고 그 제자를 불러 호되게 야단을 쳤다.

"네가 이젠 공을 가로채는 것도 모자라 거짓말에 도적질까지 하느냐!"

혼쭐이 난 제자는 뉘우치기는커녕 앙심을 품고 있다가 다시 장로와 성실한 제자가 굴을 비우는 틈을 타 그 수행 처소를 엉망으로 부숴 놓은 뒤 사라져 버렸다. 나중에 그 소식을 전해 들은 부처님께선 아직 제도할 인연이 되지 않은 자와 함께 수행하느니 굳건히 홀로 정진하라 말씀하셨다.

---

3) 수행의 길에서 자신보다 더 나은지 등의 분간에 기준이 되는 것으로는 계행[戒, sīla]과 삼매[定, samādhi] 및 지혜[慧, paññā]라는 세 가지 배움[三學, tisso sikkhā]이 주로 언급된다.

4) 어리석은 자에게는 우정의 질을 규정하는 열 가지 묶음의 원리들이 존재하지 않는데, 그 가운데 네 번째 묶음인 '열 가지 대화의 주제'는 다음과 같다. ① 솔직한 대화, ② 만족을 주는 대화, ③ 버리고 없애는 대화, ④ 홀로 사는 것에 대한 대화, ⑤ 해결을 위한 대화, ⑥ 계행에 대한 대화, ⑦ 집중에 대한 대화, ⑧ 지혜에 대한 대화, ⑨ 해탈에 대한 대화, ⑩ 해탈을 앎에 대한 대화. ⇒ 㣾 '우정의 질을 규정하는 원리들'

062   내아들이 분명한데 내재산이 맞건마는
       어리석은 모든이는 이렇게들 고뇌하나,
       실로그것 어디에도 나라할건 없을진대
       내자식은 뭔말이요 내재산은 뭔말인가.

       有子有財 愚惟汲汲 我且非我 何憂子財
       '(내겐) 아들이 있는데… (내겐) 재산이 있는데….'
       어리석은 이는 이런 생각에 급급할 뿐이다.
       나 자신이 무엇보다 내가 아니거늘
       어찌 아들이나 재물을 근심하리오.

       puttā matthi dhanammatthi, iti bālo vihaññati |
       attā hi attano natthi, kuto puttā kuto dhanaṁ ||
       '나의 자식들인데… 나의 재산인데….'
       어리석은 이는 (이렇게) 고뇌스러워 한다.
       실로 내 것이라 할 만한 '나'가 존재하지 않는데
       어디로부터 (나의) 자식이!
       어디로부터 (나의) 재산이!

## 062

자린고비 재정관 아난다

부처님께서 싸왓티 제따 숲의 승원에 계실 때, 꼬쌀라국의 재정관이지만 자린고비로 유명했던 아난다에 대한 이야기이다.

꼬쌀라국의 왕성 싸왓티에 재정관이면서 80만 꼬띠나 되는 큰 재산을 가진 아난다가 살고 있었다. 그런데 그는 그 나라 최고의 자린고비로서, 자신이 먹는 먹거리부터 아주 가난한 사람보다 나을 것이 없을 정도였다.

그에겐 물라씨리(MūlaSiri)라는 아들이 있었는데, 대대로 내려오는 자린고비 교육은 물론, 그림의 물감이 어떻게 서서히 바래는지, 개미가 어떻게 큰 개미산을 쌓는지, 벌들이 어떻게 꿀을 모으는지 등을 항상 지켜보게 하였다.

그러던 어느 날, 아들에게만 세 곳의 보물창고 위치를 은밀히 알려 주고 갑자기 죽은 그는 성밖 천민 마을의 가난한 여인에게 바로 잉태되었다.

'이상하단 말이야. 무슨 기운이 들어오는 듯하더니 갑자기 마을 사람들 동냥이 전혀 되지 않네. 무엇 때문인지 밝혀내야 당장 굶어죽진 않을 텐데.'

마을 촌장이 묘안을 내어 그날부터 두 무리로 동냥을 나눠 나가게 하고, 다시 동냥을 못 얻은 무리를 나누어 나가게 하여 결국 그 여인을 찾아 내쫓았다. 그 여인은 쫓겨나서도 기형아로 태어난 아들과 함께 있으면 동냥을 얻지 못했기에 조금만 키운 다음 쪽박을 채워 그를 떨쳐낼 수밖에 없었다.

한편 부친을 이어 재정관이 된 물라씨리는 자기 집에 음식을 훔치러 몰래 들어온 흉물스런 아이를 보고 기겁하여 하인을 시켜 내쫓으려 하였다.

"물라씨리여! 너는 이 아이를 알지 못하겠느냐?"

마침 물라씨리의 집으로 탁발을 나오셨다가 그 장면을 목격한 부처님께서 물라씨리를 안정시키고 나서 말을 건네셨다.

"그는 얼마 전 돌아가신 네 아버님이다. 업보 때문에 저리되었을 뿐이다."

믿지 않으려는 물라씨리에게 보물창고의 위치를 아이에게 물어보게 하자, 어머니도 알지 못하는 장소를 아는 그 아이를 부친으로 믿게 되었다.

부처님께서는 이 모든 일의 전후를 상세히 말씀해 주셨다.

063　어리석은 누구라도 어리석다 여긴다면
　　　그것으로 그자신은 실로현명 한셈이요,
　　　어리석은 자이면서 현명하다 여긴다면
　　　그야말로 그자신이 어리석은 줄알지니.

愚者自稱愚 常知善點慧 愚人自稱智 是謂愚中甚
어리석은 자가 스스로 어리석다 일컫는다면
올바른 현명함과 지혜로움을 이미 알고 있는 것이요,
어리석은 사람이 스스로 지혜롭다 일컫는다면
그것은 어리석음에 중독됨이 매우 심각함을 말한다.

yo bālo maññati bālyaṁ, paṇḍito vāpi tena so |
bālo ca paṇḍitamānī, sa ve bāloti vuccati ||
어리석은 누구라도 어리석음을 생각한다면[5)]
그것으로 그는 실로 현명한 이다.
그리고 어리석은 이가 (자신을) 현명하다 자신한다면
그는 참으로 어리석은 이라고 일컬어질 것이다.

* 063

법회장의 두 도둑

부처님께서 싸왓티 제따 숲의 승원에 계실 때, 부처님의 법회에 함께 갔던 두 도둑에 대한 이야기이다.

싸왓티에 사는 친구 관계인 두 가장은 주로 날품을 팔아 살아가고 있었다. 그런데 겨우 아내들만 알고 있는 그들의 진짜 직업은 도둑으로서, 그것도 주로 낮에 혼잡한 곳에서 남의 주머니를 터는 소매치기였다.

언제부턴가 어떤 날엔 저잣거리가 휑하다고 느낀 그들이 그 연유를 알아보니, 바로 제따 숲에서 열리는 부처님의 법회 때문이라는 것을 알게 되었다.

"잘하면 우리 편하게 한몫 잡을 수 있겠네, 그래! 거기 간 사람들은 그 사람만 나왔다 하면 정신을 쏙 빼놓고 이야기를 듣는다는구먼? 그러면⋯."

그래서 평소보다 다소 말끔하게 차려입은 둘은 제따 숲으로 가서 법회가 무르익기 시작하자 본격적으로 작업에 들어갔다. 그런데 한 친구는 열심히 남의 주머니 위치를 파악하고 그것을 자기 것으로 만드는 데 열중하여 법회가 끝나기도 전에 벌써 제법 챙긴 데 반해, 다른 친구는 애초에 눈 쪽으로 몰리던 모든 신경이 슬금슬금 귀 쪽으로 옮겨지더니 급기야 봉긋한 돈주머니를 봐도 아무런 감응이 생기지 않고 부처님 말씀에 집중하기에 이르렀다.

"에이, 친구! 나는 이렇게 많이 벌었는데, 자넨 어찌 오늘 한 끼 먹거리 구입할 것도 못 챙겼는가. 이 친구가 갑자기 바보가 되었나, 왜 이래?"

도둑질 대신 부처님 말씀에 집중한 사람은 빈정거리며 웃는 친구를 따라 그의 집에 가서 짜빠띠 몇 장을 구걸하였다.

"아니! 그리 똑똑하신 분이 오늘은 왜 그러셨데요?"

몇 장의 짜빠띠를 건네며 친구의 아내도 고소하다는 듯 한 마디 거들었다. 그러나 정작 그의 귀에는 아직까지 부처님의 법문만 어른거릴 뿐이었다.

'어리석은 자가 스스로 어리석다 여긴다면 그는 이미 현명한 사람이다.'

---

5) 어리석은 자가 자신에 대해 '내가 어리석구나!'라고 생각하며 사유할 수 있다면 그는 이미 어리석은 자가 아니라고 할 수 있다. 진정 어리석은 자는 자신이 어리석다는 사실을 인지하지 못하기 때문이다.

064 어리석은 자는비록 지혜로운 자곁에서
평생동안 그와함께 가까운듯 하더라도,
마치국에 잠긴국자 국의맛을 모르듯이
법에대해 그무엇도 깨닫지를 못하리라.

愚人盡形壽 承事明智人 亦不知眞法 如杓斟酌食
어리석은 사람은 육신의 목숨이 다하도록
밝은 지혜를 지닌 이를 받들어 섬기더라도
역시나 참된 법을 알지 못하나니,
마치 국자가 음식(맛)을 짐작할 뿐인 것처럼.

yāvajīvampi ce bālo, paṇḍitaṁ payirupāsati |
na so dhammaṁ vijānāti, dabbī sūparasaṁ yathā ||
어리석은 이는
비록 지혜로운 이를 평생 동안 가까이하더라도
마치 국자가 국의 맛을 (모르듯이)
그는 법을 깨닫지 못한다.

어리석은 노비구 우다인

부처님께서 싸왓티 제따 숲의 승원에 계실 때, 부처님을 가까이 뫼셨음에도 아주 어리석었던 노비구 우다인에 대한 이야기이다.

한때 제따 숲의 승원에서 가장 나이가 많았던 우다인(Udāyin)이란 비구가 있었다. 그는 부처님의 법문 자리에는 꼬빡꼬빡 참석하였지만 그저 멍하니 듣다가 돌아와서는 자신의 나이가 많다는 것을 핑계로 더 이상 아무 노력도 하지 않는 까닭에 진전은커녕 알음알이도 갖추지 못하고 있었다.

그러한 노비구 우다인이 가장 즐기는 행동은, 부처님이나 큰 제자분의 법문이 끝나고 대중이 모두 자기 수행처로 돌아가면 그 법문했던 자리에 살그머니 올라가 앉아 있어 보는 것이었다.

그날도 한 장로의 법문이 끝난 자리에 올라앉아 눈을 지그시 감고 있는데, 마침 멀리서 오느라 늦게 참석한 몇몇 비구들이 그런 우다인을 보게 되었다.

"장로님! 저희가 늦었습니다. 저희가 오다가 이런저런 문제에 대해 논쟁을 벌이는 바람에… 혹시 이 문제에 대해 가르침을 주실 수 있으신지요?"

그들은 존재의 다발인 오온(五蘊)의 깊은 의미에 대해 세세히 질문해 보았지만 노비구는 멀뚱멀뚱 아무 말도 알아듣지 못하는 듯하였다. 혹시나 하여 오온이 무엇 무엇을 가리키는지 물어도 그 다섯을 다 외지 못할 정도였다.

"아니! 부처님이 계시는 승원에서 제법 오래 묵었다는 비구가 몰라도 어찌 이리 모를 수 있단 말이오! 엊그제 출가한 사미도 알 법한 것을!"

멀리서 법회에 참석하러 오다 가도 논쟁하다 시간을 놓칠 정도였던 그들은 그 논쟁하던 힘을 노비구 우다인을 험담하는 데 쏟아부었다. 그래서 승원이 금세 그 일로 떠들썩해지자, 부처님께서 한담에만 귀를 쫑긋하는 이들을 염려하여 말씀하셨다.

"어리석은 이는 비록 지혜로운 이를 오랫동안 가까이하더라도 인연과 근기가 익기 전까지는 법을 깨닫지 못하느니라."

065 현명한자 비록잠시 지혜로운 자곁에서
잠시잠간 만이라도 스쳐가듯 하더라도,
마치국을 맛본혀가 국의맛을 알아내듯
법에대해 무엇이든 재빠르게 깨달으리.

智者須臾間 承事賢聖人 ——知眞法 如舌了衆味
지혜로운 자는 잠시 잠깐
현명한 성인을 받들어 섬기더라도
참된 법을 낱낱이 알게 되나니,
마치 혀가 온갖 맛을 감지해 내듯.

muhuttamapi ce viññū, paṇḍitaṁ payirupāsati |
khippaṁ dhammaṁ vijānāti, jivhā sūparasaṁ yathā ||
현명한 이는
비록 지혜로운 이를 잠시 동안 가까이 하더라도
마치 혀가 국의 맛을 (알듯이)
법을 재빨리 깨닫는다.

함께 출가한 30명의 젊은이들

부처님께서 싸왓티 제따 숲의 승원에 계실 때, 한날한시에 함께 출가하여 열심히 정진한 30명의 비구에 대한 이야기이다.

꼬쌀라국의 제법 부유한 지방도시 빠테이야까(Pātheyyaka)에서 30명의 젊은이들이 번화한 싸왓티를 구경하고자 함께 여행길에 나섰다. 마침 그날은 부처님께서 싸왓티 인근의 깝빠씨까 숲에서 가르침을 펴고 계실 때였다.

싸왓티의 유명한 유곽의 유녀들이 그 소식을 전해 듣고 싸왓티로 들어오는 길목을 지키고 있다가 우연히 만난 양, 그들을 인근 숲으로 데려가 온갖 유희를 즐기며 놀았다. 그러다 약속한 대로 그들의 짐 꾸러미를 훔쳐 달아나고 말았다.

"야단났네! 싸왓티 가면 눈 뜨고도 코 베인다더니, 이건 가기도 전에….."

고향으로 돌아갈 여비 정도야 지니고 있었지만, 이래저래 난감한 젊은이들은 우선 흩어져서 달아난 유녀들을 찾기 시작하였다.

"혹시 한 무리의 젊은 여인네들을 못 보셨습니까? 아니면 한두 명이라도."

그들 중 한 명이 깝빠씨까 숲에서의 법회를 마치고 수행하던 몇몇 비구들과 함께 제따 숲으로 돌아가던 부처님에게 누군지 살필 겨를도 없이 물어보았다.

"그대들은 한동안 노닐 밑천을 찾는 게 중요한가? 아니면 해탈에 이를 자기의 마음을 찾는 게 중요하다고 생각하는가?"

몇 명의 젊은이에게 이렇게 말을 건네는 동안 여기저기서 그 친구들이 모두 모여들기 시작하였다. 그들의 눈빛이 더 이상 유녀들을 염두에 두고 있지 않을 때 부처님께서 그들에 맞는 가르침을 베푸시니, 그들은 법문 끝에 예류향(預流向)에 들어서 곧바로 모두 함께 출가하였다.

그리고 또 서로 탁마하며 정진하길 얼마지 않아서 부처님께서 다시 그들을 위해 '시작을 알 수 없는 것에 대한 가르침'을 설하자 모두 아라한의 경지에 올랐다. 그들이 너무 빠르게 거룩한 경지에 이르자 다른 비구들이 의심하며 수군거리니, 부처님께서 법문 자리에서 그들을 인정하시며 말씀하셨다.

"현명한 이는 마치 혀가 국의 맛을 바로 알듯이…."

066 지혜로움 부족하여 어리석은 모든이는
자신으로 자신에게 도적인양 처신하여,
쓰고도써 먹지못할 열매아닌 열매나될
사악하게 만들어진 악업만을 만드니라.

愚人施行 爲身招患 快心作惡 自致重殃
어리석은 사람은 베풀고 행한다는 것이
자신을 위한다지만 근심만 초래하나니,
제멋대로인 마음으로 악업을 짓고는
스스로 막중한 재앙에 이르게 된다.

caranti bālā dummedhā, amitteneva attanā |
karontā pāpakaṁ kammaṁ, yaṁ hoti kaṭukapphalaṁ ||
지혜가 부족한[6] 어리석은 이들은
자신으로 마치 적군인 양 처신하여
쓰디쓴 열매가 되는 사악한 업業을 조성한다.

몇 생의 과보를 몰아 받은 나병 환자

부처님께서 싸왓티 제따 숲의 승원에 계실 때, 몇 생의 과보를 몰아 받은 나병 환자 쑵빠붓다에 대한 이야기이다.

사람들이 가까이하기를 꺼리는 나병 환자 쑵빠붓다(SuppaBuddha)는 그날도 몸을 가린 채 법회의 제일 뒤에 앉아 법문을 듣다가 예류과를 성취하였다. 법회 장이 한산해지길 기다려 부처님께 자신이 예류과를 증득하였음을 말씀드리러 나아가는 중간에 제석천왕이 그를 시험하고자 접근하였다.

"나는 싸왓티의 부호인데, 그대가 단지 삼보(三寶)에 대한 믿음만 포기한다면 그대의 가난을 씻은 듯이 없애 줄 어마어마한 재물을 주겠소."

"비록 빌어먹고는 있으나 내겐 믿음과 계행의 재산을 비롯하여 부끄럼을 아는 재산 등 일곱 가지 재산[7]이 마음 곳간에 그득한데, 무슨 소릴 하는 게요."

이 말을 들은 제석천왕이 그보다 앞서 나아가 부처님을 뵙고는 이 이야기를 말씀드리니, 부처님께서는 그에게 세상의 모든 재물을 다 주어도 삼보를 부정하게 만들 수 없다 하셨다. 잠시 후 부처님께 다녀간 쑵빠붓다는 겨우 승원의 문을 나서자마자 성난 암소에 치어 죽고 말았다.

"저의 유혹은 물론 그 어떤 것에도 끄떡없는 믿음을 지닌 그가 나병에 걸린 것도 의아했는데, 저리도 허무하게 급사를 한 것은 무슨 까닭입니까?"

부호로 변신해 있다가 미처 하늘로 돌아가기도 전에 황당한 일을 접한 제석천왕이 의아해 하자, 부처님께서 말씀해 주셨다.

"쑵빠붓다는 전생에 연각불인 따가라씨킨에게 침을 뱉은 업보로 나병을 얻었고, 친구들과 한 유녀를 살해한 업보로 그 유녀의 원혼이 깃든 암소에게 죽임을 당했느니라. 전생의 업보를 모두 받은 그는 이제 천상에 태어났구나."

---

6) 단순하게 보편적인 지혜, 혹은 해탈에 가닿을 수 있는 불법(佛法) 등에 대한 지혜를 가리키기도 하지만, 여기서는 무엇이 이 세상을 위해 유익한 것인지, 그리고 무엇이 저세상을 위해 유익한 것인지에 대해 알지 못하는 상태로 국한하여 일컬은 것으로 볼 수 있다.
7) 일곱 가지 재산이란 ① 믿음이란 재산, ② 계행이란 재산, ③ 제 부끄러움을 안다는 재산, ④ 남부끄러움을 안다는 재산, ⑤ 배운다는 재산, ⑥ 보시한다는 재산, ⑦ 지혜라는 재산 등이 그것이다.

067 행하고서 머지않아 후회하는 행위란건
아무래도 훌륭하게 행해진건 아니나니,
눈물자국 얼기설킨 그얼굴에 드러나듯
비탄해할 만한결과 불러오기 때문이리.

行爲不善 退見悔悋 致涕流面 報由宿習
행위가 선善하지 못하면 물러나 후회함을 보게 되고
눈물이 얼굴에 흘러내리기에 이르게 되나니,
(업보業報를) 갚음이 오히려 숙세宿世의 습관이 될 뿐이다.

na taṁ kammaṁ kataṁ sādhu, yaṁ katvā anutappati |
yassa assumukho rodaṁ, vipākaṁ paṭisevati ||
행하고 후회하는 행위는
훌륭하게 시행된 것이 아니니,
눈물로 얼룩진 그의 얼굴은
비탄해 할 만한 결과를 불러들이기 때문이다.

판결에 신중을 기한 관리

부처님께서 싸왓티 제따 숲의 승원에 계실 때, 판결에 신중을 기한 덕분에 억울함을 없앤 한 관리의 이야기이다.

싸왓티의 한 부호 집에 한 무리의 도적이 들어 많은 재물을 훔쳐 달아났다. 그들이 어떤 곳에서 재물을 나누고 각자 흩어졌는데, 그 가운데 한 도둑이 많은 금덩이가 든 보자기를 나무 그늘 밑에 놓고는 깜빡하고 그냥 가 버렸다.

"아난다야! 저기 온통 뱀으로 가득찬 주머니가 놓여 있구나."

"예, 세존이시여! 보기만 해도 끔찍합니다."

마침 그곳을 지나던 부처님과 시자 아난다의 대화를 밭을 갈다 우연히 들은 농부는 의아해 하며 그곳에 가 보았다. 그리고 황금 주머니를 발견하고는 몰래 밭 한쪽에 묻어두고 아무에게도 그 사실을 말하지 않았다.

사람들을 동원해 도적들의 뒤를 쫓던 부호는 발자국을 따라가다 결국 황금 주머니를 숨겨 놓고 간혹 꺼내 보던 농부를 발견하고는 관청에 발고하였다. 꼼짝없이 죄를 뒤집어 쓴 농부는 아무리 사실을 말해도 화가 난 부호 때문에 매만 흠씬 맞고 관리의 판결에 따라서 며칠 후면 사형에 처해지게 되었다.

"에구, 그 수행자들 말씀이 뭔 뜻인지 이제야 알겠네. 에구, 그 말이…."

판결이 진행되는 며칠 동안 매를 많이 맞아 몸이 성치 못한 농부가 밤이면 앓으며 이상한 소리를 한다는 말을 전해 들은 관리는 전후정황을 다시 살폈다. 그리고 그 땅 인근에 있는 제따 숲의 승원에 알아본 결과 부처님으로부터 어떤 일이 있었는지 소상히 들을 수가 있었다.

비록 자신의 욕심 때문에 험한 일을 당했지만, 농부는 그 일을 겪으며 진실로 뉘우친 까닭에 예류향에 들었고 부처님께 귀의하였다. 그리고 부호 또한 부처님께서 직접 말씀하신 것이라 믿고는 농부가 회복될 수 있도록 도와주었다. 부처님께서는 다시 승원을 찾은 관리를 칭찬하시며 말씀하셨다.

"쉽사리 행하고 후회할 일은 하지 않아야 하거늘, 그대의 신중함은 한 목숨을 살렸고, 자신이 지을 업보도 피하게 해주었구나."

068 행하고서 어찌해도 후회않는 행위란건
그게바로 훌륭하게 행하여진 것이리니,
기뻐하는 모습들이 그얼굴에 드러나듯
행복해할 만한결과 불러오기 때문이리.

行爲德善 進睹歡喜 應來受福 喜笑悅習
행위가 덕스럽고 선善하면
나아가 환희로움을 지켜보게 되고,
응당 올 복을 받아
기뻐서 짓는 웃음에 즐거이 익숙해질 것이다.

tañca kammaṁ kataṁ sādhu, yaṁ katvā nānutappati |
yassa patīto sumano, vipākaṁ paṭisevati ||
행하고 후회하지 않는 행위는
훌륭하게 시행된 것이니,
그의 기쁨은 행복한 결과를 불러들이기 때문이다.

정원사 쑤마나의 꽃 공양

부처님께서 라자가하 웰루 숲의 승원에 계실 때, 부처님께 꽃 공양을 올려 빔비싸라 왕에게 하사품까지 받은 정원사 쑤마나의 이야기이다.

마가다국 왕실에 매일 일정한 꽃을 납품하는 정원사 쑤마나(Sumana)가 그날도 수레에 꽃을 가득 싣고 왕궁으로 향하고 있었다. 도중에 부처님과 비구들의 탁발 행렬과 마주친 쑤마나는 여래께서 갖추신 32가지 두드러진 위의와 80가지 미세한 품위를 접하자 모든 생각이 멈춘 듯 하였다.

'내가 오늘 왕실에 꽃을 들이지 못해 죽음으로 추궁을 받는 한이 있더라도 이 꽃을 부처님께 공양 올려야겠다.'

부처님을 찬양하고자 뿌려진 꽃잎들은 햇볕을 압도하는 후광을 감싼 채 공중에서 떨어지지 않았고, 주위에 전후좌우로 흩뿌려진 꽃잎들 또한 걸음걸이에 맞춰 부처님을 따를 뿐, 한 잎도 흐트러지거나 땅에 떨어지지 않았다.

'이젠 꼼짝없이 죽었구나. 왕이란 사람들이 어떤 자들인데, 순진한 남편이 뭐에 홀려서 그런 짓을 한 겐가? 나라도 먼저 멀리 도망가야 하나?'

집에서 이 소식을 들은 쑤마나의 아내는 몸을 사시나무 떨듯이 떨었다.

그러나 마가다국의 빔비싸라 왕 또한 부처님의 고귀한 제자로서 이미 예류과까지 증득한 까닭에 꽃으로 장엄된 부처님의 행렬을 보려고 라자가하가 떠들썩하다는 보고를 받고는 오히려 기뻐하였다. 그리고 이내 왕궁의 문을 열어 부처님의 탁발 행렬을 왕실로 인도하고는 이를 따라온 신자들과 더불어 부처님과 비구들에게 정성껏 공양을 올렸다.

왕은 또한 쑤마나에게 벌을 내리기는커녕, 여덟 마리의 코끼리와 말을 비롯하여 갖은 보석과 여덟 곳의 마을까지 내려 주어 그 복락을 누리도록 하였다. 사람들은 그가 목숨을 걸고 올린 꽃 공양 덕분에 왕으로부터 받은 선물임을 알기에 그 누구도 시기하지 않고 모두 함께 기뻐해 주었으며, 부처님께서도 쑤마나가 행하고 후회하지 않을 행위를 한 것을 대중 앞에서 칭찬하셨다.

069 나쁜죄를 지어놓고 어리석은 마음에는
그죄익지 않은동안 벌꿀처럼 여기다가,
결국에는 죄가익어 쓴열매가 열렸을때
어리석은 그사람은 괴로움에 빠져드리.

過罪未熟 愚以恬淡 至其熟處 自受大罪
저질러진 죄가 아직 익지 않았을 땐
어리석은 이는 무덤덤해 하겠지만
그것이 익은 자리에 이르게 되면
자연스럽게 큰 죄를 받게 마련이다.

madhuvā maññati bālo, yāva pāpaṁ na paccati |
yadā ca paccati pāpaṁ, bālo dukkhaṁ nigacchati ||
죄악이 익지 않은 동안
어리석은 이는 (그것을) 벌꿀처럼 생각한다.
그러다 죄악이 익었을 때
어리석은 이는 괴로움에 빠져든다.

산 채로 지옥에 떨어진 난다

부처님께서 싸왓티 제따 숲의 승원에 계실 때, 비구니에게 죄를 짓고 나오다 갈라진 땅으로 지옥에 떨어진 난다에 대한 이야기이다.

싸왓티의 한 부호에게 혼기에 찬 딸이 있었다. 그녀는 얼굴이 아름답고 피부가 고운 것이 마치 푸른 연꽃 같아 웁빨라완나(UppalaVaṇṇā)라 불리었다. 품성 또한 훌륭한 그에게 많은 집안에서 청혼하였으나 그녀는 결혼이 인생의 궁극적인 목표가 아니라 여기고 부친의 허락을 얻어서 출가하였다.

'그래! 저 불꽃이 일렁이고 계속 불빛을 낼 수 있는 것은 기름이 있어서 그것이 소모되기에 가능한 게 아니겠는가.'

그녀는 출가한 지 얼마 되지 않아 부처님께서 주신 수행 주제를 탐구하며 포살처에서 봉사하던 중 깨달음을 얻었으며, 그것을 바탕으로 선정에 듦으로써 결국 아라한의 경지에 올랐다.

그때만 해도 비구니가 숲속에 따로 머무는 것이 금지되지 않았었기에 그녀는 예전처럼 봉사를 마치고 늦은 시각 숲속 오두막으로 돌아왔다. 그때 어릴 적부터 그녀에게 연정을 품고 있던 사촌동생이자 학생 신분의 젊은 브라만인 난다(Nanda)가 미리 와서 오두막 안에 숨어 있다 그녀에게 접근하였다.

"어리석은 자여! 악과(惡果)가 당장은 쓰지 않다 하여 그것으로 허기를 채우려 들지 말라. 목을 채 넘기기도 전에 다시 내뱉지도 못할 쓰디쓴 맛이 불길처럼 일어날 테니…."

그녀의 경고에도 아랑곳 않고 제 욕심을 채우고만 난다는 그 오두막을 벗어나려는 찰나 문 앞의 땅이 갈라진 틈으로 펼쳐진 아비지옥에 산 채로 떨어져 버렸다.

"수행자들이여! 재가자건 출가자건 죄악을 범할 때는 그 달콤함에 모든 것을 잊게 되지만, 결국 그것이 익었을 때 어떠할지 잊지 말아야 할지니라."

그 뒤 부처님께서는 비구니들이 숲속에서 따로 수행하는 것이 위험하다 여기시고 왕으로 하여금 비구니들이 머물 별도의 승원을 건립토록 하셨다.

070   어리석은 고행자는 매달먹는 먹거리를
꾸샤풀의 끄트머리 그만큼만 먹는대도,
법을알고 수행하는 그들에게 비한다면
초승달의 끄트머리 그만큼도 못하리라.

從月至於月 愚者用飮食 被不信於佛 十六不獲一
(보름)달로부터 (새로운 보름)달에 이르기까지
어리석은 자는 마시고 먹는 것(을 금하는 수행)을 행하더라도
부처님에 대해 믿지 않게 되면
열여섯에 하나만큼도 획득하지 못하리라.

māse māse kusaggena, bālo bhuñjeyya bhojanaṁ |

na so saṅkhātadhammānaṁ, kalaṁ agghati soḷasiṁ ||

어리석은 이는 달이면 달마다 먹거리를
꾸샤풀[8] 끄트머리만큼만 먹고 견딘다 하더라도
그는 법을 인식한 이들에 비하면
초승달만큼[9]의 분량도 가치로 지니지 못한다.

* 070
외도였던 장로 잠부까

부처님께서 싸왓티 제따 숲의 승원에 계실 때, 사명외도 아지와까 교단의 수행자였던 장로 잠부까의 이야기이다.

싸왓티에서 몇 손가락 안에 드는 재산가의 아들이었던 잠부까(Jambuka)는 전생의 인연 때문에 잠자리로 침대가 아닌 흙바닥만 고집하였고, 음식은 하루 겨우 우유 한 잔도 채 안 먹지만, 밤중에 자기 똥은 반드시 몰래 먹어치웠다.

크면서 점점 심해진 그의 기행을 견디다 못한 부모가 그를 사명외도인 아지와까(Ajīvaka) 교단에 넣어 버렸는데, 결국 얼마 못 가 그곳에서도 쫓겨났다.

그렇게 어쩔 수 없이 독립해 숲에서 홀로 수행자 아닌 수행자가 되고부터 오히려 그의 명성은 더욱 퍼져 사방에서 그를 신봉하는 무리가 생겨났다. 그렇게 되기에는 기행을 고행으로 포장하고, 낮에는 하루 종일 까치발로 태양을 향해 서 있으며, 밤에도 잠을 자지 않고 한순간 앉지도 않은 채 늘 서 있기만 한다는 그의 거짓말이 한몫을 했기 때문이다. 그래도 나름대로의 혹독한 고행이 습(習)이 되었을 즈음, 부처님께서 그가 곧 아라한을 성취하리라는 것을 아시고 그가 머무는 숲 근처로 가서 당신께서도 며칠을 보내셨다.

부처님께서 승원을 나오셔서 외딴 숲에 계시다는 소식에 꼬쌀라국 왕은 물론 제석천왕과 브라흐마 천왕들이 앞다투어 천공(天供)을 보내왔다. 잠부까는 자신이 그토록 오랫동안 고행을 하였건만 한 톨의 천공도 없던 신세를 한탄하였다. 부처님께서 그런 그를 불러 그의 근기에 맞는 가르침을 베푸시니, 법문이 채 끝나기도 전에 잠부까는 아라한의 경지를 성취하였다.

"잘못된 가르침으로 평생 수행하더라도 바른 가르침에서 한식경 마음을 가다듬는 것에 비하면 그 얻음이 초라하다 못해 없는 것이나 진배없느니라."

---

8) 꾸샤풀은 길상초(吉祥草)로도 불리며 띠와 유사한 모양인 감청색의 풀이다. ⇒ ㋬ '꾸샤풀'
9) 원전에서 말한 '열여섯 번째(soḷasiṁ)인 작은 분량(kalaṁ)'이란, 달을 16등분 하였을 때의 한 부분, 혹은 달이 보름에서 줄어들어 가장 작아진 초승달을 지난 그다음 날의 달 모습을 가리킨다. '조금'이란 의미의 단어 'kalā'에 이미 달의 열여섯 번째, 혹은 열여섯 등분, 또는 열여섯 등분을 두 번 거듭한 것 가운데 하나라는 의미가 내포되어 있다. 즉, 하잘것없는 분량을 지칭하는 말로서 우리말의 '초승달만큼'에 해당한다.

071   사악하게 일구어서 지어놓은 業이라면
       퍼다놓은 우유굳듯 業報바로 나오잖고,
       재에덮인 불길처럼 스물스물 열기뿜어
       어리석은 業주인을 끊임없이 뒤따르리.

       惡不卽時 如穀牛乳 罪在陰祠 如灰覆火
       사악함(의 과보를 받는 것)은 즉시가 아니니
       마치 우유를 젖으로 만드는 것처럼.
       죄과罪果는 그늘진 사당에 남아 있나니
       마치 재에 덮여 있는 불길처럼.

       na hi pāpaṁ kataṁ kammaṁ, sajju khīraṁva muccati |
       ḍahantaṁ bālamanveti, bhasmacchannova pāvako ||
       실로 사악하게 조성된 업業은
       마치 우유가 곧장 굳어져 버리듯이
       (바로 그렇게 업보業報가 드러나진) 않나니,
       재에 덮인 불길처럼 (서서히) 열기를 뿜어내는 그것은
       어리석은 이를 (끊임없이) 뒤따른다.

072 어리석은 자가일군 지식이면 어김없이
제자신에 오직손실 입도록만 일어나니,
그나마도 얻은행운 남김없이 쓸어가고
그의머리 마저땅에 떨어지게 하리로다.

愚生念慮 至終無利 自招刀杖 報有印章
어리석은 이는 염려하는 마음을 내더라도
결국엔 (아무런) 이익도 없나니,
칼이나 곤장을 스스로 불러들여 (입게 되는)
과보에는 인장 찍듯 함이 있을 것이다.

yāvadeva anatthāya, ñattaṁ bālassa jāyati |
hanti bālassa sukkaṁsaṁ, muddhamassa vipātayaṁ ||
어리석은 이의 지식[10]은 오직 손실을 입도록 일어난다.
(그것은) 어리석은 이의 행운을 파괴하고
(그의) 머리가 땅에 떨어지게[11] 한다.

기이한 모습의 귀신들

부처님께서 라자가하 웰루 숲의 승원에 계실 때, 수행자 눈에 자주 뜨이는 기이한 모습의 귀신에 대한 이야기이다.

라자가하 인근의 깃자꾸따(Gijjhakūṭa, 靈鷲山) 산에서 수많은 결발 수행자들 무리에 섞여 장로 락카나(Lakkhaṇa)와 마하깟싸빠 존자가 수행하고 있었다. 한 번은 그들과 더불어 라자가로 탁발을 내려가던 길에 깟싸빠 존자가 무엇인가를 보았는지 장로에게 희미한 미소를 지어 보였다.

"아까 탁발을 나서며 무엇을 보셨기에 그리 미소를 지으셨습니까?"

깟싸빠 존자가 본 것은 사람 머리에 뱀 몸을 한 아히뻬따(Ahipeta)란 거대한 뱀 귀신이었다. 탁발 끝에 웰루 숲의 승원으로 돌아온 장로와 존자가 부처님을 뵙는 자리에서 그 이야기를 꺼내자 부처님께서도 본 적이 있다고 하셨다.

아히뻬따는 몸길이가 25요자나나 된다 하였는데, 그뿐만 아니라 깟싸빠 존자가 그 산에서 수행 중에 본 까마귀 귀신 역시 혀가 5요자나요, 머리가 9요자나에 몸이 25요자나인 거대한 모습을 하고 있었다고 하였다.

"그들 모두 전생의 업보로 인해 아비지옥에서 기나긴 세월 동안 커다란 고통을 받고, 다시 세상으로 나왔으나 아직 악업이 소멸되지 않아서 그렇게 기이한 귀신의 형상으로 지내는 것이니라."

부처님께서 두 귀신이 전생에 지은 업에 대해 말씀해 주셨다.

"까마귀 귀신은 까마귀로 태어난 전생에 어떤 사람이 수행자에게 공양 올린 음식을 세 모금 핥아먹은 업보 때문에 그리 된 것이다."

그리고 뱀 귀신 아히뻬따는 전생에 농부였는데, 자기 밭을 지나 한 연각불의 초암이 있었다고 한다. 사람들이 연각불에게 공양을 올리기 위해 자기 밭을 거쳐 가면 농작물이 다 밟힌다 하여 초암을 부수고 연각불을 쫓아내 버렸는데, 이를 안 사람들에게 구타당해 죽은 뒤 아비지옥에 떨어졌다고 한다.

"누구든 자기가 지은 업의 과보는 비록 당장은 아닐지라도 언젠가는 반드시 받게 되느니라. 숨겨진 불씨가 결국엔 열기를 내뿜듯이."

다시 깃자꾸따 산으로 돌아가 수행하다 탁발을 내려오던 어느 날, 이번엔 락카나 장로의 눈에 머리는 집채보다 큰데 몸은 갓 태어난 어린애보다 작은 귀신인 쌋티꾸따뻬따(Saṭṭhikūṭapeta)가 보였다.

"이번엔 제가 보았습니다, 그려. 정말 이상한 몰골을 하고 있어서, 보고는 깜짝 놀랐습니다. 왜 그리 머리가 크고, 왜 그리 몸은 작은지…."

부처님께서 다시 락카나와 깟싸빠의 이야기를 들으시고는 그 귀신 또한 앞서 말한 뱀 귀신이나 까마귀 귀신처럼 전생에 지은 업의 나머지 과보를 씻어 내려고 아비지옥에서 나온 이후로 줄곧 그 고통을 받고 있다고 말씀해 주셨다.

아주 오랜 옛날, 바라나씨에 돌 던지는 묘기를 보여 주며 살아가는 불구자가 있었다. 하루는 왕이 그를 불러, 말 안 듣는 왕실의 사제 입에 멀리서 염소 똥을 던져 넣게 하였다. 그리고 성공하자 사제는 가벼운 입을 닫게 되었고, 왕은 그에게 큰 상을 주었다.

이 이야기를 들은 어떤 사람이 불구자를 졸라 큰돈을 주고 그 기술을 전수받았다. 기술을 모두 건네준 불구자는 그가 제법 경박함을 염려하여, 돌 던지는 기술은 주인이 있는 가축이나 친척이 있는 사람에겐 사용하지 못하게 하였다. 사람 치고 친척이 없을 리 없다는 생각에 그리 말했는데, 배운 기술을 써먹고 싶어 안달이 난 그의 눈에 뜨인 것은 천애고아인 연각불이었다.

그래서 그가 던진 돌은 연각불의 머릿속으로 들어가 큰 상처를 내었고, 초암으로 돌아간 연각불은 그날 저녁 열반에 들어 버렸다. 그러자 그는 그 업보로 죽어서 아비지옥에 태어나고, 다시 쌋티꾸따뻬따로 태어난 것이었다.

쌋티꾸따뻬따의 머릿속은 항상 커다란 돌이 미친 듯이 사방으로 튀는 까닭에 극심한 고통으로 머리는 점점 커져서 집채만 해졌으며, 그 고통을 참지 못해 몸을 자꾸 움츠려서 갓난아기 크기의 몸집으로 줄어들게 되었다고 한다.

---

10) 어리석은 이의 지식은 수행자의 지혜와는 달리, 세속적인 기술, 기교 및 권위, 명예, 명성 등을 성취하고 키워 나가는 데 유용한 앎을 가리킨다.
11) 머리가 땅에 떨어진다는 것은 죽음을 의미한다기보다는 지혜의 퇴락을 가리킨다.

073　어리석고 어리석은 사람이면 바라는건
　　　자신에겐 있지않은 좋은평판 물론이요,
　　　비구들의 존경에다 수행처에 군림하기
　　　그리고는 나아가서 다른부족 추앙마저.

　　　愚人貪利養 求望名譽稱 在家自興嫉 常求他供養
　　　어리석은 사람은 이양利養을 탐하여
　　　명예와 칭찬을 추구하고 바라며
　　　집안에선 스스로 시새움을 일으키고
　　　(밖에선) 항상 다른 이의 공양을 바란다.

　　　asantaṁ bhāvanamiccheyya, purekkhārañca bhikkhusu |
　　　āvāsesu ca issariyaṁ, pūjā parakulesu ca ||
　　　(어리석은 이는) 존재하지 않는 (좋은) 평판을,
　　　그리고 비구들로부터 존경을 바라기도 하며,
　　　수행처에서(는) 권위를,
　　　그리고 다른 부족에 대해서도 커다란 추앙을 (바란다).

074 재가자건 출가자건 모두나에 의지하길!
어떤경우 이더라도 이일이건 저일이건
오직나의 권한아래 놓여지길 비나이다.
이게바로 어리석은 者의생각 그것이니
그런그는 욕심교만 날로증장 될뿐이리.

勿狃此養 爲家捨罪 此非支意 用用何益 愚爲愚計 欲慢用增
이러한 이양利養엔 기대지 말지니,
집안을 위해선 죄 될 일을 버려야 하니라.
이는 (현명한 자가) 의지할 뜻이 아니므로
행하고 행한들 무슨 이익이 있겠는가.
어리석은 이는 어리석은 계책만 세우기에
욕심과 교만만 더욱 늘 뿐이다.

mameva kataṁ maññantu, gihīpabbajitā ubho |
mamevātivasā assu, kiccākiccesu kismici |
iti bālassa saṅkappo, icchā māno ca vaḍḍhati ||
'재가자건 출가자건 두 부류 모두
(저것은) 오직 나에 의해 이뤄졌다(라고) 여기길!
어떤 경우에서건 해야 될 일이건 하지 말아야 될 일이건
오직 나의 권한 아래 있게 할 수 있다.'
이것은 어리석은 이의 의도된 생각[12]이며,
(그러한 그의) 욕심과 교만은 증장될 따름이다.

거만했던 쑤담마 장로

부처님께서 싸왓티 제따 숲의 승원에 계실 때, 거만을 부리다 부처님께 꾸지람을 듣고 회개한 쑤담마 장로에 대한 이야기이다.

싸왓티에서 조금 떨어진 지방인 맛치까싼다(Macchikāsaṇḍa)에 대부호인 장자 찟따(Citta)가 살고 있었다. 그는 오비구(五比丘) 가운데 한 분인 마하나마(MahāNāma) 장로가 맛치까싼다로 탁발을 나갔을 때 집으로 초대하여 공양을 베풀고 가르침을 청했는데, 그 자리에서 예류과를 증득하였다.

승가의 가르침에 감복한 그는 자기가 소유한 망고 동산에 승원을 지어 비구들이 머물 수 있도록 한 다음, 그 승원의 책임자로 쑤담마(SuDhamma) 장로를 모셨다.

얼마 후에 수장로인 싸리뿟따와 목갈라나가 맛치까싼다를 방문하였다. 찟따 장자는 부처님의 으뜸제자인 두 분을 정중히 맞이하여 승원으로 모신 다음 간단한 법문을 청해 들었는데, 그 자리에서 장자는 일래과(一來果)를 증득하였다. 더욱 환희로움을 경험한 찟따 장자는 기쁜 마음에 승원에 특별한 공양을 올리고, 그다음 날엔 두 분의 수장로와 더불어 쑤담마 장로를 자신의 저택으로 초빙하였다.

"싸리뿟따 장로님과 목갈라나 장로님을 내일 저희 집으로 초빙하고 싶습니다. 저의 공양청을 허락해 주십시오. 그리고 그 자리에 쑤담마 장로께서도 함께 해 주시면 감사드리겠습니다."

두 분의 수장로가 그 지역에 도착할 때부터 찟따 장자의 대접이 융숭한 데다 수장로들이 법석에 오른 간략한 법회에서 찟따 장자가 환희로워 하는 모습이 유별나다고 느낀 쑤담마 장로는 그리 기분이 좋지 않았다. 그런데다 공양청을 할 때도 자신은 그냥 곁가지로 끼워 주는 듯하다고 여긴 그는 다소 섭섭한 마음까지 일었다.

'아니! 이 음식들이 다 뭐야? 내가 이곳 승원에 온 후로 이런 적은 또 처음이네. 뭐야! 그럼 내가 이제까지 대접도 받지 못하고 있었다는 거야?'

장자의 집에 도착한 쑤담마 장로는 화려하진 않지만 귀한 음식으로 정성스레 준비된 공양을 보고 질투심이 일어나 공양석에 앉지도 않은 채 이런저런 핑계를 대면서 승원으로 돌아가려 하였다.

"장로님! 오늘같이 좋은 날, 이 자리의 주인 되시는 분께서 어찌…."

속 좁은 모습을 보이는 장로의 행동에 당황한 장자는 두 분 수장로 앞에서 의젓하지 못한 그가 오히려 섭섭하기까지 하였다. 그래서 내버려진 하찮것없는 음식 찌꺼기를 위해 온갖 꾀를 짜내는 까마귀의 비유를 들어 은근히 장로를 꾸짖자, 이를 알아챈 쑤담마는 아예 제따 숲의 승원으로 돌아가 버렸다.

"못난 자여! 수행자로서 그대가 신심 있는 제자를 모욕한 것이다. 돌아가 장자에게 사과하라. 가는 길에 네가 무슨 행동을 했는지, 그리고 무슨 생각으로 그리 행동했는지를 들여다보아야 할지니라. 그대의 수행처로 돌아가라!"

부처님께서는 찟따 장자가 대시주라 건방지다고 하는 쑤담마의 말에서 장자의 진심을 알고 오히려 장로를 크게 꾸짖었다. 부처님의 준엄한 꾸지람에 정신이 든 쑤담마는 그날로 다시 돌아와 장자에게 정중히 사과하였다.

그러나 단지 부처님의 꾸지람 때문에 돌아온 것을 안 장자는 쑤담마의 사과를 받아들이지 않고 다시 제따 숲으로 돌아가게 하였다.

"네 마음에 '이 처소는 나의 것이다. 이 재가신자는 나의 것이다.'란 생각이 남아 있는 한 네가 돌아갈 곳은 그곳도 아니요, 이곳도 아니니라."

다시금 마음의 깊은 곳을 찌르는 듯한 부처님의 가르침에 진실로 뉘우친 쑤담마 장로는 다시 장자에게 돌아가 진심으로 참회하였다. 단지 처소나 공양 때문이 아니라 자기 자신을 위하여.

"장로님께 무례하게 굴었던 제 자신도 장로님께 깊이 참회 드립니다."

---

12) 어리석은 자의 의도된 생각은 멈춤[止, samatha]에 기초한 통찰[觀, vipassana]을 통해 일어나는 것이 아니라 아홉 가지 자만[九慢, navamāna]이라는 틀을 놓아두고 그것들 가운데 하나로 자신의 생각을 맞춰 가는 형식으로 일어난다. 아홉 가지 자만이란 나는 나보다 뛰어난 자보다 ① 낫다, ② 동등하다, ③ 못하다, 나는 나와 동등한 자보다 ④ 낫다, ⑤ 동등하다, ⑥ 못하다, 나는 나보다 못한 자보다 ⑦ 낫다, ⑧ 동등하다, ⑨ 못하다 등이 그것이다.

075 　세상이득 취하는법 그러한길 따로있고
　　열반에가 이르는법 그러한길 따로있네.
　　부처님의 제자로서 성문비구 되었다면
　　그렇게들 다르단걸 분명하게 안다음에,
　　남에게서 존경받길 기꺼워들 하지말고
　　모든것을 여의고자 하는맘을 닦을지라.

異哉夫利養 泥洹趣不同 能諦是知者
比丘眞佛子 不樂着利養 閑居却亂意
분명히 다르나니!
무릇 이양利養의 길과 열반涅槃의 길은 같지 않다.
이를 살펴 알 수 있는 자가
(진정한) 비구요 부처님의 참된 제자이니라.
이양을 즐기거나 집착하지 않고
한가히 머물며 어지러운 생각을 떨쳐 버려라.

aññā hi lābhūpanisā, aññā nibbānagāminī |
evametaṁ abhiññāya, bhikkhu buddhassa sāvako |
sakkāraṁ nābhinandeyya, vivekamanubrūhaye ||
실로 (세상의) 이득을 취하는 비법이 다르고
열반에 이르는 길은 다르다.
붓다의 성문聲聞제자인 비구는 그것을 그렇게 분명히 알고
존경을 기꺼워하지 말고 여읨[13]을 닦아야 한다.

* 075
# 아라한을 성취한 사미 띳싸

부처님께서 싸왓티 제따 숲의 승원에 계실 때, 올곧은 정진을 통해 사미로서 한 철 만에 아라한의 경지에 오른 띳싸 장로에 대한 이야기이다.

라자가하에 브라만 마하쎄나(Mahāsena)가 살았는데, 그는 싸리뿟따의 부친 인 왕간따(VanGanta)의 친구였다. 출가한 싸리뿟따가 가난한 왕간따의 집으로 탁발을 가면 왕간따는 여법하게 수행하는 친구의 아들에게 마음만큼 좋은 공양을 올리지 못하는 것을 늘 미안해 하였다.

그러한 왕간따는 얼마 후 죽음을 맞이하였고, 장로 싸리뿟따에 대한 애정과 존경 때문에 싸리뿟따의 후원자인 싸왓티 한 부호의 아내 태에 들어서 그 집의 아들로 태어났다. 아기가 태어난 날 부호의 집에는 큰 축제가 있었다. 많은 사람들을 초빙하여 아기의 탄생과 산모의 건강을 축원하였는데, 그 자리에는 많은 비구들과 장로 싸리뿟따 또한 초빙되었다.

"아기가 울음을 그치지 않습니다. 아직 안정 중이라 아무나 들일 수 없으나, 급한 마음에 노숙한 유모까지 데려와도 소용이 없습니다. 어떻게 하죠?"

그러던 아기의 울음소리가 싸리뿟따 일행이 도착했다는 전갈에 뚝 그쳐 버렸다. 그런데 너른 마당에 마련된 공양처에서 싸리뿟따 일행이 아기와 산모에게 축원하고 공양을 들려는 순간 아기가 다시 울음을 터트렸다.

"제가 한번 아기를 보도록 하겠습니다."

천금이나 나가는 바라나씨 비단 담요에 싸인 채 호화로운 침대에 놓인 아기는 싸리뿟따를 보자마자 울음을 그치고 방긋방긋 웃으며 흡사 합장이라도 하는 양 두 손과 두 발을 모으고 있었다. 싸리뿟따는 아기의 이름을 자신의 속명인 우빠띳싸(UpaTissa)에서 따와 띳싸(Tissa)라고 지어 주었다.

"아기가 비단 담요가 더워서 우는 듯하니 시원한 천으로 바꿔 주십시오."

띳싸는 일곱 살이 되자 부모의 허락을 얻어 싸리뿟따에게 사미로 출가하였다. 어린 사미임에도 그의 근기를 알고 장로 싸리뿟따는 그에게 맞는 부정관(不淨觀)을 수행 주제로 주어 비구와 똑같이 정진하게 하였다.

수행 주제를 받아 제따 숲의 승원에서 정진에 들어간 띳싸는 자신의 집안과 친구들이 연이어 공양청하고 찾아오는 것이 수행에 방해가 된다고 여겨서 싸리뿟따의 허락을 받고 멀리 떨어진 숲에서 홀로 안거를 들어갔다. 그 숲의 인근 마을에선 어린 사미가 홀로 수행하는 모습을 보고 정성으로 공양을 올렸는데, 그럴 때마다 띳싸는 간단한 축원만 하고 바로 숲으로 돌아가 수행하였다.

"그대의 행복을 기원합니다. 모든 고통에서 벗어나길 바랍니다."

어린 사미지만 그래도 조금의 가르침을 얻을 수 없나 하며 무엇인가를 바라던 마을 사람들은 '아직 어려서…'라는 생각에 대수롭지 않게 넘겼다. 그러던 그 안거가 끝나기도 전에 띳싸는 아라한의 경지에 올랐다.

"띳싸 사미가 아라한의 경지에 올랐으니 싸리뿟따와 목갈라나는 5백 명의 수행승들을 데리고 그를 찾아가 축하해 주어라."

부처님의 말씀에 한적한 마을로 들어선 싸리뿟따 일행은 이미 준비된 야단법석으로 인도되었으며, 모두 수장로인 싸리뿟따에게 법문을 청하였다.

"오늘은 사미 띳싸를 위한 법회이니 그에게 법문을 청해 듣겠습니다."

위엄 있는 장로 싸리뿟따가 다소 혼잡해진 법회장을 정리하고 띳싸로 하여금 법석에 오르게 하니, 법좌에 오른 띳싸는 언제 그랬냐는 듯이 존재의 다발과 인식의 세계 등 심오한 깨달음의 세계를 펼치며 법석을 밝혔다.

'아니? 저렇게 잘 알고 있으면서 왜 우리에겐 간단한 축원만 해주었지?'

다소 의아해 하며 서운해 하기까지 하는 마을 사람들을 위하여 부처님께서 제따 숲에서 그곳으로 영상을 나투시어, 승속(僧俗)은 가르침 또한 다름을 말씀해 주셨다. 그리고 마을 사람들이 이렇게 수장로들과 많은 비구 및 여래까지 뵙게 된 것은 모두 띳싸를 잘 공양한 공덕이라고 일러 주셨다.

---

13) '여읨'에는 모임에 대한 집착을 없애 주는 신체적 여읨인 홀로 머묾[獨居, kāyaviveka]과 형성에 대한 집착을 없애 주는 정신적 여읨인 팔성취(八成就, aṭṭha samāpattiyo) 및 그 둘을 모두 극복한 존재적 여읨인 열반(涅槃, nibbāna)이 있다. 팔성취란 미세한 물질계의 네 가지 명상인 색계사선(色界四禪)과 비물질계의 네 가지 명상인 무색계사선(無色界四禪)의 성취를 말한다.

第6章

∞∞∞∞∞∞∞∞∞∞∞∞

पण्डितवग्गो

지혜로움에 관한 장

명철품
明哲品

∞∞∞∞∞∞∞∞∞∞∞∞

076 보석인지 궁금하면 감별사를 찾아가듯
    내허물을 일러주고 이끌어줄 현명한이,
    그런이를 찾아가서 교류해야 할지니라.
    그런이와 교류하며 수행하는 사람이면
    보다나은 일생기고 나빠지진 않으리라.

深觀善惡 心知畏忌 畏而不犯 終吉無憂
故世有福 念思紹行 善致其願 福祿轉勝
선과 악을 깊이 들여다보아
두려워하고 거리낄 일을 마음으로 알아서
두려워하는 마음으로 범하지 않으면
결국엔 길할 뿐 근심이 없으리라.
그러므로 세간에 (그런) 복된 자가 있어서
(그를) 마음으로 생각하고 그 행위를 이어받아
원하는 바에 잘 이르게 되면 복록은 수승하게 되리라.

nidhīnaṁva pavattāraṁ, yaṁ passe vajjadassinaṁ |
niggayhavādiṁ medhāviṁ, tādisaṁ paṇḍitaṁ bhaje |
tādisaṁ bhajamānassa, seyyo hoti na pāpiyo ||
마치 보석의 경우 감별사를 (찾아가듯이)
허물을 지적해 주고 계도해 줄 수 있는[1] 현명한 이를 찾아가야 하며
그런 현명한 사람과 교류를 해야 한다.
그러한 사람과 교류하는 이의 경우
보다 나은 일이 생길 뿐 나빠지는 일은 일어나지 않는다.

* 076
늦깎이 라다와 싸리뿟따 장로

부처님께서 싸왓티 제따 숲의 승원에 계실 때, 늦깎이로 어렵사리 출가하여 이내 아라한의 경지에 오른 장로 라다에 대한 이야기이다.

싸왓티에 사는 라다(Rādha)는 가난한 브라만이었다. 그는 부처님의 가르침을 접하고 출가하고자 제따 숲의 승원을 찾아갔으나 나이가 많다는 이유로 출가를 허락받지 못했다. 그렇지만 그는 포기하지 않고 승원에 남아 허드렛일을 거들어 주며 출가할 기회를 기다리고 있었다.

"싸리뿟따여! 혹시 그대는 지금 승원에 머물고 있는 브라만 라다와 맺은 인연이 없느냐? 아주 작은 인연이라도 기억나는 것이 있지 않느냐?"

라다의 사정을 아신 부처님께서 그가 곧 아라한의 경지에 오를 인연임을 아시고 싸리뿟따를 불러 물어보셨다.

"아주 오래전, 가난한 그가 하루걸러 한 끼만 먹을 때, 그 한 끼 먹거리의 절반을 제게 공양한 인연이 있습니다."

"그러면 그대가 그를 받아들여 제자로 삼고 가르침을 펴도록 하라."

그래서 브라만 라다는 싸리뿟따 앞으로 출가하였다. 이미 온전한 출가자로서의 모든 것을 갖춘 라다는 싸리뿟따의 가르침을 한 치의 어김도 없이 일러 준 그대로 수행 정진하였다. 그리고 얼마 후 맞은 첫 안거가 다 끝나기도 전에 라다는 아라한의 경지에 올랐다.

"역시 장로님이야! 나이가 들었다고, 가난하다고 아무도 살펴봐 주기는커녕 그냥 가사 입는 것을 허락해 주지도 않는 늦깎이 라다를 저리 살뜰하게 지도하시더니, 누가 알았겠나? 이리 빨리 거룩한 경지에 오를 줄을!"

승원에서 라다의 아라한 증득 소식만큼 싸리뿟따에 대한 칭송이 끊이지 않자, 부처님께서 싸리뿟따는 전생에도 그런 공덕이 있었음을 말씀해 주셨다.

---

1) 부처님이 열반에 드시자 잔소리꾼이 없어졌는데 무엇을 그리 슬퍼하느냐는 한 늙은 비구의 말에서 알 수 있듯이 부처님은 항상 허물을 지적해 주고 계도해 주셨으니, "나는 꾸짖어야 할 것은 꾸짖어 말하고, 충고해야 할 것은 충고하여 말한다. 견실한 자는 견디어 낼 것이다."라고 말씀하셨다.

077   어떤누가 다른이를 훈계하여 줄수있고
      주의줌은 물론이요 무례함도 없애주면,
      그와같이 좋은이는 좋은이의 사랑받고
      좋지못한 이들에겐 분명미움 받으리라.

      晝夜當精勤 牢持於禁戒 爲善友所敬 惡友所不念
      밤낮으로 응당 부지런하고
      금지된 계행을 굳건히 지킴으로써
      착한 벗이 공경하는 자가 될지언정
      악한 벗이 염두에 두는 자는 되지 말라.

      ovadeyyānusāseyya, asabbhā ca nivāraye |
      satañhi so piyo hoti, asataṁ hoti appiyo ||
      (어떤 누가 다른 이를) 훈계를 할 수 있고 주의를 줄 수 있으며
      그리고 무례함으로부터 물러서게 할 수 있다면
      (그러한) 그는 좋은 사람들의 사랑을 받는 이가 될 것이요
      좋지 못한 이들의 미움을 받는 자가 될 것이다.

## 077

일을 해서 벌어먹은 비구들

부처님께서 싸왓티 제따 숲의 승원에 계실 때, 탁발이 아니라 일을 해서 벌어먹은 비구들에 대한 이야기이다.

비구 앗싸지(Assaji)와 뿌납바쑤까(PunabBasuka)는 5백 명의 수행승을 거느리고 끼따기리(Kīṭāgirī)란 마을 인근 숲에 수행 처소를 마련하였다. 그런데 그들은 탁발 및 신도들의 공양에 의지하지 않고, 수행 처소 인근에 지천으로 핀 꽃을 잘 가꾼 뒤에 그것을 시장에 내어다 파는 수익으로 먹거리와 모든 생필품을 스스로 조달하였다.

그래서 자기 마을 인근에 많은 수행자들이 오셨다는 소식에 나름대로 공양을 준비하거나 올리고자 했던 사람들은 그들의 행동에 의구심을 품었다.

"부처님의 가르침을 따르는 비구들이 어찌 외도들이나 하는 짓을 하지?"

"그저 남의 신세를 안 지고 공부해 해탈하겠다는 건데, 그럼 우린 금생에 공덕 지을 데가 없어서 어떻게 하지? 그렇다고 덜렁 출가할 수도 없고…."

소문은 급기야 부처님에게까지 들렸다. 승단의 수행자로서 정해진 계율을 무시하는 그들의 행동에 부처님께서도 큰 걱정을 하셨다.

"싸리뿟따와 목갈라나여! 그대들이 건너가 그들을 만나서 그들의 잘못을 여래의 가르침에 근거하여 잘 지적해 주도록 하라. 잘못된 것을 잘 지적하고 훈계하여 올바르게 고치도록 이끄는 것도 큰 가르침이니라."

부처님께서 바라신 것은 적당한 타협이 아니라 승단의 계율을 엄격히 따르도록 하는 것이었기에, 만약 그들이 자신들의 방식을 고집한다면 그들을 승단에서 추방하도록 결정하셨다. 그러나 혹시 그들이 선의로 계율을 왜곡하여 이해하지는 않았나 염려되었기에 수장로 두 분을 보내신 것이다.

싸리뿟따와 목갈라나가 그곳으로 가서 수행승들을 훈계하고 바른 길을 일러주니 일부는 두 분 장로의 충고를 받아들이고 자신들의 행실을 고쳐 진정한 비구로 돌아왔으며, 나머지는 환속하여 그 일을 계속하였다.

078   삿되고도 악한친구 그와친분 아니되며
천하고도 너절한이 그런친구 또한물론.
아름다운 친구들과 교류해야 만할지니
으뜸인이 그와함께 교류해야 할지니라.

常避無義 不親愚人 思從賢友 狎附上士
의로움이 없는 이는 언제건
피하고 어리석은 사람과는 친하지 말라.
어진 벗을 생각하여 따르고
뛰어난 선비를 허물없이 가까이하라.

na bhaje pāpake mitte, na bhaje purisādhame |
bhajetha mitte kalyāṇe, bhajetha purisuttame ||
사악한 친구와 교류[2]해서는 안 되며
저속한 사람과 교류해서도 안 된다.[3]
아름다운 친구와 교류해야 하며
최상의 사람과 교류해야 한다.

마부 찬나의 뉘우침

부처님께서 싸왓티 제따 숲의 승원에 계실 때, 부처님의 왕자 시절 마부였던 찬나에 대한 이야기이다.

찬나(Channa)는 부처님께서 출가하시기 전 왕자였을 때 마부였다가, 나중에 부처님의 배려로 승단에 들어와 비구가 되었다. 그러나 그는 부처님과의 예전 관계를 빙자하여 매우 거만하고 건방지기 이를 데 없었다.

"내가 주인님과 왕성을 몰래 나설 땐 나 말곤 주위에 아무도 없었어! 싸리뿟따? 목갈라나? 그 둘이 수장로니 뭐니 하지만 그건 나중 일일 뿐이야!"

부처님께서도 몇 번이나 불러 야단을 쳐보았지만 그저 부처님 앞에서 머리를 숙일 뿐이었다. 그렇다고 그를 승단에서 내쫓을 수도 없는 입장이었다. 두 장로와 친근하게 지내길 권하면 그것도 그때뿐, 돌아서면 또 험담하였다.

"수행승들이여! 찬나의 버릇은 내가 열반에 든 후에나 고쳐질 것 같구나. 그때엔 그대들이 찬나에게 '브라흐마의 처벌'[4]을 행하도록 하라."

부처님께서 반열반에 드시자 슬픔에 잠겨 있던 찬나는 자신에게 그런 처벌이 내려져 있었다는 통보를 대중에게 받고 큰 충격에 빠져 실신과 깨어나기를 세 차례 반복하였다. 그 후 찬나는 철저한 자기반성을 통해 행위를 고치고 열심히 수행 정진하여 마침내 아라한의 경지에 올랐다.

---

2) '교류하다'란 의미의 동사 '√bhaj'는 항상 처소격의 목적어를 동반하는데, 처소격을 취한 목적어의 의미가 강조되면 본 게송은 다음과 같이 번역될 수 있다. : '친구가 사악한 상태일 땐 교류해선 안 되고, 사람이 비열한 상태일 땐 교류해선 안 된다. 친구가 아름다운 상태일 때 교류해야 하며, 사람이 최상의 상태일 때 교류해야 한다.'

3) 사악한 친구란 신체적 악행과 같은 악하고 불건전한 행위에 얽매인 자를 말하고, 저속한 사람이란 21가지 부적절한 행동을 하는 사람을 말한다. 21가지 부적절한 행동이란 승가에 속하는 아홉 가지 물품(대나무 지팡이, 종려나무 잎사귀, 꽃, 열매, 칫솔용 버드나무 가지, 세수용 물, 목욕용 물, 세탁용 분말, 비누용 진흙)을 신도에게 주는 것, 쓸데없는 말을 하는 것, 일부만 진실인 말을 하는 것, 신도를 어린애 달래듯 구슬리는 것, 재가신자의 심부름꾼으로 행동하는 것, 의사로서 행동하는 것, 비밀스런 심부름꾼을 보내는 것, 재가신자의 토지 등에 대해 심부름하는 것, 재가신자와 소유물을 교환하는 것, 뇌물을 주는 것, 부지를 선정하는 것, 길일을 선택하는 것, 관상을 보는 것 등이다.

4) '브라흐마의 처벌(brahmadaṇḍa)'은 어떤 수행자를 대중으로 인정은 하되 아무도 그와 대화를 나누지 않고 철저히 무시하여 고립시켜 버리는 처벌로서, 화합을 강조하는 승단에서 꺼리는 처벌 가운데 하나이다.

079 참된법을 마신자는 맑디맑은 마음으로
　　　잠에드는 자리마다 행복하기 마련이요,
　　　고귀한이 일러주신 좋은법에 의지하니
　　　현명한이 거기에서 늘즐거워 하리로다.

　　　喜法臥安 心悅意淸 聖人演法 慧常樂行
　　　법을 기꺼워하면 누운 자리가 편안하고
　　　마음은 기쁘며 뜻은 해맑으니,
　　　성인이 법을 펼치면
　　　지혜로운 이는 항상 즐거이 행하게 된다.

　　　dhammapīti sukhaṁ seti, vippasannena cetasā |
　　　ariyappavedite dhamme, sadā ramati paṇḍito ||
　　　법을 들이킨 자는 순수한 인식으로
　　　행복하게 잠에 들기[5] 마련이다.
　　　현명한 이는 고귀한 이들에 의해 알려진 법에서
　　　항상 즐거워한다.

* 079
왕이었던 깝삐나 존자

부처님께서 싸왓티 제따 숲의 승원에 계실 때, 한 나라의 왕실과 대신들이 몽땅 출가한 일에 대한 이야기이다.

꼬쌀라국에서 제법 먼 곳에 있는 꾹꾸따(Kukkuṭa)국은 깝삐나(Kappina) 왕과 아노자(Anojā) 왕비가 1천에 이르는 대신들과 다스리는 나라였다. 하루는 왕이 수행원들과 나들이를 나갔다가 어떤 대상의 무리와 마주쳤다.

"왕이시여! 이곳으로부터 동북쪽으로 120요자나 거리에 있는 싸왓티에는 부처님께서 출현하시어 온 나라가 그 가르침을 받고 있습니다."

자세한 이야기를 전해 들은 왕은 지체 없이 1천 명의 대신들을 소환하여 왕비에게 나라를 맡긴 뒤 그 대신들과 싸왓티로 갔다. 그리고 부처님께 법문을 청해 들었으며, 그 법문 끝에 왕과 1천의 대신들은 예류향에 들었다.

뒤늦게 사정을 알아차린 왕비도 1천 대신들의 아내들을 불러들이고 채비하여 싸왓티로 달려갔다. 그들이 제따 숲에 도착했을 때는 왕과 대신들은 모두 출가하여 대중에 섞여 있었기에 바로 알아보지 못하였다. 그러나 왕비와 대신들의 아내들 또한 공양을 올린 뒤 청해 들은 법문에서 모두 예류과를 증득하자 자신들의 남편들을 알아볼 수 있었다고 한다.

왕과 대신들은 두 번째 법문에서 모두 아라한의 경지에 올랐다. 그런 사실을 인지한 왕비와 아내들이 부처님께 자신들도 출가할 수 있도록 청을 올리자, 부처님께서는 그들 모두에게 비구니 승원으로의 출가를 허락하셨다.

하루아침에 왕의 자리에서 내려와 부처님의 제자로서, 그리고 자신이 군림하던 1천 대신들과 도반의 연을 맺은 장로 깝삐나는 제따 숲에서 지내며 항상 '아! 얼마나 행복한가! 이 얼마나 행복한가!'라고 감탄하였으며, 부처님께선 그 모습을 따뜻한 미소로 지켜보셨다.

---

5) '잠에 듦'이 수행자로서 또렷하게 깨어 있음에 반하는 행위라는 시각은 인도의 전통사상과 약간의 괴리가 존재하는, 어느 정도 불교적인 시각이다. ⇒ 㭆 '세 가지 또는 네 가지 상태'

080   결국에는 물다루던 그런이가 물다루고
활과화살 다루던이 화살촉을 잘다루며,
나무결을 아는목수 뭇나무를 잘켜듯이
현명한이 제자신을 평온하게 만드리라.

弓工調角 水人調船 材匠調木 智者調身
활 만드는 장인은 뿔을 다루고
물길 다니는 어부는 배를 다루며,
재목 다듬는 목수는 나무를 다루고
지혜로운 자는 몸을 다룬다.

udakañhi nayanti nettikā, usukārā namayanti tejanaṁ |
dāruṁ namayanti tacchakā, attānaṁ damayanti paṇḍitā ‖
결국 관개자灌漑者들이 물을 이끌어 가고
화살 장인들이 화살을 잘 다루며,
목수들이 나무를 잘 다루고
현명한[6] 이들이 자신을 평온하게 만든다.

* 080
# 어린 사미의 마음챙김

부처님께서 싸왓티 제따 숲의 승원에 계실 때, 마음챙김을 잘하여 사미 때 이미 아라한에 오른 빤디따에 대한 이야기이다.

싸왓티의 한 상인 가정에 아기가 태어나자 그 집안의 어리석고 눈멀고 귀먹은 사람들이 모두 현명해졌다고 한다. 그래서 그 아이의 이름을 현명하다는 의미로 빤디따(Paṇḍita)라 하였다.

아이는 일곱 살에 제가 원하여 장로 싸리뿟따에게 출가하였다. 출가한 날로부터 7일 동안 부모는 승원에 지극정성으로 자신들의 형편에 맞는 공양을 올렸다. 싸리뿟따는 행주좌와 승원의 모든 법도와 기본적인 가르침을 베푸니 빤디따는 모든 가르침을 듣자마자 어려움 없이 이해하였다. 그리고 8일 째 싸리뿟따는 빤디따를 데리고 마을로 탁발을 나갔다.

'밭을 개간하기 위해 끌어들이는 저 물, 저 물엔 마음이 없을 것인데….'

'화살은 어찌 저리 하나의 화살로 척척 제 모습을 찾아가는가?'

'그냥 덩어리였던 나무둥치가 목수의 손에서 저렇게도 변하는구나!'

탁발 나가는 동안에 보이는 모든 사물을 보며 마음챙김을 하던 빤디따는 결국 내 자신이 내 자신을 해탈로 이끌 수밖에 없다는 생각에 이르게 되었다. 생각이 거기에 이른 것을 안 장로는 빤디따의 발우를 건네받고 그에게 승원으로 돌아가 바로 선정에 들도록 시켰다.

빤디따가 선정에 들자 삼천대천세계의 모든 신들이 자청하여 외호하였다. 탁발에서 돌아온 싸리뿟따 장로가 공양을 가지고 그의 방에 이르렀는데, 그가 아직 선정을 마치지 않은 것을 안 부처님께서 싸리뿟따에게 말을 건네어 방문 여는 것을 잠시 늦추게 하는 사이 빤디따는 아라한의 경지에 올랐다.

---

6) 화살 장인이나 목수가 자기 분야에 능숙한 것은 반복으로 인한 습득(習得)의 힘에 의한 것이듯, 자신을 평온하게 할 수 있는 사람 역시 알음알이를 널리 알아서가 아니라 습득에 의한 지혜로 현명해진 이를 가리킨다. '익힘[習]'이란 새가 날기 위해 깃[羽]을 수없이[百] 퍼덕인 것을 일컬으니, 바르게 반복되어 익혀진 행위와 사유만이 지혜로 정착될 수 있다.

219

081   마치크고 단단하게 자리잡은 바위산이
        큰태풍이 불어와도 움직이지 아니하듯,
        현명하다 일컬어질 그정도의 사람이면
        비난칭찬 어디에도 흔들리지 아니하리.

譬如厚石 風不能移 智者意重 毀譽不傾
비유컨대 마치 거대한 암석은
바람이 어찌해도 움직일 수 없듯이
지혜로운 자의 의지는 진중鎭重하여
비방에건 칭송에건 기울지 않는다.

selo yathā ekaghano, vātena na samīrati |
evaṁ nindāpasaṁsāsu, na samiñjanti paṇḍitā ||
마치 단단한 바위가
바람에 의해 움직이지 않듯이
그처럼 현명한 이들은
비난과 칭찬에 흔들리지 않는다.[7]

난장이 장로 밧디야

부처님께서 싸왓티 제따 숲의 승원에 계실 때, 키가 아주 작아서 난장이라 불렸던 장로 밧디야에 대한 이야기이다.

장로 밧디야(Bhaddiya)는 키가 아주 작아서 사람들은 이름 대신 그를 난장이란 의미의 라꾼따까(Lakuṇṭaka)라 불렀다. 밧디야는 천성이 너그러운데다 부처님의 가르침에 따른 수행을 통해 이미 사람들의 놀림에 화를 내는 일은 마음에서 완전히 사라져 버렸다.

"우리 라꾼따까 장로님은 너무 너그러우시단 말이야. 어떻습니까? 장로님! 비구 생활이 지겹지나 않은가요? 지겹다면 저도 시작하지 말고 그만두게요."

방금 출가한 새내기 비구가 이렇게 놀려도 밧디야는 초발심 땐 어떻게 해야 된다고 자상히 일러 줄 뿐, 얼굴에서 화내는 표정조차 찾을 수 없었다.

"역시 밧디야 장로님이야! 저 버릇없는 젊은 비구들과 심지어 철없는 사미들이 놀려 대도 얼굴색 하나 변하지 않고 제 할 일만 하시니…."

몇몇 비구들이 법당에서 법담을 나누다 법당 앞마당에서 사미들이 장로를 놀려도 성내지 않는 것을 보고는 입을 모아 모든 이를 대하는 장로의 훌륭한 성품에 놀라워하고 있었다.

"무슨 법담을 그리 재미있게 나누고 있느냐?"

"예, 세존이시여! 저희는 밧디야 장로의 성냄이 없는 성품에 대해 말하고 있었습니다."

"비구들이여! 밧디야 장로가 단지 자신을 버릇없이 대하는 것에 그치지 않고 자신의 신체 결함을 들어 놀리는 것에도 화냄이 없이 철없는 비구와 어린 사미들을 대하는 것은 실로 칭송받아 마땅한 일이니라."

부처님의 칭찬까지 있었다는 말을 전해 들은 장로는 여전히 차분하였다.

---

7) 젠 현명한 사람이란 무명에서 헤매는 범부가 벗어나지 못하는 여덟 가지 양상을 극복하여 비난은 물론 칭찬에도 흔들리지 않는 이를 가리키는데, 여덟 가지 양상인 이득, 손해, 수치, 명예, 비난, 칭찬, 안락 및 고통에 의해서 만족 혹은 만족하지 않거나 고양 혹은 혐오함을 모두 극복한 사람이다.

082   마치깊은 연못들이 맑은물을 유지한채
        어지간한 장난에도 흐려지지 아니하듯,
        현명하다 일컬어질 그정도의 사람이면
        법을한번 들은뒤론 흐려지지 아니하리.

        譬如深淵 澄靜清明 慧人聞道 心淨歡然
        비유컨대 마치 깊은 연못은
        맑고도 고요하여 선명한 빛을 발하듯이
        지혜로운 사람은 도道를 들으면
        마음이 깨끗해져 기뻐하게 된다.

        yathāpi rahado gambhīro, vippasanno anāvilo |
        evaṁ dhammāni sutvāna, vippasīdanti paṇḍitā ||
        또한 마치 깊은 연못이[8]
        맑음을 유지한 채 흐려지지 않는 것처럼
        (바로) 그렇게 현명한 이들은
        법을 듣고 맑아지게 된다.

* 082

현명한 까나가 법을 듣고는

부처님께서 싸왓티 제따 숲의 승원에 계실 때, 어떤 일로 승가에 앙심을 품었다가 법을 듣고는 사리가 밝아지고 행복해진 한 여신도의 이야기이다.

싸왓티에서 먼 곳으로 시집을 갔던 까나(Kāṇā)가 오랜만에 친정에 왔다가 돌아가려 하자 친정어머니는 맛있는 음식을 장만하여 가져가라고 하였다. 그러나 그날 아침에 비구들이 마침 그 집에 탁발을 나오자 승가에 지극한 신심을 지녔던 친정어머니는 그 음식을 모두 비구들에게 공양하였다.

"그냥 가면 시댁에서 뭐라 그럴 게다. 내일 출발해라. 내 또 장만해 주마."

그래서 다시 가져갈 음식을 장만하고, 또 비구들께 공양하는 일이 반복되었다. 그러는 사이 시댁으로 돌아갈 날짜를 몇 차례 넘겨서 남편이 보낸 사람이 오간 것도 서너 차례였다. 드디어 남편은 성을 내고 이혼을 통보해 버렸다.

비구들 때문에 이혼당한 것이라 여긴 까나는 분한 마음에 어딜 가나 승가를 험담하였다. 이를 전해 들은 부처님께서 그 집으로 탁발을 가셨다.

"그래, 까나여! 비구들은 공양을 받은 것이지 제가 집어간 게 아니니라."

부처님의 차근한 설명과 연이은 가르침에 까나는 이내 예류과를 성취했다.

"세존이시여! 말씀하신 까나란 여인이 가르침을 잘 받아들인 공덕으로 내생에 부유하게 태어난다 하셨는데, 제가 금생에도 부유토록 해줘야겠습니다."

싸왓티에 까나의 일이 소문으로 퍼지자 왕궁으로 탁발을 나오신 부처님께 왕이 이렇게 말씀을 드렸다. 그리고 까나를 불러 공주로 삼은 뒤 부유한 대신 집의 외동딸로 들어가게 하였다. 그 후로 까나는 왕성의 네 문 입구에 공양처를 차려 비구들은 물론 가난한 이들에게도 많은 공양을 베풀었다.

"까나와 같이, 현명한 이는 법을 듣고 이내 맑아지기 마련이니라."

---

8) 'gambhīro(깊은) rahado(못)'에서 'rahada'만으로도 깊은 못 혹은 바다를 의미하는데, '라하다'라 불리는 못은 그 깊이가 8만 4천 요자나[1요자나는 최대 15킬로미터]에 이른다고 한다. 그런데 하층부 4만 요자나는 물고기의 움직임으로 불안정하고 상층부 4만 요자나는 바람 때문에 불안정하지만, 그 사이의 4천 요자나는 전혀 움직임이 없기에 전체가 안정되어 보인다고 한다.

083 훌륭한이 어찌됐건 모든것을 내려놓고
올바른이 어디서건 구하는맘 자제하며,
현명한이 기쁨이나 슬픔으로 흔들려도
그로인한 마음기복 드러내지 않으리라.

大人體無欲 在所照然明 雖或遭苦樂 不高現其智
대인은 본디 욕심이 없기에
(그 모습) 비춰지는 곳마다 환히 밝아지며,
비록 어쩌다 괴로움이나 즐거움을 맞닥뜨리더라도
자신의 지혜를 굳이 드러내지 않는다.

sabbattha ve sappurisā cajanti,

na kāmakāmā lapayanti santo |

sukhena phuṭṭhā athavā dukhena,

na uccāvacaṁ paṇḍitā dassayanti ||

훌륭한 사람들은 실로 어떤 경우건 (모든 것을) 내려놓으며,
올바른 사람들은 욕구되어지는 것들이 거론되도록 하지 않으며,[9]
현명한 사람들은 기쁨이나 슬픔으로 인해 영향을 받더라도
기복을 드러내 보이지 않는다.

* 083
수행하는 자와 아닌 자의 차이

부처님께서 싸왓티 제따 숲의 승원에 계실 때, 기근이 든 지역으로 안거를 다녀
왔을 때 일어났던 일에 대한 이야기이다.

부처님께서 한번은 여름 안거를 지내러 5백 명의 비구들과 승가를 뒷바라지
할 위가싸다(Vighāsada)[10]들을 데리고 웨란자(Verañjā) 지방으로 가셨다.

그런데 마침 그 지역에 가뭄이 들어 지역 주민도 굶주리는 까닭에 많은 비구
들의 숲속 생활은 심각한 지경에 빠졌다. 인근 웃따라꾸루(Uttarakuru) 지역으로
탁발을 다니자는 의견도 있었으나 부처님은 허락하지 않으셨다.

"비구들이여! 이 지역에서 안거를 하는 이상 수행자들은 이 지역의 사람들과
좋은 일이건 나쁜 일이건 함께할 수 있어야 하느니라."

마침 그 지역을 지나는 말 상인이 말먹이로 구입해 가던 찐 곡식을 얼마간 공
양하여 근근이 안거를 마치고 싸왓티로 돌아왔다. 어려움을 겪고 오셨다는 소
문에 싸왓티의 많은 신도들이 승원에 충분한 공양을 올렸다. 그러자 예나 없이
필요한 만큼 공양을 든 수행자들과는 달리, 굶주렸던 배를 맘껏 채운 위가싸다
들은 며칠 동안 축제라도 하는 양 씨름하거나 승원 안을 뛰어다니는 등 흐트러
진 모습을 보이고 심지어 이런저런 문제까지 일으켰다.

"세존이시여! 웨란자에선 저희와 다름없이 잘 견디고 차분하던 이들이 충분
한 먹거리가 생기자 방종해진 모습이 도를 넘은 것 같습니다."

"수행승들이여! 그것이 수행하며 사는 이와 수행하지 않고 그저 환경에 적응
하며 살아가는 이의 차이니라. 그렇게 마음의 기복이란 의도하건 아니건, 오랫
동안 익힌 습에 따라서 그 폭에 차이가 있기 마련이다."

---

9) ⓟ 부처님처럼 올바른 이는 여러 가지 감각적 쾌락의 욕망에 따라 스스로 쓸데없는 말을 하거나 남들에게
    쓸데없는 말을 하게 하지 않는다. 탁발하러 간 수행승이 재가자에게 "신자여! 가족들이 잘 지내는가? 왕이
    나 도둑으로부터 하인과 가축들이 안전한가?"라고 쓸데없는 말을 하거나, 혹은 같이 간 도반들도 쓸데없이
    말하도록 부추겨서 재가자들이 "스님! 우리는 잘 지냅니다. 걱정은 없습니다. 우리 집에 마실 것과 먹을 것
    이 있으니 잠깐 기다리십시오."라고 말하며 보시하게끔 하는데, 올바른 이는 이런 행동을 하지 않는다.
10) 위가싸다는 '남은 먹거리로 생활하는 사람[殘食生活者]'을 뜻하는데, 수행승들의 탁발 음식 가운데 남은 것
    을 먹고 승원 안에서 생활하며 승원의 잡일 등을 돕는 이들을 말한다.

084 나때문도 아니되고 남때문도 아니되며
아들때문 재물때문 나라때문 그역시도.
여법하지 않은수론 그무엇도 바라잖고
도덕성을 갖춘채로 현명함을 지녔다면
그렇게들 되고서야 법다운자 되리로다.

大賢無世事 不願子財國 常守戒慧道 不貪邪富貴
크게 어진 사람은 세간의 일에 (집착이) 없기에
자식이나 재물이나 나라도 원치 않으며
항상 계행戒行과 지혜智慧의 도리를 지키기에
삿된 부귀를 탐하지 않는다.

na attahetu na parassa hetu,
na puttamicche na dhanaṁ na raṭṭhaṁ |
na iccheyya adhammena samiddhimattano,
sa sīlavā paññavā dhammikosiyā ||
자신 때문에라도 안 되며 남을 위해서라도 안 되나니,
(누구라도 그런 이유로) 아들을 원해서도,
재물을 원해서도, 왕국을 원해서도 안 된다.
법답지 않은 방법으로 성공을 바라지 않을 수 있는 자는
도덕을 갖추고 현명함을 지닌 법다운 자가 될 수 있다.

* 084
# 집안이 모두 출가하다

부처님께서 싸왓티 제따 숲의 승원에 계실 때, 남편이 출가하자 아들이 출가하고 아내도 출가한, 집안이 모두 출가한 이야기이다.

싸왓티에 막 결혼하여 행복한 가정을 꾸리고 살던 담미까(Dhammika)라는 재가신자가 있었다. 그는 부처님의 가르침에 조금 더 깊이 들어가자 출가하여 수행하고 싶은 마음이 일었다.

"지금 제가 아기를 가졌으니, 아기를 낳을 때까지만이라도 기다려 주세요!"

임신한 아내의 부탁을 떨쳐 버리지 못하고 기다렸으나, 아기를 낳고도 남편을 잡고 싶은 아내의 마음은 변하지 않았다.

"그저 걸음마라도 뗄 수 있을 때까지만 기다리시면 안 되겠어요?"

또다시 주저앉게 된 담미까는 곰곰이 생각해 보았다.

'아내의 허락을 바라는 것이 또 다른 내 자신의 집착은 아닐까? 단지 아내를 핑계 댈 뿐. 그래! 스스로의 힘으로 괴로움에서 벗어나야겠다.'

그날 흔연히 마실을 나가듯 집을 떠나 출가해 버린 담미까는 명상 주제를 받아 수행한 지 얼마지 않아 아라한의 경지에 올랐다. 그러고는 바로 아내와 홀쩍 커 버린 아들에게 가서 바른 가르침을 전했다. 아들 또한 아버지를 따라 출가하더니, 담미까보다 더 짧은 기간 정진한 끝에 아라한의 경지에 올랐다.

"두 사람 모두 제 곁에서 떠난 지금, 제가 무엇을 바라고 세속의 삶을 더 지속해 나가겠습니까. 저도 출가하여 비구니가 되겠습니다."

담미까의 아내마저 허한 마음으로 출가하더니, 아들과 남편의 수행 생활을 지켜보며 마음을 일으켜서 결국 얼마 후에 역시 아라한이 되었다. 부처님께서 담미까 집안의 출가에 대해 담론하던 비구들에게 말씀하셨다.

"비구들이여! 현명한 자라면 자신이나 남을 위한다는 핑계로 여법하지 않게 세속에서 무엇을 이루고자 해서는 안 된다. 단지 여법하게 살아갈 뿐이지. 그리고 그렇게 여법한 세속의 삶을 산 자가 결국 그것을 뛰어넘고 출가하여 참다운 수행의 길에 들어갈 수 있느니라."

085   이세상을 살아가는 하고많은 인간중에
극히일부 사람만이 저彼岸에 가닿으며,
그리고그 나머지인 그와다른 사람들은
此岸에서 머뭇머뭇 둔덕만을 내달릴뿐.

世皆沒淵 鮮剋度岸 如或有人 欲度必奔
세상은 모두 깊은 못에 빠져 있고
드물게나 (세파世波를) 극복하여 피안彼岸으로 건너는데,
혹여 (피안으로) 건너고자 하는 사람이 있더라도
오로지 (둔덕을) 내달릴 뿐이다.

appakā te manussesu, ye janā pāragāmino |
athāyaṁ itarā pajā, tīramevānudhāvati ||
그들 인간들 가운데
일부 사람들만이 피안에 가닿는다.
그리고 그 (나머지) 다른 사람들은
오직 (차안此岸의) 둔덕을 따라 내달릴 뿐이다.

086 그렇다고 하더라도 잘설해진 법에따라
여법하게 행위하며 나아가는 이들이면,
그사람은 저어려운 죽음세계 훌쩍넘어
彼岸이란 그곳으로 도달하게 될것이리.

誠貪道者 覽受正敎 此近彼岸 脫死爲上
정성을 다해 도道를 탐하는 자는
바른 가르침을 살펴보아 받아들이나니,
그렇다면 (이미) 피안彼岸에 가깝기에
죽음을 벗어나 큰 사람이 될 것이다.

ye ca kho sammadakkhāte, dhamme dhammānuvattino |
te janā pāramessanti, maccudheyyaṁ suduttaraṁ ||
그러나 참으로 적절히 설해진 법에 따라
여법하게 행위하는 이들,
그 사람들은 건너기 어려운 죽음의 세계[11]를 (건너)
피안에 도달하게 될 것이다.

설법을 듣는 다양한 모습들

부처님께서 싸왓티 제따 숲의 승원에 계실 때, 법문을 듣는 재가신자들의 다양한 모습에 대한 이야기이다.

한번은 싸왓티 성내에서 야단법석이 마련되어 큰 법회가 있었다. 그날의 법문은 밤을 꼬빡 새어 다음날 새벽까지 이어질 예정이었던 까닭에 성내의 불자들이 모두 합심하여 공양을 준비하는 등 성대하게 준비되고 진행되었다.

그런데 저녁이 깊어지자 꼿꼿한 자세로 제자리를 지키고 법문에 집중하는 비구들과는 달리, 공양 준비에 힘을 쏟느라 약간은 지친 상태에서 줄곧 몇 시간을 넘겨 가며 듣던 재가신자들은 슬그머니 여러 모습들을 드러내기 시작하였다.

하품을 하다 무거운 눈꺼풀을 이기지 못하고 자리를 뜨는 사람, 이런저런 볼일로 자리를 비웠다가 돌아오지 않고 그냥 집으로 향하는 사람, 법석에서 먼 뒤쪽에 앉아 아는 이끼리 소곤소곤 이야기를 이어 가느라 앞쪽은 관심도 없는 사람, 법문엔 귀만 열어 놓고 그저 작정한 듯 내내 졸기만 하는 사람 등.

•먼동이 틀 무렵 마지막 법문이 끝나고 법석이 파한 후에, 제따 숲의 승원으로 돌아온 비구들은 부처님께 이런저런 보고를 드리는 끝에 다양한 재가신자들의 모습도 곁들여 전해 드렸다. 그러자 부처님께서 말씀하셨다.

"재가불자들은 세속의 삶만 해도 많은 힘이 드니 당연한 일이다. 어제 법석의 준비는 거의 재가불가들 몫이었잖느냐. 다만 그 모든 것을 내려놓지 못하기에 업보를 스스로 품고 있는 꼴이니, 그처럼 세속의 삶은 오온(五蘊)인 이 세상에 강한 집착을 늘 일으키느니라. 그 가운데 극히 적은 수의 사람들만이 오온의 본모습을 깨닫고 수행하는 길에 들어설 수 있을 뿐이다."

---

11) 죽음의 세계로 번역되는 'maccu(죽음)dheyya(관장)ṁ'은 죽음에 의해 관장(管掌)되는 영역을 일컫는다. 좁은 의미로 사후 세계를 가리키지만, 넓은 의미로는 해탈처럼 죽음에서 자유로운 상태를 제외한 모든 영역을 가리킨다. 즉 윤회하는 세 가지 세계인 감각적 쾌락의 욕망계[欲界, kāmaloka]와 미세한 물질계[色界, rūpaloka] 및 비물질계[無色界, arūpaloka] 모두를 지칭한다.

087   집을나와 모든것을 내려놓은 상태에서
즐기기엔 어림없는 승가에로 나왔으면,
현명하다 싶은이는 어두운법 떨쳐내고
밝디밝은 법을받아 일구어야 할지니라.

斷五陰法 靜思智慧 不反入淵 棄猗其明
오음五陰의 (어두운) 법法을 끊어 버리고
고요히 생각할 줄 아는 지혜로운 자는
깊은 못으로 되돌아 들어가진 말 것이거늘
(어찌) 그 밝음을 버릴 수 있으리오.

kaṇhaṁ dhammaṁ vippahāya, sukkaṁ bhāvetha paṇḍito |
okā anokamāgamma, viveke yattha dūramaṁ ||
재가在家로부터 모든 것을 내려놓은 상태에서[12]
어딘가 즐기기 어려운 출가出家로 나왔으면
현명한 자는 어두운 법을 떨쳐 버리고
밝은 법을 일구어야 한다.

088 모든욕망 내버린채 모든것을 내려놓고
제자신이 현명하다 자처하는 사람이면,
그곳에서 그곳다운 즐거움을 추구하여
마음의때 덜고덜어 제자신을 정화해야.

抑制情欲 絶樂無爲 能自拯濟 使意爲慧
애정이 하고자 하는 바를 억제한 채
무위無爲를 절대絶對로 즐기어
스스로 구제될 수 있음으로써
번뇌(에 찌든) 의식이 지혜가 되게 할지니라.

tatrābhiratimiccheyya, hitvā kāme akiñcano |
pariyodapeyya attānaṁ, cittaklesehi paṇḍito ||
욕망들을 버리고 모든 것을 내려놓은 현명한 자는
그곳(출가처)에서 즐거움을 추구함으로써
의식의 더러움으로부터 자신을 정화해야[13) 한다.

089 깨달음의 요소들에 맘적절히 놓여있고
가진것을 내놓은채 집착않고 기뻐하며,
새어나옴 사라진채 빛발하는 사람이면
다름아닌 이세상에 온전하게 평온하리.

學取正智 意惟正道 一心受諦 不起爲樂 漏盡習除 是得度世
바른 지혜를 배워 취할진댄
의식意識은 오로지 바른 도道를 생각하고
한 마음으로 진리를 받아들여
(아무것도) 일어나지 않음을 즐거움으로 삼으면
새어 나옴이 다하고 습기習氣가 제거되나니,
이것이 세간에서 득도得度하는 것이리라.

yesaṁ sambodhiyaṅgesu, sammā cittaṁ subhāvitaṁ |

ādānapaṭinissagge, anupādāya ye ratā |

khīṇāsavā jutimanto, te loke parinibbutā ||

인식認識이 깨달음의 요소들 내에 적절하게 잘 조성되어 있으며,[14]
가진 것을 내려놓을 때 집착하지 않은[15] 채 기뻐하며,
(번뇌의) 새어 나옴이 사라지고 (지혜의) 빛을 발하는 그들은
이 세상에서 완전한 평온에 이른다.

우기에 찾아온 객승들을 위해

부처님께서 싸왓티 제따 숲의 승원에 계실 때, 우기 끝 무렵에 승원을 찾아온 객승들을 위해 펼치신 가르침이다.

그해의 우기도 거의 끝나갈 무렵 안거를 무사히 마친 50명의 수행승들이 부처님을 뵙기 위해 제따 숲의 승원으로 찾아왔다. 수행승들은 부처님께 인사를 드리고 물러앉아 자신들이 안거 동안 경험했던 공부 거리에 대해 낱낱이 말씀 드렸다.

부처님께서는 수행승들의 경험을 듣고 그들에게 맞는 가르침을 펼치셨다.

"현명한 이는 어두운 것을 버리고 밝은 것을 닦아야 하리라… 그리하여 빛을 발하는 그들은 이 세상에서 완전한 평온에 이르는 것이니라."

---

12) 브라만교에서도 브라만이 가주기(家住期)를 마치고 산림기(山林期)에 들어서면 모든 가업과 재산을 결혼한 아들에게 물려주고, 평생을 함께했던 반려자 또한 아들에게 봉양토록 맡긴 다음 숲으로 들어가 수행하게 된다. 이때 그가 가져갈 수 있는 것은 비구육물(比丘六物)에 비견될 정도로 간단한 생활용품 몇 가지일 뿐이다. 산림기의 브라만이 먹거리를 해결할 때 비구와 다른 점은 걸식을 나가지 않고 숲에서 지인을 중심으로 한 지역민들로부터 공양을 받으며 생활한다는 점이다. ⇒ ㈜ '브라만의 생활 주기'

13) 현명한 자는 수행처에서 마음의 다섯 가지 장애를 제거하여 자신을 정화해야 하는데, 다섯 가지 장애란 ① 감각적 쾌락의 욕망[欲, kāma], ② 악의적 성냄[瞋恚, vyāpāda], ③ 해태와 혼침[昏沈, thīnamiddha], ④ 흥분과 회한[掉擧惡作, uddhacca-kukkucca], ⑤ 회의적 의심[疑, vicikicchā]이다.

14) ㈜ 깨달음에 도움이 되는 원리 속에서 여법하게 닦여진 마음을 말하는데, 그러한 원리로서 일곱 가지 깨달음의 고리[七覺支, satta-bojjhaṅgā]를 들 수 있다. ⇒ ㈜ '칠각지'

15) ㈜ 집착하지 않는다는 것은 다음의 네 가지 집착을 여읜다는 것이다. ① 감각적 쾌락인 욕망에 대한 집착[欲取, kāmupādāna], ② 견해에 대한 집착[見取, diṭṭhupādāna], ③ 규범과 금기에 대한 집착[戒禁取, sīlabbatupādāna], ④ 실체의 이론에 대한 집착[我語取, attavādupādāna]. 이 가운데 규범과 금기에 대한 집착이란 객관적 시각에서는 미신이나 터부 같이 잘못된 규범이나 금기에 대해 집착하는 것을 말하는데, 주관적 시각에서는 자신의 교리나 종교적 수행 때문에 오만해져 다른 교리를 비난함으로써 불필요하게 과시하려는 일반적인 경향으로 볼 수 있다.

第7章

अरहन्तवग्गो

지혜로운 이를 말한 장

나한품
羅漢品

090   나고죽음 그여정을 이미모두 마치고서
　　　 슬픔떨쳐 버린채로 온전하게 자유로워,
　　　 그어떠한 속박이든 거기에서 벗어나온
　　　 그런이의 고뇌란건 찾을수가 없으리라.

　　　 去離憂患 脫於一切 縛結已解 冷而無煖
　　　 근심과 걱정을 멀리 여의고
　　　 그 모든 것에서 벗어나면
　　　 속박의 매듭은 이미 풀어진 것이기에
　　　 냉정해져 열뇌熱惱가 있을 수 없다.

gataddhino visokassa, vippamuttassa sabbadhi |
sabbaganthappahīnassa, pariḷāho na vijjati ||
(생사의) 여정을 마치고[1] 슬픔을 떨쳐버린 채
모든 것으로부터 온전히 자유로우며
모든 속박에서 벗어난 이의 고뇌는 찾을 수 없다.[2]

* 090
발을 치료하신 부처님

부처님께서 싸왓티 제따 숲의 승원에 계실 때, 데와닷따의 해코지로 발을 다치신 부처님 이야기이다.

부처님의 사촌동생이면서 출가하여 승가에 몸을 담고 있던 데와닷따(Devadatta)는 항상 부처님을 해코지하고자 하였다. 한번은 아자따쌋뚜 왕과 모의하여 부처님을 살해하려고 깃자꾸따 산에서 부처님을 향해 큰 바위를 굴렸는데, 마침 돌출된 바위에 부딪쳐 큰 바위는 부서지고 그 파편의 한 조각이 부처님 오른발 엄지에 피를 흘리는 상처를 낸 적이 있었다.

"비구들이여! 조금 멀더라도 망고 숲의 지와까(Jivaka)에게 가자."

지와까는 이미 약간 덧나 있는 상처를 잘 치료하여 붕대로 감아 드렸다.

"세존이시여! 지금 성내에 급한 환자가 있어 다녀와야겠습니다. 늦지 않게 돌아와서 붕대를 풀고 다시 치료해 드리도록 하겠습니다."

그런데 환자가 위중하여 지체하는 바람에 치료를 마치고 나왔을 때는 이미 성문이 닫혀 버린 후였다. 부처님의 발은 따로 약을 쓰진 않더라도 붕대는 풀어 드려야 고통이 덜할 것이기에 지와까는 성안에서 밤을 지새우며 걱정하였다. 부처님께서는 멀리 있는 지와까의 마음을 읽으시고 시자 아난다 장로로 하여금 붕대를 풀게 하시고 아무런 고통 없이 잠자리에 드셨다.

"세존이시여! 밤새 고통스럽지는 않으셨습니까? 붕대를 풀고 계셨다니 큰 어려움은 없으셨겠지만, 그래도 많이 불편하셨을 텐데."

지와까가 새벽녘에 한걸음에 달려와 보니 상처는 깨끗이 아물고 있었다.

"지와까여! 깨달음을 이룬 여래는 고통으로 불편을 느낀 적이 없느니라."

---

1) 생사의 여정을 마쳤다는 것은 더 이상 태어나지 않음을 통해 죽음 또한 극복하였기에 윤회의 소용돌이에서 벗어난 자를 말한다. 그 여정을 욕계로 국한시킨다면 아나함(不來果, anāgāmin) 이상이 이에 해당하며, 삼계 전체로 본다면 아라한(阿羅漢, arahat)이 이에 해당한다.
2) 젠 고뇌는 신체적 고뇌와 정신적 고뇌의 두 가지가 있다. 그중 신체적인 고뇌는 더위나 추위 등에서 오는 까닭에 비록 번뇌가 다한 아라한이라 하더라도 존재하기 마련이다. 그러나 지와까와의 문답에서 부처님께서는 "궁극적으로 번뇌가 소멸한 자에게 고뇌는 없다."라고 하셨다.

091　새김갖춘 이들이면 머무는곳 애착않고
　　　아무렇지 않은듯이 훌쩍떠나 버리나니,
　　　마치배가 부른백조 웅덩이를 떠나가듯
　　　머무는곳 그어디건 그곳에서 떠나가리.

心淨得念 無所貪樂 已度癡淵 如鴈棄池

마음이 깨끗하여 한 생각을 얻었기에
탐하여 즐기는 바가 없는 이는
이미 어리석음의 연못을 건넜나니,
마치 못을 버리(고 떠나)는 기러기처럼.

uyyuñjanti satīmanto, na nikete ramanti te |

haṁsāva pallalaṁ hitvā, okamokaṁ jahanti te ||

새김을 갖춘 이들은
머무는 곳[3]에 애착을 갖지 않고 훌쩍 떠나 버린다.
마치 (먹이를 취한) 백조들이 웅덩이를 버리고 떠나듯
그들은 머무는 곳이 어디건 그곳을 버리고 떠난다.

시주물을 탐낸 마하깟싸빠?

부처님께서 라자가하 웰루 숲의 승원에 계실 때, 시주물을 탐내어 부처님의 유행을 따라나서지 않았다고 오해받은 마하깟싸빠의 이야기이다.

웰루 숲에서 안거를 보내고 계신 부처님께서 해제 보름 전쯤 말씀하셨다.

"안거가 끝나면 대중들은 나와 함께 서쪽 지방으로 유행을 나갈 것이다. 다소 먼 거리에 힘도 들 것이니 출발 전에 만반의 준비를 하도록 하라."

수행승들은 발우와 가사를 손보고 여분의 가사는 세탁하여 바느질할 곳은 바느질하는 등, 안거 말미에 다소 분주한 나날을 보내고 있었다.

"아니? 깟싸빠 존자도 가사를 손질하시네? 같이 떠나시려는가?"

"아닐 게야. 아니지, 그럴 수가 없지. 여기가 어떤 곳인데, 존자에게는."

"그렇지! 곧 또 시주물이 쏟아질 텐데. 어마어마한 신도들을 남겨 두고?"

비구들은 깟싸빠 존자도 이런저런 준비를 하는 모습을 보고 서로 수군거렸다. 승원으로 들어오는 공양 가운데 큰 시주는 모두 부처님만큼이나 깟싸빠 존자를 따르는 신도들인 만큼, 분명 존자는 떠나지 못할 것이라 모두 예상하였다.

"비구들이여! 이제 내일이면 유행을 떠난다. 그런데 이곳에도 주요 행사가 이어지므로 모든 비구들이 다 떠나는 것은 옳지 않다. 장로 깟싸빠를 비롯하여 몇몇 비구들은 남아서 이곳에서 열심히 포교토록 하라."

부처님의 말씀이 있자 그 보라는 듯, 날도 저물기 전에 승원 여기저기서 깟싸빠 존자는 시주물이 탐나 부처님께 부탁드린 게 분명하다는 말을 하였다.

"우리 예상이 맞았지? 나라도 그래. 그 많은 시주물을 생각해 봐!"

논란을 전해 들은 부처님께서 말씀하셨다.

"새김을 갖춘 이는 머무는 곳을, 설령 큰 이득이 보장된 대도 애착을 갖지 않고 훌쩍 떠나 버린다. 장로 깟싸빠는 여래의 지시에 따른 것일 뿐이다."

---

3) '머무는 곳[niketa]'은 일차적으로 집이나 거처 혹은 집안을 이루고 있는 가정이나 주거를 같이하는 무리를 말한다. 여기서는 욕망 또는 집착의 경향을 가리키는 것이므로 다섯 가지 감각적 쾌락에 대한 욕망인 오욕락(五欲樂)에 집착하는 경향을 의미한다.

092 누구라도 여법하게 먹거리를 챙긴다면
그들에게 쌓아둠은 존재하지 않으리라.
모든존재 여읜채로 가늠또한 되지않는
해탈만을 대상으로 삼아수행 하는이면,
마치하늘 나는새가 나아갈길 알수없듯
어찌그의 길을또한 무엇으로 가늠하리.

量腹而食 無所藏積 心空無相 度衆行地 如空中鳥 遠逝無礙
배고픔을 재량하여 (음식을) 먹을 뿐
간직해 쌓아 두는 일은 없는 이들은
마음이 텅 빈 채 상相 또한 없이 하여
중생을 제도하며 (해탈의) 경지로 나아가나니,
마치 허공 가운데 새가 멀리 나아가더라도 걸림이 없는 것처럼.

yesaṁ sannicayo natthi, ye pariññātabhojanā |
suññato animitto ca, vimokkho yesaṁ gocaro |
ākāse va sakuntānaṁ, gati tesaṁ durannayā ||
어떤 누구라도 여법한[4] 먹거리에만 의존하여 살아간다면
그들의 경우 쌓아 둔다[5]는 것은 존재하지 않는다.
그들의 경우 존재를 여읜 채
가늠되지 않는 해탈이 (수행의) 대상이니,
마치 하늘을 나는 새들처럼 그들의 길은 가늠하기 어렵다.

* 092

며칠 분량을 탁발하던 장로

부처님께서 라자가하 웰루 숲의 승원에 계실 때, 탁발을 나가면 며칠 분량의 공양을 받아오곤 하던 벨랏티씨싸 장로에 대한 이야기이다.

장로 벨랏티씨싸(Belaṭṭhisīsa)는 탁발을 나가면 우선 두어 집을 돌아서 받은 공양물로 공양을 한 다음, 다시 나머지[6] 집을 돌아서 받은 공양물은 승원으로 가져와 잘 보관해 두었다가 며칠 동안 그 공양물이 떨어질 때까지 탁발을 나가지 않곤 하였다. 그렇게 공양이 마련된 이삼일 동안 장로는 탁발 걱정 없이 선정을 익히곤 하였다.

"아니! 분명 계율에도 음식물을 축적하지 말라고 하였건만, 벨랏티씨싸 장로는 왜 그런대? 다 함께 탁발 나갈 때 혼자 남아서⋯ 대중이 싫은가?"

그 당시 비구들이 음식을 저장해 두는 일은 부처님이 금지하셨기에 장로의 행위는 충분히 문제가 되는 듯했다.

부처님께서도 이 일을 이미 아셨지만 별말씀 없으셨다가, 몇몇 비구들이 거론하기 시작해서 드디어 많은 대중들이 그 말에 동조하자 이에 대해 언급하시며 약간의 개차법(開遮法)[7]을 적용하셨다.

"장로 벨랏티씨싸의 경우는 여래가 그 계율을 정하기 이전부터 해온 일이며, 무엇보다 욕심이나 게으름에서 비롯된 행동이 아니라 시간을 절약하여 수행하기 위한 것이므로 장로에게는 계율을 범한 죄가 없다."

---

4) 여법(如法)함은 'pariññātabhojanā' 가운데 'pari(완벽하게)ññāta(앎)'의 번역이며, 'bhojana'는 먹는 행위를 말한다. '완벽한 앎'이란 세 가지 형태를 지니는데, ① 습득한 지혜를 기준으로 삼아 지혜로써 아는 것[ñāta-pariññā]과 ② 지혜에 기반한 올바른 의식으로 판단하여 아는 것[tīraṇa-pariññā] 및 ③ 결국엔 모든 것을 내려놓음으로 귀결되게 하는 앎[pahāna-pariññā] 등이 그것이다.
5) '쌓아 둠'은 문화·문명의 시발점이자 집착·애욕의 시원이지만 출가 수행인의 경우엔 경계해야 할 대상이다. 남방불교에서의 축적은 업의 축적[선하고 건전한 업과 악하고 불건전한 업]과 필수품의 축적으로 나뉘는데, 수행자가 한 조각의 설탕과 네 조각의 버터 및 한 날리(nāḷi) 분량의 쌀을 지니는 것은 축적으로 여기지 않는다.
6) 계율에 의하면, 탁발을 나가면 최대 일곱 곳의 신자 혹은 집에 공양 시주를 권해야 한다. 두어 곳에서 필요한 양이 마련되었으면 그대로 돌아오고, 일곱 곳을 다 거쳤는데도 충분하지 않아도 그냥 돌아온다.
7) 개차법이란 기존에 제정된 계율을 실정에 따라 특별한 경우에 한해 약간 느슨하게 혹은 좀 더 엄하게 적용하는 법을 말한다. 개차법은 부처님에 의해서만 운용될 수 있는 것으로 간주된다.

093 누구라도 모든번뇌 남김없이 사라지고
그어떠한 먹거리도 집착하지 아니하며,
모든존재 여윈채로 가늠또한 되지않는
해탈만을 대상으로 삼아수행 하는이면,
마치하늘 나는새가 나아갈길 알수없듯
어찌그의 발길또한 무엇으로 가늠하리.

如鳥飛虛空 而無有所礙 彼人獲無漏 空無相願定
마치 새가 허공을 날더라도
장애되는 바가 존재하지 않는 것처럼
저 사람은 새어 나옴이 없는 경지를 획득하였기에
비어 있고 상相이 없으며 바람이 없는
선정禪定(인 해탈)을(얻었느니라).

yassāsavā parikkhīṇā, āhāre ca anissito |
suññato animitto ca, vimokkho yassa gocaro |
ākāse va sakuntānaṁ, padaṁ tassa durannayaṁ ||
그의 경우 번뇌는 고갈되었고[8]
먹거리에 집착하지 않으며,[9]
그의 경우 존재存在를 여읜 해탈과
상을 여읜 해탈이 수행의 대상이니,
그의 발길은 마치 하늘을 나는 새들처럼 가늠하기 어렵다.

* 093
천공을 받은 장로 아누룻다

부처님께서 싸왓티 제따 숲의 승원에 계실 때, 하늘로부터 받은 조각 천으로 가사를 깁고 천공(天供)도 받은 아누룻다 장로 이야기이다.

어느 날 장로 아누룻다(AnuRuddha, 阿那律陀)는 가사가 더 이상 입지 못할 정도로 해졌기에, 가사를 기울 조각 천을 찾으러 쓰레기 더미 등지에서 버려진 천을 뒤적거리고 있었다. 그때 장로의 세 번째 전생에서 부인이었던 여인 잘리니(Jālinī)가 삼심삼천에 태어나 여신으로 있었는데, 그 모습을 보고는 천상의 귀한 옷감에서 세 조각을 베어 내어 쓰레기 더미 속에 묻어 두고 그 끄트머리만 삐져나오게 해두었다.

"오! 이리도 좋은 천이 버려져 있다니. 이것으로 가사를 기워야겠다."

승원으로 돌아와 가사를 기울 때는 부처님과 80명의 장로 및 5백 명의 비구들이 모두 와서 아누룻다 장로의 손을 거들었다.

"부처님과 장로들과 수행자들이 아누룻다 장로의 가사 깁는 일에 너나없이 손을 보태고 있으니, 쌀죽과 공양물을 승원으로 가져가면 좋을 겝니다."

여신 잘리니는 다시 아리따운 여인으로 변하여 지상에 내려와 라자가하의 신심 깊은 신자들을 독려하여 가사 깁는 일을 돕는 부처님과 모든 대중들이 다 먹고도 남을 공양이 준비되도록 하였다.

"이게 무슨 일이야? 아누룻다 장로가 자기 일 돕는다고, 이 틈에 자기 신도들 동원해서 너무 과하게 공양 올리게 한 것 아냐? 자기 과시하려고…."

부처님께서 비구들의 비난을 들으시고 말씀하셨다.

"비구들이여! 장로 아누룻다가 그리했다 여기지 말라. 그는 귀한 천도, 넘치는 공양도 원하거나 청한 적이 없나니, 모두 천신이 도운 것일 뿐이다."

---

8) 囧 네 가지 번뇌가 완전히 부서진 상태를 말한다. 네 가지 번뇌란 ① 감각적 쾌락을 추구하는 욕망의 번뇌인 욕루(欲漏), ② 존재한다는 것에 대한 욕망의 번뇌인 유루(有漏), ③ 견해의 번뇌인 견루(見漏), ④ 무명의 번뇌인 무명루(無明漏) 등이 그것이다.

9) 먹거리에 집착하지 않는다는 것은 단지 설근(舌根)의 대상인 맛만 가리키는 것이 아니라 육근(六根)의 대상인 육경(六境) 모두를 일컬으며 그 대표적인 것을 앞세웠을 뿐이다.

094 솜씨좋은 마부에게 길들여진 준마처럼
감각하는 모든기관 하나같이 평온하며,
자만심을 내려놓고 번뇌마저 여읜이를
하늘세상 천신들도 부러워들 할것이리.

制根從止 如馬調御 捨憍慢習 爲天所敬
감관感官을 제어하여 그칠 수 있게 됨이
마치 말이 길들여져 다스려지듯 하며
교만의 습기習氣를 버릴 수 있으면
하늘 또한 공경하는 바가 될 것이다.

yassindriyāni samathaṅgatāni,
assā yathā sārathinā sudantā |
pahīnamānassa anāsavassa,
devāpi tassa pihayanti tādino ||

마부에 의해 길들여진 말처럼 감각 기관들이 평온하며
자만을 내려놓은[10] 채 번뇌를 여읜[11]
그러한 그를 신들 또한 부러워한다.[12]

244

* 094

천신의 존경을 받은 장로 마하깟싸빠

부처님께서 싸왓티의 뿝바라마 승원에서 안거 해제 법문을 하셨을 때, 천신의 지극한 존경을 받은 마하깟싸빠 장로에 대한 이야기이다.

부처님께서 어느 햇가 안거 해제 법문을 녹자모강당인 뿝바라마 승원에서 하신 적이 있었다. 그 자리에는 부처님을 뵙기 위해 제석천왕 또한 천상의 많은 권속들을 거느리고 내려와 있었다.

당시에 마하깟싸빠 존자는 멀리 아완띠(Avanti)국에서 안거를 지내고 막 건너오고 있는 중이었기에, 부처님께서는 당신의 바로 옆자리를 존자를 위해 비워 두셨다.

'존자 마하깟싸빠께선 아직 도착하지 않으셨는가?'

부처님의 발에 예경을 마친 제석천왕이 빈 옆자리를 보고 이렇게 생각하는 순간에 마침 존자가 도착하였다. 그러자 제석천왕은 부처님께 한 만큼이나 지극한 정성으로 존자의 발에 예경하고 향료와 꽃으로 존경을 표시하였다.

"천상의 제왕인 제석천왕이 깟싸빠 존자께 왜 저리 극진한 예경을 표하는 게지? 너무 지나치다 싶을 정도인데?"

부처님께서 근처에 있는 비구들의 수군거림을 듣고는 은근한 미소를 비치시며 대중들에게 말씀하셨다.

"비구들이여! 장로 마하깟싸빠처럼 자신의 감관을 잘 수호하는 수행자라면 재가신자나 함께 수행하는 수행자들은 물론 천상의 신들에게도 사랑과 존경을 받는 것이 당연하니라. 그의 감관은 훌륭한 마부에 의해 길들여진 온순한 준마와 같기 때문이다."

---

10) 아홉 가지 자만인 구만(九慢)을 내려놓음. → '구만'은 게송 74번 각주 참조.
11) 네 가지 번뇌인 사루(四漏)를 여읨. → '사루'는 게송 93번 각주 참조.
12) 불교 이전은 물론 그 이후에 성립된 외도의 가르침은 인간계(人間界)와 신계(神界) 가운데 해탈(또는 절대 존재인 브라흐만의 상태)에 보다 가까운 것을 신계로 보는 것이 일반적인데, 불교에서는 도솔천에 계시던 붓다께서 지상의 인간으로 나오셔서 수행하여 해탈하시는 모습을 보임으로써 모든 번뇌를 여읜 인간이 신을 능가함을 역설하는 근거가 될 수 있게 되었다.

095 인드라의 깃발마냥 우뚝솟은 모습에다
홀륭하다 할수있는 맹서까지 지닌이는
大地같아 무엇에도 방해받지 않으리니,
더러움을 떨쳐버린 깊디깊은 연못처럼
그와같은 이에게서 윤회란게 무엇이리.

不怒如地 不動如山 眞人無垢 生死世絶
성내지 않는 것은 대지와 같고
경거망동 않는 것은 산과도 같기에
참된 사람은 더러움이 없으므로
나고 죽음이 영원히 끊어지게 된다.

pathavisamo no virujjhati, indakhīlupamo tādi subbato |
rahadova apetakaddamo, saṁsārā na bhavanti tādino ||
(우뚝 솟은) 인드라의 기치旗幟와 비견되며
훌륭한 맹서를 지닌
그와 같은 이는 대지大地와 같아
(그 어떤 것도) 아무런 방해가 되지 않나니,[13]
(모든) 더러움을 떨쳐 버린 깊은 연못처럼
그와 같은 이의 경우 윤회[14]는 존재하지 않는다.

## 095

모함을 받은 장로 싸리뿟따

부처님께서 싸왓티 제따 숲의 승원에 계실 때, 젊은 비구에게 모함을 받은 장로 싸리뿟따가 보인 여법한 행위에 대한 이야기이다.

안거가 거의 끝나갈 무렵, 장로 싸리뿟따는 해제 후 떠날 유행(遊行)을 준비하고 있었다. 그러던 싸리뿟따가 모든 비구들에게 안거가 끝난 후의 수행 생활에 대해 알뜰히 살펴서 다독거리며 정진을 당부하였으나, 평소 관심을 보였던 비구들 가운데 유독 한 비구에게만은 그렇게 하지 못하고 유행을 출발하였다.

"세존이시여! 장로 싸리뿟따는 자신이 수제자라 으쓱대며 저를 구타하여 귀를 먹게 하고, 그리곤 아무런 조치나 사과도 없이 유행을 떠나 버렸습니다."

싸리뿟따가 승원을 나서는 것을 확인한 비구는 부처님에게 달려가 싸리뿟따를 모함하였다. 부처님께서 싸리뿟따를 찾으시자, 사태를 눈치챈 장로 목갈라나와 아난다는 싸리뿟따를 불러들인 자리에 모든 수행승도 함께 모이게 하였다.

"세존이시여! 굳건한 대지는 사람들이 오물을 쏟아 붓건, 꽃으로 장엄하건 미동도 하지 않습니다. 저도 그처럼 되고자 할 뿐입니다."

싸리뿟따는 별다른 변명도 없이, 자신의 평정된 마음을 땅과 황소의 잘려진 뿔 등을 비유로 들어 담담히 표현할 뿐이었다. 이렇게 전혀 원망도 없이 자신의 수행 모습만 드러낸 싸리뿟따의 말이 끝나기도 전에 싸리뿟따를 모함하던 비구는 땅에 엎드려 용서를 빌었으며, 함께 듣고 계시던 부처님께서 말씀하셨다.

"싸리뿟따여! 대지와 같은 그대가 그를 용서하여, 그의 머리가 일곱으로 갈라지는 과보를 면하도록 해주어라."

"도반이여! 나는 이미 용서하였습니다. 혹시 제게도 있을지 모를 어떤 잘못이 있다면 도반 또한 너그러운 마음으로 저를 용서해 주시기 바랍니다."

---

13) 인도의 모든 신들에게는 자신들 고유의 깃발이 제각기 존재하는데, 그 가운데 신들의 왕인 인드라의 깃발을 가장 화려하고 큰 것으로 여긴다. 그러한 인드라의 깃발이 평탄한 대지에 추위와 더위는 물론 화려한 장엄에도 아무런 변함없이 굳건히 서 있는 것처럼, 번뇌가 소멸된 수행승은 혹독한 비난 등은 물론 여하한 칭찬 등에 직면해서도 침착할 뿐 동요하지 않음을 말한다.

14) 불교 윤회는 브라만교의 윤회를 원용(原用)하고 그것을 새롭게 해석하였다. ⇒ ㉬ '오화이도설(五火二道說)'

096 완벽해진 지혜로써 자유롭고 평온해진
     그와같은 이의경우 그와같은 사람이면,
     평온해진 생각이며 평온해진 언행이며
     평온해진 행위만이 남아있을 뿐인것을.

     心已休息 言行亦正 從正解脫 寂然歸滅
     마음은 이미 쉬어지고 말과 행동 역시 올곧아지면
     올곧음을 좇아 해탈하게 되어
     고요히 적멸寂滅에 돌아가게 된다.

     santaṁ tassa manaṁ hoti, santā vācā ca kamma ca |
     sammadaññāvimuttassa, upasantassa tādino ||
     완벽한 지혜로 자유로워져[15]
     평온함을 지닌 그와 같은 이의 경우
     평온한 생각이,
     그리고 평온한 언행과 행위가 존재한다.[16]

* 096
출가 삭발 때 아라한이 된 사미

부처님께서 싸왓티 제따 숲의 승원에 계실 때, 출가하여 삭발하는 순간 아라한의 경지에 오른 사미에 대한 이야기이다.

꼬삼비 지방에서 출가하여 수행하던 띳싸(Tissa) 장로가 한번은 자신에게 수행을 위한 생필품은 풍족하지만 시자가 없다고 불만하였다. 그러자 한 재가신자가 자신의 일곱 살 아들을 장로 앞으로 출가시켜 시자로 삼게 하였다.

장로는 그의 아들을 받아들여 사미로 삭발식을 치르기 전에 오온의 관찰이란 명상 주제를 주었는데, 그것을 늘 마음에 챙기던 어린 사미는 삭발식 때 마지막 머리털이 땅에 채 떨어지기도 전에 아라한의 경지에 올랐다.

얼마 후 장로는 사미를 데리고 부처님을 친견하러 가는 길에 한 승원에서 묵게 되었는데, 마침 방이 부족하여 하는 수 없이 같은 방을 사용하였다. 장로는 피곤한 몸으로 이내 잠에 들었으나, 사미는 친교사와 같은 곳에서 잠자리에 들지 못하게 하는 계율 때문에 장로의 침대 곁에서 밤을 지새웠다.

새벽에 잠이 덜 깬 장로가 사미에게 나가서 양치물 등을 준비하라 지시하며 손에 들고 있던 부채 끝으로 사미의 한쪽 눈을 찔러 멀게 하였는데, 사미는 아무렇지 않게 한 손으로 모든 수발을 들었다. 나중에 사미가 수건을 건네 드릴 때 한 손으로 드렸다 하여 야단치자 그제야 사미는 모든 일을 말씀드렸다.

"내가 이 얼마나 큰 잘못을 저질렀나! 내가 알지 못했노라. 나를 용서하라!"

장로는 부처님을 뵙고 이 모든 사실을 말씀드리면서 어린 사미지만 그의 침착함과 평온함이 놀랍노라고 하였다.

"완벽한 지혜로 자유로워진 이는 누구에게든 화를 내거나 증오를 품지 않는다. 그의 감관은 고요해지고 그의 정신은 적멸에 들었기 때문이니라."

---

15) 완벽한 지혜를 통해 자유롭게 되었다는 것은 게송 57의 각주에도 언급되었듯이, 다섯 가지 해탈[五解脫, pañcavimutti]을 통함으로써 궁극적인 해탈을 얻게 된 것을 말한다.

16) ䷀ 생각[意]은 탐욕 등을 여읨으로써, 언행[口]은 거짓말 등을 여읨으로써, 행위[身]는 해코지나 살생 등을 여읨으로써 평온해져 평화롭고 적멸의 상태에 들어갈 수 있다.

097

믿어야될 믿음이면 어찌해도 갖지않고
無爲또한 환히알고 속박마저 끊은사람,
실마리를 모두끊고 모든바람 내려놓은
그야말로 세상에서 으뜸가는 인간이리.

棄欲無著 缺三界障 望意已絶 是謂上人
욕심을 버렸기에 집착이 없으며 삼계에서 장애가 없어져
바라는 마음이 이미 끊어진 이,
그를 일컬어 '어르신'이라 한다.

assaddho akataññū ca, sandhicchedo ca yo naro |
hatāvakāso vantāso, sa ve uttamaporiso ||
믿음을 갖지 않고[17] 무위無爲를 알고 있으며[18]
모든 속박이 끊어진 사람,
모든 실마리들이 끊어지고 모든 바람들이 내려 놓여진[19]
그는 실로 최상의 인간이다.

* 097
싸리뿟따의 이상한 답변

부처님께서 싸왓티 제따 숲의 승원에 계실 때, 부처님의 질문에 이상하게 답변한 싸리뿟따에 대한 이야기이다.

어느 날 30명의 비구들이 부처님을 친견하기 위해 먼 지방으로부터 제따 숲의 승원에 도착하였다. 부처님께서는 그들 모두가 아라한의 경지에 오를 시기가 되었음을 아시고 짐짓 싸리뿟따를 불러 그들과 함께 있는 자리에서 이렇게 질문하였다.

"싸리뿟따여! 그대는 감각 기관에 대한 마음집중을 챙김으로써 열반을 성취하게 된다는 진실을 받아들이느냐?"

"세존이시여! 감각 기관에 대한 마음집중으로 열반이 성취된다는 진실을 저는 받아들입니다. 그러나 그것은 여래에 대한 저의 믿음 때문이 아니며, 그렇다고 다른 어떤 누구의 말 때문에 이 진실을 받아들이는 것도 아닙니다."

이를 듣고 있던 비구들은 싸리뿟따가 잘못된 견해를 가진 게 분명하다고 생각하고, 무엇보다 부처님을 불신하고 있는 듯한 이상한 답변에 의아해 하며 서로 수군거렸다. 그러자 싸리뿟따가 다시 자신의 답변을 마무리하였다.

"세존이시여! 보지 못하고 인식하지 못하고 지혜로 파악하지 못하는 사람이 어떤 사실을 누구에게든 듣고서 그것을 진실로 받아들인다면 그것은 단지 타인에 대한 믿음 때문일 뿐입니다."

부처님과 싸리뿟따의 문답이 몇 차례 더 오가는 동안 30명의 비구들은 두 분의 대화에 귀를 점차 기울이더니, 대화 말미쯤에 모두 아라한의 경지에 올랐다.

---

17) '믿음을 갖지 않는다'는 것은, 어떤 견해에 대해 체득하여 이해함으로써 자각을 통해 완전히 알게 되어 지혜로 갖게 되는 것이 아니라면, 믿지 못할 것이라 여겨지는 것을 억지로 믿음으로써 단지 알음알이로 갖게 되는 것은 피한다는 의미이다.

18) '무위를 알고 있는'에 해당하는 산스끄리뜨는 'akataññū'인데, 분석하면 'a(無)kata(爲)ññū(知)'이니, 무위는 만들어지지(kata) 않은(a-) 것이기 때문이다. 형성되지 않은 것은 열반(nibbāna)을 의미하기도 하므로, 무위를 아는 자를 열반을 깨달은 자로 볼 수 있다.

19) 실마리는 윤회와 연결된 갖은 인연을 의미하며, 바람은 온갖 욕망을 의미한다. 모든 욕망은 네 가지 길[四向, cattāro maggā]을 통해 해야 할 일을 함으로써 내려 놓을 수 있다.

098 　그장소가 마을이건 아니라면 숲속이건
　　　 그도아님 습지거나 그저마른 땅이라도,
　　　 아라한이 사시는곳 그곳이그 어디라도
　　　 그런땅은 누구라도 기뻐할만 하리로다.

　　　 在聚若野 平地高岸 應眞所過 莫不蒙祐
　　　 취락에서건 아니면 들녘이건 평지건 높은 언덕이건
　　　 (다만) 아라한이 지나가기만 한 곳이라도
　　　 어찌 도움을 입지 않을 수 있겠는가.

　　　 gāme vā yadi vāraññe, ninne vā yadi vā thale |
　　　 yattha arahanto viharanti, taṁ bhūmiṁ rāmaṇeyyakaṁ ||
　　　 마을에서건 아니면 숲속에서건
　　　 아니면 습지에서건 아니면 마른 땅에서건
　　　 아라한[20]들이 사는 어디건
　　　 그 땅은 기꺼워할 만하다.

## 098

아라한이 된 사미가 지내는 곳이면

부처님께서 싸왓티 인근의 뿝바라마 승원에 계실 때, 어린 사미로 출가하여 숲에서 홀로 수행하던 레와따에 대한 이야기이다.

존자 싸리뿟따는 87만 꼬띠(koṭi)[21]의 재물을 버리고 출가하였다. 세 명의 누이 짤라, 우빠짤라, 씨쑤빠짤라는 그 뒤를 이었으며, 두 형제 쭌따와 우빠쎄나도 나중에 출가하였다. 겨우 남은 막내 레와따(Revata)는 이제 일곱 살이었으나 그마저 출가할까 염려한 싸리(Sārī) 부인이 막내의 결혼을 서둘렀다.

그러나 이미 큰형 싸리뿟따를 통해 제법무상(諸法無常)을 알게 된 레와따는 결혼식 날 신부가 탄 가마를 버리고 도망쳐 인근 승원에서 사미로 출가해 버렸다. 그리고 집안의 시선을 피해 곧바로 먼 곳의 숲으로 명상 주제를 지니고 홀로 들어가 수행하여, 첫 안거가 끝나기도 전에 아라한의 경지에 올랐다.

안거를 마친 싸리뿟따가 레와따가 거처하는 숲을 방문할 때 부처님께서도 5백 명의 수행승과 동행하셨다. 레와따가 수행하는 숲은 워낙 동떨어진데다 길도 험했으나 동행한 씨왈리(Sīvali) 장로가 모든 악귀를 잠재우고 천상의 공양을 받아 부처님과 승단에 제공함으로써 대중에게 큰 도움이 되었다.

레와따는 부처님께서 대중과 함께 오신다는 소식을 듣고 신통력으로 세존께서 임시로 머무실 향실과 대중들이 머물 5백 칸의 중각강당(重閣講堂)을 지으니, 대중이 두 달 가량 머물며 그 누구도 불편함이 없었다.

싸왓티로 돌아온 비구들이 그곳의 장엄함과 편안함을 이야기하자 뿝바라마 승원의 건립 공덕주인 청신녀 위싸카가 이상하게 생각하였다. 그 말을 전해 들은 부처님께서 비구들에게 말씀하셨다.

"아라한이 머무는 곳은 그곳이 어디건 기쁨이 넘친다. 마을이건 숲이건 계곡이건, 심지어 그늘 한 점 없는 너른 평원이라 할지라도."

---

20) '아라한'의 산스끄리뜨 'arahat'은 동사 '√arh(가치를 지니다)'에서 온 말인데, 수행자를 존경하고 그 삶을 보좌하는 전통에 따라 특히 먹거리 공양을 올릴 가치를 지닌 수행자란 의미가 내포되어 있다.
21) 꼬띠는 한역의 구지(俱胝)에 해당하는 큰 숫자로서, 10의 7승을 가리킨다.

099 범부같은 존재들은 즐길만한 숲을두고
     즐기어도 되건마는 즐기지를 아니하고,
     욕망따위 추구않고 열정에서 자유로운
     이숲속은 그런이가 즐길줄을 알뿐이네.

     彼樂空閑 衆人不能 快哉無望 無所欲求
     저들은 텅 빈 한가로움을 즐기나니,
     뭇 사람들은 그럴 수 없는 것을.
     오호 쾌재라! 바람도 없고
     하고자 추구하는 바도 없다는 것이.

     ramaṇīyāni araññāni, yattha na ramatī jano |
     vītarāgā ramissanti, na te kāmagavesino ||
     (평범한) 사람들은
     즐길 수 있을 만한 숲들을 즐기지 않나니,
     욕망을 추구하지 않고
     열정에서 자유로운 이들이 즐길 뿐이다.

## 099

기녀의 유혹을 이겨 낸 수행승

부처님께서 싸왓티 제따 숲의 승원에 계실 때, 홀로 수행하던 중에 기녀의 유혹을 받아 잠시 흔들렸으나 결국 이겨 낸 수행승의 이야기이다.

승원에서 대중들과 함께 머물지 않고 싸왓티 성내에서 항상 혼자 탁발하며 수행하던 한 수행승이 있었다. 언젠가 안거가 시작될 무렵 부처님께 수행 주제를 받아 다시 싸왓티로 들어간 그는 성내에서 안거를 지낼 적당한 수행처를 찾다가 폐허가 된 채 버려져 있는 한 유원(遊園)에 처소를 정했다.

한편 싸왓티의 한 기녀가 어떤 사내와 은밀히 만날 약속을 하였으나 만나지 못한 채 허전한 마음을 안고 돌아가던 중에 그 유원을 지나게 되었다. 인적도 없는 한적한 곳에 잠시 앉았다 가려던 기녀 눈에 수행승의 모습이 보였다.

'저 수행승도 남자려니….'

그냥 돌아갈 수는 없을 것만 같은 마음에 기녀는 나무 그늘 아래 수행승이 있는 곳으로 가서 무엇을 물어보는 척하며 슬그머니 온갖 교태를 부렸다. 더운듯 윗옷의 옷깃을 제쳤다가, 기다란 아래 옷깃을 펄럭거려 보았다가, 단정히 풀어 놓았던 머리카락을 다시 묶었다 또 풀었다가, 무슨 말끝에 손뼉을 치며 목젖이 보이듯 웃었다가….

'이게 뭐지? 내게서 일어나는 이 기운은 뭐지?'

그때 멀리 제따 숲에서 이 모습을 신통력으로 건너다보고 계시던 부처님께서 단지 수행승 앞으로만 모습을 나투시고 그에게만 들리게 말씀하셨다.

"수행승이여! 감각적 쾌락에서 이는 욕망을 추구하는 자가 있는 곳엔 기쁨은 존재하지 않는다. 탐욕을 여읜 자가 있는 곳에 기쁨이 있을 뿐이다."

수행승은 다시 정신을 가다듬고 명상에 들어 부처님으로부터 받아든 수행 주제에 몰두하였다. 한참을 교태부리다 반응이 없는 수행승에게 눈을 흘기며 자신의 옷매무새를 고친 기녀가 돌아서는 순간, 수행승은 아라한의 경지에 올랐다.

第8章

सहस्सवग्गो

'천 마디의 말'로 표현된 장

술천품

述千品

100   의미없는 단어들로 그럴싸게 이뤄진말
  설령그리 이은말이 천마디가 되더라도,
  한번듣고 이내맘이 편해지는 한마디말
  의미있는 그한마디 그것이더 나으리라.

  雖誦千言 句義不正 不如一要 聞可滅意
  비록 천 마디의 말을 읊조리더라도
  글귀의 의미가 바르지 못하다면
  들어서 (번뇌를) 소멸시킬 수 있는
  뜻을 지닌 한 마디 요긴한 글귀만 못하다.

  sahassamapi ce vācā, anatthapadasaṁhitā |
  ekaṁ atthapadaṁ seyyo, yaṁ sutvā upasammati ||

  설령 의미 없는 단어로 결합된
  천 마디의 말들이 있더라도
  그것을 듣고 평온하게 되는
  한 마디의 의미 있는 말이 더 낫다.[1]

망나니 땀바다티까

·

부처님께서 싸왓티 제따 숲의 승원에 계실 때, 55년간 망나니를 직업으로 삼았던 땀바다티까에 대한 이야기이다.

싸왓티 인근에 살던 땀바다티까(Tambadāṭhika)는 외모가 워낙 흉측하게 생겨 모든 사람들로부터 버림을 받았다. 그래도 먹고 살기 위해 찾아간 곳은 약탈과 강도짓을 하며 살아가는 5백 명의 도적 무리가 있는 소굴이었다.

"어떤 일이건 시키는 것은 다 할 테니 이곳에서 살도록 허락해 주십시오."

도적의 수괴는 워낙 험악하게 생긴 그가 맘에 들지 않아 허락하지 않았으나 어차피 자신들도 대부분 버림받아 이곳에 모여 사는 까닭에 측은한 마음이 일어 그를 받아 들였다. 그래서 땀바다티까는 그 마을에서 가장 험한 일만 도맡아 하며 겨우 입에 풀칠을 할 수 있었다.

"너희들은 지금까지 왕실의 재물을 약탈한 것은 물론 무고한 양민들을 수도 없이 죽였으니, 모두 사형에 처한다!"

얼마 후 왕실의 군대에 의해 소굴은 토벌되고 5백의 도적들은 모조리 붙잡혀 재판을 받았다. 그들은 왕실의 큰 골칫거리로 밉보였던 까닭에 그 죄상이 부풀려지며 모두 사형이 언도되었다. 그런데 정작 사형을 집행할 망나니들이 모두 도망을 가 버렸다. 한 번에 집행할 사람이 너무 많기도 하거니와, 그들 모두가 목을 도끼로 내려칠 만큼 그렇게 흉악한 사람들이 아니란 것을 알고 있었기 때문이다.

"네 이놈! 내가 보니 망나니 하기엔 딱 안성맞춤이구나. 왕의 명령이니 네가 망나니를 하거라. 그러면 네 목숨은 살려 주마."

그렇게 시작된 땀바다티까의 망나니 짓은 어느덧 나라에서 치러지는 큼지막한 형장의 일은 혼자 도맡아 하는 등, 그렇게 55년을 줄곧 이어졌다. 그러는 동안 비록 천한 신분이었지만 그는 제법 풍족한 생활을 누릴 수 있었다.

"땀바다티까는 망나니 재상이야! 그 집에 한번 가 봐! 없는 게 없어. 누군 자기 친척을 고통스럽지 않게 죽여 달라고 돈을 가져다준다는구먼."

그런데 나이가 들자 도끼를 잡은 손에 힘이 자꾸 빠지는 것을 느낀 땀바다티까는 그것이 단지 나이 때문만은 아닌 것 같았다. 왕실의 허락을 얻어 망나니 일을 그만두고 얼마간은 모아 둔 재물로 남부럽지 않게 지냈다. 그러나 식량도 근근이 마련할 정도가 되어 하루 한 끼도 겨우 챙겨 먹던 어느 날, 유미죽을 끓여 놓고 강가로 목욕을 다녀온 땀바다티까가 죽을 먹으려 할 때 문간에 탁발을 와서 서 있는 장로 싸리뿟따를 보았다.

'내 지금 주린 배에 이것이 천금만큼 소중하지만, 평생 사람의 목을 친 망나니였으니… 이 죽을 싸리뿟따 존자께 공양 올려야겠다.'

귀한 죽을 공양 받은 싸리뿟따는 감사의 표시로 가르침을 설하였다. 그러나 싸리뿟따의 말이 자신의 귀에 와 닿을수록 지난날 자신이 행한 망나니 일 때문에 스스로 괴로움에 빠진 그는 가르침에 집중할 수 없었다.

"땀바다티까여! 그 일을 네가 원해서 한 것이냐? 왕이 시켜서 한 일이냐?"

"저도 살고자 한 일입죠. 그렇지만 나이 들어선 뭐가 뭔지 모르겠습니다."

장로 싸리뿟따는 이미 자신을 돌아볼 수 있게 된 땀바다티까를 위해 왕이 시켜서 한 일은 잘못이 없음을 말해 주고, 다시 그에게 맞는 법문을 펼치니 이내 흐름에 드는 길에 도달하였다.

법문을 마친 싸리뿟따가 승원으로 돌아가자, 땀바다티까는 제법 멀리까지 따라가 배웅하고 집으로 돌아오는 길에 소 형상을 한 귀신에게 받혀 죽임을 당했다. 그리고 죽기 직전 법문을 들은 공덕으로 도솔천에 태어났다.

"그리 많은 악행을 범한 자가 어찌 법문 한 자락 들었다고 도솔천에….'

"수행승들이여! 귓등으로 듣는 천 마디보다 가슴으로 듣는 한 마디가 나으니라. 그런 그 덕분에 5백 도적들도 지옥에서 한 고통 덜게 되었구나."

---

1) 젠 비록 한 마디의 말일지라도 탐욕을 사라지게 하고 열반으로 인도하는 말이므로 그것을 듣고 평온하게 되는 것이니, 열반과 관계된 말은 다섯 가지 존재의 다발[五蘊, pañcakkhandha]과 열두 가지 감역[十二處, dvādasāyatana]과 열여덟 가지 인식의 세계[十八界, aṭṭharasadhātu]와 다섯 가지 능력[五根, pañcindriya]과 다섯 가지 힘[五力, pañcabala] 및 네 가지 새김의 토대[四念處, satipaṭṭhāna]를 밝히어 마음을 평온으로 이끌기 때문이다.

101 의미없는 게송들로 그럴싸하게 이뤄진말
설령그리 이은말이 일천게송 되더라도,
한번듣고 이내맘이 편해지는 한수게송
의미있는 게송한수 그것이더 나으리라.

雖誦千言 不義何益 不如一義 聞行可度
비록 천 마디의 말을 읊조리더라도
의미롭지 않다면 어찌 이익되겠는가.
들어서 행하면 득도得度할 수 있는
의미로운 말 한 마디만도 못할 뿐이다.

sahassamapi ce gāthā, anatthapadasaṁhitā |
ekaṁ gāthāpadaṁ seyyo, yaṁ sutvā upasammati ||
설령 의미 없는 단어로 결합된
천 수首의 게송들이 있더라도
그것을 듣고 평온하게 되는
한 수의 의미 있는 게송이 더 낫다.

아라한이 된 재가신자 바히야

부처님께서 싸왓티 제따 숲의 승원에 계실 때, 선 채로 들은 한 차례의 법문으로 아라한이 된 재가신자 바히야에 대한 이야기이다.

먼 바다를 항해하던 배가 난파되어 모두 물고기밥이 되고 바히야(Bāhiya)라는 한 사람만 자그마한 판자에 의지해 한 항구 도시에 닿아 살아남았다. 항구에 도착한 바히야는 걸치고 있는 옷이 없었기에 의지했던 판자로 몸을 가리고 길가에 앉아 구걸하였다. 그랬더니 지나가던 사람들이 죽과 짜빠띠를 건네주는 것이었다.

"야, 저 사람은 옷도 하나 안 걸치고 판자에 기대앉아 명상에 드네? 혹시 숲에나 가야 뵐 수 있는 아라한 아닐까?"

지나가던 사람들 가운데는 이렇게 서로 수군거리며 간혹 귀한 것을 건네주고 가는 이도 있었다. 그러다 옷을 가져다주기도 하였는데 '내가 옷을 걸치고 있으면 사람들이 내게 귀한 것을 주진 않겠지?'라고 생각한 바히야는 말없이 근엄한 표정으로 그 옷을 거절하였다. 그러자 소문이 순식간에 퍼졌다.

"우리 척박한 항구 도시에 아라한이 오셨네! 진정한 수행자가 오셨어!"

소문은 삽시간에 도시 전체에 퍼져, 많은 사람들이 몰려와 동냥 아닌 공양을 올리기에 바빴다. 공양물이 쌓일수록 바히야는 판자 조각을 꽉 붙들고 놓지 않았다.

이런 모습을 바히야 전생의 친구였던 대범천이 천상에서 모두 지켜보았다.

'저 도반을 그냥 놓아두었다간 아비지옥에 떨어지고 말겠구나.'

그래서 평범한 브라만으로 변신한 대범천은 바히야에게 가서 말했다.

"그대는 아라한이 아니지 않은가? 그대는 아라한으로서 어떤 자격도 갖추지 못하고 있지 않소?"

처음 듣는 비판에 정신이 번쩍 든 바히야가 대꾸하였다.

"그래! 나는 내 자신이 아라한이 아닌 것을 인정합니다. 그런데 실제 아라한이란 게 이 세상에 있기나 한가요? 그저 그렇게 속이고 속는 것이지."

대범천은 전생의 수행력이 조금이나마 남은 덕에 마음의 문을 다시 열기 시작하는 바히야를 위해 아라한인 제따 숲에 계시는 세존에 대해 상세히 이야기해 주었다. 그리고 여래로 오신 그분의 가르침에 대해 아는 대로 일러 주자 바히야는 당장에 자리를 박차고 일어나 제따 숲으로 가고자 하였다. 대범천은 신통력으로 120요자나 떨어진 제따 숲으로 한달음에 그를 데려갔다.

"존경하옵는 세존이시여! 멀리서 온 저를 위해 법을 베풀어 주십시오."

승원의 입구에 도착했을 때 마침 부처님과 제자들이 탁발을 위해 싸왓티로 출발하고 있었다. 이미 가르침에 마음이 열린 바히야는 그러한 부처님 뒤를 졸졸 따라가며 애타는 마음으로 부처님께 애원하였다.

"그리 들떠 있으면서 어찌 법을 들으려 하느냐. 우선 들뜸을 가라앉히고 있으면 탁발을 마치고 돌아와 펼칠 법회에서 법을 들을 수 있을 것이다."

함께 걷는 몇 발자국에 벌써 들뜸을 가라앉힌 바히야는 자신의 목숨이 얼마 남지 않음을 알게 되었고, 그래서 다시 부처님께 간청을 드렸다. 부처님께서도 그런 그의 사정을 아시고 걸으시며 그에게 법을 일러 주셨다.

"바히야여! 그대에게 보이거나 들리거나 감각되거나 인식된 것에 관하여 말한다면 다만 보인 것 안에는 보인 것만이 있을 뿐이며, 들린 것 안에는…."

승원을 나서서 싸왓티로 이어지는 기다란 길이 모두 법당인 양 이어지는 부처님의 설법에 연신 귀를 쫑긋하여 듣는 바히야의 눈은 맑아져만 갔다. 그리고 싸왓티에 닿기도 전에 아라한의 경지에 오른 바히야는 부처님의 허락을 받아 출가하였다. 싸왓티에서 가사와 발우를 준비해 승원으로 홀로 돌아가던 바히야는 어린 암소 모양을 한 귀신에게 받혀 죽고 말았다.

"어찌 그게 될까? 앉아 명상에 들어서도 아니요, 터벅터벅 걸어가며 들은 몇 마디에 아라한이 되었다면 누가 믿겠냐 말이야. 몇 번도 아니고 단번에."

바히야가 아라한의 경지에 올랐음을 부처님께서 인가하셨다는 소문이 돌자 탁발에서 돌아온 승원은 갑자기 웅성거렸다. 부처님께서 이르셨다.

"수많은 귓전의 경구보다 한 구절 마음에 든 의미 있는 말이 더 나으니라."

102 설령누가 의미없는 단어들로 이어만든
일백수의 게송들을 읊조릴수 있더라도,
듣고나서 이내맘이 어느샌가 편해지는
한마디의 좋은법문 그법문이 더나으리.

雖多誦經 不解何益 解一法句 行可得道
비록 경전을 많이 읊조리더라도
알아듣지 못한다면 어찌 이익되겠는가.
한 구절의 법이라도 알아듣고
(그대로) 시행하면 도道를 얻을 수 있는 것을.

yo ca gāthā sataṁ bhāse, anatthapadasaṁhitā |
ekaṁ dhammapadaṁ seyyo, yaṁ sutvā upasammati ||

설령 누가 의미 없는 단어로 결합된
1백 수의 게송들을 읊조릴 수 있더라도
그것을 듣고 평온하게 되는
한 마디의 법문法門이 더 낫다.[2]

103　　어떤누가 하고많은 적이모인 전쟁터서
　　　　일백만의 적군들을 이겨낼수 있더라도,
　　　　단한명인 제자신을 이겨낼수 있는자가
　　　　진정으로 으뜸가는 정복자라 할것이다.

千千爲敵 一夫勝之 未若自勝 爲戰中上
백만을 적으로 삼아 한 명의 범부가 그들을 이기더라도
자신을 이겨 내는 자만 같지 못하나니,
(그러한 자야말로) 전사戰士 가운데 으뜸이리라.

yo sahassaṁ sahassena, saṅgāme mānuse jine |

ekañca jeyyamattānaṁ, sa ve saṅgāmajuttamo ||

어떤 누가 전쟁터에서
1백만의 사람들을 이길 수 있더라도
하나인 자신을 이길 수 있는 자가
진실로 최고의 정복자이다.

여인 꾼달라께씨

부처님께서 싸왓티 제따 숲의 승원에 계실 때, 여러 외도의 가르침을 거쳐 결국 부처님께 귀의한 여인 꾼달라께씨의 이야기이다.

라자가하의 부유한 집안 딸인 꾼달라께씨(KuṇḍalaKesī)는 7층 높은 집의 제일 윗칸에 방을 두고 라자가하 성내를 내려다보며 귀하게 자랐다.

하루는 시끌벅적한 소리에 끌려 큰 거리를 내려다보다 형장으로 끌려가는 건장하게 생긴 도둑을 보자마자 사랑에 빠져 버렸다.

"애야! 무슨 일이냐? 말을 해야 알지. 외동딸인 네게 뭣을 못해 주겠니."

식음을 전폐한 딸이 사형수에게 상사병이 걸린 것을 안 부호는 온갖 방법을 동원해도 딸의 마음을 돌릴 수 없음을 알고, 며칠 후면 형장의 이슬로 사라질 도둑을 큰돈을 써서 빼냈다. 그리고 먼 지방의 브라만으로 둔갑시켜 딸과 성대하게 결혼을 시키고 함께 살도록 하였다.

꾼달라께씨에게는 행복한 나날이었지만 언제 들통이 날 줄 모르는 신분 때문에 항상 두려움에 싸여 있던 도둑은 결국 딴마음을 먹었다.

"여보! 내가 죽음에서 살아나게 된 것은 저 건너편 산의 절벽 신령이 당신을 통해 은혜를 베풀었기 때문이오. 그래서 빠른 시일 내에 갖은 보물로 큰 공양을 올리지 않으면 내가 또 언제 죽을지 모른다오."

사랑에 빠진 꾼달라께씨는 남편의 말을 곧이곧대로 믿고 부모 몰래 많은 금은보화를 준비해 절벽이 있는 산을 올랐다.

"여기서부터는 아랫사람들은 기다리게 하고 우리 둘만 가야 하오."

그렇게 도착한 절벽에서 남편은 이내 본색을 드러내었다. 그제야 정신이 든 꾼달라께씨는 정성어린 마음으로 사정도 해보았지만 도둑은 듣지 않았다.

"제가 당신을 정말 사랑하는 것은 아시죠? 이제 그렇다니 하는 수 없이 제가 희생되어 당신의 복락을 빌어드리겠습니다. 앉으시죠. 예를 올리겠습니다."

체념한 듯한 아내의 말을 믿고 앉아서, 수북하게 쌓인 갖은 보석에 한눈을 팔고 있는 사이, 꾼달라께씨는 있는 힘껏 남편을 절벽 아래로 밀어 버렸다. 그리고 집으로 돌아가지 못할 자신의 처지를 알고 보석을 버린 채 길을 나섰다.

비록 사랑에 눈이 멀기도 했었지만, 현명하고 똑똑했던 꾼달라께씨는 어떤 여인 수행자 집단에 들어가 짧은 기간에 그곳의 스승을 능가하게 되었다.

"너는 이제 유행하며 가르침을 구해 보도록 하라. 너를 능가하는 이가 있으면 그를 진정한 너의 스승으로 삼아야 할 것이다."

여러 수행자 집단을 두루 거쳤지만 모두 그의 논리에 미치지 못하였다. 그래서 싸왓티에 들어와서는 모래 무덤에 장미사과나무의 가지를 꽂아 놓고 자신이 지닌 천 가지 교의에 대한 도전자를 찾았다.

"하나가 무엇인가?"

어지간한 수행자는 모두 고배를 마시고 가던 어느 날, 탁발을 나왔던 장로 싸리뿟따가 그의 질문에 막힘없이 답한 끝에 내놓은 이 한 마디의 질문에 꾼달라께씨는 아무 말도, 아무런 생각도 나지 않음을 느꼈다.

싸리뿟따는 자신을 스승으로 모시려는 꾼달라께씨에게 우선 비구니로 출가하게 한 다음 체계적으로 부처님의 가르침을 전하니 얼마 지나지 않아 그녀는 아라한의 경지에 올랐다.

"그 많은 가르침 다 배우지도 못했는데, 그 몇 마디에 저것이 뭐라고 아라한에 올랐단 말이냐? 이제 승단에 들어온 지도 며칠 안 된 비구니가."

비구들이 특히 비구니인 것을 들어 그녀와 법담을 나눠 보지도 않고 폄하하자 부처님께서 말씀하셨다.

"비구들이여! 내가 설한 가르침을 모두 왼다 하더라도 그리 들뜬 마음으로 험담이나 한다면 무슨 소용이겠느냐. 한 수의 게송만으로도 평온해진 마음을 가질 수 있다면 그가 참된 수행자니라."

---

2) 전 평온으로 이끄는 법문은 네 가지 진리의 말씀(catudhammapada)과 같은 것을 말한다. "유행자들이여! 네 가지 진리의 말씀이 있다. 네 가지란 어떠한 것인가? 유행자들이여! 탐욕을 여의는 것(anabhijhā)이 진리의 말씀이다. 유행자들이여! 분노를 여의는 것(avyāpāda)이 진리의 말씀이다. 유행자들이여! 올바른 새김을 확립하는 것(sammāsati)이 진리의 말씀이다. 유행자들이여! 올바른 집중을 갖춘 것(sammāsamādhi)이 진리의 말씀이다."

104 제자신은 제자신께 정복됨이 나으리니,
설령그가 그누구든 다른모든 사람들을
힘들이지 아니하고 정복할수 있더라도.
자제하고 자제하며 끊임없이 조절하여
그렇게들 살아가는 사람들의 경우라면.

自勝最賢 故曰人雄 護意調身 自損至終
자신을 이겨 내는 자가 가장 현명하나니,
그래서 이르기를 사람 가운데 으뜸이라.
마음을 보호하고 육신을 조절하며
스스로 덜어 내어 임종臨終까지 이를 수 있다면.

attā have jitaṁ seyyo, yā cāyaṁ itarā pajā |
attadantassa posassa, niccaṁ saññatacārino ||
자신은 실로 (스스로에게) 정복됨이 나으리니,[3)]
설령 그가 누구든 다른 사람들을 (정복할 수 있다 하더라도),
자제하며 끊임없이 조절하여 살아가는 사람의 경우(라면).

105

하늘신도 그러하고 건달바도 그러하고
심지어는 브라흐마 함께하는 마라마저,
그러한그 사람들이 승리한것 가져다가
승리하지 않은걸로 만들수는 없나니라.

雖日尊天 神魔梵釋 皆莫能勝 自勝之人
비록 존귀한 하늘 사람이라 일컬어지는
신인神人이나 마라魔羅나 범석천梵釋天이나,
그 모두가 이겨 낼 수 없는 것은
자신을 이겨 내는 사람.

neva devo na gandhabbo, na māro saha brahmunā |
jitaṁ apajitaṁ kayirā, tathārūpassa jantuno ||
신도 건달바[4]도 (심지어) 브라흐마와 함께하는 마라마저도
그런 유형인 사람의 승리한 것을
승리하지 않은 것으로 만들 수 없다.

이익과 불이익을 물은 브라만

부처님께서 싸왓티 제따 숲의 승원에 계실 때, 이익과 불이익에 대해 질문한 어느 브라만에게 부처님께서 답하신 이야기이다.

싸왓티에 사는 한 브라만은 물려받은 재산을 기반으로 여기저기서 크고 작은 도박[5]을 통해 큰 재산을 모아 부호가 되었다. 그즈음 부처님에 대한 칭송이 싸왓티에 자자했는데, 그는 홀로 앉았다가 이런 생각이 떠올랐다.

'정등각(正等覺)을 이룬 부처님께선 늘 이익되는 것만 말씀하시지 않는가. 이익되지 않는, 해악이 되는 것에는 별말씀이 없으시단 말이야.'

그래서 그는 많은 공양을 준비하여 제따 숲의 승원에 계시는 부처님을 찾아뵙고 궁금했던 것을 여쭤보았다.

"세존이시여! 당신은 이익되는 것만 아시고 이익되지 않은 것은 어떤 것이 있는지 알고 계시지 못합니까?"

"브라만이여! 나는 이득(利得)과 불익(不益)에 대해 모두 알고 있노라."

그러면 매번 법회 때마다 들을 수 있는 이득 되는 일들 말고, 평소 잘 듣지 못하는 이득 되지 않는 일들에 대해 설명해 달라는 브라만의 요청에 부처님께선 추구하면 불익이 되는 여섯 가지를 열거해 주셨다.

- 해가 높이 떠올랐을 때까지 늦잠을 자는 것.
- 특별히 피곤해서가 아니라 습관적으로 나태하고 게으른 것.
- 모든 것에 이유 없이 잔인하고 사나운 마음을 갖는 것.
- 술을 비롯하여 늘 무엇엔가 취하여 이성을 잃고 지내는 것.
- 밤이 깊었는데 별일 없이 마냥 거리를 헤매고 다니는 것.
- 절제하지 못하고 삿된 음행을 해대는 것.

이렇게 여섯 가지를 들어 설명해 주는 동안 조금은 가르침에 집중하지 못하는 듯, 브라만의 눈빛이 조금씩 흔들렸다. 부처님께선 브라만이 그렇게 질문한 의도가 단지 평범한 내용을 알고 싶은 데 있는 것이 아님을 아시고 설명 끝에 짐짓 브라만에게 물어 보았다.

"브라만이여! 그대는 어떻게 생계를 꾸려 가는가?"

"세존이시여! 저는 도박을 업으로 삼고 있습니다."

"도박을 하면 그대가 이기는가? 상대방이 이기는가?"

"때로는 제가 이기고, 때로는 다른 사람이 이기기도 합니다."

그제야 부처님을 바라보는 눈빛이 흔들리지 않고 집중하는 모습을 보이는 브라만에게 부처님께서 말씀하셨다.

"브라만이여! 다른 사람을 이기는 자가 갖게 되는 승리는 사소한 것이다. 그러한 승리로 얻은 것은 최상의 것이 되지 못한다. 그러나 자신의 모든 감각 기관을 제어하여 악행을 극복함으로써 자신을 이기는 자는 최상의 이득을 얻게 된다. 왜냐하면 그렇게 얻은 것은 그 무엇보다 뛰어나기 때문이다. 그것을 패퇴시킬 수 있는 것은 그 무엇도 존재하지 않기 때문이다."

가르침이 끝나자 브라만은 물론, 그 곁에서 부처님의 말씀에 귀를 기울이던 그의 친족들 가운데 많은 사람들이 예류향(預流向)에 들었다.

---

3) 자신이 스스로에게 정복된다는 것은 자신의 번뇌를 스스로 소멸케 함으로써 자제된 자아를 갖게 되는 것을 말하는데, 번뇌에서 벗어나 신체적[身]·언어적[口]·정신적[意]으로 제어됨을 일컫는다.

4) 건달바는 흔히 알려진, 불법을 수호하는 팔부중의 하나라거나 음악을 관장하는 예술의 신이란 설정 외에도 인도 신화와 관련된 다양한 모습이 있다. ⇒ ㈜ '건달바'

5) 고대인도의 문학 작품 등에 나타나는 '도박'은 단순히 노름판의 노름을 가리킨다기보다는 여러 방면에서 큼지막한 거래를 성사시키는 행위다. 이 행위는 일종의 로비 활동으로, 전쟁이나 큰 대결에서는 그것을 대신하는 작은 대리전(代理戰)의 성격을 지니고 있다.

106 매달마다 일천가지 정성제물 차려두고
일백년이 잠시인양 신께제례 하더라도,
자신을잘 추스르는 수행자가 계시어서
단한차례 잠깐동안 숭앙할수 있다하면
그숭앙이 백년제례 그것보다 나으리라.

月千反祠 終身不輟 不如須臾 一心念法 一念道福 勝彼終身
매달 천금千金으로 설령 제사 지내기를
목숨이 다하도록 그만두지 않더라도
잠깐 동안 한 마음으로 법法을 생각하는 것만 못하나니,
한 차례 도道를 생각하는 복록은
그렇게 평생토록 하는 것보다 뛰어나다.

māse māse sahassena, yo yajetha sataṁ samaṁ |

ekañca bhāvitattānaṁ, muhuttamapi pūjaye |

sāyeva pūjanā seyyo, yañce vassasataṁ hutaṁ ||

달이면 달마다 1천의 제물로
1백 년 동안 계속 제례[6]를 올릴 수 있더라도
자신을 잘 추스르는 이를
한 차례 잠시만이라도 숭앙할 수 있다면
그 숭앙이 1백 년 동안 치러지는
제화 의식祭火儀式[7]보다 낫다.

* 106
장로 싸리뿟따의 외숙

부처님께서 싸왓티 제따 숲의 승원에 계실 때, 장로 싸리뿟따의 외삼촌이 외도를 신봉했던 것에 대한 이야기이다.

한번은 장로 싸리뿟따가 브라만인 그의 외삼촌과 대화를 나누었다.

"브라만이시여! 요즘은 어떤 선행을 하고 계십니까?"

"존자여! 매달 1천 까하빠나의 보시를 니간타(Nigantha)[8]들에게 합니다."

"그렇게 함으로써 무엇을 기원합니까?"

"스승들의 말에 따르면 브라흐마의 천상 세계에 태어난다 하였습니다."

"니간타들은 제 자신들도 어떻게 브라흐마의 천상 세계에 태어나는지 알지 못하는데, 어떻게 다른 사람들을 천상에 태어나게 해줄 수 있겠습니까?"

장로 싸리뿟따는 그의 외삼촌을 잘 설득하여 제따 숲으로 가서 부처님을 뵙도록 하였다. 부처님께서 자초지종을 들으시고 말씀하셨다.

"브라만이여! 그렇게 1천 까하빠나를 매달 보시하면서 백 년을 지내는 것보다 잠깐만이라도 청정한 믿음을 지닌 마음으로 올바른 명상에 든 수행자들을 공경하거나 그들에게 한 숟가락의 음식을 보시하는 것이 더욱 큰 과보를 가져올 것이니라."

---

6) 인도의 설화에, 왕이 매년 한 차례 마사제(馬祀祭)를 올려서 그 횟수가 백 번이 되면 천상의 신 가운데 왕인 인드라(Indra)가 자신의 자리를 내어놓아야 한다. 그래서 왕의 수명은 백 년이 넘지 않도록 인드라에 의해 관리된다. 왕이 행하는 마사제 외에, 현인이 일정 기간 일정한 강도로 고행을 행할 때도 인드라가 자신의 자리를 내놓아야 하는데, 그래서 그 기간을 곧 채울 것 같은 현인이 있으면 인드라가 하늘의 여인을 그에게 내려 보내어 고행을 지속하지 못하도록 유혹하게 한다. 마사제는 ㈜ '말 희생제' 참조.

7) 제화 의식은 사제가 집전하는 희생제 등의 경우 외에도 가정에서 작은 규모의 제화단(祭火壇)을 마련해 놓고 일상적인 제례를 봉행하는 것이 일반적이다. 집안에 모시는 제화는 세 가지 혹은 다섯 가지로 분류된다. ⇒ ㈜ '집안에 모시는 제화'

8) 육사외도 가운데 하나인 자이나교의 교주 니간타 나타뿟따(Nigantha Nāthaputta)를 따르며 수행하는 고행자 집단을 말한다. ⇒ ㈜ '육사외도'

107   어떤이가 숲속에서 일백년을 지내오며
빠짐없이 불神에게 예경할수 있더라도,
자신을잘 추스르는 수행자가 계시어서
단한차례 잠깐동안 숭앙할수 있다하면
그숭앙이 불神제례 그것보다 나으리라.

雖終百歲 奉事火祠 不如須臾 供養三尊 一供養福 勝彼百年
비록 백세를 마감토록 불火의 제사를 받들어 모시더라도
잠깐 동안 삼존三尊을 공양하는 것만 같지 못하나니,
한 차례 공양을 올리는 복록은
그렇게 백 년 동안 하는 것보다 뛰어나다.

yo ca vassasataṁ jantu, aggiṁ paricare vane |
ekañca bhāvitattānaṁ, muhuttamapi pūjaye |
sāyeva pūjanā seyyo, yañce vassasataṁ hutaṁ ||

어떤 사람이 숲속에서
1백 년 동안 계속 불의 신[9]을 예경할 수 있더라도
자신을 잘 추스르는 이를
한 차례 잠시만이라도 숭앙할 수 있다면
그 숭앙이 1백 년 동안 치러지는
제화 의식祭火儀式보다 더 낫다.

## 107

장로 싸리뿟따의 조카

부처님께서 싸왓티 제따 숲의 승원에 계실 때, 장로 싸리뿟따의 조카가 외도를 신봉했던 것에 대한 이야기이다.

한번은 장로 싸리뿟따가 브라만인 그의 조카와 대화를 나누었다.

"브라만이여! 그대는 요즘 어떤 선행을 하고 있으신가?"

"존자시여! 저는 매달 1천 까하빠나를 불을 숭배하는 위대한 스승들에게 보시하고 있습니다."

"그렇게 함으로써 무엇을 기원하시는가?"

"스승들의 말에 따르면 브라흐마의 천상 세계에 태어난다 하였습니다."

"불을 섬기는 이들은 자신들도 어떻게 브라흐마의 천상 세계에 태어나는지 알지 못하는데, 어떻게 다른 사람들을 천상에 태어나게 해줄 수 있겠는가."

장로 싸리뿟따는 그의 조카를 잘 설득하여 제따 숲으로 가서 부처님을 뵙도록 하였다. 부처님께서 자초지종을 들으시고 말씀하셨다.

"브라만이여! 그렇게 1천 까하빠나를 불을 숭배하는 이들에게 매달 보시하면서 백 년을 지내는 것보다 잠깐만이라도 청정한 믿음을 지닌 마음으로 올바른 명상에 든 수행자들을 공경하거나 그들에게 한 숟가락의 음식을 보시하는 것이 더욱 큰 과보를 가져올 것이니라."

---

9) 인도 제례는 사제(司祭)가 동쪽을 바로 보고 앉아서, 그 정면에 제화(祭火)를 피우는 것으로부터 시작된다. 제례 중에 공물을 제화에 던져 넣으면 불길이 타오르는 모습으로 나타나는 화신(火神)이 그것을 받아먹어 신들의 세계로 가져간다고 여기며 화신의 입은 모든 신에게 공물을 바치는 수단으로 생각했다.

108 행복하길 추구하는 어떤이가 세상에서
제례의식 제화의식 일년내내 하더라도,
바른길로 가는사람 예경함만 못하리니
얻는결과 기껏해야 네번째인 끄트머리.

祭神以求福 從後觀其報 四分未望一 不如禮賢者
귀신에 제사 지내 복을 구하거나
뒤엘 망정 그 보답을 바라 보더라도
네 차례에 기껏해야 한 번도 기대하지 못하리니,
현명한 이에게 예경하는 것만 못할 것이다.

yaṁ kiñci yiṭṭhaṁ va hutaṁ va loke,
saṁvaccharaṁ yajethapuññapekkho |
sabbampi taṁ na catubhāgameti,
abhivādanaṁ ujjugatesu seyyo ||
복락을 추구하는 어떤 이가 이 세상에서
제례 의식이나 제화 의식을 일 년 내내 올릴 수 있더라도
올곧게 나아가는 사람들에 대한 예경이 더 나으며
(제례를 올려 얻을 수 있는) 모든 것은
(그것의) 네 번째 끄트머리[10]에도 미치지 못한다.

* 108
장로 싸리뿟따의 친구

부처님께서 싸왓티 제따 숲의 승원에 계실 때, 장로 싸리뿟따의 친구가 외도를 신봉했던 것에 대한 이야기이다.

한번은 장로 싸리뿟따가 브라만인 그의 오랜 친구와 대화를 나누었다.

"브라만이여! 그대는 요즘 어떤 선행을 하고 있으신가?"

"존자여! 저는 매달 1천 까하빠나로 많은 희생(犧牲)들을 준비하여 커다란 희생제를 올리고 있습니다."

"그렇게 함으로써 무엇을 기원하시는가?"

"희생제를 집전하는 사제들의 말에 따르면 브라흐마의 천상 세계에 태어난다 하였습니다."

"희생제를 집전하는 사제들은 자신들도 어떻게 브라흐마의 천상 세계에 태어나는지 알지 못하는데, 어떻게 다른 사람들을 천상에 태어나도록 인도하여 줄 수 있겠는가."

장로 싸리뿟따는 그의 친구를 잘 설득하여 제따 숲으로 가서 부처님을 뵙도록 하였다. 부처님께서 자초지종을 들으시고 말씀하셨다.

"브라만이여! 그렇게 매달 1천 까하빠나로 많은 희생들을 준비하여 커다란 희생제를 백 년 동안 지내는 것보다 잠깐만이라도 청정한 믿음을 지닌 마음으로 올바른 명상에 든 수행자들을 공경하거나 그들에게 한 숟가락의 음식을 보시하는 것이 더욱 큰 과보를 가져올 것이니라."

---

10) '짜뚜바가(catubhāga)'는 '네 번째의 것'이니, 네 등분한 것들 가운데 하나를 가리킨다기보다는 넷으로 나누어진 것의 마지막을 일컫는다. 온전한 내용을 담은 한 수의 게송은 통상 네 구절로 이뤄져 있는데, 그 가운데 네 번째 구절은 결론이 담겨져 있어 중요하지만 여전히 온전한 전체 내용은 아니다.

109　예경하는 그마음을 어느때고 간직한채
　　　항상연세 지극한분 공경하는 자의경우,
　　　장수에다 좋은용모 행복하고 건강하는
　　　그와같은 네가지법 끊임없이 증장되리.

　　　能善行禮節 常敬長老者 四福自然增 色力壽而安
　　　예절을 잘 행하여 항상 어른을 공경할 수 있는 자는
　　　네 가지 복덕이 자연스럽게 불어날 것이니,
　　　아름다움과 건강과 수명 그리고 편안함이다.

　　　abhivādanasīlissa, niccaṁ vaḍḍhāpacāyino |
　　　cattāro dhammā vaḍḍhanti, āyu vaṇṇo sukhaṁ balaṁ ||
　　　예경의 성향을 갖춘 채
　　　항상 나이든 이를 공경하는 이의 경우
　　　장수와 용모와 행복과 건강이라는
　　　네 가지 법[11]이 증장된다.

단명으로 태어난 아기

부처님께서 디가람비까(Dīghalambika)의 아란야꾸띠까(Araññakuṭikā)에 계실 때, 단명(短命)의 운을 타고 태어났던 아기에 대한 이야기이다.

오랫동안 수행을 함께 했던 두 수행자 가운데 한 명이 환속하여 결혼하였다. 그리고 아들을 낳자 식구가 함께 옛 도반을 찾아 예경을 올렸다. 그러자 부부에게 수명장수를 축원한 수행자는 정작 아기에겐 별말이 없었다.

"제 아들에게도 축원을 해주십시오. 아니면, 혹시 무슨 불길한 일이라도…."

"아기가 단지 이레 동안의 수명만 가지고 태어났는데, 나로선 어찌할 수 없습니다. 고따마 부처님만이 이를 해결할 지혜를 가지고 계십니다."

한달음에 부처님께 달려갔지만 부처님께서도 부부에겐 축복을 내려 주시고는 아기에겐 아무 말씀을 하지 않으셨다.

"세존이시여! 이 아이의 운명을 바꿀 길이 전혀 없습니까?"

잠시 후에 부처님께선 아이를 위해 집 앞에 정자를 짓고 정자 안에 아기를 누인 다음, 비구들을 초빙하여 수호의 경을 읽되 7일 동안 그치지 않도록 하라고 하였다. 그러자 경 읽는 소리에 천왕들이 몰려와서 정자를 에워싼 채 독경 소리를 들었으며, 정작 아기를 데리러 온 야차 아와룻다까(Avaruddhaka)는 천왕들의 위세에 눌려 아기로부터 20요자나 거리 밖으로 밀려나게 되었다.

'어이구! 벌써 제 날짜에서 7일이나 지나 버렸으니, 빈손으로 갈 수밖에.'

야차 아와룻다까가 돌아가자 그제야 부처님께서 건너오셔서 축복하셨다. 그 후 아이는 아유왓다나(ĀyuVaḍḍhana)란 이름으로 120세까지 장수하였는데, 항상 여러 곳을 다니며 나이든 이들에게 공양하고 보살피기를 부모에게 하는 것처럼 지극정성이었다고 한다.

---

11) 붓다고사 스님에 의하면, 법(dhamma)이란 성전을 배움(教學, pariyatti), 진리(sacca), 삼매(samādhi), 통찰지(paññā), 자연적인 현상(pakati), 고유성질(sabhāva), 공성(空性, suññatā), 공덕(puñña), 범계(犯戒, āpatti), 알아야 할 것(ñeyya) 등의 열 가지로 분류되기도 하는데, 여기서 말한 장수 등 네 가지 법은 고유성질에 해당된다.

110　　이세상에 누구라도 사악하고 산만하면
　　　　설령백년 천수다해 살아낸다 하더라도,
　　　　도덕성을 갖춘채로 제길가는 명상인의
　　　　단하루인 짧은삶이 오히려더 나으리라.

　　　　若人壽百歲 遠正不持戒 不如生一日 守戒正意禪
　　　　만약 어떤 이가 장수를 누려 1백 세를 살더라도
　　　　올바름을 멀리한 채 계戒를 지니지 않으면
　　　　하루를 살더라도 계를 지닌 채
　　　　바른 생각으로 선정에 듦만 못할 것이다.

　　　　yo ca vassasataṁ jīve, dussīlo asamāhito |
　　　　ekāhaṁ jīvitaṁ seyyo, sīlavantassa jhāyino ||
　　　　사악하고 산만한 어떤 누가
　　　　설령 1백 년을 살 수 있더라도
　　　　도덕성을 갖춘 명상인[12])의
　　　　단 하루인 삶이 더 낫다.

* 110
살인귀들을 조복시킨 사미 쌍낏짜

부처님께서 싸왓티 제따 숲의 승원에 계실 때, 인신공양(人身供養)을 하던 5백 명의 도적 무리를 조복시킨 사미 쌍낏짜에 대한 이야기이다.

일곱 살에 출가한 사미 쌍낏짜(Saṅkicca)는 출생부터 남달랐다. 모친이 그를 임신한 채 죽자 화장하였는데, 화장한 다음날 재를 정리하러 간 사람들이 다 탄 재 속에서 전혀 타지 않은 무엇을 발견하여 부젓가락으로 찔러 보았더니 아기였다고 한다. 그때 부젓가락이 그의 눈을 찔렀기에 쌍낏짜라 이름하였다.

쌍낏짜는 싸리뿟따 앞으로 출가하여 사미로 머리를 깎는 순간 아라한의 경지에 올랐다. 그때 좋은 가문에서 출가한 30명의 비구들이 부처님으로부터 수행 주제를 받아 외딴 지방으로 가게 되었는데, 부처님께서 그들 편에 쌍낏짜를 함께 딸려 보내셨다.

"이곳은 우리 5백의 무리들이 토신에게 인신공양하며 지내는 곳이니, 너희가 이 숲에 자리를 튼 이상 우선 한 명이 그 희생(犧牲)이 되어야겠다."

인근에 소굴을 둔 큰 도적 무리의 수괴가 희생으로 삼을 누군가를 요구하자 30명의 비구들은 너나없이 자신이 가겠다고 나섰다.

"스승이신 싸리뿟따께서 이 일을 위해 저를 보낸 것이니, 제가 가겠습니다."

제일 어린 사미가 나서자 모두 그럴 수 없다 하였지만, 결국 쌍낏짜가 도적 무리의 소굴로 끌려갔다. 그런데 쌍낏짜가 제상 앞에서 수괴가 내려치는 칼을 맞았을 때 목은 멀쩡하였고 칼만 휘어져 버렸다. 심하게 휜 칼을 다시 편 수괴가 작심하고 있는 힘껏 내려치자 이번엔 칼이 두 동강이 나고 말았다.

"아이고! 저희들을 살려 주십시오. 아예 저희들을 제자로 받아 주십시오!"

쌍낏짜는 그들을 제자로 받아 그 숲에서 30명의 비구들과 함께 안거를 무사히 보낸 다음 제따 숲으로 돌아오니, 부처님께서 반가이 맞아 주셨다.

---

12) 명상인(瞑想人)은 수행자(修行者)를 일컫는다. 불교 성립을 전후하여 브라만교와 요가 수행자 등의 전형적인 삶의 형태가 관련 경전에 일목요연하게 제시되어 있는 것을 볼 수 있다. ⇒ 죄 '명상인의 삶'

111   이세상에 누구라도 어리석고 산만하면
        설령백년 천수다해 살아낸다 하더라도,
        바른지혜 갖춘채로 제길가는 명상인의
        단하루인 짧은삶이 오히려더 나으리라.

若人壽百歲 邪僞無有智 不如生一日 一心學正智
만약 어떤 이가 장수를 누려 1백 세를 살더라도
삿되고 거짓될 뿐 지혜가 없으면
하루를 살더라도 한마음으로
바른 지혜를 배우는 것만 못할 것이다.

yo ca vassasataṁ jīve, duppañño asamāhito |
ekāhaṁ jīvitaṁ seyyo, paññavantassa jhāyino ||

어리석고 산만한 어떤 누가
설령 1백 년을 살 수 있더라도
지혜를 갖춘[13] 명상인의
하루 동안 지속되는 삶이 더 낫다.

5백 도적의 스승이 된 장로

부처님께서 싸왓티 제따 숲의 승원에 계실 때, 5백 명의 도적을 한꺼번에 제자로 받아들인 장로 카누꼰당냐에 관한 이야기이다.

　장로 꼰당냐는 부처님으로부터 명상 주제를 받아 숲으로 홀로 들어가서 열심히 정진한 끝에 안거가 끝날 무렵 아라한과를 성취하였다. 장로는 이를 부처님께 말씀드리기 위해 수행하던 숲을 나와 제따 숲의 승원으로 가던 중, 날이 저물자 너럭바위 위에 앉아 명상에 들었다.

　그때 5백 명의 도적떼가 한 부호의 집을 털어서 허겁지겁 도망을 나오다 그 곁을 지나게 되었다. 숨이 찬 도적의 수괴는 높다란 그루터기가 하나 박혀 있는 너럭바위를 발견하고 그루터기에 자신이 챙긴 부호의 보석 꾸러미를 걸어놓고 나머지 귀중품은 그 곁에 둔 채 숨을 돌리고 있었다.

　"어이구! 이게 무슨 귀신이야? 이게 움직이잖아!"

　명상에 들었던 장로가 목에 걸린 보석 꾸러미가 무거워 움찔대자, 이미 어두워진 탓에 그루터기가 꿈질댄 것으로 여긴 수괴는 기겁을 하고 달아났다.

　"여보시게들! 이거, 자네들 것 아닌가? 가져가셔야지!"

　사람 소리에 저만치 달아나다 돌아온 수괴와 도적떼들은 장로의 위엄과 대담함에 놀라 그 자리에서 모두 무릎을 꿇고 용서를 빌었다. 그래서 장로의 말대로 훔친 재물을 돌려주고, 5백 명 모두 장로를 따라 수행승이 되고자 하였다. 장로 꼰당냐는 그들을 데리고 제따 숲으로 돌아갔으며, 부처님의 허락을 받아서 모두 출가시키고 수행할 수 있도록 해주었다.

　그 후로 장로는 너럭바위에 나무 등걸처럼 앉아 있었다 하여 카누꼰당냐(KhāṇuKoṇḍañña)로 불리게 되었다.

---

13) 젠 'paññā(지혜)vat(갖춘)'에서 지혜는 올바른 견해[正見]와 올바른 사유[正思惟]를 말한다. 올바른 견해는 괴로움의 발생과 소멸에 대한 통찰을 뜻하고, 올바른 사유는 자비에 충만한 사유를 말한다. 따라서 지혜란 자비로운 통찰을 의미한다.

112   게으른데 더하여서 정진력도 없는이면
　　　설령백년 다하도록 살수있다 하더라도,
　　　있는힘을 다하여서 바른정진 시행하는
　　　그런이의 하루삶이 그것보다 더나으리.

　　　若人壽百歲 懈怠不精進 不如生一日 勉力行精進
　　　만약 어떤 이가 장수를 누려 1백 세를 살더라도
　　　게으를 뿐 정진하지 않으면
　　　하루를 살더라도 힘써 정진을 행함만 못할 것이다.

　　　yo ca vassasataṁ jīve, kusīto hīnavīriyo |
　　　ekāhaṁ jīvitaṁ seyyo, vīriyamārabhato daḷhaṁ ||
　　　게으르고[14] 정진력이 없는 어떤 누가
　　　설령 1백 년을 살 수 있더라도
　　　강력한 정진을 행하는 이의
　　　하루 동안 지속되는 삶이 더 낫다.

* 112
자살 직전 아라한이 되다

부처님께서 싸왓티 제따 숲의 승원에 계실 때, 스스로 목숨을 끊으려는 순간 아라한이 된 쌉빠다싸 장로에 대한 이야기이다.

싸왓티의 훌륭한 가문 출신으로, 출가하여 열심히 정진하던 중에 진전이 없는 수행 생활에 번민하던 한 비구가 아예 자살해 버릴 생각을 갖게 되었다. 마침 승원 마당에서 발견된 독사를 단지에 넣고 손을 그 안에 집어넣었다.

'이놈이 왜 이러지? 생기긴 독사처럼 생겼는데 독이 없는 구렁이었구먼.'

그런데 실상 독이 그득한 그 뱀은 전생에 비구의 하인이었던 까닭에 주인을 물 수 없어서 그냥 있었던 것이다. 그 일이 있고 나서 뱀(sappa)을 하인(dāda)으로 둔 비구라 하여 그는 쌉빠다싸(SappaDāsa)라 불렸다.

쌉빠다싸는 다시 정진에 몰두하였으나, 몰두하면 할수록 진전이 없는 듯한 수행 생활이 지옥처럼 느껴졌다. 그러다 한번은 삭발하는 칼을 보고는 '이 칼로 내 목을 자르고 죽자.'라고 생각했다. 칼을 목에 가져다 대는 모습이 멀지않은 곳에서 법담을 나누던 몇몇 비구들 눈에도 들어왔지만, 그들은 쌉빠다싸가 이제 진짜 일을 저지르는구나 여기며 와락 달려들지 않았다.

그런데 날카로운 칼끝이 목에 닿는 순간 쌉빠다싸는 예전에 없었던 느낌을 받았다. 그래도 청정한 수행자로서 한 점 부끄럼 없는 삶이 회상되더니 온몸에 환희의 전율이 가득차는 것을 느꼈다. 그 느낌을 극복하고 가닿은 잠시의 명상에서 쌉빠다싸는 아라한의 경지를 성취하게 되었다.

"도반들이여! 나는 그 칼로 나의 숨통이 아닌 일체의 번뇌를 끊었다네."

그 짧은 순간 쌉빠다싸가 아라한이 되었다는 것을 의아해 하자 부처님께서 말씀하셨다.

"비구들이여! 최상의 노력을 기울이는 수행승은 순간에 그것을 이룬다."

---

14) 㕍 게으르다는 것은 세 가지 사유에 얽매여 망상만 떨 뿐 정진하지 않는 것을 말한다. 세 가지 사유란 시각이나 청각을 만족시키고 마음을 즐겁게 하는 형상이나 소리와 같은 감각적인 쾌락의 욕망에 매인 사유(kāmavitakka), 다른 사람을 해치려는 분노에 매인 사유(vyāpādavitakka), 다른 사람을 위협하고 억압하려는 폭력에 매인 사유(vihiṁsavitakka) 등이다.

113   매번나고 죽는것을 매번보지 못한이가
　　　　이번생도 못보고서 일백년을 살더라도,
　　　　나고죽는 그게뭔지 알아볼수 있는자의
　　　　하루동안 지속되는 그런삶이 더나으리.

　　　　若人壽百歲 不知成敗事 不如生一日 見微知所忌
　　　　만약 어떤 이가 장수를 누려 1백 세를 살더라도
　　　　일의 성패成敗를 알지 못한다면
　　　　하루를 살더라도 기미機微만 보아서
　　　　꺼릴 바를 알 수 있는 것만 못할 것이다.

　　　　yo ca vassasataṁ jīve, apassaṁ udayabbayaṁ |
　　　　ekāhaṁ jīvitaṁ seyyo, passato udayabbayaṁ ||
　　　　(오온五蘊의) 생멸生滅[15]을 보지 못하는 어떤 누가
　　　　설령 1백 년을 살 수 있더라도
　　　　(오온의) 생멸을 볼 수 있는 자의
　　　　하루 동안 지속되는 삶이 더 낫다.

## 113

온 식구를 잃고 무상을 얻은 여인

부처님께서 싸왓티 제따 숲의 승원에 계실 때, 귀한 식구들을 순식간에 모두 잃었으나 결국 무상(無常)을 증득한 한 비구니의 이야기이다.

빠따짜라(Paṭācārā)는 싸왓티 한 부유한 상인의 딸이었다. 빼어난 미모로 싸왓티 모든 남자들의 선망을 받았던 그녀는 7층 높은 저택의 가장 높은 층에서 온갖 시중을 받으며 자랐다. 그러나 그녀는 자기 집의 한 건장한 하인과 정을 통하고 말았다.

"이제 너도 혼기가 찼구나. 네 신분에 맞는 신랑을 구할 테니, 준비하여라."

그녀는 사랑하는 사람과 같이 살려면 이 집에 있을 수 없음을 알고 조금의 귀중품을 챙겨서 하인과 먼 지방으로 도망쳤다. 그곳에서 비록 하층민의 신분이었지만 조그만 밭을 일구고 품도 팔아 가며 행복하게 살았다.

"여보! 다음달이면 해산을 해야 해요. 해산은 반드시 친정에 가서 친정어머니 보살핌 속에서 해야 하는 것은 당신도 잘 아시죠?"

"무슨 소릴 하는 게요! 당신이 거기 가면 나는 죽은 목숨이고, 당신도 다시는 그 집에서 나오지 못하게 될 것이 뻔한데. 허락할 수 없소!"

빠따짜라는 작은 보따리에, 부른 배를 쥐고 남편이 품을 팔러 나간 사이 허겁지겁 길을 나섰다. 점심을 먹으러 들어왔다가 급히 뒤따라온 남편을 붙들고 애원하며 설득하던 그녀는 갑자기 산통을 느껴 길가 덤불에서 남편의 도움만으로 아이를 낳았다. 그래서 이젠 친정으로 갈 필요가 없어지자, 하는 수 없이 남편과 함께 집으로 돌아오게 되었다.

그럭저럭 첫 아이의 재롱 속에 모든 것을 잊고 살아가던 빠따짜라는 둘째 아이를 임신하였다. 해산날이 가까워 오자 부쩍 친정어머니가 보고 싶은 마음에 고향집에 가서 몸을 풀고 싶은 생각이 다시 일어났다.

"여보! 이번엔 몰래 집에 들어갔다가 어머니만 뵙고, 해산은 다른 곳에서 집안사람들 몰래 하고 오겠습니다. 부디 허락해 주세요."

어림도 없다는 표정을 한 남편은 최근 그녀의 몸이 무거워지자 불편을 덜어 준다고 낮이면 일터로 데리고 나가던 아이까지 집에 놓고 품을 팔러 나갔다. 빠따짜라는 다시 짐을 쌌다. 첫애를 앞세운 그녀를 남편이 다시 먼 길을 쫓아가 붙들었다. 그런데 이미 어두워지는 날에 폭풍우까지 치는 바람에 놀란 빠따짜라는 산기를 느꼈고, 급하게 해산할 장소를 찾으러 주위를 둘러보던 남편은 개미 무덤 주위 덤불에 숨었던 코브라에 물려 즉사하고 말았다.

나무 아래서 비를 맞으며 기다리던 그녀는 어둠 속에서 혼자 애를 낳을 수밖에 없었다. 피도 제법 흘린 성치 못한 몸으로 밤을 지새운 그녀는 다음날 햇볕을 받고서야 깨어나 대강 수습을 한 다음에 남편을 찾아 나섰다. 그리고 멀지 않은 곳에서 이미 자줏빛으로 죽어 있는 남편을 보았다.

이제 정말 갈 곳이라곤 친정밖에 없는 빠따짜라는 첫애를 앞세운 채 갓난아기를 안고 걸음을 재촉했다. 만신창이가 된 빠따짜라의 앞길을 막은 것은 어제 비로 불어난 아찌라와띠(Aciravatī) 강이었다. 평소엔 얕은 곳이 발목 깊이라서 건널 수 있었는데, 그곳도 이미 배꼽까지 오른 물이 세차게 흘렀다.

빠따짜라는 우선 첫애를 강 둔덕에 둔 채, 줄인 봇짐을 머리에 이고 갓난아기는 가슴에 안고서 강을 건넜다. 강을 건넌 뒤 그쪽의 둔덕에 봇짐과 아이를 잘 내려놓고 다시 강을 건너오던 중, 강 중심에 거의 닿았을 때 뒤를 돌아보니 커다란 독수리가 아기 주변을 맴돌고 있었다.

"아니! 저런…. 훼이! 훼이!"

다급한 마음에 뒤돌아서서 두 손을 흔들며 고함을 지르자, 강 둔덕에서 엄마를 기다리던 첫째가 자기를 부르는 줄 알고 거리낌 없이 강물로 뛰어들었다가 강물에 휩쓸렸다. 애가 저만치 떠내려가고서야 비명소리에 뒤를 돌아본 그녀는 속수무책 어찌할 바를 몰랐으며, 다시 돌아본 건너편 언덕에선 이미 독수리가 둘째 애를 채서 하늘 높이 날아가고 있었다.

동시에 두 아이를 눈앞에서 잃은 빠따짜라는 강을 다시 건너와 봇짐도 아랑곳 않고 목을 놓아 통곡하다 통곡도 사치인 듯 터벅터벅 길을 걸어갔다.

실성한 듯 길을 가던 그녀는 마침 싸왓티에서 나오는 한 나그네를 만났다. 그를 붙들고 친정집 안부를 물으니, 그제부터 내린 폭우로 상인의 집은 무너지고 상인과 그 아내는 죽어서 이미 이웃들이 화장까지 마쳤다고 하였다.

부모의 소식까지 들은 그녀는 실성하여 벌거벗은 채 싸왓티로 들어와 온 거리를 헤매고 다녔다. 그러다 급기야 성밖 제따 숲의 승원으로 뛰어들었다.

"비구니들이여! 놔 두어라. 그녀가 내 곁으로 오게, 막지 말도록 하라."

한창 법문 중인 법회 마당에 알몸으로 들어와 휘젓고 다니는 그녀를 비구니 몇이 달려들어 데리고 나가려 하자 부처님께서 그들을 제지하셨다. 그리고 일단 그녀를 진정시켜 실성한 기운을 가시게 한 다음, 한 비구니가 건네준 가사로 몸을 가리게 하고 두 수의 게송[16]을 읊어 그녀에게 가르침을 베푸시니 그녀는 이내 예류향에 들었다. 그리고 바로 출가하여 비구니가 되었다.

비구니 빠따짜라가 하루는 쌀 씻은 물을 마당으로 흘려보내는데, 첫 번째 물줄기는 조금 흐르다 땅으로 스며들더니 두 번째 물줄기는 조금 더 흐르다 스며들고, 다시 부은 물줄기는 제법 흘렀지만 그 역시 땅속으로 스며드는 것을 보았다.

'환경에 차이가 있어 거리만 다를 뿐, 모든 물은 땅으로 스며드는구나.'

빠따짜라는 이를 명상 주제로 삼았으며, 그녀의 수행이 깊어져 무상을 온전히 깨우쳤을 때쯤 부처님께서 제따 숲에서 그녀의 수행처로 영상을 나투시어 "한순간이라도 다섯 가지 존재의 다발이 생겨나고 사라지는 것을 보는 것이 그것을 보지 못하고 백 년을 사는 것보다 낫다."고 말씀해 주셨다.

그리고 다시 베푸신 그녀만을 위한 가르침이 끝나자 빠따짜라는 아라한의 경지에 오르게 되었다.

---

15) 젠 오온(五蘊)의 생멸이란 물질[色, rūpa], 느낌[受, vedanā], 인식[想, saññā], 심리 현상들[行, saṅkhārā], 알음알이[識, viññāṇa] 등의 다섯 가지가 무명[無明, avijjā], 갈애[愛, taṇhā], 행위[業, kamma], 자양분[食, āhara], 접촉[觸, phassa] 등의 다섯 가지를 통해서 생겨나고 사라지는 것을 말하는데, 다섯 가지가 다섯 가지를 통해 생멸하므로 모두 25가지 방식이 존재하게 된다.

16) 두 수의 게송이란 『담마빠다』의 288번과 289번의 게송을 가리킨다.

114 누구라도 불멸의길 그걸보지 못했다면
그리설령 일백년을 장수하며 살더라도
불멸의길 그게뭔지 볼수있는 그런이의
하루동안 지속되는 짧은삶이 더나으리.

若人壽百歲 不見甘露道 不如生一日 服行甘露味
만약 어떤 이가 장수를 누려 1백 세를 살더라도
감로甘露와 같은 길을 보지 못한다면
하루를 살더라도 감로의 맛을 먹어 보고
(그대로) 행하는 것만 같지 못하다.

yo ca vassasataṁ jīve, apassaṁ amataṁ padaṁ |
ekāhaṁ jīvitaṁ seyyo, passato amataṁ padaṁ ||
불멸의 길을 보지 못하는 어떤 누가
설령 1백 년을 살 수 있더라도
불멸의 길을 볼 수 있는 자의
하루 동안 지속되는 삶이 더 낫다.

115
누구라도 최상의법 그걸보지 못했다면
그리설령 일백년을 장수하며 살더라도
최상의법 그게뭔지 볼수있는 그런이의
하루동안 지속되는 짧은삶이 더나으리.

若人壽百歲 不知大道義 不如生一日 學推佛法要
만약 어떤 이가 장수를 누려 1백 세를 살더라도
큰 도道의 의미를 알지 못한다면
하루를 살더라도 부처님 법의 요체를 배워
(그대로) 추진함만 못할 것이다.

yo ca vassasataṁ jīve, apassaṁ dhammamuttamaṁ |
ekāhaṁ jīvitaṁ seyyo, passato dhammamuttamaṁ ||
최상의 법을 보지 못하는 어떤 누가
설령 1백 년을 살 수 있더라도
최상의 법을 볼 수 있는 자의
하루 동안 지속되는 삶이 더 낫다.

죽은 사람이 없는 집안

부처님께서 싸왓티 제따 숲의 승원에 계실 때, 자식의 죽음을 슬퍼하다 그것을 수행으로 승화시킨 끼싸고따미에 대한 이야기이다.

싸왓티의 한 상인이 전 재산인 40꼬띠를 들여 몽땅 당밀을 사들였다. 그런데 창고에 보관한 다음날 보니 모두 값싼 숯으로 변해 있었다. 낙담한 상인은 며칠을 고민하다 그냥 숯으로 팔려고 상인 거리의 자기 상점에 내놓았다.

당밀과 꿀을 파는 거리에 숯을 내놓으니 동료 상인이건 장을 나온 사람들이건 모두 이상하게 보았다. 그런데 가난한 집 딸인 끼싸고따미(KisāGotamī)가 지나가다 상점을 들러 이렇게 말하였다.

"이 거리의 다른 상인들은 모두 당밀이나 꿀을 파는데 이 상점에선 이토록 귀한 황금을 소금 덩이 쌓아 놓듯 쌓아 놓고 파는군요."

"그게 무슨 말이냐? 이게 네 눈에는 황금으로 보이느냐?"

의아해 하는 상인에게 보라는 듯 끼싸가 숯 한 덩이를 집어 드니 어느새 황금 덩어리로 변하였다. 그러고도 끼싸가 손에 잡는 족족 모두 황금으로 변했다. 그래서 마침 아들이 하나 있던 상인이 그녀를 며느리로 맞아들이니 집안의 재산은 금세 수백 배로 불어났다.

끼싸는 그렇게 시집을 와서 시부모의 귀여움을 받았으며, 얼마지 않아 귀여운 아들까지 낳고 행복하게 살았다. 그런데 애가 걸음마를 떼며 한창 재롱을 부리던 어느 날, 아무런 이유도 없이 애가 갑자기 죽어 버렸다. 갑작스런 충격에 거의 실성하다시피 한 그녀가 온갖 의사를 찾아가고 심지어 주술사도 찾았으나 어찌할 수 없었다. 그러다 어떤 사람이 측은한 마음으로 말했다.

"고따마 부처님께 가면 애를 살릴 수 있는 방도가 있을지도 모르오."

그래서 제따 숲으로 부처님을 찾은 끼싸가 애원하였다.

"세존이시여! 부디 제 애를 살려만 주십시오. 애를 살릴 수만 있다면 세존께서 시키시는 일은 무엇이든 하겠습니다."

부처님께선 한 가지 시키는 일만 해내면 애를 살려 주겠노라고 하셨다.

"어느 집에라도 가서 그 집안에서 애나 어른이나 한 사람도 죽은 이가 없는 집을 찾으라. 찾았으면 그 집에서 흰 겨자씨 한 줌을 얻어 오너라. 그러면 내가 너의 아들을 살려 주겠노라."

끼싸는 죽은 애를 들쳐업고 온 싸왓티의 거리를 헤매었다. 집이란 집은 다 들르고 문이란 문은 모두 두들겨 보았으나 어느 집도 죽음의 그림자가 없는 집은 없었다. 부처님이 말씀하신 겨자씨는 이 세상 그 어디에서도 구할 수 없다는 것을 알게 된 끼싸는, 그러한 무상(無常)이며 생자필멸(生者必滅)의 도리를 새롭게 배우게 된 것이 아니라 단지 혼란해졌던 마음이 가라앉자 자연스레 깨닫게 되었음을 알았다. 그러자 그녀는 흐름에 든 경지가 성취되었다.

그렇게 부처님의 가르침을 깨달은 끼싸는 아이의 장례를 지낸 뒤 남편과 시댁 식구들의 만류에도 불구하고 출가하여 수행자가 되었다.

비구니 승원에서 수행에 열중하던 끼싸는 포살이 있던 날 포살당의 뒷정리를 도맡아 모두 끝낸 다음, 여러 곳의 촛불만 꺼지지 않은 포살당의 한켠에서 지는 황혼에 어두워지는 모습을 지켜보며 조용히 명상에 들었다.

'어둠 속에서 어느 촛불은 활활 타오르고 어느 촛불은 깜빡이는데, 방금까지 깜빡이던 저 촛불은 이제 불이 꺼져 어둠과 하나가 되었구나.'

명상에 들어 있던 중 눈앞에서 타오르다 사그러져 어둠에 묻혀 버린 촛불에서 그녀는 무상과 더불어 열반(涅槃)의 진리를 엿보게 되었다.

부처님께서 멀리 제따 숲의 향실에서 이 모습을 건너다보시고 신통력으로 그녀 앞에 영상을 나투시어 가르침을 펴시니, 짧은 가르침 끝에 끼싸는 밝아 오는 새벽녘의 먼동과 함께 아라한의 경지에 올랐다.

第9章

∞∞∞∞∞∞∞∞∞∞∞∞∞∞

पापवग्गो

악행의 결과를 들어 경계한 장

악행품
惡行品

∞∞∞∞∞∞∞∞∞∞∞∞∞∞

116 착한일에 대해서는 늦었구나 서두르고
악한일에 대해서는 보자마자 그만둬야.
실로공덕 주저하며 행하는자 그생각은
사악함에 쾌락들을 취하는게 될것이다.

見善不從 反隨惡心 求福不正 反樂邪婬
선善을 보고도 따르지 않으면
오히려 악惡한 마음을 붙좇게 되며,
복福을 구하나 바르지 않으면
오히려 삿된 음행을 즐기게 된다.

abhittharetha kalyāṇe, pāpā cittaṁ nivāraye |
dandhañhi karoto puññaṁ, pāpasmiṁ ramatī mano ||
선한 일에 대해서는 서둘러야 하며,
사악함으로부터는 인식을 물러서게 해야 한다.
실로 공덕을 주저하며 행하는 자의 생각은
사악함에서 쾌락을 취하게 된다.[1]

117 누구라도 어쩌다가 악행하나 저지르면
그행위를 거듭해서 행하지는 말지니라.
저지르곤 핑곗거리 만들어선 안되나니
쌓인악행 더미에는 고통밖에 뭐있으리!

人雖爲惡行 亦不數數作 於彼意不樂 知惡之爲苦

사람이 비록 악행을 저질렀더라도
거듭해서 짓지는 말아야 하며
그런 의도를 즐기지도 말아야 할지니,
악행은 고통이 됨을 알아야 한다.

pāpañce puriso kayirā, na naṁ kayirā punappunaṁ |
na tamhi chandaṁ kayirātha, dukkho pāpassa uccayo ||

사람이 만약 악행을 저질렀다면
그것을 거듭해서 행하지는 말아야 한다.
그것 안에서 기쁨을 만들려고 해서는 안 되나니,
악행의 쌓임은 (그 결과가) 고통스럽다.

옷 한 벌을 공양 올린 공덕 ²⁾

부처님께서 싸왓티 제따 숲의 승원에 계실 때, 옷 한 벌을 가진 이가 그것을 공양하고 받은 커다란 공덕에 대한 이야기이다.

과거불인 위빠씬(Vipassin) 부처님 때 마하에까싸따까(MahāEkasāṭaka)라는 브라만이 살았다. 부유했던 그는 부처님의 가르침은 잘 따랐지만, 많은 재산에도 불구하고 아깝다는 생각을 이기지 못하여 부처님과 승단에 공양 올리는 것은 늘 나중으로 미루기만 하였다.

훗날 마하에까싸따까는 고따마 부처님 때 싸왓티에 태어나 쭐라에까싸따까(CullaEkasāṭaka)라고 불렸다. 그는 전생과 달리 아주 가난한 집안에서 태어나 가난하게 살았는데, 결혼을 하고서도 그 생활은 나아지지 않았다. 그와 아내는 단 한 벌의 옷만으로 생활하였는데, 외출할 때 입을 외투는 부부가 한 벌뿐이었다. 그래서 한 사람이 외출하면 한 사람은 집에 있어야 했다.

부부 모두 부처님을 지극히 존경하기에 법회가 있으면 반드시 듣고자 원했으나 한 벌뿐인 외투 때문에 한 번씩 번갈아 참석하거나, 혹은 밤낮으로 이어진 법회가 있으면 낮에는 아내가, 밤에는 남편이 법회에 참석하였다.

"여보! 오늘 저녁은 내가 법회에 참석하리다. 당신은 내일 가구려."

오후 늦게, 한낮의 열기가 가신 이후에 펼쳐진 법회에 참석한 남편은 그날따라 법문이 귀에 쏙쏙 들어오는 것 같더니, 사방이 캄캄해질 무렵에는 온몸이 다섯 가지 환희로 가득찰 정도였다. 그래서 가진 것이라곤 걸친 외투 하나밖에 없었지만 그것이라도 벗어서 공양을 올리고 싶었다.

'그런데… 이걸 공양 올리면 아내가 내일 법회에… 아니, 아예 우리 둘 모두 앞으론 이런 법회 같은 바깥 모임에 나올 수가 없잖아.'

그렇게 망설이며 외투를 쥐었다 놓았다 하길 한참, 시각은 초야를 지나 한밤중이 되었다. 이어진 법문에 제법 많은 사람들이 자리를 비우거나 졸고 있었지만 쭐라는 믿음의 마음과 인색한 마음이란 두 마음의 갈등으로 인해 잠은 완전히 달아나 버린 채 법문에 집중했다 갈등에 빠져들기를 반복하였다.

한밤중도 어느새 지나서 얼마지 않으면 날이 터올 때쯤, 그제야 갈등을 이긴 마음으로 외투를 벗어 부처님 발밑에 놓아 공양을 올렸다.

"내가 인색의 마음을 억눌렀다. 믿음의 마음이 승리했다. 내가 이겼다!"

한 벌뿐인 외투를 공양한 쭐라는 환희로운 마음에 큰 소리로 외쳤다. 마침 그 법회에 참석한 빠쎄나디 왕은 한 신도가 이상한 행동을 하더니 법회장을 벗어나며 큰 소리까지 내지르자 사람을 시켜 무슨 일인지 알아보게 하였다.

"그러면 내가 그 부부에게 두 벌의 좋은 외투를 하사하리라."

왕의 하사품을 입고 법회에 같이 나온 쭐라 부부가 이번엔 함께 외투를 벗어 부처님께 공양을 올렸다. 그리고 그 소문을 또 왕이 듣게 되었다.

"그러면 내가 이번엔 네 벌의 좋은 외투를 하사하리라."

그렇게 네 벌은 여덟 벌로, 여덟 벌은 또 곱절이 되어 그 선행을 왕이 보상해 주었다. 그러길 여러 번 하여 32벌까지 하사품이 늘었지만 쭐라 부부가 다시 그 모두를 부처님께 공양 올리자, 이번엔 값비싼 바라나씨 비단의 담요 두 장을 하사하였다. 그랬더니 쭐라 부부는 한 장은 부처님께 올리고 한 장은 집 앞에 두어 탁발 나온 수행자들이 그 그늘에서 쉴 수 있도록 해놓았다.

결국 왕은 네 마리씩의 코끼리와 말과 4천 까하빠나의 금전 및 네 명씩의 남녀 하인과 네 마을을 하사하여 그 공덕을 치하하였다. 부처님께서 그 말씀을 들으시고 쭐라의 신심과 왕의 관대함을 함께 칭찬하시고 말씀하셨다.

"만약 쭐라가 중야(中夜)에 공양하였다면 모두 여덟의 선물을, 초야(初夜)에 마음이 일자마자 했더라면 열여섯의 선물을 받았을 것이다. 그러니, 수행승들이여! 선한 마음이 일어날 때는 미루지 말고 그것을 행할지니라."

---

1) 囷 착하고 건전한 일을 행하는 데 머뭇거리는 사람은 마치 미끄러운 길을 조심조심 밟고 지나가듯 '보시해야 할까? 시행해야 할까? 좋은 결과가 있을까?'라고 생각하게 되는데, 그러한 사람에겐 인색하고 탐욕적이며 악하고 불건전한 생각이 접근하게 된다. 그것은 건전한 일을 실천하지 못하고 머뭇거리고 있을 때 마음은 결정적으로 사악함을 지향하기 때문이다.

2) 게송 116번과 117번에 대한 배경담은 원래 별도의 내용이다. 116번 배경담의 내용이 상술된 것이며, 117번의 배경담은, 승원의 수행 생활에 무료함을 토로하는 도반에게 계율에 금하는 자그만 쾌락을 권한 수행자가 부처님께 혼이 나는 내용으로, 잘못된 행은 거듭하지 말 것을 말씀하신 것이다.

118 누구라도 만약선행 행하였던 사람이면
그선행을 거듭하여 행해야만 할지니라.
그리고는 그안에서 기쁨일궈 내야하니
갖은선행 쌓인다면 그결과는 즐거우리.

人能作其福 亦當數數造 於彼意須樂 善受其福報
사람이 어떤 복이라도 지을 수 있었다면
응당 자주자주 지어야 할 것이며
그런 의도를 마땅히 즐겨야 할지니,
선행은 그(에 상응하는) 복된 보답을 받기 마련이다.

puññañce puriso kayirā, kayirā naṁ punappunaṁ |
tamhi chandaṁ kayirātha, sukho puññassa uccayo ||
사람이 만약 선행을 행하였다면
그것을 거듭해서 행해야 한다.
그것 안에서 기쁨을 만들려고 해야 하나니,
선행의 쌓임은 (그 결과가) 즐겁다.

* 118

천녀의 시봉을 마다한 마하깟싸빠

부처님께서 싸왓티 제따 숲의 승원에 계실 때, 장로 마하깟싸빠가 자신 때문에 천녀가 된 여인의 시봉을 마다한 이야기이다.

장로 마하깟싸빠가 삡팔리 동굴에서 이레 동안의 선정에서 일어나며, 큰 공덕이 될 그 첫 공양을 누구에게 올리도록 할지 살펴보았다. 마침 논에서 수확한 쌀을 볶고 있는 논지기 여인 라자(Lājā)를 보고는, 그녀가 신심을 갖추고 있기에 도움을 주리라고 여겨 그 논으로 탁발을 갔다.

"존자시여! 미천한 여인이 볶은 쌀 몇 줌밖에 없습니다. 부디 저의 공양을 받으시고, 깨달음에 다가갈 조금의 가르침이나마 듣고 싶습니다."

여인은 공양을 올리고서 선 채 들은 단 몇 마디의 가르침에 다섯 가지 환희가 몸에 가득참을 느끼고 환희로워 하였다. 그리고 돌아서는 순간 논두렁에 숨어 있던 독사에게 물려 그 자리에서 죽고 말았다.

그렇지만 믿음을 지닌 채 죽었기에 그녀는 바로 삼십삼천에서 천 명의 시녀를 거느린 천녀로, 꿈을 꾸다 깨어나듯 태어났다. 천상에서 온갖 복락을 누리게 된 천녀 라자는 이 모든 것이 모두 깟싸빠 존자 덕분임을 알고, 그 복을 향유하는 데 머물지 않고 매일 홀로 내려와서 존자께서 계시지 않는 시간에 방을 청소하는 등 모든 시중을 들어드렸다.

'이상하다? 저 사미가 한 일인 줄 알았더니. 누가 이리도 정갈히…'

장로는 이내 천녀 라자가 한 일임을 알고, 짐짓 그녀에게 일렀다.

"천녀여! 나를 그리 시봉하는 일은 여법하지 않으니 이제 그만두시오."

칭찬 받을 일로 알았는데 존경하는 존자로부터 이런 말을 듣자 그녀는 천상으로 돌아가지도 않고 허공에 머물며 통곡하였다. 부처님께서 멀리로부터 들려오는 통곡 소리를 들으시고 그녀 앞으로 영상을 나투시어 말씀하셨다.

"천녀여! 마하깟싸빠의 가르침이 옳으니라. 깟싸빠는 자신을 제어하는 의무를 다한 것이니라. 너 또한 여법하게 선행함을 그치지 말아야 할지니라."

허공에서 가르침을 들은 라자는 예류과를 성취하고 천상으로 돌아갔다.

119 악을행한 자라해도 악이익지 않은동안
그동안은 이런저런 행복맛을 보겠지만,
그러다가 세월지나 그열매가 익었을때
악행자는 어김없이 악업들을 경험하리.

妖孽見福 其惡未熟 至其惡熟 自受罪虐
재앙(스런 행위)에도 복福을 보았다면
그 악惡이 아직 익지 않아서요,
그 악이 익기에 이르러선
죄의 잔혹함을 저절로 받게 되리라.

pāpopi passati bhadraṁ, yāva pāpaṁ na paccati |
yadā ca paccati pāpaṁ, atha pāpo pāpāni passati ||
악을 행하는 자라도
악이 익지 않은 동안은 행복을 경험한다.
그러나 (그) 악이 익었을 때
악을 행한 자는 악업惡業들을 경험하게 된다.

120 비록누가 선한일을 행하였다 하더라도
선이익지 않은동안 어려움을 겪을수도.
그렇지만 설익었던 그열매가 익었을때
선한일을 행한자는 善業들을 경험하리.

貞祥見禍 其善未熟 至其善熟 必受其福
곧고 상서로운 행위에도 화禍를 입었다면
그 선善이 아직 익지 않아서요,
그 선이 익기에 이르러선 반드시
그 복福을 받게 되리라.

bhadropi passati pāpaṁ, yāva bhadraṁ na paccati |
yadā ca paccati bhadraṁ, atha bhadro bhadrāni passati ||
선을 행하는 자라도
선이 익지 않은 동안은 어려움을 경험한다.
그러나 (그) 선이 익었을 때
선을 행한 자는 선업善業들을 경험하게 된다.

변함없는 장자의 신심

부처님께서 싸왓티 제따 숲의 승원에 계실 때, 그 숲의 승원을 시주한 부호 아나타삔디까에 대한 이야기이다.

싸왓티의 장자 아나타삔디까는 5천 4백 꼬띠의 재물로 제따 숲에 승원을 건립하여 부처님께 시주한 대부호이다. 그는 승원을 건립한 것에 그치지 않고, 새벽이면 사미들 쌀죽을 쑤어 들어가고 공양 때면 정성어린 공양을 준비해 들어갔으며 저녁이면 향과 꽃다발을 가지고 들어가 부처님을 뵈며 그때마다 펼치시는 가르침에 귀를 기울였다.

장자는 그렇게 부처님과 승가에 정성을 들이는 데 그치지 않고 친구와 친족들의 어려움도 자신의 일처럼 돌보며 부처님의 가르침을 실천하였다. 그러던 중에 갑자기 어려워진 친구에게 1천 8백 꼬띠의 재물을 빌려주었으나 그 친구가 멀리 떠나 버린 까닭에 돌려받지 못하였고, 친지들을 위해 내어놓았던 1천 8백 꼬띠의 재물은 큰 물난리에 휩쓸려 떠내려가는 일을 겪었다.

거대한 안자나(Añjana) 산도 오랜 풍상에 평지로 변하듯, 그렇게 많던 장자의 재산은 어느새 모두 흩어지고 어떨 때는 식구들의 끼니도 걱정해야 될 처지가 되었다. 그러나 장자의 신심은 변하지 않아 쌀겨로나마 죽을 쑤어 공양하는 일을 그치지 않았다.

"장자여! 거친 음식을 공양한다고 여기지 말라. 공양 올리는 마음이 정성스러우면 그 어떤 공양도 거친 것은 없느니라."

그렇지만 장자가 이제 빈 껍질만 남다시피 한 집으로 돌아왔을 때 장자의 저택에 깃들어 있는 신장은 불만이 가득하였다.

'어째서 우리 장자님은 자신과 식구들 생각은 조금도 않으시는 겐가.'

그래서 또다시 내일 끼니를 걱정하는 장자의 아내가 다녀간 뒤에 신장은 모습을 드러내어 장자께 말씀드렸다.

"장자시여! 장자께서는 이제까지 자신과 집안의 미래는 생각지 않으시고 오직 수행자 고따마에게만 정성을 쏟고 계십니다. 이제 집안을 돌보십시오."

신장의 하소연을 잠자코 듣고 있던 장자는 그의 말이 끝나자 아무 말 없이 그를 집안에서 내쫓아 버렸다. 아무리 신장이라도 이미 예류과를 증득한 장자의 말을 거역할 수는 없었기에, 그날로 거리로 내쫓겨서 지킬 곳도 없는 신장이 되어 버렸다.

신장은 이곳저곳의 신장이나 신중들에게 하소연해 보았으나 장자 아나타삔디까에게 쫓겨났다는 말에 그 누구도 더 말을 받아 주지 않았다. 다만 한 신중이 지나가는 말로 제석천왕에게 하소연이나 해보라고 일러 주었다.

그래도 장자를 아끼는 마음에 그리한 것임을 아는 제석천왕은 신장에게 그 집으로 돌아갈 수 있는 방법을 알려 주었다.

"우선 장자가 재산을 회복하도록 도와주게. 돈을 꾸어 간 옛 친구는 지금 어디에 있으니 자네가 한 마디만 하면 될 것이고, 폭우에 휩쓸려 간 재산은 그 강의 어느 위치에 가라앉아 있으니 장소만 일러 주게나."

과연 제석천왕의 말대로 장자에게 일러 주고 용서를 구하니, 장자 또한 자신도 조금은 성급했음을 인정하고 신장을 용서하여 다시 집안에 머물게 하였다. 장자의 재물 또한 그 결에 부쩍 불어서 얼마지 않아 승원을 시주하기 이전처럼 대부호가 되었다.

이제 예전처럼 부처님과 승원은 물론이요, 싸왓티의 가난한 이들에게도 다시 공양을 할 수 있게 된 장자는 어느 날 신장을 불러서 함께 제따 숲의 승원으로 부처님을 뵈러 갔다. 장자는 부처님께 근래 집안의 형편이 나아져 흡족한 공양을 올리게 된 일이 모두 함께 온 신장 덕분이라 말씀드렸다.

"장자여! 이 세상에서 악한 것도 선한 것도 모두 그것이 과실처럼 익어 가는 동안에는 악행에도 잠시 행복해질 수가 있고 선행을 하더라도 괴로울 수 있느니라. 그렇지만 결국 과실은 언젠가 제 모습대로 익기 마련이니라."

곁에서 듣고 있던 신장도 가르침 끝에 예류과를 증득하였다.

121 그 경우는 나에게서 일어나지 않을게야.
惡을 이리 생각하며 얕보지를 말지니라.
떨어지는 물방울로 물항아리 가득차듯
어리석은 그 마음에 하나하나 쌓여가다
언젠가는 악함으로 가득차게 되리로다.

莫輕小惡 以爲無殃 水渧雖微 漸盈大器 凡罪充滿 從小積成
재앙은 되지 않을 것이라 하여
작은 악惡을 가벼이 여기지 말라.
한 방울의 물은 비록 미미하더라도
점차 (불어나) 큰 그릇을 채우나니,
무릇 죄가 가득하다는 것은
작은 것으로부터 쌓여 이뤄진 것이다.

māppamaññetha pāpassa, na mantaṁ āgamissati |
udabindunipātena, udakumbhopi pūrati |
bālo pūrati pāpassa, thokathokampi ācinaṁ ||
'그것은 내게 오지 않을 것이다.'라고
악을 얕보아서는 안 된다.
떨어지는 물방울로도 물항아리가 차듯이
조금씩이라도 (악이) 축적되고 있는 어리석은 이는
(언젠가) 악으로 가득찬다.

* 121
어느 조심성 없는 비구

부처님께서 싸왓티 제따 숲의 승원에 계실 때, 승가의 공동 물품인 상주물(常住物)을 함부로 다루던 어느 조심성 없는 비구의 이야기이다.

제따 숲 승원의 한 비구는 승가의 물품들을 조심성 없이 다루어 항상 문제를 일으켰다. 실내에서 사용하는 침대나 의자 등을 밖에서 사용하다 제때 실내로 들여놓지 않고 방치했다가 비나 태양 또는 흰개미에 노출시켜 못 쓰게 만드는 등, 자신이 조심성 없어 문제를 일으키지만 정작 혼자서 대범한 척 하는 통에 승원에서도 적잖게 골머리를 앓고 있었다.

"아니! 이렇게 또 이것을 방치해 놓으면 누구 보고 치우란 말인가!"

"이런 사소한 것에 그리 신경쓸 시간이 있으면 수행에나 몰두하시게. 이건 우리가 정진하는 것에 비하면 정말 하찮은 일일 뿐이네. 마치 장마 중 몇 방울의 비처럼, 그것이 뭐가 대수겠는가?"

그를 여러 장로들도 불러 타일러 보았지만 오히려 은근히 훈계하는 말투로 대꾸하기만 하였다. 그래서 비구들이 뜻을 모아 부처님께 그의 행동을 알렸다. 부처님께서는 그를 부르셨다.

"수행승이여! 이러이러한 것이 사실이냐?"

"세존이시여! 저는 숨쉬면 공기 중에 떠다니는 조그만 벌레가 입으로 들어올까 걱정하는 저 니간타들처럼 하지 않았을 뿐입니다. 별일 아닌 줄 압니다."

부처님께선 여느 비구들에게와는 달리 따뜻한 음성으로 타이르셨다.

"수행승이여! 그리 여겨서는 안 되느니라. 특히 여법하지 않은 행동은 아무리 사소한 것이라도 가벼이 여기지 말라. 그것은 어느새 거대한 개미 언덕처럼 커질 것이요, 옅은 비가 내리는 마당에 내어놓은 항아리처럼 어느 틈엔가 항아리를 채우고 넘치게 될 것이니라. 엄청난 악의 더미는 바로 그렇게 조금씩 쌓여서 형성된 것일 뿐이니라."

그제야 그 수행승은 자신의 잘못을 깨닫게 되었다.

122 그경우는 나에게서 일어나지 않을게야.
善을이리 생각하며 얕보지를 말지니라.
떨어지는 물방울로 물항아리 가득차듯
현명한이 그마음에 하나하나 쌓여가다
머지않아 善함으로 가득차게 되리로다.

莫輕小善 以爲無福 水滴雖微 漸盈大器 凡福充滿 從纖纖積
복락은 없을 것이라 하여
작은 선善을 가벼이 여기지 말라.
한 방울의 물은 비록 미미하더라도
점차 (불어나) 큰 그릇을 채우나니,
무릇 복이 충만하다는 것은
한 올의 실로부터 실오라기가 쌓인 것이다.

māppamaññetha puññassa, na mantaṁ āgamissati |
udabindunipātena, udakumbhopi pūrati |
dhīro pūrati puññassa, thokathokampi ācinaṁ ||
'그것은 내게 오지 않을 것이다.'라고
선을 간과해서는 안 된다.
떨어지는 물방울로도 물항아리가 차듯이
조금씩이라도 (선이) 축적되고 있는 현명한 이는
(언젠가) 선으로 가득찬다.

* 122

권선이 못마땅했던 대부호

부처님께서 싸왓티 제따 숲의 승원에 계실 때, 다른 이가 권선(勸善)하는 것을 못마땅하게 여겼던 한 부호의 이야기이다.

부처님께서 언젠가 권선에 관한 설법을 하셨다.

"누구라도 자신은 보시하면서 타인에게 권하지 않으면 그 한 사람만 복덕을 얻는 데 그치지만, 주위에 권선하여 함께 보시하면 권하는 이나 권함을 받아 행하는 이나 모두 더 큰 복락을 누리게 될 것이다."

가르침을 들은 한 현명한 이가 마을로 돌아가 권선을 바로 실천하였다.

"제가 부처님께 오는 보름에 우리 마을로 오시도록 공양청을 올려 허락을 받았소이다. 우리 모두 십시일반 정성을 모아 공양을 준비하도록 합시다."

그래서 현명한 이는 마을을 돌며 형편에 맞게 보시하도록 권하고, 그렇게 모인 것으로 한 집에 모여 공양을 준비할 수 있게 하였다.

'아니! 자기가 하고 싶으면 자기만 하면 되지, 왜 남에게까지 폐를 끼칠까? 자기 능력껏 몇 명만 초대하면 되지, 왜 분수에 넘치게 초빙하냔 말이야!'

마을 사람 모두 흔쾌한 마음에 조금씩 동참하였으나 가장 많은 재산을 가진 부호 빌랄라빠다까(Biḷālapādaka)는 속으로 불만이었다. 그래서 현명한 이가 자기 가게로 와서 권선하자 겨우 세 움큼의 쌀과 콩 및 당밀만 내놓았다.

'아니? 왜 내 것만 따로 담아 가는 게지? 적게 내놓아서 그러는가?'

현명한 이가 집에 가져가 모든 시주물을 함께 섞는 것을 확인하고 안심하였으나, 혹시 부처님 앞에서 다시 그것을 거론할까 봐 긴장하여, 여차하면 그를 해코지라도 할 작정을 하고 보름날 마을의 야단법석에 나갔다.

"세존이시여! 여기 준비한 공양은 저희 마을 사람 모두 힘을 모아서…"

현명한 이가 여법하게 처리하는 모습을 본 부호는 부끄럽게 행동하고 생각한 자신을 뉘우치며 그에게 가서 용서를 구하였다. 이를 지켜보시던 부처님께서는 대중들과 공양을 받으시고 가르침을 베푸셨다.

"아무리 작은 선이라도 가벼이 여기지 말라. 다만 옅은 정성을 탓할 뿐."

123 함께가는 일행적고 가져가는 짐은많은
     생각있는 장사꾼이 위험한길 피하듯이,
     삶에애착 지닌이가 무서운독 피하듯이
     그누구나 모든惡을 피해가야 하느니라.

     伴少而貨多 商人怵惕懼 嗜欲賊害命 故慧不貪欲
     길동무가 적은데 짐이 많으면
     장사꾼은 위태로워질 것을 근심하고 두려워하듯이,
     즐기려는 욕심은 적賊이 되어 목숨을 해치기에
     지혜로운 자는 욕심을 탐하지 않는다.

     vāṇijova bhayaṁ maggaṁ, appasattho mahaddhano |
     visaṁ jīvitukāmova, pāpāni parivajjaye ||
     마치 일행이 적고 많은 재물을 운반하는 상인이
     위험한 노정을 (피하는 것처럼),
     마치 삶에 애착하는 이가 독을 (피하는 것처럼
     모든) 악惡을 피해야 한다.

* 123

상인 마하다나의 지혜

부처님께서 싸왓티 제따 숲의 승원에 계실 때, 상인 마하다나가 5백 도적을 피한 이야기이다.

싸왓티의 거상(巨商) 마하다나는 언제나 도적 무리의 표적이 되었다. 5백 명이 무리를 이룬 도적이 몇 차례 그 집을 노렸으나 워낙 방비가 철저하여 번번이 실패하였다. 그러다 한번은 마하다나가 많은 재물을 마련하여 동쪽 먼 지역으로 교역을 나가게 되었다.

'그냥 무턱대고 도성을 나섰다가는 도적떼들에게 당하겠지? 그러면 우리 무리 5백에다, 마침 동쪽 라자가하로 떠나는 비구들 5백 명이 있다니 그들과 함께 길을 떠나야겠구나.'

그래서 마하다나는 승단에 연락하여 함께 이동하는 동안 모든 공양은 상단에서 책임지겠다고 약속하고 같이 길을 떠났다.

며칠 후 평원을 지나 큰 계곡 입구에 있는 마을에 도착했을 때 5백 명의 도적 무리는 이미 계곡의 험준한 협곡에 매복하고 있었다. 염탐꾼을 통해 서로의 일정을 파악한 터라, 마하다나도 계곡으로 들어가지 않고 며칠을 마을에서 묵었다. 그리고 도저히 지나갈 수 없다 판단하여 상단을 싸왓티로 돌렸다.

그때 도적 무리 또한 염탐꾼으로부터 상단이 돌아간다는 소식을 듣고 먼저 무리를 돌려 평원의 후미진 곳에 매복하고 기다렸다. 다시 마하다나는 그것을 알아채고 다음 마을에서 머물며 비구들에게 말했다.

"도적 무리 때문에 상단은 당분간 움직일 수 없습니다. 그들은 수행자들을 해치진 않으니, 먼저 싸왓티로 돌아가시는 것이 좋을 듯합니다."

비구들이 돌아와 자신들이 돌아오게 된 자초지종을 말씀드리니, 부처님께선 마하다나의 지혜로운 대처를 칭찬하시며 말씀하셨다.

"비구들이여! 마하다나가 자신의 재물을 지키기 위해 방심하지 않고 도적의 무리를 피하는 것은 마치 살려는 자가 독을 피하는 것과 같으니라. 마찬가지로 비구들도 수행의 여정에서 악행을 독이나 도적으로 여겨야 하느니라."

124 상처없는 손이라면 毒쥐고도 이리저리
상처없는 손안으로 毒이들어 가지않듯,
악한행위 저지르지 않은이의 경우라면
사악한業 이란것은 존재하지 않느니라.

有身無瘡疣 不爲毒所害 毒奈無瘡何 無惡無所作
누구라도 몸에 상처가 나서 헌 데 없으면
독毒에 피해를 입지 않나니,
독이라도 헌 데 없는 몸을 어찌할 수 없듯이
악惡을 짓지 않았다면 해악을 입을 일도 없을 것이다.

pāṇimhi ce vaṇo nāssa, hareyya pāṇinā visaṁ |
nābbaṇaṁ visamanveti, natthi pāpaṁ akubbato ||
만약 손에 상처가 없다면 독을 손으로 옮길 수 있다.
상처가 없는 손으로 독이 들어가지 않듯이
악행을 저지르지 않는 이의 경우
악업惡業은 존재하지 않는다.

* 124
사냥꾼의 아내

부처님께서 싸왓티 제따 숲의 승원에 계실 때, 부호의 딸로서 사냥꾼의 아내가
된 여인의 일가 모두가 예류과를 증득한 이야기이다.

라자가하 부호의 딸이 7층 높은 저택의 가장 위층에서 거리를 내려보다 마침
라자가하로 들어오는 사냥꾼 꾹꾸따밋따(Kukkuṭamitta)를 보았다. 그리고 5백
마리의 짐승을 사냥하여 여러 수레에 싣고 들어오는 그를 보자 사랑에 빠졌다.

집을 몰래 빠져나와 망설이는 사냥꾼을 설득하여 싸왓티 인근으로 옮겨간 그
녀는 아들을 일곱까지 낳았으며, 그리고 모두 결혼시켜 행복하게 살았다. 꾹꾸
따밋따와 그의 일곱 아들은 모두 사냥을 업으로 삼으며 함께 살았다.

"오늘은 당신이 제일 먼저 나서시는구려. 사냥 장비는 여기 챙겨 놓았습니다."

아내가 챙겨 준 활과 화살을 쥐고 숲으로 들어간 사냥꾼은 어제 쳐놓은 그물
을 살펴보러 갔다. 그땐 이미 부처님께서 그들이 과위를 증득할 때임을 아시고,
사냥터로 오셔서 그물에 잡힌 짐승들을 풀어 준 뒤 덤불 곁에 앉아 계셨다.

그날따라 그물엔 짐승이 한 마리도 없고 사람 발자국만 있는 것을 본 사냥꾼
은 덤불 너머 사람 모습이 어른거리자 짐승을 훔친 도적으로 생각하고 활시위
를 매겼다. 그러자 부처님께서 신통력을 보내어 그를 그 자세에서 꼼짝하지 못
하게 만들었다. 뒤늦게 사냥터로 나선 일곱 아들도 이 모습을 보고 부처님에게
활을 쏘려고 하였으나 똑같이 활시위를 매긴 자세로 굳어져 버렸다.

"제 아버님에게 활을 쏘지 마세요! 너희들도 활을 거두어라!"

어릴 때 이미 부처님께 가르침을 받아 예류과를 증득하고 재가신자로 귀의한
그녀가 며느리들과 사냥터로 들어와 그 모습들을 보고 이렇게 외치자 모두 살
의를 멈추었으며, 부처님께서도 그들을 풀어 주셨다. 그리고 용서를 구하는 그
들에게 가르침을 베푸니, 모두 그 자리에서 예류과를 성취하였다.

"사냥꾼의 아내는 예류과를 증득하였다는데 어찌 살생을 도왔을까?"

이야기를 듣고 승원의 몇몇 비구들이 의아해 하자 부처님께서 말씀하셨다.

"비구들이여 손에 상처가 없으면 독을 손으로 옮길 수 있는 것처럼…."

125 순수하길 백옥같아 죄악에서 자유롭고
남해코지 전혀않는 그런이를 괴롭히면,
부는바람 거슬러서 흩뿌려진 먼지처럼
그해악은 고스란히 제얼굴만 뒤덮으리.

加惡誣罔人 淸白猶不汚 愚殃反自及 如塵逆風坋
다른 이를 악바리같이 속여 옭아매려 해도
청렴결백한 이는 어쨌든 더럽혀지지 않나니,
어리석은 이의 해코지는 도리어 자신에게 미치는 것이
마치 먼지가 역풍에 뿌려진 것과 같으리라.

yo appaduṭṭhassa narassa dussati,

suddhassa posassa anaṅgaṇassa |

tameva bālaṁ pacceti pāpaṁ,

sukhumo rajo paṭivātaṁva khitto ||

순수하고 죄악에서 자유로운 사람이나
(남에게) 해악을 끼치지 않는 사람을 그 누가 해코지한다면
마치 바람에 거슬러 내던져진 미세한 먼지처럼
그 해악은 바로 그 어리석은 이에게 되돌아온다.

## 125

사냥꾼 꼬까의 과보

부처님께서 싸왓티 제따 숲의 승원에 계실 때, 사냥꾼 꼬까가 수행승을 골리려다 오히려 당한 이야기이다.

늘 사나운 사냥개를 데리고 다니는 사냥꾼 꼬까(Koka)가 어느 날 사냥을 나갔다가 숲의 입구에서 탁발을 나오는 한 무리의 비구들을 보았다.

'에구! 저 재수 없는 놈들을 또 만났네. 오늘 이거, 공치는 것 아냐?'

과연 그날은 단 한 마리의 참새조차 잡지 못한 채 빈손으로 숲에서 나왔다. 마을로 막 접어들 때 건너편으로 아침에 봤던 비구가 걸어오고 있었다.

'저, 재수 없는 비구를 또 보네. 요놈, 골탕이나 먹어 봐라!'

꼬까는 짐승을 한 마리도 잡지 못해 제 딴에 약이 올라 있는 사냥개들을 풀어서 비구를 물어 버리라고 명령했다.

"아이고! 이게 웬 난리야! 사람 살려! 이 개 좀 치우시오!"

갑자기 달려드는 사나운 사냥개들에게 쫓기던 비구는 급한 대로 길가의 나무에 올라붙었다. 손에 잡히는 잔가지도 없는 나무둥치를 얼싸안고 으르렁거리는 개들의 이빨만은 겨우 피했으나 계속 짖으며 달려드는 바람에 바둥거리고 있는데, 꼬까가 다가와서 화살 끝으로 비구의 발바닥을 콕콕 찔러 대니 혼이 다 빠져나갈 지경이라 비구는 가사가 흘러 떨어지는 것도 몰랐다.

그렇게 흘러내린 가사는 아래서 킬킬대던 꼬까 머리 위로 떨어져 몸을 덮어 버렸다. 그러자 사냥개들은 비구가 떨어진 줄 알고 달려들어 물어뜯어 버렸다. 피투성이가 된 채 드러난 꼬까의 몸을 본 사냥개들은 숲으로 달아나 버렸으며, 그제야 내려온 비구가 사냥꾼을 살펴보니 이미 죽어 있었다.

승원으로 돌아온 비구는 혹시 자신의 잘못 때문에 사냥꾼이 죽은 게 아닌가 걱정하며 자초지종을 모두 대중에게 고하니, 부처님께서 말씀하셨다.

"비구여! 네 잘못은 없다. 계율에 위반된 것도 없느니라. 그것은 꼬까 자신의 잘못이요, 업보일 뿐이다. 그는 전생에도 뱀 굴에 숨은 뱀으로 어린아이를 놀래 주려다 오히려 그 뱀에 물려 죽은 적이 있었느니라."

126　어떤이는 자궁으로 들어갔다 태어나고
　　　그보다도 못한이는 지옥에서 태어나며,
　　　올바르게 가던이도 하늘에나 오르지만
　　　모든번뇌 여윈이는 열반으로 나아가리.

　　　有識墮胞胎 惡者入地獄 行善上昇天 無爲得泥洹
　　　어떤 이는 태 속으로 떨어지고 악한 이는 지옥에 들어가며
　　　선업을 행한 사람은 위로 하늘에 오르고
　　　(모든 행위가) 무위無爲였던 자는 열반을 얻게 된다.

　　　gabbhameke uppajjanti, nirayaṁ pāpakammino |
　　　saggaṁ sugatino yanti, parinibbanti anāsavā ||
　　　어떤 이들은 자궁으로 (가서) 태어나고
　　　악을 행한 자들은 지옥으로 (가서 태어나며),
　　　올곧게 가던 자들은 하늘로 나아가고
　　　새어 나옴이 그친[3] 이들은 열반에 든다.[4]

* 126
입을 굳게 다물었던 띳싸 장로

부처님께서 싸왓티 제따 숲의 승원에 계실 때, 띳싸 장로의 이야기이다.

늦깎이로 출가하여 처음엔 세속의 교만한 마음을 버리지 못한 채 뚱보라는 놀림까지 받았던 장로 띳싸(Tissa)는 부처님의 가르침에 따라 수행에 전념하여 어느덧 젊은 비구들의 존경을 받고 있었다. 그런데 그는 탁발을 나가면 언제나 한 보석 세공인의 집을 들르곤 하였다.

그날도 그 집에 들어가 탁발을 하던 중에 마침 고기를 다듬던 집주인은 왕실에서 연마를 위해 급히 보내온 보석을 피 묻은 손으로 얼떨결에 받아서 보석함에 올려놓고는 잠시 손을 씻으러 들어갔다. 그때 마당에서 뛰어 놀던 거위가 피 묻은 보석을 고깃덩이인 줄 알고 탁자 위로 올라와 날름 삼켜 버렸다.

"아니? 여기 놓아두었던 보석이 어디 갔지? 그게 어떤 건데!"

손을 씻고 탁발 거리를 내어 오던 집주인은 방금 놓아둔 보석이 없어진 것을 알고 다급한 마음에 띳싸 장로를 의심하여 급기야 몽둥이까지 들었다. 그의 아내가 수행자를 어찌 의심하느냐며 남편을 말려 보았지만 소용이 없었다. 애초부터 그 모든 모습을 지켜보았던 띳싸 장로는 그저 자신이 가져가지 않았다고만 말할 뿐이었는데, 성난 집주인에게 무심결에 걸어차인 거위가 죽어 버리자 그제야 거위가 보석을 삼킨 사실을 집주인에게 털어놓았다.

그 일로 띳싸 장로는 시름시름 앓다 얼마 후 임종을 맞았다. 비구들이 그 일에 대해 듣고는 장로의 일을 애처롭게 여기자 부처님께서 말씀하셨다.

"거위는 그 집안의 아들로 다시 태어났고, 얼마 후 죽은 보석 세공인은 지옥에 떨어졌으며, 그의 아내는 죽어서 천상에 태어났노라. 장로 띳싸는 이미 아라한을 성취한 성자였기에 그대로 열반을 성취하였노라."

---

3) 새어 나옴이 그쳤다는 것은 번뇌가 없는 무루(無漏)를 말한다. 유루(有漏)와 무루는 '새어 나옴'이라는 표현으로 인해 흡사 존재론(存在論)으로 오인될 수 있으나, 차가운 유리구슬을 습하고 온도가 높은 실내로 가져 갔을 때 유리구슬 표면에 이슬이 맺혀 흘러내리는[有漏] 것처럼 상황론(狀況論)에 해당한다.

4) 모태인 자궁으로 태어나거나 지옥으로 가서 태어나거나 심지어 천상에 태어나더라도 이 모든 일은 자신의 의지와 상관없는 업력(業力)에 의한 것이지만, 열반에 드는 것은 자기 자신 의지의 결과이다.

127　저허공도 아닌게요 바닷속도 아닌게며
　　　　깊은살골 동굴속에 들어가도 아니나니,
　　　　악행에서 자유로울 그어딘가 머물만한
　　　　이땅에서 그런곳은 찾을수가 없나니라.

非空非海中 非隱山石間 莫能於此處 避免宿惡殃
허공 가운데도 아니요 바닷속도 아니며
깊은 산 바위틈도 아니다.
이곳 어디서도 묵힌 악업으로 인한
재앙을 피하거나 모면할 수는 없다.

na antalikkhe na samuddamajjhe,
na pabbatānaṁ vivaraṁ pavissa |
na vijjati so jagatippadeso,
yatthaṭṭhito mucceyya pāpakammā ||
허공도 아니요 바닷속도 아니요
산골의 동굴로 들어가서도 아니나니,
악행으로부터 자유로울 수 있는 어딘가 머물 만한
이 땅에서의 장소는 찾을 수가 없다.

## 127

세 가지 업보 이야기

부처님께서 싸왓티 제따 숲의 승원에 계실 때, 부처님을 친견하러 제따 숲으로 오던 세 무리의 비구들이 겪은 일에 관한 이야기이다.

안거 동안의 정진을 마치고 부처님을 친견하기 위해 여러 지역에서 모인 비구들 가운데 세 무리의 비구들이 이곳으로 오며 겪은 이상한 일에 대해 그 연유가 무엇인지 부처님께 여쭤보았다.

첫 번째 무리의 이상한 경험

한 무리의 비구들이 제따 숲의 승원으로 가는 길에 공양할 때가 되어 한 마을에서 탁발하였다. 그런데 그 마을의 한 집에서 공양청을 하기에 비구들은 그 집 뜰에 앉아 공양이 준비되는 모습을 지켜보며 기다렸다.

쌀을 끓이고 요리를 만드는 부엌의 아궁이에선 시뻘건 불길이 연신 솥을 날름거리며 핥고 있었다. 그러다 갑자기 그 불길이 기둥을 타고 지붕으로 이어지더니 한 채의 초가집이 삽시간에 불길에 휩싸여 손을 쓸 수가 없을 정도였다.

불길이 하늘 높은 줄 모르고 일어나는 모습을 비구들이고 집주인이고 넋을 놓고 바라만 보고 있는데, 갑자니 어디선가 까마귀 한 마리가 날아와 불길이 더욱 거센 지붕으로 굳이 머리를 몇 차례 들이받았다. 그리고 날갯죽지와 목깃에 불이 붙은 상태로 하늘로 솟구치다 떨어져 죽어 버렸다.

두 번째 무리의 이상한 경험

한 무리의 비구들이 승원으로 오는 길에 강을 건너려고 배에 올랐다. 그런데 배가 강 중앙에 이르러선 꼼짝도 하지 않았다. 제법 물살도 센 데다 깊이도 사람의 몇 길이나 되는 강이어서 어찌하지 못하고 있는데 어떤 이가 말했다.

"이는 분명 강의 여신이 노한 것이오. 이 배에 분명 여신을 노하게 할 만한 자가 있으니, 그것이 누구인지 가려내어 여신에게 바치도록 합시다!"

비구들은 어쩔 수 없이 그냥 지켜보고만 있는 가운데 배에 탄 사람들이 이리저리 강구하여 방법을 내고 가늠을 하더니 결국엔 예쁘게 생긴 선장의 젊은 아내가 여신을 노하게 하였다고 결론을 내렸다.

"무슨 소리요! 내 아내가 무슨 죄가 있다고! 절대 그럴 수 없소!"

처음엔 어림없다며 거부하던 선장도 급기야 풍랑까지 몰아치는 판국이 되자 사람들의 의견에 동조할 수밖에 없었다.

"그러면, 물에 빠져 바둥거리는 모습은 차마 볼 수 없을 것 같으니, 아예 목에다 모래주머니를 매달아 던지도록 하시오."

그렇게 던져진 선장의 아내가 물에 가라앉자마자 풍랑이 멎고 배도 움직이기 시작하여 사람들은 무사히 강을 건너올 수 있게 되었다.

세 번째 무리의 이상한 경험

한 무리의 비구들이 제따 숲의 승원으로 가는 길에 한 작은 승원에 도착하여 잠자리를 요청했다. 승원에서는 인근에 있는, 예전에 수행처로 사용하던 동굴에 임시로 비구들의 잠자리를 마련해 주어 쉬게 하였다.

"아니? 왜 입구가 바위로 막혀 있지? 이거, 꿈쩍도 안 하네?"

그런데 그다음 날 비구들이 일어나 보니 동굴 입구가 어디선가 굴러온 거대한 바위에 막혀 버렸다. 승원에서도 이 사실을 알고 마을 사람들의 도움을 받아 바위를 치워 보려고 해도 원래 그 자리에 있던 바위처럼 꿈쩍하지 않았다.

"벌써 이레쨌데, 그제부터 물도 떨어지고, 이러다 꼼짝없이 죽는 거 아냐?"

동굴을 막고 있던 바위는 이레가 지난 다음날 아침, 약간의 손놀림에 거짓말처럼 움직여 아래쪽으로 굴러 떨어졌다. 비구들은 그제야 동굴에서 휑한 모습으로 빠져나올 수 있게 되었다.

—

세 무리 비구들이 경험한 일들을 모두 들으신 부처님께서는 그 각각의 연유에 대해 전생의 원인들을 들어 말씀해 주셨다.

첫 번째 이상한 경험에 대한 부처님 말씀

까마귀는 전생에 바라나씨의 한 농부였다. 넉넉지 않은 농부에게 일하는 소가 한 마리 있었는데, 그 소는 일할 생각은 않고 늘 그늘에 앉아 되새김질만 하였다. 아무리 채찍을 가해도 눈만 끔뻑일 뿐 소용이 없었다.

하루는 성이 난 농부가 소의 목 주위를 짚으로 동여맨 뒤 불을 질러 버렸다. 어차피 늙어 죽으면 들녘에 내어놓거나 화장을 시켜 줘야 되는데, 못 부려먹을 바에야 화장 시켜 준다는 핑계로 화풀이를 해댄 것이다. 그래서 농부는 그 업보로 지옥에 떨어졌다가, 이제 타 죽는 까마귀로 일곱 차례 태어나게 되었다.

두 번째 이상한 경험에 대한 부처님 말씀

선장의 아내는 전생에 바라나씨 한 가정의 안주인이었다. 그녀를 늘 따라다니던 개 한 마리가 있었는데, 실은 전생의 남편이 그녀를 잊지 못하고 축생의 몸을 받았으나마 그녀를 지켜 주고자 곁에 머무르고 있었던 것이다. 그녀는 그 개를 별생각 없이 데리고 다녔는데, 혼자서 멀리 떨어진 밭으로 일을 나갈 때면 조금 위안이 되기도 하였다.

"아니! 저 여인은 왜 저리 부정한 동물과 늘 붙어다니지?"

브라만들은 부정한 동물과 같이 다니는 그녀와 마주치길 꺼렸으며, 같은 신분의 사람들도 '저 개가 네 남편이야, 남편!'이라며 빈정거리기 일쑤였다.

그래서 여인은 개를 떼놓으려 몇 차례 시도했으나 여의치 않자, 개를 흠씬 팬 다음에 모래주머니를 목에 달아 물에 집어넣어 버렸던 것이다.

세 번째 이상한 경험에 대한 부처님 말씀

일곱 목동이 함께 소를 몰고 돌아오다 돌 구멍으로 황급히 몸을 숨기는 제법 큰 몽구스를 보았다. 그것을 잡으려다 여의치 않자 다음날 잡을 생각으로 구멍의 일곱 출구를 모두 나뭇가지로 찔러서 막아 놓았다. 그 일을 이레 동안 깜빡했던 목동들이 다시 굴을 파헤쳤을 땐 피골이 상접한 몽구스를 잡아내었을 뿐이라 그냥 놓아줘 버렸다. 비구들이 바로 그 목동들이었다.

–

세 무리의 비구들은 물론 모든 대중들에게 부처님께서 말씀하셨다.

"악행의 결과는 피할 수 없느니라. 비록 그것이 금생에 과보로 나타나지 않는다 하더라도 언제나 그림자처럼 따를 것이다. 죽음으로도 피할 수 없는 것인데, 이 세상 깊숙한 곳 어디라도 그것을 어찌 피할 수 있겠느냐."

128

저허공도 아닌게요 바닷속도 아닌게며
깊은살골 동굴속에 들어가도 아니나니,
그가어디 머물진정 죽음어찌 할수없는
이땅에서 그런곳은 찾을수가 없나니라.

非空非海中 非入山石間 無有他方所 脫之不受死
허공 가운데도 아니요 바닷속도 아니며
산속 바위틈에 들어가서도 아니다.
다른 어떤 장소도 존재하지 않나니,
(업보를) 벗어나 죽음을 받지 않는 곳은.

na antalikkhe na samuddamajjhe,
na pabbatānaṁ vivaraṁ pavissa |
na vijjatī so jagatippadeso,
yatthaṭṭhitaṁ nappasaheyya maccu ||

허공도 아니요 바닷속도 아니요
산골의 동굴로 들어가서도 아니나니,
그가 어디에 머물지라도 죽음이 정복할 수 없는
이 땅에서의 (그러한) 장소는 찾을 수 없다.

길을 막는 자가 받는 과보

부처님께서 싸왓티 제따 숲의 승원에 계실 때, 부처님의 장인이자 데와닷따의 부친인 쑵빠붓다 왕에 대한 이야기이다.

쑵빠붓다(Suppabuddha)는 싸끼야족 한 부족의 왕으로서 부처님의 장인이기도 하다. 그런데 그는 자기 딸 야쏘다라(Yasodharā)가 고따마 왕자에게 시집갔으나 결국 청상과부가 된 점, 그리고 하나뿐인 아들 데와닷따도 고따마에게 넘어가 출가해 버린 점 때문에 항상 원한을 품고 있었다.

그런 부처님께서 그 지방으로 탁발을 나가셨을 때 쑵빠붓다 왕은 술에 얼큰히 취해 길을 막고는 탁발 일행을 지나가지 못하게 하였다.

"곧 부처님과 수행승들이 도착하십니다. 제발 길을 열어 주십시오."

"내가 왜 비키냐? 내가 웃어른인데 제가 비켜 가야지!"

하는 수 없이 부처님께선 질러갈 수 있는 그 길을 놓아두고 한참을 돌아서 가는 바람에 탁발하여 공양을 드실 수 있는 시간이 촉박해졌다. 그래서 부처님은 물론 모든 수행승들이 공양을 급히 들게 되었다.

"어떤 길이건, 다른 이의 길을 막는 자는 그 과보가 막중하다. 왕이 여래의 탁발 길을 막았으니 이레 후에 궁전 큰 문의 계단 밑이 갈라지고 그는 그 속으로 빠져들어 아비지옥에 떨어질 것이다."

혹시나 하는 마음에 보낸 밀정이 부처님께서 먼 길을 돌아가시며 한 이 말을 듣고 돌아와 쑵빠붓다 왕에게 보고하자 왕은 두려운 마음이 들었다. 그래서 궁전에 있는 모든 문의 계단은 하나도 남김없이 없애 버리고 건장한 군사들을 곳곳에 배치하여 만일의 사태에 대비하였다.

"여래의 말은 허언(虛言)이 없느니라. 어떻게 방비한다 하더라도 실현될 것이니, 여래의 말을 벗어날 곳은 이 삼천대천세계 어디에서도 찾을 수 없다."

과연 이레 후에 쑵빠붓다의 7층 궁전은 1층부터 무너져 내렸고, 그 결에 벌어진 땅 틈으로 왕은 빠져들어 아비지옥으로 떨어졌다.

第 10 章

दण्डवग्गो

폭력을 경계한 장

도장품

刀杖品

129 누구라고 폭력앞에 두렵지가 아니하며
누구라고 죽음앞에 겁이나지 않겠는가.
그누구와 제자신을 같은입장 놓아보고
내가남을 죽여서도 남을시켜 죽여서도.

一切皆懼死 莫不畏杖痛 恕己可爲譬 勿殺勿行杖
무엇이든 모두 죽음을 두려워하며
매질의 고통을 겁내지 않는 이 없나니,
자신도 그렇게 될 수 있음을 헤아려
죽이지도 매질하지도 말지니라.

sabbe tasanti daṇḍassa, sabbe bhāyanti maccuno |
attānaṁ upamaṁ katvā, na haneyya na ghātaye ||
누구나[1] 폭력을 두려워하고 누구나 죽음을 겁내나니,
(다른 이들에) 견주어진 자신을 만들고는
(남을) 죽여서도 (남으로 하여금) 죽이게 해서도 안 된다.

폭력을 쓰지 못하게 한 계율

부처님께서 싸왓티 제따 숲의 승원에 계실 때, 비구들끼리 폭력을 써서 다툰 일에 대한 이야기이다.

안거가 끝난 다음, 여러 곳에서 안거를 지낸 많은 비구들이 제따 숲의 승원으로 모여들었다. 그러다 보니 안거 후에 개최되는 첫 법회 직전에는 항상 비구들이 머물 방사가 모자랐다.

그때도 열일곱 명의 비구들이 오전 시각 승원에 도착하여 겨우 몇 개의 방사만 배정받은 뒤 청소를 마치고 쉴 준비를 하였다. 그런데 저녁 무렵 도착한 여섯 명의 비구들이 머물 방을 구할 수 없자, 다짜고짜 그들이 준비해 놓은 방을 써야겠다며 우기고 나섰다.

"우리가 법랍이 높고 나이도 많으니, 이 방들은 우리들이 쓰겠다."

"우리가 먼저 왔고, 또 배정을 받은 방인데 그럴 수 없습니다."

결국 덩치도 더 크고 건장한 여섯 비구들이 폭력을 써서 열일곱 비구들을 내쫓아 버렸다. 애꿎게 얻어맞고 방까지 빼앗긴 열일곱 비구들은 큰 소리를 지르며 여섯 비구들을 비난했다.

해 저물녘에 승원 한쪽이 다소 소란스럽자 그 연유를 알아보신 부처님께서 그들 모두를 불러놓고 말씀하셨다.

"정당한 일이라도 논쟁이 허용될 뿐 폭력은 당연히 금해야 하거늘, 하물며 정당치 않은 일에 폭력까지 사용하는 일은 반드시 금지되어야 한다. 수행자라면 내가 힘을 부릴 수 있는 것만 생각지 말고 그 부리는 힘에 당하는 이의 입장이 되어 보아야 할 것이니라."

---

1) 젠 왕국에서 "모두 모여라!"라고 북소리로 집합을 알리면 왕자들과 대신들을 빼놓고 모두 모이듯이, "누구나 폭력을 두려워하고 죽음을 겁낸다."고 말하더라도 혈통이 좋은 말과 혈통이 좋은 코끼리와 혈통이 좋은 황소 및 아라한은 예외가 된다. 아라한에게 죽음에 대한 두려움이 없는 까닭은 그에게 자아에 대한 실체적 관념이 사라져서 죽어야 하는 존재를 자신에게서 발견할 수 없기 때문이다. 또한 혈통이 좋은 말 등의 존재들은 자아에 대한 관념이 매우 강해서 그들 자신에게 적대할 존재를 발견할 수 없기 때문에 두려움이 없다.

130 누구라도 폭력앞엔 두려움을 드러내며
누구라도 자기삶은 무엇보다 소중하니,
그누구와 제자신을 같은입장 놓아보고
내가남을 죽여서도 남을시켜 죽여서도.

遍於諸方求 念心中間察 頗有斯等類
不愛己愛彼 以己喩彼命 是故不害人
사방팔방 이리저리 찾아보고 스쳐가는 마음속도 살펴보면
이러한 부류가 제법 있나니, 자신은 제쳐두고 남을 아끼는 이.
자신을 끌어다 남의 목숨(도 소중함)을 깨우치게 하니
그런 까닭에 다른 이를 해치지 않게 되는 것이다.

sabbe tasanti daṇḍassa, sabbesaṁ jīvitaṁ piyaṁ |
attānaṁ upamaṁ katvā, na haneyya na ghātaye ||
모두가 폭력을 두려워하고 모두의 삶은 소중하다.
(다른 이들에) 견주어진 자신을 만들고는
(남을) 죽여서도 (남으로 하여금) 죽이게 해서도 안 된다.

* 130
도구로 위협함을 금한 계율

부처님께서 싸왓티 제따 숲의 승원에 계실 때, 서로 폭력을 써서 다투다 힘이 미치지 못하자 칼로 위협하던 일에 관한 이야기이다.

부처님에 의해 폭력이 사용되어선 안 된다는 계율이 정해지고 나서, 열일곱 비구들과 그들의 방사를 가로채려 했던 여섯 비구들은 모두 그 방사에서 함께 지내게 되었다.

그러나 그렇게 해서 문제가 해결된 것은 아니었다. 애초에 열일곱 명의 비구들도 좁다고 여겼던 방사에 덩치가 집채만 한 여섯 비구들이 더해지니 불편하기 짝이 없었다. 그래서 그들은 또다시 어리고 약한 열일곱 비구들에게 예전의 버릇대로 손찌검을 하였다.

"우리가 이렇게 당하고만 있을 수는 없다. 부처님께서 폭력을 쓰지 말라고 하셨지 칼을 사용하지 말라곤 않으셨다. 어차피 우린 힘으로 안 되니 칼로 저들을 위협해서 쫓아내 버리자!"

그래서 다음날 다시 한바탕 소동이 더 있게 되었다.

"세존이시여! 저흰 말씀하신 대로 폭력을 쓰지 않았습니다. 칼로 상해를 입힌 것도 아닙니다. 다만 저희 힘이 저들에게 못 미치는 까닭에 칼을 들어 위협을 한 것일 뿐입니다."

다시 불려온 그들 가운데 열일곱 비구들은 자신들의 행위는 계율에 어긋난 것이 없다며 항변하였다.

그러자 부처님께서 다시 말씀하셨다.

"수행승들이여! 지금부터는 그렇게 해서도 안 된다. 설령 직접적인 상해를 가하지 않는다 하더라도 무엇인가 도구를 들어 위협을 가하는 것도 해서는 안 되느니라."

131 행복하길 바라기에 노력하는 존재들에
가차없는 폭력으로 험한상처 내안기며,
그러고도 제자신은 행복하길 바란다면
바라는걸 죽어서도 얻어내지 못하리라.

善樂於愛欲 以杖加群生 於中自求安 後世不得樂
애욕에서 좋이 즐겁고자 뭇 중생들에게 폭력을 가하며
그런 가운데 자신은 편안함을 추구하는 이는
후세라도 즐거움을 얻지 못하리라.

sukhakāmāni bhūtāni, yo daṇḍena vihiṁsati |
attano sukhamesāno, pecca so na labhate sukhaṁ ||
행복을 추구하는 존재들에게 폭력으로 상처를 주며
자신의 행복을 추구하는 자는
죽어서도 행복을 얻어내지 못한다.

132   행복하길 바라기에 노력하는 존재들에
　　　모든폭력 내려놓아 상처주지 아니하며,
　　　그러고서 제자신이 행복하길 바란다면
　　　바라는걸 죽어서도 끊임없이 향유하리.

　　　人欲得歡樂 杖不加群生 於中自求樂 後世亦得樂
　　　사람이면 (누구나) 기쁨을 얻고자 하므로
　　　뭇 중생들에게 폭력을 가하지 않으며
　　　그런 가운데 자신도 즐거움을 추구하는 이는
　　　후세에도 즐거움을 얻으리라.

　　　sukhakāmāni bhūtāni, yo daṇḍena na hiṁsati |
　　　attano sukhamesāno, pecca so labhate sukhaṁ ||
　　　행복을 추구하는 존재들에게
　　　폭력으로 상처를 주지 않으며
　　　자신의 행복을 추구하는 자는
　　　죽어서도[2] 행복을 얻는다.

집을 지켜 주는 신장 구렁이

부처님께서 싸왓티 제따 숲의 승원에 계실 때, 집안 마당에서 구렁이를 괴롭히던 소년들의 이야기이다.

어느 날 부처님께서 탁발하러 싸왓티로 들어가셔서 두 집을 들렀으나 아직 발우가 차지 않아 세 번째 집으로 걸음을 옮기셨다. 마침 가닿은 집은 싸왓티 거상(巨商)의 집이었는데, 집 마당 한켠에서 그 집의 아들과 사촌들이 몽둥이로 무엇인가를 있는 힘껏 내리치고 있었다.

"애들아! 너희들은 거기서 무얼 하고 있느냐?"

땅바닥에는 한 마리의 구렁이가 이미 피투성이가 되어 널브러져 있었다.

"이게 웬일이냐? 왜 뱀을 죽이려는 것이냐?"

"난데없이 나타난 뱀이라 혹시 저희를 물까 두려워 그럽니다."

부처님께서 보시니, 그 구렁이는 상인 집안을 지켜 주는 신장이었다. 우기의 끝이라 며칠간 이어진 비에 젖은 몸을 말리러 덤불 속 그늘을 잠시 벗어났다가 소년들 눈에 뜨인 것이었다.

"이런 뱀은 독이 없어서 그리 위험하지 않단다. 너희들이 위협하지 않아도 사람만 보면 달아나는 뱀인데, 이렇게 둘러서서 매질을 해대었구나."

부처님께 공양 올릴 먹거리를 가지러 갔던 주인 부부까지 그 소동에 모두 앞 마당으로 모이게 되었다.

"세존이시여! 모르고 저지른 저희 아이들의 불찰을 용서하십시오. 뱀이니 그저 맹독을 지닌 놈인 줄 알고 그런 것 같습니다."

부처님께선 발길이 잘 안 닿는 덤불 안쪽으로 뱀을 옮겨서 놓아주게 하시고 공양을 받으신 후 상인의 아들과 그 사촌들에게 자상히 말씀해 주셨다.

"너희들이 자신의 행복을 보장받기 위해서 다른 무엇에게 아무런 생각 없이 해코지를 가한다면, 그 결과 너희들이 내생에 태어날 여러 곳에서 불행을 얻게 될 것이다. 자신의 행복을 위한다면 다른 것의 행복도 살펴야 할 것이고, 특히 그것을 빌미로 남을 해코지해선 안 되느니라."

탁발과 공양을 마치고 제따 숲의 승원으로 돌아온 후, 부처님을 따라 탁발을 나갔던 한 수행승이 부처님께 여쭈었다.

"세존이시여! 그 뱀은 아무리 미물이라지만 그래도 그 집을 지켜 주는 신장인데 전생의 업보가 어떠하여 그런 해코지를 당한 것입니까?"

부처님께서는 그 뱀 또한 오늘 낮 상인의 아들처럼, 전생에 비슷한 잘못을 지은 탓이라며 말씀해 주셨다.

오랜 옛적 한 지역에서 두 거상이 서로의 장사 영역을 지켜 가며 큰 부를 이뤄서 살아가고 있었다. 그러던 어느 때, 외지에서 들어와 그 지역과 교역을 원하던 또 다른 거상이 두 거상 가운데 한 거상을 찾았다.

"내가 바라나씨의 비단을 당신에게만 공급하도록 해줄 것이니, 이 지역에서 내가 자리를 잡을 수 있도록 도와주시오."

좋은 제안을 받은 거상은 그로 인해 더욱 많은 재물을 축적할 수도 있거니와, 거절한다면 그 상인이 상대편에게 똑같은 제안을 할 것을 알고, 승낙하여 그와 비밀 계약을 맺었다. 상대 거상은 이 모든 사실을 알게 되자 가만 있다간 큰 손해를 입거나 거상의 위치를 외지인에게 넘겨줘야 될 것 같았다.

'안되겠다. 내가 전 재산을 기울여서라도 왕에게 청을 넣어서 이번 기회에 외지의 상인은 물론이요, 저 거상도 완전히 몰락시켜야겠구나.'

그래서 그는 평소 좋은 관계를 유지하던 왕의 힘을 빌려 두 상대를 무너뜨렸는데, 그 방법이 너무 혹독하여 상대 거상은 결국 모든 재산을 빼앗기고 길거리로 나앉았다가 스스로 목숨을 끊기에 이르렀다.

"자신의 안위를 위해 상대 거상을 지나치게 몰락시킨 거상이 바로 그 뱀이며, 몰락했던 거상이 바로 오늘 탁발을 갔던 그 집 주인 아들이니라."

---

2) 사람은 죽은 뒤에 저세상에서 인간이 누릴 수 있는 행복이나 신이 누릴 수 있는 행복이나 혹은 열반의 안락을 얻게 되는데, 어디에서의 어떤 결과건 반드시 죽은 다음에 얻게 된다. 설령 열반이라 할지라도 죽음 이후에 얻을 수 있을 뿐인 까닭은, 죽음이란 태어남에 따라 이미 결정된 것이기에 열반을 얻는 경우라도 죽음을 피할 수 없기 때문이다.

133 누구라도 누구에게 험악한말 하지마소
그렇게들 말해진것 자신에게 돌아오리.
화난맘에 내뱉은말 크고도큰 고통인건
그갚음이 다름아닌 제자신께 되오기에.

不當麤言 言當畏報 惡往禍來 刀杖歸軀
거친 말을 당연하게 여기지 말지니,
말할 땐 그 과보를 두려워해야 하니라.
악한 말이 가면 재앙이 돌아오니,
칼질이며 매질이 이 몸에 와 닿게 되리.

māvoca pharusaṁ kañci, vuttā paṭivadeyyu taṁ |
dukkhā hi sārambhakathā, paṭidaṇḍā phuseyyu taṁ ||
누구에게라도 험악한 말을 하지 말라!
그렇게 말해진 것들이 자신에게 되돌아올 수 있다.
화가 나서 한 말은 참으로 고통스럽나니,
(그) 앙갚음이 자신에게 되돌아올 수 있다.

134　깨어져서 틈벌어진 청동징이 그러하듯
　　　스스로가 스스로에 동요하지 않는다면,
　　　그것으로 그대열반 성취했단 소리이니
　　　그런그대 격정이란 어디에서 찾을손가.

出言以善 如叩鐘磬 身無論議 度世則易
말을 꺼낼 땐 잘하여
마치 종이나 경쇠를 치듯 하면
(제) 몸엔 (시비의) 논의가 없을 것이요
세간을 건너기도 손쉬우리라.

sace neresi attānaṁ, kaṁso upahato yathā |
esa pattosi nibbānaṁ, sārambho te na vijjati ||
깨어진 청동 징[3]이 그렇듯이
만약 스스로를 동요케 하지 않는다면
그것은 그대가 열반을 성취하였다는 것이니
그대의 격정은 (어디에서도) 찾을 수 없다.

여인 귀신이 붙은 비구

부처님께서 싸왓티 제따 숲의 승원에 계실 때, 여인 귀신이 붙어 남에게 손가락
질을 받았던 비구 꾼다다나에 대한 이야기이다.

싸왓티에서 자란 꾼다다나(Kuṇḍadhāna)는 출가하여 수행승으로 열심히 정진
하고 있었다. 그런데 출가했을 때부터 그의 곁에는 어디를 가나 한 여인이 늘
따라다녔다. 이상한 것은, 다른 사람들은 그 여인을 볼 수 있지만 정작 꾼다다
나에겐 보이지도 않고 느껴지지도 않았다는 것이다.

"에구! 수행승이 여인과 함께 다니면 어쩌나! 그래도 밥은 먹어야겠지."

꾼다다나가 혼자 탁발을 나가면 이상하게도 사람들은 혀를 차며 꼭 두 사람
몫의 공양을 챙겨 주었다. 혹은 가장 기본적인 계행도 지키지 않는 막된 수행승
이라 하여 문전박대를 당하기도 했다. 하지만 꾼다다나로서는 모두 억울한 누
명으로만 생각될 뿐이었다.

"꾼다다나여! 어찌 여인을 승원 안까지 데려와 밤을 보내는가?"

친한 도반들마저 돌아서자 꾼다다나는 더욱 억울해 하였다.

"장자시여! 저 행실 나쁜 수행승은 승원에서 내쫓아 버리는 것이 어떻겠습니
까? 처소에 숨겨 두는 방법도 묘해서 가봐야 찾아내지 못할 정도입니다."

비구들이 승원의 기증자인 아나타삔디까 장자에게 부탁해도 장자는 부처님
의 뜻에 맡기겠노라며 개입하지 않았다. 부처님께 말씀드려도 아무런 답변을
않으시자, 하는 수 없이 몇몇 비구들이 빠쎄나디 왕에게 아뢰어 승단을 위해 그
를 내쫓아 달라고 요청하였다.

'역시 비구들 말처럼 장로가 자기 처소에 여인과 함께 있구나.'

마침 법회도 참석할 겸 호위병 몇 명을 동반하여 승원으로 들어온 빠쎄나디
왕이 그의 처소 쪽으로 다가가자 비구 꾼다다나는 자신의 처소 앞에 나와 있었
다. 왕이 그를 힐끗 보고는 아무 말도 없이 그의 방으로 들어가자, 꾼다다나도
이내 자기 처소로 따라 들어갔다. 그런데 밖에선 그의 곁에 딱 붙어 있던 여인
이 그가 방에 들어서자 갑자기 보이지 않았다.

왕은 혹시 방 밖에 남아 있나 싶어 얼른 나와서 살펴보았으나 어디에도 없었다. 그런데 꾼다다나가 왕을 따라 방을 나서자 흡사 그늘에서 나온 사람의 그림자가 선명하게 드러나듯 여인이 다시 사람들의 눈에 보였다.

그제야 왕은 그녀가 사람이 아닌 환영인 것을 알았으나 비구들에게 어떻게 설명해야 좋을지 몰라서 그냥 그대로 법회에 참석하였다. 법회를 마치고 부처님을 따로 뵙는 자리에서 빠쎄나디 왕이 꾼다다나의 일을 직접 말씀드리니, 부처님께서 꾼다다나를 불러서 함께 자리하게 하셨다.

"왕이시여! 장로 꾼다다나는 전생에 삼십삼천의 천녀였던 적이 있습니다."

부처님께서는 꾼다다나가 무슨 까닭으로 여인의 환영을 그림자처럼 지니고 다녀 사람들에게 오해 혹은 손가락질을 받게 되었는지 말씀해 주셨다.

장로 꾼다다나는 전생에 과거불인 깟싸빠 부처님 때 삼십삼천의 천녀로 태어나 복락을 누린 적이 있었다. 그때 간혹 깟싸빠 부처님의 가르침이 궁금해서 승원을 내려다보았는데, 도반으로 지내는 어느 두 비구의 사이가 너무 좋아 보였다. 그래서 여인으로 잠시 내려온 천녀는 한 비구를 파계시킴으로써 그 둘의 사이를 멀어지게 한 적이 있었다고 한다.

그 업보로 천녀는 아비지옥으로 떨어져 오랫동안 고통을 받다가, 그 업이 엷어지고 현생에 다시 부처님께서 오시자 그래도 남은 복덕이 있어 출가는 하게 되었는데 지금처럼 남에게 오해를 불러일으키는 신세에서 벗어나지 못하고 있었다는 것이다.

왕은 그 후로 꾼다다나를 왕실로 초빙하는 등 극진히 공양하였고, 승원의 대중들도 모두 부처님의 말씀을 듣고 그를 이해하게 되었다. 그제야 여인의 환영이 그에게서 사라졌다.

---

3) '깨어진 청동 징'이란 불협화음이나 부조화 또는 잘못된 논쟁을 말하는 것이 아니라, 징이 깨어진 까닭에 한쪽을 치더라도 징 전체에 그 충격이 전달되지 않는 것을 말한다. 이는 번뇌가 일어나더라도 널리 파급되지 않거나, 혹은 감각 대상의 변화로 인해 생성된 번뇌의 발생 요소가 그리 큰 영향을 끼치지 못하고 이내 사라져 버리는 것을 은유한 것이다.

135 저 목동이 지팡이를 이리저리 휘두르며
소무리를 몰아대어 풀밭으로 나아가듯,
늙음이라 하는것과 죽음이라 하는것이
숨을쉬는 온갖중생 목숨들을 몰아댄다.

譬人操杖 行牧食牛 老死猶然 亦養命去
사람들이 몽둥이를 부여잡고
목장을 누비며 소를 먹이듯이
늙음과 죽음도 똑같이 그러하여
(그) 역시 (사람의) 목숨을 양육해 갈 뿐이다.

yathā daṇḍena gopālo, gāvo pāceti gocaraṁ |
evaṁ jarā ca maccu ca, āyuṁ pācenti pāṇinaṁ ||
마치 목동이 지팡이로
소들을 몰고 목초지로 가듯이,
그렇게 늙음과 죽음은
살아 있는 존재들의 목숨을 몰아 댄다.

재가 여자 신도들이 바라는 것

부처님께서 싸왓티 제따 숲의 승원에 계실 때, 뿝바라마 승원의 재가 여자 신도들이 무엇을 기원했는지에 대한 이야기이다.

싸왓티 동쪽 싸께따 인근 숲에 위치한 뿝바라마 승원의 큰 포살일에 5백 명의 여인들이 포살에 참가하러 모여들었다.

5백 명 가운데 한 명이자 승원의 건립 시주자인 위싸카는 포살에 참석한 여인들에게 물어보았다.

우선 나이가 지긋한 노년의 부인들에게 물어보았다.

"이제 많이 연로하신데, 이렇게 힘든 몸을 이끌고 포살에 참여하며 기원하시는 것은 어떤 것인가요?"

"하늘의 영광을 얻기 위해서입니다. 우리는 이제 갈 날이 얼마 남지 않았으니, 부디 천상에 태어나 복락을 누릴 수 있길 바랄 뿐이죠."

다시 위싸카는 중년의 부인들에게 물어보았다.

"그저, 남편의 손아귀에서 벗어나서 이제 좀 자유로웠으면 합니다. 그래도 남편이 근자에 들인 그 요망한 것에게 가는 것만은 싫긴 하죠."

이번엔 이제 막 결혼한 여인들에게 물어보았다.

"뭐, 더 바랄 게 있겠습니까. 그저 여기서 하루빨리 아들 하나만 생긴다면 감지덕지인 셈이죠."

위싸카는 그들과 함께 제따 숲의 승원으로 가서 부처님을 뵈었다. 그리고 연령대 별로 얻은 답변을 부처님께 말씀드렸더니 부처님께서 말씀하셨다.

"위싸카여! 그리고 뿝바라마에 온 신도들이여! 사람이 태어나서 늙고 병들어 죽는 것은 마치 목동이 몰이 막대를 들어 소떼를 몰아가는 것과 같다. 태어나면 늙음으로 내몰리고, 늙으면 병듦으로 내몰리며, 병들면 죽음으로 내몰린다. 그러다 죽어서 내생에 다시 태어나도 그것은 변함이 없다. 그럼에도 불구하고 태어남에서 벗어남을 추구하는 자는 아무도 없구나. 모두 다시 태어남만을 추구하고 있지 않느냐. 그대들은 이를 잘 살필지니라."

136　어리석은 멍청이가 사악한일 벌이고도
벌인일이 엄청난줄 깨닫지를 못하듯이,
제스스로 벌여놓은 제자신의 행위들로
타오르는 불길처럼 제자신을 불태우리.

愚蠢作惡 不能自解 殃追自焚 罪成熾燃
어리석은 이는
악업을 짓고도 제 스스로 깨닫지 못하기에
재앙이 뒤따라와 저절로 불살라지니
그 죄는 치열한 불꽃을 이룬다.

atha pāpāni kammāni, karaṁ bālo na bujjhati |
sehi kammehi dummedho, aggidaḍḍhova tappati ||
어리석은 이는
사악한 행위들을 하면서도 깨닫지 못하듯이,
바보는 스스로의 행위들로 인해
불길에 타오르는 것처럼 불타 버린다.

* 136

구렁이 형상으로 불타오르는 귀신

부처님께서 라자가하 웰루 숲의 승원에 계실 때, 구렁이 형상을 한 채 항상 불타오르는 고통을 받고 있는 귀신에 대한 이야기이다.

어느 날 장로 락카나와 목갈라나 존자께서 라자가하에 탁발하러 가기 위해 수행하던 깃자꾸따 산에서 내려오고 있었다. 산을 거의 다 내려왔을 때 목갈라나 존자가 서늘한 기운이 들어 돌아보았더니 오른쪽 산자락에 거대한 구렁이 형상의 귀신이 또아리를 틀고 앉아 있었다. 그런데 이 귀신은 25요자나 정도의 기럭지에, 온몸이 훨훨 타오르는 불길에 휩싸여 고통스러워 하고 있었다.

"무엇을 보시고 그리 미소를 지으시는 겁니까?"

"아닐세. 그저 서늘한 바람이 스치는 듯해서."

탁발을 마치고 공양을 드신 두 장로는 웰루 숲의 승원으로 가서 부처님을 뵈었다. 그때에야 깟싸빠 존자는 산을 내려오며 본 것을 부처님께 말씀드렸다.

부처님께선 "나도 언젠가 보았지만 믿을 사람이 없겠기에 지금까지 입 밖에 낸 적이 없었다." 하시며 그 귀신의 전생에 대해 말씀해 주셨다.

옛날 깟싸빠 부처님 때 큰돈을 들여 승원을 지어서 부처님께 시주한 쑤망갈라(Sumaṅgala)라는 부호가 있었다. 그가 어느 날 승원으로 가는 길에, 자신이 건립해 둔 성문 밖 공양소에서 쉬고 있던 한 남자를 보고 "자넨 양발이 흙투성이인 게 밤길이나 다니는 좀도둑 같구면." 하고 지적한 적이 있었다.

그는 과연 5백 명의 부하를 거느린 도적 무리의 수괴였던지라, 그 말에 앙심을 품고 부호의 집을 일곱 차례나 털고 그의 소와 밭과 저택을 일곱 번이나 불태우고 허물어 버렸다. 그리고 그가 시주한 부처님의 향실마저 불태워 버렸다. 그럼에도 부호는 자신을 해코지한 자들을 원망하지 않고 다시 향실을 지어 부처님께 드리는 법회에서 자신의 공덕을 그들에게 회향하였다. 이를 지켜보던 도적의 수괴는 장자에게 나아가 용서를 빌었다.

그렇지만 자신이 지은 악업은 스스로 짊어져야겠기에, 몇 생에 걸쳐 덩치 큰 구렁이 귀신으로 태어나 계속 불타오르는 고통을 받고 있다고 말씀하셨다.

137   선량하여 남에게는 해끼치지 아니하고
        제자신도 아무죄를 짓지않은 사람에게,
        누구라도 폭력으로 해코지를 하려하면
        그는이내 열가지의 험한상태 들어가리.

歐杖良善 妄讒無罪 其殃十倍 災迅無赦
선량하고 선한 사람을 몽둥이질하거나
죄도 없는 이를 거짓으로 헐뜯으면
그 재앙은 열 곱절이나 늘어나
신속함은 물론이요 용서도 없으리다.

yo daṇḍena adaṇḍesu, appaduṭṭhesu dussati |
dasannamaññataraṁ ṭhānaṁ, khippameva nigacchati ||
(스스로는) 죄가 없으며
(남에게는) 해악을 끼치지 않는 사람에 대해
누구라도 폭력으로 해코지한다면
(그는) 열 가지의 특정한 상태로 곧장 들어가게 된다.

138　늙은것도 서러운데 그몸으로 받는고통,
　　　몸이라도 성했으면 하는데도 받은손상,
　　　고통상처 감내해도 어림없는 엄중한병,
　　　결국에는 그무엇도 비교못할 미쳐버림.

　　　生受酷痛 形體毀折 自然惱病 失意恍惚
　　　태어나 받는 혹독한 고통,
　　　신체의 훼손이나 절단,
　　　원인을 알 수 없는 괴로운 질병,
　　　정신을 놓고 흐리멍텅해짐.

　　　vedanaṁ pharusaṁ jāniṁ, sarīrassa ca bhedanaṁ |
　　　garukaṁ vāpi ābādhaṁ, cittakkhepañca pāpuṇe ||
　　　늙어서 받는 혹독한 고통에,
　　　그리고 육체의 손상에,
　　　또는 엄중한 병에,
　　　그리고 미쳐 버림에 (그는) 가닿게 되며,

139　이세상을 살아가며 왕에게서 받는박해,
　모든세상 사람들의 지독스런 비난세례,
　이리저리 파멸되어 내몰려진 피붙이들,
　하고많은 재물들도 순식간에 없어지고.

　人所誣咎 或縣官厄 財産耗盡 親戚離別
　사람들이 꾸민 무고한 모함,
　혹은 마을 관아의 (애꿏은) 형벌,
　재산의 (갑작스런) 손실,
　친척들과의 이별,

　rājato vā upasaggaṁ, abbhakkhānañca dāruṇaṁ |
　parikkhayañca ñātīnaṁ, bhogānañca pabhaṅguraṁ ||
　또는 왕으로부터 받는 박해로,
　그리고 지독한 비난으로,
　그리고 친척들의 파멸로,
　그리고 많은 재물의 손실로 (그는 들어간다).

140　그러고도 남아있던 껍질같은 가옥마저
　　　휠휠타는 불길속에 남김없이 태워지고,
　　　마침내는 어리석어 어찌할수 없는듯이
　　　이몸뚱이 스러질때 지옥으로 가닿으리.

舍宅所有 災火焚燒 死入地獄 如是爲十
가옥의 모든 것이 화마로 소실됨,
죽어서 지옥에 들어감.
이처럼 열 가지(가 받는 과보)이다.

atha vāssa agārāni, aggi ḍahati pāvako |
kāyassa bhedā duppañño, nirayaṃ sopapajjati ||

그리고 또한 그의 많은 집을
휠휠 타는 불길이 불태워 버리며,
(마침내) 어리석은 그는
육신이 스러질 때 지옥에 가닿게 된다.

존자 목갈라나의 죽음

부처님께서 싸왓티 제따 숲의 승원에 계실 때, 곧 열반에 들게 된 목갈라나 존자에 대한 이야기이다.

외도의 수행자들 가운데 한 무리가 토론을 이어 가다 부처님 교단이 불길처럼 일어나는 데는 장로 목갈라나의 역할이 지대하다고 입을 모았다.

"목갈라나는 언젠가 하늘에 가서 천상의 신들에게 공덕이 될 만한 행위에 대해 얻어 듣고 내려와 사람들에게 그대로 행하면 천상에 난다고 하였다 하오."

"목갈라나는 언젠가 지옥에 가서 지옥의 중생들에게 어쩌다 그곳에 왔는지 물어보고는 올라와서 사람들에게 이리이리 행동하면 지옥 간다고 하였다 하오."

그래서 그들은 목갈라나를 해치면 교단의 기세도 꺾이고 고따마의 가르침에도 타격을 줄 것이라 여겨, 자기들 신도가 시주한 공양금 1천 까하빠나로 강도들을 매수하였다.

"고향이 깔라씰라(Kālasilā)인 장로 목갈라나를 살해하시오."

제따 숲의 승원에 알아보아 장로가 홀로 수행하고 있는 곳을 손쉽게 알아낸 강도들은 무리지어 그곳을 포위하였다. 그러나 이미 모든 신통력을 갖춘 장로는 도망가지 못하도록 밖에서 못질을 한 문의 열쇠 구멍을 통해 흔적도 없이 빠져나와 그들의 마수를 피했다.

다시 얼마 후, 이번엔 열쇠 구멍도 남겨 놓지 않고 수행하고 있는 초암(草庵)을 철저하게 봉해 버리자 장로는 지붕을 뚫고 공중으로 솟구쳐서 그곳을 벗어나 버렸다.

'내가 전생에 지은 업보이니 피한다고만 해선 해결되진 않겠구나.'

독이 올라 모든 준비를 철저히 한 강도들이 세 번째로 장로의 수행처를 포위하였을 때, 어차피 겪어야 될 업보임을 안 장로는 순순히 잡혀 주었다.

애초부터 죽여야 된다는 조건으로 큰돈까지 받았지만 그래도 한 승단의 장로라 갈등했었던 강도들은 몇 차례의 실패에 곤란해지기도 했었던 까닭에, '죽었구나!'라는 생각이 들 때까지 실컷 두들겨 패서 숲에다 내버렸다.

겨우 목숨만 붙어 있을 뿐, 온몸의 뼈마디란 뼈마디는 성한 곳 하나 없게 된 장로는 지나가는 사람들의 도움으로 제따 숲의 승원으로 돌아왔다. 그리고 며칠이 지나서야 겨우 운신할 정도가 되었다.

'세존께 인사를 드리고 고향으로 돌아가 열반에 들어야겠구나.'

부처님께선 장로에게 고향으로 가기 전에 가르침을 한 차례 설하라 하셨다. 장로는 한 차례의 법문에서 여러 가지 초월적인 신통을 보여 준 뒤에 깔라씰라로 돌아가 열반에 들었다.

장로께서 비록 신통을 보이고 고향에서 열반에 드셨지만, 결국 외도들에게 살해된 것이나 마찬가지란 소문이 돌자, 라자가하의 아자따쌋뚜 왕은 장로 목갈라나를 죽음으로 몬 강도들과 그들을 사주한 외도 수행자인 니간타들을 모조리 잡아들였다. 그리고 궁중의 뒤뜰에 구덩이를 파고 그들을 집어넣은 후에 짚으로 덮어서 불을 질러 태우고 쟁기로 갈아 버렸다.

장로의 죽음에 대해 지나치게 설왕설래하는 비구들을 본 부처님께서는 무슨 까닭으로 목갈라나가 스스로 그런 죽음을 맞이하였는지, 그의 전생을 일러 주시며 비구들에게 더 이상 한담(閑談)하지 못하게 하셨다.

전생의 어느 한 생에서 장로는 눈이 먼 부모 밑에서 늦은 나이까지 장가도 들지 못한 채 그분들을 모시며 살고 있었다. 자식이 자신들 때문에 어려움을 겪는다고 여긴 장로의 부모는 그에게 억지로 권하여 장가를 들게 하였다.

처음엔 고분고분하던 며느리가 얼마 지나자 눈먼 시부모님을 모시지 못하겠다고 앙탈을 부렸다. 길어진 아내의 트집을 견딜 남편은 존재할 수 없듯이, 결국 부모님을 좋은 곳으로 모셔 간다며 데리고 나와, 숲속에서 스스로 도적 흉내를 내어 제 손으로 살해하고 숲속에 버린 채 돌아왔었다고 한다.

그때의 그 업보로 무한한 백천 년을 지옥에서 고통을 받아야 했으며, 그리고 이어지는 윤회에서 수도 없이 이렇게 가루가 되도록 얻어맞아 죽음을 맞이한 것이다. 그렇지만 쌓은 공덕과 수행도 많았던 까닭에 현생의 부처님 때 그 모든 업보를 소진하고 깔라씰라에서 완전한 열반에 들 수 있었던 것이다.

141 벌거벗은 알몸에다 떡진머리 진흙몸도
한달한끼 먹지않고 맨땅에다 드러눔도,
재바르는 수행이건 꼼짝않는 고행이건
의혹넘지 못했다면 그무엇이 淨化하리.

雖裸剪髮 長服草衣 沐浴踞石 奈癡結何
비록 알몸 수행이나 삭발 수행과
소라처럼 쌓은 상투에 풀 옷을 오래 입는 것이나
(매일 아침) 목욕을 하거나 돌처럼 웅크리고 앉아 있은들
어리석음으로 엉켜진 것을 어찌할 수 있겠는가.

na naggacariyāna jaṭā na paṅkā,
nānāsakā thaṇḍilasāyikā vā |
rajojallaṁ ukkuṭikappadhānaṁ,
sodhenti maccaṁ avitiṇṇakaṅkhaṁ ||
나체 수행도 떡 진 머리도 진흙(을 몸에 바르는 수행)도,
또는 금식 수행도 맨땅에 드러누움(으로 행하는 수행)도,
재를 바름[4](으로써 하는 수행)도
부동정좌不動正坐(로써 행하는 수행)도
의혹[5]을 넘지 못한 사람을 정화淨化하지는 못한다.

* 141
부자로 출가하기

부처님께서 싸왓티 제따 숲의 승원에 계실 때, 많은 재물을 지닌 채 출가하여 그 재물로 편하게 수행하려던 한 비구의 이야기이다.

싸왓티의 한 젊은 부호가 부모가 물려준 재산으로 복락을 누리다가 갑자기 아내가 죽자 출가하여 수행승이 되었다. 그런데 재산을 물려줄 자식이 없는 까닭에 그것으로 제따 숲의 승원 인근에다 자신이 머물 수행 처소를 마련하였다. 그런데 그 처소가 제법 호화로웠으니, 방사는 물론 부엌과 창고 등이 딸려 있고, 하인들을 두어 음식을 만들거나 옷을 세탁하고 청소하는 일 등을 모두 그들에게 시켰다. 그래서 사람들은 그를 많은 재물을 가졌다는 의미로 바후반디까 (Bahubhaṇḍika)라 불렀다.

"예! 그럼 오늘부터 이렇게 지내겠습니다."

수행승으로 맞지 않은 행동을 한 바후반디까를 부처님이 불러 타이르자 삐친 표정으로 겉 가사는 벗고 속 가사만 입은 채 부처님 앞에 다시 앉았다.

"비구여! 네가 전생엔 나찰이었어도 여법하게 수행하고 공덕을 쌓은 덕분에 금생엔 부호에다 출가의 복락까지 누리더니만, 이젠 오히려 수행자가 되어서 나찰이나 하는 행동을 서슴지 않는구나."

따끔하지만 여법한 부처님의 가르침이 자애로운 표정과 더불어 베풀어지니 그제야 바후반디까는 진심으로 자신의 잘못을 돌아보고 뉘우친 뒤, 다시 가사를 차려입고 부처님께 극진한 예를 올리며 용서를 구하였다.

"비구여! 가사 한 조각을 입거나 벗는다고, 어떤 모습을 갖추거나 그러지 못한다고, 그것이 수행을 시켜 줄 것이라 여기지 말지니라."

---

4) 삼라만상의 완벽한 순수함은 그것이 모조리 불타고 남은 재로 인해 완성된다고 여긴다. 그래서 파괴의 신 쉬와(Śiva)는 자기 자신의 씨앗을 바로 그 재 속에 놓아둔다. 쉬와의 씨앗이 담긴 재를 통해 사람들은 자신이 저지른 모든 죄를 벗어날 수 있으므로, 수행자는 온몸에 재를 바른 채 수행해야 한다고 여겼다.

5) 젠 의혹을 다음의 여덟 가지로 규정하기도 하는데, ① 부처님에 대한 의혹, ② 부처님의 가르침에 대한 의혹, ③ 참모임에 대한 의혹, ④ 생성에 대한 의혹, ⑤ 소멸에 대한 의혹, ⑥ 과거와 미래에 대한 의혹, ⑦ 연기(緣起)에 대한 의혹, ⑧ 조건적으로 일어난 것[緣生]들에 대한 의혹 등이 그것이다.

142 치장이야 한소끔이 되어있다 하더라도
모든존재 그들에게 폭력쓰지 아니한채,
차분하고 자제되며 안정되어 학인으로
평온하게 행위하면 그가바로 브라흐만
그가바로 사문이요 그가바로 비구로다.

自嚴以修法 滅損受淨行 杖不加群生 是沙門道人
스스로 엄히 하여 법을 닦으며
(멸한 것은) 멸하고 (덜 것은) 던 뒤에 청정행을 받아들여
뭇 생명들에게 해코지를 가하지 않는 이가 바로
사문의 길을 가는 사람이다.

alaṅkato cepi samaṁ careyya,
santo danto niyato brahmacārī |
sabbesu bhūtesu nidhāya daṇḍaṁ,
so brāhmaṇo so samaṇo sa bhikkhu ||
비록 (화려하게) 치장이 된 자라 하더라도
만약 모든 존재들에 대해 폭력을 삼가한 채
차분하고 자제되고 안정되고
수행자의 길을 여법하게 가며[6]
평정되게 행위할 수 있다면
그가 브라만이요 그가 사문이며 그가 비구이다.[7]

* 142
아라한을 성취한 장군

부처님께서 싸왓티 제따 숲의 승원에 계실 때, 아라한을 성취하자마자 열반에 든 장군인 싼따띠의 이야기이다.

꼬쌀라국의 대장군인 싼따띠(Santati)는 커다란 반란을 무사히 평정하고 싸왓티로 귀환하여 국왕 빠쎄나디로부터 커다란 환대를 받았다. 그는 이레 동안 왕과 동등한 지위로 대접받는 영광을 누렸는데, 그 마지막 날엔 왕의 시녀지만 그가 지극히 사랑했던 한 여인을 왕의 윤허를 받아 만날 수 있게 되었다.

들뜬 그는 이레 동안 술에 취해 지냈다. 드디어 마지막 날에 그는 왕궁으로 들어가 시녀를 만나기 위해 장엄을 하고 집을 나서는데, 마침 탁발을 나온 부처님과 마주쳤지만 화려한 코끼리 위에서 올라앉은 채 눈인사만 했다.

"그는 커다란 근심을 안고 오늘 저녁에 나를 찾아오겠구나."

평소와 달리 버릇없이 구는 그의 행동에도 부처님은 옅은 미소만 보이셨다. 과연 싼따띠는 세상 근심을 모두 지닌 얼굴로 그날 저녁 승원으로 달려왔다. 낮에 왕궁에서 그 시녀를 만났는데, 시녀가 장군 앞에서 춤을 추다 갑자기 쓰러져서 죽고 말았던 것이다.

부처님께선 싼따띠가 오랜 생 동안 한 여인의 죽음으로 인한 충격으로 매번 생을 달리하는 윤회에 얽매였음을 밝혀 주시고 그의 근기에 맞는 법문을 베푸시니, 그는 그 자리에서 바로 아라한의 경지에 올랐다. 그리고 바로 그 자리에서 장군의 복장을 한 채 열반에 들었다.

아라한의 경지에 올라 열반에 들었지만 그를 재가 브라만이라 해야 할지 출가 비구라 해야 할지 묻는 수행승들에게 부처님께서는 둘 모두 가능하다 답하셨다.

---

6) '수행자의 길을 여법하게 가다'는 'brahmacārin'의 번역인데, '절대 존재 브라흐만(brahman)이 되기 위해 행위(√car)하는 사람(-in)'이 그 어원적인 의미이다. 비록 브라만교에 기반을 둔 표현이지만 브라만교 외에도 보편적으로 사용되어 최고의 가치를 위해 여법하게 수행하는 것을 가리키는 말로 쓰이는데, 불교에서는 '해탈을 위해 수행하는 비구' 정도로 이해될 수 있다.

7) 브라만교의 사제는 브라만(brāhmaṇa), 신흥 종교의 사제는 사문(samaṇa), 그리고 불교의 사제는 비구(bhikkhu)로 구분할 수 있다. ⇒ 廚 '브라만과 사문과 비구'

143 겸양으로 자제하는 훌륭하다 할만한이
이세상에 그런이가 그어디에 있겠는가.
그러한이 있다하면 그가바로 훌륭한말
모든채찍 피하듯이 비난일지 않으리라.

世黨有人 能知慚愧 是名誘進 如策良馬
세간에 어떤 이가 있어
제 부끄럼과 남부끄럼을 잘 알 수 있겠는가.
(있다면) 그런 이를 '유진誘進'이라 이르나니,
마치 준마에 채찍질하는 것과 같으리라.

hirīnisedho puriso, koci lokasmi vijjati |
yo niddaṁ appabodhati, asso bhadro kasāmiva ||
겸양으로 자제하는 사람이
이 세상에 그 누가 있겠는가?
그라면 마치 훌륭한 말이 채찍을 (피하듯)
비난을 일으키지 않으리니.

144 훌륭한말 駿馬에다 채찍까지 안기듯이
열정에다 열심하는 노력자가 될지어다.
그리하면 그대들은 헌신계율 노력하고
삼매와법 의지한채 믿는마음 통하여서,
내면성찰 물론이요 지혜행위 완벽하여
이적잖은 괴로움을 지닌세상 벗어나리.

如策良馬 進退能遠 人有信戒 定意精進 受道慧成 便滅衆苦
준마에 채찍을 가하면 나아가고 물러섬이 원대해질 수 있듯이
사람에게 믿음과 계행이 있고 선정에 든 마음과 정진(의 힘)이 있으면
도道를 받아들여 지혜가 이뤄짐으로써
온갖 괴로움을 단박에 소멸시킬 수 있으리라.

asso yathā bhadro kasāniviṭṭho, ātāpino saṁvegino bhavātha |
saddhāya sīlena ca vīriyena ca,
samādhinā dhammavinicchayena ca |
sampannavijjācaraṇā patissatā,
pahassatha dukkhamidaṁ anappakaṁ ||
그대들은 채찍이 가해진 훌륭한 말처럼
열정적으로 열심히 노력하는 자들이 되어라!
(그러면) 그대들은 믿음[8]과 계율과 정진을 통해
그리고 삼매와 법에 의지한 확신을 통해
내면을 성찰함은 물론 지혜와 행위에 완벽한 자들이 (되어)
이 적지 않은 괴로움을 떨쳐 버리게 될 것이다.

헌옷을 스승 삼은 삘로띠까

부처님께서 싸왓티 제따 숲의 승원에 계실 때, 헌옷을 스승 삼아 수행하여 아라한이 된 장로 삘로띠까에 대한 이야기이다.

어느 날 장로 아난다가 길거리에서 누더기 옷을 입고 깨어진 그릇으로 구걸하는 소년을 보았다.

"애야! 나를 따라가 스님들과 살고 싶지 않니? 밥도 배불리 먹고."

장로는 밥만 배불리 먹게 해준다면 무엇이든 하겠다는 그 소년을 승원으로 데려와 사미로 출가시켰다. 소년은 혹시 쫓겨날 것을 대비해 승원 뒤편 숲속의 나뭇가지에 누더기 옷과 깨진 그릇을 잘 싸매어 걸어 두었다.

시간이 지나 구족계를 받은 그를 애초에 초라한 행색으로 들어왔다 하여 모두 삘로띠까(Pilotika)라 불렀다. 그는 좋은 옷에 맛난 음식으로 살이 찌고 나태해짐이 느껴질 때쯤, 예전에 자유롭게 다니던 거리며 아무도 간섭하지 않았던 그때가 은근히 그리워졌다.

'그래! 처음 들어왔을 때 그 옷을 숲속 그 나무에 잘 숨겨 두었지.'

삘로띠까는 별생각 없이 그곳에 가서 옷과 그릇을 꺼내 보았다.

'내가 무슨 생각을 하는 거야? 바보 아냐? 이 가사와 탁발하면 마음껏 먹을 수 있는 특권을 버리고 저 옷과 저 그릇으로?'

정신이 번쩍 든 그는 헌옷을 다시 나뭇가지 사이에 올려놓고 돌아와 구족계를 받을 때 함께 받아 두었던 명상 주제를 상기하며 마음을 다잡았다.

"삘로띠까여! 어디 가시는가?"

"스승님을 만나러 갑니다. 저만 만나 주시는 스승님이 숲속에 계세요."

"예끼! 거긴 아무도 없다는 걸 다 아는데 무슨 소리야!"

그 후로 삘로띠까는 마음이 다시 나태해지거나 명상 주제가 잘 잡히지 않을 때 다른 비구들을 모두 따돌린 채 홀로 숲속으로 들어가 나뭇가지 사이에 잘 여며서 걸쳐 둔 헌옷 보자기를 나무 아래에서 한참을 올려보다가 돌아오곤 하였다. 그렇게, 예전에 받은 명상 주제보다 어느 샌가 때가 꼬질꼬질한 헌옷 보자기가 삘로띠까에겐 훌륭한 명상 주제가 되어 버렸다.

그러기를 얼마지 않아 삘로띠까는 아라한의 경지에 오르게 되었다. 아라한이 되고는 더 이상 숲속으로 가서 헌옷 보자기를 보는 일이 없어졌다.

"삘로띠까여! 요즘은 어째서 스승님을 뵈러 가지 않는 겐가? 야단이라도 맞으셨나? 그래도 가 뵈어야지! 그렇지 않나?"

여전히 장난으로만 아는 비구들이 이렇게 말을 걸자 그는 답하였다.

"내가 세상에 집착했을 때는 스승의 인도가 필요했으나, 이제 나는 세상의 모든 끈을 잘라 버렸으니 더 이상 스승에게 가지 않는 걸세."

삘로띠까의 말을 전해 들은 부처님께서는 수행승들에게 그가 말한 것이 진실이고 그는 이미 아라한의 경지에 도달하였다고 말씀하셨다.

"비구들이여! 겸양하며 자제하는 것은 세상에서 드물게 이룰 수 있는 것이니, 그렇게만 된다면 마치 준마에게 채찍이란 필요 없는 것과 같으니라. 그렇지 못하다면 항상 스스로를 견책할 채찍이 필요하나니, 그리 해야만 이 세상의 만만치 않은 괴로움을 떨쳐 버릴 수 있을 것이다."

---

8) 囹 믿음이란 무엇을 사유하는 과정 속에서 그 사유와 함께 일어나는 대상에 대해 마음에 고요한 기쁨을 일으키는 착하고 건전한 정신적 과정이다. 그러한 믿음에는 세간적인 믿음과 출세간적인 믿음이 있다. 그 가운데 길(向, magga) 및 경지(果, phala)와 관련하여 사유 속에서 일어나는 믿음의 정신적 과정은 출세간적 믿음이라 불린다. 그것은 열반의 대상과 관련된 사유 속에서 조용한 기쁨을 일으키기 때문이다.

145   결국에는 물다루던 그런이가 물다루고
활과화살 다루던이 화살촉을 잘다루며,
나무결을 아는목수 뭇나무를 잘켜듯이
경건한이 제자신을 평온하게 만드리라.

弓工調絃 水人調船 材匠調木 智者調身
활 만드는 장인은 줄을 다루고
물길 다니는 어부는 배를 다루며,
재목 다듬는 목수는 나무를 다루고
지혜로운 자는 몸을 다룬다.

udakañhi nayanti nettikā, usukārā namayanti tejanaṁ |
dāruṁ namayanti tacchakā, attānaṁ damayanti subbatā ||

관개자灌漑者들이 물을 잘 이끌어 가고
화살 장인들이 화살을 잘 다루며,
목수들이 나무를 잘 다루고
경건한[9] 이들이 자신을 평온하게 만든다.

한 사미의 전생 이야기

부처님께서 싸왓티 제따 숲의 승원에 계실 때, 마음챙김을 잘하여 사미 때 이미 아라한의 경지에 오른 쑤카의 전생에 대한 이야기이다.

아주 오래전에 바라나씨의 대부호이자 재정관인 브라만이 사망하자 그의 아들인 간다(Gandha)가 그 뒤를 이어 재정관이 되었다. 간다의 조부 때부터 집안의 재물을 관리하던 이는 간다에게 모든 재물에 대해 상세히 전해 주었다.

'할아버님이건 아버님이건, 돌아가시면 가져가시지도 못하는 이것들을 왜 그렇게 꾸역꾸역 모으시기만 했단 말인가. 나는 죽기 전에 다 써 버릴 테다.'

그래서 간다는 그날부터 왕보다 더 호화롭게 사치를 부리며 생활하였다. 금은보석으로 된 물건들은 물론이요, 자신이 먹는 한 끼 식사에만도 1천 까하빠나를 들여 준비하게 하였다. 그리고 그 모든 것을 사람들에게 보여 주었다.

그러던 어느 날 먼 지방에서 온 사람이 간다가 먹는 식사를 자기도 먹어 보고 싶다고 하였다. 그가 반드시 먹어야 된다고 고집을 부리자 간다가 말했다.

"내가 돈이 안자나 산만큼 높이 쌓여 있다지만 그 식사를 아무 손님에게나 드릴 순 없소. 당신이 먹고 싶다면 3년 동안 여기서 하인으로 일하시오."

그렇게 3년 동안 일한 그 사람이 1천 까하빠나로 만든 식사를 먹으려고 할 때 마침 연각불이 탁발을 나오셨다. 그는 3년을 공들인 식사를 그냥 먹어 치우는 것보다 연각불에게 시주하는 것이 낫다 여겨서 한 톨도 남기지 않고 모두 연각불의 발우에 담아 드렸다. 그것을 받은 연각불은 수행처로 돌아가 5백 명의 도반들과 함께 신통력으로 공양을 늘려서 배불리 먹었다.

그는 그 보시 공덕으로 천상에 태어나 복락을 누리다가, 다시 싸리뿟따의 재가신자 집에 외동아들로 태어나 쑤카(Sukha)란 이름을 얻었던 것이다.[10]

---

9) 앞서 계송 80번에서 '수행력이 습득된 현명한 이가 자신을 평온하게 만든다.' 하였고, 본 계송에서는 '경건한(subbata) 자 또한 그렇다.'고 하였다. 'subbata'는 'su(잘)+vata(종교적 의무나 계율)'이니, 종교적 의무나 계율을 잘 지켜 내는 경건함을 말하다. 습득된 지혜는 물론 습득된 경건함이 갖추어져야 자신을 평온하게 만들 수 있음을 부연한 것이다.

10) 이후의 배경담은 계송 80번의 내용과 등장인물의 이름만 '빤디따'와 '쑤카'로 다를 뿐, 내용은 동일하다.

第11章

जरावग्गो

늙음을 들어 경계한 장

노모품
老耗品

146 끊임없이 타오르는 이세상에 발을들인
그누구가 웃을거며 과연누가 기쁠건가.
칠흑같은 어둠으로 둘러싸인 그대들은
어찌하여 밝은등불 찾아들지 아니하나.

何喜何笑 命常熾然 深蔽幽冥 如不求錠
어찌 기뻐하고 어찌 웃을 수 있겠는가,
목숨은 끊임없이 불타오르고 있는데.
깊이 가려진 채 어둠에 싸였거늘
어찌하여 밝은 불빛을 구하지 않는가.

ko nu hāso kimānando, niccaṁ pajjalite sati |
andhakārena onaddhā, padīpaṁ na gavessatha ||
(세상이) 끊임없이 불타고[1] 있을 때
과연 누가 웃을 수 있는 자이며
(과연) 무엇이 기쁨일 수 있겠는가?
어둠[2]으로 감싸여 있는 그대들은
어찌 밝은 등불을 추구하려 들지 않는가?

* 146

술에 취한 여인들

부처님께서 싸왓티 제따 숲의 승원에 계실 때, 부처님 법회에서 술에 취해 난동을 부린 여인들의 이야기이다.

뿝바라마 승원을 건립하여 시주한 청신녀 위싸카는 평소 언행 또한 모든 여인들의 모범이 되었다. 그래서 싸왓티의 귀한 집안 자제 5백 명이 자신들의 아내를 위싸카에게 보내 친하게 지내도록 하였다.

싸왓티에서는 매년 특정 기간 7일 동안 음주 축제(飲酒祝祭)가 열리는데, 그해도 온 성내가 떠들썩하였다. 축제가 끝나고 뒷정리를 하던 아내들이 아직 술이 많이 남은 술항아리에서 술을 퍼내어 숨겨 두고 위싸카를 졸랐다.

"위싸카여! 우리 모두 축제 때 힘도 들었으니 강가로 놀러 가면 어떻겠소?"

그래서 강가로 나가던 날 위싸카는 잠시 들를 곳이 있다며 그들을 먼저 보내고 반나절 늦게 참석하였다. 그런데 위싸카가 강가에 도착했을 때는 이미 모든 여인들이 술에 취해 놀이터가 난장판이 되어 있었다. 결국 그 일이 발각되어 모두 남편들에게 흠씬 두들겨 맞고 당분간 외출도 금지되었다.

술로 인한 쾌락을 맛본 여인들은 그다음 해 음주 축제 때도 술을 숨겨 두었다가 위싸카에게 짐짓 부처님의 법문을 듣고 싶다고 청하여 제따 숲으로 몰려갔다. 그리고 제따 숲 곳곳에서 삼삼오오 모여 술잔을 들던 여인들은 법회가 시작하고 서로 모였을 때 이미 만취가 되어 있었다.

급기야 법회장 한가운데서 춤까지 추는 여인이 나오자 부처님께서는 순식간에 메루 산 정상으로 옮겨 가시고 온 천하를 어둠에 들게 하시어 그들을 경각시킨 다음, 미간의 광명을 놓으시며 가르침을 펼치셨다.

"법회장을 찾을 때는 마라의 유혹에 빠지지 말아야 한다. 끊임없이 불타고 있는 이 세상에서 탐욕의 불을 끄기 위해 정진해야 하나니라."

---

1) 젠 이 세상은 항상 감각적 탐욕 등과 같은 열한 가지 불길로 불타고 있으니, ①탐욕, ②성냄, ③환상, ④질병, ⑤늙음, ⑥죽음, ⑦슬픔, ⑧비탄, ⑨고통, ⑩절망, ⑪과도한 노력 등이다.
2) 어둠이란 여덟 가지 무명의 어둠, 즉 여덟 가지 의혹을 말한다. → 게송 141번 해당 각주 참조.

147 억지세운 것들이자 상처더미 일뿐이요
허약하디 허약하고 온갖잡념 잔뜩인채
갖가지로 장식이된 이모양을 볼지니라.
이런모습 경우라면 그런것이 무엇이건
영원하게 존재하는 그런경운 없으리라.

見身形範 倚以爲安 多想致病 豈知非眞
육신의 모습이 갖춰짐을 보고
그것에 의지하여 편안타 여기다가
많아진 생각에 병 되기에 이르지만
어찌 (그것이) 참된 것이 아님을 알 수 있겠는가.

passa cittakataṁ bimbaṁ, arukāyaṁ samussitaṁ |
āturaṁ bahusaṅkappaṁ, yassa natthi dhuvaṁ ṭhiti ||
세워진 것[3]이자 상처 더미이며 허약한 것이요
온갖 잡념을 지닌 채 갖가지로 장식된 이 '꼴'을 보라!
그것의 경우 영원히 존재한다는 것은 있을 수 없다.

* 147

유녀 씨리마의 죽음

부처님께서 라자가하 웰루 숲의 승원에 계실 때, 라자가하에서 가장 아름다운 유녀였던 씨리마의 죽음과 관련된 이야기이다.

라자가하의 유명한 유녀 씨리마(Sirimā)는 부처님의 의사였던 지와까의 여동생이었다. 그녀가 한번은 명문가 집안의 여인 웃따라(Uttarā)와 다툰 적이 있었는데, 부처님이 웃따라의 집으로 공양을 갔을 때 지와까도 가서 웃따라에게 용서를 구했다. 그때 부처님께서 일러 주신 '성냄은 친절로 극복하고 악은 선으로 극복해야 하라.'는 가르침을 듣고 그녀는 예류과를 증득하였다.

그 후로 그녀는 매일 여덟 명의 수행승들에게 공양하였다. 그래서 공양도 공양이거니와 아름다운 그녀를 보기 위해 매일 탁발 행렬이 끊이지 않았다. 하루는 그곳을 처음 찾은 수행승이 마침 병중에 있는 그녀의 모습을 보았다.

'여인이 아픈 데도 저리 아름답다면 건강할 땐 얼마나 아름다웠을까?'

단번에 사랑에 빠진 그는 오랜 생 동안 쌓인 번뇌가 한꺼번에 몰려왔다. 그런데 그날 저녁 씨리마는 죽고 말았다. 지와까가 여동생의 죽음을 부처님께 알려 드리자 부처님께선 "씨리마를 묻거나 화장하지 마십시오. 짐승이 와서 훼손치 못하게만 해놓으십시오."라고 하셨다.

며칠 후 부처님께서 수행승들을 데리고 그곳에 가셨는데, 왕도 모든 신료와 궁궐의 백성들을 데리고 자리를 함께하였다. 라자가하 사람이면 누구나 품기를 원했고, 더욱이 1천 까하빠나를 내놓은 명문가의 사내도 한참을 기다려야 했던 그녀의 온몸은 이미 푸르게 퉁퉁 불어 있고 상처처럼 변한 온몸의 구멍에선 구더기가 기어 나오고 있었다. 그 자리에선 굳이 부처님께서 부정관(不淨觀)에 대해 법을 설하실 필요가 없었다. 그저 보이는 것만으로도.

---

3) '쌓인 것'을 의미하는 오온(五蘊)의 온(蘊)은 빠알리어로 'khandha(Ⓢ.skandha)'이며, 본 게송에서 '세워진 것'으로 번역된 'samussita'는 '함께(sam)위로(ud)나아가다(√śri)'로 분석할 수 있다. 오온이 실아(實我)로 간주되는 것들 모두가 실체 없이 쌓인 무더기일 뿐이란 의미로서 수동적인 인식이라면, '세워진 것(samussita)'이란 온(khandha)과 유사한 의미지만 무지를 기반으로 행한 유위(有爲)이자 작위(作爲)의 능동적 결과물이므로 거만(倨慢)이나 오만(傲慢)이라는 의미도 내포되어 있다.

148   병주머니 인데다가 걸핏하면 깨어지고
       낡아빠진 이형색이 언젠가는 부서지듯,
       썩고썩어 응어리져 뭉쳐생긴 이내삶은
       결국에는 죽음으로 끝이나지 않겠는가.

       老則色衰 病無光澤 皮緩肌縮 死命近促
       늙으면 안색이 쇠퇴하고 병들면 광택이 없어진다.
       피부가 느슨해지고 살가죽이 오그라들며
       죽음이란 운명이 가까이와 재촉한다.

       parijiṇṇamidaṁ rūpaṁ, roganīḷaṁ pabhaṅguraṁ |

       bhijjati pūtisandeho, maraṇantañhi jīvitaṁ ||

       병주머니인 데다 깨어지기 쉬우며
       낡아 빠진 이 형색은 (언젠간) 부서지리니,
       부패의 덩어리인 삶은
       결국엔 죽음으로 끝난다.

*148

120세 노비구니

부처님께서 싸왓티 제따 숲의 승원에 계실 때, 120세까지 탁발을 다닌 노비구니 웃따리의 이야기이다.

장로니 웃따리(Uttarī)는 나이가 120세임에도 매일같이 탁발을 다녔다.

어느 날 장로니가 탁발을 한 다음 적당한 공양처를 찾던 중에 아직 탁발을 하지 못한 어떤 비구를 만났다. 탁발할 수 있는 시간이 얼마 남지 않은 것을 걱정한 장로니는 그 비구에게 자신의 공양을 드리겠노라고 하였다.

장로니의 공양을 몽땅 건네받은 비구는 굶지 않게 되었다는 안도감에 공양을 모두 비우고 승원으로 돌아갔다. 그러나 그녀는 이미 탁발 시간이 지났으므로 그다음 날까지 빈속으로 지낼 수밖에 없었다.

그리고 그다음 날도, 또한 그다음 날도, 사흘 동안 탁발하여 나오다 비구에게 공양을 올리는 일이 발생하였다. 그래서 장로니는 무려 사흘 동안 아무것도 먹지 못한 채 기력이 많이 떨어지게 되었다.

나흘째 되는 날에 다시 탁발하던 장로니는 어느 붐비는 거리에서 부처님을 뵈었다. 장로니는 부처님께서 편히 지나가시게 한 걸음 물러선다는 것이 자신의 가사 끝자락을 발뒤꿈치로 밟는 바람에 몸을 가누지 못하고 뒤로 넘어져 버렸다.

부처님께서 장로니에게 다가와 그녀를 일으켜 주시며 말씀하셨다.

"자매여! 그대의 몸은 노령으로 낡아 버렸다. 머지않아 부서질 것이다."

그리고 들려주신 짧은 가르침에 장로니는 예류과를 증득하였다.

149　가을날에 내버려진 표주박을 본것마냥
　　　수풀속에 버려놓은 뽀얀뼈를 보고나면
　　　무슨쾌락 어디있어 나여있다 하겠는가.

　　　身死神徙 如御棄車 肉消骨散 身何可怙
　　　육신이 죽고 정신이 옮겨가면
　　　마치 마부가 수레를 버린 것과 같나니,
　　　살덩이는 사라지고 뼛조각은 흩어지거늘
　　　몸이 어찌 믿을 만하겠는가.

　　　yānimāni apatthāni, alāpūneva sārade |
　　　kāpotakāni aṭṭhīni, tāni disvāna kā rati ||
　　　가을날에 (버려진) 표주박들을 (본 것)처럼
　　　버려진 뽀얀 뼈들을 보고 (나면)
　　　무슨 쾌락이(존재하겠는가).

5백 비구들의 착각

부처님께서 싸왓티 제따 숲의 승원에 계실 때, 아라한을 증득했다고 착각한 5백 명의 비구들에 대한 이야기이다.

5백 명의 수행승들이 부처님으로부터 명상 주제를 받아서 싸왓티 인근 숲으로 들어가 열심히 정진하였다. 그리고 어느덧 깨달음에 이른 듯 말하였다.

"우리들의 번뇌는 제거되었으니 출가해서 할 일은 모두 이루었다."

그래서 자신들은 이미 아라한을 성취하였다 여기고, 그 소식을 부처님께 말씀드리기 위해 싸왓티를 거쳐 제따 숲으로 가고자 길을 나섰다.

그들이 숲을 나설 때 멀리 제따 숲의 향실에 계시면서 그들의 상태를 알아보신 부처님께서 장로 아난다에게 말씀하셨다.

"아난다여! 싸왓티 건너편 숲으로 수행 정진하기 위해 들어갔던 5백 명의 비구들이 오늘 나를 보기 위하여 싸왓티를 거쳐서 이곳으로 올 것 같구나. 네가 싸왓티에 나가서 기다렸다가 그들로 하여금 성밖의 화장터를 들렀다가 오도록 일러 주도록 하라."

"멀리 내다보시는 부처님께서 우리에게 화장터에 들렀다 오라 하신 것은 분명 무슨 까닭이 있을 것이오. 도반들이여! 우선 화장터로 갑시다."

아난다의 말을 들은 5백 비구들은 별다른 의심 없이 화장터로 갔다. 그리고 화장터 곳곳에서 볼 수 있는 얼마 지난 시체에 모두들 강한 혐오감을 일으켰다. 이는 이미 부정관(不淨觀)을 닦으며 경험했던 일이라 모두 여법하게 그 인식을 맞아들였다. 그런데 마침 이제 막 화장터로 들어오는 주검이 있었다. 가난한 천민이었지만 젊은 여인이었던 이 주검은 흡사 살아 있는 사람인 양 군데군데 벗겨진 옷가지 사이로 드러난 살결은 붉은 기운마저 돌았다.

'아니? 내 안의 탐욕이 이리 꿈틀대는 것은? 이 주체할 수 없는 느낌은?'

아직 번뇌가 완전히 부서지지 않았다는 사실을 깨달은 5백 비구들 앞에 부처님께서 멀리 향실로부터 그곳으로 영상을 나투시어 그들에게 알맞은 법문을 베푸시니 5백 비구들은 그제야 모두 아라한의 경지에 오르게 되었다.

150 뼈다귀로 얽기섥어 골격인양 세워두고
거기에다 살과피를 발라만든 도시에는,
늙음이라 하는것과 죽음이라 하는것에
자만거만 위선또한 더하여서 놓여있네.

身爲如城 骨幹肉塗 生至老死 但藏恚慢
육신은 성곽과도 같은 것이기에
뼈다귀로 골격을 삼고 살덩이로 매흙질된 것에다
태어나 늙어 죽음에 이르기까지
그저 성냄과 거만만 담고 있을 뿐이다.

aṭṭhīnaṁ nagaraṁ kataṁ, maṁsalohitalepanaṁ |
yattha jarā ca maccu ca, māno makkho ca ohito ||
뼈다귀들로 만들어져
살과 피로 발라진 도시가 (존재하는데),
그곳에는 늙음과 죽음이,
그리고 자만과 위선이 놓여 있다.[4]

자기 아름다움에 빠진 루빠난다

부처님께서 싸왓티 제따 숲의 승원에 계실 때, 부처님의 이복여동생인 루빠난다에 대한 이야기이다.

루빠난다(Rūpanandā)는 부처님의 양모인 왕비 마하빠자빠띠의 딸로서 부처님의 이복여동생이다. 그녀와 결혼하기로 되어 있었지만 결혼식 전날 부처님을 따라가 출가해 버린 난다를 비롯하여 어린 조카인 라훌라, 심지어 어머니 마하빠자빠띠까지 모두 출가해 버리자 그녀는 허전한 마음을 가누지 못하다가 자신도 출가해 버렸다. 남편도 빼앗아 가고 사랑스런 조카와 어머니도 데려간 것이 부처님이란 생각에 루빠난다는 항상 부처님을 원망하는 마음을 지니고 있었다. 특히 그녀는 부처님이 무상과 실체 없음을 설하시는 것은 자신과 같은 미인을 보지 못했기 때문이라 생각했다. 그러나 비구니 승원에서도 부처님의 가르침에 대한 칭송이 끊이지 않자 제따 숲의 큰 법회에 살며시 참여해 보았다.

'루빠난다가 왔구나. 자신의 아름다움이 허망한 것인 줄 깨닫지 못한 채 자만에 빠져 있으니, 내가 그것으로 루빠난다를 깨우쳐야겠구나.'

부처님께선 루빠난다만 볼 수 있도록 16세의 아리따운 한 여인을 만들어 법문하는 동안 자신의 곁에서 부채를 부치게 하셨다.

'아! 저 여인은 굉장히 어여쁘구나. 그에 비하면 나는 그저 초라한….'

루빠난다가 멀리서 지켜보며 감탄하고 있는 사이, 아리따운 여인은 성숙한 여인으로 변하더니, 다시 중년에서 노인으로, 급기야 자기가 눈 똥 위에 엎어져 죽음을 맞고는 부패한 시체로 변하여 까마귀들이 와서 그 시체를 뜯어먹었다.

한 아리따운 여인이 순식간에 변하는 모습을 충격과 함께 지켜보던 루빠난다는 무상을 느끼고 예류과에 증득하였다. 부처님께서 다시 가르침을 베푸시니, 루빠난다는 그 자리에서 바로 아라한의 경지를 성취하였다.

---

4) 생동감 있던 것이 가을날 낙엽처럼 시들어 위축됨이 늙음이요, 비록 시들어 버린 채라도 잔존하지 못하고 본래의 기초마저 파괴되어 버림이 죽음이며, 자의식의 물리적인 건강함에 의지하여 자신을 부풀림이 자만이요, 나약해진 자의식을 숨긴 채 자신의 악행이나 평범한 행위를 선행으로 위장하려는 것이 위선이다.

151 왕의수레 화려해도 결국에는 낡아지듯
이내몸인 육신또한 그와같이 늙게되리.
그렇지만 좋은법은 쇠퇴하지 아니하니
좋은사람 좋은이께 좋은법을 전하기에.

老則形變 喩如故車 法能除苦 宜以仂學
늙으면 이내 모습이 변하는 것은
비유컨대 오래된 수레와 같나니,
(바른) 법法만이 고통을 제거할 수 있기에
마땅히 힘써 배워야 할지니라.

jīranti ve rājarathā sucittā,
atho sarīrampi jaraṁ upeti |
satañca dhammo na jaraṁ upeti,
santo have sabbhi pavedayanti ||
매우 화려한 왕의 수레들도 결국 낡으며
그처럼 육신 또한 늙게 된다.
그러나 선법善法[5)]은 쇠퇴하지 않나니,
선한 사람들은 반드시 선한 사람들에게
(선법을) 전수하기 때문이다.

*151

왕비 말리까

부처님께서 싸왓티 제따 숲의 승원에 계실 때, 빠쎄나디 왕의 왕비 말리까에 대한 이야기이다.

하루는 왕비 말리까가 아침 일찍 일어나 아직 잠이 덜 깬 상태에서 엉덩이를 치켜들고 얼굴을 씻고 있었다. 그때 애완견이 따라 들어와 왕비의 그곳에 입을 가져다 대었다. 그런데 마침 왕이 건너편 창문을 통해 이 모습을 보았다.

"이, 천한 여인이여! 그게 왕비로서 할 짓이요?"

"그것은 사실이 아닙니다. 저 창문이 사람을 현혹하는 모습을 보여 줄 뿐입니다. 못 믿으시겠다면 대왕께서 잠시 저 욕실에 들어가 계셔 보시죠."

왕이 욕실에 들어가자 왕비는 창문 너머에서 큰 소리로 말했다.

"에구! 왕께서 체신도 없으시게. 지금 염소랑 뭘 하고 계십니까?"

그렇게 왕비 말리까는 기지로 위기를 모면하였지만, 늘 자신이 거짓말을 한 것과 그 거짓말로 왕까지 속인 것을 마음에 두고 있었다. 무엇보다도 부처님은 이 모든 사실을 알고 계시리라 생각하니 견딜 수가 없었다.

그래서 그날 이후 왕비는 왕에게는 물론이요, 부처님과 승단에도 정성스런 공양을 항상 직접 준비하는 등 온갖 노력으로 그 잘못을 씻으려 하였다. 하지만 그녀는 죽을 때 자신이 쌓은 공덕은 잊은 채 그 잘못만을 기억하고 있었기에 우선 아비지옥으로 떨어졌다.

장례식을 치른 후 왕비가 어디로 갔는지 궁금한 빠쎄나디 왕이 부처님을 찾았으나, 부처님께서는 짐짓 왕의 관심을 바꿔 놓아 질문하지 못하게 하셨다. 그리고 7일 후 왕비가 지옥에서 도솔천으로 옮기고 나서야 왕에게 왕비가 만족을 아는 신들의 세계인 도솔천에서 복락을 누린다 말해 주었다.

그리고 왕이 타고 온 화려한 수레에 빗대어 모든 것은 무상함을 일러 주시고, 무상하지 않은 법(法)에 항상 의지할 것을 왕에게 권하셨다.

---

5) 여기서 일컫는 선법은 흐름에 드는 길인 예류향(預流向)에서 거룩한 경지인 아라한과(阿羅漢果)까지 여덟, 그리고 열반까지 아홉 가지인 출세간의 원리[九出世間法, nava-lokuttaradhammā]를 가리키기도 한다.

152 들은것이 빈약하고 본것또한 하찮으면
수풀속에 내버려진 황소처럼 늙으리니,
피둥피둥 고깃덩인 하루하루 늘겠지만
머릿속에 지혜라곤 아무래도 하찮으리.

人之無聞 老若特牛 但長肌肥 無有福慧
사람이 들은 것이 없으면
늙어도 그저 한 마리의 소와도 같나니,
다만 살가죽과 살덩이나 기를 뿐
복전福田이 될 지혜는 존재하지 않는다.

appassutāyaṁ puriso, balivaddova jīrati |
maṁsāni tassa vaḍḍhanti, paññā tassa na vaḍḍhati ||
들은 것이 빈약한[6] 사람은
(숲속에 내버려진) 황소[7]처럼 늙을 뿐이니
그의 고깃덩어리는 늘어나겠지만
지혜는 늘어나지 않는다.

*152

엉뚱한 장로 랄루다인

부처님께서 싸왓티 제따 숲의 승원에 계실 때, 항상 엉뚱하게 말을 해서 사람들을 혼란스럽게 하던 랄루다인 장로에 대한 이야기이다.

장로 랄루다인(Lāḷudāyin)은 자신의 의지와 상관없이 항상 엉뚱하게 말을 하여 사람들의 구설수에 올랐다. 그는 결혼식이나 축제를 열고 있는 집에 가서 '그들은 담 너머 있다.'라는 장례식에나 어울리는 게송을 낭독하였고, 정작 장례를 치르고 있는 곳에 가서는 '보시와 청정한 삶'이란 축제 때 함께 외우는 게송을 읊곤 하였다. 문제는 정작 본인은 그런 부적합한 언행에 대한 인식이 전혀 없다는 점이었다.

탁발을 나가서 자꾸 문제를 일으키는 랄루다인 장로 때문에 신자들의 원성이 승원에까지 전해지자 비구들이 부처님을 뵙고 상세히 말씀드렸다.

"랄루다인처럼 들은 것이 빈약한 데다 나이는 들어 황소처럼 눈만 끔뻑이고 있으면 지혜가 늘 여지가 없으니, 여래인들 어찌할 수 있겠느냐."

그러면서 부처님께서 들려주신 전생에서도 랄루다인은 마찬가지였다.

과거 생에 바라나씨에서 왕의 총애를 받던 쏘마닷따(Somadatta)는 대신이지만 청빈하여 집에는 밭 가는 소 두 마리만 있었다. 그의 부친이자 브라만인 악기닷따(Aggidatta)는 평생 밭만 일구며 살았는데, 어느 날 갑자기 소 한 마리가 죽어 버렸다. 그래서 쏘마닷따는 부친으로 하여금 왕에게 직접 청원하여 소를 한 마리 더 구할 수 있게 하였더니, 왕 앞에서 부친이 말하였다.

"대왕이시여! 저는 항상 소 두 마리로 밭을 갈았습니다. 그 둘 가운데 한 마리가 며칠 전 죽었습니다. 대왕이시여! 남은 한 마리를 가지소서!"

그래도 현명한 왕은 쏘마닷따 편으로 열여섯 마리의 소를 보내 주었다고 한다.

---

6) 들은 것이 빈약하다는 것은 곧 배움이 부족함을 말한다. 인도는 청문(聽聞) 문화인 까닭에 그리 일컫는 것이니, 부처님의 제자를 소리를 듣는 사람이란 의미의 성문제자(聲聞弟子, sāvaka)라 하는 것이 그 예이다.

7) 황소가 멍에나 쟁기를 질 수 없게 되면 숲에 내다 버렸다고 하는데, 그렇게 버려져 숲속의 풀을 뜯고 몸집이 불어난 황소는 제 역할을 하지 못한다는 인식 때문에 기피의 대상이 되었다.

153　이집지어 나데려다 가둬버린 그를찾아
　　　그얼마나 많은삶을 돌고돌며 헤맸던가.
　　　거듭하여 태어나고 그러다가 다시죽는
　　　삶의윤회 라는것은 단지고통 뿐인것을.

　　　生死有無量 往來無端緒 求於屋舍者 數數受胞胎
　　　나고 죽음에도 한량限量이 없고
　　　오고 감에도 단서端緒가 없도록
　　　집 지은 자를 찾고자 하여
　　　얼마나 자주 태胎에 듦을 받았던가.

　　　anekajātisaṁsāraṁ, sandhāvissaṁ anibbisaṁ |
　　　gahakārakaṁ gavesanto, dukkhā jāti punappunaṁ ||
　　　집[8] 지은 이를 찾고 있는 나는
　　　얼마나 수많은 삶의 윤회를 헛되이 달렸던가!
　　　거듭되는 태어남은 고통[9]스러울 뿐이다.

154 어이거기 집지은이 이제그댄 들켰으니
그대다신 나에게서 집을짓지 못하리라.
서까래는 부서지고 대들보는 내려앉고
얼기설기 세워진건 와해되어 부서지듯
내마음도 그리되어 갈애소멸 이뤘기에.

以觀此屋 更不造舍 梁棧已壞 臺閣摧折 心已離行 中間已滅
이 집은 (이제) 들여다보였으니
다시는 집을 짓지 말지어다.
들보와 서까래는 이미 허물어졌고
돈대墩臺와 누각樓閣은 꺾이고 부러졌으니
마음은 이미 행위行爲를 여의었고
그 중간도 이미 소멸되었다.

gahakāraka diṭṭhosi, puna gehaṁ na kāhasi |
sabbā te phāsukā bhaggā, gahakūṭaṁ visaṅkhitaṁ |
visaṅkhāragataṁ cittaṁ, taṇhānaṁ khayamajjhagā ||
집을 지은 이여! (이제) 그대는 들켰다!
(그래서) 다시는 (나에게서) 그대는 집을 짓지 못하리라!
그대의 모든 서까래들은 부서지고 대들보는 산산조각이 났나니,
(그래서) 조건이 와해됨에 가닿은[10]
(나의) 인식認識은 온갖 갈애渴愛[11]의 소멸을 이루었다.

붓다 정각송(正覺頌)

부처님께서 보리수 아래에서 깨달음을 얻으신 과거의 모든 부처님들처럼 그 감흥을 토로하셨는데, 나중에 제따 숲의 승원에 계시던 어느 날 장로 아난다의 요청에 따라 게송으로 다시 읊으셨다.

부처님께선 싸끼야족 고따마(Gotama) 가계의 왕족(Khattiya) 계급이었으며, 부친 숫도다나 왕과 모친 마야 왕비 사이에 첫아들로 태어나셨다.

태어나실 때, 과거의 뭇 성인들이 탄생할 때 보였던 모든 상서로운 징조가 모두 나타났다 하여 부친 숫도다나 왕은 그의 이름을 '싯달타'[12]라 하였다.

왕자는 아쇼다라 공주와 결혼하여 첫아들인 라훌라까지 얻은 스물아홉의 나이에 진리를 찾기 위해 세상의 모든 영예와 왕실의 호화로운 생활을 버리고 출가하여 고행자가 되었다.

수행자 고따마는 진리를 찾기 위해 6년 동안 당대의 최고 수행자와 종교 지도자들의 가르침을 받아 모든 수행법을 통달하였다. 그러나 자신이 원하던 깨달음에는 이를 수가 없었다. 깨달음을 위해 모든 방도를 강구한 고따마는 결국엔 최후로 고행에 의지하였다. 엄격하고 규칙적이며 맹렬하게 육신을 학대하는 고행자의 길은 초인적인 노력이 필요하였다.

그러나 고따마는 쾌락의 탐닉도 가학적인 고행도 모두 깨달음에 닿을 방도가 아님을 깨닫고 그 둘 모두를 버린 채 중도(中道)에 머물렀다. 중도가 바로 열반에 이르는 길임을 확신한 고따마는 함께 극한의 고행을 같이 했던 다섯 도반의 버림까지 감수하며 이 길을 택했던 것이다.

중도는 팔정도(八正道)로써 설명된다.

- 쌈마딧티(sammā-diṭṭhi, 正見, 바른 견해) : 실상을 바르게 봄.
- 쌈마쌍깝빠(sammā-sankappa, 正思惟, 바른 사유) : 바른 생각을 함.
- 쌈마와짜(sammā-vācā, 正語, 바른 언어) : 바르게 말함.
- 쌈마깜만따(sammā-kammanta, 正業, 바른 행위) : 바르게 행동함.

- 쌈마아지와(sammā-ājīva, 正命, 바른 생계) : 바른 직업을 가짐.

- 쌈마와야마(sammā-vāyāma, 正精進, 바른 정진) : 바르게 노력함.

- 쌈마싸띠(sammā-sati, 正念, 바른 마음챙김) : 바르게 마음챙김.

- 쌈마싸마디(sammā-samādhi, 正定, 바른 삼매) : 바른 삼매에 듦.

고따마는 지극히 평범한 진리를 얻으신 다음, 그날 오후에 니란자나 강을 건너 보리수 아래에서 앉으시니, 나이는 서른다섯이었다. 그날 밤 초경에 과거 전생을 아는 지혜인 숙명통(宿命通)을 성취하시고, 이경에 모든 물체의 막힘과 거리의 장애가 없는 지혜인 천안통(天眼通)을 성취하셨으며, 삼경에 중생들의 생사를 꿰뚫는 지혜를 성취하셨다. 그리고 새벽 먼동이 터오는 즈음 성스러운 진리인 사성제(四聖諦)를 깨달으셨다.

- 둑카아리야싿짜(Dukkha-ariya-sacca, 苦聖諦) : 괴로움

- 쌈우다야아리야싿짜(Samudaya-ariyasacca, 集聖諦) : 괴로움의 원인

- 니로다아리야싿짜(Nirodha-ariya-sacca, 滅聖諦) : 괴로움의 소멸

- 막가아리야싿짜(Magga-ariya-sacca, 道聖諦) : 괴로움 소멸에 이르는 길

8) 여기서 '집'이란 우리가 실체라고 믿지만 기실은 무상한 모든 것을 가리키니, 그러한 집은 대들보[無明]를 기반으로 서까래[煩惱]에 기초하여 조성된 것이다. '집을 짓다'라는 것은 무명과 번뇌를 기반으로 조성된 무상한 일체를 실체이자 영원한 것이라 여기는 것을 가리킨다.

9) 젠 이 구절은 집 짓는 자를 찾는 원인을 설명한다. 늙음, 질병, 죽음으로 구성된, 거듭 태어나는 과정을 겪는 것은 고통이다. 집 짓는 자를 발견하지 못하는 한 그 고통이 멈추지 않으므로 수행자는 집 짓는 자를 찾아서 유행(遊行)한다.

10) 'vi(와해)saṅkhāra(조건물)gata(가닿은)'에서 조건물(條件物)이란 몇몇 조건들이 결합되어 하나의 물체로 형성된 것을 말하는데, 일반적으로 현상계(現象界)라고도 한다. 하나의 물체를 형성하였던 조건들이 와해(瓦解)되면 한 물체로서의 온전한 명색(名色)을 잃어버리게 된다.

11) 젠 "수행승들이여! 갈애란 무엇인가? 이들 가운데, 수행승들이여! 여섯 가지 갈애의 무리가 있다. 형상[色]에 대한 갈애, 소리[聲]에 대한 갈애, 향기[香]에 대한 갈애, 맛[味]에 대한 갈애, 감촉[觸]에 대한 갈애, 사물[法]에 대한 갈애가 있으니, 수행승들이여! 그것을 갈애라 부른다." 혹은 쾌·불쾌의 느낌을 토대로 한 복합적인 인과 관계로 볼 경우 셋으로 구분된다. 불쾌를 회피하고 쾌락을 추구하는 감각적 쾌락에 대한 갈애인 욕애(欲愛, kāmataṇhā), 쾌락의 존재를 유지할 목적으로 존재를 갈애하는 유애(有愛, bhavataṇhā), 쾌락이 불쾌로 변화되었을 때 불쾌라는 존재에서 벗어나고자 비존재를 갈애하는 무유애(無有愛, vibhavataṇhā)이다.

12) 부처님의 이름은 산스끄리뜨로 갖추어 말하면, '사르바아르타싯다(sarvārthasiddha)'이다. 그 의미는 'sarva(모든)artha(대상)siddha(성취)'이니, 모든 상서로운 대상인 징조들을 성취한 사람임을 말한다.

완전한 깨달음을 이루신 부처님은 그 감흥을 토로하셨으며, 나중에 제따 숲의 승원에 계실 때 장로 아난다의 요청에 따라 게송으로 다시 읊으셨다.

155　수행자로 제갈길을 나아가지 않았으며
그렇다고 곳간마저 채우지를 못했다면,
잔챙이도 없는못을 하릴없이 오고가다
늙어죽는 백로처럼 이세상을 마감하리.

不修梵行 又不富財 老如白鷺 守伺空池
범행梵行도 닦지 않고
게다가 재물마저 넉넉히 준비하지 않는다면
늙어선 마치 (힘 잃은) 백로처럼
빈 못이나 지키며 엿보고 있을 뿐이리라.

acaritvā brahmacariyaṁ, aladdhā yobbane dhanaṁ |
jiṇṇakoñcāva jhāyanti, khīṇamaccheva pallale ||
젊었을 때 수행자의 길로 나아가지도[13] 않고
(그렇다고) 재물[14]을 모으지도 않았다면
마치 고기가 한 마리도 없는 연못에 사는
늙은 백로들처럼 죽어갈 것이다.

156 수행자로 제갈길을 나아가지 않았으며
그렇다고 곳간마저 채우지를 못했다면,
부러진채 내버려진 쓸모없는 화살마냥
옛일이나 슬퍼하며 널브러져 있으리라.

旣不守戒 又不積財 老羸氣竭 思故何逮
기왕에 계행을 지키지도 않으면서
게다가 재물도 모으지 않는다면
늙고 여위어 기력이 다했을 때
옛일이나 추억한들 무슨 소용이리오.

acaritvā brahmacariyaṁ, aladdhā yobbane dhanaṁ |
senti cāpātikhīṇāva, purāṇāni anutthunaṁ ||
젊었을 때 수행자의 길로 나아감을 행하지도 않고
(그렇다고) 재물을 모으지도 않았다면
심하게 부러진[15] 활들처럼
옛일들이나 애통해 하며 널브러져 있을 뿐이리라.

방탕한 부자 부부

부처님께서 바라나씨의 이씨빠따나(Isipatana)에 계실 때, 바라나씨의 몰락한 어느 부호에 대한 이야기이다.

바라나씨는 그 도성의 규모만큼이나 부호들이 많기로 유명했다. 마하다나(Mahādhana)는 그런 부호 가운데 80꼬띠의 재산을 지닌 한 부호의 아들로 태어났다. 마하다나의 부모는 그가 단지 많은 재산을 향유하기만 하면 된다 여겨 다른 공부는 가르치지 않고 다만 춤과 노래만을 가르쳤다.

같은 도시에서 80꼬띠의 재산을 지닌 또 다른 부호는 외동딸만 있었는데, 그도 마하다나의 부모처럼 그렇게 딸을 양육하였다.

두 집안은 평소에 왕래가 있던 터라, 자신들의 아들과 딸이 혼기가 되었다 생각될 때 두 집안의 축복 속에 결혼을 시켰다. 그런데 결혼을 한 지 얼마 되지 않아 양가의 부모들이 갑자기 죽음을 맞았다.

'그래! 부모님께서 돌아가신 것은 하늘이 무너져 내리는 것 같지만, 그래도 우린 재산이 있으니. 게다가 이제 양가의 재산을 합치면 160꼬띠나 되니, 정말 평생 춤과 노래만 즐기며 살아도 다 쓰지 못할 게 분명해.'

마하다나가 이렇게 생각할 때 그의 젊은 아내도 같은 생각에 빠져 있었다.

바라나씨에서 부호들은 정기적으로 왕을 알현하게 되어 있었다. 그날도 왕궁에 왕을 뵙고 나오는 길이었는데, 왕궁으로 이어진 큰길에서 제법 떠들썩한 축제가 열리고 있었다. 음주가무와 더불어 각종 도박도 펼쳐지고 있었는데, 기실은 왕궁에 들렀다 나오는 부호들 가운데 철없는 이들의 주머니를 노리는 놀이패의 작당이었다.

마하다나는 양가 부모님이 모두 돌아가신 후로 방탕하게 산다고 하였지만 아는 것이 춤과 노래밖에 없는 까닭에 그저 심심할 때마다 조그만 연회를 열 뿐이었다. 그러던 마하다나가 그 길의 놀이패들에게 현혹되어 술에 맛을 들이기 시작하더니, 술이 점점 늘게 된 후로는 음주벽이 생긴 데다 놀음까지 가세하여 급속도로 타락의 길을 걸었다.

마침내 결코 바닥이 보이지 않을 것 같은 재산은 어느 사이 1까하빠나도 남지 않게 되었고, 값나가는 가구를 팔기 시작하더니 땅과 집까지 모두 팔고 부부는 길거리에 나앉게 되었다. 그럼에도 누구 하나 도움을 주지 않은 것은 그들이 그 많은 재산을 탕진할 동안 남을 위해 돈을 쓴 경우는 한 차례도 없이 자신들의 쾌락만 추구했기 때문이다.

탁발을 나가셨던 부처님께서 남루한 옷차림으로 담벼락에 기대어 구걸해 온 밥을 먹고 있는 그 부부를 보고는 알 듯 모를 듯한 미소를 지으셨다.

"세존이시여! 불쌍한 걸인을 보시고 어찌 미소를 지으십니까?"

함께 탁발을 가던 장로 아난다가 여쭈니 부처님께서 말씀하셨다.

"저 걸인 부부는 모두 부호의 자식이었잖느냐. 그들이 청년 때 정신을 차렸더라면 바라나씨에서 첫 번째 가는 부호가 되었을 것이요, 출가하여 수행을 했더라면 마하다나는 아라한을 성취하고 그 아내는 불래과를 성취하였을 것이다. 중년 때라도 그랬다면 두 번째 부호나, 혹은 불래과와 일래과를 성취했을 것이다. 최소한 장년 때라도 정신을 차렸다면 세 번째 부호나, 혹은 일래과와 예류과를 증득하였을 것이다. 그러나 이젠 부호의 길도 수행자의 길도 영영 멀어졌구나. 누구든지 청정한 삶을 살지 못한다면 재물이라도 모아야 할진대, 그 둘을 모두 등한시했다면 그 결과는 저와 같을 수밖에 없느니라."

---

13) 웹 수행자의 길로 나아감[梵行]을 네 가지 청정한 삶[四梵住]으로 본다면 ① 모친이 외동아들을 사랑하는 마음으로 모든 중생을 차별 없이 사랑하는 보편적이며 무한한 사랑의 실천인 자애[慈, mettā], ② 근심과 번뇌로 괴로워하는 모든 중생에 대한 태도인 연민[悲, karuṇā], ③ 다른 사람의 행복을 축하하고 공감하는 기쁨[喜, muditā], ④ 인생의 모든 파란과 곡절에서 침착과 고요함을 유지하는 평정[捨, upekkhā] 등으로 이해할 수 있다.

14) 인도의 전통에서 예로부터 인생의 세 가지 즐거움으로 여기는 것은 도리(道理, dhamma)와 풍요(豊饒, attha) 및 욕락(欲樂, kāma)이다. 이 가운데 풍요는 재물이 근간을 이루는데, 재물은 도리를 지켜 내고 욕락을 즐길 수 있는 주요 수단으로 여기므로 그 축적을 금기시하진 않았다. 또한 무엇보다 재물은 베풂을 통해 복덕을 지을 수 있으므로 재물의 축적을 비난하기보다 축적된 재물을 보시하지 않는 경우를 경계하였다.

15) 원어 'atikhīṇa'의 사전적 의미는 '파괴된, 부러진'이지만 접두사 'ati-'의 내용이 강조되면 '심하게 파괴되거나 부러진'으로 이해될 수 있다. 젊었을 때 자신을 위한 수행도 않고 공덕을 지을 자산인 재물도 모아 놓지 않은 채 늙어 버린 사람은 심하게 손상되어 더 이상 고쳐서 사용할 수도 없는 버려진 화살과도 같다는 것을 이야기한 것이다.

第12章

<hr />

अत्तवग्गो

자신에 견주어 알도록 한 장

애신품
愛身品

<hr />

157　만일만약 제자신이 귀한줄을 안다하면
　　　그자신을 무엇보다 보호하고 지킬지니,
　　　지혜로운 사람이면 하루중의 세야마에
　　　적어도한 야마만은 살펴보길 바라니라.

　　　自愛身者 愼護所守 希望欲解 學正不寐
　　　제 스스로 자신을 사랑하려는 자는
　　　지켜야 될 바를 신중히 보호해야 할지니,
　　　하고자 하는 것이 해결되길 바란다면
　　　올바름을 배움에 몽매夢寐하지 말지니라.

　　　attānañce piyaṁ jaññā, rakkheyya naṁ surakkhitaṁ |
　　　tiṇṇaṁ aññataraṁ yāmaṁ, paṭijaggeyya paṇḍito ||
　　　만약 자신이 귀한 줄 안다면
　　　(그) 자신을 잘 보호되게 지켜야 하나니,
　　　지혜로운 자는 세 야마 가운데
　　　(적어도) 한 '야마'[1]는 (자신을) 잘 살펴보아야 한다.

## 157

숭악했던 왕자 보디

부처님께서 박가(Bhagga)국의 쑹쑤마라기리(Suṁsumāragiri)에 있는 베싸깔라 (Bhesakāla) 숲에 계실 때, 왕자 보디(Bodhi)에 관한 이야기이다.

박가국의 왕자 보디는 마치 공중에 뜬 듯이 건축된 아주 특별한 궁전을 지었다. 궁전이 거의 완성될 때쯤, 다시는 그와 같은 궁전을 지을 수 없도록 건축가를 죽이려 하였지만, 미리 알아차린 건축가는 나무로 만든 가루다 새를 타고 히말라야 산으로 달아나 버렸다.

왕궁이 완성되었을 때 왕자는 축원을 위해 부처님과 비구들을 초빙하였다.

"오늘 부처님께서 이 융단을 밟고 들어오시면 내게 아들이 생길 것이오."

왕자가 이렇게 대중에게 호언한 다음 부처님을 기다렸는데, 정작 도착하신 부처님은 입구에서 더 들어오지 않으시며 아난다에게 무언가 말했다.

"왕자여! 이 융단을 걷어 주시오. 세존께서 들어오실 수 있도록."

아난다의 말에 융단은 치워졌다. 그리고 공양이 모두 끝났을 때 왕자가 부처님께 왜 융단을 밟지 않으셨는지 여쭈어 보니, 부처님께서 말씀하셨다.

"보디 왕자여! 그대가 융단을 깔아 놓고서 바라는 것은 내가 어찌할 수 있는 일이 아니다. 그것은 그대 전생의 업보에 의한 것이기 때문이다."

부처님에 의해 밝혀진 왕자의 전생은 이러하였다.

지금의 왕자와 왕자비는 전생에도 부부였다. 한번은 배를 타고 가다가 난파되어 6백여 명이 모두 죽고 둘만 한 외딴섬에 표류하였다. 거기서 부부는 먹을 것이 없어서 섬에 사는 새떼가 낳아 놓은 알을 몽땅 걷어서 먹어 치웠다.

"내가 살아야 한다는 것은 핑계일 뿐이다. 먹더라도 얼마를 남겨 두어 새가 대를 이을 수 있게 했더라면 금생에 그대도 자식이 하나는 있었을 것이다."

---

1) 하루를 여덟로 나눈 각 세 시간의 묶음을 '야마(yāma)'라고 하며, 또는 밤을 셋으로 나눈 삼경(三更)의 한 경(更)이나, 활동하는 낮 시간을 오전(pūrvāhṇa) 정오(madhyāhṇa) 오후(aparāhaṇa)의 셋으로 나눈 각각의 묶음을 일컬어 '야마'라고 하기도 한다. 본 게송의 '야마'는 인생을 세 시기로 나누었을 때 그 가운데 하나, 특별히 마지막 시기를 가리킨다. 인도는 전통적으로 인생의 마지막 시기에 숲으로 들어가 수행자로서의 삶을 영위하는 것을 당연한 것으로 여긴다.

158   누구든지 제자신이 현명하다 여긴다면
        우선먼저 제자신을 옳은데다 놓아두고,
        그런뒤에 누구라도 다른이를 훈계하면
        듣는이든 하는이든 고뇌하지 않으리라.

        爲身第一 常自勉學 利乃誨人 不倦則智
        자신 다스리길 가장 먼저하며
        항상 스스로 힘써 배우고
        (그로 얻은) 이익으로 다른 이를 가르치되
        게으르지 않다면 곧 지혜로운 자이니라.

        attānameva paṭhamaṁ, patirūpe nivesaye |
        athaññamanusāseyya, na kilisseyya paṇḍito ||
        현명한 이는 오로지
        먼저 자신을 적절한 상태에 놓아두어야 하나니,
        그런 뒤에 다른 이를 훈계해야 고뇌하지 않게 된다.

* 158

이상한 해결사인 우빠난다 장로

부처님께서 싸왓티 제따 숲의 승원에 계실 때, 겉과 속이 다르고 이상한 해결로 구설수에 올랐던 장로 우빠난다에 대한 이야기이다.

싸끼야족인 우빠난다(Upananda) 장로는 유려한 설법으로 많은 신도들을 감동시켰다. 특히, 재물에 대한 욕심을 버리라는 그의 말에 승속을 막론하고 많은 이들이 자신들이 가졌던 것을 내놓으면 우빠난다가 몽땅 차지해 버렸다.

한번은 안거가 시작될 무렵 한 승원에 들러, 이 승원에선 안거에 참여하는 수행승에게 무엇을 주느냐고 물었다. 가사 한 벌을 준다는 말에 부족하다 느낀 우빠난다는 자기 신발을 남겨 놓아 대중으로 등록만 해놓고 다른 승원을 기웃거렸다. 두 벌의 가사를 준다는 다음 승원에서는 물통을 남겨 두었고, 네 벌의 가사를 준다는 승원에 도착해서야 짐을 풀었다.

"어차피 빈손으로 갈 인생이니, 우리 모두 무소유를 실천해야 합니다."

그렇게 설법하여 내놓여진 물품을 잔뜩 챙긴 뒤, 안거가 끝나자 앞선 두 승원에 들러 가사 세 벌까지 챙긴 그는 제따 숲으로 발길을 돌렸다.

오는 길에 두 비구가 두 벌의 가사와 한 장의 담요를 놓고 서로 적게 가지려고 미루는 논쟁에 끼어들어 적당히 말을 꺼낸 우빠난다는, 두 비구에게 가사를 한 벌씩 가지게 하고 자신은 문제를 해결해 주었으니 담요를 가져야 한다며 동의도 얻지 않은 채 그냥 담요를 들고 훌쩍 자리를 떴다.

두 비구도 제따 숲의 승원으로 오던 터라, 얼마 후에 부처님을 만나 오는 길에 있었던 약간 이상한 판결을 말씀드렸다. 그러자 부처님께서 말씀하셨다.

"비구들이여! 우빠난다는 전생에도 그러했느니라. 전생에 승냥이였을 때 두 수달이 물고기 하나를 잡아 서로 좋은 쪽 절반을 가지겠다고 다투고 있는 틈에 끼어들어, 머리 쪽 조금 떼어 내놓고 꼬리 쪽 조금 떼어 내놓은 뒤에 머리는 머리 큰 수달이 차지하고 꼬리는 꼬리 굵은 수달이 차지해야 한다고 말하고는 동의도 얻지 않은 채 커다란 몸통은 제가 들고 달아나 버린 적이 있었다. 그때도 너희 둘은 지금처럼 저 우빠난다에게 당한 것이었느니라."

159 만약내가 다른이를 훈계하는 그처럼만
바로그리 자신에게 행할수가 있다하면,
그리통제 잘된이는 남도문제 없으리라.
왜냐하면 제다스림 무엇보다 어렵기에.

當自尅修 隨其教訓 己不被訓 焉能訓彼
응당 스스로 이겨 내도록 수행하고
그(결과)에 따라 (남을) 가르치고 이끌지니,
자신이 (스스로에게) 이끌리지 않는데
어찌 남을 이끌 수 있겠는가.

attānaṁ ce tathā kayirā, yathāññamanusāsati |
sudanto vata dammetha, attā hi kira duddamo ||
만약 다른 이를 훈계하는 것처럼
바로 그렇게 자신에게 행할 수 있다면
(그렇게 자신이) 잘 통제된 이는
실로 (남을 잘) 다스릴 수 있다.
왜냐하면 자신은 정말 다스려지기 어렵기 때문이다.

* 159
# 남에게만 엄격했던 장로 띳싸

부처님께서 싸왓티 제따 숲의 승원에 계실 때, 같이 수행하는 젊은 비구들에게만 엄격하고 자신은 나태했던 장로 띳싸에 대한 이야기이다.

장로 빠다니까띳싸(PadhānikaTissa)는 부처님께 명상 주제를 받고 5백 명의 젊은 비구들을 인솔하여 한 승원에서 안거를 보내고 있었다.

수행승들이 숲속에서 열심히 정진하다가 날이 저물자 승원 안의 처소로 돌아가고자 승원으로 들어서는데 띳싸 장로가 길을 막아섰다.

"이게 무슨 나태한 행동인가! 모두 돌아가 초경(初更)까지 정진하시오!"

그래 놓고 정작 자신은 낮에도 잠을 자던 처소로 돌아와 잠만 잤다.

"아직 멀었노라! 이경(二更)까지 더욱 정진하다 처소로 들어가시오!"

그렇게 비구들을 내쫓고는 다시 방으로 들어가 잠을 청했다. 그리고 삼경이 지나도 젊은 비구들이 쉬는 것을 허락하지 않았고, 새벽녘이 되어 장로가 곯아떨어져 말리는 사람이 없고서야 비구들은 처소로 들어와 쉴 수 있었다.

"띳싸 장로는 어떻게 정진하는지 우리가 한번 살펴보도록 합시다."

거의 안거철 내내 그렇게 장로로부터 시달림을 당한 비구들은 너무 졸리고도 피곤한 까닭에 정작 명상 주제를 옳게 파악한 비구가 한 명도 없을 정도였다. 그래서 안거가 거의 끝나갈 무렵 극도로 지친 비구들은 급기야 장로의 하루 일과를 엿보게 되었다.

"아니! 자기는 낮이고 밤이고 잠만 자잖아. 우리만 닦달해 놓고."

어쨌든 안거는 마쳤고, 지칠 대로 지친 비구들은 성과는 전혀 없이 제따 숲으로 돌아와 있었던 일을 부처님께 상세히 아뢰었다.

비구들의 하소연을 들은 부처님께서 미소를 지으며 말씀하셨다.

"장로 띳싸는 이번만이 아니라 전생에도 그랬느니라. 그래서 '애비와 어미 없이 자라 스승 없는 집에 살면서 수탉은 때와 때 아닌 것도 모르고 울부짖는다.'는 말이 있게 되었느니라. 모름지기 남을 가르치려면 먼저 자신을 잘 다스릴 줄 알아야 하느니라. 그러고서야 남의 스승이 될 수 있다."

160　자신만이 실로참된 제자신의 주인일뿐
　　　다른누가 어디있어 참된주인 될수있나.
　　　자신이곧 자신에게 좋이통제 되었을때
　　　얻기에는 참어려운 주인얻게 되나니라.

　　　自己心爲師 不隨他爲師 自己爲師者 獲眞智人法
　　　자신의 마음을 스승으로 삼을 뿐
　　　남을 따르며 (그를) 스승으로 삼지 말라.
　　　자기가 (자신에게) 스승이 될 수 있는 자는
　　　참된 지혜인의 법을 획득하게 된다.

　　　attā hi attano nātho, ko hi nātho paro siyā |
　　　attanā hi sudantena, nātham labhati dullabham ||
　　　자신이 참된 자신의 주인일 뿐
　　　실로 다른 그 누가 참된 주인이 될 수 있겠는가!
　　　자신이 실로 잘 통제되었을 때
　　　얻기 어려운 (참된) 주인[2]을 얻게 된다.

* 160
아라한이 된 모자

부처님께서 싸왓티 제따 숲의 승원에 계실 때, 임신한 채 출가하여 낳은 아이와 자신 모두 아라한이 된 한 비구니의 이야기이다.

라자가하의 한 부호 딸이 처녀 때 출가하고자 했으나 부모가 허락하지 않았다. 그래서 결혼 후에 남편의 호의로 결국 출가하였는데, 그땐 이미 임신한 상태였다. 승단의 사정에 어두웠던 그녀는 데와닷따를 신봉하는 교단으로 출가하였는데, 출가한 후에야 자신이 이미 임신했다는 사실을 알았다.

"저는 이곳이 부처님의 교단인 줄 알고 들어왔습니다. 부디 그냥 내치지만 마시고 부처님 교단으로 들어갈 수 있도록 도움을 주십시오."

그래서 데와닷따 교단의 한 장로니의 도움으로 제따 숲으로 들어갔다. 부처님께선 그녀의 말을 들으시고 꼬쌀라 국왕 빠쎄나디와 장로 우빨리(Upāli) 등으로 하여금 확인케 하여 그녀가 계율에 어긋남이 없음을 선언하게 하셨다.

얼마 후 비구니 승원에서 아들을 낳으니, 왕이 깟싸빠(Kassapa)라 이름하고 데려가 양자로 삼았다. 나중에 깟싸빠는 같이 뛰어놀던 동무들이 '부모 없는 놈'이라고 한 말에 자신의 처지를 알고 왕의 허락을 얻어 사미로 출가하였다.

사미가 된 깟싸빠는 12년이 지나 구족계를 받고서야 부처님으로부터 받은 명상 주제로 안다 산에서 정진하여 결국 아라한의 경지에 올랐다. 출가 후 한 번도 아들을 보지 못한 비구니가 아라한이 된 깟싸빠와 우연히 마주쳤다.

'내가 매몰차게 하지 않으면 어머니가 출가한 공덕도 완전히 무너지겠구나.'

처음 만난 아들의 매몰찬 냉대에 정신이 든 비구니도 정진을 거듭하여 아라한의 경지에 오르게 되자, 매정한 데와닷따는 그녀를 내쫓았지만 부처님께서 의지처가 되어 주신 덕분이라 칭송하였다. 부처님께서 말씀하셨다.

"그 모자는 그 누구도 아닌 자기 자신에게 의지하여 아라한이 되었노라."

---

2) 얻기 어려운 참된 주인으로서 자신에게 자신의 참된 주인이 될 수 있는 것은 수행의 계위 가운데 가장 거룩한 경지인 아라한과에 해당한다고 할 수 있다.

161 실로내가 마음내어 저질러논 사악함은
내가조성 한것이요 내자신이 발원진데,
그저돌인 갖은보석 금강석이 부수듯이
어리석은 내자신은 그런악에 부숴지리.

本我所造 後我自受 爲惡自更 如剛鑽珠
본디 내가 지은 바(의 업과業果)는
나중에라도 내가 스스로 받게 마련인데
악업에 의해 자신이 바뀌는 것은
금강석으로 진주에 구멍을 내는 것과도 같다.

attanā hi kataṁ pāpaṁ, attajaṁ attasambhavaṁ |
abhimatthati dummedhaṁ, vajiraṁ vasmamayaṁ maṇiṁ ||
실로 자신에 의해 저질러진 악惡은
자신이 조성한 것이며 자신이 발원지인데
마치 돌덩이로 된 보석을 금강석3)이 (부숴 버리는 것처럼)
(그러한 악은) 어리석은 이를 부숴 버린다.

업보 때문에 맞아 죽은 마하깔라

부처님께서 싸왓티 제따 숲의 승원에 계실 때, 전생의 업보로 누명을 쓰고 맞아 죽은 재가신자 마하깔라에 대한 이야기이다.

재가신자 마하깔라(Mahākāla)는 부처님에게 깊은 믿음을 가지고 모든 포살일 마다 철야 법회에 참가하여 계를 받곤 하였다.

포살이 있던 어느 날 싸왓티의 한 부호 집에 도적이 들었는데, 부호는 하인들과 함께 가장 귀한 보석을 들고 달아나는 한 명을 밤새 뒤쫓았다. 그 도둑은 새벽녘에 제따 숲의 승원 앞으로 도망가다, 마침 철야 법회를 마치고 나오는 무리 가운데 마하깔라에게 말을 건넨 뒤 보석 주머니를 맡기고 사라졌다. 먼발치서 그 모습을 보고 쫓아온 부호는 마하깔라를 끌고 가서 매질하여 죽음에 이르게 하고 보석을 빼앗은 뒤 그를 호수에 던져 버렸다.

"세존이시여! 항상 여법하게 계를 받아 착실하게 신행 생활을 하던 재가신자 마하깔라가 웬일인지 맞아 죽은 채 호수에서 발견되었습니다."

"비구들이여! 마하깔라는 억울한 죽임을 당한 듯하나, 전생에 지은 한 가지 업으로 인해 누생에 걸쳐 그렇게 억울한 죽음을 맞게 되는 것이니라."

부처님의 말씀에 따르면, 그는 오랜 옛적 전생에 험악한 숲길을 무사히 건너 도록 백성들을 호위하는 포졸이었다. 한번은 젊은 부부가 숲을 건너려는데, 젊은 부인에게 첫눈에 반한 그는 초소에서 보관하던 왕실의 보석을 몰래 남편의 행랑에 집어넣어 죄를 씌운 뒤에 그를 밀고하여 죽음에 이르게 하고는 그 여인을 차지한 적이 있었다고 한다.

"수행승들이여! 누구든 자신이 지은 업에서 자유로울 수는 없느니라. 그것은 그 누구도 대신할 수 없으니, 결국 자신이 짊어져야 한다."

---

3) '금강'으로 번역되는 'vajira'는 선인(ṛṣi)인 다디찌(Dadhīci)의 뼈로 만든 무기로, 원반형의 모양 중간에 구 멍이 뚫려서, 던지면 되돌아오는 '인드라의 번개'로도 잘 알려져 있다. 인드라가 브리뜨라(Vṛtra)를 비롯한 악신들의 위세에 눌려 곤경에 빠지자 선인 다디찌가 스스로 자신의 몸을 불태운 후 남긴 자신의 뼈로 공예 의 신으로 하여금 무기를 만들게 하였다. 인드라는 이 무기를 건네받아 브리뜨라와 악신들을 물리쳤다고 한다. 이 무기는 그 무엇으로도 깨트릴 수 없는 까닭에 가장 단단하다 여기는 금강석에 비유된 것이다.

162 누구라도 제가지닌 제맘속의 사악함은
       쌀라나무 휘어감은 말루와란 덩굴처럼,
       敵이내게 그리되길 바라는바 바로그리
       그렇게들 자신에게 어김없이 행하니라.

       人不持戒 滋蔓如藤 逞情極欲 惡行日增
       사람이 계戒를 지니지 않으면
       불어나는 (욕심의) 덩굴이 등나무와 같아서
       왕성하여 극으로 치닫는 정욕처럼
       악행이 날로 증가할 뿐이다.

       yassa accantadussīlyaṁ, māluvā sālamivotthataṁ |
       karoti so tathattānaṁ, yathā naṁ icchatī diso ||
       누구나 (그 자신이) 지닌 지나친 사악함[4]은
       마치 쌀라 나무를 휘어 감은 말루와 덩굴처럼
       적敵이 그에게 바라는 어떤 그대로
       바로 그렇게 그 자신에게 행해 버린다.[5]

* 162

전생에도 그랬던 데와닷따

부처님께서 싸왓티 제따 숲의 승원에 계실 때, 부처님을 세 번이나 해치려고 했던 데와닷따의 전생 이야기이다.

부처님의 사촌동생이면서, 출가하였다가 부처님을 배신하고 따로 교단을 설립한 데와닷따에 대해 어느 날 비구들이 모여 이야기하고 있었다.

"수행승들이여! 그대들은 지금 무엇에 대해 법담을 나누고 있는가?"

"세존이시여! 법담은 아니옵고, 사악한 수행자로 타락한 데와닷따에 대해 이야기를 나누고 있었습니다. 그는 어진 빔비사라 왕을 몰아내도록 왕자 아자따쌋뚜를 꼬드기더니, 결국 왕을 유폐시키는 데 적극 가담했습니다. 그뿐만 아니라 세 번씩이나 여래의 생명을 노리기까지 하였으니, 그는 이미 구제할 수 없는 악한이란 말들을 하고 있었습니다."

"데와닷따가 여래를 죽이려고 한 것은 단지 금생의 일만이 아니었느니라."

부처님 말씀에 따르면, 과거 브라흐마닷따 왕이 바라나씨를 다스릴 때 여래는 보살로서 사슴으로 태어났는데, 그때 데와닷따는 사냥꾼이었다 한다.

하루는 사냥꾼이 덤불에 숨어 사슴을 기다리고 있는데, 조심성 많은 사슴이 사살권 안으로 들어올 기미가 보이질 않았다. 그래서 주위에 떨어진 사과를 하나 주워 사슴 쪽으로 던지니 사슴이 눈치를 채고 조금 더 벗어나 말했다.

"이상하다? 사과는 위에서 떨어지는데, 오늘은 어째 옆으로 떨어지나?"

그제야 사냥꾼이 모습을 드러내며 "오늘도 글렀구나!"라고 탄식을 하니, 사슴이 "그래, 사냥꾼이여! 그대는 누생을 나와 이렇게 마주치겠구나." 하였다.

데와닷따와 전생에 얽힌 인연을 말씀해 주신 부처님께서는 계행이 등나무 가지처럼 얽히고 흐트러진 이는 마침내 지옥에 떨어진다고 말씀하셨다.

---

4) 지나친 사악함이란, 재가자가 태어나면서부터 전생의 업에 의해 열 가지 악하고 불건전한 행위의 길인 십악업도(十惡業道)로 이뤄진 업을 쌓게 되거나, 또는 출가자가 구족계를 받은 첫날부터 중한 계행을 어긴 것을 말한다. 이러한 경우 그 업인(業因)의 뿌리가 전생에 걸쳐 있음은 물론 업과(業果)의 가지는 다음 생에까지 뻗쳐 있게 되므로 현생에는 덩굴에 휘감긴 나무처럼 그 업을 벗어나지 못하게 된다.

5) 게송 162와 163은 데와닷따에 대한 내용이다. ⇒ 㪍 '데와닷따'

163   좋지않은 일이란게 벌어지긴 손쉽지만
그반드시 자신에게 해코지가 되느니라.
무엇이든 어떤것이 이롭고도 좋은거면
그게바로 실로가장 행하기에 어려우리.

惡行危身 愚以爲易 善最安身 愚以爲難
악행은 몸을 위태롭게 하지만
어리석은 이는 (행하기) 손쉽다 여기며,
선행은 몸을 가장 편안케 하지만
어리석은 이는 (행하기) 어렵다 여긴다.

sukarāni asādhūni, attano ahitāni ca |
yaṁ ve hitañca sādhuñca, taṁ ve paramadukkaraṁ ||
좋지 않은 일들은 쉽게 행해지지만
자신에게 해악을 끼친다.
어떤 것이 실로 이로운 것이며 선한 것이라면
그것은 실로 가장 행하기 어려운 일이다.

* 163
교단을 탐내던 데와닷따

부처님께서 라자가하 웰루 숲의 승원에 계실 때, 교단을 탐내어 문제를 일으키던 데와닷따에 대한 이야기이다.

어느 때 부처님께서 웰루 숲의 승원에서 큰 법회를 열어 설법을 하고 계실 때 많은 대중 앞에서 데와닷따가 부처님께 다가와서는 "세존께서는 연로하시니 교단의 책임과 권한을 제게 이양해 주십시오."라고 거만하게 요청하였다. 부처님께서는 그를 심하게 꾸짖으며 제안을 거절하셨다.

그때부터 데와닷따는 부처님께 앙심을 품고 세 차례나 살해를 시도하였으나 모두 실패하였다. 그러자 그는 또다시 많은 대중들이 모인 법회 때 다섯 가지 새롭고 보다 엄격한 계율[6]의 추가를 제안하며, 수행승이면 모두 이것을 따르자고 부추겼다.

부처님께서는 데와닷따가 제안한 새로운 계율이 이미 시행되고 있거나 혹은 너무 엄격하여 수행에 오히려 방해가 될 뿐이라며, 반대하진 않으셨지만 굳이 수행승들에게 강제할 만한 계율로 정하지 못하게 하셨다.

"그것 보시오! 세존께선 이제 늙으셨다니까! 이 한 생, 어렵게 인간의 몸을 받아 출가했는데 대충대충 살다가 갈 거요? 독하게 수행해서 해탈해야잖소!"

그래서 아직 계율의 올바른 정신을 깨닫지 못한 초발심의 수행승들은 제법 많이 데와닷따에 동조하여 한 무리를 이루었다.

"아난다여! 나는 이제 보름과 초하루 법회를 따로 열 것이오. 우리들만…"

길에서 장로 아난다를 만난 데와닷따는 이렇게 교단의 분리를 선언하였다.

아난다로부터 소식을 전해 들은 부처님께서 말씀하셨다.

"데와닷따는 큰 잘못을 저지르고 있구나. 선한 자에게는 선한 일이 쉽고, 악한 자는 사악한 일을 손쉽게 저지르는 것 또한 하나의 순리니라. 어떤 일을 하기 쉬운지 따지기 전에 자신의 선악을 돌아볼 줄 알아야 하거늘…"

---

6) 데와닷따가 주창한 다섯 가지 규율의 상세한 내용은 게송 365~366번의 배경담 내용 참조.

164 삿된견해 그것에만 귀기울여 배우고서
고귀하고 여법하게 살아가는 아라한의
가르침을 거부하는 어리석은 사람들은,
깟타까란 갈대에서 맺는열매 그렇듯이
제자신이 자멸코자 열매맺을 뿐인것을.

如眞人教 以道活身 愚者疾之 見而爲惡 行惡得惡 如種苦種
참된 사람의 가르침과 같은 것은
도道로써 몸을 살리는데
어리석은 자는 그것을 질시하여
(힐끗) 보고는 사악하다 여긴다.
악을 행하고 악을 얻는 것은
마치 괴로움의 씨앗을 심는 것과도 같다.

yo sāsanaṁ arahataṁ, ariyānaṁ dhammajīvinaṁ |
paṭikkosati dummedho, diṭṭhiṁ nissāya pāpikaṁ |
phalāni kaṭṭhakasseva, attaghātāya phallati ||
사악한 견해만 배울 뿐
고귀하고 여법하게 살아가는
아라한들의 가르침을 거부하는 어리석은 자는
마치 깟타까 갈대[7]의 열매들처럼
자멸을 위해 열매를 맺는다.[8]

## 164

질투에 눈이 먼 장로 깔라

부처님께서 싸왓티 제따 숲의 승원에 계실 때, 자기 신도를 부처님께 빼앗길까 질투에 눈이 멀었던 장로 깔라의 이야기이다.

싸왓티의 한 재가 여신도는 항상 장로 깔라(Kāla)에게만 지극정성으로 공양을 올렸다. 그런데 차츰 이웃들이 부처님에 대해 칭송이 잦아지자 궁금해진 그녀는 장로에게 요청하였다.

"장로시여! 저도 부처님을 뵙고 싶습니다. 뵙고 설법도 듣고 싶습니다."

"그거? 아무짝에도 소용없습니다. 다 소문만 요란하게 났을 뿐입니다."

장로는 그녀가 부처님을 뵈면 자기는 거들떠보지도 않을 것이라 여겼기에 그녀를 승원으로 안내하지도 않았고 부처님에 대해 언급하지도 못하게 했다. 그래서 더욱 궁금해진 그녀는 딸에게 장로의 공양 시중을 맡기고 혼자 승원으로 부처님을 찾아뵈었다.

"어머님은 아침 일찍 제따 숲으로 가셨습니다. 부처님을 뵙고 싶다고."

큰일이나 난 듯 헐레벌떡 달려온 장로는 마침 부처님께 인사를 마치고 한쪽에 앉아 부처님의 가르침을 기다리고 있는 그녀를 보았다.

'어차피 법문을 듣지 못하게 하진 못하겠구나. 그렇다면 최소한…'

그는 부처님에게 다가가 그녀가 듣지 못하는 자그마한 소리로 말씀드렸다.

"세존이시여! 저 여인은 아둔하여 참된 법은 일러 줘도 소용이 없으니, 그저 보시와 지계의 이야기를 들려주시는 것이 그녀에게 도움이 될 것입니다."

"어리석은 장로여! 너는 신도를 빼앗길까 하는 어리석은 질투에 눈이 멀어 여래의 가르침을 재단하려 하는구나. 너의 그 말이 네 자신을 파멸시키리라."

그리고 재가 여신도에겐 알맞은 법을 베푸시니 그녀는 예류과를 얻었다.

---

7) 깟타까 갈대로 번역된 'kaṭṭhaka'는 일반적인 갈대나 특수한 품종의 갈대, 혹은 단순히 대나무로 설명되기도 한다. 온대 지역의 갈대는 9월경에 한 차례 꽃을 피운 뒤 시들어 버리는 한해살이 풀인 까닭에 본 게송에 나오는 'kaṭṭhaka'는 많은 해를 살다 한 차례 꽃 피운 뒤에 죽음을 맞는 대나무에 더 가깝다고 할 수 있다.

8) 어떤 식물도 자멸을 위해 열매를 맺진 않는다. 다만 대나무나 깟타까 갈대는 외부 환경과 내적 요인으로 인해 더 이상 생존이 불가능할 경우 꽃을 피우고 열매를 맺어 씨앗을 남기는 방식으로 종을 이어간다.

165 사악함은 남이아닌 제자신이 짓는탓에

더러웁게 되는것도 제자신에 의해서며,

사악함은 멈추기도 제자신이 할수있어

깨끗하게 되는것도 제자신에 의해서리.

더러움도 깨끗함도 그모두가 제탓일뿐

그누구든 다른사람 깨끗하게 할수없어.

惡自受罪 善自受福 亦各須熟 彼不自代 習善得善 亦如種甛

악을 행하면 저절로 죄를 받고

선을 행하면 저절로 복을 받는데

그 또한 제각기 (업과業果가) 익기만을 기다릴 뿐

그것을 내 멋대로 바꿀 수는 없다.

선행을 거듭하면 선과善果를 얻는 것 또한

단것을 심(어 단것을 얻)는 것과도 같다.

attanā hi kataṁ pāpaṁ, attanā saṁkilissati |

attanā akataṁ pāpaṁ, attanāva visujjhati |

suddhi asuddhī paccattaṁ, nāñño aññaṁ visodhaye ||

사악함은 실로 자신에 의해 행해지니

(오직) 자신에 의해 더러워지며

사악함은 자신에 의해 저지될 수 있으니

오직 자신에 의해 정화될 수 있다.

깨끗함과 깨끗지 못함은 제 탓일 뿐

누구든 다른 사람을 깨끗하게 할 수는 없다.

## 165

죽을 뻔했던 쭐라깔라

부처님께서 싸왓티 제따 숲의 승원에 계실 때, 도둑으로 오인 받아 죽을 뻔했던 재가신자 쭐라깔라의 이야기이다.

싸왓티의 재가신자 쭐라깔라(Cūḷakāla)는 예전처럼 포살 법회에 이어진 철야 정진을 마치고 새벽에 제따 숲의 승원을 나서서 집으로 돌아가고 있었다.

그 전날 밤에 싸왓티의 한 부호 집에 한 떼의 도적이 들었다. 도적의 수괴가 부호가 가장 아끼는 보석을 훔쳐 달아난 것을 알고 밤새 추적하고 있었다. 하인들과 함께 도둑의 흔적을 따라온 부호는 승원 근처에 이르렀는데, 그때 곧 잡힐 것 같다고 여긴 도둑이 승원에서 나오는 쭐라깔라에게 무엇이라 말을 붙이고는 보석 꾸러미를 건네주고 달아나 버렸다.

"저놈이다! 한패에게 보석을 주고 도망간다. 보석을 받은 저놈을 잡아라!"

먼발치에서 그 모습을 본 부호는 같은 일행에게 보석을 전달한 것으로 오해하여 쭐라깔라를 잡은 뒤에 하인들을 시켜 다짜고짜 매질을 해대었다.

"존자시여! 그분은 도둑이 아닙니다. 저희와 함께 어제 저녁부터 승원에서 법회에 참석하다 이제 막 같이 나오는 길입니다."

마침 철야 법회에 같이 참석하였다가 승원에서 삼삼오오 무리를 지어 나오던 기녀들이 쭐라깔라를 알아보고 변호해 주었다. 부호도 이리저리 정황을 살펴보고는 도둑이 아님을 알고 보석 주머니만 돌려받은 뒤 돌아갔다.

"세존이시여! 쭐라깔라가 큰일 날 뻔했습니다. 마침 기녀들이 도와서…."

승원 입구에서 한바탕 떠들썩하게 소란이 일자 무슨 일인지 나가 본 비구들이 쭐라깔라와 함께 다시 승원으로 들어와 부처님께 자초지종을 아뢰니 부처님께서 말씀하셨다.

"비구들이여! 쭐라깔라가 위험을 벗어난 것은 비록 기녀들 때문이기도 하지만, 결국은 그 자신이 죄를 짓지 않았기 때문에 가능했던 것이다. 이처럼 모든 사악함에서 벗어나는 것은 모면이 아니라 업보에 따른 것이니라."

가르침이 끝나자 말없이 듣고 있던 쭐라깔라는 예류과를 성취하였다.

166 남의일이 제일보다 중하다고 여긴탓에
제자신이 해야할일 팽개쳐선 안되나니,
무엇보다 자기일을 속속들이 잘알고서
자신일에 충실한자 그런이가 될지어다.

凡用必豫慮 勿以損所務 如是意日修 事務不失時
무릇 무엇을 하고자면 반드시 준비하고 심사숙고할 뿐
의무를 덜어 내어서는 안 된다.
이와 같은 마음으로 매일 수행하되
의무를 일굼에 때를 놓치지 말지니라.

attadatthaṁ paratthena, bahunāpi na hāpaye |
attadatthamabhiññāya, sadatthapasuto siyā ||

남의 일이 비록 중요하더라도
그 때문에 자신의 일을 내팽개쳐서는 안 된다.[9]
자신의 일을 잘 알고
자신의 일에 충실한 자가 되어야 한다.

* 166
여래께서 열반에 드신다니

부처님께서 라자가하 웰루 숲의 승원에 계실 때, 곧 열반에 드시리라는 말에 특이한 반응을 보인 장로 앗따닷타와 관련된 이야기이다.

부처님께서 곧 반열반에 드실 것을 미리 아시고 제자들에게 말씀하셨다.

"수행승들이여! 여래는 넉 달 뒤에 완전한 열반에 들 것이니라."

그러자 아직 흐름에 든 경지에도 오르지 못한 수많은 제자들이 하루를 멀다 하고 향실을 드나들며 부처님의 안색을 살피고, 자기들끼리 삼삼오오 포교당에 모여 앉아 부처님 열반 후의 일을 걱정하고 있었다.

'여래께서 열반에 드신다니! 나는 아직 탐욕을 면치 못해 아라한의 경지에 오르지도 못했는데, 세존께서 열반에 드신 후라면 아예 불가능하지 않겠는가.'

장로 앗따닷타(Attadattha)는 이런 생각이 들자 다른 수행승들과 모여 한담을 나누기는커녕 향실에 들러 부처님의 안부를 살피는 것도 안중에 없었다. 다만 부처님께서 내려 주신 명상 주제에 더욱 몰입하여 정진하느라 예전보다 도반들과 이야기를 나누는 일도 거의 없어졌다.

"세존이시여! 앗따닷타 장로는 여래의 건강이 걱정도 되지 않는가 봅니다. 한 번도 향실에 나타나질 않고 있습니다."

그러자 부처님께선 장로를 불러 그 뜻을 살펴보시고 그의 생각이 옳다 말씀하시며 장로를 대중 앞에서 칭찬하셨다.

"수행승들이여! 누구든지 나를 걱정하고 사랑하는 자는 장로 앗따닷타처럼 할지니라. 온갖 향과 꽃다발로 나에게 존경을 표하는 자보다 그야말로 나에게 참된 존경을 표하는 자이다. 그는 내가 가르친 그대로 행하고 있느니라."

가르침이 끝나자 장로 앗따닷타는 아라한의 경지에 올랐다.

---

9) 🈁 남의 목적은 천금의 가치를 지녔고 자신의 목적은 한 푼의 가치밖에 지니지 못했다 하더라도 자기 자신의 목적을 잃어버려서는 안 된다. 한 푼이 천금보다 귀한 것은 그것이 자기 자신에게 있어서 생존의 수단이 될 수 있기 때문이다. 그처럼 수행자라면 승단에서 자신에게 맡긴 소임이 중요하더라도 출가한 자기 자신의 본래 목적을 잃지 말아야 할 것이니, 수행에서 명상 주제를 소홀히 하지 않고 정진함으로써만이 고귀한 경지를 얻을 수 있기 때문이다.

第13章

लोकवग्गो

세간을 언급한 장

세속품
世俗品

167 타락해진 삿된법을 따라서는 아니되고
방일해진 허튼삶을 살아서도 아니되며,
잘못으로 굳은견해 따라서는 아니되고
이세속에 키워가는 자되어도 안되니라.

不親卑漏法 不興放逸會 不種邪見根 不於世長惡
비루함이 새어 나오는 법法과는 친하지 말고
제정신을 놓아 버리는 모임은 일으키지 말라.
삿된 견해가 될 뿌리는 심지 말고
세간에 머물며 악업을 기르지 말지니라.

hīnaṁ dhammaṁ na seveyya, pamādena na saṁvase |
micchādiṭṭhiṁ na seveyya, na siyā lokavaḍḍhano ||
타락한 법을 따라서는 안 되며
방일함[1]으로 살아서는 안 된다.
잘못된 견해를 따라서는 안 되며
세속을 키워 가는[2] 자가 되어서는 안 된다.

까까중이라 놀림 당한 젊은 비구

부처님께서 싸왓티 제따 숲의 승원에 계실 때, 위싸카 집에 탁발하러 갔다가 까까중이라 놀림 당했던 한 비구의 이야기이다.

나이든 장로가 젊은 비구와 함께 청신녀 위싸카 집으로 탁발을 갔다. 위싸카로부터 공양을 받자 발우가 가득찬 젊은 비구가 그 집 마당에서 잠시 기다리는 동안 장로는 한 집을 더 탁발하러 나섰다.

더운 날씨에 목이 마를까 염려하여 위싸카의 손녀가 젊은 비구에게 물을 떠 주었다. 그런데 물통을 꺼내 물을 받던 비구의 맨머리가 물통에 비춰지자 손녀가 옅은 미소를 지었다. 비구는 영문도 모른 채 손녀를 보고 웃어 보였다.

"아니? 이 까까중이! 왜 여인네 보고 추파를 던지는 게요!"

"너야말로 까까머리 딸이다. 네 어미와 아비가 모두 까까중인 걸!"

"아이고! 스님. 참으시오! 머리 깎고 해진 가사 입고 이렇게 구걸 나오는 것을 말한 거라면 무슨 험담이나 되오? 얘가 있는 그대로 말한 것을."

싸우는 소리에 위싸카가 달려와 말려 보고, 급기야 옆집에 갔던 장로가 돌아와 젊은 비구를 진정시켜 보려 해도 열이 오른 비구는 더 난리를 피웠다.

마침 그곳을 지나치던 부처님께서 청신녀 위싸카의 집 마당에서 승속이 뒤엉켜 이리저리 말싸움을 벌이는 것을 보고 잠시 들어오셨다.

"소녀여! 넌 무슨 이유로 여래의 아들을 '까까중'이란 말로 격분시켰느냐? 그 말은 부모 잃은 죄인 같은 사람에게나 쓰니, 피해야 할 말이니라."

자신을 편들어 주는 부처님의 말을 듣고서야 제정신을 차린 비구는 그제야 자신이 한 지나친 행동에 뉘우치는 기색을 보였다.

"비구여! 욕망에 사로잡혀 여인에게 보낸 네 미소에서 모든 게 시작되었다."

부처님의 따끔한 가르침을 받아들인 비구는 이내 예류과를 성취하였다.

---

1) 방일한 상태라고 하는 것은 내·외부적인 영향 때문에 정신을 놓음으로써 감지되는 것에 대한 알아차림을 잃은 상태를 가리킨다. 방일하게 되면 무엇보다 마음챙김이 불가능하게 된다.
2) 윤회의 세계인 세속을 키워 간다는 것은 윤회의 세계에 머묾이 길어지도록 온갖 업을 짓는 것을 일컫는다.

168 탁발하는 일에있어 방일해선 아니되니
고결한법 그에따라 행위해야 할뿐이라.
여법하게 행위하는 사람이면 그누구나
이세상과 저세상서 편안하게 잠들리라.

隨時不興慢 快習於善法 善法善安寐 今世亦後世
때에 따를 뿐 게으름을 피우지 말며
선법善法에서 흔쾌히 익힐지니라.
선법은 편안한 잠자리를 익숙케 하나니,
금세건 또한 후세건.

uttiṭṭhe nappamajjeyya, dhammaṁ sucaritaṁ care |
dhammacārī sukhaṁ seti, asmiṁ loke paramhi ca ||
탁발에 방일해서는 안 되며[3]
고결한 법에 따라 행위해야 한다.
법답게 행위하는 이는 이 세상에서
그리고 저세상에서 편히 잠자리에 든다.

169 잘시행된 법에따라 행위해야 할뿐이지
잘못시행 된법따라 행동해선 안되나니,
여법하게 행위하는 사람이면 그누구나
이세상과 저세상서 편안하게 잠들리라.

順行正道 勿隨邪業 行住臥安 世世無患

바른 도道를 따라서 행할 뿐

삿된 업業을 뒤쫓진 말지니라.

나아가고 머무르고 누움이 편안하니

세세생생 근심이 없으리라.

dhammaṁ care sucaritaṁ, na naṁ duccaritaṁ care |

dhammacārī sukhaṁ seti, asmiṁ loke paramhi ca ||

잘 시행된 법에 따라 행위해야 할 뿐

잘못 시행된 법을 따라서는 안 된다.

법답게 행위하는 이는 이 세상에서

그리고 저세상에서 편히 잠자리에 든다.

숫도다나 왕의 착각

부처님께서 까삘라왓투의 니그로다라마 승원에 잠시 머무셨을 때, 부왕인 숫도다나 왕과 관련된 이야기이다.

부처님께서 부왕 숫도다나의 요청으로 까삘라왓투를 두 번째 방문하시며 싸끼야족에 의해 건립된 니그로다라마 승원에 머무시면서 친족과 형제들을 위해 법회를 열어 법을 설하였다. 설법이 끝나자 많은 친지들에게 청정한 믿음이 생겨났다.

그런데 법회 끝에 난데없는 연우(蓮雨)[4]가 잠시 내렸다. 비록 비에 젖은 사람은 없었지만 조금은 찝찝한 마음으로 집으로 돌아가는 바람에 그다음 날 부처님에게 공양청을 하는 사람이 한 사람도 없었다.

'나는 그래도 부왕이니 세존께서 내일 응당 왕궁으로 탁발을 나오시겠지.'

숫도다나 왕 또한 이렇게 생각하여 달리 공양청을 올리지 않았던 것이다. 그래서 왕은 다음날 아침에 왕궁에 명하여 부처님과 모든 비구들이 충분히 탁발할 수 있는 음식을 준비하여 부처님을 기다렸다.

탁발 시간이 되어 승원에서 나오신 부처님과 비구들은 성안으로 들어가 순차적으로 집집마다 다녔다. 그것은 과거 모든 부처님들께서도 부왕이나 친지의 집이라고 그곳부터 들른 것이 아니라 가난한 집이라도 공양을 올릴 공덕이 갖추어진 집부터 차례대로 들리시며 탁발하셨던 법에 따른 것이다.

궁실의 사람들이 아침에 왕궁으로 들어가는 길에 탁발하는 부처님 일행을 보고서 왕궁에서 기다리고 있는 왕에게 보고하자 숫도다나 왕이 황급히 달려와 부처님께 경의를 표하고 말씀드렸다.

"세존이여! 왜 나를 부끄럽게 하시는가? 타지에서는 몰라도 고향 땅인 이곳 까삘라에서는 왕의 아들로서 당연히 왕궁에 들어와 편안한 자리와 좋은 음식으로 공양을 해야 하지 않겠느냐? 이곳에서는 비록 황금으로 된 가마를 타고 탁발을 한다 하더라도 단지 남에게 빌어먹는다는 그것만으로 충분히 창피한 일이될 것이다."

"대왕이시여! 나는 그대를 창피하게 한 것이 아닙니다. 단지 승가의 법도에 따라, 그리고 과거 모든 부처님들께서 행하신 그 모습 그대로 여법하게 탁발하고 있을 뿐입니다. 과거 헤아릴 수 없는 수천의 부처님들께서도 이와 같이 탁발하며 수행하고 살았습니다."

그리고 연이어 두 수의 게송을 읊으며 숫도다나 왕을 위해 가르침을 펴시니 왕은 그 가르침 끝에 드디어 예류과를 성취하였다.

3) 탁발한 음식을 귀하게 여기는 표현으로는 '차축의 윤활유'와 '상처의 붕대' 및 '아들의 고기' 비유가 있다. 윤활유가 있어야 차축이 잘 돌아가듯 원활한 수행을 위해 신체를 유지해야 함을 말하고, 붕대가 있어야 상처를 치료하듯 수행을 위해 병든 몸을 회복시키는 것을 말하니, 이 두 가지는 음식을 먹는 목적을 상기시키는 것이다. 아들의 고기라는 비유는, 황야를 가다 양식이 떨어져 몰살당할 위기에 처한 부부가 귀한 아들을 죽여서 그것을 먹으며 비통함으로 황야를 벗어나는 것이니, 그토록 비통한 마음을 지녀야 할 만큼 탁발에 방일해선 안 됨을 나타낸다.
4) 연우(蓮雨, pokkharavassa)는 특정한 일이 있을 때 사람들을 시험하기 위해 내리는 비이다. 이 비가 내렸을 때 연잎처럼 비에 젖지 않아야 선인(善人)으로 간주되며, 몸이 젖으면 악인(惡人)으로 취급받는다.

170 마치모든 이세상을 물거품을 보는듯이
　　　　마치모든 이세상을 신기루를 보는듯이,
　　　　이세상을 그와같이 지켜보는 사람이면
　　　　죽음의왕 염라대왕 그라해도 어이하리.

　　　　當觀水上泡 亦觀幻野馬 如是不觀世 亦不見死王
　　　　응당 물위(로 피어오르는) 물거품을 보듯
　　　　또한 허깨비 아지랑이를 보듯.
　　　　이와 같이 세상을 보지 않고서야
　　　　어찌 죽음의 왕을 보지 않을 수 있겠는가.

　　　　yathā bubbulakaṁ passe, yathā passe marīcikaṁ |
　　　　evaṁ lokaṁ avekkhantaṁ, maccurājā na passati ||
　　　　마치 물거품을 보는 것처럼[5]
　　　　마치 신기루를 보는 것처럼
　　　　그렇게 세상을 지켜보는 이를
　　　　죽음의 왕은 보지 못한다.

* 170
스스로 찾은 명상 주제

부처님께서 싸왓티 제따 숲의 승원에 계실 때, 5백 명의 비구들이 명상 주제를 스스로 찾아 수행한 이야기이다.

한때 5백 명의 수행승들이 부처님으로부터 명상 주제를 받아 싸왓티 인근의 다른 숲속에서 수행에 들어갔다. 그런데 안거를 절반이나 넘기고도 5백 명의 수행승들이 모두 수행에 조금의 진전도 맛보지 못했다 여기고는, 결국 다시 제따 숲으로 부처님을 찾아뵙고 명상 주제를 청해 보기로 하였다.

승원으로 가는 길은 한바탕 비가 지나갔는지 쨍쨍 내려 쬐는 햇볕이 그리 따갑진 않았으나 습기로 후덥지근했다. 싸왓티의 인가를 벗어나자 너른 들녘이 펼쳐진 길 위로 금세 달아오른 열기에 아지랑이가 지평선에서 아물거리며 피어오르고 있었다. 그때 5백 명의 비구들은 너나없이 흡사 그 아지랑이가 명상 주제인 양, 모두 그 아지랑이에 모든 인식을 집중하고 있었다.

그러다 제따 숲이 저 멀리 보일 때쯤에 난데없는 빗줄기가 땅에 내리꽂히기라도 할 듯 힘차게 떨어졌다. 거의 말라 가던 땅이 다시 세찬 빗줄기에 젖는가 싶더니, 물이 고이기 시작한 얕은 웅덩이로 떨어지는 빗줄기는 고인 물과 함께 희뿌연 거품을 만들어 내었다. 그러다 언제 만들어졌나 싶게 다시 사라져 가는 거품도 새로 내린 빗줄기에 의해 또 다른 거품으로 일어나고 있었다.

아지랑이에서 닫혔던 5백 비구들의 말문은 빗줄기에 거품이 일어나는 순간 영원히 열리지 않을 것처럼 더욱 굳어졌다.

'그래! 우리 몸도 저 거품과 별반 다를 게 없지 않은가? 저 거품은 제 몫을 피워 보기도 전에 다시 덮치는 빗줄기에 저리 깨져 버리고….'

그들은 걸어가며 자신들이 찾은 명상 주제 속으로 온전히 몰입할 수 있었고, 그들 앞에 몸을 나투신 부처님의 법문은 단지 작은 도움이 될 뿐이었다.

---

5) 「금강경」 「응화비진분(應化非眞分)」에서도 이 세상을 이와 같이 보아야 함을 말한다. ⇒ 㘽 '물거품처럼'

171　화려하고 눈이부신 왕의수레 여겼나니
　　　이세상의 사람들아 여기와서 이걸보라.
　　　어리석은 사람이면 이것들에 빠져드나
　　　현명한이 경우라면 무슨집착 있으리오.

　　　如是當觀身 如王雜色車 愚者所染着 智者遠離之
　　　이와 같이 응당 육신을 들여다봐야 할지니,
　　　마치 화려하게 치장된 임금의 수레를(보듯).
　　　어리석은 자가 물들어 집착하는 바를
　　　지혜로운 자는 멀리 여의느니라.

　　　etha passathimaṁ lokaṁ, cittaṁ rājarathūpamaṁ |
　　　yattha bālā visīdanti, natthi saṅgo vijānataṁ ||
　　　왕의 화려한 수레 같은
　　　이 세상을 그대들은 와서 보라!
　　　어리석은 이들은 그곳에 빠져들며,
　　　현명한 이들의 경우 집착[6]은 존재하지 않는다.

* 171
슬픔에 빠진 왕자 아바야

부처님께서 라자가하 웰루 숲의 승원에 계실 때, 빔비싸라 왕의 아들인 아바야 왕자가 기녀의 죽음에 충격을 받은 이야기이다.

마가다국 빔비싸라 왕의 아들로서 장군이기도 한 왕자 아바야(Abhaya)가 언젠가 나라를 위협하는 전쟁에서 크게 승리하고 라자가하로 귀환하였다.

빔비싸라 왕은 왕자의 공로를 높이 치하하며 7일 동안 왕의 권한으로 왕궁에 머물며 온갖 향락과 영광을 누릴 수 있도록 배려하였다. 그래서 그는 그 7일 동안 왕궁 안에서 모든 시름을 내려놓고 즐겼다.

여드레째 되는 날, 왕자는 강가로 목욕을 갔다가 돌아오는 길에 유원(遊園)에 들러서 기녀들이 춤추고 노래하는 모습을 여흥으로 즐겼다.

노래하고 춤추는 많은 기녀들 가운데 한 명이 유난히 왕자 아바야의 눈에 들어왔다. 어여쁜 용모의 그녀 또한 왕자와 눈길이 마주친 후로는 차츰 왕자 곁으로 다가와 매혹적인 춤으로 자신을 뽐내고 있었다.

그러다, 왕자 가까이 다가와 춤을 추던 그 기녀가 갑자기 왕자 앞에 쓰러지더니 배를 움켜쥐고 극심한 고통을 호소한 지 얼마 되지 않아 바로 눈앞에서 죽어버렸다. 왕자는 비록 수많은 죽음을 전쟁터에서 보아 온 장군이지만 자꾸만 그 기녀의 미소가 떠오르며 생기는 그 느낌이 다른 죽음과 전혀 달랐다.

'원인도 알 수 없는 괴이한 이 슬픔은 부처님만이 달래 주실 수 있을 게다.'

부처님께선 아바야 왕자를 위로하며 말씀하셨다.

"왕자여! 이 여인은 누생에 걸쳐 그대로 하여금 눈물짓게 하였는데, 어찌 그대는 아직까지 그 집착에서 벗어나지 못하는가. 슬퍼하지 말라! 어리석은 자들만이 슬픔의 바다에 빠져서 헤어나지 못할 뿐이다."

가르침이 끝나자 왕자는 슬픔을 벗어나서 예류과를 증득하였다.

---

6) 현명한 이들은 일곱 가지 집착[七執, sattasaṅga]에서 벗어나 있다 하였으니, 즉 갈애, 사견, 자만, 성냄, 무명, 오염, 악행 등이 그것이다.

172 예전에는 그 누구든 게을렀다 하더라도
그후로는 이제지금 게으르지 않는다면,
그는 구름 벗어난달 밝은빛을 내비치어
이세상을 비추듯이 그리밝게 비추리라.

人前爲過 後止不犯 是照世間 如月雲消
누구라도 앞서 허물을 지었지만
나중엔 그치고 (더 이상) 범하지 않는 이,
이런 이가 세상 비춘다면
마치 구름을 벗어난 달과 같으리라.

yo ca pubbe pamajjitvā, pacchā so nappamajjati |
somaṁ lokaṁ pabhāseti, abbhā muttova candimā ||
그리고 누구든 예전엔 게을렀더라도
후에 게으르지 않는 이,
그는 구름을 벗어난 달처럼
이 세상을 비추게 된다.

뒤늦게 깨달은 장로 쌈문자니

부처님께서 싸왓티 제따 숲의 승원에 계실 때, 수행자로서 무엇이 부지런한 것인지를 뒤늦게 깨달은 장로 쌈문자니에 대한 이야기이다.

장로 쌈문자니(Sammnuñjani)는 시간의 대부분을 승원의 곳곳을 청소하며 보냈는데, 하루는 온종일 앉아 있기만 하는 장로 레와따(Revata)에게 갔다.

"레와따여! 그대는 어찌 신심 있는 신도의 공양을 먹고 그렇게 앉아 있기만 하는가? 나와서 자네 앞마당이라도 쓰는 게 옳지 않겠나?"

장로 레와따는 쌈문자니의 말을 잠자코 듣더니 이렇게 대답하였다.

"쌈문자니여! 수행승이 그저 빗질만 하고 돌아다녀서는 안 된다. 아침엔 물론 청소도 해야 되지만, 탁발할 때 탁발하고, 탁발에서 돌아와선 승원의 수행처에 앉아 여래의 가르침에 근거하여 명상 주제를 탐구함으로써 오온의 진실한 성품을 깨달아 삼매를 얻어야 할 것이다. 그리고 간간이 휴식도 취해야 할 것이거늘, 그 모든 것을 단순한 빗질로 채울 수는 없지 않겠나."

레와따 장로의 진심어린 충고를 받아들인 쌈문자니는 얼마지 않아 아라한의 경지에 올랐다. 그런데 그러는 동안 예전처럼 승원에 매일 새로운 빗질 자국이 나지 않거니와, 장로 자신의 방은 흡사 쓰레기통처럼 변해 버렸다.

"벗이여! 자네 방이 예전 같진 않네. 어째 이리 놓아두고 지내는가?"

"존자들이여! 내가 방일했을 땐 그렇게 했었다. 그러나 지금은 방일하지 않고 정신을 차려 수행승의 본분을 다하고 있을 따름이라네."

얼핏 들어 그의 말이 앞뒤가 맞지 않다고 여긴 비구들이 부처님께 쌈문자니의 언행에 대해 말씀드리며 그가 게을러진 게 아닌지 의심하였다. 부처님께서는 비구들에게 말씀하셨다.

"비구들이여! 장로 쌈문자니는 이제야 자신에게 어떤 것이 방일한 것인지, 어떤 것이 본분을 다하는 것인지 깨달았을 뿐이다. 예전엔 자기 일에 게을렀다가 이젠 게으르지 않게 되었으니, 구름을 벗어난 달처럼 그는 이 세상을 비추게 될 것이다."

173 누구라도 앞서지은 사악한업 남았으되
       이제지금 애써지은 선업으로 가렸으면,
       그는구름 벗어난달 밝은빛을 내비치어
       이세상을 비추듯이 그리밝게 비추리라.

       人前爲惡 以善滅之 是照世間 如月雲消
       누구라도 앞서 악업을 지었지만
       선한 마음으로 그것을 멸한 이,
       이런 이가 세상 비춘다면
       마치 구름을 벗어난 달과 같으리라.

       yassa pāpaṁ kataṁ kammaṁ, kusalena pithīyati |
       somaṁ lokaṁ pabhāseti, abbhā muttova candimā ||
       누구라도 (앞서) 저지른 사악한 업業이
       (나중의) 선업善業으로 차단된 이,
       그는 구름을 벗어난 달처럼
       이 세상을 비추게 된다.

* 173

장로 앙굴리말라

부처님께서 싸왓티 제따 숲의 승원에 계실 때, 살인의 악행을 저지르다 부처님께 귀의한 장로 앙굴리말라(Aṅgulimāla)에 대한 이야기이다.

꼬쌀라국 왕의 궁중 제관인 박가와(Bhaggava)의 아들이 태어났을 때 나라 안에 있는 모든 무기에 불길이 일어났다. 그리고 아이의 이름을 지으려 할 때도 무기에 불길이 일어났다. 그럼에도 무기들 가운데 손상된 것은 하나도 없었기에 아이의 이름을 아힝싸까(Ahiṁsaka, 不害者)라고 지었다.

아힝싸까는 나이가 되어 딱까씰라(Takkasīla)의 한 스승 집으로 들어가 공부하였다. 착실하고도 열심인 그는 단번에 스승의 신뢰를 독차지하였으며, 그로 인해 모든 학생들이 그를 질시하기 시작하였다.

"저놈이 오고부터 우리 모두 뒷전으로 밀려났다. 어디 흠 잡을 데도 없는 저놈을 어떻게 해야 파멸시킬 수 있을라나?"

다른 제자들은 스승에게 다른 말 없이 "아힝싸까가 스승님을 배신했습니다."라는 말만 줄곧 해대었다. 처음엔 그들을 야단치고 별 신경 쓰지 않던 스승은 그들 모두가 일관된 모습을 보이자 결국 '그렇다면, 저놈이 내 아내와 부정한 짓을 했단 말인가?'라고 의심하여 아힝싸까를 죽이려 하였다.

'그런데 내가 저놈을 그냥 죽이면 스승이 제자를 죽였다는 소문이 나서 내게 더 이상의 제자들이 오지 않을 게 아닌가? 어떻게 하지?'

그러다 생각해 낸 것이 학생이 졸업할 때 스승에게 바치는 선물이었다.

"아힝싸까여! 그대는 이제 졸업할 때가 되었다. 이제까지 공부한 것의 결말은 네가 스승에게 바칠 한 가지 선물과도 같은 과제에 달려 있다. 이것을 잘 수행할 수 있으면 너의 공부는 완성될 것이다."

스승이 아힝싸까에게 요구한 것은 천 명의 오른손 엄지손가락을 바치라는 것이었다. 천 명에 해당하는 사람의 목숨을 빼앗아 오길 바라는 것이므로 아힝싸까는 강한 거부 반응을 보였지만, 스승에 대한 무한한 신뢰와 함께 공부를 완성하고 싶다는 의지에 억눌리고 말았다.

그렇게 살인을 시작한 아힝싸까는 처음엔 머뭇거리는 듯하더니, 수행으로 다져진 통찰지가 무너지고 난 후로는 아무런 거리낌 없이 살생을 자행하였다. 그는 애초엔 사람들이 많이 지나다니는 숲의 길목을 지키는 정도였지만, 그가 있는 곳엔 사람들이 발길을 끊었기에 이 마을에서 저 마을로, 이 지역에서 저 지역으로 장소를 옮겨가며 살인을 이어 갔다. 그리고 그렇게 살인하여 얻은 손가락은 실에 꿰어 목걸이로 하고 다녔던 까닭에 사람들은 그를 앙굴리말라(Aṅguli〔손가락〕māla〔목걸이〕)라고 불렀다.

앙굴리말라의 목걸이에 걸린 손가락의 숫자가 천 개에 가까워질수록 사람들은 그에게서 멀리 달아나 버려 언제부턴가 그의 주위 2요자나 거리에는 사람의 그림자도 보이지 않았다. 그가 마을에 들어서면 그 마을 사람들 모두 외지로 도망갔으며, 도성으로 들어오려 하면 한낮인데도 도성의 높은 문을 모두 걸어 버렸다.

나라에서도 병사 몇 명을 보내 그를 잡아들이려 하였으나 그에게 간 병사들은 단지 그의 손가락 목걸이에 숫자를 늘려 주기만 하였다. 이제 그의 목걸이에 걸린 손가락 숫자도 999개, 하나만 더하면 스승의 선물이 완성될 때 왕은 왕실의 군대를 보내 그를 토벌하려 하였다. 그리고 왕의 군사가 동원된다는 소식을 남편으로부터 전해 들은 앙굴리말라의 어머니 만따니(Mantāṇī)는 남편의 만류에도 불구하고 아들을 구하기 위해 그에게 갔다.

그때 제따 숲의 승원에 계시던 부처님께서는 이제야 적당한 때가 왔음을 아시고 승원을 나서서 앙굴리말라가 있는 곳으로 걸음을 옮기셨다.

천 개의 손가락에서 한 개가 모자라고부터 자신의 주위를 아무리 둘러보아도 사람의 그림자조차 발견하지 못하게 된 앙굴리말라는 조급한 마음까지 더해져 거의 제정신이 아니었다. 하루 빨리 스승에게 드릴 선물을 완성하여 공부를 완성함으로써 스승이 암시를 준 해탈에 가닿게 될 것이라 굳게 믿고 있는 그에게는 이제 오직 한 가지 생각만 남아 있을 뿐, 그 어떤 생각도 뇌리 속에 남아 있지 않은 상태가 되었다.

그런 앙굴리말라의 눈에 한 여인의 모습이 들어왔다. 그는 미친 듯이 그 여인을 향해 달려갔는데, 가까이 다가간 그는 온전한 정신이 아님에도 여인이 모친임을 깨닫고는 한 차례 걸음을 멈칫했다. 그러나 이내 다시 걸음을 내디디려는 순간 뒤쪽으로 인기척을 느끼고 돌아다보니 저 멀리서 한 수행승이 걸어가고 있었다.

그제야 발길을 수행승 쪽으로 돌린 앙굴리말라는 전력으로 그에게 달려갔는데, 그리 멀지 않은 거리가 전혀 좁혀지질 않았다. 그는 걸어가고 있음에도.

"야! 이, 사문아! 게 섰거라! 어딜 도망가느냐!"

"나는 이미 멈춰 섰노라. 멈춰 서지 않은 것은 정작 네가 아니냐!"

"그 무슨 헛소리냐! 잔말 말고 거기 서 있기나 하거라!"

"여래는 이미 모든 작위(作爲)를 그치고 여법하게 멈춰 있느니라. 이제 네가 살생을 멈추고 잔인함을 멈추며 방종을 멈추고 헐떡임을 멈추도록 하라."

앙굴리말라는 그 위급한 상황에서도 전혀 동요 없이 미소와 함께 베푸신 부처님의 가르침을 듣고는 순간 얼어붙은 듯 멈춰 서서, 서서히 가라앉기 시작한 마음으로 그 말씀을 반조해 보았다.

그렇게 미망과 방종에서 깨어난 앙굴리말라는 부처님 앞에 무릎을 꿇고 출가하여 비구로서 제자가 되었다. 군사를 거느리고 온 왕 또한 부처님의 인도로 변화된 그의 모습을 보고 수행자에게 행하는 예를 올린 뒤 군사를 물렸다.

앙굴리말라는 정진한 지 얼마지 않아 아라한의 경지에 올랐다. 그리고 며칠 뒤, 탁발하러 나갔다가 사람들이 서로 패를 나눠 싸우는 틈에 날아온 돌과 몽둥이를 맞고 큰 상처를 입었다. 승원으로 돌아온 그는 그 모든 것이 자신의 업보를 씻어 내리는 것으로 여기며 조용히 열반에 들었다.

"아무리 그래도 그렇지, 세존이시여! 그런 살인마가 완전한 열반에 들었다는 것은 선뜻 납득이 가지 않습니다."

"수행승들이여! 앞서 옳은 스승과 좋은 도반을 만나지 못했기 때문일 뿐, 그는 이제 올곧은 정진과 업보의 소멸을 통해 반열반에 들었느니라."

174 칠흑처럼 새카맣게 이세상은 눈이먼듯
거기에서 한둘만이 분명하게 볼뿐이니,
마치그물 벗어난새 그리흔치 아니하듯
저하늘로 나아가긴 지극히도 드무니라.

癡覆天下 貪令不見 邪疑却道 苦愚從是
어리석음이 천하를 뒤덮고
탐냄이 (그 무엇도) 보지 못하게 하여
삿된 의심이 도道를 물리치게 되면
괴로움을 낳는 어리석음이 그것을 뒤따르리라.

andhabhūto ayaṁ loko, tanukettha vipassati |
sakuṇo jālamuttova, appo saggāya gacchati ||
눈먼 이 세상
거기에서 극소수만 분명하게 볼 뿐이니,
마치 그물을 벗어나는 새(가 드문 것)처럼
일부만 하늘로 나아갈 수 있을 뿐이다.

깨달음을 얻은 직조공과 그의 딸

부처님께서 알라위(Āḷavī) 지방의 악갈라와(Aggāḷava)에 잠시 계셨을 때, 그곳의 한 직조공과 딸이 깨달음을 얻은 것에 대한 이야기이다.

부처님께서 알라위 지방에 공양을 초대받고 가르침을 펼치실 때, 평소에도 죽음에 대해 새김을 닦아야 함을 말씀하셨다.

"삶은 불확실하지만 죽음은 확실하다. 들녘에 나갈 때 준비가 없는 사람은 독사를 보고 공포에 떨지만, 몽둥이로 준비된 사람은 독사를 몰아낼 수 있다. 그처럼 죽음에 대한 새김을 닦은 사람은 최후의 시각에도 전율하지 않는다."

그러나 법회에 참석한 모든 이들은 그 법문을 귓전에 둘 뿐 새김이 없었는데, 유독 한 직조공의 딸만이 부처님의 가르침대로 새기며 닦고 있었다.

3년 후, 직조공의 딸이 깨달음을 얻을 때가 되었다 여긴 부처님께서는 공양청에 응하시어 다시 악갈라와에서 법회를 열었다. 그런데 마침 직조공의 딸은 부친의 심부름으로 베틀의 북 실을 채워서 가져다 드리느라 법회장에 늦게 도착하였는데, 그녀가 도착할 때까지 부처님께서는 법문을 지체하셨다.

부처님께서는 늦게 도착한 직조공의 딸을 앞으로 불러 질문하셨다.

"너는 어디서 왔느냐?" "저는 모릅니다."

"너는 어디로 가느냐?" "저는 모릅니다."

"너는 알지 못하느냐?" "저는 알고 있습니다."

"너는 알고 있느냐?" "세존이시여! 저는 모르고 있습니다."

부처님께서는 그녀가 모두 맞는 답을 하였다며 칭찬하셨다. 어디서 왔는가 물으셨을 땐 집에서 온 것은 알지만 전생의 어디에서 왔는지 모르기에 그리 답한 것이며, 죽어서 어디로 가는지 모른다고 답하였고, 죽는 사실은 알고 있다고 답하였으며, 그래도 언제 죽을지 모르므로 모두 정확하게 답했기 때문이다.

직조공의 딸은 비록 그 자리에서 예류과를 얻었지만 집으로 돌아간 뒤 부친의 실수 때문에 북 끝에 맞아 죽음을 맞았다. 그리고 그 충격으로 직조공도 부처님에게 귀의하여 비구가 되었고, 수행한 끝에 아라한의 경지에 올랐다.

175 백조들이 저하늘의 태양길로 나아가서
그리오른 창공에서 세차게도 날아가듯,
제권속과 한패가된 죽음신을 극복하고
현명타할 사람들은 세상에서 벗어나리.

如鴈將群 避羅高翔 明人導世 度脫邪衆
마치 (대장) 기러기가 무리를 거느리고
그물을 피해 높이 날아오르듯
(눈) 밝은 사람은 세상을 이끌어
삿된 무리를 건너 (저 멀리로) 벗어나리라.

haṁsādiccapathe yanti, ākāse yanti iddhiyā |
nīyanti dhīrā lokamhā, jetvā māraṁ savāhiniṁ ||
백조들은 태양의 길로 나아가
창공에서 놀라운 힘[7]으로 나아가듯
현명한 사람들은 마군魔軍[8]을 거느린 마왕을 극복하고
세상으로부터 벗어난다.

* 175

30명의 비구들

부처님께서 싸왓티 제따 숲의 승원에 계실 때, 향실에서 법문을 듣고 바로 아라한에 오른 30명의 비구들에 대한 이야기이다.

언젠가 30명의 비구들이 제따 숲의 향실로 부처님을 뵈러 찾아왔다.

마침 향실에서 부처님을 시봉하고 있던 장로 아난다는 부처님께서 30명의 비구들로부터 인사를 받으시고 법문을 베푸실 수 있도록 향실 밖으로 물러나 기다렸다.

그런데 이미 법문을 하시더라도 몇 차례나 하실 시간이 지났건만 향실 문은 열릴 기미를 보이지 않았다. 기다리다 못한 장로가 가만히 향실 안으로 들어가 보았다. 그런데 분명히 안에 있어야 할 30명의 비구들이 보이지 않았다.

"세존이시여! 제가 입구에서 기다렸사온데, 비구들이 나가는 것을 보진 못하였습니다. 모두 어디로 사라진 것입니까?"

부처님께서 말씀하셨다.

"아난다여! 30명의 비구들은 여래의 법문을 듣고 이 자리에서 하나같이 아라한이 되었다. 그리고 동시에 신통력까지 갖추어져 허공을 통해 이미 이곳을 떠났느니라."

---

7) 본 게송에서 말한 '놀라운 힘'의 원어는 'iddhi'로서 마술이나 초월적인 힘, 또는 그런 힘이 사용되어 얻어진 결과인 성장이나 성공이나 번영 등을 가리킨다. 통상 '신통(神通)'으로 번역되는 'abhiññā'는 뛰어나게(abhi-) 앎(jñā)을 말하므로 마술 등의 초월적인 힘보다는 지혜에 기반한 무엇으로 간주된다.

8) 마군의 성격을 『불본행집경』 권25에는 ① 탐욕, ② 불환희, ③ 굶주림·갈증·추위·더위, ④ 애착, ⑤ 수면, ⑥ 공포, ⑦ 의혹, ⑧ 진에·분노, ⑨ 이익과 명예를 다툼, ⑩ 어리석음과 지혜롭지 못함, ⑪ 자신을 칭찬하여 스스로를 높이는 것, ⑫ 항상 남을 훼방하는 것 등으로 표현하여 놓았다. 넓은 의미로 보았을 때 오온(五蘊, pañcakkhandha) 그 자체를 마군으로 보기도 한다.

176 하나뿐인 유일한법 그것마저 버려둔채
어차피올 다음세상 온다믿지 아니하고,
거짓된말 내뱉기에 거리낌이 없는이는
이세상서 하지못할 사악함은 어디에도.

一法脫過 謂妄語人 不免後世 靡惡不更
유일한 (부처님의) 법에서 벗어나
허물을 저지르고 헛된 말을 일컬으며
다음 세상을 인정치 않는 이라면
저지르지 못할 악惡이란 존재하지 않는다.

ekaṁ dhammaṁ atītassa, musāvādissa jantuno |
vitiṇṇaparalokassa, natthi pāpaṁ akāriyaṁ ||
유일한 법을 제쳐 버리고 내세를 믿지 않으며
거짓말을 하는 사람의 경우
행하지 못할 사악함은 존재하지 않는다.

* 176
# 부처님을 음해한 여인 마나위까

부처님께서 싸왓티 제따 숲의 승원에 계실 때, 외도와 작당하여 부처님을 모함한 여인 찐짜마나위까(CiñcaMāṇavikā)에 대한 이야기이다.

부처님의 가르침이 널리 전해지자 외도들에겐 여러모로 큰 타격이 되었다. 그 가운데 나체 수행자인 니간타들은 더욱 심각하게 여겼다. 그래서 자신들의 여신도인 찐짜마나위까에게 사주하여 부처님을 음해하였다.

먼저, 마나위까는 저녁이면 화려하게 차려입고 싸왓티에서 제따 숲 쪽으로 가며 누가 물으면 "당신들은 알 필요 없으니 신경 끄시오!"라고 하였다. 그리고 새벽이면 승원 쪽에서 싸왓티로 들어오며 자못 피곤한 기색을 보였는데, 그때도 어디에서 오냐는 사람들의 질문에 냉소와 야릇한 미소로만 답했다.

그러기를 얼마 후, 드디어 마나위까는 싸왓티에 소문을 슬그머니 퍼트렸다.

"내가 승원의 향실에서 누구와 그 긴 밤을 보내는지 아시면 놀라실 게요."

반복되며 차츰 커지는 소문과 눈에 띄는 마나위까의 행동 때문에 이제 싸왓티의 많은 사람들이 그녀의 말을 믿게 되었다.

그리고 큰 법회가 있던 날, 마나위까는 작은 소쿠리로 불룩하게 만든 배를 움켜쥐고 지친 기색으로 법회에 나타났다. 그리고 법석 앞으로 나와 말했다.

"고따마 사문이여! 그대는 어찌 나와 욕락을 즐기기만 할 뿐, 이제 귀찮아지니 거들떠보지도 않으시는가? 정 그러면 그대를 잘 따르는 왕이나 장로, 아니면 저 위싸카에게라도 나를 돌봐 주라 그러면 되지 않겠소?"

"여인이여! 그대의 말이 진실인지 거짓인지 그대가 제일 잘 알 것이다."

그때 천상에서 이를 지켜보던 제석천왕이 생쥐로 화하여 마나위까의 허리춤으로 들어가 소쿠리를 묶은 끈을 끊어 버리니 그녀의 거짓은 만천하에 드러나고 말았다. 그리고 당황하여 법회장에서 도망쳐 막 승원을 벗어나는 마나위까의 발아래가 갑자기 갈라지고 불길이 일더니 그녀를 삼켜 버렸다.

"유일한 진실을 어기고 거짓을 말하는 자, 그는 저세상도 포기한 자로서, 그에게 행하지 못할 악은 존재하지 않는다."

177 인색한자 어찌하든 神의세상 어림없고
어리석은 자들에겐 베풂이란 전혀없네.
그렇지만 현명한자 베풀기를 좋아하고
그로인해 다른세상 거기에서 편안하리.

愚不修天行 亦不譽布施 信施助善者 從是到彼安
어리석은 이는 하늘로 갈 행위를 닦지도 않고
보시를 명예롭게 여기지도 않지만,
믿음으로 보시함으로써 선업善業을 돕는 자는
그로 인해 저 안락함에 이르게 된다.

na ve kadariyā devalokaṁ vajanti,
bālā have nappasaṁsantidānaṁ |
dhīro ca dānaṁ anumodamāno,
teneva so hoti sukhī parattha ||
인색한 자들은 진실로 신의 세상에 가지 못하며,
어리석은 자들은 절대로 베풂을 찬양하지 않는다.
그러나 현명한 자는 베풂을 기뻐하며,
오직 그로 인해 그는 다른 세상[9]에서 편안해진다.

* 177
엄청난 공양

부처님께서 싸왓티 제따 숲의 승원에 계실 때, 부처님과 승가에 올린 왕가의 엄청난 공양에 관한 이야기이다.

꼬쌀라국에 부처님의 가르침이 널리 퍼지자 빠쎄나디 왕과 백성들이 모두 기뻐하며 많은 공양을 올렸다. 한번은 왕이 그 권위에 맞는 화려한 공양을 올리자 백성들도 이에 뒤질세라 화려하진 않지만 삼삼오오 십시일반 정성을 모아 공양을 올렸다. 그 질박한 공양의 규모는 왕실의 공양보다 훨씬 장엄하였다.

왕과 백성의 공양 경쟁이 이런 식으로 몇 차례 이어지자 왕비가 그 둘을 아울러 공양 경쟁에 종지부를 찍고자 화려하면서도 장엄한 공양을 준비하였다. 왕비가 공양주가 된 마지막 공양에선 거대한 공양 누각을 새로 짓고 5백 아라한들을 장엄할 5백 마리의 코끼리와 5백 개의 왕실 일산(日傘) 및 그 공양 시중을 들 귀족 가문의 젊은 여인 등등으로 더 이상의 경쟁을 무의미하게 만들어 버렸다. 그래서 공양에 쓰인 재물만 14꼬띠에 해당할 정도였다.

그 자리에 참석한 준하(Juṇha) 대신 등은 그 모든 공덕이 결국엔 왕과 모든 백성들에게 돌아갈 것을 알고 함께 기뻐하였는데, 유독 깔라(Kāla) 대신만큼은 한 차례 공양을 위해 왕이 왕비의 의견에 따라 하루 만에 써 버린 재물이 너무 지나치다며 불만스러워 하였다.

부처님께서는 그 화려한 공양 끝에 오르신 법석에서 평소보다 훨씬 짧은 법문만 하시고 내려오셔서 승원으로 들어가셨다. 왕은 세존께서 공양에 섭섭한 것이 있으셔서 그런가 의아해 하며 승원까지 따라 들어와 여쭈어 보았다.

"대왕이시여! 공양과 베풂을 더불어 기뻐하지 않고 불만을 품은 이가 법문까지 길어질 경우 더욱 악업을 지어서 이내 지옥으로 떨어질까 염려하여 그리했을 뿐입니다. 오늘 왕과 왕비 및 백성들의 공양은 여법하였습니다."

---

9) '다른 세상에서[parattha]'란, 금생에 지은 선업의 결과인 이익(attha)을 얻을 다른(para) 곳을 의미하므로, 단순한 내생이 아니라 이미 그 성격이 어느 정도 규정된 내세로서 천상(天上)을 가리킨다.

178 땅위에서 군림하는 왕권에다 견주어도
하늘세상 그곳으로 나아감에 견주어도,
심지어는 온누리의 임금에다 견주어도
그무엇에 견주어도 예류과에 듦이낫다.

夫求爵位財 尊貴升天福 辯慧世間悍 斯聞爲第一
무릇 (높은) 벼슬이나 (많은) 재물이나
존귀함이나 승천昇天의 복이나
세간의 흉포함을 바로잡는 지혜를 추구하는 것보다
이렇게 (부처님의 법을) 듣는 것이
가장 제일(의 공덕)이 된다.

pathavyā ekarajjena, saggassa gamanena vā |
sabbalokādhipaccena, sotāpattiphalaṁ varaṁ ||
땅 위의 유일한 왕권10)이나
하늘 세상으로 나아감이나
(심지어) 온누리의 임금11)과 견주어도
예류과預流果12)가 더 낫다.

* 178

아나타삔디까의 아들 깔라

부처님께서 싸왓티 제따 숲의 승원에 계실 때, 장자 아나타삔디까의 아들로서 예류과에 오른 깔라에 대한 이야기이다.

제따 숲의 승원을 건립하여 시주한 장자 아나타삔디까의 아들 깔라(Kāla)는 승원으로 부처님을 뵈러 가지도 않고, 장자의 집으로 공양청을 오신 부처님도 항상 외면하였다. 아들의 행위가 결국은 자기 자신을 망칠 것이라 생각한 장자는 어떤 방법을 쓰더라도 그를 변화시켜 보겠다고 생각했다.

"얘야! 네가 포살일에 승원에서 법문만 듣고 오면 1백 까하빠나를 주마."

그래서 깔라는 포살일 저녁 내내 법문은 뒷전이고 법회 뒷마당에서 잠만 자다 새벽에 돌아와 부친에게 약속된 돈을 받아 내었다.

"얘야! 이번엔 부처님께서 일러 주신 게송 한 수만 외워 오면 1천 까하빠나를 약속하마. 아무리 짧아도 좋으니 한 수만 외워 오너라."

그런데 부처님께서는 모든 정황을 아시고 짧은 게송 한 수를 일러 주되 깔라가 내용만 이해하고 아무리 애를 써도 외우지는 못하도록 기운을 넣어 놓으셨다. 깔라는 그날 밤새도록 외우려고 애쓰다 날이 밝을 때쯤 그로 인해 예류과를 증득하였다. 그리고 그 결에 자신의 행위를 돌아보고 제 부끄럼을 느꼈다.

"얘야! 그래도 밤을 지새우며 수고했으니 내가 1천 까하빠나를 주마."

다음날 새벽, 공양청을 받은 부처님을 비롯한 수행승 무리와 집에 도착한 깔라의 모습을 본 장자는, 아들이 게송은 외우지는 못했지만 만족해 하며 돈을 주었다. 그러나 깔라는 몇 까하빠나나 몇 꼬띠의 돈이 아니라 온누리의 임금보다 귀한 것을 얻었노라고 말씀드리며 부친의 돈을 받지 않았다.

---

10) 巴 땅 위의 유일한 왕권을 지닌 자를 전륜왕(轉輪王, cakkavattin)이라 일컫는데, 전륜왕은 법에 의해 통치하는 정의로운 법왕으로서 사방을 정복하여 나라에 평화를 가져온다. 그에게는 일곱 가지 보물인 수레바퀴, 코끼리, 말, 구슬, 여인, 장자(長者), 대신(大臣)이 있으며, 용맹하고 영웅적이어서 적군을 부수는 천 명 이상의 자녀가 있다. 그는 큰 바다에 이르는 대륙을 정복하되 무기를 사용하지 않고 정법을 사용한다.

11) 巴 온누리의 임금이란 땅 위 전륜왕으로서의 권력은 물론 용(nāga)의 세계와 금시조(supaṇṇa)의 세계 및 천궁조상(vemānikapeta)의 세계를 포함한 전 세계의 지배권을 가진 자를 말한다.

12) 예류과는 성문사과(聲聞四果)의 첫 단계인 수다원과이다. ⇒ 巴 '성문사과'

第14章

बुद्धवग्गो

부처님을 들어 설명한 장

술불품

述佛品

179 그의승리 어찌해도 정복되지 아니하고
그가이룬 승리란건 꺾일수가 없으리니,
깨달으신 그영역은 한도없이 뻗어있고
지나셨던 흔적조차 찾을수가 없으신분,
어떤자취 어찌쫓아 그를어찌 한단말가.

已勝不受惡 一切勝世間 叡智廓無疆 開曚令入道
(부처님은) 이미 수승하여 악업을 받지 않고
모든 것이 세간(의 그 누구)보다 뛰어나며
슬기로운 지혜는 그 강역疆域이 없고 (이미) 몽매함을 여셨거늘
(그 누가 그분으로 하여금)
도道에 들도록 (인도引導)할 수 있겠는가.

yassa jitaṁ nāvajīyati, jitaṁ assa no yāti koci loke |
taṁ buddhamanantagocaraṁ, apadaṁ kena padena nessatha ||
그의 승리는 정복되지 않으며,
이 세상에서 그 누구도 그의 승리에 이르지 못하나니,
깨달음의 영역이 무한하고 흔적이 없는 (그러한) 그를
(그대들은) 어떤 자취를 좇아 어찌할 수 있단 말인가!

180 그런분은 제자신을 어디론가 데리고갈
얽혀있고 설켜있는 갈애마친 분이시니,
깨달으신 그영역은 한도없이 뻗어있고
지나셨던 흔적조차 찾을수가 없으신분,
어떤자취 어찌쫓아 그를어찌 한단말가.

決網無罣礙 愛盡無所積 佛意深無極 未踐跡令踐
(결이) 터진 그물은 걸리거나 거리낌이 없듯이
애욕이 다했기에 쌓임이 없는 분,
부처님의 뜻은 깊고도 다함이 없거늘
(그분이) 밟지 않은 자취가 (어디 있어) 밟게 하겠는가.

yassa jālinī visattikā, taṇhā natthi kuhiñci netave |

taṁ buddhamanantagocaraṁ, apadaṁ kena padena nessatha ||

그의 경우 (그 자신을) 어디론가 이끌고 갈,
그물처럼 얽혀 있고 강력하게 달라붙는[1] 갈애는 존재하지 않는다.
깨달음의 영역이 무한하고 흔적이 없는 (그러한) 그를
(그대들은 그의) 어떤 자취를 좇아 (그를) 어찌할 수 있겠는가!

브라만 마간다

부처님께서 싸왓티 제따 숲의 승원에 계실 때, 어느 브라만의 이야기이다.

꾸루(Kuru)국의 브라만 마간다에겐 혼기에 찬 어여쁜 딸 마간디야가 있었는데, 마간다는 그 어떤 청혼도 모두 거절하고 있었다.

그러던 어느 날 제따 숲 향실에 계시던 부처님께서 마간다 내외가 이제 불래과를 성취할 인연이 되었음을 아시고 그 집으로 탁발을 가셨다.

불을 숭배하는 브라만인 마간다는 제단의 불신에게 기도를 올리고 있다가 멀리서 오시는 부처님을 뵙고는 '오! 저 사문이야말로 풍채와 용모가 내 딸의 배우자로 적합하겠구나.'라고 생각하여 곧장 부처님에게 달려갔다.

"사문이여! 내게 아름다운 딸이 있소. 내가 천하를 다 훑어보아도 그 배필을 찾지 못하겠더니 지금 본 당신이라면 자격이 충분하오. 여기서 잠시만 기다리면 내가 딸을 이리로 데려오리다."

그는 부처님의 대답도 듣지 않고 쏜살같이 집으로 되돌아와 아내에게 말했다.

"여보! 내가 방금 우리 딸의 배필을 찾았소이다. 어서 마간디야를 치장하여 데려오시오. 그가 여기서 멀지 않은 곳에서 기다리고 있소이다."

그런데 부처님께선 그가 제 말만 하고 돌아선 그곳에 그냥 계시지 않고, 다만 당신의 발자취만 남겨 놓으신 채 멀찌감치 물러서서 지켜보고 계셨다.

"아니? 어디 계신단 말이요? 아무도 없지 않습니까?"

"아니오! 여길 보시오. 그의 발자취가 남아 있지 않소."

마간다의 아내는 사람이 남긴 발자취를 보고 그 사람의 유형을 판단하는 비법을 베다(Veda)로부터 익혀서 알고 있었다.

"여보! 당신이 경솔했던 것 같소. 이 발자취의 주인이라면 우리 딸 같은 애를 상대할 분이 아니에요. 오욕을 모두 떠난 분이니 당신이 잘못 보았어요."

아내의 말을 무시한 채 주위를 두리번거리던 마간다가 멀리 물러나 있는 부처님을 뵙고 다가가, 다시 자기 사위가 되어 줄 것을 요청하자 부처님께서는 깨달음을 성취하시던 그때 마라의 세 딸이 유혹하던 일을 말씀해 주셨다.

마라는 부처님께서 출가하시던 그때부터 계속 그 뒤를 따르며 잠시라도 나태하고 탐욕해질 때를 기다리며 부처님께서 해탈의 길을 포기하게 할 기회를 엿보고 있었다. 그러나 결국 부처님께서 가야 땅의 보리수 아래 앉으실 때까지 여섯 해 동안 마라는 아무런 소득이 없었다.

"이젠 어떻게 해야 하나? 조금만 더 지나면 저 사문은 분명 나의 손아귀에서 완전히 벗어나게 될 것인데. 어떻게 해야 하나, 어떻게…."

그러자 마라의 세 딸인 딴하(taṇhā, 갈애)와 아라띠(arati, 불만)와 라가(ragā, 탐욕)가 아비를 찾아와 사문을 유혹해 굴복시키겠노라고 호언하였다. 그래서 그녀들은 다양한 자태와 온갖 모습을 보이며 먼동이 터 올 때까지 유혹하고 때로는 겁박해 보았으나 부처님은 거들떠보지도 않았다.

"물러나라! 너희들의 유혹은 탐욕을 여의지 못한 자들에게나 먹혀들 뿐이다. 이미 모든 탐욕을 여읜 여래를 무엇으로 어찌할 수 있겠느냐."

결국 부처님께서 깨달음을 이루신 순간 마라와 그의 세 딸은 사라져 버렸다.

이렇게, 부처님께서 마라의 딸들의 유혹을 이겨 내신 경험을 생생하게 마간다 가족에게 일러 주시고는 말씀하셨다.

"마간다여! 여래는 아름다움에서 그 누구와도 비교할 수 없는 마라의 세 딸을 보고도 그 유혹에 빠져들지 않았느니라. 그리고 네 딸도 저 마라의 세 딸과 마찬가지로 가죽 주머니 속에 더러운 오줌과 똥이 가득 담긴 것에 지나지 않기에 여래는 발바닥에도 닿지 않게 할 것이거늘, 하물며 네 딸을 욕망의 대상으로 취하려 할 리가 있겠느냐?"

이 말씀을 듣고 브라만 마간다와 그의 아내는 곧 불래과를 성취하였다. 그리고 자기 딸 마간디야를 삼촌에게 맡기고 출가하여 비구와 비구니가 되었으며, 결국엔 둘 모두 아라한의 경지에 올랐다.[2]

---

1)　'달라붙는다'는 것은 감각이 감각 대상에 달라붙거나 음식이나 꽃의 독소가 인체에 달라붙는 것 등을 말하는데, 달라붙음을 뜻하는 'visattika'는 '강력하게(vi-) 붙다(√sañj)'라는 어원을 지닌다.
2)　모욕을 당해 부처님께 복수하리라 결심한 마간디야의 이후 행위는 게송 21~23번의 배경담 참조.

181 명상으로 집중하여 현명함을 얻은이는
내려놓음 으로인한 평온에서 기뻐하니,
깨달음을 얻었기에 생각챙긴 그네들을
하늘나라 신들또한 부러워들 하느니라.

勇健立一心 出家日夜滅 根斷無欲意 學正念清明
굳세고 씩씩하게 한마음 일으켜
출가한 후 밤낮이 다하도록
(애욕의) 뿌리가 끊어진 욕심 없는 마음이
바른 생각으로 청명하게 되기를 배울지니라.

ye jhānapasutā dhīrā, nekkhammūpasame ratā |
devāpi tesaṁ pihayanti, sambuddhānaṁ satīmataṁ ||
명상에 집중하는 현명한 이들은
내려놓음으로 인한 평온에서 기쁨을 느끼나니,
깨달음을 얻어 생각을 챙기고 있는 그들의 경우
(천상의) 신들 또한 부러워한다.

* 181

천상에 다녀오신 부처님

부처님께서 싸왓티에서 신통을 보이시고 천상에 올라 마야부인에게 설법을 하신 뒤에 쌍깟싸로 내려오신 이야기이다.

라자가하의 한 부호가 강가 강물에 떠내려 온 전단향나무 둥치를 건져다 발우를 만들어 높은 허공에 두었다.

"누구든지 아라한이라 자신한다면 와서 저 발우를 가져가시오!"

다섯 날 동안 온갖 외도의 스승들이 저 발우는 자신이 가져야 마땅하다 말하며 달라고 하였으나 부호는 막지 않을 테니 올라가서 가져가라고 하였다. 여섯 날 째는 나체 고행자 나타뿟따(Nāthaputta)의 제자들이 먼저 다녀간 뒤 나타뿟따가 직접 나타났다. 그가 허공으로 날아오르려 하자 제자들이 "스승님! 저깟 발우 하나 때문에 숨겨진 신통을 드러내려 하십니까!"라고 말한 것을 핑계로 부호에게 그냥 발우를 달라고 하였으나 부호는 거들떠보지도 않았다.

일곱 날 째, 존자 목갈라나와 삔돌라(Piṇḍola)가 라자가하로 탁발을 나왔다가 그 소식을 들었다. 존자 삔돌라가 집채만 한 너럭바위를 들고 라자가하 상공을 날아다니며 모든 라자가하 사람들에게 신통을 보이고 부호 집의 상공에 나타나니 부호는 아예 그 발우에 맛난 음식까지 채워서 존자에게 공양하였다.

부처님께서 그 소식을 들으시고 제자들에게 신통을 금지하셨다. 그러자 외도들은 고따마가 제자들에게 신통을 금지했으니 자신도 그 계율을 지켜야 될 것이라며, 이를 기회로 부처님의 승단을 위축시키려고 획책하였다.

"대왕이시여! 왕의 망고 과수원에서 망고를 따는 것이 금지되었다고 하여 왕에게까지 금지된 것은 아닙니다."

부처님께선 외도들의 발호를 걱정하는 마가다국 왕 빔비싸라에게 이렇게 말씀하신 후, 넉 달 뒤 싸왓티에서 아쌀히(Āsāḷhi, 6~7월) 달의 보름날에 신통력을 보이겠다고 선언하셨다. 그러자 모든 외도 무리들이 싸왓티로 모여들었다.

꼬쌀라국 왕 빠쎄나디가 싸왓티 성내에 부처님께서 계실 천막을 짓겠다고 부처님을 찾아 말씀드리자 제석천왕이 알아서 할 것이니 그냥 두라 하셨다.

아쌀히 달의 보름날에 부처님께서 싸왓티로 들어오시자 왕립 정원사인 간다(Gaṇḍa)가 왕이 먹는 망고를 부처님께 공양 올렸다. 장로 아난다가 망고를 받아 드시기 편하게 발라 드리자, 부처님께선 과육을 드시고 씨앗을 장로에게 건네시며 땅에 심으라 하셨다. 장로가 망고 씨앗을 땅에 심자마자 그 자리에서 망고나무가 솟아오르고 순식간에 무수한 망고로 뒤덮였다.

부처님께서 싸왓티에 지은 향실의 테라스에 오르시자 많은 제자들이 부처님을 대신하여 신통을 보이겠노라고 말씀드렸다.

재가 여신도 가라니(Gharaṇī)는 땅을 물로 변하게 하고 물새처럼 잠수하여 동서남북의 끝으로 나오겠다고 하였으며, 쭐라(Culla)아나타삔디까는 제석천왕의 모습으로 변신하여 땅에 지진을 일으키겠다고 하였으며, 일곱 살 사미니 찌라(Cīrā)는 쑤메루 산과 히말라야 산을 불러와서 일렬로 세우고 그 위를 백조처럼 날아다니겠다고 하였다. 그리고 장로 목갈라나는 쑤메루 산을 치아 사이에 넣어 강낭콩처럼 부숴 버리겠다거나, 땅을 담요처럼 감아서 손아귀에 넣겠다고 말씀드렸다. 그러나 부처님께서 당신의 짐은 당신이 지겠다고 말씀하시며 모두 거절하셨다.

드디어 부처님께서 싸왓티 향실 테라스에서 이어진 보석으로 된 하늘길에 올라 두 편의 전생담(前生談)을 설하시고 땅에 발을 디디시니 사방으로 대중들이 12요자나까지 에워쌌다.

이에 과거 모든 부처님처럼 세존께서도 쌍신변(雙神變, yamakapāṭihāriya)[3]을 행하시어 많은 대중들에게 신통력으로 몸소 가르침을 설하셨다.

'과거의 부처님들이 쌍신변을 행하고 어디에 머물 곳을 마련하셨는가?'

부처님께서 쌍신변을 행하시는 가운데 이렇게 생각하신 결과 삼십삼천이 적당한 곳임을 아셨다. 그래서 신통력을 멈추자마자 세 걸음 만에 삼십삼천의 황색 바위 보좌(黃石寶座, Paṇḍukambalasilā)에 올라가 앉으셨다.

그곳에 머무시는 동안 부처님께서는 도리천(忉利天)에 천왕으로 계시는 마야부인과 제석천왕 및 모든 천인들에게 아비달마(Abhidhamma)를 설하셨다.

부처님께서 천상에 머무시는 동안 지상은 우기였었는데, 장로 싸리뿟따가 싸왓티에서 30요자나 떨어진 쌍깟싸(Saṅkassa)에서 5백 비구들과 안거를 보내고 있었다. 싸리뿟따가 부처님을 뵈러 도솔천에 오르자 부처님께서 싸리뿟따에게 아비담마를 일러 주시며 지상에 내려가 5백 비구들에게 가르쳐 주도록 하셨다. 그리하여 5백 비구들은 안거 동안 아비담마를 싸리뿟따에게 익혔다.

안거가 끝날 무렵 장로 목갈라나가 삼십삼천에 올라 부처님을 뵈니, 부처님께서는 일주일 후 싸리뿟따가 있는 쌍깟싸의 성문 앞으로 보름달이 뜨는 날 하강하신다고 말씀하셨다.

제석천왕은 부처님께서 쌍깟싸로 하강하시는 일자에 맞추어 삼십삼천에서 쌍깟싸까지 세 폭의 사다리를 놓았으니, 오른쪽 황금 사다리는 브라흐마신과 그 일행들을, 왼쪽 은 사다리는 제석천왕과 그 일행들을, 그리고 중간의 보석 사다리는 여래를 위한 것이었다.

부처님께서 삼십삼천에서 하강하시는 날, 보석 사다리를 걸으시는 부처님 곁으로 천상의 음악가 빤짜씨카(Pañcasikha)가 연주하는 음악이 울려 퍼지고 천상의 향과 꽃이 흩날렸다. 브라흐마신과 제석천왕을 비롯한 온갖 천신들의 호위를 받으시며 내려온 부처님께서 쌍깟싸 성문 앞으로 땅에 발을 내딛으시자 장로 싸리뿟따가 마중을 나와 있었다.

"세존이시여! 모든 신들과 인간들이 여래를 부러워하고 있습니다."

부처님께서 말씀하셨다.

"싸리뿟따여! 이와 같이 덕성을 갖춘 깨달은 님이라면 응당 신들과 인간의 사랑을 받느니라."

---

3) 쌍신변이란, 한 몸으로 두 가지 서로 다른 기이함을 나타내 보이는 것을 말한다. 예를 들면, 상반신은 불꽃이 용솟음치는 동안 하반신에선 물결이 솟아 나오거나, 혹은 그 반대 현상이 일어나는 것 등을 말한다. 또는 오른쪽 눈과 왼쪽 눈, 또는 오른쪽 귀와 왼쪽 귀 등에서도 그와 같은 상반된 현상이 일어나는 것을 말한다.

182 사람몸을 받는것도 손쉬운건 아니지만
       죽음두고 사는삶이 어렵단건 모두알며,
       부처님의 태어나심 마주치기 어렵지만
       좋은법을 듣는것은 무엇보다 어렵니라.

       得生人道難 生壽亦難得 世間有佛難 佛法難得聞
       사람의 길을 얻어서 태어나기 어렵고,
       태어나도 장수하긴 역시 어렵게 얻어진다.
       세간에 부처님 계시기 어렵고,
       부처님 법 (더욱) 어렵게 얻어들을 수 있나니.

       kiccho manussapaṭilābho, kiccham maccāna jīvitam |
       kiccham saddhammasavanam, kiccho buddhānamuppādo ||
       사람의 몸을 받기도 어렵지만[4]
       죽음에 이르는 인간[5]들의 삶은 (더욱) 어려우며,
       부처님들의 태어남(을 만나는 것)도 어렵지만
       좋은 법을 듣기는 (가장) 어렵다.[6]

* 182
# 용왕의 걱정

부처님께서 바라나씨의 이씨빠따나에 계실 때, 강가 강의 용왕 에라까빳따와 관련된 이야기이다.

과거 깟싸빠 부처님 시절 바라나씨에 에라까빳따(Erakapatta)라는 젊은 수행승이 있었다. 그는 어느 날 배를 타고 강가 강을 거슬러 올라가다 에라까 나무 숲을 지날 때 나무의 잎사귀 하나를 무심코 잡았는데, 배가 물결에 갑자기 움직이는 바람에 그 잎을 꺾고 말았다.

그는 풀잎 하나를 꺾은 것은 사소한 일이라 여기며 평생을 지내다가 죽음이 임박했을 때 그것이 작은 일이 아님을 깨닫고 참회하려 하였으나 마침 그때는 주위에 참회를 받아 줄 비구가 없었기에 에라까빳따는 그대로 죽음을 맞이할 수밖에 없었다.

그리고 강가 강의 용왕으로 다시 태어난 그는 여러 생을 거치며 자신의 잘못을 참회할 수 있는 부처님이 오시기를 기다리고 있었다. 부처님께서 오시면 그 앞에서 자신의 잘못을 참회함으로써 다시 수행할 수 있는 인간의 몸을 받을 수 있기 때문이었다.

부처님께서 오시더라도 중생은 여래께서 오셨는지 알지 못하는 경우가 많았다. 그래서 용왕은 자신의 딸을 인간 세상으로 내보내어 다음과 같은 질문이 담긴 게송을 읊게 하고, 정확한 답을 말하는 사람은 자신의 배필로 삼겠노라고 말하게 하였다. 바른 답은 부처님만 아실 수 있기 때문이다.

"어떤 사람을 참된 임금이라고 하는가?"

"어떤 사람을 탐욕에 빠진 임금이라 할 수 있는가?"

"어떤 사람을 탐욕을 벗어난 임금이라 하는가?"

"어떤 사람을 어리석은 임금이라 하는가?"

용왕의 딸은 절세의 미인인 데다 많은 재물을 가진 바라나씨 어느 부호의 외동딸로 알려진 까닭에 그 게송에 답하고자 전국에서 모여들었고, 또한 많은 젊은이들이 답하였으나 용왕이 원하는 답을 하는 자는 찾을 수가 없었다.

때는 흘러 석가모니 부처님 시기가 되었다.

어느 날 아침 부처님께서 강가 강의 에라까빳따 용왕의 일과 브라만 청년 웃따라(Uttara)에 대해 아시고, 바라나씨로 들어오는 한 길목에 있는 일곱 그루의 씨리싸까(Sirīsaka) 나무 아래에 계셨다.

"젊은 브라만이여! 그대는 게송의 답을 알고 있는가?"

부처님께선 용왕의 딸이 읊는 게송에 답하기 위해 바라나씨로 들어가는 청년 웃따라에게 말을 건네 보고 그가 잘못된 답을 가지고 있음을 아셨다. 그래서 웃따라에게 올바른 답을 일러 주셨다.

"몸의 여섯 가지 문을 지배하는 자가 참된 임금이다."

"몸의 여섯 가지 문을 즐기는 사람이 탐욕에 빠진 임금이다."

"몸의 여섯 가지 문을 즐기지 않는 사람이 탐욕을 벗어난 임금이다."

"몸의 여섯 가지 문을 즐기는 사람이 어리석은 임금이다."

젊은 브라만 웃따라는 부처님으로부터 답변을 모두 듣고 그 자리에서 예류과를 성취하였다.

웃따라는 용왕의 딸에게 가서 그녀의 게송을 들은 뒤에 부처님께서 일러 주신 답변을 그대로 답하자 용왕의 딸과 강가 강에 있던 용왕 에라까빳따 모두 기뻐서 어쩔 줄을 몰랐다. 그래서 용왕이 직접 뭍으로 올라와 물었다.

"젊은 브라만이여! 그대가 말씀하신 답은 본디 자신의 것입니까? 아니면 어느 분으로부터 듣거나 배운 것입니까? 자신의 것이라면 이 자리에서 깨달은 분에게 저희가 예를 취할 것입니다. 그게 아니라 누구에게 들은 것이라면 어느 분에게 들었는지 저희에게 일러 주십시오. 그분을 일러 주기만 하더라도 제가 약속드린 부귀와 공명은 충분히 실현되도록 해드리겠습니다."

그러나 이미 예류과를 성취한 웃따라는 어떠한 보상도 바라지 않았다. 다만 그들을 아직까지 일곱 그루의 씨리싸까 나무 아래에 계시는 부처님에게 인도하였다.

"이분, 세존께서 제게 바른 답을 일러 주셨습니다."

비로소 용왕 에라까빳따는 이 세상에 부처님께서 출현하셨으며, 출현하신 부처님이 바로 눈앞에 계신 것을 알고 커다란 전율을 느꼈다.

"세존이시여! 오랜 전생에, 당시에는 저지른 잘못을 가벼이 여겼다가 이리도 기나긴 세월의 누적된 생 동안 부처님 오시기만 기다리고 있었습니다. 부디 가르침을 내려 주시어 저의 기다림을 그치게 해주십시오."

"용왕이여! 그대가 이제 나의 가르침을 곧게 받아들이면 사람의 몸을 받을진대, 사람의 몸 받기도 어렵거니와 결국엔 죽음에 이르는 사람들의 삶이 더욱 어렵다는 사실을 잊지 말지니라."

그러고서 용왕의 참회를 받아 주신 부처님께서는 그에게 알맞은 가르침을 베푸셨다. 가르침이 끝나자 8만 4천의 뭇 삶들이 가르침을 이해하였으며, 용왕은 그 자리에서 바로 흐름에 든 경지에 올라 다음 생에 인간으로 태어날 힘을 갖추게 되었다.

---

4) 민간에 전하는 말로, 미물(微物)이 처음으로 사람의 몸을 받기 전엔 구렁이의 몸으로 지상에서 천 년, 땅속에서 천 년, 그리고 깊은 소(沼)에서 천 년 동안 어떠한 생명체도 해치지 않은 채 정진하여 마음의 찌꺼기를 가라앉힌 다음에야 승천하였다가 최초의 인간으로 태어난다고 한다. 그 이후로는 스스로 지은 업(業)에 따라 인간을 포함한 육도를 윤회하는 것이니, 초발심에선 성숙되지 않아 정각(正覺)을 이루지 못하는 것이 아니라 그로부터 지은 업 때문일 뿐이다.

5) '인간'을 가리키는 단어로는 'manussa'와 'macca' 등이 있는데, 'manussa'는 '생각($\sqrt{man}$)하는(-u) 것(-ssa)' 그리고 'macca'는 '죽는($\sqrt{mr}$) 것(-ta)' 등으로 그 내포된 의미에 차이가 있다. 본 게송에서 '사람의 몸을 받는…'에 사용된 단어는 'manussa'이며, '죽음에 이르는 인간…'에 사용된 단어는 'macca'이다.

6) 법은 말세라도 상존하고 부처님은 드문드문이라도 오시지만, 지혜가 없으면 좋은 법을 들을 수 있게 되기는 살아계신 부처님 눈앞에서라도 불가능한 까닭에 가장 어렵다 말한 것이다.

183 사악한일 무엇이건 지금바로 그만두고
좋은일은 뭣이라도 지금부터 해나가며
제자신의 마음부터 정화하여 나가는일,
이게바로 세상모든 부처님의 교육일세.

諸惡莫作 諸善奉行 自淨其意 是諸佛敎[7]
모든 악惡은 짓지를 말고
모든 선善은 받들어 행할 수 있도록
스스로 그 뜻을 깨끗하게 하는 것이
모든 부처님의 가르침이다.

sabbapāpassa akaraṇaṁ, kusalassa upasampadā |

sacittapariyodapanaṁ, etaṁ buddhāna sāsanaṁ ||

모든 사악한 일의 경우 (그것을) 그만두고
좋은 일의 경우 (그것을) 성취하며
자신의 의식意識을 정화하는 일,
이것이 모든 부처님의 가르침이다.

184   참아내는 인내란게 가장힘든 고행이며
깨달은이 이르기를 열반이곧 최상이라.
출가자라 하는이는 남해코지 아니하니
해코지를 하는이를 어이沙門 이라하리.

觀行忍第一 佛說泥洹最 捨罪作沙門 無嬈害於彼
수행을 살피건대 참아 냄이 제일이요
부처님이 말하시길 열반이 최상이라.
죄업을 버리고 사문沙門이 되고자 하면
남을 어지럽히거나 해코지하지 말지니라.

khantī paramaṁ tapo titikkhā,
nibbānaṁ paramaṁ vadanti buddhā |
na hi pabbajito parūpaghātī,
na samaṇo hoti paraṁ viheṭhayanto ||
참아 내는 것인 인내가 최상의 고행이며,
열반이 최상이라고 깨달은 이들은 말한다.
출가자는 참으로 남을 해코지하지 않으며,
남을 해코지하는 사람들은 사문이 되지 못한다.

185   비난하지 아니하고 해코지는 물론이며
     그리고는 계율대로 제자신을 다스리기.
     또한음식 절제하며 고즈넉이 머무르고
     으뜸되는 한생각에 변함없이 전념하기.
     부처님의 가르침은 이것이라 할수있네.

不嬈亦不惱 如戒一切持 少食捨身貪
有行幽隱處 意諦以有黠 是能奉佛敎
(남을) 괴롭히지도 또한 번뇌롭게 하지도 않은 채
계행戒行에 따라 일체를 지니고
줄인 먹거리에 몸이 탐하는 바는 버린 채
그윽하고 은밀한 곳에서 수행하며
생각이 살펴져 총명함이 있으면,
이런 이가 부처님의 가르침을 받들 수 있으리라.

anūpavādo anūpaghāto, pātimokkhe ca saṁvaro |
mattaññutā ca bhattasmiṁ, pantañca sayanāsanaṁ |
adhicitte ca āyogo, etaṁ buddhāna sāsanaṁ ||
비난하지 않음, 해코지하지 않음,
그리고 계율에 근거하여 자제함,
그리고 음식에 대해 절제함,
그리고 고즈넉한 머묾,
그리고 최상의 생각에 전념하기.
이것이 부처님들의 가르침이다.

* 183-185

과거 부처님들의 가르침

부처님께서 싸왓티 제따 숲의 승원에 계실 때, 장로 아난다가 과거 부처님들께서는 무엇을 가르치셨는지 질문한 것에 대한 세존의 대답이다.

'부처님께서 과거 여섯 부처님들의 부모와 부처님들의 수명과 보리수와, 제자들 가운데 어떤 분이 최상의 제자였는지, 그리고 어떤 이가 최상의 후원자였는지 등에 대해서도 모두 말씀해 주셨다. 그런데 과거칠불께서 어떻게 포살하셨는지에 대해서는 말씀하지 않으셨다. 지금의 포살과 달랐을까, 같았을까?'

장로 아난다가 대낮에 처소에 앉아 생각이 여기에 이르자 그 의문을 풀고자 부처님을 찾아뵙고 이에 대해 질문을 드렸다. 그러자 부처님께서는 다음과 같이 답하셨다.

위빳씬(Vipassin) 부처님은 7년마다 포살을 하셨는데, 하루 계율을 설하시면 그 효과가 7년을 지속되었기 때문이다.

씨킨(Sikhin)과 웻싸부(Vessabhu) 부처님은 6년마다 포살을 하셨다.

까꾸싼다(Kakhusanda)와 꼬나가마나(Konāgamana) 부처님은 1년마다 포살을 하셨는데, 하루 계율을 설하시면 그 효과가 1년을 지속되었다.

깟싸빠 부처님은 6개월마다 포살을 하셨다.

이렇게 과거 부처님들의 포살 기간을 각기 달랐지만 포살 때 사용되는 계율의 게송인 칠불통게(七佛通偈)[8]는 당신께서 포살 때 하시는 내용과 동일하였다고 말씀하셨다.

---

7) 본 한역시(漢譯詩)는 당나라 백거이와 도림(道林) 선사에 얽힌 이야기로 유명하며, 그 내용은 부처님의 가르침이 무엇인지 대변하는 시로도 잘 인용된다. "부처님 가르침의 대의가 무엇입니까?"라고 묻는 백거이의 질문에 도림 선사가 본 시로 답하자, 백거이는 "그건 세 살 먹은 어린애도 아는 말이 아닙니까?"라고 하였다. 이에 도림 선사는 "세 살 먹은 어린애도 알 수 있지만 여든 먹은 노인네도 행하기 어려운 것입니다."라고 답하였다고 한다.

8) 칠불통게의 칠불은 과거칠불을 말한다. 과거칠불이란 위빳씬 부처님을 시작으로 석가모니 부처님까지 일곱 분을 일컫는다.

186　금덩어리 하늘에서 비내리듯 쏟아져도
　　　　욕망으로 가득하니 만족할리 있으리오.
　　　　욕망이란 사탕발린 괴로움일 뿐이라고
　　　　지혜로운 사람이면 이렇게들 알고서는,

　　　　天雨七寶 欲猶無厭 樂少苦多 覺者爲賢
　　　　하늘에서 일곱 가지 보석이 비 내려도
　　　　욕심은 오히려 물리는 일이 없기에
　　　　즐거움은 적고 괴로움을 많나니,
　　　　이를 깨닫는 자는 현인賢人이 된다.

　　　　na kahāpaṇavassena, titti kāmesu vijjati |
　　　　appassādā dukhā kāmā, iti viññāya paṇḍito ||
　　　　금화金貨의 비 내림으로도
　　　　욕망들에 있어서 만족은 찾아지지 않는다.
　　　　'욕망은 약간의 단맛을 지닌 괴로움이다.'
　　　　지혜로운 이는 이렇게 알고,

187   비록천상 쾌락들을 제코앞에 드밀어도
그리생각 하는이는 기뻐할리 없나니라.
온전하게 깨우침을 얻은이의 제자들은
그저 渴愛 소멸되면 무엇보다 기뻐하리.

雖有天欲 慧捨無貪 樂離恩愛 爲佛弟子
비록 하늘마저 바라는 바가 있더라도
지혜로써 내려놓아 탐냄을 없이 하고
은혜로운 사랑마저 흔쾌히 여읜다면
부처님의 제자가 될 수 있을 것이다.

api dibbesu kāmesu, ratiṁ so nādhigacchati |
taṇhakkhayarato hoti, sammāsambuddhasāvako ||
비록 천상의 쾌락들에서도
그는 기쁨에 가닿지 않나니,[9]
완전한 깨달음을 얻은 이의 제자는
(단지) 갈애渴愛의 소멸을 기뻐할 뿐이다.

조그만 욕심을 부렸던 어느 수행승

부처님께서 싸왓티 제따 숲의 승원에 계실 때, 조그만 욕심에 눈이 멀어 환속을
고민하던 어느 수행승의 이야기이다.

싸왓티의 평범한 브라만 가정에서 출가하여 수행승이 된 한 비구가 구족계를
받은 후에도 자꾸만 속가의 생활에 인연을 끊지 못하고 있었다. 그러자 친교사
가 그로 하여금 제법 멀리 떨어진 지역으로 가서 수행하게 함으로써 그의 속연
(俗緣)이 정리되도록 해보았다.

그가 제따 숲을 떠났을 때 그의 부친이 위중한 병에 들었다. 부친은 출가 후
라도 간혹 보던 아들을 다시 보고 싶어 하였으나 수행을 위해 멀리 떠났다는 말
을 전해 듣고는 병상에서 일어나지 못하고 임종하였다.

"이 돈을 받아라. 내 아들이 돌아오면 꼭 전해 주도록 해다오."

비구의 부친은 자신의 막내아들에게 이렇게 유언하며 형이 돌아오면 전하도
록 그의 앞으로 1천 까하빠나를 맡겨 두었다.

"형님! 아버님께서 이 돈을 남겨 두셨습니다. 형님이 돌아오시면 꼭 전해 달
라고 하였습니다."

"아우야! 출가한 내가 돈이 무슨 필요가 있겠느냐."

싸왓티로 돌아와 부친의 임종 소식을 듣고 집에 다녀온 비구는 승원의 자기
처소에서 이런저런 생각을 하게 되었다.

'천 까하빠나. 1천 까하빠나. 그 돈이면 나가서 어렵지만 그럭저럭 생활을 시
작할 수 있지 않나? 1천이면….'

비구는 1천 까하빠나가 저잣거리에서 얼마만큼의 가치를 지니고 있는지 잘
알지 못했지만, 그래도 처음 자신의 몫으로 남겨진 돈을 대하자 마음에 조그만
동요가 일었다.

그 후로 그의 승원 생활은 어딘지 모르게 조금씩 흐트러지기 시작하였다. 탁
발을 나갈 때는 기운이 넘치다가 공양을 마치고 승원으로 돌아올 때는 오히려
기력이 떨어진 듯했다. 그리고 승원으로 들어온 공양엔 무심하였다.

뚜렷한 이유도 없이 불만이 쌓이기 시작하여 급기야 독경과 명상 수행 등을 게을리하였으며, 관심은 오직 바깥 활동뿐이었다.

'내가 이리 공부도 되지 않는데 여기 있어 봐야 무슨 소용이겠는가. 아예 밖에 나가서 열심히 사는 게 더 낫지 않을까? 그래! 내게는 1천 까하빠나의 돈도 있지 않은가? 지난번에도 동생이 내 몫이라 남겨 놓았다며 보여 주던데.'

급기야 공양도 부실하게 하면서 쇠한 기력이 얼굴로 드러나자 주위의 비구들이 걱정하여 부처님께 말씀드렸다.

"그래, 비구여! 그렇다면 네가 가진 돈이 얼마나 되느냐?"

"세존이시여! 부친이 남겨놓은 1천 까하빠나가 제 동생에게 있습니다."

"비구여! 네가 나가서 생활하려면 집도 있어야겠고, 밭도 얼마간 있어야겠으며, 밭 갈 소도 두 마리는 있어야겠고…. 그 가운데 네 돈으로 구입할 수 있는 것은 허름한 집 절반에 소 한 마리뿐이겠구나."

그제야 비구는 자기 몫이라 여긴 돈으로 실제 무엇을 살 수 있는지 처음으로 가늠해 보았는데, 용돈이 아닌 생활비로는 터무니없이 부족하였다.

"어리석은 비구여! 예전에 전륜성왕들이 손짓만으로도 금화(金貨)를 비 내리게 하였지만 그 욕망을 만족시키지 못했나니, 세속의 삶은 그와 같으니라. 이는 조그만 지혜로도 가늠될 수 있는 것이거늘, 어찌 1천 까하빠나의 작은 재물에 마음이 휘둘려 몰골이 초췌해지기까지에 이르느냐."

부처님께서 그와 모든 비구들을 위해 이와 관련된 전생담 하나를 설하니, 가르침 끝에 그 비구는 예류과를 증득하였다.

---

9) 전 천상계 신들과 존자 싸밋디(samiddhi)는 감각적 쾌락에 대해 다음과 같이 이야기하였다. "수행승이여! 그대는 젊고 머리카락이 아주 검으며 행복한 청춘을 부여받았으나 인생의 꽃다운 시절에 감각적 쾌락을 즐기지 않고 출가하였습니다. 수행승이여! 인간의 감각적 쾌락의 욕망을 즐기시오. 시간에 매인 것을 좇기 위해 현재를 버리지 마십시오." "벗이여! 나는 시간에 매인 것을 좇기 위해 현재를 버리지 않습니다. 벗이여! 세존께서는 '감각적 쾌락의 욕망은 시간에 매이는 것이요 괴로움으로 가득찬 것이며 아픔으로 가득찬 것이니, 그 안에 도사린 위험은 훨씬 더 크다. 그러나 이 가르침은 현세의 삶에서 유익한 가르침이요, 시간을 초월하는 가르침이며, 와서 보라고 할 만한 가르침이요, 최상의 목표로 이끄는 가르침이며, 슬기로운 자라면 누구나 알 수 있는 가르침이다.'라고 말씀하셨습니다."

188 세상에서 두려움에 벌벌떠는 사람들은
산속으로 달려가고 숲속으로 들어가며,
공원이나 나무와탑 그주위로 몰려들어
이런저런 처소들을 피난처로 여기나니.

或多自歸 山川樹神 廟立圖像 祭祠求福
혹여 많이들 제 스스로 귀의하기를
산간이나 하천이나 나무신에게.
묘당에 세워진 그림이나 흉상에다
제사를 지내며 복락을 구하는구나.

bahuṁ ve saraṇaṁ yanti, pabbatāni vanāni ca |
ārāmarukkhacetyāni, manussā bhayatajjitā ||
두려움에 떠는 사람들은
산으로 숲으로[10] 공원과 나무와 탑으로,[11]
실로 다양한 피난처로 나아간다.

189   사실그런 피난처는 안전하지 않거니와
       그렇다고 버금가는 피난처도 아닐지니,
       피난처라 여기고서 제아무리 도망와도
       뭇괴로움 그로부터 자유롭지 못하니라.

       自歸如是 非吉非上 彼不能來 度我衆苦
       제 스스로 귀의함이 이와 같다면
       길한 것도 아니요 으뜸도 아니기에
       그것은 온갖 괴로움에서 나를 건네주지 못한다.

       netaṁ kho saraṇaṁ khemaṁ, netaṁ saraṇamuttamaṁ |
       netaṁ saraṇamāgamma, sabbadukkhā pamuccati ||
       사실 그것은 안전한 피난처가 아니며
       그것은 최상의 피난처가 아니니,
       그런 피난처로 와서도
       모든 괴로움으로부터 자유롭지 못하다.

190 그렇지만 부처님과 부처님법 승가라는
이세곳의 피난처로 어려움을 피한자는,
완벽해진 지혜로서 고귀하고 성스러운
네가지의 진리들을 볼수있게 될것이다.

如有自歸 佛法聖衆 道德四諦 必見正慧
부처님과 부처님의 법과 성스러운 무리에
만약 어떤 이가 제 스스로 귀의하면
도덕적인 네 가지 진리를
바른 지혜로써 반드시 보게 될 것이다.

yo ca buddhañca dhammañca, saṅghañca saraṇaṁ gato |
cattāri ariyasaccāni, sammappaññāya passati ||
그러나 붓다와 법과 승가라는 피난처로 간 자는
완벽한 지혜로 네 가지 고귀한 진리들을 보게 되나니,

191 괴로움을 보게되고 괴로움의 원인또한,
     그리고는 괴로움의 극복역시 보게되며,
     괴로움이 소멸되는 그자리로 이끄는길
     여덟갈래 성스러운 그길마저 보게되리.

生死極苦 從諦得度 度世八道 斯除衆苦
태어나고 죽음은 지극히 고통스러운데
사성제四聖諦를 좇아 제도됨을 얻게 되고
세간을 건넘에는 팔정도八正道가 있나니,
이로서 온갖 괴로움을 제거하게 되리라.

dukkhaṁ dukkhasamuppādaṁ, dukkhassa ca atikkamaṁ |
ariyaṁ aṭṭhaṅgikaṁ maggaṁ, dukkhūpasamagāminaṁ ||
괴로움과 괴로움의 원인과,
그리고 괴로움의 극복을(보게 되고),
괴로움의 소멸에 이르는
고귀한 여덟 갈래[12]의 길을(보게 된다).[13]

192 그게바로 실로참된 안전하온 피난처요
     그게바로 다름아닌 가장나은 피난처니,
     바로그곳 피난처로 안심하고 들어오면
     이세상의 괴로움에 멀찌감치 벗어나리.

     自歸三尊 最吉最上 唯獨有是 度一切苦
     스스로 삼존三尊에 귀의하는 것이
     가장 상서롭고 가장 으뜸이다.
     오직 오로지 이러함이 있어야
     일체의 괴로움을 건널 수 있다.

     etaṁ kho saraṇaṁ khemaṁ, etaṁ saraṇamuttamaṁ |
     etaṁ saraṇamāgamma, sabbadukkhā pamuccati ||

     그것이 실로 안전한 피난처이며
     그것이 (실로) 최상의 피난처이다.
     그 피난처로 오면 모든 괴로움으로부터 벗어날 수 있다.

불을 뿜는 용을 굴복시킴

부처님께서 싸왓티 제따 숲의 승원에 계실 때, 큰 세력을 지닌 외도 악기닷따와 그 무리들을 굴복시킨 이야기이다.

브라만 악기닷따(Aggidatta)는 꼬쌀라국 빠쎄나디 왕의 부친인 마하꼬쌀라 (MahāKosala) 왕 때 큰 세력을 지닌 사제였다. 빠쎄나디 왕이 왕위를 물려받자 그가 가진 왕실 사제의 직위도 유지되었는데, 젊은 왕에게 너무 나이든 사제는 맞지 않다고 여겨 왕의 재가를 얻어 모든 재산을 보시해 버리고 이교도 집단으로 출가하였다.

악기닷따가 출가하자 1만 명의 사람들이 그를 따라 출가하였다. 그는 자신을 따르는 일행을 앙가와 마가다와 꾸루 등 세 나라의 국경이 맞닿은 곳에 체류시켰다. 그래서 세 나라에서 항상 새로운 출가자와 신도들이 모여들었다.

"벗들이여! 탐욕과 악의와 잔인함 같은 의롭지 못한 마음이 일어나 괴로우면 강으로 가서 단지에 모래를 담아 이곳으로 오시오. 그리고 그대들의 그러한 마음과 함께 이곳에 쏟아부어 버리시오!"

많은 사람들이 그의 지시에 따라 강변의 모래를 퍼 와서 쌓은 까닭에 얼마 후에 거대한 모래산이 생겼다. 그러자 불을 뿜는 용왕 아힛찻따(Ahicchatta)가 그 모래산을 차지하여 커다란 굴을 뚫어 놓고 그 안에서 살았다. 세 나라의 사람들은 용왕이 불을 뿜어 자신들의 탐욕과 악의와 잔인함을 태워 버린다 여겨 항상 많은 공물을 가져다 용왕에게 바쳤다.

악기닷따는 그들에게 '산을 피난처로 하고 숲을 피난처로 하며 나무를 피난처로 하여 각각 그곳에 깃든 신들에게 공양하면 모든 고통에서 벗어날 수 있다.'고 가르쳤다.

부처님께서는 제따 숲의 향실에서 악기닷따와 그를 따르는 외도의 수행승들을 멀리서 살펴보시고, 그들이 이젠 아라한의 경지에 오르거나 깨달음의 흐름에 들어올 때가 되었음을 아셨다. 그래서 그들을 교화하기 위해 우선 장로 목갈라나를 보내셨다.

장로 목갈라나가 그들의 교단이 있는 곳에 도착했을 때는 이미 날이 저물어 모든 수행자들이 각자 자기들 처소로 돌아가고 난 후였다.

"누구냐! 내 이름을 함부로 부를 사람은 이곳엔 없을 텐데."

초암에 앉아 있던 악기닷따는 장로 목갈라나가 부르는 소리에 나와 보았다.

"지나가는 수행승이오. 하룻밤 머물 수 있는 곳을 알려 주시오."

"이곳에 객을 위한 처소는 없소. 이 초암도 방이 하나뿐이니, 그냥 가시오."

"저기 건너편 모래산에 동굴이 하나 있는 듯한데, 거기 머물 수 없는가?"

"거기 머문다면 말리진 않겠다. 다만 불을 뿜는 용왕이 그곳에 머무르고 있으니, 내일 아침 그대 목숨이 성할지도 내가 장담을 못하겠노라."

장로 목갈라나가 동굴의 입구에 다가서자 용왕은 벌써 동굴 안에 앉아서 밖으로 시커먼 연기를 내뿜으며 접근을 허락하지 않았다. 그러자 장로가 더욱 짙은 연기를 동굴 속으로 집어넣었으며, 장로가 보낸 연기에 숨이 막힌 용왕이 동굴 밖으로 나오며 장로를 집어삼킬 듯 달려들었다.

그렇게 장로와 용왕이 함께 얽혀서 서로를 공박하며 모래산의 정상까지 뒤엉켜 올라갈 때 용왕이 입에서 용솟음치는 불길을 내뿜자 장로는 온몸에서 선정의 불꽃을 일으켜 용왕을 제압해 버렸다. 제압된 용왕은 자신의 몸을 똬리 틀어 장로가 앉으시게 하였으며, 거대한 후드를 펼쳐 장로를 보호하였다.

그러나 악기닷따는 모래산을 타고 오르던 거대한 불길이 점차 사라지는 것을 멀리서 바라보며 장로가 죽었으리라 짐작하고 잠자리에 들었다.

다음날 아침 악기닷따와 몇몇 추종자들이 용왕의 굴을 찾았다. 불길에 탄 흔적이 여기저기 보이는 동굴 입구에서 당연히 용왕만 모습을 드러낼 줄 알았던 사람들은 용왕의 호위를 받으며 장로 목갈라나가 모습을 드러내자 모두 놀라며 장로의 위력에 두려움까지 품게 되었다.

그때 부처님께서도 제따 숲에서 건너오셔서 그 자리에 모습을 보이시니, 장로 목갈라나가 얼른 일어나 자리를 부처님에게 내어 드렸다. 그 모습을 보던 모든 사람들이 의아해 하면서 부처님에게 더한 위압감을 느꼈다.

"세존이시다. 나는 이분의 하잘것없는 제자 가운데 한 명일 뿐이다."

장로 목갈라나의 그 한 마디에 악기닷따를 비롯한 모든 이들이 예를 취했다.

"악기닷따여! 그대는 제자를 어떻게 가르칩니까?"

"세존이시여! 저는 산을 피난처로 하고 숲을 피난처로 하며 나무를 피난처로 하여 각각 그곳에 깃든 신들에게 공양하면 모든 고통에서 벗어날 수 있다고 가르칩니다."

"악기닷따여! 그 모든 것은 진정한 피난처가 될 수 없습니다. 깨달은 님과 그 가르침과 참된 모임을 귀의처로 하는 자가 일체의 고통에서 벗어날 수 있을 뿐입니다."

그리고 들려주신 게송과 가르침에 악기닷따는 아라한의 경지에 올랐으며, 그를 따르던 수행자들은 각기 예류과 등을 성취하였다. 그들 모두는 이내 출가하여 부처님의 제자가 되었다.

---

10) 대지가 주로 평원인 인도에선 산과 숲이 난리를 피해 숨을 수 있는 곳이며, 또한 수행자들이 머무는 곳이기에 내면적으로는 마음을 의지할 수 있는 곳으로 여긴다.

11) 공원은 백성들이 안락을 위해 모이는 곳이요, 나무는 신이 머무는 집이란 의미로 신가(神家)이며 탑은 훌륭한 성인의 무덤이니, 일반적으로 이 세 곳을 두려움을 떨치기 위한 귀의처(歸依處)로 여긴다.

12) 괴로움의 소멸로 이끄는 길의 거룩한 진리[八聖道, ariya aṭṭhaṅgika magga]를 말하고 있으니, 그에 해당하는 빠알리어는 다음과 같다. ① 올바른 견해[正見, sammā-diṭṭhi], ② 올바른 사유[正思惟, sammā-saṅkappa], ③ 올바른 언어[正語, sammā-vācā], ④ 올바른 행위[正業, sammā-kammanta], ⑤ 올바른 생활[正命, sammā-ājīva], ⑥ 올바른 정진[正精進, sammā-vāyāmo], ⑦ 올바른 새김[正念, sammā-sati], ⑧ 올바른 삼매[正定, sammā-samādhi].

13) 사성제(四聖諦)를 말하고 있으니, 그에 해당하는 빠알리어는 다음과 같다. ① 고성제는 'dukkha[괴로움]ṁariya[거룩한]sacca[진리]ṁ'으로 괴로움이라는 거룩한 진리이며, ② 집성제는 'dukkha-samudaya[발생]ṁariyasaccaṁ'으로 괴로움의 발생이라는 거룩한 진리이며, ③ 멸성제는 'dukkha-nirodha[소멸]ṁariyasaccaṁ'으로 괴로움의 소멸이라는 거룩한 진리이며, ④ 도성제는 'dukkha-nirodha-gāminī[가는]paṭipadā[노정] ariyasaccaṁ'으로 괴로움의 소멸로 나아가는 노정(路程)이라는 거룩한 진리를 말한다.

193 붓다처럼 걸출한분 찾아뵙기 어렵나니
그런분은 함부로막 태어나지 않느니라.
어디이건 현명한분 태어나신 그가문은
평온키도 하거니와 더불어서 번성하리.

明人難値 亦不比有 其所生處 族親蒙慶
(사리에) 밝은 사람은 어렵게 만나나니,
또한 자주 있는 것도 아니다.
그가 태어난 곳은
가족과 친척이 경사스러움을 입게 된다.

dullabho purisājañño, na so sabbattha jāyati |
yattha so jāyati dhīro, taṁ kulaṁ sukhamedhati ||
(부처님처럼) 걸출한 인물은 찾기 어렵나니,
그는 아무 곳에서나 태어나지 않는다.
어디건 현명한 이가 태어난
그 가문은 평온하게 번성한다.

고귀한 이가 태어나는 곳

부처님께서 싸왓티 제따 숲의 승원에 계실 때, 고귀한 이는 어떤 곳에서 태어나는가 하는 아난다의 의문에 대한 이야기이다.

'순종(純種)이라는 것이 있지 않은가? 종자가 좋은, 그래서 고귀한 코끼리나 말이나 황소들이 있지 않은가.'

어느 날 장로 아난다는 처소에 앉아 이런 상념에 빠졌다.

'고귀한 코끼리는 찻단따(Chaddanta)종과 우뽀싸타(Uposatha)종에서 유래하는 것으로 알려져 있고, 고귀한 말은 말의 귀족이라 일컬어지는 왈라하까(Valāhaka)종에서 유래하며, 고귀한 황소는 닥키나빠타(Dakkhiṇapatha)종에서 유래하는 것으로 알려져 있다. 그렇다면 사람 가운데 고귀한 이, 고귀한 태생의 사람이란 어디에서 오는 것인가?'

아난다가 자신의 의문을 다음날 부처님께 여쭤보았더니, 부처님께서 말씀하셨다.

"아난다여! 고귀한 태생의 사람이란 아무 곳에서나 태어나는 것은 아니다. 3백 요자나의 너비와 9백 요자나의 둘레를 갖춘 지역의 중앙[14]에서 그들이 태어난다. 그리고 그들은 비록 그런 지역의 중앙이라도 왕족이나 브라만의 가문에서만 태어나느니라."[15]

---

14) 지역 가운데 '가운데 지역[中央]', 혹은 나라 가운데 '가운데 나라[中國]'에 대해 선호하는 개념은 보편적인 것이다. 항상 자신들을 '가운데 나라[中國]'라 일컬어 온 중국이 역사상 한 차례 변방의 나라로 스스로 일컬었던 때가 있었으니, 불교권에서 부처님을 '가운데 나라[中國]'에서 태어난 성인으로 보고는 자신들의 나라를 그것의 변방 국가로 여겼던 것이 그것이다.

15) 불교는 사성 계급 제도를 기반으로 하는 브라만교에 비해 고귀한 이로 일컬을 수 있는 사람의 구분에 대해 절대적인 제한을 갖지 않는 것이 분명하다. 게송 396번의 관련 각주 내용에서도 알 수 있듯이, 브라만교에서조차 후기의 일부 우빠니샤드를 통해 고귀한 이의 판단 기준을 태생이 아닌 여타의 후천적인 상태로 규정지으려는 노력이 있었다는 점을 미루어 보건대, 본 게송의 의미는 다분히 비불교적(非佛敎的)이거나 그 내용에 숨겨진 다른 의미가 있다고 보아야 한다. ⇒ 죄 '사성 계급'

194 깨달으신 분들께서 나오심이 기쁨이요
나오셔서 좋은법을 가르치니 기쁨이며,
그가르침 따르시는 승가화합 기쁨이요
화합이룬 스님들의 고행또한 기쁨이리.

諸佛興快 說經道快 衆聚和快 和則常安
모든 부처님께서 일어나심은 기쁜 일이요
상법常法의 도리를 말해 주심도 기쁜 일이며,
대중이 모여 화합함은 기쁜 일이요
(대중이) 화합한즉 항상 편안하리라.

sukho buddhānamuppādo, sukhā saddhammadesanā |
sukhā saṅghassa sāmaggī, samaggānaṁ tapo sukho ||
깨달은 이들의 출현은 기쁘고
좋은 법의 가르침은 기쁘며,
승가의 화합은 기쁘고
화합을 이루고 있는 이들의 고행[16]은 기쁘다.

* 194

행복이란 무엇인가

부처님께서 싸왓티 제따 숲의 승원에 계실 때, 비구들이 모여서 행복이란 무엇인가에 대해 담론하던 이야기이다.

어느 때 5백 명의 비구들이 한자리에 모여서 행복이란 무엇인가 하는 문제를 가지고 열띤 토론을 벌이고 있었다.

"왕이 되어 천하를 마음대로 통치하는 것만큼 행복한 것이 없을 테지."

"왕도 사람이니, 사람에게는 감각적 쾌락으로 인한 행복이 최고지!"

"아닐세! 그것은 곁에서 보고 남의 것을 볼 때 그럴 뿐이지, 무엇보다 하얀 쌀밥에 고기를 구워서 먹고 있을 때의 행복이 최고지!"

5백 비구들은 각자 자기들이 처했던 환경이나 앞으로의 감각적인 바람에 따라 이야기를 나누고 있을 뿐이었다.

부처님께서 그들이 이야기를 나누고 있는 곳으로 오셔서 무엇하고 있는지 물었다. 그리고 그들 가운데 몇몇 비구들의 의견을 들으시고는 말씀하셨다.

"수행승들이여! 그대들이 행복이라 일컫는 것 가운데 윤회의 굴레에서 벗어난 것이나 벗어나고자 하는 것은 하나도 없구나. 그 모든 행복이란 것이 결국은 윤회의 고통에 속하는 것이다. 반면에 여래의 출현, 여래의 가르침에 귀를 기울임, 그리고 승가의 화합, 이 세 가지야말로 진정한 행복이다. 그러한 것들이 곧 윤회에서 벗어나게 해주는 것이기 때문이다."

---

16) 고행(苦行, tapo)은 '열을 내다(√tap)'라는 동사에서 온 말인데, 결국 부처님께서 포기하신 수행법인 까닭에 불교에서 이 말이 사용될 경우에는 본래의 의미보다 수행이나 두타행(頭陀行, dhutaṅga)의 의미로 쓰이며, 고행 그 자체가 목적이 아니라 수행의 강도가 고행에 가까울 정도로 열심히 정진함을 나타내기도 한다.

195 실제보다 부풀려진 모든것을 극복하고
슬픔탄식 가득담긴 물결건너 닿으신분,
부처님을 위시하여 聲門제자 모든분들
숭앙받을 그분들을 숭앙하는 사람이면,

見諦淨無穢 已度五道淵 佛出照世間 爲除衆憂苦
진리를 보셨기에 깨끗하여 더러움이 없으며
이미 다섯 길의 깊은 못을 건너신 부처님께서
(이 세상에) 나시어 세간을 비추는 것은
중생의 근심과 고통을 제거해 주기 위해서이다.

pūjārahe pūjayato, buddhe yadi va sāvake |
papañcasamatikkante, tiṇṇasokapariddave ||
부풀려짐[17]을 극복하고 비탄의 물결[18]을 건넌
부처님들이나 성문聲聞제자들인
숭앙받을 만한[19] 이들을 숭앙하는 자의 경우,

196 열정에서 자유롭고 두려움을 벗어나신
그리되신 그분들을 숭앙하는 사람이면,
그 공덕은 누구라서 제아무리 가늠해도
공덕은 이 만큼일세 라고 하기 어렵니라.

士如中正 志道不慳 利哉斯人 自歸佛者
선비로서 만약 치우치지 않은 채 바르며
도道에 마음 두길 인색하지 않으면
이롭도다! 이 사람이여!
스스로 부처님께 귀의한 자여!

te tādise pūjayato, nibbute akutobhaye |

na sakkā puññaṁ saṅkhātuṁ, imettamiti kenaci ||

열정에서 자유로우며 두려움을 벗어난
그런 그들을 숭앙하는 자의 경우
(그) 공덕은 그 누구에 의해서도
'이것은 이만큼이다.'라고 가늠되기 불가능하다.

응당 공양해야 할 대상

부처님께서 싸왓티에서 바라나씨로 유행을 나가시던 어느 때, 깟싸빠 부처님의 황금탑과 관련된 이야기이다.

한때 부처님께서 싸왓티를 출발하여 바라나씨로 유행하시던 도중에 많은 수행자들에 둘러싸여 또데이야(Todeyya) 마을의 한 신사에 도착하셨다.

"아난다여! 너는 저기 들녘에서 밭을 갈고 있는 브라만을 데려오너라."

부처님께선 시자인 장로 아난다를 시켜 신사로부터 건너다보이는 곳에서 일을 하고 있는 한 브라만을 데려오게 하였다. 불려온 브라만은 신사 앞에 이르자 사람을 시켜 자기를 부른 부처님에게 예를 취하는 것이 아니라, 신발을 벗어 놓고 신사의 자그마한 앞뜰에 올라가 신사의 신에게 정중히 경배드렸다.

부처님께서 참배를 마치고 돌아서 나오는 브라만에게 말했다.

"브라만이여! 이곳을 어떻게 생각하십니까?"

"존자 고따마여! 저는 오랜 전통을 지닌 탑묘에 참배하는 것입니다. 이는 오래전부터 해왔던 일이며, 앞으로 자손들도 할 일이기도 합니다."

"브라만이여! 오랜 전통을 지닌 탑묘에 참배하는 것은 훌륭한 일입니다."

부처님께서 칭찬해 주시자 브라만은 매우 만족해 하는 모습이었다.

부처님께서는 그렇게 브라만을 흐뭇하게 해주신 다음, 신통력으로 깟싸빠 부처님의 황금탑을 신당의 너른 앞마당에 한 요자나 높이로 솟아오르게 하여 너른 들녘의 멀리서도 보일 수 있도록 해놓으신 후 말씀하셨다.

"브라만이여! 참배는 이렇게 응당 공양을 받으실 만한 분에게 공양하는 것이 더욱 훌륭한 것입니다."

그리고는 탑묘를 세울 가치가 있는 네 분에 대해 대중들에게 말씀하셨다.

"수행승들이여! 오직 네 부류를 위해 탑묘를 세울 가치가 있느니라. 네 부류란, 즉 부처님과 연각불과 그분들의 거룩한 제자들과 전륜성왕이니라."

그리고 그러한 네 부류의 분들을 위해 세우는 탑묘에도 세 가지 유형이 있다고 말씀하셨다.

세 가지 유형이란, 첫 번째가 신체의 탑묘(sarīracetiya)이니, 화장한 유골인 사리를 봉안한 탑묘를 말한다. 두 번째가 기념의 탑묘(uddissacetiya)이니, 그분을 상기시킬 수 있거나 기념할 수 있는 무엇을 봉안한 탑묘를 말한다. 세 번째가 유품의 탑묘(paribhogacetiya)이니, 유골인 사리가 아닌 그분의 유품을 봉안한 탑묘를 말한다.

이와 같이 이르시고, 부처님께선 브라만 농부와 비구들에게 다시 이르셨다.

"누구든지 이와 같이 존경할 만한 성자들을 찾아 예배하고 공경할 때 그것이 공덕이 되는 것이며, 여래의 뜻을 잘 음미하여 그것을 실천할 때 복이 생겨나는 법이니라."

가르침 끝에 브라만 농부는 예류향에 들게 되었다.

한편, 부처님의 신통력으로 나타난 깟싸빠 부처님의 황금탑은 이레 동안 솟아 있어서 많은 사람들의 예경처가 되었다. 그리고 그 이후 부처님의 뜻에 따라 탑은 사라지고 그 자리에 커다란 석탑이 세워졌다.

---

17) 부풀려짐이란 희론(戲論, papañca)을 말한다. 'pañca'는 숫자 다섯을 의미함과 동시에 다섯 손가락이 펼쳐진 손의 상태를 가리키는데, 강조접두사 'pa-'가 첨부되어 '지나치게 펼친 손'이란 의미에서 희론을 일컫게 된 것이다. 稛 희론에는 갈애와 견해 및 자만에서 만들어진 세 가지 희론이 있으며, 인식 과정에 대한 설명을 통해 희론의 발생에 대해 서술한 경전의 내용은 다음과 같다. "벗이여! 눈과 형상을 조건으로 시각 의식이 생겨난다. 이 세 가지의 만남이 접촉이다. 접촉을 조건으로 감수가 생겨나고, 감수되는 것을 지각하며, 지각된 것을 사유하고, 사유한 것을 희론한다. 그 때문에 희론된 지각으로 특징지어지는 개념(槪念)은 과거, 현재, 미래에서 눈에 의해 식별될 수 있는 형상에 관해서 그 사람을 공략한다."

18) 'pariddava'의 어원은 동사 '√dru'로서 '흐름, 물결'을 의미하나 'upaddava'와의 혼동으로 인해 '비탄'이라는 의미를 지니게 되었다. 'pariddava'는 항상 'soka'와 복합어를 이루어 사용되는 까닭에 'sokapariddava'는 '비탄과 슬픔'이란 의미보다는 '비탄의 물결'로 풀이되는 것이 타당하다. 혹은 '비탄(soka)'과 '슬픔(pariddava)'의 의미에 차이를 둠으로써 '비탄과 슬픔'이라 하기도 한다.

19) '숭앙(pūja)받을 만한(araha)'이란 표현은 아라한(阿羅漢, arhat)과도 통하는 의미를 지니고 있는데, 그 어원은 동사 '√arh(~할 가치가 있다)'로서, 수행을 위해 숲에 들어가 있는 분들로서 자신 몫의 먹거리를 흔쾌히 나누어드릴 만한 가치가 있는 수행자에 대한 존경을 나타낸다.

第15章

······································

सुखवग्गो

행복으로 이끄는 장

안녕품
安寧品

······································

197 미움품은 사람들이 내주위에 가득해도
미움갖지 아니하고 행복하게 살아가자.
미움품은 사람들이 사방천지 널렸어도
미움갖지 아니하고 편안하게 머무르자.

我生已安 不慍於怨 衆人有怨 我行無怨
나의 삶이 이미 편안함은
원망한 것에 성내지 않았기에.
뭇사람들 모두 원망을 품더라도
나는 원망이 없도록 행하리라.

susukhaṁ vata jīvāma, verinesu averino |
verinesu manussesu, viharāma averino ||
미움을 품은 사람들 가운데에서도
미움을 품지 않고 참으로 행복하게 살아가자!
미움을 품은 사람들 가운데에서도
미움을 품지 않고 머무르자!

198　병이들어 아픈이들 내주위에 가득해도
　　　병에들지 아니하고 행복하게 살아가자.
　　　병이들어 아픈이가 사방천지 널렸어도
　　　병에들지 아니하고 편안하게 머무르자.

　　　我生已安 不病於病 衆人有病 我行無病
　　　나의 삶이 이미 편안함은
　　　병앓이 할 것에 병앓이 하지 않았기에.
　　　뭇사람들 모두 병앓이 하더라도
　　　나는 병앓이가 없도록 행하리라.

　　　susukhaṁ vata jīvāma, āturesu anāturā |
　　　āturesu manussesu, viharāma anāturā ||
　　　병든 이들 가운데에서도
　　　병들지 않은 자가 되어 참으로 행복하게 살아가자!
　　　병든 이들 가운데에서도
　　　병들지 않은 자가 되어 머물러야 한다.

199 탐욕스런 사람들이 내주위에 가득해도
탐욕에서 벗어나서 행복하게 살아가자.
탐욕스런 사람들이 사방천지 널렸어도
탐욕에서 벗어나서 편안하게 머무르자

我生已安 不感於憂 衆人有憂 我行無憂
나의 삶이 이미 편안함은
걱정할 것에 근심하지 않았기에.
뭇사람들 모두 근심을 지니더라도
나는 근심이 없도록 행하리라.

susukhaṁ vata jīvāma, ussukesu anussukā |
ussukesu manassesu, viharāma anussukā ||
탐욕스런 사람들 가운데에서도
탐욕을 벗어나서 참으로 행복하게 살아가자!
탐욕스런 사람들 가운데에서도
탐욕을 벗어나서 머무르자!

싸끼야족과 꼴리야족의 물꼬 싸움

부처님께서 싸끼야 지방에 가셨을 때, 로히니 강의 강물 문제로 일어난 다툼을 평화롭게 해결하신 일에 관한 이야기이다.

부처님의 친가가 있는 싸끼야족과 외가가 있는 꼴리야(Koliya)족은 로히니(Rohiṇī) 강을 경계로 맞닿아 있으며, 같은 로히니 강물을 끌어들여 농사를 짓고 살았다.

그러던 어느 해 가뭄이 심하게 들어 로히니 강물로도 두 지역의 농지를 흡족히 적셔 주지 못하는 지경에 이르렀다. 서로 필요한 만큼의 물을 끌어가려는 물꼬 싸움은 밭에서 일하는 몇몇 농부로부터 시작되었다.

"우린 이제 한 차례만 물을 대면 된다 말이야. 우리가 끌고 가겠네."

"무슨 소린가! 우리도 한 차례면 끝나네. 자네들에게 물 한번 양보했다가 우린 농사 망치고, 나중에 자네 동네로 가서 빌어먹으란 말인가?"

"우리는 양보할 수 없다! 꼴리야족, 이 문둥이들아! 우리가 대추나무 밑에서 동물처럼 살았던 네놈들 때문에 절대 피해를 볼 수는 없다!"

"우리도 양보할 수 없다! 싸끼야족, 이 개돼지만도 못한 놈들아! 누이 집에나 얹혀사는 네놈들에겐 조금도 양보할 마음이 없다!"

감정적으로 커져 간 물꼬 싸움은 지역 유지와 관리를 거쳐 급기야 두 왕국의 왕실에까지 파급되어 두 나라는 결국 전쟁을 준비하게 되었다.

부처님께서 우연히 싸끼야 지역을 들르셨다가 나라가 때 아닌 전쟁 준비를 하는 것을 보시고 전쟁을 시작하려던 곳으로 나가서 말씀하셨다.

"싸끼야족의 대왕이시여! 그리고 꼴리야족의 대왕이시여! 그대들은 어이하여 그대 백성들의 핏물로 강물을 대신하려 하십니까? 미움과 탐욕이 일어나는 곳에서 미움과 탐욕을 벗어날 수 있어야만 그 모든 것을 여의고 행복하게 살 수 있다는 것을 잊지 말아야 할 것입니다."

급기야 두 부족은 날카롭게 세웠던 감정과 무기를 내려놓고 서로 끈기 있게 대화하고 타협하여 그해의 큰 가뭄을 이길 수 있게 되었다.

200 애초에는 아무것도 가진것이 없던우리
그런우리 바라보며 행복하게 살아가자.
그리하면 우리들도 하늘위의 光音天들
행복먹고 사는천신 그들처럼 될것이다.

我生已安 淸淨無爲 以樂爲食 如光音天
나의 삶이 편안함은
맑고 깨끗하며 억지가 없었기에.
즐거움을 가져다 먹거리 삼으니
마치 광음천光音天 같으리라.

susukhaṁ vata jīvāma, yesaṁ no natthi kiñcanaṁ |
pītibhakkhā bhavissāma, devā ābhassarā yathā ||
아무것도 존재하지 않더라도
그런 자신들을 위해 참으로 행복하게 살아가자!
참으로 행복하게 살아가자.
(그러면) 우리는 행복을 먹고 사는
(천상의) 광음천[1]들처럼 될 것이다.

*200
기쁨을 먹거리로 삼는 이

부처님께서 브라만 마을인 빤짜쌀라에 잠시 계실 때, 죽음의 왕 마라와 관련된 이야기이다.

어느 축제일에 빤짜쌀라(Pañcasālā)의 5백 명 처녀들이 강변에서 목욕을 하고 몸가짐을 바르게 한 다음에 마을로 돌아가고 있었다.

그에 앞서 부처님께서 빤짜쌀라에 들어가 탁발을 하셨다. 하지만 축제가 한 창이어서 들뜬 마을 사람들을 죽음의 왕 마라가 맑은 정신이 들지 못하게 해놓은 까닭에 일곱 집 가운데 한 집에서도 공양을 얻지 못한 채 빈 발우로 마을을 벗어날 수밖에 없었다.

부처님께서 얼마쯤 마을을 벗어났을 때 마라가 나타나 빈정거렸다.

"수행자여! 그대는 오늘 공양을 조금도 얻지 못했는가 보오?"

"그렇다, 마라여! 네가 장난을 쳐 놓아서 오늘은 발우가 비었다."

"그렇다면 지금 다시 들어가 보면 어떻겠소? 나는 가만있을 테니."

마라는 부처님께서 마을로 다시 들어가시면 마을 사람들로 하여금 박수 치고 웃으며 조롱하도록 만들어 놓고 또다시 골탕을 먹이려는 생각이었다. 그러나 이미 일곱 집을 거친 까닭에 마라의 말에 신경을 쓰지 않고 있는데, 마침 마을로 돌아가는 5백 명의 처녀들이 부처님을 뵙고 다가와 예를 취하고 법을 듣기 위해 주위로 둘러앉았다.

"존자여! 그대는 한 모금의 음식도 얻지 못했으니, 굶주린 몸으로 어디 법문이나 할 수 있을는지 모르겠소이다."

마라는 처녀들이 들으라는 듯이 큰 소리로 말하니 부처님께서 말씀하셨다.

"어리석은 마라여! 여래는 오늘 아무 공양도 얻지 못했지만, 마치 천상의 광음천들이 그러하듯, 희열의 지복(至福)을 음식으로 삼아 지내느니라."

1) 광음천(光音天, ābhassara)은 색계 18천의 하나이다. 제2선천(禪天) 중에서 가장 높은 자리에 있는 하늘로, 무량광천(無量光天)의 위 소정천(少淨天)의 아래에 속한다. 이곳의 중생들은 소리 없이 바른 마음으로부터 빛을 발산하며, 빛으로 그 뜻을 전달한다고 하여 광음천이라 한다.

201 승리한자 자궁에는 증오씨앗 뿌려지고
패퇴한자 뇌리에는 고통의싹 피어나리.
승리패퇴 그모두를 미련없이 내버리고
평온해진 사람만이 편안하게 잠이드리.

勝則生怨 負則自鄙 去勝負心 無爭自安
승리는 원한을 낳게 하고 패배는
스스로 천하게 여기게끔 하나니,
이겼다 졌다는 마음을 떨쳐 버리고
다툼을 없애면 저절로 편안하리라.

jayaṁ veraṁ pasavati, dukkhaṁ seti parājito |
upasanto sukhaṁ seti, hitvā jayaparājayaṁ ||
승리는 증오를 잉태하며
패퇴된 이는 고통스럽게 잠든다.
(그러나) 승리와 패퇴를 버리고 평온해진 자는
편안하게 잠든다.

* 201

전쟁에 패한 왕

부처님께서 싸왓티 제따 숲의 승원에 계실 때, 꼬쌀라국 왕이 전쟁에서 자신의 조카에게 패한 이야기이다.

꼬쌀라국의 왕 빠쎄나디에게 누이가 있었는데, 그녀는 마가다국의 왕 빔비싸라에게 시집을 가서 아자따쌋뚜를 낳았다. 후에 데와닷따의 꼬임에 빠진 그는 부왕을 유폐시켜 굶겨 죽이고 왕이 되었으며, 꼬쌀라국으로 쳐들어가 외삼촌인 빠쎄나디 왕을 세 차례나 전쟁에서 크게 패퇴시키고 많은 영토를 마가다국으로 귀속시켰다.

'조카인 저 유치한 애송이에게 내가 세 차례나 패하다니. 내가 이젠 늙었단 말인가! 이렇게 더 살아 봤자 무슨 소용인가!'

전쟁에 연이어 패한 뒤 자신에게 실망한 빠쎄나디 왕이 식음을 전폐하고 침대에 누워 있기만 한다는 소식은 승원에 계신 부처님에게까지 들렸다.

부처님께선 수행승들이 모두 모인 법회에서 말씀하셨다.

"수행승들이여! 전쟁에서 패퇴는 물론이요, 승리 또한 증오만 잉태할 뿐이다. 승리건 패퇴건 전쟁으로 인한 모든 결과는 후회스러운 것일 뿐이다. 시비(是非)를 버려 전쟁이 존재하지 않을 때 승리와 패퇴, 둘 또한 존재하지 않을 것이니, 그로 인해 평온해진 자만이 편안하게 잠들 수 있느니라."

202 탐욕만한 거센불길 그어디도 존재않고
     성냄만한 드센죄악 어디라도 없을게요.
     五蘊만한 괴로움은 존재하지 않을거며
     평온보다 낫다고할 즐거움은 없으리라.

     熱無過婬 毒無過怒 苦無過身 樂無過滅
     열뇌熱惱는 음욕을 지나는 것이 없고
     독기毒氣는 성냄을 지나는 것이 없으며
     괴로움은 육신을 지나는 것이 없고
     즐거움은 적멸을 지나는 것이 없다.

     natthi rāgasamo aggi, natthi dosasamo kali |
     natthi khandhasamā dukkhā, natthi santiparaṁ sukhaṁ ||
     탐욕만 한 불길은 존재하지 않으며
     성냄만 한 죄악은 존재하지 않으며
     오온五蘊만 한 괴로움은 존재하지 않으며
     평온平穩보다 더 나은 즐거움은 존재하지 않는다.

* 202
신부에게 혼이 빠진 신랑

부처님께서 싸왓티 제따 숲의 승원에 계실 때, 결혼식 날 신부에게 혼이 빠져 제 할 일을 하지 못하던 신랑에 대한 이야기이다.

싸왓티 어느 부호의 딸이 결혼을 하게 되었다. 평소 부처님과 승단에 많은 공양을 올렸던 부호는 딸의 결혼식에 부처님과 80명의 장로를 초대하였다.

결혼식이 치러지는 부호의 집 큰 마당의 제일 밝은 쪽으로 부처님과 장로들을 위한 공양처가 여법하게 마련되어 있었다.

신부는 막 도착한 부처님과 장로들을 공양처로 안내하는 한편, 공양 시중을 들기 위해 물을 걸러서 드리기도 하고 다른 일도 하며 이곳저곳으로 돌아다녔다. 그런데 한창 바쁜 모습의 신부와는 달리, 신랑은 공양처 한쪽에 멍청히 앉아서 바삐 오가는 신부만 눈으로 쫓아가며 바라볼 뿐, 아무것도 하지 않고 있었다.

'내가 드디어 저 여인과 결혼을 했어. 이제 내가 저 여인의 남편이야. 오늘 저녁이면 평소에 그리 꿈꾸던 그녀와….'

그는 부처님과 80명의 장로들은 물론, 그 이후에 새롭게 도착하는 손님들이 그의 앞을 지나가도 신부에게 넋을 잃고 있었기에 흡사 그들이 보이지 않는 듯 행동하고 있었다.

그러자 부처님께서 그의 마음을 읽고 그가 신부를 더 이상 보지 못하도록 만들었다. 그러자 그는 두리번거리다 비로소 부처님을 뵙게 되었다.

"젊은이여! 탐욕만 한 불길은 존재하지 않느니라. 그대가 탐욕의 불길을 벗어나 평온을 찾을 수 있어야만 참된 즐거움을 얻을 수 있을 것이다."

부처님의 이러한 가르침 끝에 정신이 든 신랑은 신부와 더불어 모두 예류향에 들었다.

203 배고픔은 무엇보다 지독타할 질병이요
     집착이란 무엇보다 가혹타할 괴롬이니,
     그렇게들 올바르고 바르게만 안다하면
     열반이곧 큰즐거움 이사실을 깨달으리.

     飢爲大病 行爲最苦 已諦知此 泥洹最樂
     굶주림은 커다란 병을 만들고
     (잘못된) 행위는 최고의 고통을 만든다.
     이미 이것을 자세히 알았다면
     열반이 최고의 즐거움이(라는 것을 깨닫게 되리)다.

     jighacchāparamā rogā, saṅkhārāparamā dukhā |
     etaṁ ñatvā yathābhūtaṁ, nibbānaṁ paramaṁ sukhaṁ ||
     배고픔은 가장 혹독한 질병이며,[2]
     집착은 가장 지독한 괴로움이다.
     그렇게 올바르게 알면
     열반이 가장 큰 즐거움이(라는 것을 깨닫게 된)다.

* 203
굶주린 자, 먼저 먹이시고

부처님께서 싸왓티 제따 숲의 승원에 계실 때, 한 지방으로 법문을 나가셨을 때 배곯은 이를 우선 먹이시고 법문하신 이야기이다.

한때 부처님께서 멀리 알라위(Āḷavī) 지방의 한 가난한 농부가 교화될 인연이 되었음을 아시고 5백 명의 비구들과 함께 그 지방으로 탁발을 가셨다.

부처님께서 5백 비구들과 오신다는 소식에 알라위 지방의 사람들은 외딴 곳의 변변찮은 살림이나마 정성스런 공양을 준비하여 부처님과 일행을 맞아 여법하게 공양을 올렸다. 그리고 공양 끝에 모두 부처님의 법문을 기다렸다.

그런데 가난한 농부는 그날 아침 한 마리뿐인 소를 잃어버려서 소를 찾아다 놓고 오는 바람에 공양 법회에 많이 늦게 도착하였다.

부처님께선 법문 자리에 오르시고도 아무 말씀 없으신 채 제법 오랜 시간을 지체하시기에 몇몇 장로가 다가가 말씀드렸으나 별 반응이 없으셨다. 그러다 가난한 농부가 늦게나마 헐레벌떡 법회장으로 들어오는 모습을 보셨다.

"저 농부에게 스님들이 남겨 둔 음식을 주어 허기를 면하게 하시오."

농부가 식사를 마치고 안정을 취하는 듯하자 그제야 법문을 하셨다. 그리고 그 법문 끝에 농부는 예류과를 성취하였다.

"세존이시여! 많은 사부대중이 기다리는 가운데 한 농부에게, 그것도 승단에 제공된 음식을 먹게 하신 것은 별다른 뜻이 있어서였습니까?"

다시 알라위를 떠나 승원으로 돌아오는 길에 한 장로가 여쭤보았다.

"여래가 오늘 그대들과 함께 알라위로 탁발을 나간 것은 단지 그 한 농부를 위해서였느니라. 그리고 배고픔은 가장 혹독한 질병보다 더한 것이니, 소를 찾아서 데려다 놓느라 배를 곯은 상태라면 아무리 돈독한 신심을 가지고 있더라도 법에 귀를 기울이는 데 방해가 되겠기에 그리한 것일 뿐이니라."

---

2) 囷 다른 질병은 의학적으로 치료하여 퇴치하거나 증상을 감소시켜 제거할 수 있으나, 굶주림은 끊임없이 치유를 반복해야 하는 까닭에 모든 질병 가운데 가장 혹독하다 말한 것이다.

204 질병에서 자유로움 가장크게 얻은게요
대상에게 만족하면 가장크게 가진재산,
믿을만한 친구라면 가장귀한 친족이며
열반이란 당연히도 가장으뜸 복락이리.

無病最利 知足最富 厚爲最友 泥洹最樂
병 없음이 가장 큰 이익이요
만족을 앎이 최상의 부귀니라.
두터이 할 줄 앎은 최상의 벗이 되며
열반이 최고의 즐거움이다.

ārogyaparamā lābhā, santuṭṭhiparamaṁ dhanaṁ |
vissāsaparamā ñātī, nibbānaṁ paramaṁ sukhaṁ ||
질병에서 자유로움은 가장 크게 얻은 것이며
만족해 함은 가장 큰 재산이다.
신뢰(할 수 있는 친구)는 최상의 친족이며
열반은 최상의 즐거움이다.

* 204
# 꼬쌀라국의 먹보 빠쎄나디

부처님께서 싸왓티 제따 숲의 승원에 계실 때, 꼬쌀라국의 왕 빠쎄나디가 먹보였다가 음식을 절제하게 된 이야기이다.

애초에 꼬쌀라국의 빠쎄나디 왕은 먹보여서 됫박 분량의 밥을 지어 온갖 요리와 양념과 함께 혼자서 다 먹었다. 심지어 왕은 부처님을 뵙는 날 아침에도 식욕을 참지 못하고 평상시대로 먹고는 승원에 와서 부처님께 예를 갖춘 후 법문 때 졸거나 피곤해 하며 먼저 물러나 있기도 하였다.

"세존이시여! 저는 식후에 항상 지나친 졸음 때문에 괴롭습니다."

"대왕이시여! 과식은 언제나 고통을 가져다줍니다. 알맞게 드십시오."

그리고 왕에게 한 수의 게송을 일러 주었다.

'언제나 새김을 확립하고 알맞은 식사 분량을 아는 사람은 괴로운 느낌이 적어지고 목숨을 보존하여 더디게 늙어 가리.'

게송을 도저히 욀 자신이 없는 왕은 조카인 쑤닷싸나(Sudassana)에게 외워서 필요할 때 들려주도록 했다. 그러자 부처님께서 쑤닷싸나에게 말씀하셨다.

"쑤닷싸나여! 그대는 왕이 식사하고 계시면 기다렸다가 마지막 밥 한 덩어리를 왕이 들려고 할 때 이 시를 읊어 주도록 하여라. 그러면 왕은 마지막 한 덩어리의 밥을 먹지 않을 것이다. 그럴 경우 왕의 요리사에게 명하여 그 분량만큼 다음 식사를 지을 때 쌀을 덜도록 하면 될 것이니라."

쑤닷싸나는 부처님께서 말씀하신 그대로 시행하였다. 그랬더니 차츰 빠쎄나디 왕의 식사 분량이 줄었으며, 결국 한 홉 분량의 밥으로 만족하였고 몸도 날씬해져 건강을 되찾았다.

"세존이시여! 저는 이제 행복합니다. 조카와 다투기도 했었는데, 얼마 전에 공주 와지라를 아내로 주었습니다. 그리고 보니 주위의 모든 일이 잘 풀리어 만족과 행복을 만끽하고 있습니다."

"대왕이시여! 질병에서 자유로움은 가장 크게 얻은 것이며…."

부처님의 가르침을 듣고 많은 이들이 예류향에 들게 되었다.

205 　고독이란 어떠한지 고요함이 어떠한지
　　거기에다 法喜까지 철저하게 맛본자는,
　　모든죄악 멀리여읜 자유로운 자가되어
　　세상온갖 두려움에 자유로운 자되리라.

　　解知念待昧 思將休息義 無熱無饑想 當服於法味
　　심사숙고하며 기다리는 맛을 깨달아 알고
　　쉬어 가는 의미를 사유思惟하여 지니면
　　열뇌熱惱가 없고 주림이 없는 생각은
　　응당 법의 맛을 음미하게 되리라.

　　pavivekarasaṁ pitvā, rasaṁ upasamassa ca |
　　niddaro hoti nippāpo, dhammapītirasaṁ pivaṁ ||
　　철저한 고독의 맛과 적정寂靜의 맛을 들이키고[3]
　　법희法喜의 맛을 본 자는
　　죄악에서 자유로우며
　　두려움에서 자유로운 자가 된다.

여래께서 열반에 드신다니

부처님께서 웨쌀리(Vesālī)[4]에 계실 때, 장로 띳싸와 관련된 이야기이다.[5]

부처님께서 곧 반열반에 드실 것을 미리 아시고 제자들에게 말씀하셨다.

"수행승들이여! 여래는 넉 달 뒤에 완전한 열반에 들 것이니라."

그러자 아직 흐름에 든 경지에도 오르지 못한 수많은 제자들이 하루를 멀다 하고 향실을 드나들며 부처님의 안색을 살피고, 자기들끼리 삼삼오오 포교당에 모여 앉아 부처님 열반 후의 일을 걱정하고 있었다.

'여래께서 열반에 드신다니! 나는 아직 탐욕을 면치 못해 아라한의 경지에 오르지도 못했는데, 세존께서 열반에 드신 후라면 아예 불가능하지 않겠는가.'

장로 띳싸(Tissa)는 이런 생각이 들자 다른 수행승들과 모여 한담을 나누는 것은커녕 향실에 들러 안부를 살피는 것도 안중에 없었다. 다만 부처님께서 내려 주신 명상 주제에 더욱 몰입하여 정진하느라 도반들과 이야기 나누는 일도 예전보다 줄어 거의 없어졌다.

"세존이시여! 띳싸 장로는 여래의 건강이 걱정도 되지 않는가 봅니다. 한 번도 향실에 나타나질 않고 있습니다."

그러자 부처님께선 장로를 불러 그 뜻을 살펴보시고 그의 생각이 옳다 말씀하시며 장로를 대중 앞에서 칭찬하셨다.

"수행승들이여! 누구든지 나를 걱정하고 사랑하는 자는 장로 띳싸처럼 할지니라. 온갖 향과 꽃다발로 나에게 존경을 표하는 자보다 그야말로 나에게 참된 존경을 표하는 자이다. 그는 내가 가르친 대로 행하고 있느니라."

가르침이 끝나자 장로 띳싸는 아라한의 경지에 올랐다.

---

3) 철저한 고독의 맛이란 물질적 여임을 가리키는 홀로 머묾[獨居, kāyaviveka]과 정신적인 여임을 가리키는 팔성취(八成就, aṭṭha samāpattiyo)를 아울러 일컫는 것이며, 적정의 맛이란 그 둘을 극복한 존재적 여임인 열반(涅槃, nibbāna)을 가리킨다.

4) 웨쌀리는 인류 최초의 공화정을 실현했던 밧지 연합의 수도로서 릿차위족의 거점 도시이다. ⇒ ㈜ '웨쌀리'

5) 배경담의 내용은 게송 166번과 동일하다. 다만 부처님께서 계신 지역이 라자가하(166)와 웨쌀리(205)로 다르고, 장로의 이름이 앗따닷타(166)와 띳싸(205)로 다를 뿐이다.

206

고귀하다 할만한분 어디라도 계시다면
그분들을 바라보는 그것만도 좋을게요
함께할수 있다하면 무엇보다 기뻐할일.
그렇지만 어리석다 말할만한 사람이면
오직보지 않음으로 행복하게 될것이리.

見聖人快 得依附快 得離愚人 爲善獨快
성인을 뵙는 것은 기쁜 일이요
(그에) 의지하여 붙좇을 수 있는 것도 기쁜 일이며,
어리석은 이를 멀리할 수 있어
선善을 이룸은 유독 기쁜 일일 것이다.

sādhu dassanamariyānaṁ, sannivāso sadā sukho |
adassanena bālānaṁ, niccameva sukhī siyā ||
고귀한 이들의 경우
(그들을) 바라본다는 것은 좋은 일이며,
(그들과) 함께한다는 것은 항상 기쁜 일이다.
어리석은 이들의 경우엔 오직 보지 않음으로써
늘 행복한 자가 될 수 있다.

207 　어리석은 자와함께 늘지내는 이가되면
　　　두고두고 오랜기간 근심하게 될것이요,
　　　어리석은 자와함께 살아가는 이가되면
　　　늘원수와 함께살듯 괴로웁게 될것이리.
　　　그렇지만 현명한이 더불어서 함께살면
　　　친척들과 만난듯이 행복하게 살아가리.

　　　與愚同居難 猶與怨同處 當選擇共居 如與親親會
　　　어리석은 이와 더불어 같이 기거함은 어렵나니
　　　원수와 더불어 같이 자리하는 것과도 같으리라.
　　　응당 (현우賢愚를) 가리고 택하여 함께 지냄은
　　　마치 친척들과 더불어 친근한 모임을 갖는 것과도 같으리라.

　　　bālasaṅgatacārī hi, dīghamaddhānaṁ socati |
　　　dukkho bālehi saṁvāso, amitteneva sabbadā |
　　　dhīro ca sukhasaṁvāso, ñātīnaṁva samāgamo ||
　　　어리석은 자와 지내는 이는 오랜 기간을 근심하게 될 것이며,
　　　어리석은 이들과 함께 살아가는 이는
　　　늘 원수와 (함께 살아가는 것)처럼 괴로울 것이다.
　　　그러나 현명한 이(들과 함께 살아가는 이)는
　　　친척들(과)의 만남처럼 행복하게 더불어 살아간다.

208 현명하고 지혜로워 들은것이 적지않고
     인내하는 마음에다 경건하고 고귀한자,
     그와같이 참되고도 지혜로운 사람들을
     천상에서 밝은달이 제궤도를 따르듯이.

     是故事多聞 幷及持戒者 如是人中上 如月在衆星
     올바른 옛일을 많이 듣고
     아울러 계행을 (잘) 지니고 있는 자,
     이와 같은 사람 가운데 으뜸인 이는
     마치 달이 뭇 별들 가운데 있는 것과 같으리라.

     tasmā hi
     dhīrañca paññañca bahussutañca,
     dhorayhasīlaṁ vatavantamariyaṁ |
     taṁ tādisaṁ sappurisaṁ sumedhaṁ,
     bhajetha nakkhattapathaṁva candimā ||
     그러므로
     현명하고 지혜로우며 들은 것이 많고
     인내하는 경건하고도 고귀한 자,
     그와 같이 매우 지혜로운 참된 사람을
     마치 천체의 궤도를 (따르는) 달처럼 따라야 한다.

세존을 병간호한 제석천왕

부처님께서 웨쌀리 인근 마을인 벨루와(Beluva)에 계실 때, 병이 악화된 부처님을 간호한 제석천왕에 대한 이야기이다.

부처님께서 열반에 드시기 약 열 달 전에 벨루와란 마을에 계셨는데, 심한 복통으로 고생하셨다. 제석천왕이 그것을 알고 세존의 곁으로 내려와 간호를 자청하였다.

"세존이시여! 당신의 질병을 간호하기 위해 이렇게 내려왔습니다."

"제석천이여! 신들은 인간의 냄새를 1백 요자나 밖에서도 역겨워 한다는데 어찌 나를 간호할 수 있겠습니까. 여긴 나를 간호할 수행승들이 많습니다."

"세존이시여! 저는 8만 4천 요자나 먼 거리에서 당신의 덕행으로부터 뿜어져 나온 향기를 맡았기 때문에 이곳에 온 것입니다. 저만이 당신을 간호할 수 있습니다."

제석천왕은 부처님 몸에서 나온 배설물이 담긴 통도 얼굴 하나 찌푸리지 않고 손수 날랐으며, 그렇게 간호하다 부처님의 상태가 호전되자 하늘로 돌아갔다.

그와 같은 제석천왕의 헌신적인 간호는 수행승들 사이에서 매우 놀라운 일로 받아들여졌다. 그에 대해 오고간 이야기를 들으신 부처님께서 말씀하셨다.

"수행승들이여! 제석천이 여래를 아무런 불평 없이 지극한 정성으로 간호한 것은 놀라운 일이 아니다. 아주 오랜 전생에 제석천이 늙은 모습으로 나를 찾아온 적이 있었다. 그는 천상의 음악에 몸을 맡긴 채 수많은 천신들이 시위하는 가운데 앉아 있었는데, 그가 가진 고통을 몰아내고 가르침을 설하자 제석천은 흐름에 든 경지를 성취하고 젊은 제석천이 되어 돌아간 적이 있었다."

그리고 다시 부처님의 말씀이 이어졌다.

"수행승들이여! 누구든 고귀한 사람을 만나고 함께한다는 것은 언제나 행복이며, 어리석은 이를 만나고 함께한다는 것은 항상 근심이 될 뿐이다."

第16章

━━━━━━━━━━━━━━

पियवग्गो

사랑과 애착에 관한 장

호희품

好喜品

━━━━━━━━━━━━━━

209 몰두하지 않아얄곳 그곳에다 몰두하고
정작몰두 해야할곳 그곳에는 관심없이,
제목적은 버려둔채 쾌락추구 하는자는
자신에게 전념하는 그런이가 부러우리.

違道則自順 順道則自違 捨義取所好 是爲順愛欲
도를 어긴다면 (그것은) 곧 자신이 (애욕에) 수순하는 것이요
도를 따른다면 (그것은) 곧 자신이 (애욕을) 거스르는 것이다.
의로움을 버리고 좋아하는 바를 취한다면
그런 이는 (결국) 애욕에 끄달리게 된다.

ayoge yuñjamattānaṁ, yogasmiñca ayojayaṁ |
atthaṁ hitvā piyaggāhī, pihetattānuyoginaṁ ||
몰두하지 않아야 할 곳에 자신을 몰두하게 만들고[1]
몰두해야 할 곳에 몰두하지 않으며
목표를 버린 채 쾌락을 추구하는 자는
자신에게 전념하는[2] 이를 부러워한다.

210 사랑하는 사람이면 너무사랑 하지말고
미워하는 사람이면 너무미워 말지니라.
사랑하는 사람들은 보지못해 괴로웁고
미워하는 사람들은 마주쳐도 괴로우리.

不當趣所愛 亦莫有不愛 愛之不見憂 不愛見亦憂
사랑하는 것을 향해 응당 성급히 나아가선 안 되며
또한 사랑하지 않는 것을 존재하게 하지도 말라.
사랑하면 보지 못하는 것이 근심스럽고
사랑하지 않으면 보는 것 또한 근심스럽다.

mā piyehi samāgañchi, appiyehi kudācanaṁ |
piyānaṁ adassanaṁ dukkhaṁ, appiyānañca dassanaṁ ||
사랑하는 이들과 더불어 (너무) 친근하지 말라!
미워하는 이들과는 더불어 언제라도 (친근하지 말라!)
사랑하는 이들의 경우 보지 못하는 것이 괴로움이며,
미워하는 이들의 경우 보는 것이 (괴로움이다).

211 　사랑하는 사람이란 만들어선 아니되니
　그런이와 이별이란 실로재앙 일뿐이리.
　사랑미움 어느것도 존재않는 이들이면
　그들에겐 어떤속박 그무엇도 없으리라.

是以莫造愛 愛憎惡所由 已除縛結者 無愛無所憎
그러한 까닭에 사랑을 억지로 만들지 말지니
사랑은 미움과 싫어함의 원인이 되는 것이다.
(이런저런) 결박이 이미 제거된 자는
사랑도 없고 증오하는 바도 없을 것이다.

tasmā piyaṁ na kayirātha, piyāpāyo hi pāpako |
ganthā tesaṁ na vijjanti, yesaṁ natthi piyāppiyaṁ ||
그러므로 사랑하는 이를 만들어선 안 되나니,
사랑하는 이와의 이별은 실로 재앙스러울 뿐이다.
사랑과 미움이 존재하지 않는 이들의 경우
그들에겐 어떠한 속박도 찾아볼 수 없다.

* 209-211
부모와 아들 모두 출가하다

부처님께서 싸왓티 제따 숲의 승원에 계실 때, 아들이 출가하자 부모가 모두 출가하였으나 서로에 대한 애정을 버리지 못한 이들의 이야기이다.

싸왓티의 한 가정에 남부럽지 않게 금슬이 좋은 부부와 그들의 사랑을 듬뿍 받고 자란 한 아들이 있었다. 그러던 어느 날 수행승들이 초대를 받아 집을 들렀다가 공양 끝에 베푼 법문을 아들이 듣고 자기도 출가하고자 하였다.

"여보! 내가 밭에 나가 있는 동안 길쌈을 하면서도 아들의 행동을 잘 지켜봐야 할 것이오. 한눈을 팔다간 귀한 자식을 잃게 생겼소."

그렇지만 모친이 길쌈에 한참 몰두할 때 뒷간을 간다며 허름한 차림으로 집을 빠져나온 아들은 곧장 제따 숲의 승원으로 가서 출가해 버렸다.

저녁에 일터에서 돌아온 부친은 아들이 보이지 않자 이미 출가해 버렸다고 여기고, 그다음 날 아들을 데리러 아침 일찍 제따 숲으로 들어갔다.

"아들아! 네가 왜 우리의 단란했던 가정을 망치느냐. 집으로 돌아가자!"

아무리 달래 보아도 눈썹 하나 까딱 않는 아들을 보고, 아들이 없는 집에 사느니 자신도 여기 있겠다며 부친도 그날로 출가해 버렸다. 며칠 동안 돌아오지 않는 식구들을 기다리던 모친도 결국 숲으로 들어와 함께 출가하게 되었다.

그런데 출가한 부부와 그 아들은 세속의 정이 너무도 두터웠던 까닭에 따로 수행 생활을 하지 못하고 낮 시간의 대부분을 서로의 처소에서 번갈아가며 함께하는 것으로 다 허비하였다. 그러자 모두 그들을 험담하였다.

"세존이시여! 저희들은 따로 지낼 수 없습니다."

"너희들은 출가한 이상 그런 행동은 옳지 않다. 사랑하는 이를 보지 못함도 실로 괴로움이니, 출가자는 더 이상 사랑하는 이를 두어서는 안 된다."

---

1) ⓟ 몰두하지 않아야 할 곳에 몰두하는 것이란, 넓은 의미로는 '모든 형성된 것은 영원하고 즐겁다. 모든 것은 실체가 있다.'고 전도된 생각을 갖는 것이며, 좁은 의미로는 부적절한 특정 행실에 종사함을 말한다.
2) '자신에게 전념하는 사람(attānuyogin)'이란, 브라만교 시각에선 아뜨만의 진실된 상태 그대로에 연결되고자 하는 사람을 말하며, 불교의 시각에선 참된 자아에 그대로 전념하는 사람을 말한다. 일반적으로는 자신의 본성에 따라 있는 그대로에 전념하는 사람을 일컫는다.

212 좋아하고 좋아하다 온갖근심 생겨나고
좋아하고 좋아하다 두려움이 생겨나리.
좋아하는 마음에서 자유로운 누구라도
그렇게된 사람이면 아무근심 없을진대
어디에서 두려움이 생겨나고 자라나리.

好樂生憂 好樂生畏 無所好樂 何憂何畏
좋아하고 좋아하다 근심을 낳고
좋아하고 좋아하다 두려움을 낳게 된다.
좋아하고 좋아하는 바가 없는데
어찌 근심하고 어찌 두려워하리오.

piyato jāyatī soko, piyato jāyatī bhayaṁ |
piyato vippamuttassa, natthi soko kuto bhayaṁ ||
좋아함[3]으로부터 근심이 생겨나고
좋아함으로부터 두려움이 생겨난다.
좋아함으로부터 자유로운 이의 경우 근심이 존재하지 않는데
어디로부터 두려움이(일어날 수 있겠는가)!

* 212
아들을 잃은 슬픔

부처님께서 싸왓티 제따 숲의 승원에 계실 때, 한 대부호가 아들을 잃고 슬퍼하는 것에 대한 이야기이다.

싸왓티에 사는 한 대부호가 하나뿐인 아들을 갑작스런 병으로 잃고는 모든 것이 엉망이 된 채 근근이 생활하고 있었다. 그가 하는 일이라곤 매일 아침 눈을 뜨자마자 동녘이 밝았건 아직 캄캄한 새벽이건 아들을 화장한 화장터로 달려가 아들의 시신을 올려놓았던 화장대(火葬臺)를 우두커니 바라보며 눈물을 흘리는 것이었다. 점심때가 다 되어 집에서 사람들이 와서 데려가야만 겨우 돌아가 식사를 하는 둥 마는 둥, 그렇게 하루를 보내고 있었다.

부처님께서 그의 슬픔이 너무 길어지는 것을 아시고 하루는 그의 집으로 탁발을 나가셨다. 그날도 화장터에서 하인들의 손에 이끌려 집으로 온 부호는 이미 와서 공양을 하고 계시는 부처님을 보고는 그저 힘없이 인사만 드리고 별생각 없이 그 곁에 풀썩 주저앉았다.

"재가신도여! 왜 그리 슬픈 표정을 하고 계신가?"

"세존이시여! 제가 아들을, 그것도 천금 같은 외동아들을 잃었습니다."

"재가신도여! 슬퍼하지 말라. 죽음이라는 것은 어느 장소에서나 어느 사람이라도, 일단 태어난 모든 존재는 죽기 마련이다. 조건 지어진 모든 것 가운데 영원한 것은 하나도 없느니라."

그리고 부처님께선 옛날의 현인들은 아들이 죽었을 때 '죽어야 하는 것은 죽는 것이고, 부서져야 하는 것은 부서지는 것이다.'라고 생각하여 슬퍼하지 않고 죽음에 대한 새김을 닦았다고, 그 예를 들어 가며 자상히 말씀해 주셨다.

예전의 많은 부친들이 아끼는 아들을 잃은 경우, 그리고 그렇게 되었을 때 그들의 심정을 가르침으로 들은 부호는 그제야 마음이 가라앉았다.

---

3) 게송 212번부터 216번까지는 감정의 변화를 농담(濃淡)의 역순에 따라 점층적으로 표현한 것이다. 먼저 사람의 애정은 제일 옅은 좋아함[piya, 好樂]을 시작으로 기뻐함[pema, 愛喜], 즐김[rati, 愛樂], 사랑함[kāma, 愛欲], 갈구함[taṇhā, 貪欲] 등으로 점차 짙어져 가는 것임을 나타내고 있다.

213   기뻐하고 기뻐하다 온갖근심 생겨나고
기뻐하고 기뻐하다 두려움이 생겨나리.
기뻐하는 마음에서 자유로운 누구라도
그렇게된 사람이면 아무근심 없을진대
어디에서 두려움이 생겨나고 자라나리.

愛喜生憂 愛喜生畏 無所愛喜 何憂何畏
사랑하여 기뻐하다 근심을 낳고
사랑하여 기뻐하다 두려움을 낳는다.
사랑하여 기뻐하는 바가 없는데
어찌 근심하고 어찌 두려워하리오.

pemato jāyatī soko, pemato jāyatī bhayaṁ |
pemato vippamuttassa, natthi soko kuto bhayaṁ ||
기뻐함으로부터 근심이 생겨나고
기뻐함으로부터 두려움이 생겨난다.
기뻐함으로부터 자유로운 이의 경우 근심이 존재하지 않는데
어디로부터 두려움이(일어날 수 있겠는가)!

죽음을 슬퍼하는 진짜 이유

부처님께서 싸왓티 제따 숲의 승원에 계실 때, 보시제일(布施第一)의 청신녀 위싸카가 손녀딸이 죽자 슬픔에 잠긴 이야기이다.

뿝바라마 승원을 건립하여 시주한 청신녀 위싸카에겐 아주 아끼는 손녀딸 닷따(Datta)가 있었다. 어떤 일보다 승가의 공양에 많은 정성을 쏟았던 위싸카는 나이가 들자 그 일을 손녀 닷따가 전담하도록 맡겼다. 닷따 또한 부처님에 대한 믿음으로 할머니 위싸카의 바람에 어긋나지 않을 정도로 정성껏 부처님과 수행자들의 공양을 준비하였다.

그러던 닷따가 별다른 이유 없이 며칠 가볍게 앓더니 그만 죽고 말았다.

슬픔에 겨운 위싸카는 몇날 며칠을 울음으로 밤을 지새우다가, 더 이상 자신을 가눌 수 없다 여겼는지 부처님을 찾아뵈었다.

"위싸카여! 무엇 때문에 괴로워 그리 눈물을 보이느냐?"

"세존이시여! 제 자신보다 아꼈던 손녀 닷따를 갑자기 잃었습니다. 처음엔 어찌 슬퍼해야 되는지도 모를 정도였는데, 이제 조금 정신을 차렸는데도 이렇게 슬픔으로 하루를 꼬빡 지새우고 있습니다."

이미 여래의 많은 가르침을 받아들인 그녀이므로 부처님께서는 그녀에게 맞는 가르침을 베푸셨다.

"위싸카여! 네가 사랑하는 사람은 손녀건 이웃이건 한두 명이 아닐 것이다. 어쩌다 그대보다 앞서는 사람들의 죽음을 모두 그렇게 슬퍼하다간 그 슬픔에 매몰되어 네 자신을 스스로 해칠 뿐이다. 위싸카여! 슬픔이나 두려움은 모두 애착에서 오는 것임을 명심할지니라. 그러한 애착을 여읜 사람에겐 두려움이 없으며, 그러한 이에겐 슬픔이 있을 수 없느니라."

부처님의 가르침이 끝나자 위싸카는 또렷해진 정신 위에 마음마저 안정됨이 느껴졌으며, 슬픔 또한 잦아들었다.

214 즐기고또 즐기다가 온갖근심 생겨나고
즐기고또 즐기다가 두려움이 생겨나리.
즐기려는 마음에서 자유로운 누구라도
그렇게된 사람이면 아무근심 없을진대
어디에서 두려움이 생겨나고 자라나리.

愛樂生憂 愛樂生畏 無所愛樂 何憂何畏
사랑하여 즐거워하다 근심을 낳고
사랑하여 즐거워하다 두려움을 낳는다.
사랑하여 즐거워하는 바가 없는데
어찌 근심하고 어찌 두려워하리오.

ratiyā jāyatī soko, ratiyā jāyatī bhayaṁ |
ratiyā vippamuttassa, natthi soko kuto bhayaṁ ||
즐김으로부터 근심이 생겨나고
즐김으로부터 두려움이 생겨난다.
즐김으로부터 자유로운 이의 경우 근심이 존재하지 않는데
어디로부터 두려움이(일어날 수 있겠는가)!

* 214

천상과 지옥을 오간 왕자들

부처님께서 웨쌀리 지방 꾸따가라(Kūtāgāra) 승원에 계실 때, 릿차위 왕자들의 타락한 모습에 관한 이야기이다.

웨쌀리에 축제가 한창일 때 부처님과 비구들이 탁발을 하러 들어갔다.

부처님과 대중들의 탁발 행렬이 지나칠 때는 모든 사람들이 일행을 향해 합장하는 모습을 보인 까닭에 거리가 숙연해지더니, 부처님께서 지나간 이후에 릿차위 왕자들이 들어서자 거리는 왁자지껄하게 돌변했다. 릿차위 왕자들은 화려한 옷차림으로 다양한 치장물로 장엄한 수레를 탄 채 많은 하인들을 거느리고 큰 거리를 지나고 있었다.

"수행승들이여! 만약 너희들이 아직까지 삼십삼천 천상의 신들을 본 적이 없다면 저기 저 릿차위 왕자들을 보면 될 것이다. 옷차림이나 위엄이나 장엄된 겉모습이 천상의 신들과 아주 흡사하구나."

뒤따르던 몇몇 비구들이 호기심에 곁눈질로 그 화려함을 훔쳐보는 것을 아신 부처님께서 마음 놓고 바라볼 수 있도록 허락하셨다.

축제의 거리에서 호화로움을 즐기던 릿차위 왕자들은 그때 유원(遊園)으로 가기 위해 거리를 지나던 중이었다. 그때 유원의 몇 유녀(遊女)들이 미리 소식을 듣고 큰 거리까지 왕자들을 마중 나왔는데, 그 가운데 미모가 으뜸인 한 유녀를 차지하기 위해 왕자들이 다투기 시작했다.

"무슨 소리야! 내가 먼저 연락해서, 이 유녀는 나를 마중 나온 건데!"

"그런 게 어디 있어! 먼저 팔목을 잡은 내가 오늘의 주인이지!"

그러다 서로 엉킨 왕자들은 탐욕과 질투에 눈이 멀어 그 유녀를 차지하기 위해 싸움을 시작하였다. 순식간에 난장판으로 변한 거리는 급기야 한 왕자가 피를 흘리며 실려 나가자 더 이상 수습할 수가 없을 정도가 되었다.

"세존이시여! 점잖던 왕자들이 서로 엉켜 피를 마다않고 싸우고 있습니다."

"수행승들이여! 삼십삼천의 천상을 지옥으로 변화시키는 데는 즐기고자 하는 욕탐 한 자락이면 충분함을 잘 보아둘지니라."

215 　사랑하고 사랑하다 온갖근심 생겨나고
　　　사랑하고 사랑하다 두려움이 생겨나리.
　　　사랑하는 마음에서 자유로운 누구라도
　　　그렇게된 사람이면 아무근심 없을진대
　　　어디에서 두려움이 생겨나고 자라나리.

　　　愛欲生憂 愛欲生畏 無所愛欲 何憂何畏
　　　사랑하여 욕심을 내다 근심을 낳고
　　　사랑하여 욕심을 내다 두려움을 낳는다.
　　　사랑하여 욕심을 내는 바가 없는데
　　　어찌 근심하고 어찌 두려워하리오.

　　　kāmato jāyatī soko, kāmato jāyatī bhayaṁ |
　　　kāmato vippamuttassa, natthi soko kuto bhayaṁ ||
　　　사랑으로부터 근심이 생겨나고
　　　사랑으로부터 두려움이 생겨난다.
　　　사랑으로부터 자유로운 이의 경우 근심이 존재하지 않는데
　　　어디로부터 두려움이(일어날 수 있겠는가)!

## 215

완벽한 여인을 찾았던 아닛티간다

부처님께서 싸왓티 제따 숲의 승원에 계실 때, 완벽한 여인이란 이상향을 좇았던 젊은이 아닛티간다의 이야기이다.

싸왓티 한 부호의 아들인 아닛티간다(Anitthigandha)는 전생에 천상에서 아름다운 천녀들의 시중을 받던 기억을 어렴풋이 지니고 태어난 까닭에 어릴 때부터 완벽한 여인이 아니면 곁에 두질 않았다. 그래서 유모라도 매우 젊은 여인의 아름다운 젖가슴이 아니면 젖을 물지 않았다.

아닛티간다가 결혼할 나이에 이르자 그러한 성격은 더욱 굳어져 주위의 그 어떤 여인과도 결혼할 생각이 없었다. 결혼을 조르는 부친에게 보여 드리고자 그는 금 세공사에게 자신의 기억에 있는 천상의 여인을 그대로 조각하게 하고 천 닉카(nikkha)의 황금으로 금박하여 장엄하게 하였다.

"이 정도의 여인이면 제가 결혼하도록 하겠습니다."

부호는 유명한 브라만들에게 수천 까하빠나를 주어 그 황금상에 필적할 여인을 찾게 하였는데, 브라만들은 자신들의 능력을 총동원하여 찾아 나섰다.

"아니? 이 황금상은 우리 주인댁 아씨를 옮겨 놓은 거 아니오? 분명하오!"

그런데 다른 곳도 아닌 싸왓티의 한 부호가 자기 딸을 집안에만 귀히 모셔 키웠는데, 그 유모가 황금상을 본 덕분에 모든 사실이 알려졌다. 그래서 두 집안은 상의하여 결혼을 성사시켰다. 그런데 신부가 결혼식을 하기 위해 신랑 집으로 가기 전날 갑작스런 병으로 죽고 말았다.

'아! 나의 천생배필을 보지도 못하였는데 이리도 갑자기 죽고 말다니!'

그날로 자리를 펴고 드러누운 아닛티간다는 큰 병에나 걸린 듯했다.

"세존이시여! 천상에서나 볼 수 있는 듯한 여인이, 나의 아내로 약조한 여인이 갑자기 죽었습니다. 그 슬픔에서 저는 도저히 헤어날 수가 없습니다."

"아닛티간다여! 그대의 슬픔과 깊은 병은 다름 아닌 감각적인 쾌락에 의지한 욕망에서 일어난 것일 뿐이지 그 실체가 따로 있는 것은 아니니라."

탁발을 나온 부처님이 이렇게 말씀하시자 그는 이내 자리를 털고 일어났다.

216 갈구하고 갈구하다 온갖근심 생겨나고
갈구하고 갈구하다 두려움이 생겨나리.
갈구하는 마음에서 자유로운 누구라도
그렇게된 사람이면 아무근심 없을진대
어디에서 두려움이 생겨나고 자라나리.

貪欲生憂 貪欲生畏 無所貪欲 何憂何畏
애욕을 탐내다 근심을 낳고
애욕을 탐내다 두려움을 낳는다.
애욕을 탐내는 바가 없는데
어찌 근심하고 어찌 두려워하리오.

taṇhāya jāyatī soko, taṇhāya jāyatī bhayaṁ |
taṇhāya vippamuttassa, natthi soko kuto bhayaṁ ||
갈애[4]로부터 근심이 생겨나고
갈애로부터 두려움이 생겨난다.
갈애로부터 자유로운 이의 경우 근심이 존재하지 않는데
어디로부터 두려움이(일어날 수 있겠는가)!

* 216
# 어느 브라만의 욕심

부처님께서 싸왓티 제따 숲의 승원에 계실 때, 부처님의 가르침을 처음 접한 어느 브라만 농부가 가졌던 욕심에 관한 이야기이다.

부처님의 가르침을 접하지 못했던 싸왓티의 한 브라만 농부에게 깨달음의 인연이 있음을 아시고 부처님께서 그가 일하는 밭을 지나치며 말씀하셨다.

"브라만이여! 그대는 이곳에서 무엇을 하시는가?"

"세존이시여! 저는 밭을 일구기 위해 땅을 개간하고 있습니다."

파종할 때와 김을 맬 때, 그리고 곡식이 익을 때에도 부처님께서는 그곳을 지나시며 브라만에게 무엇을 하는지 물었으며, 그는 자신이 하고 있는 일을 그대로 말씀드렸다. 그의 답변에 대해 부처님께선 별 반응이 없으셨다.

그러다 별다른 가르침을 듣지 않았음에도 탁발 가시는 그 여법한 위의에 감화가 된 브라만은 곡식이 거의 영글어 갈 때 부처님께 약속드렸다.

"세존이시여! 제가 첫 수확을 하여 여래께 반드시 공양을 올리겠습니다."

그때 역시 부처님께선 별다른 반응 없이 지나치셨으니, 폭풍우로 아무것도 수확할 수 없음을 이미 아셨기 때문이다. 그런데 이미 주위 사람들에게 부처님께 공양 올리는 공덕에 대해서 들은 그는 이렇게 생각했다.

'부처님께서 이리도 관심을 가져 주시는 이 곡식을 처음 수확하여 공양 올리면 그 공덕은 분명 어마무지할 것이다. 내 반드시 그리할 것이다.'

그러나 예견대로 몰아친 폭풍우에 한 톨의 곡식도 수확하지 못한 브라만은 잃어버린 곡식의 양보다도 몇 배나 더 쓰린 가슴으로 병이 들고 말았다.

"브라만이여! 그대가 병이 든 근심의 원인은 단지 곡식을 잃었다는 것이 아니니, 근심은 욕망에 자리한 갈애에서 일어난 것임을 알아야 하느니라."

---

4) 게송 212번부터 216번까지 다섯 가지 감정의 변화는 다음과 같은 차이를 찾아볼 수도 있다. ① 좋아함[piya, 好樂]은 인지상정에 근거하여 평범하게 좋아함이요, ② 기뻐함[pema, 愛喜]은 특별한 기호를 기반으로 좋아함이며, ③ 즐김[rati, 愛樂]은 풍류를 즐기듯이 화려하게 노닐며 좋아함이요, ④ 사랑함[kāma, 愛欲]은 성욕이나 물욕 등 감각적인 대상으로서 좋아함이며, ⑤ 갈구함[taṇhā, 貪欲]은 죽음까지 연상될 수 있는 목마름처럼 강렬하고 극심한 욕망을 지니고 좋아함을 일컫는 것이라 할 수 있다.

217 온전하게 계지키고 안목또한 완벽하며
여법하게 진리로서 말을함은 물론이요
제자신의 모든일을 틀림없이 행하는이,
그런이를 사람들은 누구나가 좋아하리.

貪法戒成 至誠知慚 行身近道 爲衆所愛
법法을 탐구하여 계행이 이뤄지고
지극한 정성을 쌓아 부끄럼을 아는 이는
처신이 도道에 가까우니
대중들은 (그를) 사랑하게 된다.

sīladassanasampannaṁ, dhammaṭṭhaṁ saccavādinaṁ |
attano kamma kubbānaṁ, taṁ jano kurute piyaṁ ||
계행[5]과 안목이 완벽하고
여법하게 진리를 말함[6]은 물론
자신의 일을 (완벽히) 행하는 그를
사람들은 좋아하게 된다.

부처님보다 인기가 좋았던 깟싸빠 존자

부처님께서 라자가하 웰루 숲의 승원에 계실 때, 5백 명의 소년들과 우연히 마주쳤던 길에서 있었던 이야기이다.

라자가하에 축제가 있던 어느 날 부처님께서는 80명의 장로들 및 5백 명의 비구들과 라자가하로 탁발을 나가셨다.

축제의 떠들썩한 분위기 속에서도 차분히 열을 지어 가던 탁발 행렬이 라자가하의 큰길에서 5백 명의 소년 무리와 마주치게 되었다. 소년들은 부처님 행렬에 공손히 합장하고는 그냥 지나쳐 갔다.

"비구들이여! 저기 열 지어 선 나무그늘에서 기다렸다가 소년들이 공양 올릴 떡을 들고 가자꾸나."

"세존이시여! 그들은 그냥 지나쳤습니다. 그리고 빈손인 듯합니다."

"비구들이여! 저들의 수레의 상자에 그들이 유원에서 놀이할 때 먹을 떡이 실려 있느니라. 곧 공양을 받게 될 것이니 조금만 기다려 보자."

어리둥절해 하며, 부처님의 말씀이라 그대로 따라 그늘에서 행렬을 멈췄다. 그러자 몇몇 비구와 깟싸빠 존자가 약간 뒤쳐져 오다 소년들의 행렬과 마주쳤다.

"장로시여! 저희들의 공양을 받으십시오."

"젊은이들이여! 나보다 저기 그늘에 계시는 부처님과 대중들에게 먼저 공양을 올리는 것이 좋을 듯하오."

연로한 깟싸빠 존자의 위의에 감동을 받은 소년들이 존자께 예를 취하고 공양을 올리려 하자 존자께서는 소년들이 부처님께 공양을 올리도록 인도하였다.

"비구들이여! 마하깟싸빠처럼 위의를 갖춘 여법한 수행자는 모든 사람들뿐만 아니라 천상의 신들도 앞다투어 공양을 올리고자 하느니라."

---

5)　계행이란 청정으로 이끄는 네 가지 유형의 계행[四淨戒, catupārisuddhisīla]을 가리킨다. → 사정계(四淨戒)는 게송 10번 각주 참조.

6)　囷 여법하게 진리를 말한다는 것은 거룩한 진리[聖諦]에 대해 열여섯 가지 방식으로 알아서, 그렇게 이해된 진리를 말하는 것이다. 열여섯 가지 방식이라고 말하는 것은 사성제[四聖諦, catāri ariyasaccāni] 각각에 대해 네 가지 길[四向, cattāro maggā]을 통해 이해하는 것이기 때문이다. (四向에 대해서는 ⇒ 囷 '성문사과')

218 표현되지 못할그것 그무엇에 의욕일고
그것으로 생각채운 그런자가 될지니라.
그로인해 욕망따윈 멀리여읜 자가되면
생사흐름 거슬러서 올라가는 자라하리.

欲能不出 思正乃語 心無貪愛 必截流渡
욕망이 드러나지 않게끔 할 수 있고
생각은 바뤄진 것이어야 일컬으며
마음에 탐냄과 애욕을 없앤 이는
반드시 흐름을 끊고 (피안으로) 건너가리라.

chandajāto anakkhāte, manasā ca phuṭo siyā |
kāmesu ca appaṭibaddhacitto, uddhaṁsototi vuccati ||
설명될 수 없는[7] 그 무엇에 대해 의욕이 일어난 자,
그리고 (그것에 대한) 생각으로 가득차 있는 자가 되어야 하나니,
그래서 어떤 욕망에도 마음이 빠져 있지 않게 된 자는
'(생사의) 흐름을 거슬러 올라가는 자'라고 일컬어진다.

## 218

자신의 경지를 숨겼던 한 장로

부처님께서 싸왓티 제따 숲의 승원에 계실 때, 불래과의 경지에 있었던 한 장로에 대한 이야기이다.

항상 승원에서 자리를 비우지 않으며 열심히 정진하던 한 장로는 이미 불래과(不來果)를 증득하였으나 아직 아라한과를 증득하지 못한 것은 자신의 태만으로 인한 것이라 여겼다. 그래서 찾아오는 신도들에게는 물론이요 자신 밑에서 공부하는 비구들에게도 자신이 불래과에 오른 것을 말하지 않았다.

'내 반드시, 가까운 시일 내에 아라한과에 오른 후에 이를 밝히리라.'

그러나 아라한과에 오르기 전에 장로는 입적하고 말았다. 그리고 입적하여 청정한 삶을 사는 신들의 세계인 정거천(淨居天)에 태어났다.

"세존이시여! 저희들의 친교사께서 입적하였습니다. 그런데 친교사께서 생존해 계실 때 저희가 어느 경지에 오르셨는지 여쭤보아도 아무 말씀이 없었습니다. 혹시 아무런 경지에 오르지 못한 채 입적한 것은 아닌지 저희들은 물론이요, 장로를 따르던 재가신자들도 궁금해 하고 있습니다."

장로의 다비를 치른 후에 제자인 몇몇 비구들과 재가신자들이 부처님을 뵙고 무사히 다비를 치른 것을 말씀드린 후에 조심스럽게 말을 꺼냈다.

"수행승들이여! 걱정하지 말라. 그대들의 친교사는 돌아오지 않는 경지를 오래전에 이미 성취했었다. 다만 재가신자도 아라한과를 증득한다는 사실로 자신을 독려하다 그만 입적하고 만 것일 뿐이다. 지금은 청정한 신들의 세계에 태어났으니, 그대들의 친교사는 다섯 가지 감각적 쾌락의 대상에 대한 집착에서 벗어났느니라."

부처님께서 의심을 풀어 주자 그들은 친교사에 대한 존경의 마음을 굳건히 하여 자신들의 수행을 이어 갔다.

---

7)   설명될 수 없는 그 무엇이란 열반(涅槃, nibbāna)을 말하니, 열반은 표현될 수 있는 아무런 속성도 지니지 않은 까닭에 말로 설명될 수 없기 때문이다.

219 고향떠나 오랫동안 타향살이 헤매이다
　　　그멀리서 다시고향 무사하게 돌아온이,
　　　이런저런 친척들과 동료친구 할것없이
　　　모두그의 귀향길을 한맘으로 반기듯이,

　　　譬人久行 從遠吉還 親厚普安 歸來歡喜
　　　사람이 오랫동안 (외지로) 다니다
　　　멀리로부터 잘 되어 돌아오면
　　　친척과 동료들이 널리 편안해져
　　　(그가) 돌아온 것이 기쁘게 여겨지듯이,

　　　cirappavāsiṁ purisaṁ, dūrato sotthimāgataṁ |
　　　ñātimittā suhajjā ca, abhinandanti āgataṁ ||
　　　오랜 타향살이를 하다
　　　멀리로부터 무사히 돌아온 사람에 대해
　　　친척과 동료나 친구들이 (그의) 귀향을 반기듯이,

220　이세상에 살아가며 하고많은 공덕지어
　　　저세상에 고스란히 그쪽으로 옮겨간이,
　　　친척들이 모두모여 돌아온이 반기듯이
　　　그렇게들 공덕더미 그를반겨 맞이하리.

　　　好行福者 從此到彼 自受福祚 如親來喜
　　　복福 지음을 잘 행한 자는
　　　이곳으로부터 저곳에 이르면
　　　복된 보답을 절로 받게 되는 것이
　　　마치 친구가 (귀향한 이에게) 와서 기뻐해 주는 것과 같다.

　　　tatheva katapuññampi, asmā lokā paraṁ gataṁ |
　　　puññāni paṭigaṇhanti, piyaṁ ñātīva āgataṁ ||
　　　바로 그처럼,
　　　이 세상으로부터 저세상으로 간 공덕을 지은 이를
　　　마치 친척들이 (먼 곳에서) 돌아온
　　　사랑스런 이를 (맞아들이듯이)
　　　공덕들이 맞아들인다.

신심 있는 젊은이 난디야

부처님께서 바라나씨 근교의 이씨빠따나 승원에 계실 때, 깊은 신심으로 승원을 지어 시주한 젊은이 난디야에 대한 이야기이다.

바라나씨 대부호 집안의 아들인 난디야(Nandiya)는 부호인 부모와 마찬가지로 부처님에 대한 깊은 신심으로 항상 공양을 올리고 가르침을 받았다.

난디야의 사람됨을 항상 눈여겨보던 외삼촌이 자신의 딸 레와띠(Revatī)와 결혼시키고자 했을 때도 레와띠가 부처님을 섬기지 않는다는 이유 하나만으로 결혼을 거절하였다.

"애야! 네가 난디야와 결혼하려면 너도 이제 부처님과 승가를 섬길 수 있어야 한다. 내가 오늘부터 공양 올리고 가르침을 듣는 것에 대해 일러 줄 테니 그러한 것들을 익히도록 하여라."

레와띠의 어머니는 자신의 딸을 건실한 청년인 난디야와 결혼시키기 위해 아무런 믿음을 갖지 않았던 딸을 설득하였다. 그리고 딸에게 수행승을 맞이하여 공양을 올리고 물을 걸러 제공하며 식후에 발우를 씻는 일까지 가르쳤다.

"레와띠여! 그대가 수행승들과 부모님을 이렇게 여법히 섬길 수 있으면 나도 당신을 나의 아내로 맞이하고 싶소이다."

레와띠의 변한 모습에 만족한 난디야는 곧 부모에게 청을 드려서 결혼식을 치렀으며, 레와띠는 부처님과 시부모 및 남편을 정성으로 섬기게 되었다. 그리고 두 아들까지 얻어서 행복하게 살아갔다.

그리고 얼마 후에 난디야의 부모님이 돌아가시자 많은 재산을 물려받은 그는 더욱 부처님과 승가에 대한 공양에 정성을 다하였다.

더욱 신심이 깊어진 난디야는 수행승들에 대한 공양은 물론 가난한 자와 여행객들을 위해서도 정기적으로 음식을 나누어 주었다. 그리고 부처님으로부터 수행승의 처소를 보시하여 생기는 공덕을 설하는 가르침을 듣고는 바라나씨 근교의 숲에 부처님과 수행자들이 머물며 정진할 수 있는 승원을 건립하여 이씨빠따나라는 이름으로 승가에 보시하였다.

난디야가 여법하고도 장엄한 이씨빠따나 승원을 건립하여 승가에 보시하였을 때 삼십삼천에 사방으로 12요자나 길이에, 높이는 100요자나인 칠보로 된 천상의 집이 생겨났다. 마침 그 즈음에 삼십삼천을 들른 목갈라나 존자가 천상의 요정들로 가득찬 그 장엄한 천상의 집을 보고 궁금해 하였다.

"천신들이여! 어떤 공덕으로 누구를 위해 천상에 이리도 장엄한 천상의 집이 생겨난 것인가?"

"존자시여! 지상의 난디야가 이씨빠따나 승원을 건립하여 부처님께 기증하였는데, 그 공덕으로 천상에 이 집이 생겨난 것입니다. 이 집의 주인이 될 사람은 다름 아닌 난디야로서, 그가 명을 다하여 천상으로 올 때까지 저 집안의 요정들은 그를 맞을 만반의 준비를 하고 있을 것입니다."

그러자 집안의 요정들 또한 목갈라나 존자 앞으로 나와 말하였다.

"존자시여! 어서 빨리 난디야 주인님으로 하여금 이 천상의 집으로 오라고 해주십시오. 흙그릇을 버리고 황금 그릇을 취하듯 어서 이리로 오게 하십시오."

천상을 다녀온 목갈라나 존자는 부처님을 뵙고 보았던 사실을 말씀드렸다.

"세존이시여! 과연 인간 세상에서 행한 선업의 결과로 천상에서 그와 같은 과보를 누릴 수 있는 것이 사실입니까?"

"목갈라나여! 그리 의심하지 말라. 네가 너의 눈으로 직접 본 것이 아니더냐. 자기 눈으로 보고도 믿지 못한다면 다른 이가 그 어떤 무엇으로 그러한 그대를 설득시킬 수 있단 말이냐."

"세존이시여! 보고도 믿기지 않는 사실이라 그리 말씀드렸을 뿐입니다."

"목갈라나여! 실로 그와 같으니라. 이곳에서 행한 선업 때문에 저곳에서 준비되어 기다리는 과보는 마치 먼 곳을 떠났던 친척이나 친구가 다시 집으로 돌아올 때 반기는 것처럼, 그렇게 진심으로 공덕 지은 이를 반기느니라."

第17章

───※※※※※※※※※───

कोधवग्गो

성냄과 분노에 관한 장

분노품

忿怒品

───※※※※※※※※※───

221 분노라면 내버리고 자만또한 떨쳐내어
모든속박 넘어서서 벗어나야 할지니라.
이름형색 집착않고 그무엇도 내려놓은
그런그를 괴로움은 뒤따르지 않으리라.

捨恚離慢 避諸愛貪 不着名色 無爲滅苦
성냄을 버리고 자만을 여읜 채
모든 애욕과 탐냄을 피하며
명색名色에 집착하지 않는다면
무위無爲로써 괴로움을 멸하게 될 것이다.

kodhaṁ jahe vippajaheyya mānaṁ,
saṁyojanaṁsabbamatikkameyya |
taṁ nāmarūpasmimasajjamānaṁ,
akiñcanaṁ nānupatanti dukkhā ||

분노를 버려야 하고,
자만1)을 떨쳐 버려야 하며,
모든 속박을 넘어서야 한다.
이름과 형색에 집착하지 않고2)
아무것도 지니지 않은 그를
괴로움들은 뒤따르지 않는다.

전생의 과보를 받은 로히니 공주

부처님께서 까삘라왓투의 니그로다라마 승원에 계실 때, 왕족의 딸 로히니에 대한 이야기이다.

한때 존자 아누룻다가 5백 명의 비구들과 까삘라왓투로 갔다. 그곳에는 친척은 물론 속가의 모든 식구들이 있었던 까닭에, 존자가 오셨다는 소식을 듣고 많은 사람들이 존자의 법회에 참석하였다.

"로히니는 어찌하여 보이지 않습니까?"

존자는 사랑하는 누이인 로히니의 모습이 보이지 않자 사람들에게 물었다.

"존자시여! 로히니 공주는 피부병이 심하여 외출하지 못하고 있습니다."

존자는 바로 누이를 불러오게 하여 따로 만나 보았다.

"네가 전생의 과보로 그리 되었다면, 그 과보를 씻을 수 있도록 공덕을 쌓도록 하라. 부처님과 수행자들을 위한 회당을 지으면 좋을 것이다. 그리고 회당을 짓는 데 만족하지 말고, 그곳을 청소하고 정성껏 공양토록 하라."

로히니 공주는 존자의 가르침에 따라 2층으로 된 회당을 짓고, 완성이 되자 부처님과 수행승들을 초빙하여 공양을 올렸다.

"누가 이 회당의 시주자인가?"

부처님의 부름에 피부병이 제법 나아진 몸으로 대중 앞에 나온 로히니 공주는 자신의 병이 전생에 정실부인으로 있으며 뒤에 들어온 첩실을 질투하여 깟추 열매의 가루를 뿌려 온몸을 가렵게 만드는 악행을 저지른 과보임을 들었다.

"로히니여! 지금까지 네 자신이 저지른 악행의 과보로 고통받은 것이다. 성냄과 질투는 아무리 사소하더라도 절대로 일으켜선 안 되느니라."

부처님의 가르침을 받은 로히니는 그 자리에서 피부병이 완쾌되었다.

---

1) 아홉 가지 자만인 구만(九慢)을 말한다. 상세한 내용은 게송 74번의 해당 각주 참조.
2) 젠 이름과 형색 등 그 무엇에도 집착하지 않는다는 것은, 이 세상에서든 저세상에서든 오온(五蘊)과 십이처(十二處) 및 십팔계(十八界)에 대하여 네 가지 유형의 집착에 끄달리지 않는 것을 말하는데, ① 감각적 쾌락의 욕망에 대한 집착인 욕취(欲取), ② 견해에 대한 집착인 견취(見取), ③ 규범과 금기에 대한 집착인 계금취(戒禁取), ④ 실체의 이론에 대한 집착인 아어취(我語取) 등에 끄달리지 않는 것이 그것이다.

222 끊임없이 흔들리는 마차고삐 다루듯이
제자신에 생긴분노 확실하게 다룬다면
나는그를 마부라고 자신있게 부르리라.
그렇잖은 사람들은 그저고삐 쥔자일뿐.

恚能自制 如止奔車 是爲善御 棄冥入明
성냄이 자제될 수 있음이
마치 날뛰던 수레를 멈추듯 한다면
이는 (감관感官이) 잘 제어되는 것이기에
(그러한 자는) 어둠을 버리고 밝음으로 들어가게 된다.

yo ve uppatitaṁ kodhaṁ, rathaṁ bhantaṁva dhāraye |
tamahaṁ sārathiṁ brūmi, rasmiggāho itaro jano ||
누구라도, 마치 끊임없이 흔들리는 마차를 다루듯이
일어난 분노를 확실하게 다룰 수 있다면
나는 그를 '마부'라고 부르리라.
다른 사람들은 (그저) '고삐를 쥐고 있는 사람'일 뿐.

자신을 다스릴 줄 알았던 여자 나무신

부처님께서 알라위(Āḷavī) 지방의 악갈라와(Aggāḷava)에 잠시 계셨을 때, 자신을 다스릴 줄 알았던 현명한 여자 나무신에 대한 이야기이다.

부처님께서 악갈라와에 잠시 계실 때 그곳의 비구들에게 수행할 처소를 짓는 것을 허락하셨다. 그러자 비구들은 숲의 나무들을 적당히 벌목하여 수행처 짓기에 바빴다.

그들 가운데 한 수행승이 자신이 항상 그 그늘에서 명상에 들곤 하던 나무를 베려고 도끼를 준비하였다. 그러자 그 나무에 살고 있던 여자 목신이 수행승의 앞에 나타나 애원하였다.

"존자여! 나의 집인 이 나무를 자르지 마시오. 나는 아이들 둘까지 데리고 있으니, 이곳을 벗어나면 저희는 어디 갈 만한 곳이 없습니다."

그러나 그 수행승은 들은 척도 하지 않고 도끼를 들이밀었다.

'안 되겠다. 내 아들을 저 나뭇가지에 올려놓자. 살생을 해선 안 되는 비구이니, 설마 나무를 베진 못하겠지.'

그러나 막무가내로 내려친 도끼에 나무가 넘어지면서 큰 가지에 앉아 있던 목신의 아들은 팔이 잘려 버렸다. 화가 치솟은 목신이 두 손을 들어 수행승을 내리치려 하다가 번쩍 떠오르는 생각에 손을 멈추었다.

'이 수행승은 계행을 어기진 않았다. 내가 이 자를 죽이면 나는 아비지옥으로 떨어질 것이요, 이 소식을 들은 다른 목신들도 살생을 하게 될 것이다.'

그래서 목신은, 대신 그 수행승의 스승인 부처님을 찾아가 사실을 아뢰고 그런 행위가 더 이상 일어나지 않도록 부탁을 드렸다.

"목신이여! 그대는 훌륭한 모습을 보였습니다. 자신의 분노를 억누를 줄 아는 훌륭한 모습을 보였습니다. 그대가 치솟는 화를, 마치 마부가 날뛰는 말을 제어하듯 억제한 것은 참으로 훌륭한 일입니다."

부처님께선 그 후로 처소를 지을 때 함부로 나무를 베는 것을 금하셨다. 그리고 그 목신에겐 제따 숲의 향실 근처에 있는 나무에 머물 수 있게 하셨다.

223 성을내지 않음으로 성난마음 이겨내고
좋은행위 내세워서 나쁜행위 이겨내며,
베풀겠단 마음으로 인색함을 이겨내고
진리만이 거짓됨을 이겨낼수 있느니라.

忍辱勝恚 善勝不善 勝者能施 至誠勝欺
욕보임을 참아냄이 성냄을 이겨 내며
착함이 착하지 않음을 이겨 낸다.
(그렇게) 이겨 낸 자만이 베풀 수 있으며
지극한 정성만이 속임을 이겨 낼 수 있다.

akkodhena jine kodhaṁ, asādhuṁ sādhunā jine |
jine kadariyaṁ dānena, saccenālikavādinaṁ ||
성내지 않음으로 성냄을 이길 수 있으며,
좋은 행위로 나쁜 행위를 이길 수 있으며,
베풂으로 인색함을 이길 수 있으며,
진리로 거짓을 이길 수 있다.

* 223

믿음을 가진 여인 웃따라

부처님께서 라자가하 웰루 숲의 승원에 계실 때, 독실한 믿음을 가진 여인인 웃따라에 대한 이야기이다.

라자가하에 뿐나(Puṇṇa)라고 불리는 가난한 사람이 살고 있었다. 그의 식구로는 사랑하는 아내와 귀엽고 총명한 딸 웃따라(Uttarā)가 있었으며, 부부는 모두 라자가하의 부호 쑤마나(Sumana)의 집에서 하인으로 일했다.

어느 날, 라자가하에서 7일간 지속되는 축제가 열리자 쑤마나가 뿐나를 불러 말하였다.

"자네는 이번 축제 기간 동안 그냥 쉬겠는가? 아니면 내가 임금을 더 쳐줄 테니 계속 나의 소를 돌보는 일을 할 텐가?"

"저야 하루 벌어 하루 먹고 사는 형편이니, 선처해 주신다면 제 밭도 갈아 놓을 겸 축제 기간에도 소를 돌보도록 하겠습니다."

그래서 축제 첫날부터 뿐나는 소를 몰고 들녘으로 나갔으며, 아내는 아침부터 부지런히 음식을 장만하여 뿐나에게 식사를 가져다줄 준비를 하였다.

그런데 바로 그날, 장로 싸리뿟따가 7일간의 멸진정(滅盡定)에 들었다 일어나며 '누구에게 공양할 기회를 주어 이 엄청난 공덕을 쌓게 할까?'라는 생각으로 천지를 살펴보았다. 마침 들녘에서 쉬지도 않고 일하는 뿐나를 보고는, 막 들녘으로 나서는 그의 아내에게 먼저 다가갔다.

'오! 내가 예전에는 공양이 있으면 장로께서 안 계시고, 장로가 계시면 공양할 것이 없더니, 오늘에야 공양할 수 있게 되었구나.'

이렇게 생각한 뿐나의 아내는 남편의 식사를 모두 장로에게 공양 올리고, 집으로 돌아와 다시 식사를 마련하여 들녘으로 나갔다. 식사 시간을 한참 넘겨 뿐나가 거의 탈진할 즈음 도착해서 사정을 이야기하는 아내에게 뿐나가 말했다.

"나는 장로께 드실 물만 공양 올리며 부족하다 싶어서 마음이 걸렸었는데, 당신이 그렇게 공양을 올렸다니 좋은 일이오. 벌써 내 배가 부른 것 같소."

기운을 차린 뿐나는 밭을 모두 갈아 놓고 집으로 돌아와 편히 쉬었다.

다음날 아침, 일찍이 밭으로 나간 뿐나는 소스라치게 놀랐다. 너른 들녘에 개간하여 엎어 놓은 밭의 흙덩이들이 모두 황금으로 변해 있었다.

"오! 장로께 올린 공양의 과보가 이리도 신속히 나타날 줄이야!"

아내와 둘이서 서로 의아해 하며 아무리 확인해 봐도 뒤집어 놓은 흙덩이들이 모두 누런 황금으로 변해 있는 것을 본 뿐나는, 자칫 그 복이 화가 되어 올수도 있으리라 여겨서 왕에게 자초지종을 모두 아뢰었다.

"그래? 그러면 내가 왕실 사람을 보내어 그것들을 모두 가져오게 하겠다."

그러나 이상하게도 왕실 사람이건 부호 쑤마나건 뿐나가 아닌 다른 사람의 손만 닿으면 황금은 다시 흙덩이로 변해 버렸다. 현명한 왕은 모든 황금을 뿐나가 거두어 갈 수 있도록 허락하되, 그를 나라의 재정관에 임명하여 그 황금이 나라 살림에도 도움이 될 수 있도록 하였다.

재정관이 된 뿐나는 황금을 적절하게 사용하여 자신의 집안을 여느 부호 못지않게 일으킴은 물론, 나라의 살림도 튼실하게 만들었다. 그리고 부처님과 승가에도 공양하며 가르침을 성실히 받들어 식구 모두 예류과를 성취하였다.

"뿐나여! 그대가 비록 예전에는 우리 집의 하인이었으나 이미 나보다 더 큰 부호가 되었으니, 그대의 딸을 나의 아들과 혼인시키도록 합시다."

뿐나는 옛 주인인 부호 쑤마나의 제안을 흔쾌히 받아들였으나, 정작 웃따라는 그 집안이 부처님을 따르지 않고 외도를 섬긴다 하여 탐탁지 않게 여겼다. 그러나 쑤마나가 간절히 요청하고, 뿐나 또한 그의 도움이 필요했던 까닭에 결혼이 성사되어 웃따라는 시집을 가게 되었다.

'아버님! 시집온 첫날부터 부처님께 공양도 못 올리고 법문도 듣지 못하는 것이 괴로울 뿐입니다. 차라리 감옥에 갇혀 있는 것이 나을 듯합니다.'

웃따라로부터 이런 서신을 받은 재정관 뿐나는 많은 고민 끝에 답하였다.

'나의 사랑하는 딸, 웃따라여! 내가 1만 5천 까하빠나를 동봉하니, 이 돈으로 라자가하 최고의 유녀를 사서 얼마간 남편을 시중들게 하고, 너는 그 틈에 부처님과 승가에 공양하고 가르침을 듣는 것이 어떻겠느냐.'

당시 라자가하에는 모든 남자들이 꿈에 그리던 기녀 씨리마(Sirimā)가 있었다. 웃따라는 부친의 의견대로 씨리마에게 큰돈을 주고 보름 동안 남편을 시중들게 하고, 그동안 자신은 부처님께 공양 올리고 법문을 듣는 시간을 가지겠다고 하였더니 남편도 흔쾌히 승낙하였다.

그렇게 하길 보름째 되는 날, 내일이 지나면 또다시 부처님을 뵐 기회가 언제일지 모른다고 여긴 웃따라는 부엌에서 정성스레 마지막 공양을 준비하였다. 그 모습을 멀찌감치에서 지켜보던 남편은 '저 여인은 참 어리석구나. 공양과 법문이 다 무엇이길래….'라고 생각하며 옅은 미소를 지어 보였다.

'아니? 내 남편이 저 여인에게 웃음을?'

보름이라는 짧은 기간이었지만 워낙 많은 배려를 베푼 웃따라 때문에 오히려 자신의 처지를 망각해 버린 씨리마는 질투에 화가 북받쳤다. 그래서 부엌에 들어가 펄펄 끓는 기름을 한 국자 떠서 웃따라에게 달려들었다.

'그래! 씨리마, 너 덕분에 나는 보름 동안 편안히 공양하고 법문을 들을 수 있었다. 내가 그녀에게 분노하면 끓는 기름이 나를 태울 것이요, 아니면….'

웃따라는 씨리마가 붓는 끓는 기름을 온몸으로 받아들였다. 한순간에 엉망이 된 부엌, 그러나 웃따라는 아무런 상처를 입지 않은 채 마치 찬물을 뒤집어 쓴 것 같았으며, 달려든 하인들과 남편에게 씨리마는 뭇매를 맞았다.

"그만두세요. 그녀를 그냥 놓아 두세요."

웃따라는 오히려 씨리마를 보호하여 방으로 데려가 상처를 치료해 주었다.

"마님, 저를 용서하십시오. 제가 제정신이 아니었습니다."

"네가 내게 용서를 받으려면 먼저 부처님께 용서를 받도록 하거라."

웃따라의 집으로 공양을 나오신 부처님에게 사부대중 앞에서 씨리마는 자신의 잘못을 직접 고하고 용서를 빌었다.

"현명한 웃따라여! 분노를 극복하는 것은 정말 어렵나니, 그 일을 성취한 것은 실로 훌륭한 일이다. 그처럼, 분노는 분노를 여읨으로써 극복되느니라."

그로부터 웃따라의 시집 사람들과 씨리마 또한 부처님께 귀의하게 되었다.

224 　말을할땐 언제라도 진리로서 입을열고
　　　행위로서 나타낼땐 성을내지 아니하며
　　　궁핍함에 처했어도 있는만큼 보시하라.
　　　이세가지 공덕으로 신들세계 그쯤이야.

　　　不欺不怒 意不多求 如是三事 死則上天
　　　속이지 말고 성내지 말며
　　　마음으로라도 (필요보다) 많이 구하지 말라.
　　　이와 같은 세 가지 일이 (잘 이뤄지면)
　　　죽어서 천상에 태어날 것이다.

　　　saccaṁ bhaṇe na kujjheyya, dajjāppasmiṁpi yācito ||
　　　etehi tīhi ṭhānehi, gacche devānaṁ santike ||
　　　진리를 말해야 하며, 성을 내지 말아야 하며,
　　　궁핍함에 처해 있더라도 요청받은 자는 보시하라!
　　　이 세 가지 요소들로 신들 무리의 곁에 갈 수 있다.

## 224

천상에 갈 수 있는 공덕의 크기는

부처님께서 싸왓티 제따 숲의 승원에 계실 때, 장로 목갈라나가 잠시 다녀온 천상에서 본 것들에 대한 이야기이다.

한때 장로 목갈라나가 천상 세계를 두루 살피고 온 적이 있었다. 그때 장로는 천상의 커다란 궁전 문 앞에 서 있는 건장한 하늘 사람을 보고 물었다.

"하늘 사람이여! 그대는 어떤 업을 지었기에 이리도 큰 영광을 얻은 게요?"

"존자시여! 그저 부끄러울 뿐입니다. 저는 보시를 하거나 가르침을 들은 적도 없습니다. 있다면 그저 무엇을 해놓고 그것을 내가 했다고 있는 그대로 말 한 적이 있는데, 아무리 살펴보아도 선업이라곤 그것뿐입니다."

장로가 다시 다른 궁전이 있는 곳으로 가 보았더니 하늘 딸들이 있었다. 그들에게도 같은 질문을 했더니 그녀들은 머뭇거리다 대답하였다.

"존자시여! 저흰 그저 저희 주인의 행동에 '그는 나의 주인이니, 그가 어떻게 일을 시키더라도 화내지 말자.'며 마음을 다스린 선업밖엔 없습니다."

그리고 장로가 다시 만난 몇몇 하늘 사람들은 그저 반 푼어치도 되지 않는 사탕수수 줄기 한 조각이건 과일 하나건, 그도 아니면 쓰디쓴 열매 하나건 상관 않고 제각기 행한 조그만 보시밖에 별스런 공덕이 없다고 밝히며, 덕분이라면 그 덕분에 하늘 사람으로 태어난 것 같다며 입을 모았다.

장로 목갈라나가 천상을 다녀온 며칠 후에 부처님을 뵙고 여쭤보았다.

"세존이시여! 천상에 나는 공덕이란 작은 것이 아닐진대, 제가 본 것처럼 그렇게 진실을 말했다거나 성을 내지 않았다거나 작은 보시를 한 것만으로도 천상의 영광을 얻을 수 있는 것입니까?"

"목갈라나여! 그렇게 의심하는 마음을 내지 말지니라. 그대 본인의 눈으로 직접 보고 오지 않았느냐. 진실을 말하거나 성냄을 제거하거나 사소한 보시를 행하는, 이 세 가지 일로도 누구나 천상에 태어날 수 있느니라."

225   살아있는 모든것에 해코지를 아니하고
언제거나 제한몸이 제어가된 성자들은
움직임이 전혀없는 경지에로 나가리니,
그곳에만 도달하면 고뇌하지 않으리라.

常自攝身 慈心不殺 是生天上 到彼無憂
항상 스스로 자신을 다스리며
자비로운 마음으로 살생하지 않으면
이러한 이는 천상에 태어나
피안彼岸에 이르도록 근심이 없을 것이다.

ahiṁsakā ye munayo, niccaṁ kāyena saṁvutā |
te yanti accutaṁ ṭhānaṁ, yattha gantvā na socare ||
항상 신체적으로 제어되고[3]
(살아 있는 것들을) 해코지하지 않는 성자[4]들,
그들은 움직임이 없는 경지로 나아가나니,
그곳에 가면 고뇌하지 않게 된다.

내 아들아! 내 아들아!

부처님께서 꼬살라국의 싸께따(Sāketa) 인근 안자나 숲에 계실 때, 부처님을 아들이라 부른 한 브라만 부부에 대한 이야기이다.

　부처님과 수행승들이 싸께따로 탁발하러 들어가고 있을 때 한 늙은 브라만이 부처님을 보더니 바로 달려와 부처님께 말하였다.

　"사랑하는 아들아! 어디 갔다 이제 오느냐. 그토록 오랫동안 모습을 보이지 않더니. 이제 집으로 가자꾸나. 네 어머니가 너를 기다리고 있다."

　부처님은 별말씀 없이 수행승들과 그 브라만의 집으로 갔다.

　"얘들아! 어서 나와서 큰형에게 인사를 드려라. 그리고 공양을 준비하거라."

　노부부의 아들과 딸도 서슴없이 다가와 인사를 올렸으며, 부처님 또한 인사를 받으시고 수행승들과 함께 그곳에서 공양을 드셨다.

　"아들아! 네 벗들과 함께 앞으로 모든 식사를 여기서 하거라."

　"여래는 한 장소에서 오래 머물며 식사를 하지 않습니다."

　"그러면 앞으로 승단에 공양청을 하는 사람을 이곳으로 보내 주면, 그들과 함께 이 집에서 공양을 준비하도록 하겠으니, 와서 먹으면 되겠구나."

　그리하여 3개월간 부처님과 수행승들은 그 브라만의 집에서 공양을 했으며, 공양 끝에 베풀어진 법문 덕분에 브라만 부부는 모두 아라한과를 얻어 완전한 열반에 들었다. 부처님께서는 의아해 하는 수행승들에게, 브라만 부부는 앞선 5백 생 동안 부처님의 부모로 태어났던 까닭에 그리한 것이며, 이제 그들은 아라한과를 얻어 완전한 열반에 들었다고 일러 주셨다.

---

3)　[전] 항상 제어되어야 함이 신체적으로만 국한된다는 의미가 아니라 '신체적[身], 언어적[口], 정신적[意]으로 제어되고…'를 줄여서 표현한 것으로 보아야 한다.

4)　수행을 통해 어느 정도의 계위에 가닿은 훌륭한 분을 무니(muni, 聖人) 또는 릭쉬(rṣi, 賢人)라 하는데, 그 어원을 살펴보면 '무니'는 불교에, '릭쉬'는 브라만교(힌두교)에 맥락이 닿아 있는 것으로 구분할 수 있다. [전] 불교에서 아직 배우는 단계의 성자로는 흐름에 드는 길에 있는 예류향(向)에서부터 거룩한 길에 있는 아라한향(向)에 이르기까지 일곱 종류가 있다. 배움을 뛰어넘은 성자에는 모든 번뇌를 부수고 거룩한 경지를 성취한 분인 아라한이 있으며, 고독한 성자로서 홀로 연기법을 깨달은 연각불(緣覺佛, paccekabuddha)이 있고, 마지막으로 올바르고도 원만히 깨달은 님[正等覺者, sammasambuddha]이 계신다. ⇒ [주] '무니와 릭쉬'

226   언제거나 성성하게 두눈으로 깨있으며
밤낮으로 공부하여 열반추구 하는이는
번뇌란게 어느샌가 사라지고 말지니라.

意常覺寤 明慕勤學 漏盡意解 可致泥洹

의식은 항상 깨달음을 위해 깨어 있고
(해탈에 대한) 분명한 그리움으로 부지런히 배움으로써
새어 나옴이 다하여 뜻이 이해되면
열반에 가닿을 수 있을 것이다.

sadā jāgaramānānaṁ, ahorattānusikkhinaṁ |

nibbānaṁ adhimuttānaṁ, atthaṁ gacchanti āsavā ||

밤낮으로 공부[5]하여 열반을 추구하는
항상 깨어 있는 자들의 경우
번뇌는 사라짐으로 나아간다.[6]

밤늦도록 뭐하시는지

부처님께서 라자가하 인근의 깃자꾸따 산에 계실 때, 라자가하 부호의 하녀인 뿐나와 관련된 이야기이다.

라자가하에 사는 어느 부호의 하녀인 뿐나(Puṇṇā)는 밤늦도록 쌀 방아를 찧고 있었다. 그러다 잠시 땀을 식힐 겸 방앗간에서 나와 있었는데, 먼발치로 수행승들이 각기 횃불을 앞세우고 승원으로 돌아가는 모습이 보였다.

'나야 방아를 찧는 고통에 허덕이며 잠을 쫓고 있지만, 존자들은 무슨 이유로 저리 밤을 지새우다 이제야 돌아가는가? 누가 병이라도 들었나?'

다음날, 방아 곁에 흩어진 쌀겨로 사흘은 굶어야 겨우 입을 댈 거친 먹거리를 만들어 집으로 돌아가던 뿐나는 길에서 탁발 나오신 부처님을 뵈었다.

'예전에 뵈올 땐 공양 드릴 것이 없었고, 또 어쩌다가 공양거리가 있으면 뵙지를 못했었다. 오늘은 있긴 하지만 이 거친 것을 드실 수나 있으시려나?'

부처님께서 뿐나의 마음을 아시고 발우를 내밀어 거친 먹거리를 공양 받으셨다. 그리고 단지 받으셨을 뿐 그것을 결코 들지 않으리란 그녀의 예상과는 달리, 바로 그 근처에 앉으셔서 공양을 드셨다. 그러자 천상의 신들이 갖은 맛난 것을 가져와 뿐나가 올린 공양 속에 넣어 드려 드시기 편하게 하였다.

"뿐나여! 너는 나의 제자들이 병에 시달린다고 여긴 적이 있더구나."

"세존이시여! 늦은 밤까지 잠에 들지 못하는 모습을 보았습니다."

"뿐나여! 그들은 병이 들어서가 아니라, 항상 깨어 있으며 밤낮으로 배움을 익히고 열반을 지향하기 때문에 그리한 것일 뿐이니라."

부처님의 가르침을 듣던 뿐나는 이내 예류향에 들어갔다.

---

5) 열반을 추구하는 수행자는 학인으로서 세 가지 배움인 계(戒)·정(定)·혜(慧)의 세 가지 배움[三學, tisso sikkhā]을 닦는다. 즉, ① 계율에 의해 선(善)을 닦아 몸과 마음과 뜻에 의해 일어나는 악업을 방지하는 증상계학(增上戒學, adhisīlasikkhā)과, ② 명상에 의해 산란함을 거두고 정신을 맑게 하여 성품을 보고 도를 깨달을 수 있는 증상심학(增上心學, adhicittasikkhā) 및 ③ 지혜에 의해 번뇌를 끊고 본성을 드러낼 수 있는 증상혜학(增上慧學, adhipaññasikkhā)이 그것이다.

6) 번뇌를 제거하는 데는 부정관, 자비관, 연기관, 계분별관, 수식관 등의 다섯 가지 수행법인 오정심관(五停心觀)이 주로 사용된다. ⇒ ㈜ '오정심관'

227 법이란게 예전부터 오래도록 그런거지
어제거나 오늘에만 그런것이 아니나니,
사람들은 다소곳한 침묵자도 비난하고
떠벌리는 이는물론 적절하게 일컬어도
세상에서 비난받지 아니할이 없나니라.

人相謗毁 自古至今 旣毁多言 又毁訥訊 亦毁中和 世無不毁
사람들이 서로 헐뜯고 험담하는 것은
예로부터 지금까지 이르나니,
기왕에 말이 많다 험담하다가도
다시 말이 적다 험담하며
또한 적당하고 조화로워도 험담하기에
세상엔 험담을 입지 못할 것은 없다.

porāṇametaṁ atula, netaṁ ajjatanāmiva |
nindanti tuṇhimāsīnaṁ, nindanti bahubhāṇinaṁ |
mitabhāṇimpi nindanti, natthi loke anindito ||
'아뚤라'여! 이것은 오래된 것이지 오늘날만 그런 것은 아니다.
(사람들은) 침묵을 지키는 자를 비난하고
떠벌리는 자를 비난하며 적당히 말하는 자 또한 비난한다.
세상에 비난을 받지 않는 자는 존재하지 않는다.

228   과거에도 없었으며 미래에도 없을게요
그리고또 시방지금 여기에도 없을지니,
비난만을 어김없이 받고사는 그런사람,
아니라면 절대적인 칭찬만을 받는사람.

欲意非聖 不能制中 一毀一譽 但爲利名
하고자는 속마음이 성스럽지 못하면
제어하여 알맞게 될 수가 없나니,
한 차례의 헐뜯음이나 한 차례의 기림도
다만 이익이나 명예를 위하는 것일 뿐.

na cāhu na ca bhavissati, na cetarahi vijjati |
ekantaṁ nindito poso, ekantaṁ vā pasaṁsito ||
(과거에도) 없었으며 (미래에도) 없을 것이며
그리고 지금도 찾아볼 수 없다.
절대적으로 비난만 받는 사람은,
또는 절대적으로 칭찬만 받는 사람은.

229 지혜로운 이가 매일 뜬눈으로 살펴보아
     비난할곳 한점없는 행위란걸 알아보고,
     총명하며 지혜롭고 계행까지 갖췄기에
     칭찬할수 있는이라 일컬을수 있는사람,

     多聞能奉法 智慧常定意 如彼閻浮金 孰能說有瑕
     많이 들었기에 법을 받들 수 있으며
     지혜롭기에 속마음을 항상 안정시킬 수 있는 이는
     마치 저 잠부 강江의 금덩이처럼 (완벽할 뿐)
     흠이 있다고 그 누가 말할 수 있겠는가.

     yaṁ ce viññū pasaṁsanti, anuvicca suve suve |
     acchiddavuttiṁ medhāviṁ, paññāsīlasamāhitaṁ ||

     만약 지혜로운 이들이 매일 살펴보고
     비난할 바 없을 행위를 지니고 총명하며
     지혜[7]와 계행[8]을 갖춘 그를 칭찬한다면,

230 잠부강의 황금엽전 티끌없이 순수하듯
그와같은 사람두고 어느누가 비난하리.
하늘나라 신중들도 그를찬양 할것이며
창조신인 브라흐마 그마저도 칭찬하리.

如羅漢淨　莫而誣謗　諸天咨嗟　梵釋所稱
아라한처럼 깨끗한 이라면
무고하거나 헐뜯지 말라.
모든 하늘이 찬탄하며
범천과 제석천도 칭찬하느니라.

nikkhaṁ jambonadasseva, ko taṁ ninditumarahati |
devāpi naṁ pasaṁsanti, brahmunāpi pasaṁsito ||
마치 잠부 강江의 황금[9] 엽전 같은 그를
어느 누가 비난할 수 있겠는가!
천신들 또한 그를 찬양하며
브라흐마에 의해서도 그는 칭찬된다.

남을 비난하는 일

부처님께서 싸왓티 제따 숲의 승원에 계실 때, 훌륭한 법문을 찾아다녔던 재가
신자 아뚤라에 관한 이야기이다.

아뚤라(Atula)는 싸왓티에 사는 재가신자였다. 그는 어느 날 5백 명의 친구들
과 함께 자신들을 올바르게 이끌어 줄 가르침을 듣고자 승원을 찾았다.

"장로시여! 저희들에게 가르침을 베풀어 주십시오."

그들은 우선 레와따(Revata) 장로를 찾아가 법문을 요청하였다. 그러나 레와
따 장로는 그들 앞에서 가부좌를 한 채 사자처럼 위엄 있게 앉은 다음 아무런
말도 없었다. 그 앉아 있는 모습이 어떻게 보면 장엄한 까닭에 처음에는 기세에
눌려 아무런 말도 하지 못했는데, 한참의 시간이 지난 후에야 여기저기서 불만
이 터져 나오며, 급기야 설법 자리가 깨어지고 말았다.

장로가 공양을 받고 나서 아무것도 설해 주지 않는다며 화가 난 아뚤라와 그
일행은 그다음으로 장로 싸리뿟따를 찾았다.

"장로시여! 저희들에게 가르침을 베풀어 주십시오."

장로 레와따가 아무 말도 해주지 않았기에 화가 나 있다는 사실을 전해 들은
싸리뿟따 장로는 그들이 법문을 듣기 위해 앉자마자 아비담마(Abhidhamma)에
대해 풍부한 내용으로 상세하게 설명해 주었다. 그러나 재가신자들이 듣기에는
너무 어려웠던 까닭에 길어진 법문의 끝머리에선 누구 하나 정신을 차려 귀를
기울이는 이가 없었다.

"싸리뿟따 장로의 법문은 너무 어려워. 나중엔 하나도 못 알아듣겠더구먼."

그래서 그들은 다시 부처님의 시자로서 쉬운 가르침으로 이름이 있었던 장로
아난다를 찾아갔다. 그리고 이미 두 분의 장로를 뵈었다는 말도 드렸다.

"장로시여! 저희들에게 가르침을 베풀어 주십시오."

그러자 장로 아난다는 레와따 장로처럼 입을 닫지도, 싸리뿟따 장로처럼 지
나치게 자세하지도 않게, 적절한 내용이다 싶게 간추린 것으로 일러 주었다.

그러나 아난다가 베푼 법석을 마칠 때는 오히려 그들의 불만이 더욱 증폭되

어 있었다.

"이건 어째, 레와따 장로님처럼 장엄한 맛도 없고, 싸리뿟따 장로님처럼 섬세한 맛도 없는 법문이네. 이도 아니고 저도 아닌 어중간한 법문일 뿐이야."

"글쎄 말이야! 어디, 우리 귀에 쏙쏙 들어오는 마침맞은 법문은 없는가? 아무래도 부처님을 찾아뵙는 수밖에 없단 말인가?"

"그럽시다! 여기까지 왔으니 아예 부처님께 법문을 청하도록 합시다."

그래서 몰려간 그들로부터 자초지종을 들은 부처님께서 말씀하셨다.

"아뚤라여! 그리고 아뚤라의 도반들이여! 옛날부터 침묵해도 비난하고 말이 많아도 비난하며 적당히 말해도 비난하던 일은 늘 있어 왔다. 말하는 이들을 비난하기 전에 그들을 비난하는 자신을 돌아보도록 하라. 일방적인 비난이나 혹은 맹목적인 칭찬은 반드시 금해야 하며, 어리석은 이가 어리석음으로 비난하거나 칭찬한다면 그것은 아예 고려 대상이 되지 못한다. 단지 지혜로운 자가 비난하거나 칭찬할 경우, 그러한 비난은 달게 받아야 하고 그것이 칭찬이라면 기뻐할 수 있을 것이다."

이 가르침이 끝나자 아뚤라와 5백 명의 재가신자들은 모두 예류향에 들게 되었다.

---

7) 지혜는 세간적 지혜[世間智, lokiyapaññā]와 출세간적 지혜[出世間智, lokuttarapaññā]를 말한다. 세속지(世俗智)가 세속의 번뇌에서 벗어나지 못한 유루의 지혜로서 범부나 외도의 잘못된 지혜를 가리키는 반면, 세간지(世間智)는 세속적인 올바른 견해나 올바른 사유로서 팔정도의 출발점이 될 수 있는 세간적인 지혜를 말한다. 그리고 출세간지(出世間智)는 궁극적으로 사성제를 증득할 수 있는 지혜를 가리킨다.

8) 계행이란 청정으로 이끄는 네 가지 유형의 계행[四淨戒, catupārisuddhisīla]을 가리킨다. → 사정계(四淨戒)는 게송 10번 각주 참조.

9) 잠부(Jambu) 강은 인도 동북부 오리사 주(州)의 동부 해안에서 흘러드는 강으로서, 그곳에서 나는 황금은 순도가 높아 고대부터 금화를 만드는 가장 좋은 재료로 취급되었다.

231 이몸에서 일어나는 怒氣단속 해야하고
     이내몸을 살펴보는 조절자가 되야하며,
     이몸에서 일어나는 사악함을 떨쳐내고
     이내몸을 다루어서 모든선행 이룰지라.

     常守愼身 以護瞋恚 除身惡行 進修德行
     몸 삼가길 항상 지켜 내고
     성내고 화냄을 막아 냄으로써
     몸으로 저지르는 악한 행위를 떨쳐 버리고
     나아가 덕스러운 행위를 닦아야 한다.

     kāyappakopaṁ rakkheyya, kāyena saṁvuto siyā |
     kāyaduccaritaṁ hitvā, kāyena sucaritaṁ care ||

     육신의 노기怒氣를 단속해야 하고
     육신의 조절자가 되어야 하며
     육신의 사악함[10]을 떨쳐 버리고
     육신을 통해 선행[11]을 행해야 한다.

232

말씨에서 일어나는 怒氣단속 해야하고
이내말을 살펴보는 조절자가 되야하며,
이말에서 일어나는 사악함을 떨쳐내고
이내말을 다루어서 모든선행 이룰지라.

常守愼言 以護瞋恚 除口惡言 誦習法言
말 삼가길 항상 지켜 내고
성내고 화냄을 막아 냄으로써
입으로 저지르는 악언을 떨쳐 버리고
법다운 말을 읊조려 익혀야 한다.

vacīpakopaṁ rakkheyya, vācāya saṁvuto siyā |
vacīduccaritaṁ hitvā, vācāya sucaritaṁ care ||
언어의 노기怒氣를 단속해야 하고
언어의 조절자가 되어야 하며
언어의 사악함을 떨쳐 버리고
언어를 통해 선행을 행해야 한다.

233　이맘에서 일어나는 怒氣단속 해야하고
　　　이내맘을 살펴보는 조절자가 되야하며,
　　　이맘에서 일어나는 사악함을 떨쳐내고
　　　이내맘을 다루어서 모든선행 이룰지라.

　　　常守愼心 以護瞋恚 除心惡念 思惟念道
　　　마음 삼가길 항상 지켜 내고
　　　성내고 화냄을 막아 냄으로써
　　　마음으로 저지르는 악한 생각을 떨쳐 버리고
　　　마음에 둔 도道를 깊이 생각해야 한다.

　　　manopakopaṁ rakkheyya, manasā saṁvuto siyā |
　　　manoduccaritaṁ hitvā, manasā sucaritaṁ care ||
　　　생각의 노기怒氣를 단속해야 하고
　　　생각의 조절자가 되어야 하며
　　　생각의 사악함을 떨쳐 버리고
　　　생각을 통해 선행을 행해야 한다.

234 현명하달 사람이면 몸을통해 제어되고
현명하달 사람이면 말을통해 제어되며
현명하달 사람이면 맘을통해 제어되니,
그렇다면 그는실로 제어되는 셈이로다.

節身愼言 守攝其心 捨恚行道 忍辱最强
몸을 절도 있게 하고 말을 삼가며
그 마음을 잘 지켜 다스려야 하나니,
성냄을 버리고 도를 행함에 있어서
욕보임을 참아 내는 것이 가장 강력한(수행이다).

kāyena saṁvutā dhīrā, atho vācāya saṁvutā |
manasā saṁvutā dhīrā, te ve suparisaṁvutā ||
현명한 이들은 육신을 통해 제어되고 언어를 통해 제어되며
현명한 이들은 생각을 통해 제어되니,
(그러면) 그들은 실로 온전히 제어되는 셈이다.

여섯 비구의 일탈

부처님께서 라자가하 웰루 숲의 승원에 계실 때, 항상 말썽을 일으키던 여섯 비구에 대한 이야기이다.

부처님께서 웰루 숲의 승원에 계실 때, 그곳에는 언제나 말썽을 일으키던 한창 나이의 여섯 비구들이 있었다. 그들은 출가 전부터 한 동네에서 자란 친구들로서, 출가 후에도 항상 몰려다니며 수행은 뒷전인 채 비슷한 또래에게 장난치거나 나이 많은 장로들을 골려 먹는 등 소소한 문제를 일으켰다.

한번은 라자가하의 한 상인이 먼 지방에서 가져온 장미목으로 만든 나막신을 몇 켤레 시주한 적이 있었는데, 흔히 신는 나막신에 비해 불편해서인지 아무도 사용하지 않았다. 그런데 그것을 여섯 비구가 가져가 신으며, 어떨 때는 승원 뒤편으로 산을 오르는 언덕에 놓인 커다란 바위에 올라가 한참을 딸그락딸그락 일부러 커다란 소리를 내곤 하였다.

"세존이시여! 얼마 전에 시주된 나막신을 신고 몇몇 젊은 비구들이 바위에 올라 놀이하듯 딸그락거리며 내는 소리입니다."

"아난다여! 수행승은 자신의 몸에서 일어나는 성냄을 다스리기도 해야겠지만, 자신의 행위로 인해 다른 이가 일으킬 수도 있는 육신의 성냄이 없도록 자신을 다스릴 줄도 알아야 하느니라."

부처님의 말씀이 계시자, 여섯 비구의 친교사는 그들을 불러 따끔히 야단친 후에 다시는 그런 일이 없도록 일러 놓았다.

-

그런 뒤 어느 날, 친교사로부터 꾸지람을 들은 터라 나막신을 신고 바위에 올라가 뛰어놀지도 못하게 된 여섯 비구들은 승원의 한켠에 몰려 지내며 불만이 팽배하였다.

"아니! 저 위의 바위에서 그러는 소리가 이곳 승원까지 들린단 말이요?"

"그럴 리가 없어! 누군가 자기는 나막신이 없어서 그렇게 놀지 못하는 것이 배가 아파 부처님께 일러바친 게 분명해!"

여섯 비구들은 급기야 평소에 자신들과 사이가 좋지 않았던 비구들을 들먹이며 자신들을 모함한 것이라 험담하기 시작하였다.

한 번 시작된 남 이야기는 여섯 비구들의 입방아에서 모함으로 발전하였고, 그 소식 역시 승원에 퍼지지 않을 리 만무였다.

"너희들은 지난번에 그렇게 일렀건만, 몸으로 뛰어다니는 것을 못하게 했더니 입으로는 4만 8천 요자나를 설치고 다니는구나. 있지도 않은 이야기를 지어내어 남을 험담하는 것은 수행자가 할 일이 아니다. 명심하거라."

친교사에게 다시 한 번 불려가서 아예 단단히 혼쭐이 난 비구들은 이제 승원 전체에서 주목을 받는 미움둥이들이 되어 버렸다.

—

그러고서 얼마 후, 부처님께서 승원의 모습을 두루 살펴보시다가 예전에 나막신으로 야단맞았던 여섯 비구들이 친교사의 감시가 심해지자 자유분방하게 겉으로 표방하던 것들을 안으로 숨기느라 여념이 없는 것을 보셨다.

더 이상 방치했다가는 날로 심해지는 의업(意業)이 굳어질까 염려하신 부처님께서 친교사와 함께 여섯 비구들을 불러 말씀하셨다.

"수행승들이여! 수행자는 스스로의 수행으로 생각의 노기를 단속하여 언어의 노기가 일어나지 않도록 해야 하고, 언어의 노기를 단속하며 육신의 노기가 일어나지 않도록 해야 한다. 그럼에도 겉으로부터 억눌린 너희들이 제일 큰 업을 짓고만 있으니, 이를 반드시 들여다보고 잘 살펴야 할지니라."

여섯 비구들은 그제야 자신들의 잘못이 어디에 있는지 깨닫고서 마음가짐을 달리하기 시작하였다.

10) 육신의 사악함은 십악업도(十惡業道, dasa-akusalakammapathā) 가운데 세 가지 신업(身業)에 해당한다. 생명을 해치는 살생(殺生)과 주지 않는 것을 빼앗는 투도(偸盜) 및 삿된 음행인 사음(邪淫) 등이 세 가지 신업(身業)이고, 거짓말인 망어(妄語)와 이간질인 양설(兩舌)과 꾸밈말인 기어(綺語) 및 욕지거리인 악구(惡口)는 네 가지 구업(口業)이며, 탐내어 욕심을 부리는 탐욕(貪欲)과 성내는 마음인 진에(瞋恚) 및 잘못된 견해인 사견(邪見)은 세 가지 의업(意業)이다.
11) 육신의 선행은 십선업도(十善業道, dasa-kusalakammapathā) 가운데 세 가지 신업(身業)에 해당하는데, 그 내용은 십악업도와 상대적인 것이다. 즉, 불살생과 불투도 및 불사음 등이다.

第18章

∞∞∞∞∞∞∞∞∞∞∞∞∞∞∞∞∞∞∞

मलवग्गो

더러움을 인식토록 한 장

진구품

塵垢品

∞∞∞∞∞∞∞∞∞∞∞∞∞∞∞∞∞∞∞

235　이제그댄 그신세가 시들어진 낙엽인양

　더욱이나 저승사자 몰려와서 기다리고,

　이미이별 길목에서 안절부절 서있거니

　길떠나는 노잣돈도 마련되지 않았구려.

　生無善行 死墮惡道 往疾無間 到無資用

　살아서 착하게 행한 것이 없기에

　죽어서 사악한 길로 떨어지는데

　(그) 나아감이 빠르기가 간격이 없으며

　(그곳에) 이르도록 여비로 쓸 돈도 없구나.

　paṇḍupalāsovadānisi, yamapurisāpi ca te upaṭṭhitā |

　uyyogamukhe ca tiṭṭhasi, pātheyyampi ca te na vijjati ||

　이제 그대는 시든 낙엽처럼 되었으며,

　그리고 저승사자[1]들 또한 그대를 기다리고 있다.

　게다가 그대는 이별의 길목에 서 있는데

　그대를 위한 노잣돈[2]마저 준비되어 있지 않구나.

236　네자신이 네자신의 쉬어갈섬 만들지니
　　　서둘러서 노력하여 현명한자 속히되어,
　　　더러움이 제거되고 흠결마저 떨치고는
　　　고귀한이 머무는땅 그곳으로 갈지니라.

當求智慧 以然意定 去垢勿垢 可離苦形
응당 지혜롭기를 추구하고
그렇게 됨으로써 속마음이 안정되어
(있던) 더러움을 떨쳐 버리고 (새로이) 더럽게 되지도 않으면
괴로움의 형색을 여읠 수 있을 것이다.

so karohi dīpamattano, khippaṁ vāyama paṇḍito bhava |
niddhantamalo anaṅgaṇo, dibbaṁ ariyabhūmiṁ ehisi ||
그대는 자신의 섬[3]을 만들라!
서둘러 노력하여 현명한 자가 되어라!
더러움이 제거되고 흠결을 지니지 않게 되어
고귀한 이들의 신성한 땅[4]으로 가도록 하라!

237　이제그대 바로앞에 죽음이와 놓였으니
　　　염라대왕 언저리에 서있게된 셈이려니,
　　　그길가다 도중에는 쉴자리도 없거니와
　　　가는길에 그대위한 노잣돈이 있겠는가.

　　　汝今壽命行已終 汝已移步近閻魔
　　　道中旣無停息處 旅途汝亦無資糧
　　　그대는 이제 수명의 운행이 이미 다했기에
　　　그대는 이미 옮겨진 걸음이 염라대왕에 가까워졌다.
　　　도중엔 기왕에 멈추어 쉴 곳도 없지만
　　　길을 나선 그대 또한 의지할 식량도 없구나.

　　　upanītavayo cadānisi, sampayātosi yamassa santike |
　　　vāso te natthi antarā, pātheyyampi ca te na vijjati ||
　　　그리고 이제 그대는 죽음에 임박하게 되었으니
　　　염라대왕의 근처에 가 있게 되었다.
　　　도중에 그대를 위한 쉴 자리는 존재하지 않는데[5]
　　　게다가 그대를 위한 노잣돈마저 찾을 수 없구나.

238 　그대부디 제자신의 쉬어갈섬 만들지니
　　　서둘러서 노력하여 현명한자 될지니라.
　　　그리하면 더러움을 덜어내고 털어내어
　　　이제다신 태어나서 늙을일이 없으리라.

　　　汝宜自造安全洲 迅速精勤爲智者
　　　拂除塵垢無煩惱 不復重來生與老
　　　그대는 마땅히 안전한 섬을 스스로 만들고
　　　신속하게 정진하여 지혜로운 자가 되어야 하나니,
　　　티끌과 더러움을 떨쳐 버려 번뇌를 없앰으로써
　　　다시는 태어남과 늙음에 거듭 돌아오지 않아야 하리라.

　　　so karohi dīpamattano, khippaṁ vāyama paṇḍito bhava |
　　　niddhantamalo anaṅgaṇo, na puna jātijaraṁ upehisi ||
　　　그대는 자신의 섬을 만들라!
　　　서둘러 노력하여 현명한 자가 되어라!
　　　(그러면) 더러움이 제거되고 흠결을 지니지 않게 되어
　　　다시는 태어남과 늙음으로 나아가지 않을 것이다.

* 235-238
# 무심하게 산다는 것

부처님께서 싸왓티 제따 숲의 승원에 계실 때, 싸왓티의 어느 푸줏간 집 아들과 관련된 이야기이다.

싸왓티에서 55년 동안 푸줏간을 해온 한 남자가 있었다. 그는 평생을 두고 많은 짐승을 도살하여 그 고기를 팔아 생계를 유지하였으며, 자신도 항상 식사 때마다 고기를 끊이지 않고 먹으며 지내고 있었다. 그럼에도 부처님과 승가에는 쌀죽 한 그릇 공양한 적이 없었다.

하루는 준비해 놓은 고기가 일찍 다 팔리고 식구들과 먹을 만큼만 남았기에 그것을 아내에게 요리하라 해놓고는 강가로 목욕을 나갔다. 그런데 남편이 강가로 간 사이 한 손님이 와서 급하게 고기를 찾는 바람에 아내는 하는 수 없이 식구들이 먹으려고 남겨 두었던 것을 팔아 버렸다.

"아니? 여보! 왜 고기반찬이 없는 거요? 우리가 먹을 만큼은 주었잖소?"

손님이 하도 조르는 바람에 팔 수밖에 없었단 말에 성이 머리끝까지 오른 남편은 몇 차례 호통을 쳐 아내를 혼내고는 외양간으로 당장에 달려가서 살아 있는 황소의 혀를 잘라다 불에 구워 밥과 함께 먹기 시작했다.

평생을 끼니마다 빠지지 않고 먹던 터라 아무 생각 없이, 치미는 화에 따라 덜렁 잘라 온 고기를 구워서 급하게 씹는 바람에 남자는 자기 혀를 반절이 잘려 나가도록 심하게 깨물어 버렸다. 그리고 잘려 나온 혀를 손에 쥐고 고통으로 몸부림치며 뒹굴다가 이내 죽게 되었고, 아비지옥에 떨어졌다.

그 모습을 생생히 지켜본 남자의 아내는 자식에게도 그 재앙이 미칠까 염려하여 아들을 탁실라로 보내 그곳에서 공부하게 하였다.

탁실라로 간 아들은 그곳에서 연금술을 배웠다. 그리고 얼마 후 스승의 딸과 결혼하여 아들과 딸까지 낳고 그곳에서 잘 살았다. 얼마 후 자녀들이 나이가 들자 푸줏간 집 아들은 자식들을 데리고 싸왓티 옛집으로 옮겨와 살았다.

푸줏간 집 손자들은 할아버지나 아버지와는 달리 부처님에 대한 신심이 대단하여 항상 청정한 생활을 하였다.

'이렇게 가까이서 부처님의 법문을 원하는 때마다 들을 수 있다는 것은 얼마나 큰 행복인가. 할머니 댁으로 옮겨온 것은 정말 큰 복이야.'

능력껏 부처님께 공양하며 법문에 귀를 기울이던 손자는, 비록 할아버지와는 달리 도살의 업을 버리고 살지만 부처님 가르침에도 관심이 없는 부친이 항상 염려가 되었다. 그래서 기회를 만들어 부처님과 비구들을 집으로 초빙하여 공양을 올리고 온 식구가 함께 있는 자리에서 법문을 청하였다.

"세존이시여! 저희가 오늘 부처님께 공양을 올리고 법문을 청하는 것은 저희 아버지를 위해서입니다. 부디 좋은 가르침을 내려 주십시오."

부처님께서는 그들의 부모가 비록 악업을 짓고 있지는 않지만, 그렇다고 아무런 준비 없이 오는 늙음을 그대로 맞는 것에 대해 말씀해 주셨다.

"여래의 제자들이여! 그러니 늙어서 무엇이건 할 수 없기 전에 내생을 위해서 아무런 공덕도 짓지 않고 수행도 하지 않으면, 그것은 무심하게 사는 것이 아니라 생각 없이 사는 것일 뿐이니라. 이제라도 생각을 챙기도록 하라."

부처님의 가르침이 끝나자 푸줏간 집 아들은 예류과를 성취하였다.

---

1) '저승사자'에 해당하는 원어는 'yama(야마)purisa(사람)'이니, 죽음의 왕인 야마가 부리는 사람이므로 저승의 사자(使者)를 의미한다. 염라대왕(閻羅大王)의 '염라'는 'yama'의 소리옮김이다.

2) 먼 길을 떠날 때 먹거리나 여비 같은 노잣돈이 필요하듯 저세상으로 여행 갈 때 필요한 노잣돈은 금생에 지은 공덕으로 인한 선업(善業)과 올바른 수행으로 익힌 선습(善習) 등이다.

3) 등불(ⓟ.dīpa,ⓢ.dīpa)로도 해석되는 섬(ⓟ.dīpa,ⓢ.dvīpa)은 물살이 거센 강을 건너며 만나는 휴식처이자 피난처일 뿐만 아니라 세파의 흐름에 휩쓸리지 않고 자신을 유지하는 수행의 상태를 일컫는다.

4) 고귀한 이들의 신성한 땅이란 단순히 천상계 전체가 아니라 불환과(不還果, anāgāmin)를 증득한 성자들이 화생(化生)하여 머무는 정거천(淨居天, suddhāvāsa devā)을 가리킨다. 정거천은 사선천(四禪天)의 무번천(無煩天, avihā devā)부터 무열천(無熱天, atappā devā)과 선현천(善現天, sudassā devā)과 선견천(善見天, sudassī devā)을 거쳐 색구경천(色究竟天, akaniṭṭhā devā)에 이르는 다섯 하늘로 이루어져 있다.

5) ㉐ 이 세상에서 먼 길을 여행하는 사람들은 길 위에서 이런저런 일을 하면서 시간을 보내기도 한다. 그러나 저세상으로 가는 사람들은 그렇지 않으니, 저승사자 손에 끌려가는 사람이 '내가 배고프니 탁발 좀 해야겠소! 아직 배운 게 별로 없으니 며칠만이라도 참아 주시오!'라고 말할 수는 없다. 그는 이 세상을 떠나는 순간에 바로 저세상에서 태어나기 때문이다. 그래서 쉴 자리가 없다고 한 것이다.

239 　현명하다 할이라면 여법하게 차례대로
　　　욕심없이 조금씩을 그리고매 순간마다
　　　마치銀을 다듬는이 불순문을 제거하듯
　　　제자신의 결점들을 제거해야 할지니라.

　　　慧人以漸 安徐稍進 洗除心垢 如工鍊金
　　　지혜로운 사람은 점진적으로
　　　안정되고도 천천히 조금씩 나아가며
　　　마음의 때를 씻어 제거하나니,
　　　마치 대장장이가 금을 정련하듯이.

　　　anupubbena medhāvī, thokathokaṁ khaṇe khaṇe |
　　　kammāro rajatasseva, niddhame malamattano ||
　　　현명한 이는 차례대로 조금씩 (그리고) 매 순간마다
　　　마치 은銀을 세공하는 이가 (불순물을 제거하듯)
　　　자신의 결점을 제거해 버려야 한다.

차근차근 공덕을 지어 가는 일

부처님께서 싸왓티 제따 숲의 승원에 계실 때, 차근차근 공덕을 지어 가던 어느 브라만에 대한 이야기이다.

제따 숲으로 가는 길목에 사는 한 브라만이 언제부턴가 탁발을 나오는 스님들의 행렬을 유심히 살펴보기 시작하였다. 그곳은 탁발을 나온 비구들이 숲길을 나서서 도심으로 들어서기 전에 가사도 다시 추스르고 더운 날에는 목도 축이는 곳이었다.

'스님들이 가사를 추스르는 곳에 풀이 무성하게 자라 있으니 불편하겠구나.'

브라만은 작은 덤불이나 풀에 가사가 자꾸만 걸려서 불편해 하는 모습을 보고는 삽을 가져다 풀도 뽑고 돌도 치워서 드넓은 지역을 깨끗하게 해놓았다.

그런데 다음날 보았더니 풀이 없어져 가사가 걸리진 않았지만, 그 덕에 드러난 흙바닥이 가사 자락 끝으로 먼지를 풀풀 일으키고 있었다.

'에고! 가사 자락이 온통 흙먼지네. 모래를 가져다 깔아놓아야겠다.'

그리고 또, 예전부터 놓여 있던 식수 항아리를 조금 더 큰 것으로 바꾸고, 다시 또, 잠시 식수를 마시는 동안에 내리쬐는 햇볕을 피할 수 있도록 가림막을 설치하였다.

'여기에다 스님들이 쉬어 가실 수 있도록 회당을 짓는 것이 좋겠구나.'

점차 많은 비구들이 그 길을 지나가게 되자 브라만은 아예 그곳에 회당을 지어 승원에 시주하였다. 회당의 축성식 때는 부처님과 많은 비구들이 초빙되어 공양을 들었으며, 이 회당을 짓게 된 연유를 들으신 부처님께서 시주자 브라만을 위해 법문을 해주셨다.

"브라만이여! 현명한 자는 차츰차츰 그리고 소금씩이나마 착하고 선전한 일을 해나간다. 그리고 그럼으로써 점차적으로 자신의 악업으로 인한 때를 조금씩 벗겨 나가는 것이다. 현명한 브라만이여!"

가르침이 끝나자 그 브라만은 예류과를 성취하였다.

240   쇳덩어리 제몸에서 퍼런녹이 일어나니
녹은그리 일어나서 제몸갉아 먹느니라.
살아가며 쓰는것이 너무헤픈 수행자는
그리쌓인 제業으로 제가끌려 가나니라.

惡生於心 還自壞形 如鐵生垢 反食其身
사악함은 마음에서 생겨나와
다시 그 자체가 형색을 무너뜨리나니,
마치 쇠에서 생겨난 녹이
도리어 그 (자신의) 몸을 먹는 것과 같이.

ayasāva malaṁ samuṭṭhitaṁ, taduṭṭhāya tameva khādati |
evaṁ atidhonacārinaṁ, sakakammāni nayanti duggatiṁ ||
오직 쇠로부터 녹이 일어나나니,
(녹은) 그렇게 일어나 다름 아닌 그것을 갉아먹는다.
생필품[6]의 사용이 지나친 수행자[7]들의 경우
자신의 업業들이 (자신을) 비참한 길로 이끈다.

* 240
죽어서 이가 된 비구

부처님께서 싸왓티 제따 숲의 승원에 계실 때, 시주받은 가사에 애착을 가져서 죽어서도 그 가사의 이〔蟲〕가 되었던 한 비구의 이야기이다.

싸왓티의 한 고귀한 가문에서 출가하여 구족계를 받은 띳싸(Tissa)라는 수행 승이 있었다. 그에게는 지방의 한 승원에서 안거를 난 후 받은, 약간 거친 천으로 된 가사 한 벌이 있었다. 그런데 그 가사가 자신의 몸에는 약간 작아 보여 별 신경을 쓰지 않고 속가의 누이에게 맡겨 두었다.

띳싸의 누이는 그 가사를 여러 날에 걸쳐 다듬고 찢고 풀었다. 그리고 다시 옷감을 지어서 가사를 만들었다. 완성된 가사는 아주 섬세한 옷감으로 만든 것처럼 변했으며, 더욱이 크기도 띳싸 비구에게 딱 맞게 약간 늘려져 있었다.

누이로부터 새로운 가사를 받은 비구는 그것이 워낙 마음에 들어 함부로 입지도 못하고 며칠을 품고만 있다가 큰 법회가 있기 전날 다시 베갯머리에 놓고 잠들었다. 그런데 그날 저녁 비구는 잠자리에서 갑자기 죽고 말았다.

'안 돼! 이건 내 가사란 말이야! 누구도 이건 못 가져가!'

띳싸 비구의 가사를 물려받을 사람이 없으니 승단에 예속시켜 몇 비구가 나누어 가지려 하자, 가사 안으로부터 처절한 울부짖음이 들렸다. 하늘 귀로 그 소리를 들으신 부처님께서 말씀하셨다.

"띳싸는 누이가 고쳐 준 가사에 여한이 있어 그 가사에 깃들어 사는 이로 태어났구나. 비구들이여! 그 가사는 7일 후에 나눠 가지도록 하라."

가사의 이로 태어난 띳싸는 다시 죽어서 7일 후에 도솔천에 태어났으며, 그제야 그의 가사를 나누어 몇몇 비구들이 자신들의 가사에 보태었다.

---

6) 수행자의 생필품인 비구육물(六物)은 승가리(saṃghāṭī, 大衣)와 울다라승(uttārasaṅga, 上衣) 및 안타회(antarvāsa, 下衣)의 삼의(三衣)와 발우(pātra)와 니사단(niṣīdana) 및 녹수낭(漉水囊, parisrāvaṇa)이다. 삼의는 추위 방지와 격식 등에 필요한 최소한의 의복이며, 발우는 탁발 그릇, 니사단은 방석 등의 용도로 사용하는 네모진 천이며, 녹수낭은 물을 마실 때 물속의 벌레 등을 걸러 내는 거름망 용도의 천 주머니이다.

7) '생필품의 사용이 지나친 수행자'에 해당하는 원어는 'ati(지나친)dhona(재계)cārin(행자)'인데, 희생(犧牲) 등의 재계(齋戒) 의식에 지나치게 집착하는 사람을 가리키는 말로서, 형식에 얽매여 수행에서 생필품을 지나치게 낭비하는 사람을 일컫기도 한다.

241 만뜨라가 영험해도 黙言이란 녹이있고

기왓집이 화려해도 補修않는 녹있으며,

얼굴예쁜 미인에겐 게으름이 녹이되고

노력하는 수행자엔 방일함이 녹이되리.

不誦爲言垢 不勤爲家垢 不嚴爲色垢 放逸爲事垢

읊조리지 않음은 말의 때가 되고

부지런하지 않음은 집의 때가 된다.

엄정하지 않음은 몸의 때가 되고

방일함은 (모든) 일의 때가 된다.

asajjhāyamalā mantā, anuṭṭhānamalā gharā |

malaṁ vaṇṇassa kosajjaṁ, pamādo rakkhato malaṁ ||

만뜨라들은 '독송되지 않음'이란 녹을 지니고 있으며,

집들은 '잘 보수되지 않음'이란 녹을 지니고 있다.

게으름은 (아름다움을 추구하는) 용모의 녹과 같으며,

방일함은 (무엇인가를) 지키는 자의 녹과 같다.

## 241

엉터리 장로 랄루다인

부처님께서 싸왓티 제따 숲의 승원에 계실 때, 설법은 하지 못하면서 질투만 부리다 망신당한 랄루다인 장로에 대한 이야기이다.

싸왓티에서 항상 많은 신도들이 찾아와 장로 싸리뿟따나 목갈라나의 법문을 듣고 모두 두 장로의 덕행을 칭찬하였으니, 그 소리가 늘 승원에 그득하였다.

장로 랄루다인(Lāḷudāyin)은 그런 소리가 매번 귀에 거슬렸다.

"내가 저 자리에 올라 법문 한 자락 풀어놓으면 더 엄청날 거요. 저 정도 법문이야 누군들 못하겠소."

그의 호언장담에 여러 신도들이 호응하여, 드디어 법문 자리가 꾸려졌다.

"음, 음, 나는 법문 끝에 성스러운 구절만 외울 테니, 우선 다른 장로에게 별 중요하지 않은 법문을 시키도록 하시오."

그리고는 나중에 올라가서 또.

"음, 음, 나는 부처님께서 깨달음을 이루셨다는 새벽에 성스러운 구절을 외울 테니, 우선 또 다른 장로를 찾아 먼저 구절을 외우도록 시키시오."

랄루다인 장로는 밤새 한 게송만이라도 외워서 낭독하려고 끙끙대었지만 결국 외우지 못하고, 새벽녘에 데리러 온 사람들이 문 앞에 도착하자 뒷문으로 빠져나가 어둠 속을 내달리다 승원 뒤쪽의 똥 웅덩이에 빠져 버렸다.

몇 차례나 체면을 봐주느라 참았던 신도들은 날이 밝고 똥 웅덩이에 빠진 장로를 보자 완전히 망쳐 버린 법회를 두고 분통을 터트렸다.

"이 어리석은 장로야! 그런데 그깟 싸리뿟따와 목갈라나라 했단 말인가!"

부처님께서 소식을 들으시고 분을 삭이지 못하고 있는 신도들을 달래느라 간단한 법문을 베푸시고, 이어서 말씀하셨다.

"랄루다인이 그런 것은 이번만이 아니라 전생에도 몇 차례 그랬는데, 그 습이 아직 남은 탓이리라. 그는 원체 가르침을 배우지도 않았고 경구를 외우지도 않았느니라. 그래서 법문도 경구도 모두 그에겐 불가능한 것이다. 그래도 어제 저녁에는 한 식경이나마 공부를 했겠구만. 여러분들 덕분에."

242

바르잖은 품행들은 부인들의 녹과같고
마음속의 인색함은 보시자의 녹같으며,
이세상에 있어서나 저세상에 가더라도
악한법은 어디서나 녹과같은 존재로다.

慳爲惠施垢 不善爲行垢 今世亦後世 惡法爲常垢
인색함은 은혜가 베풀어짐에 있어 때가 되고
선하지 않음은 (모든) 행위를 행함에 있어 때가 되며
지금의 세상에 있어서나 나중의 세상에 있어서도
사악한 법은 (어떤 경우건) 항상 때가 된다.

malitthiyā duccaritaṁ, maccheraṁ dadato malaṁ |
malā ve pāpakā dhammā, asmiṁ loke paramhi ca ||
부정한 품행은 부인의 녹과 같으며,
인색함은 보시자의 녹과도 같다.
이 세상에서나 저세상에서나
사악한 법法들은 실로 녹과 같은 존재이다.

243　이런저런 많은녹이 가지각색 다양해도
　　무엇보다 독하고도 엄한것은 無智란녹.
　　비구라면 누구라도 이녹만은 바로보고
　　철저하게 떨쳐버려 자기결점 없앨지라.

　　垢中之垢 莫甚於癡 學當捨惡 比丘無垢
　　때 가운데 때로서 어리석음보다 더한 것은 없나니,
　　배움에 있어선 응당 사악함을 버려서
　　비구比丘는 때가 없도록 해야 하느니라.

　　tato malā malataraṁ, avijjā paramaṁ malaṁ |
　　etaṁ malaṁ pahantvāna, nimmalā hotha bhikkhavo ||
　　그러한 녹보다 더 큰 녹인
　　무지無智[8]는 가장 심한 녹이다.
　　이 녹을 떨쳐 버리고,
　　비구들이여! 결점이 없는 자들이 될지어다!

바람피운 아내를 둔 남편

부처님께서 라자가하 웰루 숲의 승원에 계실 때, 바람피운 아내 때문에 고심하고 있던 한 남자의 이야기이다.

라자가하의 고귀한 태생에서 자란 한 쌍의 남녀가 결혼하여 가정을 꾸렸는데, 결혼 초기부터 아내가 바람을 피기 시작하였다. 비록 동등한 계급인 브라만이었지만 아내의 친정은 라자가하에서 으뜸가는 부호인 까닭에 시집올 때 지참금도 수천 꼬띠를 가져왔으며, 부친의 위세가 라자가하에 미치지 않는 사람이 없었기에 그녀의 외도는 사뭇 당당하기까지 했다.

그래서 속앓이를 하는 것은 온전히 남편의 몫이었다. 그의 친한 친구들도 그 사정을 모두 아는 까닭에 그에게 아내 일에 대해선 언급하지 않았는데, 그는 그런 자신의 입장이 흡사 지옥과도 같았다.

그렇게 얼마를 지나서 어느 정도 마음의 상처가 무뎌졌을 때, 그는 부처님의 법문 자리에 나갔으나 법회장의 한쪽 구석에 거의 숨어 있다시피 하였다.

"그가 온 것 같았는데, 어디 있는지 보이지 않는구나."

부처님께서 일부러 멀찌감치 떨어져 앉은 그를 불러들이니, 그는 그제야 부처님께 속에 든 이야기를 모두 쏟아 내었다.

"재가신도여! 이 세상에서 여자는 강과 같고 길과 같고 술집과 같으며, 길가에 준비해 둔 나그네들의 물항아리와 같으니라. 그러한 여인에 대해 현명한 자는 화를 내서는 안 된다. 정숙하지 않음은 여인의 녹이요, 인색한 것은 보시자의 녹이다. 그러나 어떠한 녹보다도 자신을 해치는 심각한 녹은 무명이란 사실을 잊지 말지니라."

---

8) 가장 심한 녹인 무지는 십이연기의 시발점인 무명처럼 '사성제를 알지 못하는 것'을 말한다. 國 혹은 사성제의 네 가지에, ⑤ 윤회의 시작을 모름, ⑥ 개체가 있다고 생각함, ⑦ 윤회의 종식을 모름, ⑧ 조건적 발생에 대해 모르는 것 등을 더한 여덟 가지 무지를 들기도 하며, 일반적인 관점에서 다섯 가지 존재 다발[五蘊, pañcakkhandha]과 열두 가지 감역[十二處, dvādasāyatana]과 열여덟 가지 인식의 세계[十八界, aṭṭharasadhātu]에 대해 알지 못하는 것을 일컫기도 한다.

244 염치없는 마음이나 까마귀꽤 영웅심리
뻔뻔하게 뻗대기나 건방지게 굴러먹기,
그리고또 있는체함 아니면또 타락하기.
인생이란 그리그리 손쉽게들 살수있네.

苟生無恥 如烏長喙 强顔耐辱 名曰穢生
구차한 삶에 부끄럼도 없이
까마귀마냥 쓸데없이 조잘거리기나 하고
두꺼운 얼굴로 욕된 일을 참아 내는 것을
이름하여 '더러운 삶'이라 한다.

sujīvaṁ ahirikena, kākasūrena dhaṁsinā |
pakkhandinā pagabbhena, saṁkiliṭṭhena jīvitaṁ ||
염치없고[9] 뻔뻔하고도 파렴치하며[10]
그리고 거들먹거리다 (결국엔) 타락하고 마는
까마귀의 영웅심으로[11]
인생은 손쉽게 살아갈 수 있다.

245 그렇지만 부끄럼을 가림없이 알려하고
순수함을 추구하며 집착하지 않은채로
공손하게 그리고또 순수하게 살아가며,
자기내면 속속들이 觀照하는 사람에겐
삶이란게 녹녹찮아 살아가기 쉽지않네.

廉恥雖苦 義取淸白 避辱不妄 名曰潔生
청렴하여 부끄럼을 안다는 것은 비록 수고스럽지만
의로운 것이기에 청렴결백을 취하고
욕될 것을 피하여 거짓되지 않는 것을
이름하여 '깨끗한 삶'이라 한다.

hirīmatā ca dujjīvaṁ, niccaṁ sucigavesinā |
alīnenāppagabbhena, suddhājīvena passatā ||
그러나 부끄럼을 알고 늘 순수를 추구하며
(삶에) 집착하지 않은 채 공손한 이에 의한,
그리고 순수한 삶을 살아가며
(내면을) 관조觀照하는 이에 의한 (삶은)
살아가기 쉽지 않다.

의사 노릇을 한 비구

부처님께서 싸왓티 제따 숲의 승원에 계실 때, 의사 노릇을 해서 먹거리를 벌던 비구 쫄라싸리에 대한 이야기이다.

수행승 쫄라싸리(CullaSāri)는 어느 날 의술로 사람을 치료해 주고 그 대가로 받은 음식을 가지고 승원으로 돌아오다 한 장로를 만났다.

"장로시여! 여기 이 맛난 음식을 받으시오. 저는 또다시 가서 다른 병자를 치료해 주거나 약을 지어 주면 이것보다 더 맛있는 음식을 얻을 수 있습니다."

그러나 장로는 잠시 쫄라싸리를 물끄러미 바라보다가 아무 말 없이 그냥 지나쳐 버렸다.

'웬 싱거운 장로 다 보겠네. 이런 맛있는 음식을 그냥 탁발해서 얻을 수 있을 것 같은가 보지? 어림없지, 어림없어!'

쫄라는 승원으로 돌아와서 다른 비구들에게 승원으로 돌아오다 이상한 장로를 보았다며 두런두런 이야기해 주고 자기 방으로 들어가 음식을 먹었다.

몇 비구들이 걱정되는 마음에 그가 이미 비구임에도 승가의 율법을 배우려 하지도, 알려고 하지도 않는다고 부처님께 말씀드렸다.

"수행승들이여! 그는 제 부끄럼도 모르고 남부끄럼도 모르는, 무지하고 뻔뻔스러운 까마귀와 같은 자이다. 그렇게 살아가는 것은 누구라도 손쉽다. 다만 안으로 느껴지는 부끄럼과 밖으로 다가서는 부끄럼을 모두 알며 살아가는 것은 쉽지 않음을 명심할지니라."

---

9) 염치없다(ahirika)라는 것은 제 부끄러움인 부끄러움은 물론 남부끄러움인 창피함을 모르는 것을 말한다. 구체적으로는 저속한 사람이 하는 21가지 부적절한 행동에 안주하는 것에 비유되기도 한다. → '21가지 부적절한 행동'은 게송 78번 각주 참조.

10) 파렴치하다(pakkhandin)라는 것은 산스끄리뜨로 'pra(지나치게)skand(격을 뛰어넘은)in(상태)'에 해당하는데, 본 게송에서는 다른 사람의 공적이나 선행을 자신이 한 것처럼 자랑하며 그 공덕을 가로채는 행위를 말한다.

11) 까마귀의 영웅심(kākasūra)이란 여법하지 않게 무리를 지어 저속하게 저질러지는 패거리 문화를 일컫는다. 혹은 인간의 곁을 기웃거리며 먹이를 구하는 까마귀의 행동에 비유하여 눈치를 보면서도 염치가 없고 뻔뻔한 등등의 행위를 자행하는 자들을 가리킨다.

246 그어떠한 누구라도 산목숨을 경시하고
있지않은 일을꾸며 거짓말을 남발하며,
주어지지 않은것을 제멋대로 취하고서
더나아가 다른이의 아내에게 접근하면,

愚人好殺 言無誠實 不與而取 好犯人婦
어리석은 사람은 살생을 좋아하고
말에는 성의와 결실이 없으며
주어지지 않는 것을 취하고
다른 사람의 부인 탐하기를 좋아하며,

yo pāṇamatipāteti, musāvādañca bhāsati |
loke adinnamādiyati, paradārañca gacchati ||
어떤 누구라도 생명을 경시하고[12] 거짓말을 하며[13]
세상에서 주어지지 않은 것을 취하고[14]
다른 이의 아내에게 접근하는 이는,

247 　그러고도 독한술에 제자신을 맡긴다면
　　　이세상을 살아가는 그가누구 일지라도,
　　　바로지금 세상에서 그가하고 있는일은
　　　자기뿌리 파헤쳐서 제자신을 해치는일.

逞心犯戒 迷惑於酒 斯人世世 自掘身本
해이해진 마음으로 계를 범하고 술에 미혹되면
이러한 사람은 세세생생에 걸쳐
자신의 근본을 스스로 후벼 파는 셈이다.

surāmerayapānañca, yo naro anuyuñjati |

idhevameso lokasmiṁ, mūlaṁ khaṇati attano ||

그리고 그 누구라도
연하거나 독한 술에 (자신을) 내맡기는 사람은,[15]
그는 그렇게 이 세상에서
자신의 뿌리를 파헤치고 있는 것이다.

248 듣는그대 인간이면 필히알아 야할지니

악한법은 어지간해 억제되기 힘드니라.

탐욕들과 법아닌게 만약그댈 엄습하면

그아래서 굴복되어 너무오래 있지말라.

人如覺是 不當念惡 愚近非法 久自燒沒

사람이 만약 이것을 깨닫는다면

사악함을 마음에 머금지 말지니,

어리석음은 법답지 않음에 가깝기에

(그것이) 오래되면 스스로 불타고 침몰될 것이다.

evaṁ bho purisa jānāhi, pāpadhammā asaññatā |

mā taṁ lobho adhammo ca, ciraṁ dukkhāya randhayuṁ ||

오! 인간이여! 그대는 이렇게 알라!

'사악한 법들은 (쉽사리) 억제되지 않는다.'[16)]

탐욕과 비법非法이 그대를

괴로움에 오랫동안 복종시키지 못하게 하라!

* 246-248

어느 계행이 가장 중요한가

부처님께서 싸왓티 제따 숲의 승원에 계실 때, 재가신자들이 어느 계행이 가장 중요한가를 놓고 논쟁하던 이야기이다.

싸왓티는 제따 숲의 승원이 인접해 있는 까닭에 어느 곳보다 독실한 재가신자들이 많은 도시였다. 그곳의 재가신자들은 단지 부처님의 가르침을 듣는 것에만 만족하지 않고, 스스로 수행자에 가까운 신행 생활을 하는 사람들이 적지 않았다. 그래서 항상 계율을 지키는 문제에 대해서도 관심이 많았다.

"무엇보다 살아 있는 것의 생명을 빼앗지 않는 것이 가장 중요하지."

"무슨 말이야! 거짓말을 하지 않는 게 더 중요하지. 살생도 어차피 거짓말을 하는 것에서 시작되어 행위로 옮겨진 나쁜 행위 가운데 하나일 뿐인데."

"모두 다 중요하지만 도둑질하지 않는 게 가장 중요하지 않겠나? 다른 것들이야 그리 흔히 일어나지 않지만, 도둑질이야 요즘 같으면 매일 발생하니."

그렇게 서로 논쟁을 벌이다 결국엔 부처님을 찾아뵙게 되었다.

"재가신도들이여! 계행에는 어느 하나도 중요하지 않거나 다른 것에 비해 덜 중요한 것은 없느니라. 그리고 모든 계행은 이것과 저것이 모두 연관되어 있기에 이것을 잘 지키려면 저것도 잘 지켜야 하고, 결국엔 모든 것을 고루 잘 지키고자 해야 어느 것이건 온전히 지킨다 할 수 있느니라."

그제야 재가신자들은 계율에 대해 제각기 부리던 고집을 그만두었다.

---

12) 逸 생명을 경시한다는 것은 다른 사람의 목숨을 빼앗는 것을 말하는데, 자신이 직접 하거나 또는 다른 사람을 시켜 간접적으로 하는 살인, 아울러 주술 등의 초월적인 힘으로 행하는 살인도 포함된다.

13) 거짓말은 다른 사람에게 해악을 끼치는 말을 일컫는다. 거짓말 가운데 좋은 의도 혹은 방편으로 상대를 속임으로써 어떤 일의 결과를 상대 혹은 상대를 포함한 보다 많은 이들에게 이익이 돌아가도록 하는 것을 선의의 거짓말이라 하는데, 이 또한 거짓말의 한 유형일 뿐이며 단지 임시방편으로 활용될 수 있을 뿐이어서 결국 떨쳐 버려야 할 구업(口業)에 속한다.

14) 逸 주어지지 않은 것을 강제로 빼앗는 데는 ① 도둑질에 의한 빼앗음, ② 강압에 의한 빼앗음, ③ 속임수에 의한 빼앗음, ④ 전략적인 계략으로 빼앗음, ⑤ 도박에 의한 빼앗음 등의 다섯 가지가 있다.

15) 생명을 경시[殺生]하거나 거짓말[妄語]을 하거나 주어지지 않은 것을 취[偸盜]하거나 다른 이의 아내에게 접근[邪淫]하거나 술[飮酒]에 자신을 맡기는 등의 일은 오계(五戒)에 위배되는 일이다.

16) 사악한 법에 대해선 누구나 신체적[身]·언어적[口]·정신적[意] 제어가 결여되기 쉬워짐을 말하니, 탐욕과 비법(非法)은 하고자 하는 감각에 내어 맡길 뿐이지 규율을 세워 통제하려 들지 않기 때문이다.

249   사람들은 제자신이 믿는바에 따라서나
         제가좋은 방식대로 보시란걸 행하기에,
         보시되어 놓인음식 언짢아해 하는이는
         밤에서건 낮에서건 삼매들지 못하리라.

         若信布施 欲揚名譽 會人虛飾 非入淨定
         만약 보시를 믿고 명예를 드날리고자 한다면
         다른 사람의 허식만 맞닥뜨릴 뿐
         청정한 선정에 들어가지 못한다.

         dadāti ve yathāsaddhaṁ, yathāpasādanaṁ jano |

         tattha yo maṅku bhavati, paresaṁ pānabhojane |

         na so divā vā rattiṁ vā, samādhimadhigacchati ||

         사람들은 실로 (자신들의) 신념에 따라
         (또는) 기호에 따라 보시한다.
         그러므로 다른 사람들이 (보시한) 음식에 언짢아하는 이는
         밤이건 낮이건 그는 삼매에 들지 못한다.

250

보시음식 바라보고 많다적다 만족않는
그런맘이 옅어지다 송두리째 뽑혔다면,
그가앉은 그시각이 밤이되건 낮이되건
자리틀고 앉자마자 삼매이내 들게되리.

一切斷欲 截意根原 晝夜守一 必入定意
욕심을 모두 끊고 속마음의 근원을 베어 낸 채
밤낮으로 한결같음을 지킨다면
반드시 선정을 이룬 마음에 들어갈 수 있으리라.

yassa cetaṁ samucchinnaṁ, mūlaghaccaṁ samūhataṁ |
sa ve divā vā rattiṁ vā, samādhimadhigacchati ||

누구라도 만약 그것이 뽑혀져
뿌리째 죽어 버렸다면
밤이나 낮이나 그는 삼매[17]에 든다.

항상 무엇이건 불만인 비구

부처님께서 싸왓티 제따 숲의 승원에 계실 때, 항상 무엇이건 어떤 경우건 불만
만 터트리는 비구 띳싸에 대한 이야기이다.

젊은 수행승 띳싸(Tissa)는 무엇에 대해서건 무조건 불만이었다. 그가 터트
리는 불만은 그 대상에 상관이 없었으니, 막대한 재물을 들여 제따 숲의 승원을
시주한 싸왓티의 대부호 아나타삔디까는 물론이요, 라자가하의 청신녀로서 녹
자모강당을 건립하여 승단에 시주함으로써 비구니들이 안심하고 수행할 수 있
게 한 위싸카도 그의 불만 대상에서 벗어나지 못하였다.

그리고 또 자잘한 일상생활에서도, 먹기 좋게 식힌 음식은 식어 버렸다고 불
만이고, 금방 익힌 음식은 뜨겁다고 불만이며, 무엇을 듬뿍 주면 많다고 불만이
고 줄여 주면 적다고 불만이었다.

"이 집은 공양을 잔뜩 주는 걸 보니 쌀을 보관할 창고가 부족해서 그렇구먼.
수행자들에겐 목숨을 겨우 부지할 정도로 주어야 하는 것 아닌가?"

그런데 자신의 친지와 관련해선 지나치게 관대하였다.

"도반들이여! 보시게나. 이분은 나의 먼 친척인데 이번에 이곳으로 이주하
여 새로 장사를 시작했다네. 힘든 가운데서도 이렇게 풍성한 공양을 준비하였
으니, 이곳에 오는 모든 수행자들에게 있어서 진정한 선술집 같은 곳이라 할 수
있지 않겠나?"

그리고 그는 항상 자신이 고귀한 집안의 자제인 것을 자랑하며 가난하거나
낮은 신분으로 출가한 다른 수행자를 깔보고 다녔다. 올곧게 정진하는 수행승
일지라도 그가 낮은 신분 출신이면 그의 수행이 가치가 없다고 단언하였다.

"아무리 수행해도 뭐하나! 그는 근본이 천박한 천민인 걸."

그러나 띳싸는 사실 먼 지방 부호 집의 가난한 문지기의 아들일 뿐이었다. 가
난이 싫어서 어느 목수를 따라 기술을 배우며 이곳저곳을 다니다가 싸왓티에
도착했는데, 별 고생 없이 안정적인 생활을 하는 것 같은 비구들을 보고는 편하
고자 하는 욕심에 자신도 출가한 것이었다.

하지만 그가 워낙 두드러지게 자신이 좋은 가문의 유복한 집안에서 왔다고 떠벌리며 다른 이들을 깔보자 몇 비구들이 그의 친척이 어디에 많이 사는가 물어보았다.

"우리가 저 띳싸의 친척에게 한번 물어보도록 합시다. 과연 얼마나 대단한 집안이기에 저리도 다른 도반들을 무시하는지!"

그래서 몇몇 비구들이 그의 고향 근처로 수행을 가는 틈에 알아보았다.

"이 마을에서 고귀한 가문의 아들이 고따마의 승단에 출가한 적은 없다네. 이곳은 사람이 많지 않은 곳이라 누구 집에 누구는 어떻다는 게 서로 잘 알려져 있는데, 더군다나 승단에 출가를 했다면 모를 리가 있겠나?"

결국 그의 집안은 브라만도 아닌 데다 단지 부호 집의 가난한 문지기의 아들이라는 것이 들통나 버렸다.

"존자들이여! 띳싸는 지금까지 허황된 말을 하며 다녔을 뿐이다."

수행승들이 띳싸의 행위를 부처님께 아뢰자, 부처님께서 말씀하셨다.

"수행승들이여! 띳싸가 허황된 말만 하고 다닌 것은 전생부터 그러했느니라. 그는 그렇게 항상 시비(是非)만 따지는 까닭에 선정이나 통찰에 있어서 어떠한 길(magga)이나 경지(phala)를 전혀 얻지 못한 것이니라. 공양을 받는 자가 공양에 시비를 일으키기 전에 그것을 보시하는 이의 마음을 읽을 줄 알아야 참된 삼매에 들 수 있느니라."

이 가르침이 끝나자 많은 비구들이 예류과를 증득하였다.

---

17) ㈜ 근접삼매(近接三昧, upacārasamādhi), 근본삼매(根本三昧, appanāsamādhi), 길삼매[道三昧, maggasamādhi), 경지삼매[果三昧, phalasamādhi] 등을 얻는다는 뜻이다. 다섯 가지 장애를 극복함으로써 감각 영역에 나타나는 집중 상태를 '근접삼매'라 하고, 미세한 물질적인 세계의 명상과 비물질적인 세계의 명상에 도달한 마음의 강한 집중 상태를 세간적인 '근본삼매'라고 한다. '길삼매'와 '경지삼매'는 출세간적인 근본삼매에 속한다.

251 애욕만한 거센불길 존재하지 아니하고
증오만큼 드센포수 존재하지 아니하며,
미혹만한 질긴그물 존재하지 아니하고
갈애만큼 거친격류 존재하지 않는다네.

火莫熱於婬 捷莫疾於怒 網莫密於癡 愛流馳乎河
불길은 음욕보다 뜨거운 것이 없고
신속하기론 성냄보다 빠른 것이 없으며,
그물로는 어리석음보다 조밀한 것이 없고
애정의 흐름은 강의 급류에 비해도 빨리 치닫는다.

natthi rāgasamo aggi, natthi dosasamo gaho |
natthi mohasamaṁ jālaṁ, natthi taṇhāsamā nadī ||
애욕 같은 불길은 존재하지 않으며,
증오 같은 포수는 존재하지 않으며,
미혹 같은 그물은 존재하지 않으며,
갈애 같은 강물은 존재하지 않는다.[18]

법문을 듣는 다양한 모습들

부처님께서 싸왓티 제따 숲의 승원에 계실 때, 제각각의 모습으로 법문을 들은 다섯 재가신자에 대한 이야기이다.

언젠가 싸왓티의 다섯 재가신자가 승원으로 부처님을 찾아뵙고 법문을 청하니 부처님께서는 단지 그들만을 위한 자리를 마련하여 법을 설해 주셨다.

모든 부처님들께선 당신의 설법을 듣는 이를 '이 사람은 왕족이고 저 사람은 브라만이다. 이 사람은 어떻고 저 사람은 어떻다.'라고 차별하여 누구에겐 법을 설해 주고 누구에겐 법을 설해 주지 않으리란 마음을 일으키지 않는다.

그런데 부처님의 법문을 듣는 다섯 사람은 각기 그 모습이 확연히 달랐다. 한 사람은 앉아서 졸기만 하였고, 한 사람은 손가락으로 땅을 파기만 하였으며, 한 사람은 곁에 있는 나뭇가지를 잡고 흔들기만 하였고, 한 사람은 하늘만 쳐다보았다. 오직 한 사람만이 부처님의 가르침에 귀를 기울이고 있었다.

"세존이시여! 여래의 설법은 너른 들녘의 우레와도 같사온데, 어찌 그렇게 딴전을 피울 수 있습니까?"

법문 때 부처님 곁에서 시중을 들던 장로 아난다가 부처님께 여쭤보았다.

"전생에서 이어져 온 습 때문이니라. 잠만 자는 뱀이었던 이, 땅속을 기어다니는 지렁이였던 이, 원숭이였던 이, 점성가로 많은 생을 살았던 이. 다만 한 사람은 5백 생 동안 베다를 열심히 공부하던 브라만이었던 까닭에 여래의 가르침에 귀를 기울일 수 있었던 것이다."

그럴지라도 번개같이 번쩍이는 여래의 가르침을 귀로 듣고도 흘려버리는 것을 이해하지 못하겠다는 아난다의 말에 부처님께서 말씀하셨다.

"아난다여! 그들이 여래의 가르침을 귓전에서 흘리는 것은 애욕과 증오와 미혹과 갈애에 얽매여 헤어나지 못하기 때문이니, 그래서 불가능하다."

---

18) 불길과 포수는 가까이 있는 지금의 것만 태우고 잡아들이지만 애욕과 증오는 다음 생까지 영향을 미치며, 강물은 우기 때 넘치기도 하지만 갈증은 채워지는 법이 없다.

252 다른이의 결점들은 쉽사리도 보이지만
제자신의 결점들은 찾아내기 어렵나니,
쉽게보인 결점들은 왕겨처럼 까발리나
제결점은 누구라도 노름판에 패숨기듯.

善觀己瑕障 使己不露外 彼彼自有隙 如彼飛輕塵
자신의 흠결을 잘 살피기는 어렵나니,
(살피더라도) 제 스스로 굳이 드러나게는 하지 않는다.
그렇고 그런 사람들이 자신에게 틈이 있더라도
마치 저 날아다니는 가벼운 티끌 정도로 여길 뿐이다.

sudassaṁ vajjamaññesaṁ, attano pana duddasaṁ |
paresaṁ hi so vajjāni, opunāti yathā bhusaṁ |
attano pana chādeti, kaliṁva kitavā saṭho ||
다른 사람들의 결점은 쉽게 보이지만
자신의 (결점은) 보기 어렵다.
다른 사람들의 결점들을
마치 왕겨를 (까불려 놓듯이) 까발려 놓지만,
마치 사기를 치는 노름꾼이 (패를 숨기듯)
자신의 잘못을 숨긴다.

## 252

신통력의 장자 멘다까

부처님께서 밧디야(Bhaddiyā)의 자띠야(Jātiyā) 숲에 계실 때, 그곳의 부호 멘다까와 관련된 이야기이다.

밧디야에 사는 부호 멘다까(Meṇḍaka)는 오래전 전생에 과거불 위빠씬 부처님 때 상당(象堂)을 지어 부처님께 시주하고 승가에 억만금을 들여 공양하였다. 그 공덕으로 전생에 바라나씨에서 대부호로 태어난 그는 억만금의 재산을 흉년에 굶주리는 이들을 위해 모두 쓰고, 얼마 남지 않은 재산으로 근근이 지내다가 그 마지막 식량으로 지은 밥마저 배고픔을 무릅쓰고 연각불에게 보시한 공덕으로 곳간을 아무리 비워도 다시 채워지는 신통력을 얻었다고 한다.

다시 윤회하다 부처님께서 계신 현생에 밧디야의 부호로 태어난 멘다까는 전생에 지녔던, 곳간을 아무리 비워도 다시 채워지는 신통력을 그대로 지니고 있었다. 그런 그와 그의 아내 및 아들 내외와 손녀, 심지어 하인 뿐나(Puṇṇa)까지 모두 흐름의 경지에 들 인연임을 아신 부처님께서 밧디야를 방문하셨다.

"부처님께서 이곳을 방문하시니 공양을 준비하여 그분을 뵙도록 하자."

그리하여 식구들과 하인 뿐나까지 모두 준비된 공양을 가지고 자띠야 숲으로 갔다. 그런데 도중에 만난 외도 수행자들이 말을 걸어 왔다.

"장자시여! 영혼을 믿던 그대가 어찌하여 이젠 저리도 결점이 많은 고따마 따위를 찾아가는 겁니까?"

장자는 아무런 대꾸도 하지 않고 그들을 지나쳐 승원으로 들어갔다. 부처님을 뵙고 공양을 올렸으며, 청해 들은 부처님의 법문으로 식구들과 뿐나까지 모두 예류과를 증득하였다.

"세존이시여! 제가 예전 미혹했을 때 믿었던 외도의 수행자들이 다시 저를 끌어들이려 하고 있습니다. 그들은 세존의 결점만 한참을 나열하였습니다."

"장자여! 사람들은 자신의 잘못은 아무리 크더라도 보지 못하고 남의 잘못은 전혀 없더라도 존재하는 것처럼 말하느니라."

253 남의 결점 하나하나 세세하게 찾아내어
요리조리 불평하며 매달리는 사람이면
그런그의 번뇌란게 줄어들리 있겠는가.
그러기에 그번뇌는 그치기가 어려우리.

若己稱無瑕 罪福俱幷至 但見外人隙 恒懷危害心
만약 자기는 흠결이 없다 일컫는다면
죄와 복이 갖추어져 함께 이를 것이요,
단지 다른 사람의 틈만 본다면
항상 해코지하려는 마음을 품을 것이다.

paravajjānupassissa, niccaṁ ujjhānasaññino |
āsavā tassa vaḍḍhanti, ārā so āsavakkhayā ||
남의 결점을 찾아내어
항상 불평하며 매달리는 자의 경우
그의 번뇌는 불어나기에
그는 번뇌를 그치기 어렵다.

253

남의 결점 들추어내기

부처님께서 싸왓티 제따 숲의 승원에 계실 때, 항상 남의 결점만 들추어내는 장로 웃자나싼닌에 대한 이야기이다.

장로 웃자나싼닌(Ujjhānasaññnin)은 항상 남의 결점을 들추어내기만 좋아하였다. 그 앞에서 결점이 없는 이는 결코 존재하지 않았다.

"그는 속옷을 이렇게 입고, 겉옷은 저렇게 입더라고. 겉옷은 그런대로 괜찮은데 속옷은 그게 뭐야! 안 보인다고 그렇게 입으면 되나!"

그래서 누구나 그의 입방아에 오르지 않기만을 바랄 뿐, 그가 결점을 찾지 못하도록 시도해 보려는 사람은 아무도 없었다.

점점 심해지는 그의 결점 지적이 급기야 비구들 간에 불화를 조장하기에 이르렀기에, 몇몇 비구들이 부처님께 가서 말씀드렸다.

"세존이시여! 장로 웃자나싼닌은 항상 남의 결점만 들추어 떠벌리고 다니어서 그로 인해 불화가 생길 정도입니다."

그래서 장로 웃자나싼닌도 참가한 한 법회에서 부처님께서 말씀하셨다.

"수행승들이여! 서로 독려하며 수행하는 가운데 서로의 결점을 찾아내어 조언해 주는 것은 좋은 일이다. 그러나 그저 남의 결점만 찾아내어 비판하는 데만 골몰하는 자는, 정작 자신이 특별히 선정(禪定) 등의 어느 하나도 성취하지 못한다는 것을 알아야 할지니라. 그러한 자는 단지 남에게 불편만 주고 자신은 번뇌만 늘어날 뿐이다."

이제까지 그 누구의 조언에도 전혀 귀를 기울이지 않았던 장로 웃자나싼닌은 부처님의 가르침이 끝나자 그제야 자신이 무엇을 잘못하고 있는지를 깨닫게 되었다. 그리고 그것을 고쳐야겠다는 생각을 갖게 되었다.

254 허공에는 길이란게 존재할리 만무하듯
가르침의 그바깥에 수행자가 있을리야.
중생들은 부풀려져 허황된걸 즐기지만
부처님은 부풀려진 모든것을 여의셨네.

虛空無轍跡 沙門無外意 衆人盡樂惡 唯佛淨無穢
허공엔 바퀴 자국이 존재하지 않듯이
사문에겐 외도外道의 뜻이 존재하지 않는다.
뭇사람들은 좋은 것이건 싫은 것이건 다 해버리니
오직 부처님만이 깨끗하여 더러움이 없다.

ākāseva padaṁ natthi, samaṇo natthi bāhire |

papañcābhiratā pajā, nippapañcā[19] tathāgatā ||

마치 허공에 길이 존재하지 않는 것처럼[20]

(부처님의 가르침) 밖에는 (진정한) 사문[21]이 존재하지 않는다.

중생들은 부풀려진 것을 즐기지만

부처님들은 부풀려진 것을 멀리 여의었다.

255 　 허공에는 길이란게 존재할리 만무하듯
　　　가르침의 그바깥에 수행자가 있을리야.
　　　조건지어 졌으면서 영원하게 존재커나
　　　깨친자의 動搖란건 존재하지 않느니라.

　　　虛空無轍跡 沙門無外意 世間皆無常 佛無我所有

　　　허공엔 바퀴 자국이 존재하지 않듯이
　　　사문에겐 외도의 뜻이 존재하지 않는다.
　　　세간을 모든 것이 무상하지만
　　　부처님에겐 모든 것에 있어서 '나'라는 것이 없다.

　　　ākāseva padaṁ natthi, samaṇo natthi bāhire |

　　　saṅkhārā sassatā natthi, natthi buddhānamiñjitaṁ ||

　　　마치 허공에 길이 존재하지 않는 것처럼
　　　(부처님의 가르침) 밖에는 (진정한) 수행자가 존재하지 않는다.
　　　영원한 조건물條件物[22]이란 존재하지 않으며,
　　　깨달은 이들에겐 동요는 존재하지 않는다.

* 254-255

늦게나마 찾아온 고행자 쑤밧다

부처님께서 열반에 드시기 직전 꾸씨나라(Kusinārā)국 우빠왓따나 인근 말라 (Malla)족의 동산에 계실 때, 세 가지 질문을 한 고행자 쑤밧다와 관련된 이야기 이다.

앞서 고행자 쑤밧다(Subhadda)는 그의 동생이 아홉 차례나 첫 수확한 곡식을 부처님께 보시하는 것을 지켜만 보다가, 열 번째가 되어서야 그도 힘을 보태어 부처님께 보시한 적이 있었다.

쑤밧다 자신도 비록 고행에 의지하긴 했지만 오랜 기간 정진하고 있는 수행 자로서, 당대의 위대한 수행자들인 뿌라나 까싸빠와 막칼리 고쌀라와 아지따 께싸깜발라와 빠꾸다 깟짜야나와 싼자야 벨랏타뿟따와 니간타 나따뿟따 등 여러 스승들에게 질문도 해보고 가르침도 청해 보았을 뿐, 정작 부처님과의 인연은 전혀 없었다. 그래도 늦게나마 부처님께 보시한 공덕으로 부처님께서 열반에 드시기 직전, 꾸씨나라에 도착하신 이후 병석에 계실 때 부처님을 찾아뵙고 질문을 드릴 수 있는 기회가 이뤄지게 된 것이다.

'내가 지금까지 천하를 돌아다니며 온갖 스승들에게 질문을 해보았지만 아직 만족스런 답을 듣지 못한 세 가지의 문제에 대해서 늦으나마 부처님께서 열반에 드시기 전에 찾아뵙고 여쭤보아야겠다. 지금이 아니면 아마도 영원히 질문 드릴 기회가 없을 것이다.'

그래서 고행자 쑤밧다는 이미 병환이 위중하여 장로 아난다 외에는 그 누구도 만나지 않고 계시는 부처님을 찾아뵈었다.

"부처님께선 지금 어떤 질문에 답하실 만큼 몸이 좋지 않으십니다."

장로 아난다는 다른 수행승들에게 했던 것처럼 고행자 쑤밧다에게도 부처님을 뵈올 수 없다고 그를 가로막았다.

"아난다여! 그를 막지 말라. 고행자 쑤밧다를 쫓지 말지니라. 그는 늦게나마 여래에게 공양한 공덕으로 한 차례 질문할 공덕을 쌓았느니라."

쑤밧다는 조심스레 병환 중에 계신 부처님에게 다가가 인사를 드린 후에 다음 세 가지 질문을 드렸다.

첫째, 허공으로 통하는 어떤 길이 있는가?

둘째, 부처님의 담마 이외에서도 진정한 사문이 존재할 수 있는가?

셋째, 형성된 것 가운데 영원한 것이 있는가?

그러자 부처님께선 그러한 것들이 모두 실체가 없는 것이라 설명하며 게송으로써 답하셨다.

가르침이 끝나자 쑤밧다는 돌아오지 않는 경지를 성취하였다.

---

19) 'papañca'는 '매우(pa) 부풀려진(pañca) 것'으로 분석되므로 희론(戲論)을 의미하며, 'nippapañca'는 'nir(여의다)+papañca(희론)'이므로 '희론을 여읜 상태'를 일컫는다.

20) 'ākāseva'는 'ākāse+eva'로 볼 경우 '허공에는 발자취가 없고, 수행자는 불법(佛法) 바깥에 존재하지 않는다.'가 되고, 'ākāse+iva'로 볼 경우 '허망한 공간에 발자취가 남을 수 없는 것처럼 불법 밖에는 진정 성스러운 비구가 나타날 수 없다.'가 된다.

21) 사문(沙門, samaṇa)이란 갖은 고생을 무릅쓰고라도 모든 것을 내려놓은 채 해탈을 위해 정진하려는 수행자를 일컫는다. ⇒ ㊟ '브라만과 사문과 비구'

22) '조건물'에 해당하는 빠알리어 'saṅkhāra'는 산스끄리뜨로 'saṁskāra'로서, '함께(saṁ) |s| 형성된 것(kāra)'이란 의미인데, 복합어에서 'saṁ'에 |s|가 삽입된 경우 그 복합어의 내용적인 결합이 질서 있고 체계적으로 이뤄졌음을 나타낸다. ex) 'saṁkṛta(단순한 조합이나 결합 → 뒤섞인)' & 'saṁskṛta(완벽한 조합이나 완전한 결합 → 질서정연한)'

第19章

············

담맛타왁고

받들어 행할 것을 언급한 장

봉지품

奉持品

············

256 어떤일을 힘이있게 처리할수 있다하여
그것으로 그가옳다 말할수는 없으리라.
그렇지만 누구든지 옳고그름 펼쳐놓고
구분할수 있는자가 지혜롭다 할것이다.

好經道者 不競於利 有利無利 無欲不惑
경전의 도리를 좋아하는 자는 이익을 다투지 않나니,
이익이 있거나 이익이 없거나
욕심이 없기에 (어디에도) 미혹되지 않는다.

na tena hoti dhammaṭṭho, yenatthaṁ sahasā naye |
yo ca atthaṁ anatthañca, ubho niccheyya paṇḍito ||
일을 추진력 있게 처리할 수 있다 하여
그것으로 진리에 입각한 자가 되진 못한다.
그러나 누구든 옳음과 그름,
그 둘을 구분할 수 있는 자는 지혜롭다.

257 완력과는 거리가먼 아름다운 법으로써
다른모든 사람들을 공평하게 이끈다면,
여법하고 현명하게 법을보호 하는사람
그를두고 사람들은 그렇게들 부르리라.

常愍好學 正心以行 擁懷寶慧 是謂爲道
항상 자비심을 지닌 채 배움을 좋아하고
(무엇이든) 바른 마음으로 행동하며
보배로운 지혜를 가슴에 품은 이,
그러한 이를 일컬어 '도道를 행한다.'라고 한다.

asāhasena dhammena, samena nayatī pare |
dhammassa gutto medhāvī, dhammaṭṭhoti pavuccati ||
(누구든) 완력적이지 않은 법으로
다른 사람들을 공평하게 이끈다면
'법에 기초한 현명한 법의 수호자'라고 불리게 될 것이다.

뇌물 받는 판관들

부처님께서 싸왓티 제따 숲의 승원에 계실 때, 잘못된 법원의 판결을 본 비구들의 이야기이다.

어느 날 수행승들이 싸왓티의 북쪽 마을에서 탁발을 한 다음에 도심을 가로질러 승원으로 돌아오는 길이었다. 그들이 싸왓티의 법원이 자리한 곳을 지날 때 갑자기 비가 쏟아져, 하는 수 없이 법원의 강당으로 비를 피하는 수밖에 없었다.

그때 마침 법원에서는 많은 사람들이 운집한 가운데 제법 큰 법리가 심의 중이었는데, 누구나 관심을 두면 보일 만큼 드러내 놓고 판관들이 뇌물을 받고는 엄연한 죄인을 두고 죄인이 아니라고 판결하고 있었다.

'아! 이렇게 판결하기도 하는구나. 우린 이제까지 이곳에선 승가보다 더 엄격히 사실을 다루는 줄로만 알고 있었는데. 아니었어!'

비가 멎자 승원으로 돌아온 비구들은 부처님을 찾아뵙고 인사드린 후에 한쪽으로 물러나 앉아서, 앞서 법원에서 보았던 일을 말씀드렸다.

"수행승들이여! 사악한 욕망을 품고서 금력과 폭력으로 사실을 왜곡하는 자는 진리에 서 있는 자가 아니다. 어떠한 편견도 갖지 않은 채, 죄악을 꿰뚫어 보고 단지 죄과에 따라 판단을 내리는 자가 진리에 서 있는 자이다."

이 가르침이 끝나자 많은 자가 예류향에 들게 되었다.

258 듣기좋은 이런저런 말을많이 한다하여
그것으로 현명한자 되는것은 아니니라.
미워함과 두려워함 그둘에서 자유로워
평온함에 이른이가 현명하다 할것이다.

所謂智者 不必辯言 無恐無懼 守善爲智
이른바 지혜로운 자는
반드시 말을 잘할 필요는 없나니,
염려하거나 두려워함이 없이
선함을 잘 지키면 지혜로운 자가 된다.

na tena paṇḍito hoti, yāvatā bahu bhāsati |
khemī averī abhayo, paṇḍitoti pavuccati ||

말을 많이 한다고 하여
바로 그만큼 현명한 자가 되는 것은 아니다.
미워함에서 벗어나고
두려움에서 자유로운 평온한 이가
'현명한 사람'이라 불려진다.

259 들기좋은 이런저런 말을많이 한다하여
그것으로 법지녔다 말할수는 없으리라.
그렇지만 들은것이 별로없다 하더라도
제스스로 겪어보아 제몸으로 통해알고
법소홀히 않는자가 참법지닌 사람이리.

奉持法者 不以多言 雖素少聞 身依法行 守道不忌 可謂奉法
법을 받들어 지니고자 하는 자는
많은 말로써가 아닐지니,
비록 소박하게 조금만 들었더라도
몸은 법에 의지되어 행해지고
도를 지킴에 있어 꺼리는 바가 없으면
'법을 받든다.'라고 말할 수 있다.

na tāvatā dhammadharo, yāvatā bahu bhāsati |

yo ca appampi sutvāna, dhammaṁ kāyena passati |

sa ve dhammadharo hoti, yo dhammaṁ nappamajjati ||

말을 많이 한다고 하여
바로 그만큼 법을 지닌 자가 되는 것은 아니다.
그러나 누구든 비록 조금만 들었을지라도 체험을 통해 알며
법을 소홀히 하지 않는 자가
참으로 법을 지닌 자가 되는 것이다.

258-259

게송 한 수만 욀 줄 아는 장로

부처님께서 싸왓티 제따 숲의 승원에 계실 때, 게송 한 수만 욀 줄 아는 장로인 에꿋다나에 대한 이야기이다.

　장로 에꿋다나(Ekuddāna)는 그가 욀 줄 아는 게송이 딱 한 수인 까닭에 사람들이 그렇게 불렀다. 그는 늘 한적한 숲속에 홀로 머물며 자신이 아는 그 한 수의 게송을 읊조려 스스로에게 법문을 하곤 하였다.

　"보다높은 마음으로 방일하지 아니한채,

　침묵하는 길위에서 끊임없이 수행하여,

　적멸경지 들어서고 항상새김 갖춘이는,

　그리해탈 하였기에 슬픔존재 아니하네."

　그러면 숲속의 모든 신들이 우레와 같은 박수를 보내곤 하였다.

　한번은 각기 5백 명의 제자들을 거느린 두 강사가 숲속을 찾았다. 장로가 법문을 청하자 그들은 새로이 들을 청중도 없다며 거절하였다.

　"그렇지 않습니다. 법문 끝에 우레와 같은 박수 소리를 들으실 겁니다."

　그래서 한 강사는 법문을 외우고 다른 강사는 그 뜻을 설명했다. 그럼에도 숲속은 쥐죽은듯이 조용하였고, 자신들의 제자들만 눈을 끔뻑이고 있었다.

　"그렇다면 당신이 한번 해보시오. 당신의 말이 거짓이 아니라면."

　그래서 에꿋다나 장로가 다시 게송을 외고 합장으로 법문을 마치자마자 귀를 찢는 듯한 박수 소리에 모든 사람들이 혼이 다 나갈 정도였다.

　두 강사는 장로가 홀로 숲속에 있으며 괴이한 요술만 부린다고만 여기고, 승원으로 들어가서 부처님께 이 사실을 있는 그대로 말씀드렸다.

　"수행승들이여! 많이 들었거나 논리정연하게 말할 수 있다 하여 여래는 그를 많은 법을 지닌 자로 여기지 않느니라. 한 수의 게송을 알고 있더라도 그것을 있는 그대로 꿰뚫고 있다면 그가 바로 법을 지닌 자이니라."

　부처님의 말씀에 두 강사는 자신들을 되돌아볼 수 있게 되었으며, 함께 있던 많은 사람들은 예류향에 들게 되었다.

260　칠흑같던 머리숱이 희어졌단 그하나로
이젠長老 되었다고 이를수는 없으리라.
그런그의 경우라면 비록나인 들었지만
그저늙은 헛늙은이 그리불릴 뿐이리라.

所謂老者 不必年耆 形熟髮白 戇愚而已
이른바 '장로長老'라는 것은
반드시 나이가 들어야만 되는 것은 아니다.
형색이 노숙하고 머리가 희었더라도
어수선하게 어리석기만 할 뿐(일 수도 있다).

na tena thero so hoti, yenassa palitaṁ siro |
paripakko vayo tassa, moghajiṇṇoti vuccati ||
그의 머리가 희어졌다는 그것만으로
그는 장로[1]가 되진 못한다.
그의 경우 나이는 들었지만
'헛늙은이'라고 일컬어진다.

261

진리와법 존재하고 살생하지 아니하며
자제절제 존재하고 결함마저 떨쳐버린,
그리하여 현명하다 일컬을수 있는사람
그가장로 아니라면 그누구가 장로리오.

謂懷諦法 順調慈仁 明遠淸潔 是爲長老

이를테면 참된 법을 품고
(그러한 법에) 순조로우며 (남에게넨) 자비롭고 어질며
(모든 일에) 명확하고 심원하며 (그 결과는) 맑고도 깨끗하면
그러한 이가 장로長老가 된다.

yamhi saccañca dhammo ca, ahiṁsā saṁyamo damo |
sa ve vantamalo dhīro, thero iti pavuccati ||

누구라도 진리와 법[2]과
불살생과 자제 및 절제가 존재하며,
실로 결함을 떨쳐버린 현명한 이가
'장로'라고 불려진다.

볼품없는 장로 밧디야

부처님께서 싸왓티 제따 숲의 승원에 계실 때, 외모가 볼품없는 까닭에 항상 무시당하던 밧디야 장로에 대한 이야기이다.

어느 때, 장로 라꾼따까밧디야(LakuṇṭakaBhaddiya)가 한동안 부처님을 시봉한 후에 다른 곳에서 수행하기 위해 승원을 떠나던 날, 부처님께 인사를 마치고 나오다가 막 인사를 들어가는 30명의 수행자들과 마주쳤다.

그들 수행자들은 부처님께 인사를 올리고 자리하여 앉으니, 부처님께서 그들에게 물었다.

"수행승들이여! 그대들이 이곳에 들어올 때 한 장로는 보지 못했는가?"

"세존이시여! 저희들은 장로는 보지 못했습니다."

"보지 못했다고? 장로는 분명히 그대들이 들어올 때 나갔었는데."

"세존이시여! 장로가 아닌, 사미는 보았습니다."

"그분이 장로니라. 사미가 아니라."

"세존이시여! 아직 어리고 몸집도 작은 것이, 그는 사미가 아니옵니까?"

"수행승들이여! 나는 나이가 들었다고 장로라 부르지 않고, 장로의 자리에 앉았다고 장로라 부르진 않는다. 진리를 꿰뚫고 불살생을 확립하면, 나는 그를 장로라 부르느니라."

그제야 30명의 수행승들은 부처님의 가르침을 알아듣게 되었다.

---

1) 장로(長老)의 원어인 'thera'는 그 어원이 확실치 않다. 산스끄리뜨 'sthavira(정착된, 안정된, 연로한)'와 관련된 것으로 볼 경우 그것의 동사 어근은 '√sthā(서다, 머물다)'이므로, 정신적으로나 물질적으로 무엇에 오래 잘 머묾으로써 그것에 잘 정착되었기에 존경받을 만한 사람을 가리킨다.
2) 진리는 네 가지 거룩한 진리인 사성제(四聖諦, catāri ariyasaccāni)를 가리키고, 법은 아홉 가지 출세간의 원리인 구출세간법(九出世間法, navalokuttaradhammā)을 가리키는 것으로 이해할 수 있다.

262 열정적인 말솜씨가 멋지다는 그때문에
     아름다운 겉모습이 빛난다는 그때문에,
     질시하고 인색하며 기만적인 그런이를
     존경받는 사람이라 일컫지는 못하리라.

     所謂端正 非色如花 慳嫉虛飾 言行有違
     이른바 '단정하다'는 것은
     모습이 꽃과 같기 때문이라서가 아니니,
     (만약) 인색과 질투에 허례허식에다
     말과 행동에 어긋남이 있다면.

     na vākkaraṇamattena, vaṇṇapokkharatāya vā |
     sādhurūpo naro hoti, issukī maccharī saṭho ||
     열정적인 언설로나 아름다운 겉모습만으로
     질시하고 인색하며 기만적인 이가
     존경받는 사람이 되진 못한다.[3]

263 질시인색 기만등등 그런것이 남김없이
뿌리까지 송두리째 모두뽑혀 버렸다면,
모든결함 벗어던져 현명해진 그를두고
존경받는 사람이라 사람들은 일컬으리.

謂能捨惡 根原已斷 慧而無恚 是謂端正
이를테면 사악함을 떨쳐 버릴 수 있고
(악업의) 근원이 이미 단절되었으며
지혜로우며 성냄은 없는 이,
그러한 이를 '단정端正하다'고 일컫는다.

yassa cetaṁ samucchinnaṁ, mūlaghaccaṁ samūhataṁ |

sa vantadoso medhāvī, sādhurūpoti vuccati ||

만약 어떤 이의 경우
(앞서 언급한) 그러한 것이 끊어져 뿌리째 뽑혀 버렸다면
결함을 벗어던진 현명한 그는
'존경받는 이'라고 일컬어진다.

* 262-263

시봉을 받고 싶은 장로들

부처님께서 싸왓티 제따 숲의 승원에 계실 때, 자기들도 사미의 시봉을 받고 싶어 하던 장로들의 이야기이다.

승원에서 장로들 가운데 적지 않은 이들이 젊은 비구나 사미의 시봉을 받으며 지냈다. 시봉하는 이들은 장로의 가사를 염색하거나 방을 청소하고, 또는 사소한 심부름도 할 때도 있었다.

그런데 모든 장로들이 그런 것은 아니었다. 일부 장로들은 자신들을 시봉할 젊은 비구나 사미가 없는 것이 불만이어서 다른 장로들을 질투하였다.

"이건 불공평해! 우리도 제자를 두어 경구를 가르칠 충분한 실력이 되는데도 왜 젊은 비구나 사미의 시봉을 받지 못하는가 말이야."

"그래! 부처님께 젊은 비구나 사미들이 자신들의 친교사 외에도 우리 같은 장로들을 시봉하게끔 말씀하시도록 부탁드립시다."

그래서 몇몇 나이가 지긋한 장로들이 부처님을 찾아뵙고 자신들의 생각을 말씀드렸다. 부처님께서는 '이들이 자신들의 이익을 추구하는구나.'라고 그 의도를 아시고 장로들에게 말씀하셨다.

"장로들이여! 나는 단지 그대들이 말하는 능력 때문에 훌륭하다고 생각하지 않는다. 질투하지 않아야 할 것을 질투하는 성품이 수행을 통해 제거된 이, 그런 이를 훌륭하다 말할 수 있을 뿐이다. 그런 수행자가 또한 시봉을 받을 자격이 있다."

장로들은 부처님의 가르침을 듣고 제 부끄럼을 느끼며 물러 나왔다.

---

3) 승가에서 존경받지 못하는 수행자의 전형으로 다섯 가지 간탐[五慳, pañcamacchera]을 지닌 사람을 들기도 한다. 간탐이란 자신에게만 허용하고 남에게는 인색한 심리를 말하는데, 다섯 가지 간탐[五慳]은 ① 처소에 대한 간탐[住處慳], ② 단월에 대한 간탐[家慳], ③ 보시에 대한 간탐[施慳], ④ 칭찬에 대한 간탐[稱讚慳], ⑤ 가르침에 대한 간탐[法慳] 등이다. 자신의 처소를 비롯하여 단월, 보시, 칭찬 등은 자신만 독점하고 나아가 항상 다른 수행자보다 낫기를 바라며, 가르침에 대해선 배운 것을 혼자만 알고 있을 뿐 남에게 말해 주지 않으려는 마음 상태를 말한다.

264　거짓말을 일삼기에 도덕과는 거리가먼
　　　그런자가 삭발했다 그것으로 沙門되리.
　　　이것저것 바라면서 탐욕마저 가득찬이
　　　그런이가 어찌하여 沙門될수 있으리오.

　　　所謂沙門 非必除髮 妄語貪取 有欲如凡
　　　이른바 사문沙門이란 반드시
　　　머리만 깎았다고 되는 건 아닐지니,
　　　(만약) 헛되어 말하고 탐내어 쟁취하며
　　　욕심 가지기를 범부와 같이 한다면.

　　　na muṇḍakena samaṇo, abbato alikaṁ bhaṇaṁ |
　　　icchālobhasamāpanno, samaṇo kiṁ bhavissati ||
　　　규범을 갖추지 못한[4] 채 거짓이나 일삼는 자는
　　　삭발削髮만으로 사문이 될 수 없다.
　　　바람과 탐냄[5]이 가득찬 이가
　　　어떻게 사문이 될 수 있겠는가?

265 그렇지만 누구라도 크고작은 죄악들을
     하나라도 남김없이 몽땅그쳐 버렸다면,
     실로그리 죄악들을 모두그쳐 버렸기에
     그를일러 沙門이라 일컬을수 있으리라.

     謂能止惡 恢廓弘道 息心滅意 是爲沙門
     이를테면 사악함을 그칠 수 있고
     (의식의) 경계를 넓혀 道를 널리 펴고
     마음을 쉰 채 의도를 소멸시킨 이,
     그러한 이가 사문沙門이 된다.

     yo ca sameti pāpāni, aṇuṁ thūlāni sabbaso |
     samitattā hi pāpānaṁ, samaṇoti pavuccati ||
     그러나 누구라도
     크고 작은 죄악들을 몽땅 그쳐 버렸다면,
     실로 죄악들의 그침 때문에
     (그는) '사문'이라 불려진다.

외도의 이상한 논쟁 방식

부처님께서 싸왓티 제따 숲의 승원에 계실 때, 이상한 논쟁 방식으로 항상 이겼다고 말하며 돌아다니는 한 외도에 대한 이야기이다.

외도 수행자 핫타까(Hatthaka)는 어느 누구와도 논쟁하기를 좋아하였는데, 그가 논쟁에서 졌다 싶을 때 하는 한 가지 이상한 버릇이 있었다.

"그래! 내가 지금은 다른 일로 바쁘니, 몇 날 몇 시에 어디로 나오게. 그러면 그때 다시 논쟁을 이어 가도록 하세."

이렇게 상대에게 말하기는 하지만, 몇 날 몇 시를 불분명하게 말하여 상대가 알아먹지 못하게 하거나, 아니면 약속한 것과 다른 날 다른 장소에 자기의 신도들을 잔뜩 데려가서 자기가 이겼다고 말하는 것이었다.

"보시오! 여러분. 그 수행자는 결국 나와의 약속에 나오지 않음으로써 자신의 패배를 만천하에 드러낸 것이나 마찬가집니다. 나와 논쟁해서 나를 당해 낸 사람은 아직까지 한 명도 보지 못했소이다. 이번에도 그렇듯이."

부처님께서 그런 상황을 익히 알고 계셨을 때, 우연히 핫타까와 마주친 적이 있으셨다. 그래서 그에게 물으셨다.

"핫타까여! 그대는 이러이러한 행동을 한 적이 있다는데, 사실인가?"

"그렇소이다. 고따마여! 나는 수행자로서 올바르게 행동할 뿐이오."

"핫타까여! 왜 그렇게 행동하는가? 거짓말을 하는 자는 단지 머리를 깎고 돌아다닌다고 유행자나 수행자라고 할 수 없다. 크고 작은 사악함을 제거한 자나 제거하고자 노력하는 자야말로 수행자라는 이름을 들을 자격이 있을 뿐이다."

외도 핫타까는 제 부끄럼과 남부끄럼을 안고 얼른 자리를 피했다.

---

4) 수행자로서의 기본 규범은 열두 가지 혹은 열세 가지 두타행으로 대변된다. ⇒ 쥐 '우정의 질을 규정하는 원리들'
5) 쥔 아직 얻지 못한 대상에 대한 욕심은 바람(iccha)이며, 이미 얻은 대상에 대한 욕심은 탐냄(lobha)이다.

266　밥때되어 남들에게 밥빈다는 그것으로
그도또한 비구라고 말하지는 못하리라.
모든법을 받고서야 비구될수 있는게지
걸식만을 한다해서 그렇다곤 못하리라.

所謂比丘 非時乞食 邪行婬彼 稱名而已
이른바 비구比丘란 반드시
때에 맞춰 걸식乞食이나 한다고 되는 건 아닐지니,
(만약) 삿된 행위에 음탕하기만 하다면
이름만 (그렇게) 일컬어질 뿐이다.

na tena bhikkhu so hoti, yāvatā bhikkhate pare |
vissaṁ dhammaṁ samādāya, bhikkhu hoti na tāvatā ||

남들에게 걸식한다는 그것만으로
누구든 비구가 되진 못하나니,[6]
모든 법을 받아들이고 (나서야) 비구가 된다는 것이지
걸식만 한다고 해서는 아니다.

267 누구든지 이세상에 공덕죄악 떨치고서
수행자의 바른길을 올바르게 나아가며,
이치로써 풀이하여 이세상을 살아가면
그런이를 일컬을때 비구라고 하리로다.

謂捨罪福 淨修梵行 慧能破惡 是爲比丘
이를테면 죄罪와 복福을 (함께) 버리고
수행자로서의 행실을 청정하게 닦아
지혜로 악을 부술 수 있는 이,
그러한 이가 비구比丘가 된다.

yodha puññañca pāpañca, bāhetvā brahmacariyavā |
saṅkhāya loke carati, sa ve bhikkhūti vuccati ||
누구든 이 세상에서
공덕과 죄악을 떨쳐 버리고 수행자의 길을 가며
이해理解로써 세상을 살아간다면
그가 바로 '비구'라고 일컬어진다.

* 266-267
# 그럼 나도 비구겠네

부처님께서 싸왓티 제따 숲의 승원에 계실 때, 자신도 밥을 빌어먹기에 비구라고 자처했던 한 브라만의 이야기이다.

싸왓티에 사는 어느 브라만이 이교도 집단에 출가하여 스스로 수행자 반열에 들었다고 생각하였다. 그런데 싸왓티는 인근 제따 숲에 있는 승원 덕분에 비구 (bhikkhu, 乞士)라는 호칭이 갖는 호감이 여느 수행자나 유행자에 비해 훨씬 강하였다.

"'비구'란 별것 없이 빌어먹는 사람이란 의미가 아닌가? 그럼 나도 이렇게 출가하여 빌어먹고 있으니, 사람들에게 '비구'라고 불릴 요건이 갖추어져 있지 않은가! 그래 고따마를 찾아가서 확실히 해두어야겠구먼.'

그래서 그 브라만은 제따 숲으로 부처님을 찾아가 자기의 생각을 피력했다.

"존자 고따마여! 저도 탁발하여 돌아다니며 생계를 유지합니다. 그러므로 저도 '비구'라 불릴 자격이 있으니, 그렇게 불러 주십시오."

부처님께서 그 브라만에게 답하셨다.

"브라만이여! 나는 단지 탁발하여 산다고 해서 비구라고 부르지 않는다. 온갖 것을 다 누리고 또한 제어하지 못하면서 단지 탁발한다는 한 가지가 더해졌다고 하여 비구라고 부르지는 않는단 것이다. 모든 법을 올바르게 받아들이고 일체 형성된 것들을 잘 헤아린다면, 나는 그가 어떤 모습이고 어디에 있던 그를 비구라고 부를 뿐이니라."

부처님의 가르침에 제 부끄럼을 느낀 브라만은 조용히 물러 나왔다.

---

6) 불교의 수행자를 가리키는 '비구(bhikkhu)'는 '걸식하다'라는 의미를 지닌 동사 '√bhikṣ'에서 온 말로서 '걸식하는 사람, 걸식하여 수행하는 사람'이라는 의미를 지니며, 의역하여 '걸식하는 선비[乞士]'라 한다. 한역 '걸사(乞士)'는 '걸식하여(乞) 수행하되 공부하는 선비(士)로서의 자세가 갖춰진 이'로 그 의미가 보충되었다.

268 갖춰야될 바른지식 갖지못한 바보라면
침묵한단 사실로만 무니되진 못하리라.
그렇지만 저울로서 정확하게 가늠하듯
지혜로운 사람이면 으뜸인것 취하고서,

所謂仁明 非口不言 用心不淨 外順而已

이른바 인명仁明[7]이란
입으로 말을 하지 않는다고 되는 것은 아닐지니,
(만약 안으로) 마음을 씀에 깨끗지 못하면
(말이 없다는 것을) 겉으로만 따른 것일 뿐이다.

na monena munī hoti, mūḷharūpo aviddasu |
yo ca tulaṁva paggayha, varamādāya paṇḍito ||

지식을 갖추지 못한 바보는
침묵만으로 '무니'[8]가 되지 못한다.
그러나 마치 저울을 가지고 (정확히 가늠하듯)
지혜로운 자는 최상의 것을 취하고,

269   죄악들을 피해가니 그가바로 무니이다.
       그리하는 까닭으로 그가바로 무니이니,
       누구라도 이세상에 선과악을 가늠하면
       그때문에 그를일러 무니라고 일컬으리.

謂心無爲 內行淸虛 此彼寂滅 是爲仁明
이를테면 마음은 무위無爲인 채
안으로 (모든) 행위는 맑고도 비어 있으며
(밖으로) 이것과 저것이 고요히 소멸된 이,
그러한 이가 인명仁明이 된다.

pāpāni parivajjeti, sa munī tena so muni |
yo munāti ubho loke, munī tena pavuccati ||
죄악들을 피하니 그가 (바로) '무니'이다.
그런 까닭에 그가 '무니'이니,
누구라도 이 세상에서 (선과 악이란) 둘을 가늠하여 안다(면)
그 때문에 (그는) '무니'라고 불리는 것이다.

단지 침묵한다고 해서

부처님께서 싸왓티 제따 숲의 승원에 계실 때, 단지 침묵한다고 해서 '무니'라고 자처하던 외도들의 이야기이다.

여느 교단의 수행자들은 그들의 신자들로부터 공양을 받을 때는 반드시 나름대로의 방식에 따라 축복을 해주었다.

"모든 어려움으로부터 벗어나 평온하길! 평안하길! 장수하길 기원하노라!"

그러나 부처님의 제자들은 초기에 승단에서 공양을 받고 축복을 빌어 주는 표현을 제정하지 않았기에, 공양을 받은 비구들은 공양을 올린 신자들에게 아무런 축복의 말을 하지 않은 채 그 자리를 떠났다.

"다른 수행자들에겐 공양을 올리면 축복의 말을 듣는데, 어떻게 저 제따 숲의 수행자들에게 공양을 올리면 축복 한 마디 듣지 못하니, 공양을 올려도 별 신명이 나지 않는구먼."

"글쎄 말이야. 나도 요즘은 그쪽 수행자가 지나가면 은근슬쩍 고개를 돌려 버릴 때도 있다네. 우리 뱃속에 들어갈 걸 내놓으면 축복이라도 해줘야지."

사람들의 반응이 이러하고, 그런 분위기가 점차 번져 감을 느낀 비구들이 부처님께 사실대로 말씀드렸다.

"수행승들이여! 지금부터 탁발하여 공양을 받은 후에는 공양하는 이와 공양하는 장소에 따라 적절한 축복의 게송을 읊어 주도록 하라."

그로부터 부처님의 제자들 또한 음식이나 의복 혹은 의약품 등을 공양 받은 후에는 신자들을 위해 축복을 해주었다.

"모든 것은 항상 변하기에 괴로움이란 사실을 알고 그것으로부터 벗어나 평온하고 평안하며 행복하시길 기원합니다!"

간혹 5백 명이나 되는 비구들이 한곳으로 초빙되어 공양을 받은 후에 축복의 게송을 다함께 합송할 때는 그 장엄함이 이루 말할 수가 없었기에, 예전보다 훨씬 많은 이들이 승가에 공양하기를 즐겨 하였다. 그래서 부처님 제자들의 공양이 이뤄지는 곳에는 항상 게송을 읊조리는 소리가 들렸다.

"고따마는 제 자신이 싸끼야족의 '무니'라고 그러더니만, 그 제자들은 쓸데없이 시끄럽기만 하구나. 진짜 무니는 고따마나 그 제자가 아니라 우리 스승님과 내 도반들이다. 내가 출가하기 전부터 묵언하고 계시는 스승님은 누가 뭐래도 무니 가운데서도 으뜸이라 할 만하지 않겠는가."

외도 수행자들은 불길처럼 일어나는 공양처의 합송 소리에 자못 질투심까지 느낀 나머지, 수십 년간 입을 다물고 묵언하는 자기 교단의 수행자들이 참된 무니라며 떠들고 다녔다.

비구들이 외도들의 험담을 부처님께 말씀드렸다.

"비구들이여! 나는 단지 입을 떼지 않고 침묵한다고 그를 무니라 일컫지 않는다. 어떤 사람은 무지하여 입을 떼지 못할 수도 있으며, 어떤 사람은 자신감이 없어서 아무 말도 하지 못하고 있을 수도 있기 때문이다. 그리고 어떤 자는 중요한 것을 다른 사람에게 알려 주기 싫어서, 그런 인색함 때문에 입을 다물고 있을 수도 있기 때문이다. 그러므로 말을 그친다고 무니가 아니라 악을 그치기 때문에 무니라고 하는 것임을 알아야 할지니라."

부처님의 제자들은 여래의 가르침을 가져다 외도를 공박하는 일 따윈 하지 않고 그냥 침묵한 채 내버려두었다.

---

7) 인명은 성품이 인자하고 지혜가 밝은 사람이나 그러한 상태를 가리킨다.
8) 적묵(寂黙) 또는 능인(能仁)으로 번역되는 '무니(muni)'는 성인의 한 유형으로서 기본적으로 침묵을 맹서한 사람이란 의미를 지니고 있다. ⇒ 죄 '무니와 릐쉬'

270 살아있는 생명들을 해친다는 그때문에
누구라도 그하나로 숭고한이 못되지만,
살아있는 모든것에 해코지를 않는다면
누구든지 그를일러 숭고하다 일컬으리.

所謂有道 非救一物 普濟天下 無害爲道
이른바 도道가 있다는 것은
한 사물만을 구원한다고 되는 것은 아닐지니,
널리 천하를 구제하며
(그 가운데) 해침도 없는 것이 '도가 있다'는 것이 된다.

na tena ariyo hoti, yena pāṇāni hiṁsati |
ahiṁsā sabbapāṇānaṁ, ariyoti pavuccati ||
생명들을 해친다면 바로 그것 때문에
(누구라도) '숭고한 이'는 되지 못한다.
모든 생명체들에 대한 불살생이 (존재하면
그것 때문에 그는) '숭고한 이'라고 불린다.

숭고한 어부

부처님께서 싸왓티 제따 숲의 승원에 계실 때, 고기를 잡는 어부가 '고귀한 이'
란 이름을 지닌 것에 대한 이야기이다.

아리야(Ariya)란 '고귀한' 혹은 '숭고한'이란 의미를 지닌 말이다.

어느 날 부처님께서는 강에서 어부로 살아가는 한 재가신자가 예류향에 들
수 있는 인연이 된 것을 아시고, 싸왓티 근교의 강가에 사는 그에게 장로 몇 명
과 탁발을 가셨다.

부처님 일행이 강변에 이르자 마침 강에서 고기를 잡던 그는 일손을 놓고 부
처님께 예를 갖추고자 배를 강변으로 가져다 대었다.

"그대 이름은 무엇이고, 그대 이름은 무엇인가?"

배에서 내려 예를 취하는 남자를 앞에 두고, 짐짓 부처님께서는 당신을 따라
나선 장로 싸리뿟따와 목갈라나를 돌아보며 이렇게 물었다.

"예, 세존이시여! 저는 싸리뿟따라 하옵니다."

"세존이시여! 저는 목갈라나라 하옵니다."

그리고 다시 어부를 바라보며 이름을 묻자 그가 대답하였다.

"예, 세존이시여! 저는 '아리야'라 하옵니다."

그러자 부처님께서는 어부 아리야에게 말씀하셨다.

"재가신자여! 살아 있는 생명을 해치는 자는 고귀한 이나 숭고한 이라고 불릴
수 없느니라. '아리야'란 이름은 살아 있는 생명체라면 그 무엇도 해코지하지
않는 사람에게 적합한 것이니, 그런 사람이 가질 수 있는 이름일 뿐이다."

부처님께서는 어부에게, 만약 수행의 흐름을 들고자 한다면 계행에 어긋나지
않는 바른 업[正業]으로서 올바른 직업을 가지는 것이 얼마나 중요한지 말씀해
주셨다.

부처님의 가르침이 끝나자 어부는 예류향(預流向)에 들었으며, 그로부터 다
른 생명을 해치지 않는 직업으로 자신의 생업을 바꾸었다.

271 엄한계율 챙겨들고 굳은맹서 빠져들며
더욱이더 나아가서 많이듣는 것으로서,
그리고또 수행하다 삼매좋이 들었다고,
또는세속 벗어나서 멀찌감치 잠듦으로,

戒衆不言 我行多誠 得定意者 要由閉損

계목戒目이 번다해도 불평하지 않으며
나는 많은 정성을 쏟았거니,
선정禪定의 의미란 것을 얻었다면
요컨대 닫고 덜어 냄으로 말미암기 때문이다.

na sīlabbatamattena, bāhusaccena vā pana |
atha vā samādhilābhena, viviccasayanena vā ||

계율과 맹서[9]에 대한 심취로,
더욱이 또는 많이 듣는 것으로,
그리고 또는 삼매에 듦[10]으로,
또는 (세속과) 멀리 떨어져 잠듦으로,

272 이제 나는 범부들이 경험하지 못한 경지
해탈이란 그 기쁨에 결국에는 가닿았다.
비구라면 이 믿음에 빠져들면 안될지니,
아직까지 번뇌소멸 이르지를 못했다면.

意解求安 莫習凡人 使結未盡 莫能得脫
속마음이 이해되는 것으로써 안정을 추구하는 것은
평범한 사람(으로 하여금 해탈)을 익히게 하는 것이 못 되나니,
번뇌의 얽매임이 다하지 않으면
해탈을 얻을 수가 없느니라.

phusāmi nekkhammasukhaṁ, aputhujjanasevitaṁ |
bhikkhu vissāsamāpādi, appatto āsavakkhayaṁ ||
'나는 일반인이 경험하지 못한 해탈의 기쁨에 가닿았다.'
비구여! 이러한 믿음에 빠져들지 말라!
번뇌의 소멸에 이르지 못하였다면.

수행자들의 착각

부처님께서 싸왓티 제따 숲의 승원에 계실 때, 자신들이 어떠한 계위에 올랐고 더 나은 계위에 곧 오를 것이라 착각한 비구들의 이야기이다.

'나는 그 누구도 나무라지 못할 만큼 올곧은 계행을 갖추었다.'

'나는 두타행을 갖추었다. 그렇게 힘든 수행을 거쳐서….'

'나는 많이 들었다. 그리고 이렇게 홀로 나와 여법하게 수행하고 있다.'

함께 승가를 이뤄 정진하는 수행자들 가운데 나름대로 최선을 다했다는 이들은 쉽게 이런저런 생각에 빠져들기 마련이다. 그래서 불래과(不來果)를 증득한 이는 누구나 이런 생각을 가지고 있다.

'이제 우리에겐 거룩한 경지라는 것이 그리 멀지 않다. 우리가 한 발자국만 더 힘차게 수행의 발길을 내디딘다면 아라한과는 바로 얻을 수 있다.'

한번은 그러한 이들이 함께 모여 부처님을 뵌 적이 있었다.

"수행승들이여! 출가의 의무를 잘 이행하고 있는가?"

"세존이시여! 저희들은 이미 이러이러한 과(果)를 증득하였기에, 원하는 순간이면 언제라도 거룩한 경지를 곧바로 증득할 수 있다는 생각으로 수행에 전념하고 있습니다."

부처님께서 그 말을 듣고 수행승들에게 이르셨다.

"수행승들이여! 계행을 청정히 지키고 있다는 것만으로, 심지어 불래과를 증득하였다는 것만으로 그런 이의 삶에서 괴로움이 없어진 것은 아니다. 만약 번뇌를 완전히 부수지 못하였다면. 번뇌가 완전히 부수어져 자신의 삶에서 괴로움이 완전히 없어져야만 거룩한 경지를 증득할 수 있느니라."

---

9) 계율은 청정으로 이끄는 네 가지 유형의 계행[四淨戒, catupārisuddhisīla]을 가리키며, 맹서는 두타행을 일컫는다. → 사정계(四淨戒)는 게송 10번, 두타행(頭陀行)은 게송 264번 각주 참조.

10) 삼매에 들었다는 것은 팔성취[八成就, aṭṭha samāpattiyo]를 얻었다는 것인데, 형성에 대한 집착을 없애주는 정신적 여읨인 팔성취는 미세한 물질계의 네 가지 명상인 색계사선(色界四禪)과 비물질계의 네 가지 명상인 무색계사선(無色界四禪)의 성취를 말한다.

第20章

∽∽∽∞∞∞∞∞∞∽∽∽

मग्गवग्गो

가야 할 길을 밝힌 장

도행품
道行品

∽∽∽∞∞∞∞∞∞∽∽∽

273 세상모든 길가운데 여덟갈래 으뜸인길
세상모든 진리중에 네갈래인 으뜸진리,
세상모든 법가운데 退色함이 으뜸인법
세상모든 두발존재 明眼갖춰 으뜸되리.

道爲八直妙 聖諦四句上 無欲法之最 明眼二足尊
길은 팔정도八正道가 오묘하다 여겨지고
성스러운 진리는 사성제四聖諦가 최상이다.
욕심 없음이 법 가운데 최고이며
밝은 눈 가진 이가 인간 가운데 존귀하다.

maggānaṭṭhaṅgiko seṭṭho, saccānaṁcaturo padā |
virāgo seṭṭho dhammānaṁ, dvipadānañca cakkhumā ||
모든 길 가운데 여덟 갈래의 길(인 팔정도)가 최상이며,
모든 진리 가운데 네 갈래의 길(인 사성제)가 (최상이다).
모든 법[1] 가운데 퇴색退色[2] 되도록 함이 최상이며,
발이 둘인 존재들 가운데 밝은 눈[3]을 갖춘 자가 (최상이다).

274 이길이곧 둘도없는 분명하고 선명한길
눈을밝힐 다른길은 아예존재 아니하니
실로그대 주저말고 이길걸어 나갈지라.
그리하면 마라또한 당혹감에 쌓일지니.

此道無有餘 見諦之所淨 趣向滅衆苦 此能壞魔兵
이 길에는 군더더기가 존재하지 않기에
진리를 볼 수 있는 명료한 것인바
뜻을 두고 나아가면 온갖 괴로움을 소멸시키므로
이는 마구니의 무리들을 괴멸시킬 수 있다.

eseva maggo natthañño, dassanassa visuddhiyā |
etañhi tumhe paṭipajjatha, mārassetaṁ pamohanaṁ ||
이것이 유일한 길이요,
눈을 밝히기 위한 다른 길은 존재하지 않는다.
실로 그대들은 이 길을 걸어가도록 하라!
그것은 '마라'의 경우 당혹함일지니.

275 이길놓인 그대로를 따라가는 그대들이
결국에는 괴로움의 끝이루게 될것이니,
화살맞아 받는고통 화살뽑아 해결하는
깨달음을 이룬내가 이길일러 놓았노라.

吾已說道 拔愛固刺 宜以自勗 受如來言
내가 이미 길을 일러 주었으니
애욕의 굳은 가시를 빼어 버리고
마땅히 스스로 노력함으로써
여래의 말씀을 받아들여라.

etañhi tumhe paṭipannā, dukkhassantaṁ karissatha |
akkhāto ve mayā maggo, aññāya sallasanthanaṁ ||
실로 이 길을 따르는 그대들은
괴로움의 끝을 이루게 될 것이다.
실로 화살⁴⁾의 제거를 깨달은
나에 의해 이 길이 선언되었다.

276 노력이란 그대자신 스스로가 해야할일
여래들은 법을일러 주러오신 분들일뿐.
그길따라 명상실천 수행하는 사람이면
마라속박 으로부터 자유롭게 되리이다.

吾語汝法 愛箭爲射 宜以自勖 受如來言
내가 그대에게 법을 일러 주었으니
애욕의 화살에 맞았더라도
마땅히 스스로 노력함으로써
여래의 말씀을 받아들여라.

tumhehi kiccamātappaṁ, akkhātāro tathāgatā |
paṭipannā pamokkhanti, jhāyino mārabandhanā ||
노력은 그대 자신들에 의해 경주되어야 할지니,
여래들은 (법을) 일러 주는 분들일 뿐이다.[5]
그 길을 따르며 명상을 실천하는 이들은
'마라'의 속박으로부터 자유롭게 될 것이다.

수행자가 가야 할 길

부처님께서 싸왓티 제따 숲의 승원에 계실 때, 길[道]에 대해 하신 이야기이다.

어느 땐가, 부처님께서 5백 명의 수행승들과 함께 먼 길을 유행하시다 제따 숲의 승원으로 돌아오셨다.

그 유행은 싸왓티에서 먼 지방의 여러 곳을 다녔기에, 승원으로 돌아와서는 유행의 경험이 많지 않은 비구들이 모여서 뒷이야기를 나누고 있었다.

"그 마을은 길이 제법 좋더이다. 자갈이 고르게 깔린 것이."

"마지막 마을은 온통 진흙탕인 게, 비 오면 다니라고 해도 못 다니겠어."

부처님께서 그들이 모두 아라한의 경지에 오를 인연이 되었다 여기시고 짐짓 그들에게 다가가 무엇을 담론하고 있는지 물었더니, 유행 때 경험했던 길에 대해 이야기하고 있었다고 대답하였다.

"비구들이여! 그것은 밖의 길이요, 너희 발자국이 닿는 길이다. 그대들이 담론해야 할 것은 그런 길이 아닌 안의 길이요, 너희 인식이 닿는 길임을 명심할지니라. 진리 가운데는 사성제가 최상이며 길 가운데는 팔정도가 최상이니라."

가르침이 끝나자 그들 비구들은 모두 아라한의 경지에 올랐다.

---

1) 여기서 말하는 법(法, dhamma)은 고유성질[自性, sabhāva]을 가진 것으로서의 법이다. 불교에서는 존재 일반을 어떤 기준으로 일목요연하게 재구성해서 설명하는데, 그 기준을 법(dhamma)이라 한다. 불교학의 토대가 되는 아비담마에선 이러한 법을 '고유한 성질(sabhava)을 가진 것(sabhāvaṃ dhārenti)'이라고 정의한다. 즉, 유부(有部)의 5위(位)75법(法)이나 대승(大乘)의 100법(法)이 이에 해당된다.

2) 퇴색(退色, virāga)이란 선명했던 색이 바래지듯 모든 탐욕이나 유위(有爲)가 옅어져 평정을 찾고 무위(無爲)가 되어 결국엔 소멸되도록 내려놓는 것[放下着]을 일컫는 것이니, 곧 열반을 의미한다.

3) 밝은 눈은 다섯 가지 눈[五眼, pañcacakkhu]을 말한다. 오안(五眼)이란 ① 육신에 갖추어진 눈인 육안(肉眼, maṃsacakkhu), ② 색계의 천인이 선정을 닦아서 얻는 눈인 천안(天眼, dibbacakkhu), ③ 이승인(二乘人)이 갖춘 눈인 혜안(慧眼, paññācakkhu), ④ 보살이 중생을 제도하고자 모든 법문을 비추어 보는 눈인 법안(法眼, dhammacakkhu), ⑤ 부처님의 눈인 불안(佛眼, buddhacakkhu) 등이다.

4) 졘 화살은 탐·진·치의 삼독(三毒) 이외에 자만과 사견을 추가하여 다섯 가지로 일컫는다. ①탐욕의 화살[rāasallo], ②성냄의 화살[dossasallo], ③어리석음의 화살[mohasallo], ④자만의 화살[mānasallo], ⑤사견의 화살[diṭṭhisallo]이 그 다섯 가지이다. 이외에도 경전엔 독화살 등 다양한 화살의 비유가 있다.

5) 졘 여래는 단지 법과 길을 일러 주는 분일 뿐이니, 여래가 일러 준 그대로의 법에 따라서 길을 가며 '대상을 지향하는 명상[ārammaṇūpajjhāna]'과 '특징을 지향하는 명상[lakkhaṇūpajjhāna]'인 두 가지로 수행하는 자는 삼계의 윤회로 알려진 악마의 속박에서 벗어나게 된다. → 두 가지 명상은 게송 386번 각주 참조.

277

조건이룬 모든것은 영원하지 아니하다.
이런이치 지혜로써 깨닫기에 이르르면
바로그때 괴로움에 넌더리를 내게되니,
이야말로 청정함에 이르게될 길이니라.

一切行無常 如慧所觀察 若能覺此苦 行道淨其跡
'모든 행위된 것은 항상 됨이 없다.'
지혜로 관찰된 바가 이와 같고
만약 이(에 따르는) 괴로움을 깨달을 수 있다면
도道를 행함에 그 자취를 깨끗이 할 수 있을 것이다.

sabbe saṅkhārā aniccāti, yadā paññāya passati |
atha nibbindati dukkhe, esa maggo visuddhiyā ||
'모든 조건 지어진 것들은 영원하지 않다.'[6]
이렇게 지혜로 깨달았을 때
바로 그때 괴로움에 넌더리를 내게 된다.
이것이 청정에 이르는 길이다.[7]

278　조건으로 이뤄진건 괴롭기가 매한가지.
　　　이런이치 지혜로써 깨닫기에 이르르면
　　　바로그때 괴로움에 넌더리를 내게되니,
　　　이게바로 청정함에 이르게될 길이니라.

　　　一切衆行苦 如慧之所見 若能覺此苦 行道淨其跡
　　　'모든 온갖 행위는 괴로움이다.'
　　　지혜로 관찰된 바가 이와 같고
　　　만약 이(에 따르는) 괴로움을 깨달을 수 있다면
　　　도道를 행함에 그 자취를 깨끗이 할 수 있을 것이다.

　　　sabbe saṅkhārā dukkhāti, yadā paññāya passati |
　　　atha nibbindati dukkhe, esa maggo visuddhiyā ||
　　　'모든 조건 지어진 것들은 괴롭다.'[8]
　　　이렇게 지혜로 깨달았을 때
　　　바로 그때 괴로움에 넌더리를 내게 된다.
　　　이것이 청정에 이르는 길이다.

279 조건으로 이뤄진건 自我란게 없나니라.
　　　이런이치 지혜로써 깨닫기에 이르르면
　　　바로그때 괴로움에 넌더리를 내게되니,
　　　이게바로 청정함에 이르게될 길이니라.

　　　一切行無我 如慧之所見 若能覺此苦 行道淨其跡
　　　'모든 행위 되는 것에는 '나'라고 할 만한 것이 없다.'
　　　지혜로 관찰된 바가 이와 같고
　　　만약 이(에 따르는) 괴로움을 깨달을 수 있다면
　　　도道를 행함에 그 자취를 깨끗이 할 수 있을 것이다.

　　　sabbe dhammā anattāti, yadā paññāya passati |
　　　atha nibbindati dukkhe, esa maggo visuddhiyā ||
　　　'모든 법들은 자아自我가 없다.'[9]
　　　이렇게 지혜로 깨달았을 때
　　　바로 그때 괴로움에 넌더리를 내게 된다.
　　　이것이 청정에 이르는 길이다.

무상 · 고 · 무아

부처님께서 싸왓티 제따 숲에 계실 때, 명상 주제에 대한 이야기이다.

부처님께서는 이 세상의 모든 것이 영원한 것은 없으므로〔無常〕그 모든 것은 괴로움〔苦〕일 수밖에 없으며, 그래서 모든 것엔 나라고 할 만한 것이 없음〔無我〕을 깨달아 그것을 여읨〔厭離〕으로써 해탈(解脫)에 가닿을 수 있다고 가르침을 펴셨다.

-

5백 명의 수행승들이 부처님에게서 명상 주제를 받아 숲속에서 열심히 정진하였지만 그 누구도 아라한의 경지에 오르지 못하였다. 이에 알맞은 명상 주제를 얻고자 부처님을 다시 찾아뵈었다.

부처님께서는 '무엇이 이들에게 알맞은 명상 주제일까?' 하고 탐구하시다가 '과거불인 깟싸빠 부처님 당시에 이들은 2만 년간 무상(無常)의 특징에 대해 명상을 닦았다. 그러므로 무상의 특징으로 하나의 시를 알려 줌으로써 그것으로 명상 주제를 삼도록 해야겠다.' 라고 여기시고 게송을 가르쳐 주셨다.

5백 명의 수행승들은 새로운 명상 주제를 얻어서 다시 열심히 정진하여, 결국엔 모두 아라한의 경지에 오르게 되었다.

-

5백 명의 수행승들이 부처님에게서 명상 주제를 받아 숲속에서 열심히 정진하였지만 그 누구도 아라한의 경지에 오르지 못하였다. 이에 알맞은 명상 주제를 얻고자 부처님을 다시 찾아뵈었다.

부처님께서는 '무엇이 이들에게 알맞은 명상 주제일까?' 하고 탐구하시다가 '과거불인 깟싸빠 부처님 당시에 이들은 2만 년간 괴로움〔苦〕의 특징에 대한 명상을 닦았다. 그러므로 괴로움의 특징으로 하나의 시를 알려 줌으로써 그것으로 명상 주제를 삼도록 해야겠다.' 라고 여기시고 게송을 가르쳐 주셨다.

5백 명의 수행승들은 새로운 명상 주제를 얻어서 다시 열심히 정진하여, 결국엔 모두 아라한의 경지에 오르게 되었다.

–

5백 명의 수행승들이 부처님에게서 명상 주제를 받아 숲속에서 열심히 정진하였지만 그 누구도 아라한의 경지에 오르지 못하였다. 이에 알맞은 명상 주제를 얻고자 부처님을 다시 찾아뵈었다.

부처님께서는 '무엇이 이들에게 알맞은 명상 주제일까?' 하고 탐구하시다가 '과거불인 깟싸빠 부처님 당시에 이들은 2만 년간 실체 없음[無我]의 특징에 대한 명상을 닦았다. 그러므로 실체 없음의 특징으로 하나의 시를 알려 줌으로써 그것으로 명상 주제를 삼도록 해야겠다.'라고 여기시고 그 내용이 담긴 게송을 가르쳐 주셨다.

5백 명의 수행승들은 새로운 명상 주제를 얻어서 다시 열심히 정진하여, 결국엔 모두 아라한의 경지에 오르게 되었다.

6) 삼법인의 제행무상(諸行無常)에 해당한다. 젠 욕유(欲有)와 색유(色有) 및 무색유(無色有)라는 세 가지 존재[三有, tibhava]에서 생겨난 다섯 가지 존재의 다발[五蘊, pañcakkhandha]은 그때그때 괴멸되어 사라지는데 그것이 무상이다. → 삼유는 게송 348번 각주 참조.
7) 젠 통찰의 지혜로 보면 오온(五蘊)은 괴로움일 뿐이기에 그러한 오온의 괴로움을 싫어하여 떠나게 되는데, 그렇게 모든 것을 내려놓고 떠남을 통해 오히려 그 괴로움을 완전히 알게 되고, 그 영향으로 결국에는 진리를 꿰뚫게 된다. 이것이 청정의 길이다.
8) 삼법인의 일체개고(一切皆苦)에 해당한다. 젠 욕유와 색유 및 무색유라는 세 가지 존재[三有, tibhava]에서 생겨난 존재의 다발[五蘊, pañcakkhandha]은 그때그때 압박에 의한 고통을 겪는데, 그것이 괴로움이다.
9) 삼법인의 제법무아(諸法無我)에 해당한다. 젠 모든 법에 해당하는 일체의 사실은 다섯 가지 존재의 다발인 오온을 의미하며, 오온이 실체가 없다거나 무아라고 하는 말은 오온에 어떤 무엇이 있어서 '오온은 죽지 말라! 괴멸하지 말라!'라고 지배권을 행사할 수 없다는 의미이다. 지배권을 행사할 수 없으므로 오온은 무아(無我, anattā)이고, 공(空, suñña)이고, 주인 없음[無主, assāmika]이고, 주권 없음[無主權, anissara]이다.

280 제쓸힘은 지녔으되 나른함에 나태하여
노력해야 할때마저 노력하지 아니하고,
소침해진 의지성격 게으르고 나약하면
아는바가 있더라도 길을찾지 못하리라.

應起而不起 恃力不精勤 自陷人形卑 懈怠不解慧
응당 떨치고 일어나야 할 때 일어나지 않고
힘만 믿고 정성스럽지도 부지런하지도 않으면
스스로 무너져 사람의 모습이 비루해지니
게으르고 게을러져 지혜로도 (진리를) 이해하지 못한다.

uṭṭhānakālamhi anuṭṭhāno, yuvā balī ālasiyaṁ upeto |
saṁsannasaṅkappamano kusīto,
paññāya maggaṁ alaso na vindati ||

힘이 있으나 나태한 채
노력해야 할 때 노력하지 않으며
소침한 의지와 생각을 지닌 채[10]
게으르고 나약한 젊은이는
아는 바가 있더라도 길을 찾지 못한다.

* 280
도반들에게 폐를 끼친 비구

부처님께서 싸왓티 제따 숲의 승원에 계실 때, 자신의 게으름 때문에 많은 도반들에게 폐를 끼친 한 비구의 이야기이다.

싸왓티의 훌륭한 가문에서 출가한 5백 명의 젊은이들이 부처님으로부터 명상 주제를 받아서 함께 숲으로 정진에 들어갔다. 그들 대부분은 게으름을 피우지 않고 노력한 덕분에 안거를 마칠 때쯤 모두 아라한의 경지에 올랐는데, 단 한 명만이 매번 '내일 하지….' 하다가 아무런 경지를 얻지 못하고 말았다.

"이제 우리 모두 제따 숲으로 가서 부처님께 인사를 드립시다."

제따 숲으로 돌아오는 길에 탁발을 위해 들른 한 마을에서 공양을 올린 재가 신자가 5백 비구들의 위엄 있는 모습에 경의를 표하고 다음날도 탁발을 오도록 공양청을 하였으며, 5백 명의 비구들도 승낙하였다.

'부처님께서 아라한의 경지에 오른 도반들에게 저리도 다정다감하게 대해 주시는데, 나만 홀로 아무런 경지에도 오르지 못해 한 마디 말도 할 수 없구나.'

승원에 돌아와서 모두들 부처님께 즐거이 인사를 드렸다. 그러나 그 비구는 홀로 부끄럽게 있다가, 그날 저녁에 늦으나마 밤새 경행하였는데, 졸리는 눈 때문에 구덩이를 가린 얇은 석판을 밟는 바람에 갈비뼈가 부러지고 말았다.

그래서 5백 명의 도반들이 모두 달려와 필요한 조치를 하고 나니 날이 훌쩍 밝아 버려서 결국 약속했던 마을로 탁발을 나가지 못하고 말았다.

"수행승들이여! 너희들은 오늘 그 마을로 탁발을 나간다 하지 않았느냐?"

"세존이시여! 한 비구가 다쳐서 그를 치료하느라 시간을 놓쳤습니다."

"수행승들이여! 게으름 피던 그 비구가 대중에까지 그 피해가 가게 한 것은 이번이 처음이 아니라 전생에도 그러했느니라. 게으름 때문에…."

---

10) 죈 소침한 의지와 생각을 지니게 되는 계기는 세 가지 그릇된 사유가 세 가지 올바른 사유를 차단하기 때문이다. 세 가지 그릇된 사유는 감각적 쾌락에 대한 욕망의 사유[kāmasaṅkappa], 분노의 사유[byāpādasaṅkappa] 및 폭력의 사유[vihiṁsasaṅkappa]이다. 세 가지 올바른 사유란 각각의 그릇됨을 여읜 것을 말하는데, 출리사유(出離思惟, nekkhammasaṅkappa)와 무에사유(無恚思惟, avyāpādasaṅkappa) 및 무해사유(無害思惟, avihiṁsasaṅkappa)이다.

281 제자신의 언행들을 한틈없이 지켜보기,
모든일을 깊이있는 생각으로 조절하기,
그리고또 몸으로는 사악한일 하지말기.
이세가지 행위의길 청정하게 해낸다면
성인들께 배운길을 성취할수 있으리라.

愼言守意念 身不善不行 如是三行除 佛說是得道
말을 삼가고 (바른) 속마음과 품은 생각을 지켜내고
몸으로는 선하지 않은 것이면 행하지 않는다.
이처럼 세 가지 행이 다스려지면
부처님께서 '이것이 도道를 얻은 것이다.'라고 말씀하셨다.

vācānurakkhī manasā susaṁvuto, kāyena ca nākusalaṁ kayirā |
ete tayo kammapathe visodhaye, ārādhaye maggamisippaveditaṁ ||

언행은 잘 지켜봐야 하고,
생각은 잘 조절해야 하며,
몸으로는 사악함을 짓지 말아야 한다.
이러한 세 가지 행위의 길을 청정하게 할 수 있으면
성인들로부터 배운 길을 성취할 수 있다.

## 281

이간질하다 돼지 귀신이 된 강사

부처님께서 라자가하 웰루 숲의 승원에 계실 때, 이간질하다 돼지 귀신의 몸을 받은 한 강사의 이야기이다.

장로 목갈라나가 장로 락카나와 함께 수행하던 깃자꾸따 산을 내려와 라자가하로 가는 길에 옅은 미소를 지어 보였다. 나중에 웰루 숲의 승원에서 함께 부처님을 뵐 때 락카나가 목갈라나에게 미소를 지은 연유를 물어보니, 목갈라나는 사람 몸에 돼지 머리를 한 거대한 귀신을 보았다고 답하였다.

"장로여! 나도 보리수 아래서 본 적이 있느니라. 아무도 믿지 못할 것이라 여겨 말하지 않았을 뿐. 나의 제자 목갈라나도 보았다니, 이제 밝히는 것이다."

그리고 부처님께선 그 돼지 귀신의 전생을 말씀해 주셨다.

과거불인 깟싸빠 부처님 때, 두 장로가 마을의 작은 승원에서 화합하며 살고 있었다. 예순 살의 한 장로는 쉰아홉의 다른 장로를 잘 이끌었고, 젊은 장로는 마치 사미가 친교사를 대하듯 발우를 받아드는 등 극진히 시봉하였다.

어느 날 한 젊은 강사가 그 승원으로 와서 지내보더니 마을의 공양이 알찬 것을 알고 두 장로를 이간질시켜 서로 반목하게 만들었다.

"겨우 한 살 많은 나이로 사미 부리듯 한다고 저 장로님이 불평하더이다."

"뭔가 바라는 게 있어서 살살거리는 거라고 큰 장로님이 그러던데요?"

결국 두 장로는 서로에게 섭섭한 마음만 가진 채, 들은 것을 확인해 보지도 않고 모두 승원을 떠나 버렸다. 당연히 강사가 승원을 차지하였고.

약 10년이 지난 후에 아주 먼 타향에서 두 장로가 우연히 만나게 되었다. 그들은 섭섭한 감정보다 오랜만이라 기쁜 마음이 앞서 이야기보따리를 풀어놓고 보니, 모든 일이 강사의 이간질에 넘어갔기 때문이었음을 알게 되었다.

다시 먼 길을 돌아 승원으로 돌아온 두 장로는 그때까지 그곳에 머물고 있던 강사를 내쫓고 다시 화합하여 정진하였다고 한다. 그리고 이미 마을 사람들에게까지 인심을 잃은 강사는 객지를 전전하다 죽어서 아비지옥에 떨어졌으며, 그 남은 업을 씻으러 돼지 귀신으로 태어난 것이라 말씀하셨다.

282 수행하는 노력으로 지혜랄게 생겨나고
수행하지 않음으로 그 파괴가 일어나리.
어찌하면 지혜늘고 어찌하면 그게줄고
그 두 길을 잘 알아서 지혜증장 힘쓸지니.

念應念則正 念不應則邪 慧而不起邪 思正道乃成
응당 마음에 품어야 할 것을 품으면 곧 바른 것이요
응당 마음에 품지 말아야 할 것을 품으면 곧 삿된 것이다.
지혜로워 삿됨을 일으키지 않고
바른 것을 생각하면 도道는 이내 이루어진다.

yogā ve jāyatī bhūri, ayogā bhūrisaṅkhayo |
etaṁ dvedhāpathaṁ ñatvā, bhavāya vibhavāya ca |
tathāttānaṁ niveseyya, yathā bhūri pavaḍḍhati ||
수행[11]함으로부터 실로 방대한 지혜[12]가 생겨나고
수행하지 않음으로부터 실로 방대한 지혜의 파괴가 (일어난다).
(지혜의) 증장에 이르게 하고 소멸에 이르게 하는 그 두 길을 알고
지혜가 증장되도록 바로 그렇게 자신을 확립해야 한다.

*282

멍청이 뽀틸라 장로

부처님께서 싸왓티 제따 숲의 승원에 계실 때, 실력 있는 강사지만 부처님에게 멍텅구리란 놀림을 받은 뽀틸라 장로에 대한 이야기이다.

장로 뽀틸라는 전생에도 일곱 부처님 밑에서 삼장법사로 있으면서 수많은 수행승들을 가르쳤으며, 금생에도 승원에서 실력을 갖춘 강사로 대접을 받았다.

그런데 그의 앎이 지혜로 나아가지 않고 알음알이에 머무는 것이 안타까웠던 부처님께서는 언제부턴가 그를 부를 때 '멍청이 뽀틸라 장로'라고 불렀다.

'나는 여기서 5백 명의 수행승들에게 가르침을 설하건만, 부처님께서 매번 '멍청이'라 하시는 것은 내게 선정이 없기 때문인 게 분명해.'

그래서 그는 제따 숲의 승원을 떠나 120요자나 떨어진 아주 먼 곳의 승원으로 가서 그곳의 장로에게 자신이 의지할 스승이 되어 달라고 하였다.

'그가 아주 유능한 법사인데 이러는 것은 지나치게 교만한 것이거나 무슨 다른 목적이 있는 것이 분명하다. 제풀에 물러나도록 해야겠구나.'

그렇게 생각한 장로는 나이 어린 장로에게 미뤘고, 또다시 젊은 비구에게, 급기야 그곳에서 제일 어린 사미에까지 밀려 내려갔다.

"강사님께서 어린 사미인 제게 기어코 의지하시겠다면, 옷을 입은 채로 저 호수에 뛰어들어 보십시오. 그러면 제가 의지처가 되어드리겠습니다."

이미 사미에게까지 오는 동안 모든 것을 내려놓은 뽀틸라 장로는 그의 말이 끝나기도 전에 텀벙 호수로 뛰어들었다.

그래서 비록 어린 사미지만 이미 아라한의 경지에 오른 그를 의지처로 하여 먼저 알음알이를 지혜로 바꾸고, 거듭 정진함으로써 짧은 기간에 뽀틸라 장로는 아라한의 경지에 오르게 되었다.

---

11) '수행'의 원어인 'yoga'는 동사 '√yuj[소에 멍에를 지우다, 연결하다]'에서 온 단어로서 '절대 존재[브라만교]나 해탈[불교]에 연결하기 위한 모든 행위'를 의미한다. 그러므로 'yoga'는 집중, 명상, 삼매를 비롯해 해탈하기 위한 모든 행위를 통틀어 이른 말이므로 '수행(修行)'이 적절한 번역어라고 할 수 있다.

12) '방대한 지혜'의 원어인 'bhūri'는 'bhūri[땅]vijjā[앎]'와 'bhūri[넓은]paññā[앎]'라는 두 복합어에서 모두 '앎'에 해당하는 단어가 생략된 상태에서 '대지와 같이 넓게 앎'인 방대한 지혜를 나타낸다.

283 욕망의숲 베랬더니 엄한나무 베는구나.
두려움은 무엇이건 욕망숲에 생겨나니,
모든비구 그대들은 숲을베고 덤불잘라
그숲에서 멀찌감치 벗어난자 될지니라.

伐樹忽休 樹生諸惡 斷樹盡株 比丘滅度
나무를 베며 쉴 생각을 하지 말라.
나무는 모든 악을 생겨나게 하므로
나무를 절단하되 뿌리까지 다 해치워야
비구는 (괴로움을) 소멸시키고 (피안으로) 건널 수 있다.

vanaṁ chindatha mā rukkhaṁ, vanato jāyate bhayaṁ |
chetvā vanañca vanathañca, nibbanā hotha bhikkhavo ||
그대들은 (욕망의) 숲을 베도록 하라!
(멀쩡한) 나무를 (자를 것이) 아니라.[13]
두려움은 숲으로부터 생겨난다.
비구들이여! 그대들은 숲과 덤불[14]을 자르고
숲을 벗어난 자들이 되라!

284 여인들을 바라보는 남자들의 욕망나무,
그게비록 잔가지라 별영향이 없다해도
뿌리까지 송두리째 제거되지 않는다면
에미소의 젖을찾는 송아지가 그렇듯이
그동안에 그만큼을 윤회에서 헤매이리.

夫不伐樹 少多餘親 心繫於此 如犢求母
무릇 나무를 (완전히) 베어 내지 않고
조금이라도 친근함을 남겨 두면
마음이 그것에 얽매임이
마치 송아지가 어미 소를 찾듯 한다.

yāva hi vanatho na chijjati, aṇumattopi narassa nārisu |
paṭibaddhamanova tāva so, vaccho khīrapakova mātari ||
여인들에 대해 남자들이 지닌 (욕망의) 잔나무가
비록 미세하더라도 완전히 베어져 제거되지 않는 동안은
마치 어미 소에게서 젖을 빨고 있는 새끼 소처럼
바로 그동안만큼 그는 윤회에 얽매이게 된다.

늦깎이 장로들의 푸념

부처님께서 싸왓티 제따 숲의 승원에 계실 때, 나이 들어 출가한 장로들이 별스런 일에 신경을 쓰느라 수행을 놓친 이야기이다.

싸왓티에서 평생을 친구로 지내며 부유하게 살던 몇몇 자산가들이 나이가 지긋하게 들어 가업을 자식들에게 건네주고서야 부처님의 가르침을 접하게 되었다.

"여보게, 친구들! 어차피 우리가 집안일까지 자식들에게 넘겨주었는데 이렇게 허송세월만 해서 뭐하겠나. 늦으나마 부처님의 가르침도 접하고 했으니, 다 함께 출가하는 것이 어떻겠나."

그래서 그들은 한날한시에 부처님 앞으로 출가하였다.

그러나 출가한 뒤에도 승원에서 생활하지 않고, 승원에서 멀리 떨어지지 않은 싸왓티 근교에 함께 모여 살 만한 초암을 짓고 탁발하며 살아갔다.

그들은 나이도 든 탓에 멀리까지 탁발을 가지 못하고, 그저 돌아가며 자신들의 속가 아내에게 갔다. 그 가운데 이름이 마두라빠찌까(MadhuraPācikā)인 한 아내의 음식 솜씨가 워낙 뛰어나서, 별일이 없으면 모든 친구 장로들은 거의 그 집으로 탁발을 나갔다.

"여보시게! 우리 도반의 아내인 마두라빠찌까가 며칠 전에 갑작스런 병으로 운명을 달리했다고 하네. 이런 슬픈 일이 있을 수 있는가."

그러던 어느 날, 마두라빠찌까가 조그만 병으로 며칠 자리에 누웠다가 갑자기 죽어 버렸다. 그래서 그녀의 남편이었던 장로를 위시한, 그 초암의 친구 장로들은 며칠을 탁발도 나가지 않은 채 슬픔에 빠져 비통해 하였다.

"장로님들! 무슨 일이 있으시기에 탁발도 며칠 동안 거르시고 이렇게 슬픔에 빠져 계시는 것입니까. 그리고 보니 마을에서 가져다 놓은 공양도 다 안 드셨네요. 기력을 차리셔야죠."

마을에서 걱정하고 있다는 소식을 전해 들은 승원의 몇몇 장로가 쌀죽을 조금 탁발하여 일부러 초암을 찾았다.

"존자들이여! 우리 도반의 옛 아내가 죽었소. 그녀는 우리 모두의 친구처럼 항상 그렇게 다정했었는데, 갑자기 죽었단 말이오."

아무리 진정을 시켜 보아도 슬픔을 가누지 못하고 있는 그들을 조금이나마 안정시켜 놓고, 초암에 다니러 갔던 장로들은 다시 승원으로 돌아왔다.

다음날, 승원에서 장로들이 모여 초암에 있는 장로들에 대해 걱정하는 소리를 들으신 부처님께서 말씀하셨다.

"장로들이여! 그들은 이번만이 아니라 전생에서도 몇 차례나 그러했느니라."

그러고서 부처님께서는 그들의 전생을 말씀해 주셨다.

그들은 전생에 함께 모여 사는 까마귀로 태어나 바닷가에서 살았었다. 그 가운데 암까마귀 한 마리가 풍랑이 이는 날 밤에 파도에 휩쓸려 바다에 빠져 죽자 모두 울면서 비탄하였다.

"여보시게들! 우리가 저 바닷물을 우리들의 이 큰 부리로 다 퍼내어서라도 암까마귀를 구해 내세!"

그러며 바닷물을 열심히 퍼내었지만, 결국 모두 탈진해 버리고 말았다.

부처님께서 장로들에게 말씀하셨다.

"장로들이여! 탐욕과 성냄과 어리석음의 숲은 잘라 버려야 하느니라. 그로 인해 고통을 겪는 것이니, 그 숲을 잘라야만 괴로움에서 벗어날 수 있다. 그렇게 숲을 베어 내야 함에도 정작 들어앉아 가지치기만 한다면 오히려 숲이 더 번성해진다는 사실도 알아야 하느니라."

친구 장로들은 부처님의 가르침을 전해 듣고서야 비통해 함을 그쳤다.

---

13) 젠 숲을 베라는 것은 스승이 갓 출가한 이들에게 탐욕과 성냄 등의 번뇌를 없애라는 뜻으로 하는 말이다. 그런데 이러한 가르침에 어리석은 제자가 도끼를 가지고 숲에 가서 실제로 나무를 베려 하자 이렇게 말한 것이다.

14) 젠 큰 나무로 이루어진 것을 숲(vana)이라 하고 잔 나무로 이루어진 것을 덤불(vanatha)이라 하거나, 먼저 성장한 나무들을 숲이라 부르고 나중에 이어서 성장한 나무들을 덤불이라고 부른다. 동일한 방식으로 미래의 다시 태어남으로 이끄는 커다란 번뇌들을 숲이라 부르고, 현세에서의 지속적인 삶에서 악한 영향을 끼치는 작은 번뇌들을 덤불이라고 볼 수 있다. 혹은 먼저 생겨난 번뇌들을 숲이라 하고 나중에 이어서 생겨난 번뇌들을 덤불이라 할 수 있다.

285 가을에핀 하얀연꽃 손을뻗어 따내듯이
네자신의 애착일랑 그리끊어 내버려라.
잘가신님 설해놓은 평온으로 이르는길
그대오직 그길걸어 열반에가 이를지니.

當自斷戀 如秋池蓮 息跡受教 佛說泥洹
스스로 그리움을 끊어 버릴 요량이면
마치 가을 연못의 연꽃을 꺾듯이 할지니,
자취를 쉬고 가르침을 받아들여라!
부처님께서 열반을 설하셨느니라.

ucchinda sinehamattano, kumudaṁsāradikaṁva pāṇinā |
santimaggameva brūhaya, nibbānaṁ sugatena desitaṁ ‖

마치 가을날 핀 흰 연꽃을 손으로 (따내듯)
그대는 자신의 애착을 끊어 내라!
좋게 나아가신 님[15])에 의해 설해진 평온으로 가는 길,
그대는 오로지 (그러한) 열반을 닦도록 하라!

금 세공사였던 비구

부처님께서 싸왓티 제따 숲의 승원에 계실 때, 금 세공사였던 한 비구의 정진에 대한 이야기이다.

당당한 풍채를 가진 금 세공사 아들이 장로 싸리뿟따에게 출가하였다. 장로는 그에게 부정관(不淨觀)을 명상 주제로 주어 수행하도록 하였다.

그러나 그는 오랜 정진에도 아무런 진전을 느끼지 못하였다. 싸리뿟따도 그가 열심히 수행하고 있음을 알기에, 고민하다 부처님을 찾아가 모두 말씀드리고 가르침을 구하였다.

부처님께서는 싸리뿟따에게 중생의 생각과 그 기질을 온전히 살펴서 가르침을 펼 수 있는 것은 여래밖에 없다 하시며 그에 대해 면밀히 살펴보셨다. 과연 풍족한 가정에서 태어나 가업인 금 세공사가 된 그는 지난 5백 생 동안 줄곧 금 세공사의 집안에 태어나 같은 일을 하였기에 부정이라는 혐오적인 명상 주제보다 청정하고 즐거운 명상 주제가 맞을 것이라 생각하셨다.

그래서 그는 부처님의 신통력으로 만들어진 수레바퀴만 한 황금 연꽃을 가지고 부처님의 가르침대로 청정의 선정을 닦았다. 그러자 괄목할 만한 변화와 더불어 몇 단계의 선정을 성취하게 되었다.

부처님께서는 그가 비록 선정에 들었으나 최상의 성취는 홀로 이룰 수 없음을 아시고, 명상의 대상인 황금 연꽃을 시들게 함으로써 무상(無常)의 특징과 그로 인한 괴로움[苦] 및 실체 없음[無我]을 알도록 하셨다.

그때 그는 수행처 인근의 연못에서 어린 소년들이 연꽃을 꺾어 땅 위로 옮겨 놓는 것을 보게 되었는데, 싱싱하던 연꽃이 땅 위에서 이내 시드는 모습으로부터 시들어 버린 황금 연꽃에서 얻은 바를 여실히 깨달음으로써 결국 아라한의 경지에 오르게 되었다.

---

15) '좋게 나아가신 님'은 원어로 'su[잘]gata[가신]'이며 한역으로는 선서(善逝)이다. 'sugata'란 명칭의 시원은 확실치 않으나 후세 인도에서는 'sugata'를 부처님의 별칭으로만 여겼다. '좋게 나아가셨다'는 것은 신계(神界)나 조계(祖界)로 나아간 것이 아니라 윤회를 벗어난 해탈(解脫)로 나아가셨기 때문에 이른 말이다.

286   이곳에서 나는이번 우기동안 지내리라.
이곳에서 다음겨울 그리고또 여름에도.
어리석다 하는이는 삶의장애 알지못해
그저이런 생각속에 파묻혀서 골몰할뿐.

暑當止此 寒當止此 愚多務慮 莫知來變
'여름에는 여기서 머물러야겠다.'
'겨울에는 여기서 머물러야겠다.'
어리석은 이는 대부분 (이런) 걱정만 할 뿐
다가오는 변화를 알지 못한다.

idha vassaṁ vasissāmi, idha hemantagimhisu |
iti bālo vicinteti, antarāyaṁ na bujjhati ||

'이곳에서 나는 우기를 지낼 것이다.
이곳에서 겨울과 여름도⋯.'라며[16)
어리석은 이는 (삶의) 장애를 깨닫지 못하고
이렇게 골몰할 뿐이다.

*286

상인 마하다나 이야기

부처님께서 싸왓티 제따 숲의 승원에 계실 때, 바라나씨에서 물건을 떼어 와 싸왓티에서 팔던 장사꾼 마하다나에 대한 이야기이다.

마하다나(MahāDhana)는 매년 바라나씨에서 잇꽃으로 물들인 옷감과 비단을 떼어다 싸왓티에서 가을날 7일간의 축제가 있을 때 팔아서 큰돈을 벌었다.

그해도 5백 대의 수레에 온갖 물품을 싣고 싸왓티 축제에 맞춰 오다가 강을 건너기 전에 큰 비를 만나서 불어난 강물 때문에 지체하고 말았다. 그렇게 하루이틀 하다가 결국 7일 축제가 끝난 며칠 후에야 싸왓티에 도착하였다.

'할 수 없다. 이곳에서 가을과 겨울, 그리고 내년 우기까지 넘기고 7일 축제가 시작되면 올해 준비한 물품으로 내년 장사를 해야겠다.'

그래서 창고도 얻고 집도 얻어 물품을 정리해 둔 후 며칠을 지냈다.

어느 날 부처님께서 장로 아난다와 싸왓티로 탁발을 나가셨다가 저잣거리 입구에서 쉬고 있는 마하다나를 보시고는 엷은 미소를 지으셨다.

"세존이시여! 무슨 일이 있사옵니까?"

"아난다여! 저기 앉은 마하다나는 자신의 목숨이 7일만 남은 것을 알지 못한 채 내년의 장사를 계획하며 걱정하고 있구나."

그래서 탁발을 마친 후 장로 아난다는 마하다나를 찾아가 부처님께서 하신 말씀을 전하였다. 자신의 운명을 알게 된 마하다나는 아난다 장로가 이끄는 대로 부처님을 뵙고 가르침을 받았다. 그는 7일간 부처님과 승가에 정성어린 공양을 올림은 물론, 싸왓티의 가난한 이들을 위해 재산을 모두 희사하였다.

"현명한 이는 자기 앞의 장애를 깨닫고 그에 대처하느니라."

7일 후, 승원의 큰 법회에 참석한 마하다나는 가르침이 끝나자 예류과를 증득하였으며, 그날 저녁 집에서 운명하여 도솔천에 태어났다.

---

16) 중국과 한국의 안거는 하안거와 동안거 각각 3개월씩인 것에 반해, 불교 초기의 안거는 인도의 절기상 우기(雨期)에 해당하는 6월 초순에서 10월 초순까지 약 4개월간의 하안거만을 말한다.

287 우리아들 우리가축 그생각에 푹빠져서
집착하는 마음으로 살아가는 사람이면,
깊이잠든 한마을을 큰홍수가 쓸어가듯
죽음에게 그들모두 휩쓸려가 버리리라.

人營妻子 不觀病法 死命卒至 如水湍驟
사람이 아내나 자식을 돌보다
병든 법을 들여다보지 못하면
죽음이란 운명에 졸지에 이르는 것이
마치 물줄기가 여울목을 내달리듯 한다.

taṁ puttapasusammattaṁ, byāsattamanasaṁ naraṁ |
suttaṁ gāmaṁ mahoghova, maccu ādāya gacchati ||
아들과 가축에 빠져서 집착하는 마음을 가진 사람을
마치 거대한 홍수가 잠들어 있는 마을을 (휩쓸어 가듯이)
죽음이 잡아가 버린다.

288　보호받기 위해서면 많은아들 소용없고
　　　조상들도 아닐테요 친척또한 아니리라.
　　　죽음에게 잡혀갈날 이미맞은 사람이면
　　　어떤혈족 누구라도 보호하지 못하리라.

　　　非有子恃 亦非父兄 爲死所迫 無親可怙
　　　자식이 있다고 믿을 것도 아니요
　　　또한 부모나 형제도 아닐지니,
　　　죽음에 핍박받는 바가 되면
　　　친척이라 하여 의지할 수 있는 것은 없다.

　　　na santi puttā tāṇāya, na pitā nāpi bandhavā |
　　　antakenādhipannassa, natthi ñātīsu tāṇatā ||
　　　보호받기 위해선 많은 아들도 아니요
　　　부친들도 아니며 친척들 또한 아니다.
　　　죽음에 의해 사로잡힌 이는
　　　혈족들 가운데 누구에 의해서도 보호될 수 없다.

289 지혜로운 사람이면 이의미를 깨닫고서
계율또한 잘챙겨서 하나하나 지켜내며,
오직열반 나아가는 그한길에 올라서서
어서어서 청정하게 나아가야 하리로다.

慧解是意 可修經戒 勤行度世 一切除苦
지혜로운 이는 이 뜻을 잘 이해하고
날줄[17]이 될 계행을 잘 닦으며
부지런히 수행하여 세상을 건넘으로써
모든 것에 있어서 괴로움을 덜어 낼 수 있을 것이다.

etamatthavasaṁ ñatvā, paṇḍito sīlasaṁvuto |
nibbānagamanaṁ maggaṁ, khippameva visodhaye ||
지혜로운 자는 이 의미를 깨닫고 계율[18]을 잘 지키며
오직 열반으로 나아가는 길[19]을 어서 청정히 해야 한다.

* 287-289
# 홀로된 여인의 안식처

부처님께서 싸왓티 제따 숲의 승원에 계실 때, 남편과 아이 등 모든 식구를 잃고 홀로된 여인의 안식처가 되어 주신 부처님의 이야기이다.[20]

부유한 집안에서 귀여움을 받는 딸로 자라다 하인과 정을 통한 후 집을 나와 살아가던 빠따짜라는 남편과 두 아들은 물론 모든 친정 식구를 일순간에 잃어버리고 미친 여인이 되었다. 그리고 싸왓티를 돌아다니다 부처님께서 계신 제따 숲의 승원으로 우연히 들어오며 부처님의 가르침을 접하게 되었다.

우선, 그녀가 벌거벗은 채 승원으로 들어오려고 하자 법회에 참가하고 있던 대중들이 가로막았다.

"비구들이여! 그 여인이 승원으로 들어오는 것을 막지 말라."

"누가 저 벌거벗은 저 여인에게 가릴 옷을 주도록 하라."

"자매여! 정신을 차려라!"

부처님의 차분한 대응에 그제야 본 정신이 조금씩 돌아온 빠따짜라는 건네받은 가사로 몸을 가리고 예를 취한 뒤, 부처님 말씀에 귀를 기울였다.

"빠따짜라여! 걱정하지 말라. 그대가 그대의 안식처이고, 그대의 피난처이고, 그대의 귀의처이다."

하염없이 눈물만 흘리는 그녀에게 다시 말씀하셨다.

"네가 오랜 생 동안 윤회하며 이렇게 흘린 눈물이 저 강물보다 많으니라. 이미 저세상으로 가 버린 아들이나 친지들이 안식처나 피난처가 되지 못한다. 현명한 자는 계행을 청정하게 하고 열반에 이르는 길을 깨끗이 하느니라."

이어진 부처님의 가르침이 끝나자 빠따짜라는 예류과를 증득하였다.

---

17) 옷감의 세로 줄인 날줄[經]은 천을 짤 때 기틀이 되므로, 수행의 기틀이 되어 주는 계율에 해당한다.

18) 계율이란 청정으로 이끄는 네 가지 유형의 계행[四淨戒]을 가리킨다. → 사정계는 게송 10번 각주 참조.

19) 열반으로 나아가는 길은 열반으로 이끄는 여덟 가지 고귀한 길[八聖道, ariya aṭṭhaṅgika magga]을 가리킨다. → 팔성도(八聖道)는 게송 191번 각주 참조.

20) 본 배경담은 게송 113번의 배경담 내용 가운데 여인이 부처님을 뵙는 부분이 상세하게 서술된 것이다.

第21章

पकिण्णकवग्गो

이런저런 내용의 장

광연품
廣衍品

290 조그마한 기쁨일랑 내려놓아 버림으로
그로인해 큰기쁨을 맛볼수가 있다하면,
현명하다 하는이는 큰기쁨을 바라보며
자그마한 기쁨들을 내버릴수 있으리라.

施安雖小 其報彌大 慧從小施 受見景福
베풀어진 편안함이 비록 작더라도
그 보답이 매우 크다면
지혜로운 자는 작은 베풂으로부터
큰 복을 받아볼 수 있을 것이다.

mattāsukhapariccāgā, passe ce vipulaṁ sukhaṁ |
caje mattāsukhaṁ dhīro, sampassaṁ vipulaṁ sukhaṁ ||
만약 조그만 기쁨을 버림으로써
큰 기쁨을 볼 수 있다면
현명한 이는 큰 기쁨을 보면서
조그만 기쁨을 버릴 수 있다.

부처님께서 보이신 기적

부처님께서 라자가하 웰루 숲의 승원에 계실 때, 웨쌀리를 다녀오시며 보이신 신비로운 행적에 대한 이야기이다.

한때 웨쌀리는 7천 7백 7명의 왕족이 사는 번성하던 곳이었다. 그러던 그곳이 가뭄에 의한 기근으로 온갖 질병이 돌아 백성들의 시체가 땅을 덮었고 악령이 들끓는 공포의 땅이 되었다.

"대왕이시여! 기근과 질병과 악령의 공포가 이곳에 일어났습니다. 이런 일은 법다운 왕이 다스릴 때는 일어난 적이 없었습니다."

그리하여 백성들은 우선 왕의 잘못이 없는지 그의 과거 행적부터 면밀히 조사하였다. 엄정한 조사에도 별 잘못을 발견할 수 없자, 두 번째로 세 가지 공포를 제거할 희생제 등의 의례를 널리 행하였다. 그럼에도 별 변화가 일어나지 않자 신통력을 지닌 스승들을 대거 초대할 것인지, 아니면 뭇 삶들을 위해 올바른 가르침을 펼치시는 부처님을 모실 것인지 논의하다 부처님을 웨쌀리로 모시는 것으로 의견을 통일하였다.

그래서 웨쌀리의 왕자 마할리는 당시 빔비싸라 왕과의 약속 때문에 라자가하에 머물고 계신 부처님을 초빙하였다.

"세존이시여! 웨쌀리에 기근과 질병과 악령의 세 가지 공포가 엄습하였습니다. 여래께서 한 차례 다녀가시면 안정이 될 것입니다."

부처님께서 초빙에 응하시자 라자가하부터 강가 강을 건너 웨쌀리까지 두 나라에서 부처님과 5백 비구들을 위한 최상의 전송과 환송이 준비되었다.

라자가하에서 강가 강까지는 거리가 5요자나로, 하루에 1요자나를 나아가는 일정이었다. 그리고 강을 건너 다시 웨쌀리까지는 거리가 3요자나로, 하루에 다시 1요자나를 나아가 웨쌀리에 닿는 일정이었다.

빔비싸라 왕은 강가 강까지의 모든 길을 정비하였고, 매 1요자나마다 묵어가실 시설을 갖추게 하였으며, 부처님과 5백 비구들의 행렬이 지나갈 때는 오색 꽃이 뿌려지고 일산이 줄을 잇고 깃발이 행렬을 인도하게 하였다.

강가 강을 건널 때는 가장 큰 배 두 척을 이어 하나로 만든 배에 지붕을 덮어 그늘을 만들었으며, 부처님의 자리로는 온갖 보석으로 치장한 의자가 준비되었다. 부처님께서 배에 오르시는 강변까지 빔비싸라 왕이 직접 배웅하였다.

부처님께서 타신 배를 선두로 5백 명의 비구들이 탄 배가 강가 강 건너편 언덕에 도달할 때는 릿차위 왕자들이 강변으로 마중을 나왔다.

"세존이시여! 여래께서 강을 건너시어 강변에 발을 디디시니 드디어 하늘이 열리어 비가 내리기 시작합니다."

마침내 우기 때처럼 비가 내려 대지를 적셨으며, 마른 개천에 널려져 있던 시체들은 폭우로 다시 불어난 강물에 쓸려 내려가 모든 곳이 깨끗해졌다.

강가 강변에서 웨쌀리에 이르는 3요자나 거리를 옮겨가시는 사흘 동안에 흡족한 비가 내려 대지가 다시 살아나자 생명의 빗줄기에 기운을 차린 백성들은 지나가는 부처님의 행렬을 오색 꽃으로 맞았다.

릿차위 왕자들이 길을 안내하는 행렬이 사흘간 웨쌀리로 움직이는 동안 천상의 제석천왕이 신들을 거느리고 그 행렬을 허공에서 호위하자 온갖 귀신들이 그 위세에 눌려 모두 도망을 가 버렸기에 역병도 사라졌다.

"아난다여! 이제 웨쌀리에 도착하였으니 릿차위 왕자들과 함께 이곳을 수호하기 위해 도시의 성벽을 돌면서 보배의 경전을 외우도록 하라."

사흘 만에 웨쌀리에 도착한 부처님께서는 성벽을 순례하는 의식을 시작으로 웨쌀리 안팎에서 여법한 의례를 치르니 모든 악귀들이 씻은 듯 물러가고 역병에 시달리던 환자들이 이내 치유되었다.

웨쌀리 안의 번화가에 야단법석을 마련하니 부처님을 위시한 사부대중이 자리한 모습은 장엄하기 이를 데 없었으며, 그 허공에서는 제석천왕이 모든 천상의 신들을 대동하여 함께 지키고 있음으로써 그 위용만으로 기근과 질병과 악령이란 세 가지 공포는 모두 사라져 버렸다.

그렇게 7일간의 독송이 이어지자 예전에 7천 7백 7명의 왕족들이 살며 번성하던 곳인 웨쌀리의 위용이 고스란히 재현되었다.

부처님과 5백 비구들은 다시 웨쌀리를 출발하여 사흘 동안 3요자나를 옮겨가 강가 강에 도착하였으며, 그 배웅길에는 릿차위 왕자들이 함께하며 도착하실 때보다 곱절이나 되는 경의를 표하며 정성을 다하였다.

"인간들이 여래에게 환대를 표하는데, 우리라고 못하란 법이 있는가?"

강가 강의 용왕들도 다시 강을 건너려는 부처님 일행에게 전에 없던 환대를 표하여, 황금과 금은보석으로 만들고 오색 연꽃으로 장엄한 배를 동원하여 부처님 일행이 건너시도록 하였다.

"그렇다면 우리 천신들도 한몫 거들지 않을 수 없지 않겠는가?"

강을 건너는 동안 제석천왕을 위시한 천신들 또한 황금으로 된 배의 상공을 온갖 일산과 깃발 및 나부끼는 오색 꽃잎으로 장엄하여 드리니, 물속과 지상과 천상의 장엄이 동시에 펼쳐진 모습은 천상천하의 중심인 듯 빛을 발하였다.

다시 강가 강을 건너오니 빔비싸라 왕은 릿차위 왕자들이 배웅하며 올린 공양보다 곱절의 공양으로 부처님과 5백 비구들을 강가에서 맞이하였다.

강가 강변에서 라자가하까지 5일 동안의 5요자나 거리는 다시 비할 바 없는 환대와 여법한 장엄으로 꾸며졌다.

이렇게 라자가하에서 웨쌀리를 다녀오신 부처님의 행렬에 올려진 공양과 환대 및 기근 든 땅의 단비 등 모든 이적들은 다시 일어날 수 없는 일이었다.

"수행승들이여! 그 모든 환대와 공양 및 이적들은 여래에게 당연히 주어진 것들이었다기보다는 전생에 내가 행한 작은 공양의 공덕이 발현된 것이니라."

부처님께서 당신이 전생에 딱까씰라(Takkkasilā)라는 브라만이었을 때 당신의 아들인 쑤씨마(Susīma)가 수행 끝에 외지에서 연각불의 도움으로 깨달음을 얻어 완전한 열반에 들었었다. 그리고 다비한 사리로 세워진 탑묘를 나중에 찾게 되었는데, 당신이 그 탑묘를 청소하고 주위의 풀을 뽑고 정성을 들인 공덕으로 현생에 이와 같은 환대와 이적이 있게 된 것이라 말씀하셨다.

이 가르침이 끝나자 많은 사람들이 예류향에 들게 되었다.

291 다른이의 괴로움을 들쑤시어 일으키고
그에기대 제자신의 기쁨만을 바란다면,
증오라는 속박속에 얽매이게 되겠기에
그는결코 증오에서 자유롭지 못하리라.

施勞於人 而欲望祐 殃咎歸身 自邁廣怨
남에게 수고로움을 미치게 하여
(자신에게) 도움이 되기를 바란다면
그 재앙과 허물은 자신에게 돌아와
드넓은 원한을 스스로 맞닥뜨리게 될 것이다.

paradukkhūpadhānena, attano sukhamicchati |
verasaṁsaggasaṁsaṭṭho, verā so na parimuccati ||
다른 이의 괴로움을 불러일으킴으로써
자신의 기쁨을 바란다면
증오의 속박에 얽매인 그는
(결코) 증오로부터 자유롭지 못하리라.

암탉의 알을 먹은 소녀

부처님께서 싸왓티 제따 숲의 승원에 계실 때, 암탉의 알을 먹은 소녀와 암탉이 서로 잡아먹고 먹히는 윤회에 떨어진 이야기이다.

어느 날 싸왓티의 한 소녀가 우연히 거북의 알을 한 번 먹고는 다른 음식은 먹지 않고 오직 자기 집의 암탉이 알을 낳자마자 계속 가져다 먹었다.

'내가 다음 생에 너의 새끼를 잡아먹는 원귀가 되리라!'

계속 알을 빼앗긴 암탉은 이렇게 원한을 품더니, 다음 생에 그 집의 고양이로 태어나고 소녀가 오히려 암탉으로 태어났다. 그리고 역시 품었던 원한대로 고양이는 암탉의 알을 낳자마자 모조리 먹어 치웠다.

'두고 봐라! 내가 다음 생엔 네 새끼를 모조리 잡아먹겠다!'

이후 암탉은 죽어서 표범으로 태어나고 고양이는 죽어서 암사슴으로 태어났다. 그래서 암사슴이 새끼를 낳을 때마다 모조리 표범이 먹어 치웠다.

'다음 생엔 내가 네 새끼들을 하나도 남기지 않고 먹어 치우겠다!'

또다시 윤회에 휘말려 표범은 싸왓티 귀족의 딸로 태어났고, 암사슴은 야차녀 깔리(Kālī)로 태어났다. 그리고 여인이 결혼을 해서 첫 아기와 둘째 아기를 낳을 때마다 야차녀 깔리는 해산을 돕는 여인으로 변신하여 접근해서는 아무도 모르게 아기를 죽여 버렸다.

여인은 세 번째 아기를 낳을 때는 가족을 시켜 해산을 돕는 여인을 지켜보게 하였다. 그래서 그녀가 야차인 것을 눈치채고는 아기를 낳자마자 강보에 싸안고 야차녀를 피해 제따 숲의 승원으로 들어가 부처님께 도움을 청하였다.

"아난다여! 승원 입구에서 울부짖고 있는 야차녀를 데려오너라."

부처님께서 여인을 안정시키고는, 승원 입구에서 신장에게 막혀 들어오지 못하고 울부짖고 있는 야차녀를 데려오게 한 뒤, 둘에게 일러 주었다.

"너희 중생들은 들을지니, 원한은 원한을 여읠 때만 사라지느니라."

그리고 둘의 마음이 가라앉은 것을 보신 뒤 여인에게 야차녀가 아이를 안아 보도록 건네주게 하시니, 야차녀는 아기를 안았다가 다시 여인에게 건넸다.

292 지금당장 해야할일 나몰라라 방치하고
절대해선 안되는일 되려하려 달려들어
오만해진 마음에다 방일해진 몸이된이,
그런사람 번뇌라면 그저불어 날뿐이리.

已爲多事 非事亦造 伎樂放逸 惡習日增
이미 많은 일을 하면서
그릇된 일도 하게 된다면
재주 부리고 즐기며 방일해져
사악한 습관만 날로 증장될 것이다.

yañhi kiccaṁ apaviddhaṁ, akiccaṁ pana kayirati |
unnaḷānaṁ pamattānaṁ, tesaṁ vaḍḍhanti āsavā ||
실로 해야 될 일이 방치되고
하지 말아야 될 일[1]이 오히려 이뤄진다면
오만하고 방일한 그들의 번뇌는 증장될 것이다.

293 그렇지만 제한몸을 인식하길 끊이잖고
해선안될 일이라면 하지않는 사람들은,
해야되는 모든일을 끊임없이 지속하며
새기고서 알아차려 모든번뇌 없애리라.

精進惟行 習是捨非 修身自覺 是爲正習

정미롭게 나아감이 오로지 행해지고
옳음을 익히고 그름을 버리며
몸을 닦아 스스로 깨닫는다면
이것이 (곧) 바른 익힘이 된다.

yesañca susamāraddhā, niccaṁ kāyagatā sati |
akiccaṁ te na sevanti, kicce sātaccakārino |
satānaṁ sampajānānaṁ, atthaṁ gacchanti āsavā ||

그러나 육신을 향한 인식[2]이
끊임없이 적절하게 시행된 이들의 경우
그들은 하지 말아야 될 일을 따르지 않고
해야 될 일에 있어선 끊임없이 지속하나니,
새김과 알아차림[3]을 갖춘 이들의 번뇌는 사라지게 된다.

잡스런 일에 정신을 빼앗긴 비구들

부처님께서 싸왓티 제따 숲의 승원에 계실 때, 잡스런 일에 정신을 빼앗겨 수행을 등한시한 비구들의 이야기이다.

한때 밧디야(Bhaddiyā) 지방의 비구들이 수행은 뒷전인 채 각양각색의 신발을 삼는 일에만 몰두한 적이 있었다. 그들은 단순히 신을 삼는 데 그치지 않고, 신을 각양각색으로 장식하거나 갖은 재료를 가져다 다양하게 꾸몄다.

신발에 온 정신이 빼앗긴 밧디야의 비구들이 정작 자신들의 수행은 거들떠도 보지 않자 그들을 못마땅하게 여긴 다른 지역의 비구들이 부처님께 그 사실을 말씀드렸다.

그래서 부처님께선 밧디야 비구들을 제따 숲의 승원으로 불러들였다.

"밧디야의 비구들이여! 그대들은 오직 한 가지의 목표를 가지고 출가하였거늘, 이젠 그것은 까맣게 잊어버린 채 헛되이 신발을 삼고 그것을 장식하는 일에만 매달리고 있구나. 윤회에서 벗어나고자 이곳에 왔거늘, 어이하여 눈앞에서 피고 지는 윤회 거리를 스스로 만들어 그것에 매몰되어 있느냐."

부처님의 호된 꾸지람에 정신이 든 밧디야의 비구들은 부처님으로부터 명상 주제를 새로이 받아 밧디야의 자띠야(Jātiyā) 숲으로 돌아갔으며, 신발을 삼고 장식하는 일을 그만두었다.

---

1) 〈전〉 수행승에게 허락된 생필품을 장식하는 것 또한 하지 말아야 될 일 가운데 하나인데, 우산, 신발, 샌들, 발우, 물그릇, 주전자 및 허리띠나 어깨띠 등을 장식하는 것이 그것이다.
2) '육신을 향한 인식'은 신체에 대한 새김[身至念, kāyagatasati]이라고도 표현되는데, 몸에 대한 관찰[身隨觀, kāyānupassanā]을 말한다. → 신체에 대한 새김에 관해선 게송 299번 각주 참조.
3) 〈전〉 새김을 갖추었다는 것은 항상 관조(觀照)하는 명상적인 깨어 있는 삶에서 멀어지지 않은 것을 말하고, 알아차림을 갖추었다는 것은 네 가지 알아차림(catusampājañña)을 갖추고 있는 것을 말한다. ① 목적에 대한 알아차림(satthakasampājañña), ② 적당에 대한 알아차림(sappāyasampājañña), ③ 행경(行境)에 대한 알아차림(gocarasampājañña), ④ 미혹의 여읨에 대한 알아차림(asammohasampājañña)이다.

294 　모친욕망 부친교만 둘모두를 살해하고
　　　두帝王인 常見斷見 그것마저 없앤채로,
　　　집착이란 백성들과 열두왕국 멸하고서
　　　그래놓고 브라만은 굳건하게 나아가네.

　　　除其父母緣 王家及二種 遍滅至境土 無垢爲梵志
　　　부모와의 인연을 쓸어 없애고
　　　왕가王家에 있어선 (쓸어 없앰이) 두 종류에 미치게 하며,
　　　(이렇게) 두루 멸하여 (그것이) 국토에까지 이르러
　　　(결국에 아무런) 때도 없게 하면 범지梵志가 된다.

　　　mātaraṁ pitaraṁ hantvā, rājāno dve ca khattiye |
　　　raṭṭhaṁ sānucaraṁ hantvā, anīgho yāti brāhmaṇo ||
　　　모친과 부친을 살해하고,
　　　그리고 무사 계급인 두 제왕을 (살해하고)
　　　백성들과 함께하는 왕국을 파멸시키고
　　　브라만은 흔들림 없이 나아간다.[4]

295 모친욕망 부친교만 둘모두를 살해하고
두帝王인 常見斷見 그것마저 없앤채로,
다섯째가 의심이란 호랑이도 없애고서
그래놓고 브라만은 굳건하게 나아가네.

學先斷母 率君二臣 廢諸營從 是上道人
선각자를 배워 부모와의 인연을 끊고
(뭇) 임금을 두 신하로 통솔하며
모든 진영陣營에서 붙좇는 것들을 폐지시키면,
이런 이가 으뜸 도인이다.

mātaraṁ pitaraṁ hantvā, rājāno dve ca sotthiye |
veyyagghapañcamaṁ hantvā, anīgho yāti brāhmaṇo ||
모친과 부친을 살해하고,
그리고 브라만 급인 두 제왕을 (살해하고)[5]
호랑이가 다섯 번째인 무리를 제거하고[6]
브라만은 흔들림 없이 나아간다.

부모를 살해한 장로

부처님께서 싸왓티 제따 숲의 승원에 계실 때, 부처님께서 부모와 군주를 살해한 장로라고 일컬은 밧디야에 대한 이야기이다.

어느 날 여러 지방에서 처음으로 제따 숲의 승원을 찾은 많은 수행승들이 부처님께 인사를 드리고 한쪽으로 물러앉았다.

때마침 장로 라꾼따까밧디야(LakuṇṭakaBhaddiya)가 부처님과 수행승들이 있는 곳으로부터 멀지 않은 곳을 지나가고 있었다. 부처님께서 밧디야를 가리키며 승원을 찾은 수행승들에게 말씀하셨다.

"수행승들이여! 저기, 제 애비와 에미를 죽이고 섬기던 군주를 살해한 뒤 모든 괴로움에서 해탈하여 걸어가고 있는 저 비구를 보아라!"

부모를 살해하고 임금을 시해했다는 부처님의 말씀에 승원을 찾은 수행승들은 갑자기 웅성거렸다.

"세존이시여! 어이하여 저 장로는 살생을 하고도 저리 자유롭습니까?"

"수행승들이여! 그대들은 출가하기 전 모친과 부친을 끔찍이 섬겼듯이, 이제는 그들을 떠나왔지만 갈애라는 새로운 모친과 자만이라는 새로운 부친을 끔찍이 섬기고 있느니라. 저 장로가 예전에 그랬던 것처럼."

부처님의 이런 비유에 모든 수행승들이 놀라거나 제 부끄럼을 느꼈다.

---

4) 모친은 갈애(taṇhā)를 의미하니, 어머니가 자식을 낳듯이 갈애는 삼계에 존재하는 모든 존재[有]들을 낳기 때문이다. 부친은 자만(asmimāna)을 의미하니, 우리가 삶에서 크게는 부친에 의지하듯이 우리는 '내가 있단 자만'에 의탁하여 무명의 삶을 어둠 속에서 살아가기 때문이다. 두 제왕은 영원주의[常見, sassatadiṭṭhi]와 허무주의[斷見, ucchedadiṭṭhi]를 의미한다. 백성은 집착(upādāna)을 의미하고 왕국은 열두 가지 감역[十二處, dvādasāyatanāni]을 의미하니, 하나의 왕국이 백성들을 기반으로 이루어졌듯이 육근(六根)과 육경(六境)에 의한 열두 가지 감역은 집착을 기반으로 형성되어 있기 때문이다. 브라만(brāhmaṇa)은 브라만교의 성직자로서 절대 존재인 브라흐만의 상태에 이르고자 살아가고 수행하는 자를 일컫는데, 본 게송 이후에 나타나는 '브라만'은 넓은 의미의 '수행자'로 사용된 말이다.
5) 이곳의 두 제왕 역시 상견(常見)과 단견(斷見)을 가리키나 그 등급이 높은, 즉 견해의 상태가 더욱 견고한 것을 말한다. 왕족은 끄샤뜨리야 계급에 속하지만, 간혹 브라만 계급처럼 베다를 남에게 가르칠 수 있을 정도로 뛰어난 자가 나오기도 하는 것을 비유한 것이다.
6) 수행에서 극복해야 할 다섯 가지 상태 가운데 마지막이 '의심'이다. ① 감각적인 즐거움의 장애(kāmacchanda), ② 성냄의 장애(vyāpāda), ③ 들뜸과 후회의 장애(uddhacca-kukkucca), ④ 혼미와 수면의 장애(thīna-middha), ⑤ 회의적 의심의 장애(vicikicchā)이다.

296 고따마의 제자들은 언제라고 할것없이
늘그렇게 초롱초롱 깨어있을 뿐이나니,
그네들이 챙겨들어 놓지않는 새김이란
밤낮이라 할것없이 붓다향해 있나니라.

能知自覺者 是瞿曇弟子 晝夜當念是 一心歸命佛
스스로 깨어 있음을 알 수 있는 자,
그런 이가 구담瞿曇의 (참된) 제자이다.
(그들은) 밤낮으로 응당 이것을 마음에 품어
한마음으로 부처님께 신명을 바쳐 귀의하느니라.

suppabuddhaṁ pabujjhanti, sadā gotamasāvakā |
yesaṁ divā ca ratto ca, niccaṁ buddhagatā sati ||
고따마의 제자[7]들은 항상 초롱초롱하게 깨어 있나니,
그들의 새김은 밤낮으로 항상 붓다를 향해 있다.

297 고따마의 제자들은 언제라고 할것없이
늘그렇게 초롱초롱 깨어있을 뿐이나니,
그네들이 챙겨들어 놓지않는 새김이란
밤낮이라 할것없이 법을향해 있나니라.

善覺自覺者 是瞿曇弟子 晝夜當念是 一心念於法
스스로 깨어 있음을 잘 깨닫는 자,
그런 이가 구담瞿曇의 (참된) 제자이다.
(그들은) 밤낮으로 응당 이것을 마음에 품어
한마음으로 부처님께 신명을 바쳐 귀의하느니라.

suppabuddhaṁ pabujjhanti, sadā gotamasāvakā |
yesaṁ divā ca ratto ca, niccaṁ dhammagatā sati ||
고따마의 제자들은 항상 초롱초롱하게 깨어 있나니,
그들의 새김은 밤낮으로 항상 법을 향해 있다.[8]

298 고따마의 제자들은 언제라고 할것없이
늘그렇게 초롱초롱 깨어있을 뿐이나니,
그네들이 챙겨들어 놓지않는 새김이란
밤낮이라 할것없이 승가향해 있나니라.

善覺自覺者 是瞿曇弟子 晝夜當念是 一心念於衆
스스로 깨어 있음을 잘 깨닫는 자,
그런 이가 구담瞿曇의 (참된) 제자이다.
(그들은) 밤낮으로 응당 이것을 마음에 품어
한마음으로 대중에 생각을 쏟는다.

suppabuddhaṁ pabujjhanti, sadā gotamasāvakā |
yesaṁ divā ca ratto ca, niccaṁ saṅghagatā sati ||
고따마의 제자들은 항상 초롱초롱하게 깨어 있나니,
그들의 새김은 밤낮으로 항상 승가를 향해 있다.

299 　고따마의 제자들은 언제라고 할것없이
　　　늘그렇게 초롱초롱 깨어있을 뿐이나니,
　　　그네들이 챙겨들어 놓지않는 새김이란
　　　밤낮이라 할것없이 몸을향해 있나니라.

　　　爲佛弟子 常寤自覺 日暮思禪 樂觀一心
　　　부처님의 제자가 된 자는
　　　항상 스스로 깨어 있음을 깨우쳐
　　　날이 저물도록 참선만을 생각하고
　　　하나인 마음을 들여다보길 좋아한다.

　　　suppabuddhaṁ pabujjhanti, sadā gotamasāvakā |
　　　yesaṁ divā ca ratto ca, niccaṁ kāyagatā sati ||
　　　고따마의 제자들은 항상 초롱초롱하게 깨어 있나니,
　　　그들의 새김은 밤낮으로 항상 육신을 향해 있다.[9]

300 고따마의 제자들은 언제라고 할것없이
늘그렇게 초롱초롱 깨어있을 뿐이나니,
그네들이 지닌생각 밤이되건 낮이되건
남해코지 않으므로 변함없이 즐거우리.

爲佛弟子 常寤自覺 日暮慈悲 樂觀一心
부처님의 제자가 된 자는
항상 스스로 깨어 있음을 깨우쳐
날이 저물도록 자비만을 생각하고
하나인 마음을 들여다보길 좋아한다.

suppabuddhaṁ pabujjhanti, sadā gotamasāvakā |
yesaṁ divā ca ratto ca, ahiṁsāya rato mano ||
고따마의 제자들은 항상 초롱초롱하게 깨어 있나니,
그들의 생각은 밤낮으로 항상
(남을) 해코지하지 않는 까닭에 즐겁다.

301 고따마의 제자들은 언제라고 할것없이
      늘그렇게 초롱초롱 깨어있을 뿐이나니,
      그네들이 지닌생각 밤이되건 낮이되건
      노력하고 또하므로 변함없이 즐거우리.

僑達摩弟子 常善自醒覺 無論晝與夜 心常樂禪定

고따마의 제자들은 항상
올곧게 스스로 또렷이 깨어 있나니,
낮이건 밤이건 말할 것도 없이
마음으로 항상 선정禪定을 즐긴다.

suppabuddhaṁ pabujjhanti, sadā gotamasāvakā |

yesaṁ divā ca ratto ca, bhāvanāya rato mano ||

고따마의 제자들은 항상 초롱초롱하게 깨어 있나니,
그들의 생각은 밤낮으로 항상
노력하는 까닭에 즐겁다.

* 296-301
나무꾼의 아들

부처님께서 라자가하 웰루 숲의 승원에 계실 때, 부처님께 귀의한 공덕이 어떠한지 보여 준 나무꾼의 아들에 대한 이야기이다.

　라자가하로 새로 이사 온 나무꾼의 아들이 마을에서 한 친구와 어울려 놀이를 하였다. 공 맞히기 놀이에서 친구는 '부처님께 귀의합니다!'라고 말하며 공을 던지면 언제나 맞혔는데, 이교도인 나무꾼의 아들이 그 흉내를 내어 '거룩한 고행자께 귀의합니다!'라고 말하며 던지면 번번이 빗나가기만 하였다.

　'아예 나도 부처님께 귀의한다고 해보아야겠다. 비슷하게 말고, 똑같이….'

　그렇게 몇 차례 따라 하던 나무꾼의 아들은 몇 번 만에 그 친구보다 더 정확하게 공을 맞추어 그 이후로 그 놀이에서 으뜸이 되었다.

　"애야! 오늘은 공놀이 그만하고 아버지하고 나무하러 가자꾸나."

　나무꾼인 아버지와 함께 성밖으로 나무를 하러 나온 아이는 저녁이 다 되어서야 화장장 근처에 수레를 끌던 소를 묶어 놓고 늦은 점심을 먹었다.

　"애야! 큰일났다. 소가 안 보인다. 아마도 아까 그 소 무리를 따라서 성안으로 들어간 것 같다. 너는 꼼짝 말고 수레 곁에 있거라. 내, 가서 찾아오마."

　나무꾼은 산더미 같은 땔감이 실린 수레 곁에 아들을 놓아두고 급히 성안으로 들어갔다. 그리고 한참을 다니다 겨우 소를 찾아서 아들 있는 곳으로 나오려는데 시각이 이미 지나 성문이 닫혀 버렸다. 수문장에게 사정해 보아도 어림 없는지라, 성문 곁에서 하룻밤을 지새우는 수밖에 없었다.

　한편 홀로 남겨진 아들은 날이 어두워 오고 성문이 닫히자 수레 밑에 잠자리를 만들고 들어가 누웠다. 그리고 차츰 어두워 오자 덜컹 겁이 난 아이는 얼마 전부터 버릇이 되어 버린 '부처님께 귀의합니다!'란 말을 계속 외웠다.

　성문이 닫히자 성밖 화장터 근처에는 잡신들이 활개를 치기 시작하였다. 그 가운데 삿된 생각에 찌든 잡신이 아이를 발견하고 잡아먹으려 달려들었다.

　"어이쿠! 이게 무슨 일이야? 쟤가 중얼거리는 말 때문에 접근을 못하겠네."

　그때 바른 생각이 언뜻언뜻 일어나는 잡신이 옆에 있다가 그를 말렸다.

"아무래도 저 아인 잡아먹을 수 없을 것 같다. 아예 저 애를 보호해 주고 공덕이나 짓는 게 더 나을 것 같네."

그래서 그 두 잡신은 밤새 그 아이를 보호해 주다가, 새벽엔 왕성에 들어가 아침에 왕에게 올릴 유미죽이 담긴 황금 접시를 가져다 아이에게 먹였다.

"날도 밝아 오니 이제 우린 가세. 황금 접시 위에 임금님만 보도록 이런저런 사정을 써 놓았으니 아이가 피해를 입진 않을 걸세."

그때 왕궁은 난리가 났다. 왕은 군사를 풀어 유미죽을 담았던 귀중한 황금 접시를 찾아오게 하였는데, 결국 아이는 왕 앞으로 잡혀 왔다.

"네가 감히 왕실에서 가장 귀히 여기는 황금 접시를 훔치다니! 어린놈이!"

"아닙니다, 대왕이시여! 저는 그저 수레 밑에서 자다가 꿈결에 어머니가 주신 죽을 먹고 다시 잠들었을 뿐입니다."

황금 접시에 잡신이 써 놓은 글을 발견하고서야 모든 사실을 안 왕은 아이가 잠결에 '부처님께 귀의합니다!'란 말만 되뇌었다고 하자 부처님을 찾아뵈었다.

"세존이시여! 부처님에 대한 새김만으로 이러한 수호를 받을 수 있습니까?"

"대왕이시여! 여래에 대한 새김의 글귀가 아이를 수호한 것이 아니라 그러한 새김을 정성껏 행하던 아이의 마음으로 인해 그리된 것입니다. 이처럼 마음이 여섯 가지로 잘 훈련되면 다른 주문이나 약초는 필요가 없습니다."

부처님의 가르침을 들은 아이와 부모는 그 자리에서 바로 예류과를 증득하였고, 나중에 모두 출가하여 아라한의 경지에 올랐다.

---

7) '고따마의 제자'에 해당하는 원어는 'gotama[고따마]sāvaka[듣는 자]'이다. '고따마의 가르침을 듣는 자'라는 말에서 '고따마의 제자'라는 의미가 나온 것인데, 한역에서 부처님의 제자를 성문(聲聞, 가르침을 듣는 자)제자라고 한 것도 같은 맥락이다.

8) 새김[sati]이 항상 법을 향해 있다는 것은 부처님 가르침으로서의 법에 대해 항상 관조하며 새기고 있다는 것이니, '세존께서 잘 설하신 가르침은 현세의 삶에서 유익한 가르침이며….'라는 등 가르침의 공덕과 관련하여 일어나는 새김을 챙기고 있다는 의미이다.

9) 쥔 새김이 육신을 향해 있다는 것은 신체에 대한 새김[身至念, kāyagatasati]을 말한다. 신지념에는 ① 32가지 형태를 통한 새김, ② 아홉 가지 묘지의 시체를 통한 새김, ③ 네 가지 광대한 세계의 분석을 통한 새김, ④ 내적인 두루 채움의 수행을 비롯한 '미세한 물질계의 명상'을 통한 새김이 있다. ⇒ 쥔 '신지념의 항목별 분류'

302 고통스런 出家의삶 즐기기엔 쉽지않고
힘들게들 살아가는 在家삶은 고통일세.
생각다른 이와함께 살아감은 고통이요
윤회하는 삶이란건 괴로움이 뒤따르리.
그러기에 윤회하는 자되어도 아니되며
괴로움이 뒤따르는 그런자도 되지말라.

出家愛樂離 在家生活難 非儔共住苦
輪回往來苦 故不應往來 隨從于痛苦
출가하면 사랑과 즐김이 여의어져야 하고
집에 있으면 삶을 살아 내기 어렵다.
짝하지 못할 이와 함께 머무는 것은 괴로움이요
윤회하며 오고가는 것도 괴로움이다.
그러므로 응당 오고가지 말아야 할지니
(그 모든 것이) 고통스런 괴로움에서
뒤따르고 붙좇는 것일 뿐인 것을.

duppabbajjaṁ durabhiramaṁ, durāvāsā gharā dukhā |
dukkhosamānasaṁvāso, dukkhānupatitaddhagū |
tasmā na caddhagū siyā, na ca dukkhānupatito siyā ||
고통스런 출가인의 삶은 즐기기[10] 쉽지 않으며,
힘들게 살아가야 하는 재가자의 삶은 고통스럽다.
(생각이) 같지 않은[11] 이와의 삶은 고통스러우며,
(생사를) 윤회하는 삶은 괴로움이 뒤따른다.
그러므로 윤회하는 자가 되지 말아야 하며,
그리고 괴로움이 뒤따르는 자도 되지 말아야 한다.

## 302

수행 생활이 초라하다 느꼈던 어느 비구

부처님께서 라자가하 웰루 숲의 승원에 계실 때, 축제의 화려함을 보고 수행 생활을 하는 자신이 초라하다 생각하던 어느 비구의 이야기이다.

왓지(Vajji)국의 왕자 출신인 한 비구가 웨쌀리 근교 자그마한 덤불에 의지하여 수행하고 있었다. 어느 날 마침 웨쌀리에서 화려한 축제가 열리고 있을 때 탁발을 나갔다가, 지상에서 시작되어 사천왕의 천상까지 온갖 깃발이 장엄을 이루고 휘날리는 가운데 갖은 음악과 화려한 색채로 점철된 7일 축제를 보게 되었다.

'아! 이토록 화려한 축제, 저기 가는 저 왕자들의 호화로운 자태. 그에 비하면 나는 이 얼마나 초라한가. 한 푼 적선을 구하는 거지보다 못하구나.'

양손에서 힘이 빠져 발우도 늘어뜨린 채, 도심을 벗어나 자신이 지내는 숲속으로 터벅터벅 내딛는 걸음은 이미 그것으로 충분한 고행같이 느껴졌다. 그러자 항상 그의 정진을 기뻐하던 숲속의 신들이 그가 알지 못하고 있는 것을 일깨워 주고자 노래로 말하였다.

"숲속에 버려진 통나무처럼, 홀로 덤불에 의지한 그대. 지옥 아귀 숨쉴 때 천상을 그리듯, 하늘 사람 누구라도 그리 되길 바란다네."

숲속의 시원한 바람에 실려 온 노랫소리에 비구는 정신이 번쩍 들었다.

얼마 후 제따 숲의 승원으로 부처님을 찾아뵈니, 부처님께선 이미 그가 겪은 변화를 아시고 수행자로서 갖추어야 될 마음가짐에 대해 말씀해 주셨다.

"화려한 듯하나 재가자의 삶은 결국 고통이란 그림자가 항상 따르며, 고통스럽기만 한 듯하나 출가자의 삶은 어려움 가운데 진정한 즐거움이 갖춰져 있음을 알아야 하느니라."

---

10) 출가인으로서 즐긴다는 것은 세속에서 추구하는 향락을 일컫는 것이 아니라, 해탈을 향해 노력하는 가운데 느낄 수 있는 수행의 즐거움을 만끽하는 것을 말한다.

11) 뤬 단순히 생각이 나와 같지 않은 이가 아니라, 계행이나 배움이 비슷한데도 출가자에겐 생일, 파벌에 따라, 재가자에겐 가문, 부에 따라 '너는 누구이고 나는 누구인가!'라고 시비를 거는 걸맞지 않은 자를 말한다.

303 　믿는마음 지닌채로 계율로서 충만하며
　　명예재물 그둘모두 갖추어진 사람이면,
　　있는곳이 어디든지 어느곳과 함께하든
　　그모든곳 어디서든 존경받게 되리로다.

　　有信則戒成 從戒多致賢 亦從得諧偶 在所見供養
　　믿음을 가지면 계행이 이뤄지고
　　계행이 이뤄짐에 따라 어지간하면 현인에 이르며,
　　또한 (그에) 따라 어울리는 짝을 얻게 되고
　　(머무는) 곳마다 공양을 받게 된다.

　　saddho sīlena sampanno, yasobhogasamappito |
　　yaṁ yaṁ padesaṁ bhajati, tattha tattheva pūjito ||
　　믿음을 지닌 채 계율로 충만하며
　　명예와 재물이 주어진 사람은
　　어떤 지역과 함께 하더라도
　　모든 곳에서 반드시 존경을 받는다.

비운 수레가 도로 채워지는 이적

부처님께서 싸왓티 제따 숲의 승원에 계실 때, 찟따[12] 장로가 부처님께 공양 올리며 텅 비웠던 수레가 다시 채워지는 이적에 관한 이야기이다.

싸왓티에서 조금 떨어진 지방인 맛치까싼다의 대부호인 장자 찟따는 부처님을 뵙기도 전에 일래과(一來果)까지 얻었다.

'내가 부처님을 뵙기도 전에 일래과까지 증득하였다. 이제 부처님을 찾아뵐 때가 되었구나.'

그래서 장자는 그동안 모았던 전 재산을 들여 부처님과 승단에 올릴 공양물은 물론, 30요자나 거리의 제따 숲의 승원까지 함께하길 원하는 모든 이들이 동행할 수 있는 공양 행렬에 소모되는 모든 것을 준비하였다.

그리하여 사부대중이 고루 참석한 행렬은 3천 명이나 되었으며, 지나가는 길의 모든 곳과 천상에서까지 장자의 공양 행렬에 정성을 보태었다.

공양 행렬이 30일 만에 제따 숲에 도착하였을 때 5백 명의 비구가 나와서 장자의 행렬을 안내하였으며, 연이어 개최된 환영 법회에서 장자가 부처님께 인사를 올릴 때 하늘에서 꽃비가 내려 무릎 높이까지 쌓였다.

"세존이시여! 한 달 동안 여행을 하여 이곳에 도착한 후, 한 달 동안 공양을 올리고 법회에 참석하였습니다. 이제 모든 공양물을 승원에 올리고 빈 수레로 돌아가고자 합니다."

수레를 텅 비운 채 승원을 나서자마자 천상의 신들이 장자의 수레를 원래와 같이 모두 채워 주었다. 그 신기함을 보고 아난다가 부처님께 여쭈었다.

"세존이시여! 저와 같은 신기함은 여래께 공양을 올렸기 때문입니까?"

"아난다여! 그가 나를 찾아오든 다른 어떤 곳으로 가든 상관없이 그는 한결같이 그와 같은 영광을 얻느니라. 그는 변치 않는 믿음을 지니고 계행이 청정하기 때문이다."

---

12) 맛치까싼다의 대부호인 장자 찟따에 대해서는 게송 73번 배경담 참조.

304 훌륭하단 사람이면 저멀리에 있더라도
흰눈덮인 히말라야 그것처럼 빛나지만,
사악하단 사람이면 가까이에 있더라도
한밤중에 쏘아올린 화살처럼 오리무중.

近道名顯 如高山雪 遠道闇昧 如夜發箭
도道에 가까워 이름이 드러남은
마치 높은 산의 눈과도 같고,
도와 멀어져 어둡고 흐려짐은
마치 밤중에 쏜 화살과도 같다.

dūre santo pakāsenti, himavantova pabbato |
asantettha na dissanti, rattiṁ khittā yathā sarā ||
훌륭한 사람은 멀리에서도 히말라야처럼 빛나지만
사악한 사람은 가까이에서도
한밤중에 쏘아 올린 화살처럼 보이지 않는다.

120요자나 밖에서 공양청을 올리다

부처님께서 싸왓티 제따 숲의 승원에 계실 때, 장자 아나타삔디까의 딸 쑤밧다가 120요자나 밖에서 부처님께 공양청을 올렸던 이야기이다.

싸왓티의 장자 아나타삔디까는 젊었을 때 욱가에 사는 욱가(Ugga)라는 부호의 아들과 함께 한 스승 밑에서 공부하였다.

"우리가 성년이 되어 아들딸을 낳으면 사돈을 맺도록 하세나."

그후 아나타삔디까와 욱가는 각각 싸왓티와 욱가로 돌아가 집안의 대를 이어 모두 대부호가 되었다. 다만 아나타삔디까는 부처님을 위해 제따 숲의 승원을 건립하여 공양하며 부처님의 가르침을 따랐으나, 욱가는 부처님의 가르침이 아직 전해지지 않은 지역에 있었기에 나형외도를 추종하였다.

어느 때인가 욱가가 장사를 위해 5백 대의 수레로 싸왓티를 찾았을 때 아나타삔디까의 딸 쭐라쑤밧다(CūḷaSubhaddā)를 보고 옛 약속을 거론하였다. 아나타삔띠까는 욱가가 집안 내력에 따라 외도의 신자인 것이 마음에 걸려 부처님께 상의를 드렸는데, 부처님께서는 욱가의 집안도 여래의 가르침과 곧 인연이 있을 것을 아시고 그 결혼을 반기셨다.

"애야! 비록 친구의 집안이지만, 부처님의 가르침이 아직 미치지 못하는 그 먼 곳으로 너를 보내니 마음이 놓이지 않는다. 그래서 여덟 명의 후견인도 동행시키는 것이니, 문제가 있으면 그들과 상의해서 결정하도록 하거라."

쑤밧다는 여덟 명의 후견인과 많은 하인 및 수백 대의 수레에 결혼 예물을 싣고 욱가에 도착하여 결혼식을 준비하였다. 그런데 역시 문제는 욱가의 집안이 외도를 믿는 데 있었다. 욱가는 며느리를 맞는 아들의 결혼식장 한쪽 편에 커다란 공양처를 설치해 놓고 자신이 믿는 나형외도 스승들을 모신 다음 신부인 쑤밧다에게 시중을 들도록 하였다. 그런데 쑤밧다는 끝내 나형외도를 시중드는 일을 거절하고 공양처에 나가보지도 않았다.

시아버지 욱가는 크게 화를 내었다.

"네가 이 집안의 전통을 무시한 것이니, 당장 네 집으로 돌아가라!"

그러나 여덟 명의 후견인들이 모든 상황과 법률 문제까지 따져 본 결과 자신의 믿음을 따르는 쑤밧다에겐 친정으로 쫓겨 갈 정도의 잘못은 없다는 결론을 내렸다. 그리고 욱가를 설득하여 다행히 쑤밧다는 쫓겨나진 않았다. 그러나 쑤밧다를 못마땅하게 여기는 시부모와의 사이엔 여전히 갈등이 남아 있었다.

"애야! 그렇다면 네가 믿는다는 부처님과 비구들은 도대체 어떠한 무리들이냐? 저 위대한 고행자들과 어떻게 다르기에 네가 그러는 것이냐?"

하루는 정성스레 음식을 준비하는 쑤밧다의 모습을 본 욱가가 물었다.

"제가 가르침을 받았던 부처님과 그분을 따르는 스님들은 이러하였습니다."

쑤밧다는 시집오기 전까지 배웠던 가르침과 함께 모든 사람들의 귀감이 되는 부처님의 일거수일투족을 시부모에게 상세히 소개하니, 욱가 또한 부처님을 뵙고 싶다는 마음을 내었다.

"네 말처럼 정말 그렇다면 그러한 수행자에게 공양을 올리는 것은 당연하고 또한 복된 것이다. 언제 기회가 되면 나도 공양을 올리고 싶구나."

"내일 오시도록 부처님께 공양청을 올려보겠습니다."

"애야! 이곳과 제따 숲은 120요자나나 떨어진 먼 곳이다."

"제 정성이 부족하지만 않다면 부처님께서 들으실 수 있을 것입니다."

그리하여 다음날 새벽부터 쑤밧다는 부처님과 5백 비구들을 위한 공양을 준비해 놓고 집의 맨 위층에 올라가 제따 숲을 향해 오체투지한 후 부처님께 공양청을 드렸다. 그곳으로부터 120요자나 밖, 제따 숲의 향실에 계신 부처님께서는 그때 마침 아나타삔디까 장자의 예방을 받으셨다.

"세존이시여! 오늘은 저희 집에서 공양을 준비하였습니다."

"아나타삔디까여! 이미 오늘의 공양청은 방금 다른 곳에서 받았노라."

"세존이시여! 오늘은 제가 가장 먼저 여래를 뵙는 것 같사온데…."

"아나타삔디까여! 그대의 딸인 쑤밧다가 방금 전 120요자나의 먼 거리인 욱가에서 공양을 청하였다. 참된 정성은 설산 산정의 하얀 눈처럼, 천 리 밖에서도 빛을 발하는 법이니라."

아나타삔디까는 자신의 딸 쑤밧다가 욱가에서 느끼고 있을 적적함과 소원함에 걱정이 되어 부처님께 특별히 공양을 올리려던 참이었는데, 부처님의 이야기를 듣고는 뛸 듯이 기뻐하였다.

"그런데, 세존이시여! 차후의 공양도 아닌 오늘의 공양이라면, 그 먼 곳까지 당장에 가시는 것은 어렵지 않사옵니까?"

그때 천상의 제석천왕이 부처님의 음성을 듣고 여래와 5백 명의 비구들을 위해 5백 개의 중각(重閣)을 내려보내 드렸다. 그래서 대중들이 모두 5백 개의 중각에 오르니 순식간에 욱가로 옮겨갈 수 있었다.

쑤밧다가 집의 맨 위층에서 공양청을 올리고 다시 공양이 준비된 곳으로 내려오기 전에 이미 집 마당의 하늘은 부처님과 5백 비구들을 모셔 온 중각으로 가득차서 장엄하기 이를 데 없었다.

욱가는 며느리 쑤밧다와 함께 7일 동안 부처님과 5백 비구들에게 공양을 올리고 법문을 들었다. 그 법회에는 욱가의 집안사람만이 아니라 그 지방의 많은 사람들이 참여하여 성황을 이루었다.

7일 후에 부처님께서 다시 제따 숲으로 돌아가실 때 여래께선 장로 아누룻다를 욱가에 머무르게 하셨으며, 그로 인해 욱가의 모든 사람들도 그때부터 싸왓티처럼 부처님의 가르침을 따르는 신심 있는 도시가 되었다.

305 홀로앉아 있는자가 홀로잠을 자는자가
     홀로행동 하면서도 게으르지 않는자가
     제자신을 평정하는 그런자가 되야하며,
     깊은숲속 그곳에서 행복한자 될지어다.

     一坐一處臥 一行無放恣 守一以正身 心樂居樹間
     홀로 앉고 홀로 자리하여 누우며
     홀로 수행해도 제멋대로 하지 않으며
     한결같음을 지킴으로써 몸을 바르게 하여
     숲속에 머묾을 마음으로 즐겨야 한다.

     ekāsanaṁ ekaseyyaṁ, eko caramatandito |
     eko damayamattānaṁ, vanante ramito siyā ||
     홀로 앉음을 (행하는 자), 홀로 수면을 (취하는 자),[13]
     홀로 행동하면서도 게으르지 않는 자,
     스스로 자신을 평정할 수 있는 자,
     깊은 숲속에서 행복을 느끼는 자가 되어야 한다.

* 305
홀로 지내는 수행승

부처님께서 싸왓티 제따 숲의 승원에 계실 때, 외딴 곳에서 홀로 지내며 모든 행위를 홀로 하는 한 장로에 대한 이야기이다.

제따 숲의 승원에 있는 비구들 사이에 언제부턴가 싸왓티 인근 숲에 홀로 지내는 한 장로에 대한 이야기가 회자되었다.

"그 장로는 어찌 승단에 한 번도 안 들르는 건가? 혼자 탁발하고 혼자 공양하고 홀로 지내고…. 뭐든 혼자만 하니. 출가를 하여 계를 받긴 했을라나?"

그래서 하루는 몇몇 비구들이 부처님을 찾아뵙고 홀로 지내는 장로가 여법한지에 대해 여쭤보았다.

"훌륭하구나! 훌륭하구나!"

부처님께서는 장로에 대한 비구들의 말을 들으시곤 그를 칭찬하셨다.

"비구들이여! 참된 수행승이라면 홀로 살아야 하느니라. 그러한 수행승이 참된 비구라 할 수 있느니라. 행주좌와를 홀로 하고, 홀로 행동하면서도 게으르지 않는 자가 진정한 수행자라 할 수 있느니라."

이 가르침이 끝나자 장로의 행위에 의아심을 가졌던 비구들은 모든 의문을 풀었으며, 그 자리에서 곧장 예류과를 증득하였다.

---

13) 젠 홀로 앉는다는 것은 천 명의 수행승 가운데 앉아 있더라도 새김을 잃지 않고 기본적인 명상 주제를 놓지 않는 것을 말한다. 홀로 누워 휴식을 취한다는 것은 천 명의 수행승들과 함께 놋쇠로 만든 궁전에서 아름다운 덮개와 베개가 놓인 값비싼 침대에서 눕더라도 새김을 잃지 않고 기본적인 명상 주제를 놓지 않는 것을 말한다.

第22章

निरयवग्गो

지옥을 들어 경계한 장

지옥품
地獄品

306 거짓말을 하는자는 지옥으로 갈것이요
해놓고는 안했다고 발뺌하는 사람또한.
그들둘은 죽어가서 저세상에 다다르면
별수없이 악한행위 그곳서도 하나니라.

妄語地獄近 作之言不作 二罪後俱受 是行自牽往
거짓되게 말하면 지옥이 가까워지고,
(거짓말을) 하고도 하지 않았다고 말하더라도 (지옥이 가까워진다).
이 두 가지 죄는 나중에라도 갖추어 받게 되는데,
이러한 행위는 제 스스로 이끌어 가는 것일 뿐이다.

abhūtavādī nirayaṁ upeti,

yo vāpi katvā na karomi cāha |

ubhopi te pecca samā bhavanti,

nihīnakammā manujā parattha ||

거짓을 말하는 자는 지옥으로 간다.
(거짓말을) 하고도 '나는 하지 않았다.' 라고 말하는 자 또한.
그들 둘은 또한 사후 다음 세상에서
유사하게[1] 사악한 행위를 하는 사람들이 된다.

## 306

부처님의 스캔들

부처님께서 싸왓티 제따 숲의 승원에 계실 때, 외도들이 부처님의 명성을 더럽히고자 일으킨 사건에 대한 이야기이다.

부처님과 승단에 대한 명성이 우기 때 강물이 불어나듯 하자 외도들은 점차 위기감을 느끼게 되었다. 이제 그 무엇으로도 부처님을 이길 수 없다는 생각에, 외도들은 논쟁으로 비구들과 겨뤄 보거나 신도들에게 기행을 보여 혹하게 만드는 것 대신에 정상적이 아닌 해코지를 궁리하기 시작했다.

"우리 유행녀 가운데 절세미인인 쑨다리가 있지 않은가? 그녀를 이용해서 고따마에게 씻을 수 없는 치욕을 안긴다면 저 기세를 꺾을 수 있을 게야!"

당시 싸왓티에서 외도 수행을 하는 유행녀(遊行女) 가운데 쑨다리(Sundari)는 탁월한 미모로 누구나 알고 있는 유명한 여인이었다.

"쑨다리여! 우리의 믿음이 저 고따마의 삿된 가르침에 넘어간 신도들로 인해 커다란 위기를 맞았다. 네가 저 고따마를 타락하게 만들어 보인다면 우리는 신도들로부터 예전의 공양과 시주를 회복할 수 있을 것이다."

"존자들이여! 그 일이라면 걱정 마십시오. 제가 알아서 해내겠습니다."

그리하여 쑨다리는 자신의 미모를 충분히 활용하는 방안을 강구하였다.

그녀는 그다음 날부터 제따 숲의 승원에 큰 법회가 있는 날이면 법회를 파하고 사람들이 승원을 나서서 싸왓티로 향할 때쯤 화려한 옷차림에 짙은 화장을 한 채 승원 쪽으로 걸어갔다.

"쑨다리여! 어디 좋은 데 가시는 모양입니다."

"그건 여러분이 신경쓰실 바가 아닙니다."

그렇게 답하고는 지나치는 사람들 뒷전에 "흥! 향실엔 들어가 보지도 못하는 주제에!"라는 말을 흘리곤 총총걸음으로 승원 쪽으로 사라졌다. 그리고 승원 인근의 집에서 밤을 지새운 후 다음날 새벽에 다시 승원에서 나오는 듯한 모습으로 싸왓티로 돌아가며 의아해 하는 사람들에게 말했다.

"내가 향실에서 고따마와 밤을 지새운 일은 승원에서 아무도 모른다오."

그렇게 쑨다리가 저녁과 새벽으로 사람들의 시선을 끌며 몇 차례 오가자 이내 싸왓티에 그 소문이 자자하게 퍼졌다.

"글쎄! 부처님이 쑨다리와 향실에서 비구들 몰래 밤을 보낸다네?"

"그래! 나도 지난 새벽에 승원서 나오는 쑨다리를 봤어. 정말이던데?"

사태가 이쯤에 이르렀을 때 외도들이 모여서 다시 의논하였다.

"쑨다리가 약이 오른 제따 숲이나 왕실 판관에 잡혀 실토하는 날이면 모든 게 수포로 돌아가고 말 걸세. 그러니 사람을 사서 쑨다리를 적당한 곳에 묻어 버리고, 우리가 선수를 쳐서 고따마를 엮어 넣읍시다."

그래서 외도들은 외지에서 온 난봉꾼 네 명을 돈으로 매수하여 쑨다리를 죽여서 제따 숲 뒤편에 묻어 버리게 하고, 그들은 빠른 시일 내에 싸왓티를 떠나 다시는 돌아오지 말도록 하였다.

"쑨다리가 사라졌다! 우리 유행녀인 쑨다리가 사흘째 보이지 않는다!"

그런 뒤에 외도들과 그 추종자들은 싸왓티를 돌아다니며 며칠을 이렇게 들쑤시고 다녔다. 급기야 관청에까지 몰려가 난리를 피웠다.

"도대체 왜 그리 난리를 부리는가! 유행녀이니 다른 곳으로 갔을 수도⋯."

"아닙니다. 이번 우기는 이곳에서 반드시 지낸다고 했습니다. 저희들은 얼마 전부터 싸왓티에 나도는 소문이 의심스럽습니다."

왕실의 판관들은 외도들의 의견을 좇아 사람을 시켜 싸왓티와 제따 숲을 오가는 거리를 모조리 뒤지게 하였다. 그 결과 승원 뒤편의 숲속에서 쑨다리의 시체가 발견되었다.

쑨다리의 시체가 승원 뒤편에서 발견된 것을 기화로 외도들은 싸왓티를 돌아다니며 대대적으로 부처님을 경멸하는 말을 퍼트렸다.

"이건 분명히 싸끼야족의 왕자와 쑨다리의 일이 발각되고 수습이 안 되자 그 제자들이 벌인 일임이 분명하오. 소문이 그냥 소문이 아니었던 게요."

"이것은 고따마건 누구건 저 제따 숲에 있는 모든 사람들이 함께 저지른 끔찍한 일이오. 이젠 제따 숲 근처엔 얼씬도 하지 맙시다."

"수행승들이여! 그렇다고 그대들이 그들을 욕하진 말지니라. 어차피 거짓을 말하는 자나 해놓고 하지 않았다는 자들은 모두 지옥으로 가느니라."

부처님께선 모든 사실을 알고 있을 승원의 수행자들을 다독이며 오히려 해코지하는 외도들에 대한 애처로움을 드러내니, 가르침 끝에 많은 이들이 새로운 경지에 오름을 경험하였다.

–

"내가 저놈과 함께 묻었다니까! 돈을 받고. 아무도 모르지, 아무도 몰라!"

사건은 엉뚱한 곳에서 실마리가 풀렸다.

부처님에 대한 믿음을 지닌 빠쎄나디 왕은 쑨다리의 시체를 화장장에 보관하게 한 다음, 왕실 군사들을 시켜 모든 소문과 그 진상을 알아보게 하였다. 그러다 싸왓티에서 남쪽으로 나가는 길목의 주막에서 며칠째 묵고 있는 외지인들이 술에 취해서 하는 소리를 듣고 그들을 잡아들였다.

"예! 저희들이 외도 누구와 누구의 사주를 받고 쑨다리를 살해한 뒤에 그곳에 묻었습니다. 죽을죄를 지었습니다."

그들의 말에 따라 외도 수행자들도 모조리 잡아들이니 사건의 자초지종이 백일하에 드러났다. 왕은 일을 벌인 자들을 모두 엄벌에 처하고, 싸왓티의 모든 사람들에게 사실을 알리자 소문은 이내 사라져 버리고 부처님의 명성만 더욱 높아지게 되었다.

---

1) 거짓말을 하는 자와 해놓고 하지 않았다고 말하는 자는 비록 그런 행동을 하는 금생에서는 그 죄의 가볍고 무거운 차이가 있을지라도 결국 동일하게 '거짓말'이란 습을 지니고 내생으로 옮겨가게 된다. 그러므로 내생에서는 전생의 습에 따라 비슷하게 사악한 행위를 하는 사람이 될 뿐이다.

307 자제되지 않았건만 袈裟걸친 사람으로
삿되고도 악한성품 여전한자 허다한데,
그삿되고 악한성품 여전한그 사람들이
사악한그 행위들로 지옥으로 떨어지리.

法衣在其身 爲惡不自禁 苟沒惡行者 終則墮地獄
법복을 몸에 걸쳤더라도
악행 저지르길 스스로 금하지 못하고
오로지 악행에 빠져 있는 자는
죽자마자 지옥에 떨어지게 된다.

kāsāvakaṇṭhā bahavo, pāpadhammā asaññatā |
pāpā pāpehi kammehi, nirayaṁ te upapajjare ||
자제도 되지 않은 채 가사袈裟를 걸친[2]
사악한 성품을 지닌 자들이 많은데,
사악한 그들은 사악한 행위들 때문에 지옥으로 떨어진다.

해골 귀신을 본 목갈라나 존자

부처님께서 라자가하 웰루 숲의 승원에 계실 때, 해골 귀신을 보았던 목갈라나 존자의 이야기이다.

어느 날 장로 락카나와 목갈라나 존자께서 라자가하에 탁발하기 위해 수행하던 깃자꾸따 산에서 내려오고 있었다. 산을 거의 다 내려왔을 때 목갈라나 존자는 해골로 이루어진 아귀들의 모습을 보고 옅은 미소를 지었다.

"존자시여! 무엇을 보고 그리 미소를 지으십니까?"

목갈라나 존자는 락카나 장로에게 지금은 답할 수 없으니 부처님 앞에서 다시 물어 달라고 말하였다.

"목갈라나여! 우리가 산을 내려올 때 무엇을 보았기에 그리 옅은 미소를 지었던 것입니까? 이제 답을 해주실 수 있겠습니까?"

부처님을 뵙고 인사를 드린 후, 락카나는 목갈라나에게 다시 물었다.

"락카나여! 깃자꾸따 산을 거의 다 내려왔을 때 허공에서, 해골만 남은 몸에서 일어나는 불길에 괴로워하는 아귀들을 보았습니다. 섣불리 언급했다가는 이를 믿지 않는 자들이 허상이라 여길 것이기에 옅은 미소만 지은 것입니다."

그러자 부처님께서 목갈라나 존자의 말을 긍정하시며 말씀하셨다.

"목갈라나여! 네가 본 것이 사실이다. 나도 예전에 본 적이 있느니라. 그들은 과거불인 깟싸빠 부처님 때 출가자의 신분으로 악한 성품을 지닌 채 방탕한 삶을 살았기에 지금까지 그러한 과보를 받는 것이니라."

가르침을 듣던 많은 수행자들은 마음가짐을 새롭게 다졌다.

---

2) '가사를 걸친'의 원어는 'kāsāva[가사]kaṇṭha[목]'이다. '가사를 목 부위까지 올려서 입음'을 의미하는 복합어로서 우리말의 '정장을 갖춰 입다'와 유사한 의미이다. 그러므로 가사를 걸쳤다는 말에는 단순히 옷을 입었다는 의미에, 수행을 위해 몸가짐을 정비하였다는 의미가 더해져 있다.

308　자제되지 않은데다 계행까지 없다하면
　　　신자들의 정성어린 공양받아 먹기보다,
　　　불길속에 타올라서 시뻘겋게 달구어진
　　　한웅큼의 쇠구슬을 삼키는게 나으리라.

　　　寧噉燒石 吞飮鎔銅 不以無戒 食人信施
　　　차라리 불타오르는 돌을 삼키고
　　　녹은 구리물을 들이킬지언정
　　　계행을 갖추지 못한 몸으로
　　　남의 믿음 있는 보시물을 먹지 말라.

　　　seyyo ayoguḷo bhutto, tatto aggisikhūpamo |
　　　yañce bhuñjeyya dussīlo, raṭṭhapiṇḍamasaññato ||
　　　자제도 되지 않고 계행이 결여된 이는
　　　신자들의 공양을 먹을 바에야
　　　차라리 활활 타올라 달궈진
　　　쇠구슬을 삼키는 것이 더 낫다.

* 308

저 스님은 대단한 분이야

부처님께서 왓지(Vajji)국의 웨쌀리 인근 꾸따가라(Kūtāgāra) 승원에 계실 때, 가뭄이 든 지역에서 안거를 보낸 수행승들에 대한 이야기이다.

한때 왓지국에 가뭄이 들어 어느 지역이고 할 것 없이 음식이 부족하였다. 그런 가운데 왓구무다(Vaggumudā) 강변의 수행승들은 금번 안거 동안 그러한 위기를 잘 넘길 묘안을 짜내었다.

"우리 모두 재가자들 앞에서 서로를 칭찬하도록 하세. '저 장로께선 아라한의 경지에 계신다네.' '저 비구는 얼마 전에 불래과를 증득한 것을 드러내지 않고 있는 분일세.' 이렇게 서로 치켜 주면 공양이 분명 배가될 걸세."

그래서 마을로 탁발을 나가서도 앞의 무리가 그렇게 말을 흘리면 재가자들은 뒤에 온 무리에게 자신의 몫 가운데 더 덜어서 발우에 공양을 올렸다. 그러는 동안 수행자들은 여느 해나 다름없이 건강한 모습인 데 반해 재가자들은 더욱 심한 굶주림에 고통을 겪게 되었다.

누구에게나 힘든 안거가 끝나고 수행승들이 모두 웨쌀리의 승원에 있는 중각강당에 모여 부처님께 인사를 드리고 한쪽으로 물러나 앉았다.

부처님께서 보시기에도 모두 힘든 안거를 지내느라 수척한 모습이었는데, 유독 왓구무다 지역의 수행승들만이 살이 찌고 밝은 안색에 피부가 깨끗했다.

"왓구무다 수행승들이여! 그대들은 별 어려움 없이 지냈는가 보구나."

부처님께서 그들에게 어떻게 지냈는지, 별다른 어려움이 없었는지 물어보시자 그들 가운데 몇이 자랑스럽다는 듯 서로를 칭찬하고 심지어 약간 과장함으로써 탁발에 전혀 어려움이 없었다고 말씀드렸다.

"어리석은 이들이여! 너희들이 항상 받는 탁발 음식은 활활 타고 펄펄 끓는 쇳물이나 진배없느니라. 수행력이 따르고 여법한 탁발일 때만 그 열기가 조금 식을 뿐. 그럼에도 거짓으로 그 열기를 더하고는 그 뜨거움도 인식하지 못한 채 들이켰다니, 그 과보를 어찌 감당할 수 있겠느냐!"

그제야 남부끄럼을 느낀 수행승들은 붉어진 얼굴을 들지 못하였다.

309 타락하여 다른이의 아내탐한 사람이면
다음같은 네가지의 지경으로 떨어지리.
불운들이 찾아들고 잠자리가 불편하고
온갖비난 받게되고 지옥으로 떨어지는.

放逸有四事 好犯他人婦 臥險非福利 毀三淫泆四
방일해지면 네 가지 일삼음을 가지게 되니,
다른 사람의 부인을 범하기 좋아하고,
험난한 처지에 놓여 복되거나 이익되지 않으며,
험담 들음이 세 번째요,
지나치게 음탕해짐이 네 번째다.

cattāri ṭhānāni naro pamatto, āpajjati paradārūpasevī |
apuññalābhaṁ nanikāmaseyyaṁ,
nindaṁ tatiyaṁ nirayaṁ catutthaṁ ||
타락하여 다른 이의 아내를 탐하는 사람은
네 가지 처지로 떨어진다.
불운이 찾아들고, 잠자리가 불편해지며,
세 번째로 비난을 (받게 되고),
네 번째로 지옥에 (떨어진다).

310　게다가또 이런저런 불운들을 받게되고
　　　그리고또 끔직스런 노정들이 펼쳐지며
　　　두렴떠는 남녀들의 쪼그라든 애정에다
　　　그리고또 왕에게서 큰처벌이 내려지리.
　　　그러므로 사람들아 남의아내 탐치말라.

不福利墮惡 畏惡畏樂寡 王法重罰加 身死入地獄

(삶이) 복되거나 이익되지 못하면 사악함에 떨어지니
사악하게 됨을 두려워하고 즐거움이 적어짐을 두려워하며
(살아선) 왕의 법에 의해 무거운 벌이 가해지고
몸이 죽어선 지옥으로 들어가게 된다.

apuññalābho ca gatī ca pāpikā, bhītassa bhītāya ratī ca thokikā |
rājā ca daṇḍaṁ garukaṁ paṇeti, tasmā naro paradāraṁ na seve ||

그리고 불운을 받게 되고,
또한 사악한 노정路程들이 (펼쳐지며),
그리고 두려움에 떠는
남자와 여자의 왜소화된 애정이 (존재할 뿐이다).
그리고 왕은 무거운 처벌에 처한다.
그러므로 사람들은 남의 아내를 탐해서는 안 된다.

난봉꾼 케마

부처님께서 싸왓티 제따 숲의 승원에 계실 때, 싸왓티의 난봉꾼으로 이름난 케마에 대한 이야기이다.

싸왓티의 젊은이 케마(Khema)는 대부호의 아들로서 부처님께 제따 숲의 승원을 건립하여 시주한 부호 아나타삔디까의 조카이기도 하다.

그는 전생에 과거불인 깟싸빠 부처님 당시 유명한 씨름선수였다. 건장했던 그는 가는 곳마다 많은 사람들로부터 환영과 환대를 받았지만 유독 여인과 좋은 인연이 없었다.

깟싸빠 부처님의 독실한 재가신자이기도 했던 그는 자신의 명성으로 얻은 많은 재물을 깟싸빠 부처님과 승단에 공양으로 올리기도 하였다. 그리고 그는 깟싸빠 부처님께서 반열반에 드시고 황금 탑묘가 세워지자 또다시 많은 재물을 들여 그곳을 화려하게 장엄한 다음 두 가지 소원을 빌었다.

'제가 내생에 다시 부처님이 계신 곳에 태어난다면 금생에 깟싸빠 부처님 아래서 이루지 못한 공부가 조금이라도 더 성취되기를 기원합니다.'

그리고 이어서 앞과는 사뭇 다른 서원을 발하였다.

'제가 많은 복락을 금생에 누렸지만 여인과의 좋은 인연은 아직 없었습니다. 아무쪼록 다음 생부터는 저를 쳐다보는 모든 여인이, 나의 친지와 친척만 제외하고 모두 나를 사랑하게 되기를 간절한 마음으로 기원합니다.'

누리고 있는 것을 더 누리고자 하는 마음보다 누리지 못한 것에 대한 간절함이 더했던 까닭에, 그는 석가모니 부처님께서 나신 현생에 이르기까지 자신의 염원대로 많은 여인과 좋은 인연이 이어져 왔다.

그런데 오랜 생 동안 그것이 오히려 습이 되어 버린 까닭에 다음번 부처님 밑에서 공부하고자 하는 서원은 어디론가 달아나 버리고, 현생의 석가모니 부처님을 지척에 둔 싸왓티에 태어나서 성장하면서도 그저 대단한 부호 집안의 단순한 난봉꾼에 지나지 않는 처지가 되었다. 그래도 깟싸빠 부처님을 모셨고 그 탑묘에 정성으로 시주한 까닭에 그처럼 좋은 가문에 태어났던 것이다.

그러한 케마를 본 싸왓티의 모든 여인들은 단 한 차례 스치듯 바라만 보고서도 깊은 사랑에 빠져 몸부림쳤다. 처녀건 유부녀건, 케마라면 자신이 가졌던 모든 것을 내던지고 달려왔으니, 그런 여인들을 마다하지 않았던 케마는 항상 싸왓티의 골칫거리였다.

몇 차례나 왕실 재판관들이 그를 잡아들여 법정에 세웠으나 왕은 그가 대부호의 아들로서 부처님을 섬김에도 소홀하지 않는다는 점과, 무엇보다 부처님의 대시주인 아나타삔디까의 조카라는 점 때문에 번번이 방면해 주었다.

"자넨 어찌하여 아들 하나도 그리 건사하지 못하는가!"

"형님! 케마가 매번 새로운 여인을 데려와서 사랑한다고 실토할 때는 그 진정성에 저도 매번 넘어갈 수밖에 없을 정도입니다. 저도 무엇에 홀린 듯⋯."

아나타삔디까는 동생인 케마의 부친을 몇 차례 불러 주의를 주었지만 사태는 전혀 나아지지 않았다. 그래서 한번은 직접 케마를 데리고 승원으로 부처님을 찾아뵙고 도움을 청하였다.

"세존이시여! 이 젊은이에게 귀에 와닿을 수 있는 가르침을 주십시오."

부처님께서는 케마에게 자신의 전생 이야기를 모두 들려주었다.

"케마여! 네가 전생의 깟싸빠 부처님을 그리 잘 섬기면서 그분의 탑묘에서 굳은 마음으로 세운 서원인 데다 많은 생을 지나며 습이 된 까닭에 그것에서 쉽사리 벗어나지 못하고 있다."

자신의 전생 이야기를 들은 케마는 사뭇 다른 눈빛을 보였다.

"이제 두 번째 서원은 그 악행이 불러올 과보를 생각하며 더 이상 저지르지 않도록 하여라. 그보다 이제 금생에 다시 여래의 가르침을 받게 되었으니, 너의 첫 번째 서원이 이뤄지도록 노력하도록 하여라."

그래서 케마는 부처님께서 일러 주신 두 수의 게송을 들으며 여인을 탐하는 습이 옅어지게 되었으며, 연이은 가르침을 듣는 순간 이내 예류향에 들게 되었다.

311 마치잘못 움켜지던 날카로운 꾸샤풀에
손이바로 가차없이 단한번에 베어지듯,
잘못수행 되어버린 사문들이 사는삶은
저는물론 모든이를 지옥으로 인도하리.

譬如拔菅草 執緩則傷手 學戒不禁制 獄錄乃自賊
비유컨대 마치 띠풀을 뽑을 때
잡는 것이 느슨하면 손을 다치게 하듯이
계를 배우고도 규제한 것을 금하지 않으면
지옥의 기록은 이내 자신의 적이(된)다.

kuso yathā duggahito, hatthamevānukantati |
sāmaññaṁ dupparāmaṭṭhaṁ, nirayāyūpakaḍḍhati ||
마치 잘못 움켜쥔 꾸샤풀[3)]이
바로 손을 베는 것처럼
잘못 수행된 사문沙門의 삶은
(자신은 물론 사람들을) 지옥으로 이끈다.

312 　어떤행위 하든간에 나태하게 행하는이,
　　　굳게맺은 맹서들을 더럽히는 하찮은이,
　　　수행자로 살아야할 삶을살지 못하는이,
　　　그런사람 그에게서 알찬결실 맺힐리야.

　　　人行爲慢惰 不能除衆勞 梵行有玷缺 終不受大福
　　　사람의 행위가 게으르게 되어
　　　뭇 수고로움을 제거할 수 없으면
　　　수행자로서의 행위에 결점을 지니게 되어
　　　결국엔 큰 복을 받지 못한다.

　　　yaṁ kiñci sithilaṁ kammaṁ, saṁkiliṭṭhañca yaṁ vataṁ |
　　　saṅkassaraṁ brahmacariyaṁ, na taṁ hoti mahapphalaṁ ||
　　　어떤 행위를 하든지 나태한 그에게,
　　　그리고 맹서를 더럽히는 그에게,
　　　수행자로서의 삶에 온전하지 못한[4] 그에게,
　　　그런 그에게 알찬 결실은 맺히지 않는다.

313 만약해야 한다하면 바로그것 해야하니
다름아닌 그것만은 꼭반드시 해야하리.
나태하여 아무짝에 쓸모없는 수행자는
더더욱더 먼지만을 풀풀나게 할뿐이리.

常行所當行 自持必令强 遠離諸外道 莫習爲塵垢
마땅히 행해야 할 바를 항상 행할지니,
스스로 지속시켜 사역使役된 것은 반드시 강행되어야 한다.
모든 외도를 멀리 여의어
티끌과 때나 될 것을 익히지 말지니라.

kayirā ce kayirāthenaṁ, daḷhamenaṁ parakkame |
sithilo hi paribbājo, bhiyyo ākirate rajaṁ ||
만약 해야 한다면 바로 그것을 해야 하나니
다름 아닌 그것을 반드시 행해야 한다.
실로 나태한 수행자는
먼지를 더욱더 흩뿌리게 될 뿐이다.

무심코 풀잎 하나를 꺾은 과보

부처님께서 싸왓티 제따 숲의 승원에 계실 때, 무심코 풀잎 하나를 꺾은 과보에 대한 이야기이다.

한 수행승이 풀밭에 앉았다가 무심코 뻗은 손에 잡힌 풀 한 포기를 꺾었다.

'아차! 내가 무슨 짓을 한 건가. 생각 없이 풀잎을….'

그 수행승은 간혹 만나서 법담을 나누던 다른 수행승에게 가서 걱정스런 표정으로 자신이 저지른 일을 말해 보았다.

"벗이여! 내가 무심코 풀잎 하나를 꺾어 버렸네. 아무 이유도 없이. 이것이 과보로 올는지, 무슨 일이 일어날는지? 자네 생각은 어떠한가?"

평소에 다소 건방진 말투와 행동으로 다른 비구들의 입담에 자주 오르내리던 그 수행승은 별일이 아니라는 듯 대답했다.

"어이구! 그런 일을 가지고 그리 호들갑인가! 무슨 일이 일어난다고. 설령 그렇더라도 이제 이렇게 비구인 내게 고백하였으니, 되었네! 무죄일세!"

그러고는 앉아 있는 곳에서 손을 뻗어 풀 몇 포기를 아무렇지도 않다는 시늉을 해보이며 뽑아 보였다.

그 일이 점차 입을 타고 전해지다 부처님께서 들으시게 되었다. 그러자 법회 때 부처님께서는 그 건방진 수행승을 크게 꾸중하셨다.

"한 포기의 꾸샤풀이라고 손이 베이지 않는 것이 아니지 않느냐! 잘못된 생각에서 나온 잘못된 행동은 업의 덩치만 키울 뿐이니라."

이어진 부처님의 가르침에 모든 수행승들이 어떤 감관의 제어라도 대충 행해서는 안 된다는 사실을 깨닫게 되었다.

---

3) 꾸샤풀은 길상초(吉祥草)로도 불리며 띠와 유사한 모양인 감청색의 풀이다. ⇒ 㬺 '꾸샤풀'
4) 본 게송에서 일컫는 '수행자로서의 온전하지 못한 삶'이란 나태한 행위에 수반되는 의심과 의혹을 가지고 승가의 모든 일을 대하는 모습을 가리킨다. 예컨대, 스스로 나태해진 까닭에 수행자로서 제 부끄럼을 갖고 있는 자가 다른 수행자들이 화합하는 모습을 볼 때 마치 자신을 욕하기 위해 모인 것으로 의심하여 대중의 화합을 깨트리려고 하는 행위 등을 말한다.

314 악행이면 행하지를 않는것이 나으리니,
저질러진 악행이면 결국에는 괴로우리.
그렇지만 선행이면 행하는게 더낫나니,
선행이란 하고서도 후회하지 않겠기에.

爲所不當爲 然後致鬱毒 行善常吉順 所適無悔吝
응당 해선 안 될 것을 하면
그런 후엔 (가슴이) 꽉 막힌 듯한 해독에 이르게 되지만,
좋은 일을 행하면 항상 상서롭고 순탄하여
이르는 곳마다 후회하거나 아깝게 여길 일이 없다.

akataṁ dukkaṭaṁ seyyo, pacchā tappati dukkaṭaṁ |
katañca sukataṁ seyyo, yaṁ katvā nānutappati ||
악행은 시행되지 않는 것이 더 낫나니,
(시행된) 악행은 나중에 고통스럽다.
그리고 선행은 시행되는 것이 더 낫나니,
(선행은) 행하고 후회하지 않기 때문이다.

질투에 눈먼 여인

부처님께서 싸왓티 제따 숲의 승원에 계실 때, 질투에 눈이 멀어 악행을 저지르고 숨기기까지 했던 한 여인의 이야기이다.

싸왓티의 한 가정에서 질투심이 많은 아내와 함께 살던 남자가 자기 집의 하녀와 몰래 정을 나누었다. 워낙 조심했기에 몇 번은 넘겼지만, 결국 그 일을 알아 버린 아내는 남편이 자리를 비운 사이에 하녀를 골방에 묶어 놓고 귀와 코를 잘라 버린 뒤 방치해 두었다.

"여보! 오늘은 제따 숲에 큰 법회가 있다고 하니 같이 갑시다."

일을 저질러 놓고 덜컹 겁이 난 아내는 오후에 집으로 돌아온 남편이 혹시 눈치를 챌까 봐 함께 승원으로 가서 법문을 들었다.

그런데 마침 하녀의 식구들이 그녀를 만나러 왔다가 골방에서 신음하고 있는 하녀를 발견하고 급히 치료하여 하녀는 목숨을 건지게 되었다. 그러고는 성치 않은 몸으로 냅다 승원으로 달려가 부처님과 많은 사부대중 앞에서 질투심 많은 주인 여자가 한 짓을 고하였다.

부처님께서는 그 두 여인과 그 남편에게 말씀하셨다.

"가여운 재가불자들이여! 그대들이 한 행위가 사악한 행위임을, 그리고 벌써 이렇게 그 과보를 맛보고 있음을 잘 돌아보도록 하라. 사악한 행위와 선한 행위는 뒤따르는 고통과 후회가 있는지 없는지를 보아서도 잘 분간할 수 있느니라."

가르침을 들은 세 사람은 모두 자신의 행동에 부끄럼을 느꼈다. 부부는 돌아가 하녀를 자유민으로 놓아주었으며, 자유민이 된 그녀는 출가하여 수행자가 되었다.

315 마치변방 도성들이 안팎으로 엄중하듯
그렇게들 제자신을 방비해야 하나니라.
실로찰나 이더라도 헛보내지 말것이니
한찰나만 헛보내도 지옥가서 근심하리.

如備邊城 中外牢固 自守其心 非法不生 行缺致憂 令墮地獄
마치 변방의 도성을 방비할 때
안팎으로 견고하게 방비하듯
마음을 스스로 (견고히) 지켜
법답지 않은 것은 생겨나지 못하게 할지니라.
행함이 이지러져 근심하기에 이르면
그로 인해 지옥에 떨어지게 된다.

nagaraṁ yathā paccantaṁ, guttaṁ santarabāhiraṁ |
evaṁ gopetha attānaṁ, khaṇo ve mā upaccagā |
khaṇātītā hi socanti, nirayamhi samappitā ‖
마치 변방에 위치한 도성은 안팎으로 (잘) 방비되듯이[5]
그렇게 자신을 (잘) 방비해야 한다.
실로 찰나라도 흘려보내지 말라!
찰나라도 흘려보내는[6] 이들은
지옥에 떨어져 근심하게 된다.

*315
성을 쌓아 도적을 방비하듯

부처님께서 싸왓티 제따 숲의 승원에 계실 때, 꼬살라국의 국경 도시에서 험난
했던 안거를 보낸 비구들의 이야기이다.

일단의 수행승들이 변방에 있는 마을에 인접한 숲에서 안거를 보냈다. 매번
외적에 대한 두려움 때문에 승단에 대한 신심 또한 남달랐던 그 마을의 사람들
덕분에 수행승들은 안거의 첫 번째 달을 풍족한 탁발로 지낼 수 있었다. 그런데
갑자기 큰 세력의 외적이 쳐들어와 많은 사람들이 다치거나 도망을 쳐 버린 까
닭에 안거의 두 번째 달은 수행승들이 큰 어려움을 겪었다.

"장로님! 사람들이 하나둘 모여들어 마을이 옛 모습을 찾아가고 있습니다. 그
런데 다시 외적이 쳐들어올 것을 대비해 성을 쌓고 식량을 비축하느라 승단에
공양할 여력이 많지는 않은 것 같습니다."

"비구들이여! 하는 수 없다. 모두, 이제 한 달 남은 안거를 잘 넘길 수 있도록
서로 노력해 보도록 하자."

그렇게 불안하고 힘들었던 안거를 겨우 마친 수행승들은 제따 숲으로 돌아와
부처님을 뵈었다.

"수행승들이여! 안거를 잘 보내셨는가?"

그들은 안거 동안 겪었던 어려움과 불안감을 말씀드렸다.

"수행승들이여! 큰 어려움을 겪은 듯하구나. 아무쪼록 그 경험을 잊지 말지니
라. 특히, 마을 사람들이 외적을 막기 위해 힘들여 성을 쌓듯이, 그대들도 자신
들의 외적을 막기 위해 튼튼한 성을 쌓도록 해야 하느니라."

이 가르침 끝에 그들 가운데 많은 비구들이 예류과를 증득하였다.

---

5) 변방의 도성은 성벽 밖에 해자를 설치한 채 굳건한 외성(外城)과 내성(內城)을 모두 건립하고 내외의 성벽
   에 성문과 망루를 설치하여 항상 수문장이 지키듯이, 수행자는 계행을 바탕으로 여섯 가지 외적 감역에 집
   착하지 않고 내적 감관 또한 항상 새김을 잃지 않으며 정진해 감을 비유한 것이다.
6) 閑 자신을 변방의 도성처럼 잘 수호하지 않는 사람은 다음과 같은 네 가지 행복한 찰나를 지나치게
   된다. ① 깨달은 님이 태어나는 찰나[buddhuppādakkhaṇo], ② 세계의 중앙 지역에 태어나는 찰나
   [majjhimadese uppattikkhaṇo], ③ 올바른 견해를 얻는 찰나[sammadiṭhiyā paṭiladdhakkhaṇo], ④ 흠
   없이 완전한 여섯 감역을 획득하는 찰나[channaṁ āyatanānaṁ avekallakkhaṇo].

316 부끄러움 필요없는 곳에서는 부끄럽고
부끄러워 해얄곳엔 부끄러워 하지않는,
맞지않는 견해들을 받아들인 존재들은
비참하게 놓인길로 나아가게 될뿐이리.

可羞不羞 非羞反羞 生爲邪見 死墮地獄
부끄러워해야 할 것을 부끄러워하지 않고
부끄럽지 않은 것을 도리어 부끄러워하면
살아서는 삿된 견해가 되고
죽어서는 지옥에 떨어지게 된다.

alajjitāye lajjanti, lajjitāye na lajjare |
micchādiṭṭhisamādānā, sattā gacchanti duggatiṁ ||
부끄러워하지 않아도 될 것에 부끄러워하며[7)]
부끄러워해야 할 것에 부끄러워하지 않는,[8)]
잘못된 견해를 받아들이는 존재들은
비참한 길로 나아갈 뿐이다.

317 두려움이 필요없는 곳에서는 두려웁고
두렵다고 해얄곳엔 두렵지가 아니하는,
맞지않는 견해들을 받아들인 존재들은
비참하게 놓인길로 나아가게 될뿐이리.

可畏不畏 非畏反畏 信向邪見 死墮地獄
두려워해야 할 것을 두려워하지 않고
두렵지 않은 것을 도리어 두려워하면
믿음은 삿된 견해를 향해 가며
죽어선 지옥에 떨어지게 된다.

abhaye bhayadassino, bhaye cābhayadassino |
micchādiṭṭhisamādānā, sattā gacchanti duggatiṁ ||

두려워하지 않아도 될 것에 두려워하며,
두려워해야 할 것에 두려워하지 않는,
잘못된 견해를 받아들이는 존재들은
비참한 길로 나아갈 뿐이다.

정작 부끄러워해야 할 것

부처님께서 싸왓티 제따 숲의 승원에 계실 때, 니간타들의 나체 수행에 대한 이야기이다.

어느 날 탁발을 나왔던 비구들이 니간타들을 보고 이런 이야기를 나누었다.

"벗들이여! 저 니간타들은 그래도 낫네 그려. 그래도 으뜸 부끄럼은 저렇게 대충이나마 가리고 다니니 말이야. 아쩰라까(Acelaka)들은 그것도 없어!"

공양을 올리는 신도들에 의해 말이 전해지자 니간타들이 대꾸하였다.

"그대들은 알지 못하는구먼. 이 천은 으뜸 부끄럼을 가린 게 아니라 발우에 생명체가 묻은 티끌이 떨어질까 봐 그런 것이네. 있는 그대로를 드러내는 것이 어찌 부끄러워해야 할 일인가! 티끌 속의 생명체가 해를 입는 것을 두려워 않는 그대들이 정작 문제인 것을!"

비구들과 니간타들이 제법 탁발된 발우를 든 채 한참을 논쟁하다 결론을 짓지 못하고 각자의 승원으로 돌아갔다.

부처님께서 그렇게 잠시 논쟁이 있었음을 아시고 말씀하셨다.

"수행승들이여! 그들은 부끄러워해야 될 일은 부끄러워하지 않고, 정작 부끄러워하지 않아도 될 일에 부끄러워하고 있구나. 바른 견해를 갖는 것이 모든 수행의 첫걸음이거늘, 그렇지 못하면 힘들게 정진하고서도 비참한 길로 빠질 뿐이다."

이 가르침이 전해지자 많은 니간타들이 이제까지의 생각이 바뀌어 바른 견해가 들어서면서 남부끄럼을 느꼈으며, 부처님 승단으로 다시 출가하였다.

---

7) 수행자로서 부끄러워하지 않아도 될 것에 부끄러워하는 예로 '탁발' 등이 있다.
8) 승가의 일원으로서 부끄러워해야 할 것을 부끄러워하지 않는 예로 '승가 내부의 불화를 해결하려는 노력도 없이 밖으로 퍼트리는 것' 등이 있다.

318 　잘못들이 아닌것을 잘못으로 간주하고
　　　잘못들을 놓아두고 아니라고 생각하는,
　　　옳지않은 견해들을 받아들인 사람들은
　　　비참하게 놓인길로 나아가게 될뿐이리.

　　　可避不避 可就不就 翫習邪見 死墮地獄
　　　회피해야 할 것을 회피하지 않고
　　　나아가야 할 곳으로 나아가지 않은 채
　　　삿된 견해만 즐겨 익히면
　　　죽어서 지옥에 떨어지게 된다.

　　　avajje vajjamatino, vajje cāvajjadassino |
　　　micchādiṭṭhisamādānā, sattā gacchanti duggatiṁ ||
　　　잘못이 아닌 것에 대해 잘못이라 생각하며
　　　잘못에 대해 잘못이 아니라 보는,
　　　잘못된 견해[9]를 받아들이는 존재들은
　　　비참한 길로 나아갈 뿐이다.

319 그렇지만 잘못에서 잘못들을 알아보고
       잘못아닌 것이라면 아니라고 알아보는,
       옳고바른 견해들을 받아들인 사람들은
       밝은행복 그세계로 나아가게 될것이다.

       可近則近 可遠則遠 恒守正見 死墮善道
       가까이해야 할 것이면 가까이하고
       멀리해야 할 것이면 멀리하며
       항상 바른 견해를 지키면
       임종한 뒤 좋은 길에 들어서게 된다.

       vajjañca vajjato ñatvā, avajjañca avajjato |
       sammādiṭṭhisamādānā, sattā gacchanti suggatiṁ ||
       그러나 잘못으로부터 잘못을 알고,
       그리고 잘못이 아닌 것으로부터 잘못이 아닌 것을 (아는),
       올바른 견해를 받아들이는 존재들은
       행복한 세계로 나아갈 뿐이다.

아이들 때문에 부처님을 뵙다

부처님께서 싸왓티 제따 숲의 승원에 계실 때, 이교도의 가정에서 아이들 때문에 그 부모들이 부처님을 뵙게 된 이야기이다.

한 마을에 부처님을 따르는 집들과 이교도의 집들이 함께 있었다. 그래서 아이들도 섞여서 함께 뛰어놀았다.

"너희들은 고따마를 따르는 집 애들과 놀더라도 그쪽 수행자들에게 인사하지 말거라. 승원 가까이 가서 놀거나 그 안에 들어가서도 안 된다."

그러나 뛰어놀던 애들은 이곳저곳을 다니다 승원 근처까지 가게 되었다.

"야! 너희들. 목이 마르니 승원에 들어가 물이나 좀 얻어 와라."

이교도의 아이들은 친구들을 승원 안으로 들여보내고 밖에서 기다렸다. 부처님께서 그 모습을 보시고 우선 아이들에게 물을 먹인 뒤 말씀하셨다.

"네 친구들도 들어와 물도 마시고 그늘에서 쉬었다 가라고 하거라."

그래서 친구들의 손에 멋쩍게 끌려온 아이들은 물도 마시고 그늘에서 쉬면서 자신들에게 맞는 재미난 이야기를 부처님으로부터 들을 수 있었다.

"뭐? 승원에 들어갔었다고? 내가 가지 말라고 그렇게 일렀거늘!"

아이들의 말을 듣고 노발대발하는 이교도들에게 재가신자들이 찾아갔다. 그리고 우선 그들을 안정시킨 후, 부처님께서 아이들을 얼마나 아끼고 좋아하시는지 일러 주면서 아이들을 위해서도 승원을 한번 방문하도록 권하였다.

"고따마란 사람이 아이들을 위해서도 따로 말씀을 해주신다면, 애들 교육을 위해서 한번 가 보는 것도 괜찮겠구먼."

그렇게 부처님을 뵙고 가르침을 들은 이교도들은 아이들은 물론 어른인 자신들에게도 유익한 가르침을 거부감 없이 받아들이게 되었다.

---

9) 잘못이 아닌 올바른 견해는 다음의 열 가지를 들며, 잘못되며 올바르지 않은 견해는 그 반대의 내용으로 역시 열 가지를 든다. 즉, 보시도 있고, 제사도 있고, 헌공도 있고, 선악의 행위에 대한 과보도 있고, 이 세상도 있고, 저세상도 있고, 어머니도 있고, 아버지도 있고, 화생하는 뭇 삶도 있고, 이 세상과 저세상을 스스로 곧바로 알고 깨달아서 그것을 다른 사람들에게 알려 주는 사람으로서 세상에서 올바로 살고 올바로 실천하는 수행자들이나 성직자들도 있는 등의 열 가지이다.

第 23 章

नागवग्गो

코끼리로 비유한 장

상유품
象喻品

320   코끼리가 전쟁터서 맞은화살 견디듯이

나도또한 호된비난 견디고자 하는것은,

대부분의 사람들이 인내하지 못하기에

쉽사리도 사악함에 빠져들기 때문이네.

我如象鬪 不恐中箭 常以誠信 度無戒人

나는 마치 코끼리가 전투에서

화살 맞는 것을 두려워하지 않듯이

(모든 비난을) 항상 성실과 믿음으로(대하리라).

(그들은) 계행이 없는 사람들이라 여기며.

aham̐ nāgova saṅgāme, cāpato patitam̐ saram̐ |

ativākyam̐ titikkhissam̐, dussīlo hi bahujjano ||

마치 코끼리가 전쟁터에서

활로부터 발사된 화살을 (맞고도 견디듯이)

나는 (온갖) 비난[1]을 견디고자 하나니,

대부분의 사람들은 (어려움을 견디지 못하고)

실로 쉽사리 사악함에 빠지기 때문에.

321   전쟁터로 데려갈건 길들여진 코끼리요
　　　왕이올라 타는것도 길들여진 코끼리니,
　　　호된비난 견대내며 절제할줄 아는이가
　　　저코끼리 그와같이 사람중에 최고로다.

　　　譬象調正 可中王乘 調爲尊人 乃受誠信
　　　비유컨대 코끼리가 길들여지길 바르게 되었으면
　　　왕이 타는 것에도 선출될 수 있듯이
　　　(심성이) 조절되어 존귀하게 된 사람은
　　　이내 (다른 이의) 정성과 믿음을 받게 된다.

　　　dantaṁ nayanti samitiṁ, dantaṁ rājābhirūhati |
　　　danto seṭṭho manussesu, yotivākyaṁ titikkhati ||
　　　(사람들은) 길들여진 코끼리를 전쟁터로 데려가며
　　　왕은 (그) 길들여진 코끼리에 올라타나니,
　　　(온갖) 비난을 견뎌 내는 절제할 줄 아는 자가
　　　(그러한 코끼리처럼) 인간 가운데 최고이다.

322 길들여져 말잘듣는 노새들도 좋을테고
혈통좋은 인더스산 준마들도 좋을거며,
기상굳센 꾼자라산 코끼리도 좋겠지만
그것보다 제스스로 절제된이 젤나으리.

雖爲常調 如彼新馳 亦最善象 不如自調
비록 항상 조련되어 있음이
마치 저 힘차게 달리는 말이나
또는 가장 건장한 코끼리 같을지라도
스스로 조절되어 있는 자만 못하다.

varamassatarā dantā, ājānīyā ca sindhavā |
kuñjarā ca mahānāgā, attadanto tato varaṁ ||
길들여진 노새²⁾들도 좋고
혈통이 좋은 씬두 산産 말³⁾들도 좋으며
건장한 꾼자라 코끼리⁴⁾들도 좋지만
그것보다 자신이 절제된 사람이 가장 낫다.

* 320-322

잘못된 비난을 받는 것

부처님께서 꼬삼비의 고씨따 승원에 계실 때, 뇌물을 받고 부처님을 비난하는 사람들에게 비난을 받던 이야기이다.

꾸루(Kuru)국의 부호 마간다는 잘생긴 부처님을 자신의 딸 마간디야와 맺어 주려다 '갈애와 불만과 탐욕을 여읜 여래는 아름다운 여인이라도 똥오줌으로 가득찬 주머니로 볼 뿐이다.'라는 답을 듣고 아내와 함께 출가하였다. 하지만 부처님으로부터 모멸을 받았다고 여겨 앙심을 품고 있던 마간디야는 꼬삼비국 우데나 왕의 왕비가 되어 꼬삼비로 오게 되었다. 그녀는 옛일을 기억하여, 많은 돈으로 사람들을 매수해 부처님을 비난하게 하였다.

"세존이시여! 이곳 백성들이 여래를 모욕하고 욕설을 퍼붓습니다. 다른 도시로 옮겨가시는 것이 어떻겠습니까?"

"아난다여! 다른 곳으로 가서 또 비난이 있으면 다시 옮기자고 할 것이 아니냐. 정당한 비난이라면 새겨들을 것이요, 정당치 않은 것이라면 전장에 나간 코끼리가 화살을 견디듯 수행자라면 견딜 줄 알아야 하느니라. 전장의 코끼리는 적군의 화살을 견디는 것이 제일이듯, 사악한 자들이 말하는 욕설을 인내하는 것이 지금은 내가 해야 할 일이니라."

부처님의 가르침을 듣고 비난하던 자들이 모두 비난을 멈추었다.

---

1) '비난[ati(지나친)vākya(언행)]'이란 남을 해코지할 목적으로 근거도 없이 말하는 여덟 가지 언행을 일컫는다. 젠 ① 보지 않은 것을 보았다고 말하기, ② 듣지 않은 것을 들었다고 말하기, ③ 기억하고 있지 않은 것을 기억한다고 말하기, ④ 알지 못하는 것을 안다고 말하기, ⑤ 본 것을 보지 못했다고 말하기, ⑥ 들은 것을 듣지 못했다고 말하기, ⑦ 기억하고 있는 것을 기억하지 못한다고 말하기, ⑧ 알고 있는 것을 알지 못한다고 말하기 등이다.

2) 노새는 암말과 수탕나귀 사이에서 난 잡종이며, 반대로 수말과 암탕나귀 사이에서 난 잡종은 버새라 한다. 노새는 생식 능력이 없으나 몸이 튼튼하고 병에 잘 견디며 힘이 세고 먼길에도 능히 견디는 까닭에 노역을 시키는 가축으로 널리 사용되었다.

3) 인더스 강 유역에서 나는 준마를 일컫는다. 인더스 강 유역의 지역 명이 씬두(Sindhu)인데, '인더스'라는 명칭 또한 '씬두'의 서양식 발음이다.

4) 꾼자라 코끼리는 '상아 코끼리'라고 불리는 몸집이 큰 특정 코끼리를 말하는데, '꾼자라(kuñjara)'란 말이 복합어의 뒷단어로 사용될 때는 '으뜸'을 나타내기도 한다. 혹은 고대 군대 조직에서 코끼리로 구성된 군대를 'kuñjara[코끼리]anīka[군단]'라고 일컬었다.

323　　이세상에 수레란게 그렇고들 그렇다면
　　　　가보지를 못하였던 열반으로 어이가리.
　　　　제스스로 제어된이 그런자신 수레삼아
　　　　제자신을 다스리면 열반으로 나아가리.

　　　　彼不能適 人所不至 唯自調者 能到調方
　　　　저들(인 탈것으)로는 나아갈 수 없나니,
　　　　사람이 가닿지 못한 곳이라면.
　　　　오직 스스로 (자신이) 조절된 자만이
　　　　(완벽하게) 조절된 곳(인 열반)에 도달할 수 있다.

　　　　na hi etehi yānehi, gaccheyya agataṁ disaṁ |
　　　　yathāttanā sudantena, danto dantena gacchati ||
　　　　그런 탈것들로는
　　　　(아직) 가 보지 못한 영역(인 열반)으론 절대 갈 수 없다.
　　　　(자신이) 잘 다스려진 이는
　　　　잘 다스려진 자신을 통하는 방식으로
　　　　(자신을 잘) 다스림으로써(만
　　　　열반의 영역으로) 나아갈 수 있을 뿐이다.

*323

코끼리 조련사였던 비구

부처님께서 싸왓티 제따 숲의 승원에 계실 때, 코끼리 조련사였던 비구와 관련된 이야기이다.

코끼리 조련사 출신의 한 비구와 그 도반들이 탁발을 나갔다가 아찌라와띠 강 언덕에서 코끼리를 조련하는 사람을 보았다. 그는 아직 미숙했던지 코끼리에게 쉬운 동작도 조련시키지 못하고 쩔쩔매고 있었다.

"여보게들! 저 조련사는 초짜야, 초짜! 저럴 때는 후크로 어디를 찌르면서 어떻게 하면 아무리 사납던 코끼리도 다 따라 하게 마련이지."

그 말을 듣고 있던 비구 하나가 얼른 달려가서 조련사에게 일러 주었다. 그랬더니 역시나 코끼리가 어김없이 조련사의 말대로 행동하였다.

비구들은 신기하게 말을 잘 듣는 코끼리를 바라보며 탁발할 마을로 들어갔으며, 탁발을 마칠 때까지 그 비구의 솜씨에 대해 이야기꽃을 피웠다.

승원에 돌아와서도 이야기가 멈추지 않더니, 급기야 부처님께서 이야기를 들으시고 조련사였던 비구와 그 무리를 불렀다.

"비구들이여! 이런저런 일이 있었던 것이 사실이냐?"

"세존이시여! 사실이옵니다. 그의 말대로 조련사가 하였더니 그 험악하던 끈자라 코끼리가 얼마나 순하게 변해서 잘 따르던지 모두 놀랐습니다."

"비구들이여! 그것뿐이더냐? 더 할 이야기는 없느냐?"

"세존이시여! 그렇습니다. 모든 이야기를 숨기지 않고 말씀드린 것입니다."

"어리석은 비구들이여! 그대들이 진정한 수행자라면 눈앞의 코끼리만 보지 말고 감관을 날뛰게 하는 코끼리도 보아야 하지 않겠느냐. 잘 조련된 코끼리를 왕이 전쟁터에 타고 나가듯이, 너희들은 감관의 코끼리와 감관의 야생마를 조련하여 그것을 타고 열반의 영역으로 나아가야겠거늘, 어이하여 거기서 멈추는 것이냐!"

비구들은 부처님의 호된 꾸지람에 실린 가르침을 새겨들었다.

324 관자놀이 그곳에서 진한진액 뿜어낼때
제어하기 아주힘든 재물지킴 코끼리는,
묶어두면 한모금도 모이먹지 않는것은
그가살던 코끼리숲 그시절을 기억해서.

如象名財守 猛害難禁制 繫絆不與食 而猶暴逸象
'재물 지킴이'라 이름하는 코끼리와 같은 것은
사납고도 해로워서 가두거나 통제하기 어려운데
줄에 묶어 두면 먹거리도 먹지 않고
오히려 난폭하게 날뛰는 코끼리이다.

dhanapālako nāma kuñjaro, kaṭukappabhedano dunnivārayo |
baddho kabaḷaṁ na bhuñjati, sumarati nāgavanassa kuñjaro ||
관자놀이로부터 자극적인 진액[5]을 뿜어내면 제어하기 어려운
'재물 지킴이'라 불리는 상아 코끼리는
묶여 있으면 (먹이를) 한 모금도 먹지 않나니,
(그) 코끼리는 코끼리 숲을 기억하기 때문이다.

## 324

재산을 물려주고 쫓겨난 브라만

부처님께서 싸왓티 제따 숲의 승원에 계실 때, 네 아들에게 모든 재산을 물려주고 결국엔 집에서 쫓겨난 어느 브라만의 이야기이다.

홀로된 노년의 어느 브라만이 네 아들과 며느리들의 간청을 이기지 못하고 잘 모시겠다는 말만 믿고는 전 재산을 골고루 나누어 물려주었다.

"아니? 저희가 장남이지만 아버님은 조금도 더 주신 게 없지 않습니까!"

"아버님! 저희가 막내면서 식구가 많아 생활이 아주 어렵습니다."

브라만은 네 아들의 집에서 모두 환대는커녕 눈치만 보다가 결국 쫓겨 나와 거리로 나앉았다.

'내 이제 어쩔 건가? 너무 늙어 숲으로 들어가 수행도 못할 처지니. 수행자 고따마는 천하고 가난한 이들에게도 잘 대해 준다니, 그곳에 가 봐야겠다.'

"그렇다면 브라만이여! 많은 사람들이 모이고 마을의 장로들이 있는 자리에서 내가 일러 드리는 시를 잘 외어 읊어 보시오.

내가제놈태어날때 기뻐하던생각하면 이세상의무슨기쁨 그것에다비기리오.

한뼘한뼘커갈때는 모든시름모두잊고 그저건강한몸으로 크기만을바랐나니.

커서짝을맺어주고 있는재산넘겼더니 하루아침돌변하여 나를가축취급하네.

집놔두고걸식하다 걸인에게빰을맞고 서룬맘에흘린눈물 암소만이따라우네.

이제어딜갈것인가 이몸어디눕힐텐가 하나남은지팡이나 부러지지말았으면."

그러자 시를 들은 사람들이 네 아들을 불러들였다. 어느 마을이건 있는 관습법에 '부모의 재산을 받고 봉양하지 않으면 죽음으로 다스린다.'는 항목이 있었다. 그러나 사람들이 그 법대로 처벌하려 할 때 브라만이 나서서 다만 자신의 잘못일 뿐이니 자식들을 처벌하지 말라고 눈물로 애원하였다.

그 모습을 본 자식들은 그제야 뉘우치고 부친을 다시 잘 모셨다고 한다.

---

5) 발정기가 되면 코끼리는 관자놀이에서 자극적이고도 단 냄새를 풍기는 진액을 뿜어낸다. 이때의 코끼리는 성질이 난폭해지며, 이 진액을 취하고자 벌이나 날벌레들이 달려든다고 한다.

325 먹이먹여 키워놓은 살찐돼지 그것처럼
　　　게으름에 하루종일 먹이찾는 먹보에다
　　　뒹굴뒹굴 하다보니 잠만느는 잠보라면
　　　그렇게들 게으른자 자꾸자궁 들어가리.

　　　沒在惡行者 恒以貪自繫 其象不知厭 故數入胞胎
　　　사악한 행위에 빠져 있는 자는
　　　항상 탐욕으로 스스로 옭아매기 마련인데,
　　　그것은 코끼리가 싫증 냄을 알지 못하는 것과 같아
　　　(결국엔) 몇 번이고 태내胎內로 들어가게 된다.

　　　middhī yadā hoti mahagghaso ca, niddāyitā samparivattasāyī |
　　　mahāvarāhova nivāpaputṭho, punappunaṁ gabbhamupeti mando ||
　　　만약 사료로 양육된 수돼지처럼[6]
　　　게으름뱅이에 먹보에다
　　　뒹굴뒹굴하는 잠보가 된다면
　　　게으른 그는 거듭하여 자궁으로 들어간다.

*325

꼬쌀라국의 먹보 빠쎄나디

부처님께서 싸왓티 제따 숲의 승원에 계실 때, 꼬쌀라국의 왕인 빠쎄나디가 먹보였다가 음식을 절제하게 된 이야기이다.[7]

꼬쌀라국의 빠쎄나디 왕은 애초엔 먹보여서 됫박 분량의 밥을 지어 온갖 요리와 양념과 함께 그것을 혼자서 다 먹었다. 심지어 왕은 부처님을 뵙는 날 아침에도 식욕을 참지 못해, 승원에 와서 부처님께 예를 갖춘 후에는 법문 때 졸거나 피곤해 하다가 먼저 물러나 있기도 하였다.

"세존이시여! 저는 식후에 항상 지나친 졸음에 괴롭습니다."

"대왕이시여! 과식은 언제나 고통을 가져다줍니다. 알맞게 드십시오."

그리고 왕에게 한 수의 게송을 일러 주었다.

'언제나 새김을 확립하고 알맞은 식사 분량을 아는 사람은 괴로운 느낌이 적어지고 목숨을 보존하여 더디게 늙어 가리.'

자신은 도저히 욀 자신이 없었던 왕은 조카 쑤닷싸나에게 외워서 필요할 때 들려주도록 했다. 그러자 부처님께서 쑤닷싸나에게 말씀하셨다.

"쑤닷싸나여! 그대는 왕이 식사하고 계시면 기다렸다가 마지막 밥 한 덩어리를 왕이 들려고 할 때 이 시를 읊어 주도록 하여라. 그러면 왕은 마지막 한 덩어리의 밥을 먹지 않을 것이다. 그만큼 밥 짓는 양을 줄여 나가도록 하라."

쑤닷싸나는 부처님께서 말씀하신 그대로 시행하였다. 그랬더니 빠쎄나디 왕의 식사 분량이 차츰 줄더니, 결국 한 홉 분량의 밥으로 만족하였고 몸도 날씬해져 건강을 되찾았다.

"대왕이시여! 내 자신을 수퇘지처럼 먹인다면 윤회를 벗어나지 못하고 거듭 자궁을 들락거리게 될 뿐입니다."

---

6) 젠 나태와 무감각에 사로잡혀 과식하는 자를 뜻하는데, 다음과 같은 사람이다. ① 식후에 일어설 수가 없어서 손을 좀 잡아 달라고 하는 자, ② 식후에 옷이 꽉 끼어서 옷이 째지겠다고 하는 자, ③ 식후에 일어날 수가 없어서 바닥에 누워 뭉개는 자, ④ 큰 입으로 한꺼번에 많이 먹으려다 흘린 것이 까마귀 먹을 만큼이나 되는 자, ⑤ 너무 많이 먹어서 먹은 것을 토하는 자 등이다.
7) 게송 204번과 동일한 내용의 배경담이다.

326 　예전에는 이마음이 가잔대로 나아가고
　　　바라는곳 어디든지 신이나서 다녔지만,
　　　이젠마치 조련사가 코끼리를 다잡듯이
　　　나자신이 이내맘을 밑둥부터 다잡으리.

　　　本意爲純行 及常行所安 悉捨降伏結 如鉤制象調
　　　본디 속마음은 순수하게 행해진다고 하지만
　　　(실제에) 이르러선 항상 제 편한 대로만 행해지기에
　　　모든 것이 버려지고 맺힌 것들을 항복시키고자 하나니,
　　　마치 조련사가 코끼리를 제어하여 다루듯이.

　　　idaṁ pure cittamacāri cārikaṁ,
　　　yenicchakaṁ yatthakāmaṁyathāsukhaṁ |
　　　tadajjahaṁ niggahessāmi yoniso,
　　　hatthippabhinnaṁ viya aṅkusaggaho ||
　　　예전엔 의식意識이 원하는 곳으로
　　　바라는 어디건 신나게 돌아다녔다.
　　　이젠 마치 코끼리 조련사가
　　　발정난 코끼리를 (다잡는 것처럼)
　　　나는 근본적으로 그 의식을 다잡을 것이다.

* 326

어느 사미의 환속

부처님께서 싸왓티 제따 숲의 승원에 계실 때, 사미로 지내다 구족계를 받을 때 환속을 고민했던 어느 수행승의 이야기이다.

사미 싸누(Sānu)는 어려서 출가한 후 법당을 청소하고 불을 밝히는 등 사미로서 모든 일에 충실함은 물론, 아주 맑은 목소리를 지닌 탓에 비구들의 요청으로 법좌에 올라 미리 외워 둔 경구를 자주 낭독하였다.

"경구를 외워서 얻은 공덕은 모두 금생과 전생의 부모님께 회향합니다."

그의 공덕 회향을 금생의 부모는 듣지 못했지만, 전생의 어머니로 야차녀가 된 여인이 듣고는 매우 기뻐하였다. 그날로 야차녀는 천상의 모든 신들로부터 부러움을 받는 신세가 되었다.

그런데 사미가 성장하여 감관이 발달할 때쯤이 되자 갖은 불만으로 예전 같지 않았다. 그래서 구족계를 받고자 할 때 세속의 삶을 살고자 어머니에게 갔다.

"예전과는 무언가 다릅니다. 수행 생활이 제게 맞지 않는 것 같습니다."

그의 모친은 여러 말로 아들을 달래 보았지만 전혀 소용이 없었다. 그러자 부러움을 한몸에 받던 전생의 모친도 곤란하게 되었다.

'내가 어떻게든 저 애의 마음을 돌려보아야겠다.'

야차녀는 잠시 미약한 마음 상태인 싸누의 몸으로 들어가 눈이 돌아가고 입에 거품을 물며 땅위에 누워서 떠는 등 기이한 모습을 보였다. 그리고 그 소식에 많은 사람이 모였을 때 '청정한 삶을 사는 이는 야차가 희롱하지 못하지만, 청정한 삶을 포기하는 자는 한낱 잡신에게라도 괴로움을 당하리라.'는 말을 싸누의 입을 통해 전하고는 다시 아들의 몸에서 빠져나왔다.

잠시 정신을 잃은 듯 하였을 때 일어난 일을 모친에게 전해 들은 싸누는 그제야 마음을 돌리고 승원으로 돌아와 구족계를 받아 비구가 되었다.

사정을 살피신 부처님께서 수계식에서 싸누에게 말씀하셨다.

"싸누여! 마음을 여러 대상에 오랫동안 방황하게 하고 제어하지 않는다면 안락도 없고 수행도 없느니라. 자신의 의식을 다잡도록 할지니라."

327　방일하지 아니함을 기뻐해야 할것이요,
그리고는 늘자신의 이마음을 지켜보라!
그리하여 진흙빠진 코끼리가 그러하듯
그대들은 사악에서 제스스로 나올지라!

樂道不放逸 能常自護心 是爲拔身苦 如象出于塪
방일하지 않음으로 도道를 즐김으로써
항상 스스로 마음을 보호할 수 있으면
이것이 육신의 괴로움을 제거하는 것이 될지니
마치 코끼리가 (스스로) 진흙 구덩이에서 빠져나오듯.

appamādaratā hotha, sacittamanurakkhatha |
duggā uddharathattānaṁ, paṅke sannova kuñjaro ||

그대들은 방일하지 않음을 기뻐하는 자들이 되어라!
(그리고 항상) 자신의 의식意識을 지켜보라!
(그래서) 마치 진흙에 빠진 상아 코끼리처럼[8]
그대들은 자신의 사악함으로부터 빠져나오라!

## 327

늪에 빠진 코끼리

부처님께서 싸왓티 제따 숲의 승원에 계실 때, 늪에 빠진 왕실의 코끼리를 조련사가 구조해 낸 이야기이다.

왕실의 코끼리인 빠웨이야까(Pāveyyaka)는 왕이 전장에 나갈 때 항상 타고 다니던 건장한 코끼리였다. 그러나 세월이 흘러 늙어 버린 코끼리는 기운이 예전 같지 않았는데, 하루는 숲을 지나다 깊은 늪에 빠지고 말았다.

"너희들은 무슨 일이 있더라도 저 코끼리를 구하도록 하라!"

왕은 빠웨이야까에 대한 애정으로, 무슨 수를 쓰더라도 그를 구하라고 왕실의 군대에 엄명하였다.

왕실에선 최고 실력의 코끼리 조련사를 급히 파견하였다. 그러나 워낙 찐득한 늪에 빠진지라 마필과 많은 사람이 줄을 묶어 당겨도 이미 가슴까지 들어간 코끼리는 꼼짝하지 않았다.

"안 되겠다. 당장 군악대를 불러 힘찬 군악을 연주하도록 하시오."

현명한 조련사는 지혜를 발휘하여 왕실 군악대를 불러 힘찬 행진곡을 연주하도록 하였다. 그러자 예전 전장에서의 추억을 떠올린 빠웨이야까는 힘을 내어 스스로 그 늪에서 빠져나올 수 있었다.

수행승들이 그 광경을 보고 부처님께 말씀드렸다.

"수행승들이여! 코끼리 빠웨이야까는 늪에 빠진 곤경을 결국엔 스스로의 힘으로 벗어났다. 그대들은 지금 번뇌의 늪에 빠져 있다. 여래가 거듭 온다 하더라도 너희에게 도움말만 줄 뿐, 결국 거기에서 빠져나오게 하는 것은 너희 자신일 뿐이다."

이 가르침이 끝나자 많은 수행승들이 예류과를 증득하였다.

---

8) 상아 코끼리가 늪과 같은 진창에 빠지면 사람들이나 여러 필의 말을 동원하더라도 꺼내어 줄 수가 없고, 단지 상아 코끼리 스스로의 힘으로 그곳을 빠져나오게 하는 방법밖엔 없다고 한다.

328 함께같이 행동하고 올바르게 살아가며
강인하고 또현명한 그런친구 만난다면,
모든어렴 극복하고 의식또한 챙긴채로
항상기쁜 마음으로 그와함께 가야하리.

若得賢能伴 俱行行善悍 能伏諸所聞 至到不失意
만약 현명한 이를 얻어 도반을 삼을 수 있고
(그와) 함께 수행하며 선을 행함이 군건하다면
모든 들리는 바를 굴복시킬 수 있기에
지극한 경지가 와닿기까지 속마음을 잃지 않을 것이다.

sace labhetha nipakaṁ sahāyaṁ,
saddhiṁ caraṁ sādhuvihāridhīraṁ |
abhibhuyya sabbāni parissayāni,
careyya tenattamano satīmā ||

함께 행동하고 옳게 살아가며 강인한,
만약 (그런) 현명한 친구를 만날 수 있으면
모든 어려움을 극복하고 의식을 챙긴 채
즐거운 마음으로 그와 함께 나아가야 한다.

329 함께같이 행동하고 올바르게 살아가며
강인하고 또현명한 그런친구 못만나면,
코끼리숲 한켠에서 홀로사는 코끼리나
온나라를 다스리다 숲으로간 제왕처럼
제홀로서 의기롭게 나아가야 하느니라.

不得賢能伴 俱行行惡悍 廣斷王邑里 寧獨不爲惡
현명한 이를 얻어서 도반할 수 없었기에
(그와) 함께 수행하더라도 사악함을 행함만 굳세다면
왕이 하사한 식읍食邑일지라도 과감히 끊어 버리고
차라리 홀로될 뿐 사악하겐 되지 말라.

no ce labhetha nipakaṁ sahāyaṁ,
saddhiṁ caraṁ sādhuvihāridhīraṁ ‖
rājāva raṭṭhaṁ vijitaṁ pahāya,
eko care mātaṅgaraññeva nāgo ‖
함께 행동하고 옳게 살아가며 강인한,
만약 (그런) 현명한 친구를 만날 수 없으면
마치 정복한 왕국을 버리고 (숲으로 떠난) 제왕처럼
코끼리 숲 속에서 (홀로 살아가는) 코끼리처럼
홀로 (의기롭게) 나아가야 한다.

330 홀로되어 의기롭게 나아감이 훨씬낫지
어리석은 벗이란건 존재하지 않나니라.
작은바람 지닌채로 숲속에서 홀로사는
코끼리가 그렇듯이 의기롭게 나아가되
그어떠한 죄악또한 저지르지 말지니라.

寧獨行爲善 不與愚爲侶 獨而不爲惡 如象驚自護

차라리 홀로 수행하여 선善을 이룰지언정
어리석은 이와 더불어 짝하지 말라.
홀로되어 사악함 짓지 말기를
마치 코끼리가 (조그만 것에도) 놀라며 스스로 보호하듯 하라.

ekassa caritaṁ seyyo, natthi bāle sahāyatā |

eko care na ca pāpāni kayirā,

appossukko mātaṅgaraññeva nāgo ||

홀로된 이의 (의기로운) 나아감이 더 낫지
어리석은 이와의 사귐은 존재하지 않는다.[9]
마치 조그만 바람만 지닌 채 코끼리 숲 속에서 (살아가는) 코끼리처럼
홀로 (의기롭게) 나아가야 하며,
그리고 어떤 죄악도 저지르지 말아야 한다.

*328-330
코끼리가 부처님 시중을 들다

부처님께서 싸왓티 제따 숲의 승원에 계실 때, 꼬쌈비의 고씨따 승원 수행승들이 화합하지 못하자 부처님께서 그곳에 가셨던 일에 관한 이야기이다.[10]

제따 숲의 승원에 계시던 부처님께 꼬쌈비의 고씨따 승원이 화합치 못하다는 소식이 들렸다. 그래서 부처님께서 친히 건너가셔서 수행승들의 화합을 시도해 보았으나, 사소한 말다툼에서 시작된 일은 해결의 기미가 안 보였다.

그래서 부처님께선 며칠 후 고씨따 승원을 떠나 한적한 곳에서 홀로 계시고자 발우와 가사를 지니시고 소금을 만드는 발라까(Bālaka) 마을로 가셨다. 거기서 장로 바구(Bhagu)에게 가르침을 설하고, 다시 인근 공원에서 세 젊은이들을 만나 화합하여 사는 삶의 공덕을 설하셨다. 그리고 안거를 나기 위해 도착한 곳이 빠릴레이야까(Pārileyyaka)라는 숲이었는데, 그곳엔 숲과 이름이 같은 빠릴레이야까라 불리는 코끼리가 살고 있었다.

코끼리 빠릴레이야까는 부처님께서 마을로 탁발을 나가실 때와 탁발을 마치고 돌아오실 때 발우와 가사를 자기 머리 위에 얹고 다녔다가 돌아와서는 안전한 곳에 잘 보관하였다. 그리고 부처님께서 쉬실 때는 나뭇가지를 흔들어 바람을 만들어 드렸으며, 밤에는 맹수가 접근하지 못하도록 자지 않고 지켰다. 시자가 하는 모든 일을 도맡은 코끼리 덕분에 부처님께선 불편이 없으셨다.

한편 꼬쌈비의 재가신도들은 고씨따 승원의 수행승들이 부처님의 가르침을 따르지 않은 채 화합하지 않음을 알고 승가에 대한 공양을 거부하였다. 그러자 당장 먹거리 문제에 봉착한 수행승들은 하는 수 없이 재가신도들의 요청대로 부처님을 모셔 오려고 숲으로 갔으며, 자신들도 화합하지 않을 수 없었다.

"수행승들이여! 코끼리 빠릴레이야까는 제가 할 모든 일을 했구나. 그와 같은 도반을 얻으면 함께 갈 것이나, 아니면 홀로 가는 것이 좋다."

---

9) 어리석은 자와 진정한 벗이 되지 못하는 이유는, 그런 이에겐 우정의 질을 규정할 수 있는 원리들이 존재하지 않기 때문이다. ⇒ ㋡ '우정의 질을 규정하는 원리들'
10) 본 게송의 배경담은 게송 6번의 배경담과 동일한 내용이다.

331 　일생기면 곁에있는 친구들이 기쁨이요
　　무슨일을 겪더라도 만족함이 기쁨이며,
　　평소쌓은 공덕들은 임종할때 기쁨이요
　　모든괴롬 내버림이 무엇보다 기쁨이리.

　　生而有利安 伴軟和爲安 命盡爲福安 衆惡不犯安
　　태어나며 갖춰진 이로움이 편안함이라지만
　　도반과 유연하고 화목하면 (더욱 큰) 편안함이 되며,
　　목숨이 다했을 땐 복을 지었다는 것이 편안함이라지만
　　뭇 사악함을 범하지 않았다는 것이 (가장 큰) 편안함이다.

　　atthamhi jātamhi sukhā sahāyā, tuṭṭhī sukhā yā itarītarena |
　　puññaṁ sukhaṁ jīvitasaṅkhayamhi,
　　sabbassa dukkhassa sukhaṁ pahānaṁ ||
　　일이 일어났을 때 친구들은 커다란 기쁨이며,
　　어떤 것이건 이런저런 (조그만) 만족들이 (진정한) 기쁨들이다.
　　(평소에 쌓아 놓은) 공덕은 임종할 때 기쁨이 되며,
　　모든 괴로움의 내버림이 (가장 큰) 기쁨이다.

332　이세상에 어머님을 모신다면 기쁨이요
　　　그리고또 아버님을 모신대도 기쁨이며,
　　　이세상에 沙門정신 섬긴다면 기쁨이요
　　　브라만의 그정신을 섬긴대도 기쁨이리.

　　　人家有母樂 有父斯亦樂 世有沙門樂 天下有道樂
　　　사람의 집안에 모친이 계시다는 것은 즐거움이요
　　　부친이 계시다는 것 그 역시 즐거움이다.
　　　세간엔 사문이 있다는 것이 즐거움이요
　　　천하엔 도道가 있다는 것이 즐거움이다.

　　　sukhā matteyyatā loke, atho petteyyatā sukhā |
　　　sukhā sāmaññatā loke, atho brahmaññatā sukhā ‖
　　　이 세상에서 어머니를 섬길 수 있음은 기쁨이요,
　　　그리고 아버지를 섬길 수 있음은 기쁨이며,
　　　이 세상에서 사문 정신[11]을 섬길 수 있음은 기쁨이요,
　　　그리고 브라만 정신[12]을 섬길 수 있음은 기쁨이다.

333   연로해도 지킨계행 기뻐할일 일것이요
굳건하게 지킨헌신 그도또한 기쁨이며,
지혜라면 성취됨이 기뻐할일 일것이요
죄악들은 그만둠이 그게바로 기쁨이리.

持戒終老安 信正所正善 智慧最安身 不犯惡最安
계행을 지녔다는 것은 늙어지도록 편안함이요
올바른 바를 믿음으로 바루는 것이 선善이며,
지혜는 육신을 가장 편안하게 하고
사악함을 범하지 않는 것이 가장 편안함이다.

sukhaṁ yāva jarā sīlaṁ, sukhā saddhā patiṭṭhitā |
sukho paññāya paṭilābho, pāpānaṁ akaraṇaṁ sukhaṁ ||
연로할 때까지 계행(이 존재함)은 기쁜 일이며[13]
굳건하게 자리한 헌신은 기쁜 일이다.
지혜의 경우 성취됨이 기쁜 일이며
죄악들의 경우 그침이 기쁜 일이다.

* 331-333
# 전륜성왕이나 되시죠

부처님께서 꼬쌀라국 히말라야 산기슭 자그만 초암에 계실 때 이야기이다.

부처님께서 한적한 곳에서 홀로 고요히 명상에 들어 생각하였다.

'나라를 다스리며 통치 수단으로 흔히 사용되는 사형이나 엄한 형벌, 혹은 가혹한 처벌이 반드시 필요한가? 임금이 백성들에게 고통을 주지 않거나 고통의 원인을 제공하지 않고는 나라라는 것이 다스려지지 않는 것인가? 임금으로서 그런 것에 의지하지 않고 잘 다스리는 세상을 만드는 것은 정녕 불가능하단 말인가?'

부처님의 마음에 이런 생각이 흐를 때 누구보다 반기는 이가 있었으니, 바로 죽음의 신인 마라였다.

'그래! 싸끼야족의 왕자가 드디어 세상의 통치에 욕심을 내는구나. 세상을 통치하다 보면 마음은 쉽사리 흐트러지게 되겠지. 흐트러진 마음으론 지금처럼 나를 통제하지 못하리라. 그러면 내가 그의 손아귀에서 벗어나, 오히려 그를 통제할 수 있을 것이다. 그래! 그가 권좌를 탐하도록 충동질을 해야겠다.'

그래서 마라는 부처님에게 다가가 말씀드렸다.

"세존이시여! 부디 세상의 임금이 되십시오. 전륜성왕이 되어 세상을 다스리십시오. 사형도 없고 형벌도 없고 처벌도 없는 세상을 만드소서!"

부처님께서 마라에게 답변하셨다.

"마라여! 그러한 것들은 한 명의 전륜성왕에 의해서 이뤄지는 것이 아니라 모든 이들이 애착이란 세상의 결박을 끊기 위해 애씀으로서 가능한 것이다. 애착이 아니라 세상의 모든 기쁨을 느낄 수 있을 때 가능한 것이니라."

---

11) '사문(沙門, sāmañña) 정신'이란 고생하는(√śram) 상태에 굴하지 않고 수행에 임하는 정신을 일컫는다. ⇒ 쥔 '브라만과 사문과 비구'

12) '브라만(brahmañña) 정신'이란 절대 존재인 브라흐만이 되고자 노력하는 것을 일컬으니, 곧 불교에서 깨달은 자인 붓다(Buddha)가 되고자 노력하는 자로서 '불자(佛者)'라고 일컬음과 유사하다.

13) 몸을 치장하는 장식물은 젊은이에게 맞는 것이 있고 노인에게 맞는 것이 있겠지만, 오계(五戒)나 십계(十戒)의 계행을 지킨다는 것은 젊은이나 노인이나 모두에게 한결같이 좋은 일이요, 기쁜 일이다.

第24章

༚༚༚༚༚༚༚༚༚༚༚༚༚༚༚

तण्हावग्गो

애증과 욕망을 경계한 장

애욕품

愛欲品

༚༚༚༚༚༚༚༚༚༚༚༚༚༚༚

334 방일하는 사람이면 그가지닌 갈망이란
말루와란 덩굴처럼 번져자라 날것이요,
숲속에서 열매찾는 원숭이가 그러하듯
이삶에서 저삶으로 옮겨가게 될것이리.

心放在婬行 欲愛增枝條 分布生熾盛 超躍貪果猴
마음이 음란한 행위에 놓이면
애욕이 불어나 가지에 곁가지를 치니
나뉘고 퍼지고 자라나 치성해짐이
이리저리 뛰어다니며 열매를 탐하는 원숭이 같으리라.

manujassa pamattacārino, taṇhā vaḍḍhati māluvā viya |
so plavatī hurā huraṁ, phalamicchaṁva vanasmi vānaro ||
방일하는 사람에게 있어서
갈망은 말루와 덩굴처럼 자라난다.[1]
그는 마치 숲속에서 열매를 바라는 원숭이처럼
이 삶으로부터 저 삶으로 옮겨 다니게 된다.

335 　이세상에 누구라도 자신에게 들러붙는
　　끔찍스런 갈망들이 엄습하여 일어나면
　　그고뇌의 자라남은 비온뒤에 비라나풀.

以爲愛忍苦 貪欲著世間 憂患日夜長 莚如蔓草生

괴로움 참아 내는 것을 사랑이라 여기며

탐욕으로 세간에 집착하면

근심과 우환이 밤낮으로 자라나

덩굴풀이 성장하듯 만연할 것이다.

yaṁ esā sahatī jammī, taṇhā loke visattikā |

sokā tassa pavaḍḍhanti, abhivaṭṭhaṁva bīraṇaṁ ||

이 세상에서 어떤 이에게

들러붙는 끔찍한 갈망이 엄습하면

그의 고뇌들은 비온 뒤의 비라나[2] 풀처럼 자라난다.

336 그렇지만 누구라도 바로지금 이세상에
정복되기 어렵고도 독한갈망 견뎌내면,
연잎에서 물방울이 남지않고 떨어지듯
고뇌들은 그로부터 남김없이 떨어지리.

人爲恩愛惑 不能捨情欲 如是憂愛多 潺潺盈于池
사람이 은혜와 사랑에 미혹되면
정情에 기인한 애욕을 버릴 수 없나니,
이와 같다면 근심과 애욕이 많아져
졸졸 흐르는 물줄기가 못을 가득 채우듯 하리라.

yo cetaṁ sahatī jammiṁ, taṇhaṁ loke duraccayaṁ |
sokā tamhā papatanti, udabinduva pokkharā ||
그러나 누구라도 이 세상에서
정복되기 어려운 끔찍한 갈망을 견뎌 내면
고뇌들은 마치 연잎으로부터 (떨어지는) 물방울처럼
그로부터 떨어져 나간다.

337 이 말들을 그대들께 내분명히 말하리라.
여기있는 모든이들 부디행복 할지니라!
우시라를 원한다면 비라나를 캐내듯이
그대들은 갈망에서 그뿌리를 파버려라!
마치물살 거세어도 갈대꺾지 못하듯이
죽음들이 그대들을 다시꺾지 못하도록.

爲道行者 不與欲會 先誅愛本 無所植根 勿如刈葦 令心復生
도道를 이루고자 수행하는 자는
욕락과 더불어 회합하지 말지니,
우선 애욕의 근본을 베어 없애고
뿌리가 될 만한 것을 심는 일이 없도록 하라.
마치 갈대를 베어 내듯 하여
(삿된) 마음으로 하여금 다시 생겨나지 못하도록 하라.

taṁ vo vadāmi bhaddaṁ vo, yāvantettha samāgatā |
taṇhāya mūlaṁ khaṇatha, usīratthova bīraṇam |
mā vo naḷamva sotova, māro bhañji punappunaṁ ||
이 말을 그대들을 위해 내가 말하리라!
여기에 함께하는 모든 이들, 그대들을 위해 행복이(있으라)![3)
마치 '우시라'[4)를 원하는 사람이 '비라나' 풀을 캐내는 것처럼
그대들은 갈망으로부터 (그것의) 뿌리를 파내도록 하라!
마치 물살이 갈대를 (꺾지 못하듯이)
죽음이 거듭 그대들을 꺾지 못하도록 하라!

입에서 구린내가 나는 황금 물고기

부처님께서 싸왓티 제따 숲의 승원에 계실 때, 입에서 심한 구린내가 나는 화려한 황금 빛깔의 물고기에 대한 이야기이다.

이야기의 시작은 과거 깟싸빠 부처님 때의 일로 거슬러 올라간다. 당시에 훌륭한 가문의 가족 전체가 깟싸빠 부처님의 승가에 귀의하였다. 부친이 일찍 돌아가시고 이미 성장한 두 형제가 집안을 이끌고 있었는데, 형은 쏘다나(Sodhana)라 불렸고 동생은 까삘라(Kapila)라 불렸다. 그리고 여동생 따빠나(Tāpanā)와 어머니인 싸디니(Sādhinī)가 있었는데, 이들이 모두 함께 출가하여 비구와 비구니가 되었던 것이다.

형제는 출가한 뒤 기본 교육을 마치고, 나이가 든 형 쏘다나는 경전을 통한 수행보다는 통찰을 통한 수행이 자신에게 적합하다 여겨서, 스승으로부터 명상 주제를 받아 열심히 노력한 까닭에 결국 아라한의 경지에 올랐다.

한편 동생인 까삘라는 자신이 아직 젊다는 점을 십분 활용하여 경전을 통한 공부에 매진하기로 하고 삼장(三藏)을 모두 외는 등 그 길로 정진하였다. 얼마지 않아 삼장에 능통한 삼장법사(三藏法師)가 된 그는 자못 경전의 자구에 집착하여 학식을 드러내는 데만 빠져든 나머지, 점점 어긋나 가는 자신의 견해만을 합리화하였기에 대중들로부터 외면을 당하기에 이르렀다.

그러한 까삘라를 형인 쏘다나도 어이하지 못하였으니, 결국엔 특히 계율 문제를 들어 깟싸빠 부처님의 가르침을 비방하기에 이르는 지경이 되었다.

얼마 후에 장로 쏘다나가 완전한 열반에 든 반면, 깟싸빠 부처님의 가르침을 방해하기까지 한 까삘라는 수명이 다하자 아비지옥에 떨어졌다. 그리고 비구니로 출가한 그의 여동생과 어머니 또한 그의 견해를 항상 동조했던 까닭에 함께 아비지옥에서 큰 고통을 맛보게 되었다.

까삘라는 깟싸빠 부처님 때 아비지옥으로 떨어진 후 석가모니 부처님께서 이 세상에 오실 때까지의 그 긴 기간 동안 그곳에서 극심한 고통을 맛봄으로써 어느 정도 업보가 옅어지게 되었다. 그리고 이제 얼마 남지 않은 과보에 이끌려 석가모니 부처님 때 아찌라와띠(Aciravatī) 강의 물고기로 태어났다.

"저희 아이들이 강에서 화려한 황금색 물고기를 잡았습니다. 귀한 것인 것 같아 임금님께 바칩니다."

물고기로 태어난 까삘라의 모습은 아주 화려하였다. 번쩍이는 황금 비늘은 마치 실제 황금을 얇게 빚은 것처럼 온몸을 덮고 있었으며, 물속에서 몸을 움직일 때마다 비늘끼리 부딪치는 소리는 천상의 음악과도 같았다. 그러한 황금 물고기를 강에서 물놀이를 하던 어부의 아이들이 잡아다 집으로 가져가니 어부가 큰 포상을 바라는 마음에 왕에게 가져갔다.

왕은 처음 보는 신기한 것이라 황금 물고기를 부처님께 가져다 보이며 어떤 좋은 징조가 있는 것은 아닌가 궁금해 하였다. 그런데 가까이 보려고 물속에서 꺼내 놓은 황금 물고기가 입을 열자 악취가 진동하여 온 승원의 모든 대중들이 머리가 아플 정도였다. 이에 부처님께서는 황금 물고기인 까삘라의 전생 이야기를 모두에게 들려주며 수행할 때 경계를 삼도록 하셨다.

"까삘라는 비록 깟싸빠 부처님의 삼장을 모조리 외웠기에 그 독경 소리를 듣는 이들은 모두 감화를 받았으나, 정작 그 자신의 마음속은 깟싸빠 부처님에 대한 비방으로 아집의 불길이 이글거렸느니라. 그래서 지금의 저 고기는 겉으로 황금을 둘렀지만 입을 열자 악취가 진동하게 된 것이다."

---

1) 젠 알아차림이 부족하고 새김이 없으며, 명상도, 통찰도, 길[向, magga]도, 경지[果, phala]도 없이 사는 사람에게는, 말루와 덩굴이 나무를 둘러싸서 얽어매고 옥죄며 자라나서 그 나무를 죽이듯, 갈애가 여섯 가지 감관에 의존해서 자꾸만 성장한다.

2) 비라나(Andropogon muricatus)는 암란초(巖蘭草) 혹은 수망초(須芒草)로 불리며, 푸른 이끼와 유사한 향미를 지닌 풀이다. 인도가 원산지이며, 그 증류액은 긴장 이완이나 신경 계통의 진정 효과가 있다고 한다.

3) 젠 '그대들에게 행복이 있으라!'라는 말에는 흔히 '까삘라(Kapila)처럼 파멸을 맞지 말기를!'이란 말이 따른다. 까삘라는 과거 깟싸빠 부처님께서 열반에 드신 후에 수행승이 되었는데, 학식이 풍부하고 제자도 많았으나 이익과 명예에 밝아 학식을 남용하고 부처님의 가르침과 계율을 무시하여 미움을 받는 생활을 하였다. 그는 죽어서 아비지옥에 떨어졌고, 석가모니 부처님 때 다시 물고기로 태어났다가 석가모니 부처님 앞에서 죽어 거듭 아비지옥에 떨어졌다.

4) '우시라'는 비라나 풀의 뿌리로, 여름에 캐어 목욕물을 향기롭고 시원하게 하는 데 사용된다.

338   강한뿌리 아직까지 모두제거 아니되면

비록나무 잘렸어도 다시자라 오르듯이,

갈애란건 그경향이 모두제거 아니되면

그괴로움 거듭해서 일어나기 마련이리.

如樹根深固 雖截猶復生 愛意不盡除 輒當還受苦

마치 나무의 뿌리가 깊고 견고하면

비록 (둥치는) 잘렸더라도 오히려 다시 살아나듯이

애욕의 속마음이 남김없이 제거되지 않으면

수고로운 지경으로 돌아감을 번번이 맞닥뜨리게 된다.

yathāpi mūle anupaddave daḷhe,

chinnopi rukkho punarevarūhati |

evampi taṇhānusaye anūhate,

nibbattatī dukkhamidaṁ punappunaṁ ||

또한, 마치 강인한 뿌리가 (완전히) 상하지 않았을 땐

비록 나무는 잘렸다 하더라도 반드시 다시 자라는 것처럼,

그렇게 또한 갈애의 경향[5]이 (완전히) 파괴되지 않았을 땐

그 괴로움은 거듭 일어나기 마련이다.

339 누구라도 품고있는 서른여섯 물줄기는
　　　마음앗아 가는데다 힘세기가 그지없네.
　　　열정에푹 빠진생각 들이이룬 물결들은
　　　그른견해 가진그를 휩쓸어서 가버리리.

　　　三十六使流 幷及心意漏 數數有邪見 依於欲想結
　　　서른여섯 갈래로 된 번뇌의 흐름과
　　　아울러 심의식의 새어 나옴에 이르기까지
　　　(그러한 것들이) 빈번히 삿된 견해를 갖게 되는 것은
　　　욕심에 의지되어 생각이 얽혀지기 때문이다.

　　　yassa chattiṁsati sotā, manāpasavanā bhusā |
　　　vāhā vahanti dudditthiṁ, saṅkappā rāganissitā ||

　　　누구라도 지니고 있는 서른여섯 갈래의 물줄기들은[6]
　　　마음을 앗아가며 (또한) 강력하(기까지 하)다.
　　　열정에 빠진 다양한 생각들로 이루어진 (그러한) 물결들은
　　　잘못된 견해를 지닌 이를 휩쓸어 가 버린다.

340 갈애라는 물줄기가 이리저리 흘러가면
애욕넝쿨 어느샌가 훌쩍자라 올라있네.
자라오른 그넝쿨이 눈에띄는 그즉시에
그대들은 지혜로써 그뿌리를 잘라내라.

一切意流衍 愛結如葛藤 唯慧分別見 能斷意根原
모든 속마음의 흐름이 흘러넘치면
애욕의 얽힘은 마치 칡이나 등나무 같기에
오직 지혜로 분별하는 견해로써
속마음의 근원을 끊어 버릴 수 있어야 한다.

savanti sabbadhi sotā, latā ubbhijja tiṭṭhati |
tañca disvā lataṁ jātaṁ, mūlaṁ paññāya chindatha ||
(갈애의) 물줄기들은 모든 방향으로 흐르며
(애욕의) 넝쿨은 (어느덧) 자라 올라 자리를 잡는다.
자라 오른 그 넝쿨을 보면
그대들은 지혜로 뿌리를 끊어 버려라!

341 인간들의 쾌락이란 감각대상 향해가며
　　 그리고는 어김없이 애정속에 얽매이니,
　　 행복에다 집착하고 즐거움을 추구하는
　　 그런이는 태어나고 늙어감에 끄달리리.

夫從愛潤澤 思想爲滋蔓 愛欲深無底 老死是用增
무릇 애욕을 붙좇아 (그것에) 젖어 들게 되면
사상思想은 무성한 넝쿨처럼 되며
애욕의 깊이는 그 바닥이 없기에
늙고 죽는 윤회는 그것이 사용될수록 증가한다.

saritāni sinehitāni ca, somanassāni bhavanti jantuno |
te sātasitā sukhesino, te ve jātijarūpagā narā ||

인간의 쾌락들은 (감각 대상을 향해) 나아가며,
그리고는 애정에 얽매이게 된다.
그들은 행복에 집착하며 즐거움을 추구하나니,
그러한 사람들은 실로 태어남과 늙음에 끌려갈 뿐이다.

342 갈애늪에 사로잡힌 약해빠진 인간들은
사로잡힌 토끼처럼 어찌못해 안절부절,
억센차꼬 얽매여서 속수무책 사람들은
오랫동안 거듭하여 괴로움에 나아가리.

衆生愛纏裏 猶兎在於罝 爲結使所纏 數數受苦惱
중생이 애욕의 얽매임 안에 있다는 것은
흡사 토끼가 그물 안에 있는 것과 같아서
얽히어 (사람을) 부리는 것에 얽매인 바가 되기에
번번이 괴로움을 받게 된다.

tasiṇāya purakkhatā pajā, parisappanti sasova bandhito |
saṁyojanasaṅgasattā, dukkhamupenti punappunaṁ cirāya ||
갈애에 사로잡힌 인간들은
붙잡힌 토끼처럼 안절부절못하며,
장애와 집착에 얽매인 존재들은[7]
거듭하여 오랫동안 괴로움으로 나아간다.

343   갈망늪에 사로잡힌 약해빠진 인간들은
　　　 사로잡힌 토끼처럼 어찌못해 안절부절,
　　　 그러기에 열정에서 벗어나길 바란다면
　　　 그런비구 갈망부터 털어내야 할지니라.

若能滅彼愛 三有無復愛 比丘已離愛 寂滅歸泥洹
만약 저 애욕을 소멸시킬 수 있으면
삼유三有에 다시는 애욕을 없게 할 수 있을 것이니,
비구로서 이미 애욕을 여의었다면
(모든 것이) 고요히 소멸되어 열반으로 돌아갈 것이다.

tasiṇāya purakkhatā pajā, parisappanti sasova bandhito |
tasmā tasiṇaṁ vinodaye, bhikkhu ākaṅkhī virāgamattano ||
갈망에 사로잡힌 인간들은
붙잡힌 토끼처럼 안절부절못하나니,
그러므로 자신의 열정에서 벗어나길 바라는 비구는
갈망을 털어 버려야 한다.

전생에 암퇘지였던 비구니

부처님께서 라자가하 웰루 숲의 승원에 계실 때, 탁발하러 나가는 길에 보셨던 어린 암퇘지에 대한 이야기이다.

어느 날 부처님께서 비구들과 라자가하로 탁발을 나가셨다. 인가가 드문 교외의 한적한 곳에 이르렀을 때 마을 어귀에서 시커멓고 조그맣게 생긴 암퇘지 한 마리가 뛰어나오다 비구들을 보고 물웅덩이에 빠졌다. 한두 차례 물에서 허우적거리니 시커멓던 돼지의 몸이 연분홍빛으로 변했다.

"어? 저놈이 시커먼 돼지가 아니었어?"

부처님을 뒤따르던 제자들 가운데 젊은 비구들이 그 모습을 보느라 탁발 행렬이 다소 산만해진 듯하였다. 아난다가 비구들에게 눈짓으로 주의를 주고는 부처님 얼굴을 뵈었더니 부처님께서도 옅은 미소로 암퇘지를 건너다보셨다.

"저 암퇘지는 오랜 옛적 까꾸싼다(Kakusandha) 부처님 때 어느 승원 근처에서 자라던 암탉이었느니라. 그러나 한 수행자가 읊조리는 독경 소리를 담 너머에서 들은 공덕으로 그다음 생에는 한 왕실의 웁바리(Ubbarī)라는 왕녀로 태어났다. 그녀가 하루는 왕궁 밖에 나갔다가 들른 민가의 화장실에서 똥통 가득이 우글거리는 구더기 무리를 보고 그 상태를 있는 그대로 자신의 것인 양 인지하게 되어 제1선정에 들게 되었다. 그 수행의 공덕으로 천상의 브라흐마 세계에 태어나 복락을 누리게 되었는데, 그렇게 누리던 복락에 다소 흥청망청했던 까닭에 다시 이번 생에 저 암퇘지로 태어난 것이다."

무슨 까닭으로 미소를 지으시는지 여쭙는 아난다에게 이렇게 말씀해 주시고 부처님께선 아무 일 없었다는 듯 다시 탁발의 걸음을 재촉하셨다. 아난다와 제자들은 부처님의 말씀을 듣고 엄정하게 적용되는 깜마(Kamma, 業)를 알게 되어 큰 두려움과 아울러 커다란 감동에 휩싸였다.

부처님과 여러 비구들이 쳐다보는 모습을 뒤늦게 알아차린 어린 암퇘지는 냅다 소리를 내지르며 달아나 버렸다. 그리고 그렇게 돼지로서 수명이 다하자 쑤완나부미(Suvaṇṇabhūmi) 왕국의 왕족 가문에 태어났다.

쑤완나부미 왕국의 왕족 여인으로 태어나 살다가 죽은 후에는 대도시 바라나씨의 대부호 집안 여인으로 태어났으며, 거기서 죽어서는 쑵빠라까 항구에서 말을 사고파는 장사꾼의 집안에 태어났으며, 거기서 죽어서는 항구 도시 까위라의 한 선원 집에서 태어났으며, 거기서 죽어서는 아누라다뿌라 지역의 권세 있는 집안에 태어났으며, 거기서 죽어서는 남쪽 나라 복깐따의 한 마을에서 이름 있는 장자인 쑤마나(Sumana)의 딸로 태어나서 아버지의 이름을 따라 쑤마나(Sūmana)로 불리었다.

쑤마나는 살던 마을이 연이은 가뭄으로 황폐해지자 집안 전체가 함께 디가와삐 왕국의 마하무니(Mahāmuni)라 불리는 마을로 옮겨와 살게 되었다. 어느 날 그 나라의 젊은 대신이 왕의 심부름으로 그 마을에 들렀다가 그녀를 보고 반하여 간청 끝에 그녀와 결혼하였으며, 그녀는 시집인 마하뿐나(Mahāpuṇṇa)로 옮겨와 살게 되었다.

마하뿐나에서 대신의 아내로 행복하게 살던 어느 날, 인근 승원의 장로 아눌라(Anula)가 탁발을 왔다가 축복해 주는 말씀 끝에 그녀의 다난했던 전생 가운데 한두 자락을 들려주었더니, 그녀는 이내 깜마의 이치를 알아듣고 남편의 허락을 얻은 뒤에 출가하여 비구니로 수행하였다.

"암탉으로 태어나 승원의 담 밖에서 독수리에 머리가 잘려 죽은 것 등, 수많은 전생을 이제야 눈앞의 일처럼 알게 되었습니다. 결국엔 아무런 생에도 만족하지 못하고 출가하여 이제 그 윤회의 바퀴를 온전히 벗어날 수 있는 거룩한 경지를 성취하였소. 모두 방일하지 말고 해탈을 성취하십시오."

수행 정진 끝에 아라한과를 증득한 그녀는 이내 완전한 열반에 들었다.

---

5) 젠 '갈애의 경향[anusaya]'은 수면(隨眠)이라고도 한역되는데, 이는 잠재적인 경향을 말한다. '경향'은 마음의 상속(相續) 가운데 잠자는 것으로 태어나거나 발생의 조건으로 이어진다. 마치 쥐에 물리면 쥐의 독이 몸속에 잠재되어 있다가 아무 때든지 심각한 질병으로 나타나는 것과 같다.

6) '서른여섯 갈래의 물줄기'란 36사(使), 즉 오견(五見)의 36가지 속성을 말한다. ⇒ 젠 '오견의 속성'

7) 젠 열 가지 결박[十結, dasasaṁyojjanāni] 및 일곱 가지 집착[七執, sattasaṅga]인 갈애, 사견, 자만, 성냄, 무명, 오염, 악행 등에 사로잡힌 상태를 말한다. → 십결(十結)은 게송 31번 각주 참조.

344 숲멀리로 벗어났다 다시숲에 집착하며
빠져나온 그숲으로 있는힘껏 내달리니,
그대들은 여기와서 저사람을 볼지니라!
이미자유 얻은자가 속박으로 내달리네.

非園脫於園 脫園復就園 當復觀此人 脫縛復就縛
울타리 안에 있어선 안 되기에 울에서 벗어났는데
울에서 벗어났다가 다시 울로 돌아가니,
응당 저 사람을 자세히 들여다보라!
속박을 벗어났다 다시 속박으로 내달리는구나.

yo nibbanatho vanādhimutto, vanamutto vanameva dhāvati |
taṁ puggalametha passatha, mutto bandhanameva dhāvati ||
숲을 벗어났던 이가 (다시) 숲에 대해 집착하며
숲에서 자유로운 이가 오히려 숲으로 내달리니,
그대들은 와서 저 사람을 보라!
(이미) 자유롭게 된 자가 오히려 속박으로 내달린다.

죽음을 코앞에 둔 환속 비구의 용맹 정진

부처님께서 라자가하 웰루 숲의 승원에 계실 때, 장로 마하깟싸빠의 제자였다가 환속하여 도적이 되었던 한 비구에 대한 이야기이다.

장로 마하깟싸빠의 제자 가운데 한 비구는 열심히 수행 정진한 결과 불고불락(不苦不樂)인 채 평온에 의한 마음챙김의 청정함이 있는 단계인 제4선정을 성취하였다. 그러던 어느 날, 금 세공사인 속가 숙부의 금방에서 다양한 모습의 금 세공품들을 보고 그 화려함에 선정이 흐트러지더니, 얼마지 않아 자신도 부유하고 화려하게 살고 싶다는 마음이 일어 환속하고 말았다.

그는 사회로 돌아가 숙부 집에서 살게 되었지만 게을러서 숙부의 일을 돕기는커녕, 매일 빈둥빈둥 놀며 문제나 일으키는 까닭에 마침내 숙부 집에서 쫓겨나고 말았다.

이미 화려한 환상에 마음이 빼앗겨 무엇이든 열심히 일하는 것과는 거리가 멀어진 그는, 이내 도적이 되어 많은 잘못을 저질렀기에 왕의 군사에게 잡혀 재판을 받은 뒤에 형장으로 끌려가게 되었다. 시내로 탁발을 나왔다가 자신의 옛 제자가 형장으로 끌려가는 모습을 보게 된 장로 마하깟싸빠는 형리들에게 부탁하여 잠시 그와 대화를 나누었다.

"너는 네 자신이 제4선정에 들었던 것과, 그리고 그리 되도록 정진하던 그 수행법을 아직 기억하고 있을 것이다. 이제 네 목숨은 경각에 달렸으니, 일념으로 오온의 일어나고 사라지는 현상에 네 마음을 집중시켜 보아라."

옛 스승의 진심어린 가르침을 이내 받아들인 그는 형장으로 가는 그 짧은 순간에 용맹 정진하여 제4선정을 바로 회복하였고, 망나니들이 시퍼런 칼을 휘두르는 형장에 들어서고도 평온한 마음을 유지할 수 있었다.

죽음 앞에서도 초연한 모습을 보이는 그에게 감탄한 형리들이 왕에게 그 사실을 보고하자 왕은 그를 사면하였다. 다시 허공으로부터 부처님의 음성을 들은 그는 형장을 벗어나기도 전에 예류과를 거쳐 아라한과를 증득하게 되었다.

345 무쇠거나 나무로나 억센갈대 일지라도
현명한이 그걸두고 차꼬라고 하지않네.
보석이나 장신구나 아들이며 아내에게
미혹되어 빠져드는 그욕구가 차꼬라네.

雖獄有鉤鏁 慧人不謂牢 愚見妻子息 染著愛甚牢
비록 옥에 갈고리와 쇠고랑이 있더라도
지혜로운 사람은 (그것을 진정한) 감옥이라 일컫지 않는다.
어리석은 이는 아내와 자식을 보고
물들고 집착하여 애정이 심해지면 (그것이 진정한) 감옥이다.

na taṁ daḷhaṁ bandhanamāhu dhīrā,

yadāyasaṁ dārujaṁ pabbajañca |

sārattarattā maṇikuṇḍalesu,

puttesu dāresu ca yā apekkhā ||

쇠로 된 것이나 나무로 된 것이나 또는 억센 갈대로 된 그것을
현명한 사람들은 단단한 차꼬라 일컫지 않는다.
보석과 귀걸이에 대해, 아들에 대해, 그리고 아내에 대해
미혹되어 빠져드는 그 어떤 욕구가 (더욱 단단한 차꼬라고 말한다).

346 　한도없이 이어져서 떨쳐내기 어려운것
　　　현명한이 그걸두고 차꼬라고 일컫니라.
　　　욕망쾌락 내버리고 욕구놓은 이들이면
　　　그것마저 끊어내고 萬行하게 될것이리.

　　　慧說愛爲獄 深固難得出 是故當斷棄 不視欲能安
　　　지혜로운 이는 애욕을 감옥으로 여기나니,
　　　(그것은) 깊고도 견고하여 벗어나기 어렵다고 말한다.
　　　그러한 까닭에 마땅히 (애욕을) 끊어 버릴 뿐
　　　애욕이 편안할 수 있다고 보지 않는다.

　　　etaṁ daḷhaṁ bandhanamāhu dhīrā,
　　　ohārinaṁ sithilaṁ duppamuñcaṁ |
　　　etampi chetvāna paribbajanti,
　　　anapekkhino kāmasukhaṁ pahāya ||
　　　(늘) 잡아끌며 느슨하(나 이어져 있으)며
　　　(그래서) 떨치기 어려운 그것을
　　　현명한 이들은 단단한 차꼬[8]라 말한다.
　　　욕망과 쾌락을 버리고 욕구를 지니지 않게 된 이들은
　　　그것마저 끊고 (출가 수행자로서) 만행萬行[9]하게 된다.

가장 벗어나기 힘든 족쇄

부처님께서 싸왓티 제따 숲의 승원에 계실 때, 비구들이 쇠사슬에 묶여 끌려가는 죄수들을 본 일에 대한 이야기이다.

어느 날 30명의 비구들이 탁발하기 위해 싸왓티 성으로 들어가는 길에, 형리를 앞세우고 막 성안에서 나오는 한 무리의 죄수들을 보게 되었다. 죄수들은 손목이 쇠사슬로 묶인 채 줄지어 걸어가고 있었으며, 무거운 죄를 지은 듯한 죄수들은 발목까지 덜컹거리는 차꼬를 차고 있어선지 아직 덥지 않은 아침 시간이었지만 힘겨운 듯 땀을 흘리며 뒤따르고 있었다.

"세존이시여! 오늘 저희들이 탁발을 나갔다가 무거운 쇠사슬에 속박되어 어디론가 끌려가는 죄수들을 보았습니다. 사람의 힘으로는 도저히 어찌할 수 없는 쇠로 된 차꼬에 묶여 있어선지 모든 죄수들은 형리의 말에 고분고분할 뿐, 누구 하나 조그만 불평도 없이 모든 것을 체념한 듯 무기력해 보였습니다. 세존이시여! 혹여 그러한 쇠사슬보다 더 강하게 인간을 속박하는 어떤 무엇이 존재할 수 있겠습니까?"

탁발을 마치고 승원으로 돌아온 비구들은 부처님을 뵙고 탁발 전에 보았던 모습을 말씀드리며 이렇게 여쭈었다.

"비구들이여! 이 세상 사람들은 너 나 할 것 없이 자신을 대신할 아들을 원하고, 풍요롭게 살아갈 재물을 원하며, 더하여 명예를 원하고 풍요로운 먹거리와 화려한 입거리를 원한다. 그리고 그러한 것들을 얻든, 얻지 못하든 오래 살아갈 수 있기를 바란다. 그러한 욕망은 무쇠로 만든 차꼬보다 더 단단할 뿐만 아니라 달콤한 꿀에 적셔진 쓰디쓴 열매와 같아서 사람들이 쉽사리 빠져들기 마련이기에 쇠사슬에 비할 바가 아니니라."

부처님께서는, 차꼬는 바로 눈에 보이는 것이요 조금만 움직여도 이내 손발에 통증을 일으키는 까닭에 사람들이 엄중하게 느끼지만, 욕망이란 느슨하여 가벼이 여기기 쉬우나 절대 끊어지지 않으며, 또한 고통을 잊게 하는 적당한 쾌락이 곁들여져 있기에 사람들에겐 가장 엄중한 속박이라 말씀하셨다.

이어서 처자에 대한 속박이 얼마나 끊기 어려운지, 그리고 그것을 어떻게 끊었는지를 일러 주고자 부처님께서 제자들에게 들려주신 당신의 전생담은 이러하였다.

예전에 어떤 왕이 바라나씨를 다스릴 때 보살(菩薩)[10]은 한 가난한 가정에서 태어났다. 집안을 어렵게 꾸려 나가던 부친은 보살이 학생으로서 공부를 마치고 이제 겨우 사회에 발을 들여놓을 쯤에 그만 갑자기 운명을 달리하고 말았다.

보살은 많지 않은 품삯으로 가장으로서 집안을 꾸려 나갔으며, 얼마 후에는 그리 내키지 않은 결혼까지 하게 되었다. 그리고 얼마지 않아 모친까지 병으로 세상을 떠난 뒤 점차 출가 수행에 관심을 두게 되었는데, 아내는 이미 임신을 한 상태였다.

"출산할 때까지 기다리셨다가 아이를 한 번이라도 보고 출가하세요."

근근이 생활해 나갈 수 있는 거리를 마련해 놓고는 출가하겠다는 보살에게 그의 아내는 애원하였다. 그래서 첫 아이가 태어나고, 처음 얻은 아들의 재롱에 잠시 눈을 파는 사이에 둘째가 들어서고 말았다.

'이렇게 다시 주저앉으면 금생에 출가란 것은 해보지도 못하겠구나.'

보살은 드디어 아내에게 한 마디 말도 없이, 쌔근거리며 잠든 어린 아들의 뒤척임을 뒤로 한 채 떨어지지 않는 발걸음으로 한밤중에 집을 나섰다. 그리고 유행자로서 갖은 고초를 겪으며 온갖 고통을 감내하는 수행을 하다가 결국엔 히말라야 산으로 들어가 진정한 수행자로서의 삶을 살아갔다.

---

8) 차꼬는 족쇄를 말한다. 족쇄를 차고 있다 하여 이내 피부가 벗겨지고 살점이 떨어져 나가며 피를 흘리지는 않는 것처럼 사람들이 탐욕과 애착에 사로잡혀 있더라도 그것을 자각하지 못하면 아무런 불편함도 인식하지 못한 채 삶을 살아가기도 한다. 그러나 그 삶은 한정되어 있을 뿐이다.

9) 만행이란 '온갖 행위'라는 뜻으로, 불교에서 무상보리(無上菩提)를 얻기 위해 행하는 모든 행위를 가리킨다.

10) 보살이란 어원적으로 '깨달음[bodhi]존재[sat]상태[-tva]'의 존재를 말하며, 좁은 의미로는 해탈을 위한 마지막 몸을 받기 직전의 전생에서 해당 존재에 대한 존칭이며, 넓은 의미로는 그러한 존재의 모든 전생 혹은 수기를 받은 이후의 전생에서 해당 존재에 대한 존칭이다.

347   거미란놈 제가만든 거미줄을 따라가듯
       탐욕물든 사람들은 그흐름을 따르지만,
       괴로움을 내버리고 욕구마저 내려놓아
       현명해진 사람들은 탐욕들을 끊고가네.

以婬樂自裹 譬如蠶作繭 智者能斷棄 不盼除衆苦
음욕과 쾌락으로 스스로 감싼다는 것은
비유컨대 누에가 고치를 짖는 것과 같기에
지혜로운 자는 (음욕과 쾌락을) 끊어 버리고
뭇 괴로움들을 돌아볼 것도 없이 덜어 낼 수 있다.

ye rāgarattānupatanti sotaṁ,

sayaṁkataṁ makkaṭakova jālaṁ |

etampi chetvāna vajanti dhīrā,

anapekkhino sabbadukkhaṁ pahāya ||

마치 거미가 제 스스로 만든 거미줄을 (따라가듯이)
탐욕에 물든 이들은 (탐욕의) 흐름을 따라간다.
모든 괴로움을 버리고 욕구를 지니지 않게 된
현명한 그들은 그것마저 끊고 (열반의 길로) 나아간다.

## 347

절세미인이자 왕비였던 케마 비구니

부처님께서 라자가하 웰루 숲의 승원에 계실 때, 마가다국 빔비싸라 왕의 왕비였다가 출가한 케마 비구니에 대한 이야기이다.

빔비싸라 왕의 왕비 케마(Khemā)는 전생에 빠두뭇따라(Padumuttara) 부처님 때 쌓은 공덕으로 빼어난 미모를 갖게 되었는데, 더욱이 왕비가 된 이후에 왕을 비롯하여 자신의 미모에 대한 사람들의 칭송이 잦아지자 자존심이 결국 교만으로 자리잡기에 이르렀다.

빔비싸라 왕은 아름다운 왕비를 사랑하는 만큼, 그녀가 법문을 듣고 교만함을 누그러뜨리길 바라는 마음에 그녀가 부처님을 찾아가 뵙기를 권했다. 그러나 여인의 미모를 경멸하고 무시한다는 부처님에 대한 소문 때문에 왕비는 오히려 승원의 방문을 애써 피하고 있었다.

이에 왕이 웰루 숲의 승원을 아름다운 노래로 묘사하여 왕비에게 들려주게 하니, 왕비는 바로 눈앞에 그려지는 듯한 승원의 모습을 직접 보고자 드디어 부처님의 법문 자리에 참석하게 되었다.

부처님께서는 케마 왕비의 근기를 아시고, 왕비보다 더 어여쁜 모습을 한 젊은 여인들을 환상으로 만들어 당신의 옆에서 종려나무 잎으로 부채질을 하게끔 하시었다. 그러한 모습을 본 왕비는 지금까지 들은 소문이 잘못되었다고 여기며 내심 질투심을 일으키기까지 하였다. 그제야 부처님께선 곁에 서 있는 여인들을 점차 늙어 가는 모습으로 변화시켜서 결국은 앙상한 뼈에 발려진 가죽 주머니에 지나지 않음을 여실히 보여 주셨다.

그렇게 시시각각 변화하는 모습을 지켜보던 왕비는 자신을 향한 부처님의 진심어린 법문에 드디어 온갖 교만을 떨쳐 버릴 수 있게 되었다.

"이제 왕비는 출가 수행을 하거나, 아니면 적멸에 들게 될 것이오."

부처님의 말씀에 빔비사라 왕은 그래도 왕비를 멀리서나마 보고 싶은 마음에 출가토록 하였으며, 그렇게 출가한 왕비는 열심히 수행하여 부처님의 비구니 제자 가운데 으뜸이 되었다.

348 과거미래 그중간도 남김없이 내려놓고
　　　　존재하는 모든것의 彼岸으로 건너가서,
　　　　이리저리 걸림없는 한생각을 지닌다면
　　　　어찌다시 태어나서 늙음으로 가겠는가.

　　　　捨前捨後 捨間越有 一切盡捨 不受生死
　　　　앞[過去]도 버리고 뒤[未來]도 버리고
　　　　중간[現在]도 버려 존재[三有]를 넘어서서
　　　　일체 모든 것이 버려지면 태어나고 죽음을 받지 않는다.

　　　　muñca pure muñca pacchato,
　　　　majjhe muñca bhavassa pāragū |
　　　　sabbattha vimuttamānaso,
　　　　na puna jātijaraṁ upehisi ||
　　　　과거도 내려놓고 미래도 내려놓고
　　　　그 중간(인 현재)도 내려놓고 존재[11]의 피안彼岸을 건너
　　　　모든 면에서 걸림이 없는 생각을 지니게 되면
　　　　다시는 태어남과 늙음으로 나아가지 않을 것이다.

## 348

곡예사 욱가쎄나

부처님께서 라자가하 웰루 숲의 승원에 계실 때, 대부호의 아들로서 스스로 원하여 곡예사가 된 욱가쎄나에 대한 이야기이다.

라자가하 부호의 아들 욱가쎄나(UggaSena)는 그곳에 온 곡예단의 여자 곡예사에 반해 상사병이 나고 말았다. 식음을 전폐한 아들의 마음을 알고 부호는 곡예단 단장에게 많은 돈을 주며 딸을 자기 아들에게 시집보내도록 부탁하였다. 그러나 곡예단장은 아무것도 필요 없고, 단지 딸과 함께 곡예단에 들어와 어디든 자유롭게 다닐 수 있으면 결혼을 허락하겠노라 하였다.

집안의 반대에도 불구하고 빈손으로 곡예단을 따라나선 욱가쎄나는 한동안 아들까지 낳고 행복한 듯하였다. 하지만 곡예를 배우려 하지 않는 남편이 못마땅한 아내는 어린 아들과 함께 노래까지 지어 가며 남편을 빈정거리곤 하였다.

단지 한 여인을 위해 모든 것을 버렸던 욱가쎄나는 그 여인이 내뱉는 몇 마디 말에 참담함을 느꼈다. 그래서 그곳을 떠나 유명한 곡예사를 찾아갔으며, 몇 해 동안의 피나는 노력 끝에 드디어 공중 곡예의 일인자가 되었다.

다시 아내와 합류해서 고향 라자가하로 돌아와 공중 곡예를 펼치고 있을 때 부처님께서 욱가쎄나가 이제 때가 되었음을 아시고 곡예장을 찾아오셨다. 공중에 서 있던 욱가쎄나는 관중의 시선이 부처님에게 쏠리자 묘한 시기심을 느끼고 더욱 위험한 곡예를 펼치며 집중력을 최고조로 발휘하였다.

그런 욱가쎄나에게 부처님께서 그의 근기에 맞는 가르침을 펼치니, 그는 다시 땅에 발을 딛기 전에 이미 아라한의 경지에 이르렀다. 그리고 전생에도 부부의 연을 맺었던 그의 아내 또한 부처님의 가르침을 받았으며, 그녀 또한 남편과 더불어 출가하여 나란히 아라한의 경지에 이르게 되었다.

---

11) 존재[有, 바와 · bhava]는 '세 가지 존재[三有, 띠바와 · tibhava]'를 말한다. ① 욕계에 머무는 육도 중생인 '감각적 쾌락의 존재[欲有, 까마바와 · kāmabhava]', ② 색계 사선천(四禪天)의 하늘에서 청정한 몸을 지닌 '미세한 물질적 존재[色有, 루빠바와 · rūpabhava]', ③ 무색계 사공(四空)의 하늘에서 색에 의해 장애되지 않지만 각자 지은 업에 따라 과보를 받는 '비물질적 존재[無色有, 어루빠바와 · arūpabhava]' 등이다.

349 드센애욕 지닌채로 쾌락만을 추구하며
의심하는 까닭으로 동요하는 사람이면,
그로인한 목마름이 타오르고 또타올라
그속박을 제스스로 더욱세게 만드리라.

心念放逸者 見婬以爲淨 恩愛意盛增 從是造獄牢
마음에 방일함을 품는 자는
음탕한 것을 보고도 깨끗한 것이라 여기기에
은혜하고 사랑하는 속마음이 더욱 더해져
이로 인해 감옥을 조성하게 된다.

vitakkapamathitassa jantuno, tibbarāgassa subhānupassino |
bhiyyo taṇhā pavaḍḍhati, esa kho daḷhaṁ karoti bandhanaṁ ||
강렬한 애욕을 지닌 채 쾌락만을 추구하며
의심 때문에 동요하는 사람의 경우
(그로 인한) 갈애가 더욱 증장되어
그는 실로 속박을 강력하게 만든다.

350 그렇지만 줄어드는 의심기뻐 하는이가
항상생각 챙기면서 不淨觀을 닦는다면
그런이는 죽음이란 드센속박 끊어내고
더이상은 존재않는 참된끝을 맺게되리.

覺意滅婬者 常念欲不淨 從是出邪獄 能斷老死患
속마음을 깨달아 음욕을 소멸시킨 자는
욕심은 깨끗지 못함을 항상 마음에 품기에
이로 인해 삿된 감옥을 벗어나므로
늙고 죽음에 대한 근심을 끊어 버릴 수 있다.

vitakkūpasame ca yo rato, asubhaṁ bhāvayati sadā sato |
esa kho vyantikāhiti, eso checchati mārabandhanaṁ ||
그러나 어떤 누구라도 의심이 잦아듦을 기뻐하고
항상 생각을 챙기며 부정不淨을 닦는다면[12]
그는 죽음의 속박을 끊고 참으로 끝을 맺을 것이다.

처녀에게 연정을 품은 비구

부처님께서 싸왓티 제따 숲의 승원에 계실 때, 전생에 지혜로운 궁수였던 비구가 어느 처녀에게 연정을 품게 된 일에 대한 이야기이다.

제따 숲의 승원에서 수행하는 한 비구가 탁발하다 돌아오는 길에 이상스럽게도 갑자기 목이 말라서 탁발 행렬을 잠시 이탈하여 민가에 들어가 물을 한 잔 얻어 마시게 되었다.

"젊은 스님! 탁발을 나오셔서 저희 집 인근을 지나시다 목이 마르면 언제든지 들르셔서 시원한 물 한 잔 하고 가세요."

그때 처녀가 살짝 미소를 지으며 건네준 물을 마신 후로는 무엇에 이끌린 듯, 오후에 정진하다가도 승원에서 슬그머니 빠져나와서 그 집에 들러 그 처녀에게 물을 얻어 마시곤 하였다. 그렇게 몇 차례 비구와 낯을 익힌 처녀는 정오가 넘은 시각에도 음식을 마련하여 대접하며 살갑게 굴었다.

"어찌된 일인지 그 여인을 보게 된 이후로는 선정에 들지 못함은 물론, 수행하고 있다는 사실에 불만이 느껴지기도 할 정도입니다."

명상 주제도 챙기지 못한 채 안절부절못하고 있던 그는 은사 비구의 손에 이끌려 부처님 앞에 가서야 이렇게 속마음을 털어놓게 되었다.

"너와 그녀는 전생에도 자못 심히 어그러진 인연이 있었느니라."

부처님의 말씀에 따르면, 그녀는 전생에 이 비구와 남편으로 연을 맺은 적이 있었다. 그는 전국에서 으뜸가는 궁사(弓師)로서 훌륭한 인품 덕에 많은 사람들로부터 추앙을 받았으며, 스승의 딸인 그녀와 결혼하였다. 그러다 함께 나선 여행길에서 부부는 도적떼를 만나고 말았다. 50명의 도적은 남편이 모두 활로 처치하였으나 마지막 도적의 두목만은 화살이 떨어지는 바람에 겨우 힘으로 제압하고 아내에게 칼을 건네 달라고 하였다. 그때 그녀는 우람하고 건장한 도적 두목에게 욕정을 느끼고는 칼을 오히려 두목에게 건네주어 남편이 죽고 말았다. 그래서 여인과 함께 달아나던 도적 두목은 강을 건너며 여인의 행실이 차후에는 자신에게도 미칠까 두려워 보석만 빼앗은 채 버려두고 사라져 버렸다.

여인은 스스로 한 행동 때문에 버림을 받았음에도 단지 배신을 당했다는 생각에만 빠져 화를 삭이지 못하고 있었는데, 제석천이 하늘에서 그 모습을 보고는 그녀를 뉘우치게 하고자 자신의 마부 및 악사와 더불어 승냥이와 물고기와 한 마리의 새로 몸을 변화시켜 그녀 앞에 나타났다.

그녀가 낙담하여 철퍼덕 앉아 있는 강 언덕 아래쪽으로 한 마리의 승냥이가 사냥한 듯한 고기 한 점을 입에 물고 지나가고 있었다. 그런데 갑자기 물속에서 자맥질하던 물고기 한 마리가 자기 힘에 못 이긴 듯 승냥이에게서 몇 발자국 떨어지지 않은 뭍으로 튕겨져 나와 땅에 내팽개쳐졌다.

갑작스런 모습에 잠시 어리둥절해 하던 승냥이는 자기 입에 물고 있는 고깃덩이보다 훨씬 크고 싱싱한 물고기를 차지하려고 물고 있던 살코기는 바로 내팽개치고 물고기에게 달려들었다. 그러나 여간 힘이 세지 않았던 물고기는 다시 한 번 몸을 퍼덕이더니 단번에 강물 속으로 들어갔다.

몇 발자국 옮기지도 않은 순간에 벌어진 일이라 놀란 듯 멈칫하던 승냥이가 정신을 차리고 뱉어 놓았던 살코기나 챙기려고 돌아서는 순간, 승냥이를 먼발치에서 따르던 한 마리의 새가 잽싸게 고깃점을 물고 하늘 높이 사라졌다.

"하하하, 바보 같은 승냥아! 욕심을 부리다 이것도 저것도 다 놓쳤구나."

"아무리 보아도 내 신세보다는 네 신세가 더 처량한 것 같은데? 내 살코기야 다시 어렵잖게 구할 수 있지만, 그런 훌륭한 남편을 이제 어디서 다시 만날 수 있겠느냐. 게다가 제 남편 죽이는 일을 돕기까지 하였으니."

그녀는 그제야 제정신이 돌아와 얼굴을 붉히며 뉘우치게 되었다.

부처님께서는 비구에게 이러한 전생의 악연으로 금생에도 윤회의 수레바퀴에 다시 휘감겨 들려고 한다며, 그 윤회의 힘에 끄달리지 않고 오히려 벗어날 수 있도록 더욱 정진하게끔 타이르셨다.

---

12) 몸이 청정하지 못함을 관찰하는 부정관(不淨觀, asubha-bhāvanā)을 말한다. 부정관은 초기부터 강조되어 온 수행법으로서, 특히 탐욕이라는 번뇌를 물리치기 위한 수행법이다. ⇒ 죄 '오정심관'의 부정관 참조.

351 죄악들을 벗었기에 두려움에 떨지않고
모든갈애 사라져서 완벽함에 도달한이,
존재라는 화살들을 이미제거 하였으니
이게바로 마지막에 부여받은 몸이로다.

無欲無有畏 恬惔無憂患 欲除使結解 是爲長出淵

욕심이 없고 두려움이 존재하지 않으면
마음이 담박해져 근심과 걱정이 없으므로
욕심이 제거되고 번뇌의 매듭이 풀어지니
이로서 깊은 연못으로부터 길이 벗어나게 된다.

niṭṭhaṅgato asantāsī, vītataṇho anaṅgaṇo |

acchindi bhavasallāni, antimoyaṁ samussayo ||

죄악을 벗어나 두려움에 떨지 않고
갈애가 사라져 완벽함에 도달한 이는
'존재'라는 화살[13]을 이미 제거하였으니,
이것이 마지막(으로 받은) 몸이다.

352 모든갈애 사라지니 바람에서 자유롭고
語源단어 정통하여 文章결합 순서알면,
그는실로 마지막인 몸을받은 사람이라
지혜롭고 위대하다 사람들이 일컬으리.

盡道除獄縛 一切此彼解 已得度邊行 是爲大智士
도道를 끝내버려 감옥의 속박을 제거하게 되면
일체의 이것저것이 해결되어
이미 저편으로 건너가게 되므로
이로서 큰 지혜를 지닌 선비가 되는 것이다.

vītataṇho anādāno, niruttipadakovido |
akkharānaṁ sannipātaṁ, jaññā pubbāparāni ca |
sa ve antimasārīro, mahāpañño mahāpurisoti vuccati ||
(누구든지) 갈애가 사라지고 바람에서 자유로우며
어원語源을 지닌 단어에 능통하고
철자綴字의 결합과 순서를 잘 알고 있다면[14]
그는 실로 마지막 몸을 받은
매우 지혜로운 위대한 사람이라 일컬어진다.

아라한의 경지에 오른 사미 라훌라

부처님께서 싸왓티 제따 숲의 승원에 계실 때, 어린 나이지만 이미 아라한의 경지에 오른 라훌라에 대한 이야기이다.

어느 날 이미 땅거미가 진 이후에 제따 숲의 승원으로 한 무리의 비구들이 도착하였다. 오는 길이 여의치 않아 다소 늦은 시각에 도착한 것이지만, 비구들은 부처님과 다른 장로들이 혹시나 꾸지람을 할까 봐 조심스레 그 밤을 지낼 수 있는 방사를 알아보았다.

다행히 빈 방사가 몇 남아 있어서 큰 어려움은 없었지만, 그래도 모자란 방사 때문에 라훌라를 비롯한 몇몇 사미들이 방사를 양보할 수밖에 없었다. 그런데 다른 사미들은 하룻밤을 보낼 곳을 찾았으나 라훌라는 이곳저곳을 알아보다 할 수 없이 부처님 계신 향실의 툇마루 한켠에 몸을 누이게 되었다.

'저기 고따마의 피붙이 아들이 밖으로 쫓겨나 처마 밑 신세를 지는구나. 비구라고 다 저녁에 들어와 방을 내놓으라 했으니, 겉으론 저처럼 아무렇지 않은 것 같지만 속으로는 투덜거리고 있을 게 분명하다. 이 틈에 저 사미를 겁 먹여 승원에서 제 발로 걸어 나가도록 해야겠다.'

다소 분답스럽던 승원의 모습을 내려다보고 있던 마왕 마라가 이때다 싶어 커다란 코끼리로 환영(幻影)을 드러내어 라훌라의 몸을 굵은 코로 휘감고 커다란 소리로 위협하였다.

그러나 그때 라훌라의 나이가 비록 여덟으로 매우 어렸지만 이미 아라한의 경지에 오른 까닭에 아무런 표정 변화 없이 그저 몸을 조금 뒤척일 뿐이었다.

"마라여! 네가 또 쓸데없는 데 힘을 쓰는구나. 여래의 아들은 이미 갈애가 사라졌기에 그 무엇으로도 놀라게 하거나 겁먹게 하진 못하느니라."

역시 환영으로 모습을 드러내신 부처님께서 조용히 마라를 타이르자 오히려 마라가 놀라서 달아나 버렸고, 그럼에도 라훌라는 아무런 변화를 보이지 않았다.

부처님 처소에서 한밤중에 일어났던 소란 아닌 소란은 법회를 준비하는 사이에 무슨 일이 일어났는지 승원 안에 알려지게 되었다.

"그거야 부처님 위신력 때문에 마라가 줄행랑을 친 게지. 어린 사미야 그저 천진난만하게 아무것도 모르고 잠에 빠져 있었을 테고."

승원에서 평소 보여 주던 모습을 통해 이미 라훌라를 아는 비구들은 당연히 그럴 것이라며 고개를 끄떡였으나, 라훌라의 방사를 별생각 없이 건네받아 하룻밤 신세를 졌던 비구는 조금은 미안한 마음과 함께, 그래도 어린 사미일 뿐이라는 생각에서 벗어나지 못하고 이렇게 말하였다.

우기 이후 첫 법회여서 많은 비구들이 참석한 가운데, 각자 정진하던 중에 생긴 이런저런 의문들이 법회 말미에 부처님께 올려졌다. 그런 와중에 라훌라의 방사를 차지했던 비구도 부처님께 질문을 드렸는데, 서툰 말투로 사용된 단어는 비슷한 의미의 엉뚱한 것이 태반이었고 게다가 인용된 부처님 게송도 우왕좌왕 뒤섞어 외운 까닭에 듣는 이를 혼란스럽게 하였다.

"너는 저 비구가 말하고자 하는 것이 어떤 것인지 알겠느냐? 알겠다면 네가 다시 말해 보아라!"

부처님께서 라훌라 곁에 있는 사미에게 이렇게 말을 건네니, 항상 라훌라와 함께 다니던 그는 비구의 말을 정리하여 올바른 표현으로 말씀드렸다.

"아무리 그렇더라도 어찌 말재간이나 가진 사미에….."

"비구여! 그가 어리다는 생각 때문에 생긴 상(相)을 거둬 버리고서 있는 그대로의 모습을 보고 그 속내를 보려고 노력해야 한다. 말은 생각이 겉으로 드러난 것이니, 네 생각을 가지런히 하려는 노력만큼 말도 그러해야 하느니라."

그때까지도 라훌라는 자기 도반인 그 사미 옆에서 천진난만한 모습에 별 표정의 변화 없이 그 모든 대화들을 조용히 듣고 있었다.

---

13) 존재의 화살이란 존재를 지속시켜 윤회로 이끄는 윤회의 화살을 말한다. 윤회의 화살은 족쇄처럼 인간을 얽어매어 윤회의 굴레에서 벗어나지 못하게 할 뿐인데, 윤회의 화살을 피하지 못한 인간은 다음의 다섯 가지 화살에 의해 직접적인 상해를 입게 된다. ① 탐욕의 화살(rāgasallo), ② 성냄의 화살(dosasallo), ③ 어리석음의 화살(mohasallo), ④ 자만의 화살(mānasallo), ⑤ 사견의 화살(diṭṭhisallo).
14) 베다를 잘 배우기 위한 여섯 가지 보조 학문 가운데 문법학을 가리킨다.

353 어떤법에 있어서도 오염되지 않은나는
모든것을 정복한자 무엇이든 아는자라
모두버려 갈망없어 자유롭게 되었으니,
제스스로 완전하게 알고있는 나로서는
그누구를 스승이라 가리킬수 있으리오.

若覺一切法 能不著諸法 一切愛意解 是爲通聖意
만약 일체의 법을 깨달았으면
모든 법에 대해 집착하지 않을 수 있으니
일체 애욕의 속마음이 풀어지므로
이로서 성인의 속마음과 통하게 된다.

sabbābhibhū sabbavidūhamasmi,

sabbesu dhammesu anūpalitto |

sabbañjaho taṇhakkhaye vimutto,

sayaṁ abhiññāya kamuddiseyyaṁ ||

모든 법들에 있어서 더렵혀지지 않는 나는
모든 것을 정복한 자이며 모든 것을 아는 자이다.
모든 것을 버렸기에 갈망이 파괴된 상태에서 자유롭게 되었으니
스스로 완전하게 안다면
누구를 (나의 스승이라) 가리킬 수 있겠는가!

* 353

외도 우빠까의 냉소

부처님께서 성도하신 후 처음으로 마주친 외도와의 대화와 관련된 이야기이다.

부처님께서 가야 땅의 보리수 아래에서 모든 것을 아는 지혜에 도달한 뒤, 바로 그 자리에서 7일을 보내신 후에 자신의 가르침을 전하기 위해 당시는 물론 지금도 천하의 철학자와 종교가들이 모이는 바라나씨로 가셨다.

도중에 부처님께서는 사명외도인 아지와까(Ajīvaka)[15] 교단의 우빠까(Upaka)라는 수행승과 마주쳤다.

"벗이여! 그대의 감관(感官)은 빛을 발하고 있는 듯하며, 피부색 또한 깨끗하고 청정하다. 그대는 누구에 의지하여 출가하였으며, 어느 분이 그대의 스승이신가?"

가던 걸음을 멈추고 묻는 우빠까에게 부처님께서는 '모든 법들에 있어서 더렵혀지지 않는 나는… 누구를 나의 스승이라 가리킬 수 있겠는가!'라는 게송으로 답하셨다.

그러자 우빠까는 다소 어이없다는 듯 머리를 흔들고 혀를 끌끌 차며 가던 길을 재촉했다고 한다.[16]

---

15) 교조 막칼리 고쌀라(Makkhali Gosala)가 이끄는 육사외도 가운데 하나. ⇒ 㞢 '육사외도'
16) 전해지는 말과 현재 잔존하는 보드가야 보디대탑의 유적지가 연계되어, 부처님께서는 깨달음을 이루신 후 일곱 번의 7일인 49일 동안 다음과 같은 행적을 남기셨다고 전해져 내려오고 있다. ① 첫 일주일은 깨달음을 얻으신 바로 그 자리인 보리수 아래에서 법열(法悅)을 즐기셨으니 그곳을 금강보좌(金剛寶座)라 일컬으며, ② 둘째 주에는 보리수가 건너다보이는 나지막한 언덕에서 보리수를 바라보며 눈도 깜빡이지 않은 채 깨달음을 점검하셨으니 그곳에 지금은 정안탑(靜眼塔)이 세워져 있으며, ③ 셋째 주에는 다시 보리수 근처로 가셔서 경행하셨으니 지금의 경행처(經行處)이며, ④ 넷째 주에는 다시 보리수에서 약간 떨어진 곳에서 연기법을 순(順)과 역(逆)으로 관하셨으며, ⑤ 다섯째 주에는 다시 보리수에서 다른 방향으로 약간 떨어진 곳에 있는 니그로다(Nigrodha) 나무 아래에서 선정에 드셨는데 이때 한 브라만이 다가와 질문을 하기에 부처님께서 스스로 깨달음을 성취하셨다 대답하자 그 브라만은 콧방귀를 뀌며 떠나갔다고 하는 곳이며, ⑥ 여섯째 주에는 다시 보리수 건너편으로 자리를 옮겨 선정에 드시자 비바람이 불어왔는데 용왕 무짤린다(Mucalinda)가 와서 자신의 몸으로 부처님을 감싸 보호해 드렸다고 하는 곳으로 지금은 연못이 형성되어 있으며, ⑦ 마지막 7일 동안에는 다시 인근의 라자야따나(Rājayatana) 숲에서 선정에 드셨는데 이때 두 명의 상인으로부터 처음으로 공양을 받으셨다고 한다.

354 법보시는 모든종류 보시들을 이겨내고
       법의맛은 모든종류 맛가진것 이겨내며,
       법의기쁨 모든종류 즐거움을 이겨내고
       갈애파괴 이룬자는 모든고통 이겨내리.

衆施經施勝 衆味道味勝 衆樂法樂勝 愛盡勝衆苦
뭇 보시 가운데 경전의 보시가 (가장) 뛰어나고,
뭇 맛 가운데 도리의 맛이 (가장) 뛰어나고,
뭇 즐거움 가운데 법의 즐거움이 (가장) 뛰어나며,
애욕이 다했을 때 뭇 고통을 이길 수 있다.

sabbadānaṁ dhammadānaṁ jināti, sabbarasaṁ dhammaraso jināti |
sabbaratiṁ dhammaratī jināti, taṇhakkhayo sabbadukkhaṁ jināti ||
법보시는 모든 (유형의) 보시를 이기고,
법의 맛은 모든 (종류의) 맛을 이기며,
법의 기쁨은 모든 (유형의) 즐거움을 이기고,
갈애의 파괴를 이룬 자는 모든 (종류의) 고통을 이겨 낸다.

## 354

부처님께 불만을 토로한 제석천왕

부처님께서 싸왓티 제따 숲의 승원에 계실 때, 제석천왕의 질문에 답하신 것과 관련된 이야기이다.

언젠가 도리천이라고도 불리는 삼십삼천[17]의 32천왕이 모여 이야기를 나누다 도저히 풀리지 않는 의문 네 가지가 생겼다.

'세상의 온갖 베푸는 일 가운데 어떤 베풂이 으뜸이겠는가?'

'세상의 온갖 맛 가운데 어떤 맛이 으뜸이겠는가?'

'세상의 온갖 즐거움 가운데 어떤 즐거움이 으뜸이겠는가?'

'세상의 모든 욕망을 다스리는 것을 왜 가장 훌륭한 일이라 하는가?'

그래서 32천왕은 도리천의 중앙에 계시며 으뜸 천왕인 제석천왕에게 함께 가서 이 문제의 해답을 구하였다.

"벗들이여! 이러한 문제들은 완벽한 깨달음을 이루신 분이 아니고서는 답을 할 수 없습니다. 마침 제따 숲의 승원에 석가모니 부처님께서 계시니 함께 가서 여쭈어보도록 합시다."

"제석천왕이여! 세상의 모든 베풂 가운데 진리를 베푸는 것이 으뜸이며, 세상에서 진리를 맛보았을 때 그 어떤 맛에도 견줄 수가 없으며, 수행하여 성취한 진리로 인해 얻어지는 즐거움 또한 그 어떤 즐거움과도 비견될 수 없느니라. 그리고 욕망이 다스려지면 모든 고통에서 자유로울 수 있기 때문이다."

부처님께서 이렇게 답하시니 제석천왕은 다소 불만인 표정으로 사뢰었다.

"세존이시여! 앞으로는 최상의 진리가 베풀어지는 자리에 저희들도 참여할 수 있도록 하시어 법희(法喜)를 누릴 수 있도록 해주십시오."

그리하여 그 이후로는 부처님께서 법을 설하실 때마다 제석천왕을 비롯한 천상의 신들도 함께 자리할 수 있게 되었다.

---

17) 삼십삼천(三十三天)은 욕계6천의 두 번째 하늘로서 수미산의 정상에 펼쳐져 있다. 네모진 모습을 한 수미산 정상의 각 모서리마다 제각기 여덟 성(城)이 있고 중앙에는 제석천왕이 다스리는 선견성(善見城)이 있으므로, 모두 33가지 성이 있는 하늘이기에 삼십삼천이라 일컫는 것이다.

355   재물욕은 어리석은 사람들을 해치지만
      피안추구 하는이를 해치는일 없나니라.
      어리석은 사람이면 재물향한 갈애로써
      다른이를 해치듯이 제자신을 해친다네.

      愚以貪自縛 不求度彼岸 貪爲敗處故 害人亦自害
      어리석은 이는 탐욕으로 스스로 묶어 버리고
      저편 언덕으로 건너가고자 하질 않는다.
      탐욕은 실패한 처방이 되는 까닭에
      다른 사람을 해치고 또한 스스로 해치게 된다.

      hananti bhogā dummedhaṁ, no ca pāragavesino |
      bhogataṇhāya dummedho, hanti aññeva attanaṁ ||
      재물은 어리석은 자를 해치지만
      피안彼岸을 추구하는 자들을 해치진 못한다.
      어리석은 자는 재물에 대한 갈애로
      남들을 해치는 것처럼 자신을(해친다).

## 355

쉬어 버린 쌀죽을 좋아했던 대부호

부처님께서 싸왓티 제따 숲의 승원에 계실 때, 다소 이상한 대부호 아뿟따까의 죽음과 관련된 이야기이다.

꼬쌀라국의 대부호 아뿟따까(Aputtaka)는 엄청난 재산가임에도 불구하고 그 재산을 물려줄 자식이나 심지어 일가친척도 없었던 까닭에 그가 죽은 후에 그의 재산은 국왕에게 귀속되었다.

"세존이시여! 이상하게도 그는 검소해서가 아니라 약간 시큼한 쌀죽을 좋아할 뿐 산해진미는 거들떠보지도 않았으며, 조악하고 거친 삼베 따위로 만든 옷을 즐겨 입을 뿐 바라나씨 비단옷은 흡사 벌레를 만지듯 하였습니다."

국왕 빠세나디는 그의 재산을 왕궁으로 옮기던 날 부처님을 찾아뵈었다.

"국왕이시여! 이해 못할 그의 행동은 그 자신의 전생에 기인한 것입니다."

비록 막대한 재물을 얻게 되어 왕실의 살림은 풍족해졌으나 도저히 이해하지 못할 그의 행위도 궁금했고, 무엇보다 그러한 재물을 얻게 되어 다소 꺼림칙했던 국왕은 부처님의 말씀을 듣고 그의 전생에 대해 알게 되었다.

아뿟따까는 전생에 유명한 자린고비였는데, 하루는 외출하는 길에 웬일인지 마음을 내어 아내에게 난생처음, 탁발 나온 따가라씨킨(Tagarasikhin)이란 연각불에게 공양을 드리라고 허락한 적이 있었다. 그러나 돌아오는 길에 마주친 연각불의 발우 속을 보고 못내 아까워하였다. 게다가 일찍 죽은 자기 형의 재산이 탐나 조카를 죽이는 일까지 저지르고 말았다.

그는 연각불에게 공양을 올리게 한 공덕으로 그 후 지금까지 일곱 생에서 대부호가 되었으나, 재산 때문에 조카를 죽인 과보로 그 재산을 물려줄 자식이 한번도 없었다. 그리고 공양 올린 것을 후회했기 때문에 부호로 지내는 동안에도 먹거리와 입거리에 대해 기이한 습성을 지니게 되었다. 또한 공양의 공덕이 다한 금생 이후엔 아주 오랫동안 지옥에서 지낼 것이라 말씀하셨다.

"그러니, 왕이시여! 그러한 재물이라 외면하지 마시고 모쪼록 백성들을 위해 좋은 곳에 사용하는 지혜로움을 베푸소서."

356　세상땅은 한줌잡초 그것으로 망가지며
　　　이세상의 사람들은 탐욕으로 망가지네.
　　　그러므로 탐욕에서 벗어난이 공양함은
　　　진실로큰 결실들을 어김없이 가져오리.

愛欲意爲田 婬怨癡爲種 故施度世者 得福無有量

사랑과 욕심과 속마음은 밭이 되고
음행과 원망과 어리석음은 종자가 된다.
그러므로 보시로써 세간을 건너려는 자는
얻어지는 복덕에 한량이 존재하지 않는다.

tiṇadosāni khettāni, rāgadosā ayaṁ pajā |

tasmā hi vītarāgesu, dinnaṁ hoti mahapphalaṁ ||

토지는 잡초로 망가지며
세상 사람들은 탐욕으로 망가진다.[18)]
그러므로 탐욕에서 자유로운 이들에 대한 공양은
실로 커다란 결실을 가져온다.

357   세상땅은 한줌잡초 그것으로 망가지며
      이세상의 사람들은 증오로서 망가지네.
      그러므로 증오에서 벗어난이 공양함은
      진실로큰 결실들을 어김없이 가져오리.

      猶如穢惡田 瞋恚滋蔓生 是故當離恚 施報無有量
      (마음이) 마치 더럽고 황폐화된 밭과 같아지면
      성냄이 덩굴 불어나듯 생겨나니,
      이런 까닭에 응당 성냄을 여의면
      베풀어지는 보답은 한량이 없다.

      tiṇadosāni khettāni, dosadosā ayaṁ pajā |
      tasmā hi vītadosesu, dinnaṁ hoti mahapphalaṁ ||
      토지는 잡초로 망가지며
      세상 사람들은 증오로 망가진다.
      그러므로 증오에서 자유로운 이들에 대한 공양은
      실로 커다란 결실을 가져온다.

358 세상땅은 한줌잡초 그것으로 망가지며
이세상의 사람들은 어리석어 망가지네.
그러므로 어리석음 벗어난이 공양함은
진실로큰 결실들을 어김없이 가져오리.

猶如穢惡田 愚癡穢惡生 是故當離愚 獲報無有量
(마음이) 마치 더럽고 황폐화된 밭과 같아지면
어리석음이 더럽고 사악하게 발생하니,
이런 까닭에 응당 어리석음을 여의면
얻어지는 보답은 한량이 없다.

tiṇadosāni khettāni, mohadosā ayaṁ pajā |
tasmā hi vītamohesu, dinnaṁ hoti mahapphalaṁ ||
토지는 잡초로 망가지며
세상 사람들은 어리석음으로 망가진다.
그러므로 어리석음에서 자유로운 이들에 대한 공양은
실로 커다란 결실을 가져온다.

359 세상땅은 한줌잡초 그것으로 망가지며
이세상의 사람들은 욕심으로 망가지네.
그러므로 욕심에서 벗어난이 공양함은
진실로큰 결실들을 어김없이 가져오리.

猶如穢惡田 貪欲爲滋蔓 是故當離貪 獲報無有量
(마음이) 마치 더럽고 황폐화된 밭과 같아지면
탐욕이 불어난 덩굴처럼 되나니,
이런 까닭에 응당 탐냄을 여의면
얻어지는 보답은 한량이 없다.

tiṇadosāni khettāni, icchādosā ayaṁ pajā |
tasmā hi vigaticchesu, dinnaṁ hoti mahapphalaṁ ||
토지는 잡초로 망가지며
세상 사람들은 욕심으로 망가진다.
그러므로 욕심이 사라진 이들에 대한 공양은
실로 커다란 결실을 가져온다.

어디에 공양을 해야 하는가

부처님께서 한때 도리천에 가셨을 때 마주쳤던 두 공양주 인디까와 앙꾸라에 대한 이야기이다.

　도리천과 도솔천은 모두 욕계의 여섯 하늘 가운데 하나인데, 도솔천은 부처님께서 보살의 지위로 계시다 이 세상에 내려오신 곳이며, 도리천은 마야부인께서 돌아가신 후 태어나신 하늘로서 부처님께서 어머님을 위해 법을 설해 드리기 위해 방문하셨던 곳이다.

　욕계의 여섯 하늘은 지상으로부터 제일 가까운 사천왕천(四天王天)을 시작으로 도리천과 야마천(夜摩天)과 도솔천과 화락천(化樂天) 및 타화자재천(他化自在天)으로 이루어져 있으며, 그 위에 색계(色界)가 있다.

　고대 인도의 세계관에서 땅의 중심에 수미산이 있는데, 이 수미산의 중턱 네 방향으로 하나씩의 하늘이 걸쳐 있으니 이것이 사천왕천이며, 수미산의 정상에 있는 것이 도솔천이다.

　수미산의 정상은 가로 세로 8만 유순(由旬)[19]씩이나 되는 거대한 평지로서 네모진 모습을 하고 있다. 그 네 모서리에 각각 여덟 채의 성이 있고 각 성을 천왕이 다스리니, 모두 32곳의 성에 32명의 천왕이 있는 셈이다. 그리고 그 수미산 정상의 중앙에 가장 커다란 성이 있어서 으뜸되는 천왕이 그곳은 물론 도리천 전체를 마치 황제처럼 관장하는데 그가 바로 제석천왕이다.

　그곳을 도리천이라 부르는 것은 범어 따와띵싸(Tāvatiṁsa)가 33을 가리키는 말인데 33천왕이 사는 하늘이기 때문에 붙여진 이름이다.

　도솔천은 '만족하다'라는 의미의 범어 뚜씨따(Tusita)의 소리옮김으로, 만족을 아는 하늘 사람들이 머무는 곳이기에 그렇게 이름한 것이다.

　그와 같은 도리천을 부처님께서는 당신의 모친께서 천상의 복락을 누리고 계신 곳으로서, 어머님을 위해 법을 설하여 제도시켜 드리고자 싸왓티 제따 숲의 승원에 계실 때 방문하신 적이 있었다.

　도리천의 법회에는 삼십삼천의 모든 천왕과 하늘 사람들이 구름같이 모여들어, 수미산 정상에 있는 선견성의 그 넓은 법회장은 발 디딜 틈이 없을 정도였다.

어머님을 위한 법회를 마친 부처님께서는 다시 지상으로 내려오시기 전에 선견성의 북쪽 정원인 대희원림(大喜園林)에 들러 잠시 거니시던 중에 인디까(Indika)라는 하늘 사람과 우연히 마주치셨다.

인디까는 전생에 장로 아누룻다가 자신의 마을로 탁발을 왔다가 자신의 집에 들렀을 때, 고픈 배에 막 식사를 하려던 자기 밥그릇에서 한 숟가락을 퍼내어 정성스레 공양을 올린 적이 있었다. 그는 단지 그 공덕으로 천상에 태어나 아주 풍족하고 호화로운 생활을 하고 있었기에 만족한 얼굴이었다.

그리고 잠시 후에 앙꾸라(Aṅkura)라고 하늘 사람과 마주치셨다. 앙꾸라는 전생에 배화(拜火)교도로서 배화교단에 많은 공양을 올린 것은 물론, 교단의 수도원을 곳곳에 건립해 희사하는 등, 한 사람으로서는 엄청난 보시를 행하였지만 지금 도리천에서 누리는 복락은 인디까의 16분의 1은커녕, 다시 그것의 16분의 1에도 미치지 못하였다.

전생에 자신이 했던 것과 인디까가 행했던 것을 견주며 지금 받는 복에 항상 불만을 지녔던 앙꾸라는 부처님을 뵙자 그 이유를 여쭈어보았다.

"앙꾸라여! 누구든지 자신의 몫을 덜어 내어 진심으로 보시하거나 희사할 때에는 그것을 어느 누구에게 올릴지 잘 생각해 보아야 하느니라. 보시는 밭에 씨를 뿌리고 물 주어 기르는 것과도 같은데, 같은 씨앗을 뿌리고 동일한 품으로 정성을 다한다 하더라도 기름진 옥토와 먼지만 날리는 황무지는 그 결과가 같을 수가 없느니라."

---

18) ㉻ '싸마까'와 같은 갈대풀이 곡식 사이에 자라면 곡식이 섭취할 땅의 영양분을 갈대풀이 다 흡수해 버리므로 밭이 망가져 버린다. 마찬가지로 수행자가 내적으로 감각적인 쾌락의 욕망을 갖게 되면 그것 때문에 자신을 망치게 되며, 그에게 바쳐진 보시자의 공양은 공덕이 되지 못한다.

19) 유순은 요자나(yojana)의 한역으로 약 15킬로미터에 해당하는데, 정확한 척도는 시대와 지역에 따라 차이가 난다. 1요자나는 황소가 멍에를 메고 하루 동안 가는 거리로 여긴다.

第25章

भिक्खुवग्गो

사문이 무엇인지 밝힌 장

사문품

沙門品

360 눈가지고 삼가하면 더할나위 없을게요
　　　귀가지고 삼가하면 그도또한 그럴거며,
　　　코가지고 삼가하면 더할나위 없을게요
　　　혀가지고 삼가하면 그도또한 그러리라.

端目耳鼻口 身意常守正 比丘行如是 可以免衆苦
눈·귀·코·입을 단정히 하고
몸과 마음은 항상 올곧음을 지킬지니,
비구의 행위가 이와 같아야
뭇 괴로움을 면할 수 있다.

cakkhunā saṁvaro sādhu, sādhu sotena saṁvaro |
ghānena saṁvaro sādhu, sādhu jivhāya saṁvaro ||
눈에 의한 삼감은 좋은 것이요[1]
귀에 의한 삼감은 좋은 것이며,
코에 의한 삼감은 좋은 것이요
혀에 의한 삼감은 좋은 것이다.

361 몸가지고 삼가하면 더할나위 없을게요
말가지고 삼가하면 그도또한 그럴거며,
생각으로 삼가하면 그역시나 그러리니
이런저런 모든면에 삼가하면 좋으리라.
모든면에 빠짐없이 삼가하는 비구라면
무슨괴롬 되었던지 그로부터 벗어나리.

善哉制於身 善哉制於語 善哉制於意
善哉制一切 制一切比丘 解脫一切苦
좋은 것이로세! 몸에 있어서 삼감은,
좋은 것이로세! 말에 있어서 삼감은,
좋은 것이로세! 뜻에 있어서 삼감은,
좋은 것이로세! 모든 것을 삼감은.
모든 것을 삼가는 비구는
모든 고통에서 해탈할 수 있을지니.

kāyena saṁvaro sādhu, sādhu vācāya saṁvaro |
manasā saṁvaro sādhu, sādhu sabbattha saṁvaro |
sabbattha saṁvuto bhikkhu, sabbadukkhā pamuccati ||
몸에 의한 삼감은 좋은 것이요,
말에 의한 삼감은 좋은 것이며,
생각에 의한 삼감은 좋은 것이니,²⁾
모든 면에서의 삼감은 좋은 것이다.
모든 면에서 삼가는 비구는
모든 괴로움으로부터 벗어난다.

어느 감각 기관이 가장 중요한가

부처님께서 싸왓티 제따 숲의 승원에 계실 때, 어느 감각 기관이 가장 중요한가를 놓고 논박을 벌였던 일에 대한 이야기이다.

제따 숲의 승원에서 멀지 않은 곳에 다섯 비구가 함께 머물며 수행하고 있었다. 그들은 간혹 한 가지 토론 주제가 정해지면 그것에 대해 서로의 의견을 교환해 가며 모두가 수긍하는 하나의 결론에 도달할 때까지 논박을 이어가곤 하였다.

하루는 '다섯 가지 감각 기관 가운데 어느 것이 가장 중요한가?'를 주제로 토론하였다.

다섯 가지 감각 기관이란 눈[眼]과 귀[耳]와 코[鼻]와 혀[舌]와 몸[身]을 가리키는 것이며, 단지 감각 기관 자체의 가치가 아니라 수행을 해나감에 있어서 어떤 감각 기관에 대한 삼감에 더욱 치중해야 보다 나은 수행의 성과를 얻을 것인지 등에 대해 토론하였다.

다섯 비구가 각기 감각 기관을 하나씩 먼저 정한 다음에 본격적인 논박이 시작되었다. 눈은 제일 먼저 대상을 접할 수 있는 까닭에 그것의 절제가 무엇보다 소중하다거나, 설령 눈을 감고 있더라도 소리는 들리므로 그것의 절제가 더욱 중요하다거나, 눈이 멀고 소리도 듣지 못하는 장애인이 몸의 느낌만으로 살아갈 수도 있으니 그것이 가장 중요한 것이라고 주장하는 등, 본격적인 의견의 제시로 이어졌다.

그러나 열띤 토론을 벌이면 벌일수록 어떤 감각 기관이 여타의 감각 기관에 비해 월등히 중요한가에 대해 다섯 비구 가운데 어느 누구도 결정적인 의견을 내지 못하였기에 결국 결론이 나지 않았다. 그래서 그들은 제따 숲의 승원으로 부처님을 찾아뵙고 자신들이 토론했던 것에 대해 상세히 말씀드린 후 부처님의 가르침을 청하기로 하였다.

"세존이시여! 저희들이 다섯 가지 감각 기관을 두고 서로 하나씩 맡아 어느 것이 가장 중요한지 논박하였으나 아무런 결론에도 도달하지 못했습니다."

부처님께서 비구들에게 말씀하셨다.

"비구들이여! 감각 기관이란 그 하나하나가 모두 다스리기 어려운 것이다. 그 가운데 설령 어느 하나가 가장 다스리기 어렵다거나 어느 하나를 다스리면 다른 감각 기관들을 다스리기에 다소 도움이 된다 하더라도 수행하는 이에게 있어서는 그 모두를 가지런히 잘 다스려야만 생사윤회를 벗어날 수 있다. 그것은 다섯 마리의 말에 묶인 수레가 힘차게 잘 달리려면 어느 한 마리가 아니라 다섯 말이 가지런히 잘 달릴 수 있어야 하는 것과 같으니라."

가르침이 끝나자 다섯 비구들은 예류과를 증득하였다.

---

1) 图 가시적 대상인 형상이 수행승의 시각적인 범주 안에 들어오면, 마음에 든다고 하여 그 대상에 매혹되지도 않고, 또한 마음에 들지 않는다고 하여 그 대상을 혐오하지도 않으며, 아울러 마음에 들지도 않고 들지 않는 것도 아닌 대상에 의해서 미혹되지도 않는 것이 바로 '눈에 의한 삼감'이다. 마찬가지로 귀와 코와 혀에 대해서도 동일하게 적용될 수 있다. '삼감'은 눈과 같은 감각의 출구에서 대상이 나타나는 순간에 바로 일어나지는 않는다. 그것은 나중에 인식적인 인지 체험을 구성하는 흐름을 순간적으로 포착하는 찰나에 일어나게 된다.

2) 십악업도(十惡業道, dasa-akusalakammapathā) 가운데 세 가지 신업(身業)과 네 가지 구업(口業) 및 세 가지 의업(意業)을 짓지 않도록 하는 것이 몸과 말 및 생각에 의한 삼감이다.

362 손삼가고 발삼가며 말삼가는 그런이와
옳고곧은 삼매들어 내심기뻐 하는사람,
혼자홀로 지내면서 모든것에 만족하는
그런이를 사람들은 비구라고 일컫니라.

手足莫妄犯 節言愼所行 常內樂定意 守一行寂然
손발은 망령되이 (잘못을) 범하지 말며
절제하여 말하고 (모든) 행위를 삼갈지니라.
항상 안으로 기뻐하고 속마음을 안정시키며
홀로 수행하되 평온함을 지킬지니라.

hatthasaṁyato pādasaṁyato, vācāsaṁyato saṁyatuttamo |
ajjhattarato samāhito, eko santusito tamāhu bhikkhuṁ ||

손을 삼가며 발을 삼가며
말을 삼가는 삼감이 뛰어난 이,
삼매에 들어 내심 기뻐하는[3] 이,
홀로 지내며 만족하는 이.
그러한 이를 사람들은 '비구'라 일컫는다.

776

* 362

재미로 기러기를 죽인 비구

부처님께서 싸왓티 제따 숲의 승원에 계실 때, 한 비구가 그저 재미로 기러기를 죽인 일에 관련된 이야기이다.

싸왓티 성에 사는 두 친구가 함께 출가하여 서로를 탁마하며 지내고 있었다. 하루는 두 비구가 강에서 목욕을 하고 몸을 말리느라 강 둔덕에서 잠시 쉬고 있는데 멀지 않은 하늘에서 기러기 두 마리가 날아오고 있었다.

"이보게! 내가 저 왼쪽 기러기의 눈을 이 조약돌로 꿰뚫어 보겠네!"

평소 돌팔매질에 재간을 보여 다소 우쭐대기도 하던 그는 손에 잡히는 돌을 들어 하늘로 날렸다. 과연 그의 호언대로 왼쪽 기러기가 왼쪽 눈을 제대로 맞아 두 비구의 발아래 떨어졌으며, 잠시 퍼덕이다 그만 죽고 말았다.

마침 그곳을 지나가던 다른 비구가 그 모습을 모두 지켜보고는 그들을 부처님에게 데리고 가서 모든 사실을 말씀드렸다. 하지만 정작 그 두 비구는 시종일관 그저 그러려니 하는 표정으로 조금 겸연쩍어 할 뿐이었다.

"옛 성현들은 여래의 가르침 이전이라도, 그리고 비록 재가 생활을 하더라도 사소한 잘못에 대해 많이 생각하고 크게 후회했었다. 그런데 너희들은 출가한 비구로서 큰 잘못을 저지르고도 후회하는 모습을 볼 수가 없구나."

그리하여 두 비구를 크게 꾸짖고는 대중들에게 부처님께서 왕이었을 때 삼가고 조신했던 왕들과 관련된 전생담 하나를 들려주셨다.

오랜 옛날, 보살께서 왕으로 계시며 계행과 덕목을 왕실 모든 이들과 함께 잘 지키자 여러 나라에 가뭄이 들었지만 그 나라는 피해가 없었다. 이웃나라 왕은 그 왕실의 훌륭한 품행 덕에 그런 일이 일어났음을 알고 계행 등을 상세히 황금 접시에 새겨 와서 항상 조심하는 마음으로 그대로 지키니 과연 그 이웃나라도 얼마지 않아 가뭄이 해소되었다고 한다.

---

3) '내심 기뻐하는'에 해당하는 단어 'ajjhattarata'는 산스끄리뜨 'adhi[對]ātma[我]rata[喜]'에 해당한다. 그 가운데 'adhyātman[ⓟ.ajjhatta]'은 어원에 따른 의미가 '아뜨만에 대한'인데, 산스끄리뜨가 아닌 빠알리어에서는 '아뜨만'이라는 고유명사로서의 의미가 제거되고 '개인적인, 내적인, 안쪽의' 등의 의미로만 사용된다.

363 그어떠한 비구라도 모든언행 삼가하고
진실만을 언급하며 거만하지 아니한채
가르침과 그의미를 올바르게 밝힌다면
그의말은 듣기에도 틀림없이 좋으리라.

學當守口 宥言安徐 法義爲定 言必柔軟
배우는 이는 응당 입을 단속하여
너그러운 말로 편안하고도 찬찬히 하면
(그렇게 설해지는) 법의 의미는 안정될 것이니,
말은 반드시 부드럽고 부드럽게 할지니라.

yo mukhasaṁyato bhikkhu, mantabhāṇī anuddhato |
atthaṁ dhammañca dīpeti, madhuraṁ tassa bhāsitaṁ ||

어떤 비구라도 언행을 삼가고
진실을 말하며 거만하지 않은 채
가르침과 (그) 의미를 밝힌다면
그의 말은 듣기 좋으리라.[4]

험담을 많이 하다 연화지옥에 떨어진 비구

부처님께서 싸왓티 제따 숲의 승원에 계실 때, 말이 많아 연화지옥에 떨어진 비구에 대한 이야기이다.

　장로 싸리뿟따 및 목갈라나와 함께 우기를 보낸 비구 꼬깔리까(Kokalika)는 애초의 약속대로 마을 사람들에게 두 분 장로께서 오셨다는 말을 하지 않았기에 공양이 그리 많지 않았다. 꼬깔리까는 우기를 마치고서야 사실을 밝히며 마을 사람들에게 공양을 재촉하니 많은 신도들이 공양을 올렸다. 그러나 두 장로께서는 받지 않고 그냥 가 버렸기에 그 또한 공양을 배분받을 수 없었다.

　그래서 불만을 품은 꼬깔리까는 두 장로를 험담하고 다녔는데, 그 결과 몸에 악창이 나서 고통을 받다가 죽었으며, 죽은 후에는 연화지옥에 떨어졌다.

　"수행승들이여! 꼬깔리까가 자신의 입단속을 하지 못해 파멸을 맞은 것은 이번이 처음이 아니다. 전생에도 그런 적이 있었느니라."

　부처님께서 일러 주신 그의 전생담에 의하면, 히말라야 산기슭 호수의 거북이로 태어난 그는 히말라야 산 위 황금 동굴에 살던 두 마리의 백조와 친구가 되었다. 한번은 백조가 거북이에게 황금 동굴을 구경시켜 주겠다고 하였다.

　그러나 거북이의 걸음으로는 몇 해가 걸릴지 모르는 까닭에, 꾀를 내어 막대기 하나를 가져다 양쪽은 백조가 물고 그 중간을 거북이가 물어서 하늘 길을 통해 재빨리 옮겨가도록 하였다.

　"저기 하늘을 봐요! 백조 두 마리가 무엇을 막대에 꿰어 가져가는데?"

　"야 이 무식한 사람들아! 꿰어 가는 게 아니라 내가 물고 가는 거야!"

　큰 마을을 지나다 이상한 모습에 웅성거리는 사람들을 보고 입이 근질거려 도저히 참을 수 없었던 거북이는 이렇게 참견을 하는 바람에 물었던 막대기를 놓을 수밖에 없었으며, 당연히 추락하여 그만 죽고 말았다.

---

4)　젠 수행승으로서 무엇에 대해 해석만 하고 근거가 되는 경전을 제시하지 않는 자나 혹은 경전만을 제시하고 그에 대한 해석을 하지 않는 자, 그리고 그 어느 것도 하지 않는 자의 말은 듣기 좋은 말이 아니다.

364 참된법에 의지하여 여법하게 살아가며
　　　항상법을 기뻐하고 늘상법을 명상하는,
　　　또한법을 익히고서 익힌법을 염송하는
　　　그런비구 善法에서 멀어지지 않으리라.

　　　樂法欲法 思惟安法 比丘依法 正而不費
　　　법을 좋아하고 법을 추구하며
　　　법에서 편안할 수 있음을 (늘) 사유한다면
　　　비구는 법에 의지하여
　　　바르게 될 뿐 쓸모없이 되지 않는다.

　　　dhammārāmo dhammarato, dhammaṁ anuvicintayaṁ |
　　　dhammaṁ anussaraṁ bhikkhu, saddhammā na parihāyati ||
　　　법에 살아가고 법을 기꺼워하며
　　　법을 명상하고 법을 염송하는 비구는
　　　선법善法[5)]으로부터 멀어지지 않는다.

아라한의 경지에 오른 담마라마

부처님께서 싸왓티 제따 숲의 승원에 계실 때, 부처님의 입멸을 목전에 두고 아라한의 경지에 오른 장로 담마라마에 대한 이야기이다.

어느 날 부처님께서 사부대중이 모두 있는 자리에서 말씀하셨다.

"지금부터 넉 달 후에 완전한 열반에 들겠노라."

이에 사부대중은 각기 그 근기와 수행으로 이룬 정도에 따라 다양한 반응을 보였다. 아직 어떤 길(向, magga)이나 경지(果, phala)에도 이르지 못한 이는 슬픈 마음을 가누지 못하고 있는 반면, 이미 성자의 반열에 오른 비구들은 전혀 동요하지 않은 채 곧 완전한 열반이 실현되리라는 진실 앞에 숙연해졌다.

그런 와중에 비구 담마라마(Dhammārāma)만은 슬픈 모습을 보이거나 숙연해하지도 않고, 그저 무리에서 떨어져 홀로 지낼 뿐이었다. 그래서 비구들은 그가 부처님에 대한 공경심이 부족하다며 작은 분란을 일으켰다.

"담마라마여! 네 행동이 평소와 달라진 것은 무슨 까닭이냐?"

짐짓 모든 것을 알고 계셨지만, 부처님께선 그의 행동을 이상하다 여기고 괘씸하게까지 여기는 일부 대중들을 위해 담마라마에게 이렇게 물으셨다.

"세존이시여! 곧 여래께선 완전한 열반에 듦에도 저는 아직까지 생사윤회의 실체마저 파악하지 못했습니다. 단지 여래께서 세상에 계실 때 정진하여 생사윤회를 벗어나고자 하였을 뿐, 별다른 생각을 할 겨를도 없습니다."

그렇게 대답하는 중에도 담마라마는 정진의 눈빛을 흐리지 않았다.

"훌륭하다, 담마라마여! 지금 나의 무슨 가르침이 더 필요하겠느냐. 그리고 너희 비구들아! 너희들이 여래에게 올리는 향이나 꽃은 참된 공양의 겉모습일 뿐이니라. 여래에 의해 밝혀진 담마(Dhamma, 法)를 열심히 수행하는 것만이 참된 공양이라 할 수 있느니라."

부처님의 말씀이 끝나자 담마라마는 이내 아라한의 경지에 올랐다.

---

5) 여기서 말하는 선법은 '깨달음에 도움이 되는 37가지 수행의 원리[三十七助道品]'나 '세간을 벗어날 수 있는 아홉 가지 원리[九出世間法]'로 볼 수 있다.

第25章 사문이 무엇인지 밝힌 장

365 제스스로 얻은것을 무시해선 아니되며
     다른사람 가진것을 부러워도 아니되네.
     다른사람 부러워서 맘졸이는 비구라면
     제아무리 수행해도 삼매들지 못하리라.

學無求利 無愛他行 比丘好他 不得定意
배우는 이는 이익을 추구함이 없어야 하며
별다른 행위를 좋아함이 없어야 한다.
비구가 별다른 것을 좋아하면
안정된 뜻을 얻지 못한다.

salābhaṁ nātimaññeyya, nāññesaṁ pihayaṁ care |
aññesaṁ pihayaṁ bhikkhu, samādhiṁ nādhigacchati ||
스스로 얻은 것[6]을 무시하지 말아야 하며,
다른 사람들을 부러워하는 일이 일어나서는 안 된다.[7]
다른 사람들을 부러워하는 비구는 삼매에 들지 못한다.

366　만약비구 얻은것이 비록조금 이더라도
　　　스스로가 얻은것을 무시하지 않는다면,
　　　순수하게 살아가며 게으르지 않은그를
　　　사람들은 물론이요 신들또한 찬양하리.

　　　比丘少取 以得無積 天人所譽 生淨無穢
　　　비구는 적게 취할 뿐
　　　얻어진 것으로 쌓아 둠은 없어야
　　　하늘 사람까지 기리게 되고
　　　(그의) 삶은 깨끗하여 더러움이 없게 된다.

　　　appalābhopi ce bhikkhu, salābhaṁ nātimaññati |
　　　taṁ ve devā pasaṁsanti, suddhājīviṁ atanditaṁ ||
　　　만약 비구가 비록 얻은 것이 적더라도
　　　스스로 얻은 것을 무시하지 않으면
　　　순수한 삶을 살고 게으르지 않은 그를
　　　신들도 찬양한다.

데와닷따 무리와 교류했던 한 비구

부처님께서 라자가하 웰루 숲의 승원에 계실 때, 데와닷따 무리에 친한 친구가 있는 한 비구가 그들과 교류했던 것에 대한 이야기이다.

한 비구의 친한 도반이었던 이가 지금은 데와닷따 무리에 속해 있었다. 그 비구가 언젠가 탁발을 마치고 돌아오는 길에 그 무리가 있는 곳을 지나게 되었는데, 친했던 그 도반이 그에게 말을 건넸다.

"친구여! 오랜만일세. 탁발은 어떠하였는가? 좋은 음식을 공양 받았던가? 잠시 우리의 처소에서 쉬었다 가시게! 이곳은 비록 엄할 때는 매우 엄하지만, 살살 요령을 피운다면 이곳만큼 편한 곳은 없네. 며칠 쉬었다 가게나."

데와닷따는 부처님에 반하여 교단의 계율을 더욱 엄격히 할 것을 요구하였으나, 그가 주장하는 것이 이미 많이 지켜지고 있었고 어떤 것은 지나치게 엄격하기만 하다는 이유로 부처님에게 받아들여지지 않았다. 데와닷따가 주장한 내용은 주로 다음의 다섯 가지로 요약된다.

- 마을과 멀리 떨어진 숲에서만 살 뿐, 마을에 들어가 머무는 것을 금한다.
- 탁발할 때는 집밖에서 공양물을 받을 뿐, 집안으로 들어서서 탁발하거나, 특히 공양청을 받아서 집안으로 들어가 공양하는 것을 금한다.
- 사람들이 버린 천을 가져다 세탁하여 지은 분소의(糞掃衣)만 입을 뿐, 온전하거나 화려한 천으로 만든 가사는 입지 않는다.
- 나무 밑에 자리하여 명상해야 할 뿐, 가옥을 짓고 그 안으로 들어가 별도의 자리를 만들어 명상하지 않는다.
- 생선이나 고기, 동물의 젖, 소금을 먹지 않는다.

이와 같이 보다 엄격한 계율 아래 철저한 수행을 표방하였지만, 그럴수록 사람의 마음은 그 틈새를 찾기 마련이요, 오히려 엄격한 수행을 기치로 내세워 신도의 공양만 더욱 요구하는 폐단도 빈번하였다.

그 비구가 데와닷따 무리에서 옛 도반과 함께 며칠을 지내고 온 사실은 이내 승원 안에 알려지게 되었다.

"세존이시여! 그는 데와닷따 무리와 며칠을 함께 지내며 온갖 환대와 이익을 즐기다 돌아왔습니다."

소문은 퍼지고 번져서, 그가 수행도 뒷전인 채 며칠 동안 흥청망청 놀다 왔다는 말을 들고 흥분한 몇몇 비구들이 부처님께 달려가 이르게 되었다.

"세존이시여! 제가 그곳에 가서 저의 옛 도반과 함께 며칠을 지낸 것은 사실입니다. 그렇지만 제가 데와닷따의 견해에 동조하여 그곳에 머물렀다거나, 몰래 신도나 불러들여 이런저런 공양을 즐겼던 것은 절대 아닙니다. 그저 옛 도반과의 회포를 풀다 보니 며칠이 지났을 뿐입니다."

부처님께서 그 비구를 불러 사실인가를 묻자, 그는 다소 황당하다는 듯한 표정으로 부처님과 대중이 함께 있는 앞에서 자신의 결백을 말씀드렸다.

"그대가 그 무리의 삿된 견해에 내심은 동조하지 않았다 하더라도 그렇게 행동함으로써 다른 이들로 하여금 동조하는 것으로 의심하도록 만든 것은 사실이다. 그대가 그렇게 행동한 것은 이번이 처음이 아니라 전생에도 그랬었고, 더욱이 그땐 더 심하게 항변했었는데, 아직까지 그런 습이 수행으로 말끔히 사라진 것은 아니어서 그렇다."

부처님께서 그의 전생에 대해 잠시 일러 주시고 대중들에게 말씀하셨다.

"수행자들이여! 수행하는 자는 자기가 얻은 것에 대해, 그것이 공양이든 수행의 계위든, 얻은 그대로에 만족해야 하느니라. 그리고 다른 이들이 얻은 것에 대해 부러워해서는 안 된다. 그저 다른 이가 노력하여 얻은 결과에만 현혹되어 부러워하는 마음을 낸다면 그는 선정도, 통찰도, 길도, 경지도, 그 어느 하나도 진전이 일어나지 않을 것이다."

---

6) 수행의 경지는 물론 탁발된 먹거리 또한 스스로 얻은 것에 속한다. 수행자의 탁발이 걸인의 구걸과 다른 것은 특정한 의도를 가지고 스스로 행하는 것이란 점이다. 탁발은 수행을 위해 가장 간단한 생활을 표방하는 동시에 첫째는 자신의 아집(我執)과 아만(我慢)을 없애고, 둘째는 보시하는 이의 복덕을 길러 주는 공덕이 있다. 이러한 탁발을 무시하여 행하지 않는 것은 비록 달리 떳떳하게 먹거리를 해결할 수는 있더라도 복잡해진 생활에서 아집 등을 없애지 못하고 보시자의 복덕을 길러 주는 공덕도 없다.

7) 다른 사람이 얻은 수행의 경지를 부러워하고 시기하는 마음은 남이 들인 수행의 노력은 무시하고 자신이 들이지 못한 수행의 노력을 변명하는 데서 쉽게 일어날 수 있다.

367　모든이름 모든형색 그무엇에 있어서도
　　　　내것이라 여기는일 전혀있지 아니하면,
　　　　그에게는 내것이라 여기는일 없겠기에
　　　　근심하지 않게되는 그가바로 참된비구.

　　　　一切名色 非有莫惑 不近不憂 乃爲比丘
　　　　모든 이름과 형색은
　　　　미혹되지 않을 만한 것이 존재하지 않나니,
　　　　가까이하지 않아서 근심하지 않게 되면
　　　　(그러한 그는) 이내 비구가 되느니라.

　　　　sabbaso nāmarūpasmiṁ, yassa natthi mamāyitaṁ |
　　　　asatā ca na socati, sa ve bhikkhūti vuccati ||
　　　　(모든) 이름과 형색에 있어서
　　　　나의 것이라 여김이 전혀 존재하지 않으며,[8]
　　　　그래서 (나의 것이라 여김이) 존재하지 않기 때문에
　　　　근심하지 않는[9] 자의 경우
　　　　'그는 참된 비구이다.'라고 일컬어진다.

모든 첫 수확물을 공양 올렸던 브라만

부처님께서 싸왓티 제따 숲의 승원에 계실 때, 벼농사를 지으며 그 첫 수확물은 물론, 모든 처음의 것은 항상 공양 올렸던 브라만에 대한 이야기이다.

벼농사를 짓던 한 브라만은 첫 번째 것이면 무엇이건 모두 공양을 올렸다. 그래서 '다섯 가지 수확의 첫물을 공양 올리는 사람'이란 의미인 빤짝가다야까 (Pañcaggadāyaka)라는 말이 그의 별명이 되어 버렸다.

부처님께서는 그들에게 여래의 가르침과 인연이 있음을 아시고 그 집으로 탁발을 가셨다. 집 앞에 도착하여 문에서 발우를 들고 계셨을 때 브라만은 문 쪽을 등지고 앉아서 식사를 시작하였으며, 그의 아내는 자신 몫의 음식을 담아 부엌을 나서며 문 앞에 서 계신 부처님을 보게 되었다.

'아이고! 수행자면 누구에게나 공양을 올리는 남편이 저 모습을 봤다가는 틀림없이 지금 먹고 있는 밥을 공양할 테고, 난 또 밥을 지어야겠지?'

아내가 남편을 가리고 서서 부처님께 그냥 가시라는 표정을 지었지만, 부처님께선 그럴 수 없다는 표정으로 잠자코 서 계셨다. 근엄하다고 생각했던 부처님의 그 표정이 우스워 그만 웃음을 터트리는 바람에 남편이 알게 되었다.

"부처님! 죄송하게 되었습니다. 비록 첫 술은 아닙니다만, 제가 이미 손을 댄 이 공양이라도 받으시겠습니까?"

"참된 수행자는 첫 술과 중간 술과 마지막 술에 차이를 두지 않느니라."

참된 수행자로서의 부처님 모습에 감동한 브라만 부부는 이내 부처님께 귀의하여 가르침을 받았고, 얼마지 않아 불래과(不來果)를 증득하였다.

---

8) 우빠니샤드적인 근원으로 올라가면 이름[名]과 형색[色]은 유일자인 신이 현현한 것을 말하는데, 세계를 구성하는 개체의 인식적인 측면과 재료적인 측면을 말한다. 불교에 와서는 이러한 인식적인 측면이 정신적인 것인 이름[名]이 되었고, 재료적인 측면이 물질적인 것인 형색[色]이 되었다. 그래서 정신적 요소인 느낌, 지각, 의도 등 정신 활동은 이름[名]이고, 물질적 요소인 지·수·화·풍 등은 형색[色]이다. 따라서 이름과 형색은 정신적 과정과 신체적 과정이라고 말할 수 있는데, 이것들에는 '이것은 나의 것이고, 이것은 나이고, 이것은 나의 자아이다.'라고 할 만한 것이 없다. – 전재성 역주, 『법구경-담마파다』 중 〈법구의석〉, 719쪽 역자 주.

9) 정신적 과정일 뿐인 이름[名]과 물질적 과정일 뿐인 형색[色]은 단지 '과정(過程)'일 뿐이므로 본디 무상한데, 그것이 파괴될 때 '나의 정신과 나의 신체가 파괴된다.'라고 슬퍼하거나 괴로워하지 않고 '본래 형성된 것이었으므로 부서져 퇴락하는 것은 당연하다.'라고 인식되어야 한다.

368 자비스런 마음으로 이세상을 살아가며
부처님의 가르침에 기뻐하는 비구라면,
조건으로 이뤄진게 소멸되어 즐겁기에
고요해진 그경지에 가닿을수 있으리라.

比丘爲慈 愛敬佛敎 深入止觀 滅行乃安
비구는 자비로운 자가 되어
부처님의 가르침을 사랑하고 공경하면
고요함에 이르러
(법을) 들여다볼 수 있는 경지에 깊이 들어가
(모든 유위有爲의) 행위를 소멸시키고
이내 편안해질 것이다.

mettāvihārī yo bhikkhu, pasanno buddhasāsane |
adhigacche padaṁ santaṁ, saṅkhārūpasamaṁ sukhaṁ ||
자비심으로 살아가며
부처님의 가르침에서 기뻐하는 비구는
조건 지어진 것이 소멸되어[10] 즐거운
고요한 경지에 가닿을 수 있다.

369　비구들아 배안으로 스며든물 퍼내어라!
　　　물을퍼낸 그대배는 재빠르게 나아가리.
　　　그렇듯이 탐욕증오 남김없이 끊어내고
　　　그런뒤에 열반으로 나아가면 어떠하리.

　　　比丘扈船 中虛則輕 除婬怒癡 是爲泥洹
　　　비구여, 배를 비워라!
　　　속이 비면 이내 경쾌해질 것이다.
　　　(마음에서) 음탕과 성냄과 어리석음을 덜어 내면
　　　그것이 곧 열반이 되느니라.

　　　siñca bhikkhu imaṁ nāvaṁ, sittā te lahumessati |
　　　chetvā rāgañca dosañca, tato nibbānamehisi ||
　　　비구여! 이 배에서 물을 퍼내라![11]
　　　물을 퍼낸 그대의 배는 재빠르게 나아갈 것이다.
　　　(바로 그렇듯이) 탐욕과 증오를 끊고
　　　그러고서 열반으로 나아가도록 하라!

370 다섯가지 끊어내고 다섯가지 떨쳐내며
그리고또 다섯가지 북돋워야 하나니라.
다섯가지 집착더미 넘어서간 비구라면
물길건넌 사람이라 일컬을수 있으리라.

捨五斷五 思惟五根 能分別五 乃渡河淵
다섯 가지를 버리고 다섯 가지를 끊어 내며
다섯 가지 뿌리를 사유하여
다섯 가지를 분별해 낼 수 있으면
이내 깊은 강을 건너게 될 것이다.

pañca chinde pañca jahe, pañca cuttari bhāvaye |
pañca saṅgātigo bhikkhu, oghatiṇṇoti vuccati ||
다섯을 끊어 버려야 하고
다섯을 떨쳐 버려야 하며
그리고 다섯을 북돋우어야 한다.[12]
다섯 가지 집착을 넘어선 비구는
'물길을 건넌 이'라고 일컬어진다.

371 명상하라 비구들아 방일해선 안되니라.
감각대상 그곳에서 그대생각 방황말라.
태만한자 되어서는 붉은쇳볼 삼킨다음
불타는자 괴로움에 울부짖지 말지니라.

禪無放逸 莫爲欲亂 不吞鎔銅 自惱憔形
선정에 들 뿐 방일함이 없어야 하고
욕심을 부려 난잡하게 되지 말지니,
(그렇지 못함으로써) 녹은 구리물을 삼킨다거나
스스로 괴로워 수척해진 형상이 되지 말라.

jhāya bhikkhu mā ca pamādo, mā te kāmaguṇe bhamessu cittaṁ |
mā lohaguḷaṁ gilī pamatto, mā kandi dukkhamidanti ḍayhamāno ||
명상하라! 비구여! 그리고 방일해서는 안 된다.
감각 기관의 대상에서 그대의 인식을 헤매지 않도록 하라!
그대는 태만한 자가 (되어 뜨거운) 쇠구슬을 삼키지 말라!
그대는 불타는 자가 (되어)
'이것은 괴로움이다!'라며 울부짖지 말라!

372 지혜롭지 않은자는 명상이란 없을게요.
명상들지 못한다면 지혜란게 어딨으리.
누구에나 명상지혜 그두가지 공존하면
그는실로 열반눈앞 바로거기 있으리라.

無禪不智 無智不禪 道從禪智 得至泥洹
선정에 듦이 없으면 지혜롭게 되지 못하고
지혜가 없으면 선정에 들지 못한다.
수도修道함에 있어 선정과 지혜를 (함께) 따르면
득도得道하여 열반에 이르게 된다.

natthi jhānaṁ apaññassa, paññā natthi ajhāyato |
yamhi jhānañca paññā ca, sa ve nibbānasantike ||
지혜롭지 않은 자의 명상은 존재하지 않으며
명상하지 않는 자의 지혜도 존재하지 않는다.
누구에게나 명상과 지혜가 (공존한다면)
그는 실로 열반의 눈앞에 있다.

373　평온한맘 지닌채로 텅빈집에 들어앉아
　　　모든법을 온전하게 지켜보는 비구라면,
　　　인간들의 것이라곤 분명아닌 것으로서
　　　항상하는 즐거움이 불현듯이 일어나리.

當學入空 靜居止意 樂獨屛處 一心觀法
응당 공空에 듦을 배움으로써
고요히 머물러 속마음을 그치게 할지니,
홀로 가려진 곳에 자리하길 즐기며
한 마음으로 법을 들여다보아야 한다.

suññāgāraṁ paviṭṭhassa, santacittassa bhikkhuno |
amānusī ratī hoti, sammā dhammaṁ vipassato ||
평온한 의식意識을 지닌 채 텅 빈 집으로 들어가
법을 온전히 보고 있는 비구의 경우
인간의 것이 아닌 즐거움이 일어난다.

374 다섯가지 쌓임들의 浮와沈이 파악되면
기쁘고도 즐거운맘 자연스레 일어나니,
五蘊들의 떠오르고 가라앉음 아는자의
그기쁨과 즐거움은 영원하다 하리로다.

常制五陰 伏意如水 淸淨和悅 爲甘露味
항상 오온五蘊을 통제하여
속마음 조복시키길 물과 같이 한다면
(마음은) 청정하고도 온화한 기쁨을 얻어
감로의 맛이 될 것이다.

yato yato sammasati, khandhānaṁ udayabbayaṁ |
labhatī pītipāmojjaṁ, amataṁ taṁ vijānataṁ ||
오온의 부침浮沈을 파악하자마자[13]
기쁨과 즐거움을 갖게 될지니,
(오온의 부침을) 알고 있는 자들의 경우
그 기쁨과 즐거움은 영원하다.

375　현명하단 비구라면 애초이리 되야하리.
　　　감각기관 수호하고 완벽하게 만족하며
　　　정한계율 근거하여 자제하는 몸과마음.
　　　그리고는 순수하게 열심히들 살아가는
　　　게으르지 않은친구 그런이와 교류하라.

不受所有 爲慧比丘 攝根知足 戒律悉持
모든 것을 받아들이지 않으면
지혜로운 비구가 될 것이니,
감관을 통제하여 만족을 알고
계율은 남김없이 지니며,

tatrāyamādi bhavati, idha paññassa bhikkhuno |
indriyagutti santuṭṭhī, pātimokkhe ca saṁvaro |
mitte bhajassu kalyāṇe, suddhājīve atandite ||

현명한 비구의 경우
이 세상에서 애초에 이것이 되어야 한다.
감각 기관의 수호,[14] 완벽한 만족,[15]
그리고 계율에 근거한 자제.[16]
그대는 순수한 삶을 살아가며
게으르지 않은 건전한 친구들과 교류하도록 하라!

376 자애롭게 행위하는 그런자가 되야하며
    처신함에 올곧은자 그런자가 되야하리.
    그리하여 기쁨으로 가득찬이 된자라면
    괴로움의 그먼끝에 다다르게 되리로다.

    生當行淨 求善師友 智者成人 度苦致喜
    생활에선 응당 행위가 깨끗해야 하고
    훌륭한 스승과 좋은 벗과
    든 사람과 된 사람[17]을 구하여
    괴로움을 건너 기쁨에 이르도록 해야 한다.

    paṭisanthāravutyassa, ācārakusalo siyā |
    tato pāmojjabahulo, dukkhassantaṁ karissati ||
    자애롭게 행위하는 자가 되어야 하며
    처신에 올바른 자가 되어야 한다.
    그래서 기쁨으로 가득찬 이는
    괴로움의 끝을 이루게 될 것이다.

몽땅 출가해 버린 9백 명의 도적들

부처님께서 싸왓티 제따 숲의 승원에 계실 때, 한 재가불자에게 감화를 받아 몽땅 출가해 버린 도적 무리에 대한 이야기이다.

한때 장로 마하깟짜나(MahāKaccāna)가 싸왓티에서 제법 떨어진 변방의 아완띠(Avanti)국의 꾸루라가라 시에 근접한 숲에서 수행하고 있을 때, 그곳 부호 집안의 장자인 쏘나(Soṇa)는 홀로된 어머님을 모시고 지내다가 장로의 법문을 듣고 감동을 받아 출가하고자 하였다.

"소나여! 출가하여 비구가 된다는 것은 여간 어려운 일이 아니다. 특히 그대와 같이 풍족히 지낸 사람에겐. 비구는 혼자서 자고, 가려 먹어야 하는 등 청정한 생활을 해야 하는데, 그대가 그것을 견뎌 내겠느냐?"

장로는 출가자의 삶이 어려움을 설명하고 쉽사리 허락하지 않았으나, 이미 마음을 굳힌 그의 거듭된 청을 물리치지 못하고 제자로 받아들였다. 그곳은 변방이라 수행승이 적었기에 3년이 지나서야 구족계를 받은 쏘나는 부처님을 친견하기 위해 장로의 허락 아래 몇 가지 당부까지 간직한 채 먼 길을 재촉하여 제따 숲에 도착하였다. 부처님께선 쏘나를 반가이 맞으시며, 그가 갑자기 온 까닭에 방사가 마땅치 않다는 말씀을 들으시고 향실의 한쪽 방사에 머물도록 허락하셨다. 부처님으로부터 직접 넘치는 환대를 받은 쏘나는 황송한 마음에 대부분의 시간을 승원의 적당한 곳에서 선정에 든 뒤, 잠잘 시간에만 향실에 들었다.

다음날 아침에 일어난 쏘나는 부처님의 요청으로 아름다운 게송을 청아한 목소리로 낭송하였다. 게송을 낭독하는 소리가 제따 숲의 승원은 물론이요, 멀리는 천상의 모든 신들 세계에까지 울려 퍼지자 그 소리를 들을 수 있는 귀가 열려 있는 모든 존재들은 찬사를 보냈으며, 부처님께서도 칭찬하셨다.

삼천대천세계로 쏘나의 낭송하는 소리가 울려 퍼지는 가운데, 제따 숲에서 120요자나 떨어진 곳에 있는 쏘나의 속가를 지키던 신장도 기뻐하는 마음으로 찬사를 보내며 커다란 소리로 박수를 쳤다.

허공에서 난데없는 소리가 들리자 쏘나의 모친이 짐짓 놀라며 의아해 했다.

"이게 무슨 소리인가? 생전 들어보지 못하던 소리가 어디서 들려오는지는 모르겠지만, 이리도 기뻐하는 것이라면 무슨 좋은 일이라도 생긴 겐가?"

"놀라지 마십시오. 이 집을 지키는 신장인 제가 아드님이 부처님 앞에서 게송을 낭독하는 소리에 뭇 신들과 더불어 찬사를 보낸 것입니다."

쏘나가 출가한 후부터 지금까지 줄곧 집을 지키고 있었다는 신장도 신기했거니와, 무엇보다 아들이 수행자로서 부처님에게까지 칭찬을 들었다는 말에 모친은 여태까지 경험하지 못했던 기쁨이 온몸으로 퍼져나감을 느꼈다.

'만약 나의 아들이 잠시나마 부처님 처소인 향실에서 지내며 이른 아침에 여래의 게송을 낭송하여 모든 천신들로부터 찬사를 받을 수 있었다면, 다시 이곳으로 돌아왔을 때 나를 위해서도 가르침을 베풀 수 있을 것이다. 내 반드시 어엿한 법회 자리를 마련하여 이곳 사람들과 아들의 법문을 들으리라.'

한편 쏘나는 부처님께서 만족해 하시는 모습을 뵙자 그제야 스승인 장로 마하깟짜나의 당부를 부처님께 말씀드렸다.

"아완띠국은 변방이라 수행자가 드뭅니다. 다섯 명의 비구들만 입회하더라도[18] 출가자를 받아들일 수 있도록 허락해 주십시오, 그리고 그 다섯 비구 가운데 한 명으로 하여금 계율을 낭송할 수 있게 허락해 주십시오."

부처님께서는 모두 허락하시고, 또한 향실에 며칠 더 머물도록 해 달라는 쏘나의 바람도 흔쾌히 들어주셨다.

다시 스승이 계신 곳으로 돌아온 쏘나는 모든 것을 말씀드렸으며, 며칠 후 장로와 함께 탁발을 돌던 일곱 집 가운데 한 군데로 속가에 들르게 되었다.

"장로님! 제가 이러이러한 일을 바로 제 집에 앉아 경험하였습니다. 부디 법석을 마련하여 저는 물론이요, 제 식솔 그리고 이곳 사람들과 모두 함께 출가한 제 아들로부터 법문을 듣고자 하오니 저의 청을 들어주십시오."

장로는 그 자리에서 허락하였고, 드디어 며칠 후에 야단법석이 마련되었다.

워낙 부자였던 쏘나의 집은 항상 도적들의 표적이었지만 엄중한 경계로 도적들이 엄두를 내지 못했었다. 그런데 그날은 하녀 한 명만 남긴 채 모두 법회에 가 버렸기에 9백 명 도적떼의 우두머리가 부하들을 그 집에 들여보낸 뒤 자기는 쏘나 모친 옆에 앉았다가 여차하면 그녀를 해치려고 마음먹었다.

"마님! 9백이나 되는 도적떼가 들이닥쳐 동전(銅錢) 창고를 털고 있습니다."

"그대로 두어라. 그까짓 것, 저 법문의 한 마디 값어치나 되겠니."

"마님! 그 도적떼가 이젠 은전(銀錢) 창고에 들어갔습니다."

"그대로 두라니까! 그래봤자 저 법문 한 자락의 가치도 안 되는 것을."

"마님! 그놈들이 드디어 금전(金錢) 창고를 찾아내고 말았습니다."

"이것아! 다시 한 번 더 법석을 흐리면 더 이상 용서하지 않겠다!"

이 모습을 곁에서 지켜보고 있던 도적 두목은 그 자리에서 쏘나의 모친에게 자기의 잘못을 고백하였고, 법회가 끝나자마자 부하들을 모두 불러들여서 함께 쏘나 밑으로 들어가 9백 명이 모두 출가해 버렸다.

쏘나로부터 제각기 명상 주제를 받은 9백 명의 비구들이 선정에 들자 부처님께서는 아홉 편의 게송을 멀리 제따 숲으로부터 그들에게 들려주셨고, 한 편의 게송이 끝날 때마다 1백 명의 비구들이 아라한의 경지를 얻었다.

---

10) 조건 지어진 것이 소멸되었다는 것은 형성[saṅkhāra]되었던 모든 것들의 형성됨이 사라져 고요해진 것이 므로 적멸(寂滅)을 말하며, 그래서 즐거운 경지는 열반(涅槃)을 가리킨다.

11) 젠 개체라는 배에서 잘못된 사유의 물을 퍼내는 것을 말한다. 마치 구멍이 뚫려 물이 스며드는 배에서 선원이 구멍을 막고 물을 퍼내면 배가 가라앉지 않고 항구까지 가듯, 수행승이 감관의 출입구를 제어한 채 잘못된 사유를 걷어 내면 윤회에 떨어지지 않고 열반의 경지까지 갈 수 있다.

12) 끊어 버려야 할 것은 차안(此岸)에서, 떨쳐 버려야 할 것은 피안(彼岸)에 도달한 다음, 그리고 북돋우어야 할 것은 더 나아지도록 노력해야 하는 것들을 말한다. ⇒ 젠 '다섯 가지들'

13) 젠 38가지 명상 주제에 대한 수행을 시도하여 자신에게 알맞은 명상 주제를 골라 오전이나 오후 등 자신에게 알맞은 시간에 정진하며, 25가지 방식으로 '존재의 다발[五蘊]'이 생겨나고 사라지는 것을 이치에 맞게 철저히 안다는 것을 의미한다. ⇒ 젠 '38가지 명상 주제'

14) 감각 기관의 수호란 청정으로 이끄는 네 가지 유형의 계행[四淨戒, catupārisuddhisīla] 가운데 두 번째인 '여섯 감역의 제어'를 말한다. → 사정계(四淨戒)는 게송 10번 각주 참조.

15) 사정계(四淨戒)의 세 번째와 네 번째인, 삶의 위의(威儀)가 청정한 것에 만족하고, 제공되는 생필품이 사치품이 아닌 필수품인 것에 만족하는 것을 말한다.

16) 사정계(四淨戒)의 첫 번째인, 계율의 덕목에 따라 자제하는 것을 말한다.

17) 지혜 혹은 알음알이라도 갖고 있는 이를 '든 사람'이라 하고, 전륜성왕 혹은 단순히 세상을 호령할 수만 있더라도 그를 '난 사람'이라 하며, 알음알이는 없더라도 삶의 지혜를 갖추고 세상을 호령하지 않더라도 오히려 세상이 그를 따르는 사람을 '된 사람'이라 한다.

18) 비구가 되기 위한 구족계를 수여하기 위해서는 3사(師)7증(證)으로 열 명의 비구가 필요하다.

377 왓시까란 덩굴들은 시든꽃이 있다하면
제자신이 몸을떨어 그시든꽃 털어내니,
수행하는 비구들아 너희들도 그와같이
탐욕증오 아낌없이 털어내어 버릴지니.

如衛師華 熟如自墮 釋婬怒癡 生死自解
마치 위사꽃이 무르익었다 싶으면 저절로 떨어지듯이
음욕과 성냄과 어리석음을 버릴 수 있으면
생사는 저절로 해결될 것이다.

vassikā viya pupphāni, maddavāni pamuñcati |
evaṁ rāgañca dosañca, vippamuñcetha bhikkhavo ||
마치 왓시까[19] 덩굴이 시든 꽃잎을 털어 버리듯,
비구들이여! 바로 그렇게
탐욕과 증오를 털어 버리도록 하라.

지는 꽃에서 깨달음을 찾은 5백 비구

부처님께서 싸왓티 제따 숲의 승원에 계실 때, 5백 명의 비구들이 떨어지는 꽃잎에서 깨달음을 찾고자 했던 일과 관련된 이야기이다.

싸왓티 인근에 있는 또 다른 승원에서 수행하던 비구 5백 명이 제따 숲의 승원으로 부처님을 찾아뵙고 수행 주제를 받아 돌아와서는 제각기 숲속의 나무 아래에서 선정에 들었다.

그 승원이 위치한 숲에는 어느 곳 할 것 없이 왓시까 덩굴이 군데군데 우거져 있었고, 때는 꽃들이 만개하는 계절이라 화려하기 그지없었다. 그래서 비록 5백 명의 비구들이 부처님으로부터 각기 다른 수행 주제를 받았다고 여겼으나 그 주제들이 자연스럽게 화려하게 피어난 왓시까 꽃으로 모이게 되었다. 해질 무렵이면 마치 가을날 나무가 시든 잎사귀를 가차 없이 떨쳐 내버리듯 꽃잎이 떨어져 버리는 왓시까 덩굴의 모습에 모두 마음이 집중되었다.

'우리는 새로 맞은 이 아침에 저 덩굴에서 다시 꽃이 피었다가 해질 무렵 시들어서 떨어져 버리기 전에 결단코 해탈을 성취하리라.'

아무런 의견 교환도 없이 어느덧 일치되어 버린 그들의 마음을 멀리 제따 숲 승원의 향실에서 지켜보고 계시던 부처님은 오색광명을 보내시어 그들로 하여금 바로 부처님의 무릎 가까이 다가와 앉아서 듣는 것처럼 당신의 가르침이 그들에게 들리게 하셨다.

"비구들이여! 왓시까 덩굴이 화려하게 피웠던 꽃을 해질 무렵 가차 없이 떨쳐 내버리듯, 바로 그렇게 너희 자신들의 모든 번뇌와 망상을 비롯한 온갖 청정치 못한 것들을 떨쳐 버리도록 하라. 마치 시들어 떨어진 꽃잎을 다시 덩굴에 붙인대도 붙지 않듯이, 바로 그렇게 떨쳐 버린 번뇌와 망상이 다시 너희 자신에게 붙지 않도록 한다면 생사윤회의 고통에서 벗어날 수 있을 것이니라."

부처님의 신비로운 설법에 5백 비구들은 모두 아라한의 경지에 올랐다.

---

19) 왓시끼(vassiki)로도 불리며, 재스민으로 알려진 물푸레나무과 덩굴 식물이다. 재스민 덩굴은 아침 일찍 꽃이 피었다가 해질 무렵이 되면 시든 꽃잎이 흡사 가을 낙엽처럼 떨어진다.

378 평온해진 육신에다 평온해진 말투로서
평온해진 생각가져 잘안정된 비구라면,
인간세의 모든욕망 이미떨쳐 버렸기에
사람들은 안정된이 그렇게들 일컬으리.

止身止言 心守玄黙 比丘棄世 是爲受寂

몸을 멈추고 말을 멈추고
마음은 오묘한 침묵을 지킨 채
비구가 세속을 버린다면
이로서 고요함을 받아들인 이가 된다.

santakāyo santavāco, santavā susamāhito |

vantalokāmiso bhikkhu, upasantoti vuccati ||

평온해진 육신을 지니고 평온해진 언행을 갖추었으며
(생각의) 평온함을 지니고 잘 안정이 되어
세속의 자양분[20]을 떨쳐 버린 비구는
'안정된 이'라고 일컬어진다.

* 378
사자처럼 행동한 장로 싼따까야

부처님께서 싸왓티 제따 숲의 승원에 계실 때, 항상 사자처럼 행동하던 장로 싼따까야에 대한 이야기이다.

장로 싼따까야(Santakāya)는 적지 않은 옛 선인들이 그러했듯이,[21] 사람이 아닌 사자의 모태에서 태어났다. 그래서 그의 몸가짐은 사자와 비슷했다.

설산(雪山)의 사자는 언제든지 먹잇감을 정하면 우선 금은과 보석이나 산호의 기운이 가득한 동굴에 들어가 붉은 비소와 누런 웅황 가루 위에서 이레 동안 가만히 누워 있는데, 이레 후에 일어나 보고 그 가루들이 흩어져 있으면 다시 이레 동안 누워 있다가 흩어짐이 없는 모습을 확인하고서야 동굴을 나와 세 차례 포효를 하고 그 먹잇감을 찾아 나선다고 한다.

장로도 그러하여, 한 번 선정에 들어가면 간혹 기지개를 켜거나 팔다리를 뻗거나 하지 않고 줄곧 평온한 상태에서 한결같은 자세를 유지하였다.

어떤 비구는 장로를 보고 게을러서 꼼짝하기 싫기에 그리한다고도 하고, 어떤 비구는 그가 병이 들어 쇠약한 까닭에 그저 몸을 꿈쩍이지 못할 뿐이라고 손가락질하고 험담하였다.

"아무리 그래도 그렇지! 저렇게 한번 자리를 틀고 앉으면 몇 날 며칠을 옴짝달싹도 하지 않으니, 그게 무슨 수행이야? 죽은 게지."

부처님께선 비구들이 구업(口業)을 짓자 그들에게 가셔서 말씀하셨다.

"비구들이여! 비구는 모름지기 신·구·의가 싼따까야처럼 평온해야 하니라."

그리고 읊조려 주신 한 수의 게송이 끝날 무렵, 부처님께서 다가오셔서 몇몇 경박스런 비구들을 타이르며 가르침을 펴시는 동안에도 줄곧 아무런 변화를 보이지 않던 싼따까야는 마침내 아라한의 경지에 올랐다.

---

20) '세속의 자양분[lokāmisa]'에서 자양분(āmisa)이란 생존을 위한 물질적인 기초로서, 비구에게 있어서는 네 가지 필수품인 의복, 탁발 음식, 와좌구, 필수 약품 등을 말한다.

21) '릭식야식링가'는 암사슴으로부터, '까우쉬까'는 꾸샤풀로부터, '잠부까'는 자칼로부터, '왈미까'는 개미 언덕으로부터, '위야사'는 어부의 딸로부터, '가우따마'는 토끼의 등으로부터, '와시식타'는 선녀인 '우르와식야'에게서, '아가스뜨야'는 흙 주전자에서 태어났다는 이야기들이 전해진다.

379 누구든지 제자신을 제스스로 재촉하고
   누구든지 제자신을 제스스로 제어해야.
   제스스로 지켜내고 생각챙긴 그대라면
   비구들아 그대들은 행복하게 살아가리.

   當自敕身 內與心爭 護身念諦 比丘惟安
   (밖으론) 응당 스스로 몸을 삼가고
   안으론 마음과 더불어 (끊임없이) 다투며
   육신을 보호하고 진리를 마음에 품는다면
   비구는 편안함에 생각을 내려놓을 수 있다.

   attanā codayattānaṁ, paṭimāse attam attanā |
   so attagutto satimā, sukhaṁ bhikkhu vihāhisi ||
   누구든 자신을 스스로 재촉해야 하며,
   누구든 자신을 스스로 제어해야 한다.
   스스로 지켜 내고 생각을 챙긴 그대는,
   비구여! 행복하게 살아갈 수 있을 것이다.

380 제자신이 다름아닌 제자신의 보호자며
제자신이 다름아닌 제자신의 길잡이라.
그러므로 그대들은 제자신을 제어하라!
장사치가 자기말을 훌륭하게 다루듯이.

我自爲我 計無有我 故當損我 調乃爲賢

나는 내 자신을 (실체를 지닌) '나'라고 여기지만
헤아려 보면 '나'란 존재하지 않는다.
그러므로 응당 '나'란 생각을 덜어 내야 할지니,
(이 생각이) 잘 조절되면 곧 현명한 이가 될 것이다.

attā hi attano nātho, (ko hi nātho paro siyā) attā hi attano gati |
tasmā saññamayattānaṁ, assaṁ bhadraṁva vāṇijo ||

자신이 실로 자신의 보호자이며
자신이 실로 자신의 길잡이이다.[22]
그러므로 그대는 자신을 제어하라!
마치 장사치가 말을 훌륭하게 다루듯이.

헌옷을 스승 삼았던 장로 낭갈라꾸라

부처님께서 싸왓티 제따 숲의 승원에 계실 때, 헌옷을 스승 삼아 수행했던 장로 낭갈라꾸라에 대한 이야기이다.

싸왓티 근교 농촌에 농사지을 자기 땅도 없이 그저 다른 집에서 하루하루 품팔이나 하며 입에 풀칠을 하는 젊은이가 있었다.

하루는 한 장로가 탁발하러 그 마을로 가기 위해 너른 밭을 건너가다 따갑게 내리쬐는 햇볕을 피할 생각도 않은 채 땀을 뻘뻘 흘리며 쟁기로 밭을 갈고 있는 그 젊은이를 보게 되었다.

"이보게, 젊은이! 자네 그 입성이며 몰골이며, 보아하니 하루하루를 그저 죽지 못해 살아가는 것 같은데. 그렇게 살아갈 수밖에 없을 바에야 왜 출가하여 수행자로 살 생각은 않는 겐가?"

"장로님! 저같이 품팔이나 하는 천한 것도 출가란 것을 할 수 있습니까? 출가란 게 뭔지 모르지만, 그것을 하면 밥이나 주는가요?"

장로는 그가 비록 천한 신분의 젊은이였지만, 발우를 지닌 채 가사를 여미고 곧은 자세로 뙤약볕 아래에 서서 그에게 출가란 무엇인가, 그리고 결국엔 왜 출가하지 않을 수 없는가 등을 간략하면서도 차분하게 설명해 주었다.

젊은이는 자신이 삶을 살아가는 것이 아니라 그저 견뎌 내고 있을 뿐이란 것에 진작 넌더리를 내고 있기도 했거니와, 무엇보다 자기 같은 천한 것에게 이렇게 정성스럽게 말을 건네주는 분이라면 따르지 못할 것이 무엇이냐는 마음을 내었다. 그래서 갈고 있던 쟁기를 내려놓고 그 자리에서 바로 장로를 따라나섰다.

장로는 그 젊은이를 낭갈라(Naṅgala) 승원으로 데려가 목욕시킨 후, 새 옷을 입히고 그곳에서 비구로 출가시켜 주었다. 그리고 앞서 품팔이 농부로서 입었던 누더기는 잘 손질하여 승원 근처의 큰 나무의 둥치 사이에 잘 여며놓으라고 하였다. 또한 그 젊은이가 낭갈라에서 출가하였기에 낭갈라 가문이란 의미에서 그에게 낭갈라꾸라(NaṅgalaKula)라는 이름을 주었다.

하루하루 노역을 하며 밭에서 뜨고 지는 해를 보며 지냈던 낭갈라꾸라에게는 하루 한 차례의 탁발 공양만으로도 충분히 견딜 수 있는 편안한 생활 가운데, 그것도 낮이면 시원한 나무그늘 아래서 명상에 잠기는 호사스러움에 장로가 말한 공부는 절로 되는 것 같았다.

그러나 그것도 잠시, 명상 주제를 받기 전에 갖추어야 될 이런저런 가르침을 선배 비구에게 듣고 있자니, 쏟아지는 것은 잠이요 뒤틀리는 것은 몸이었다. 그럭저럭 얼마간은 밭을 가는 심정으로 근근이 견뎌 내었지만 한 달여가 지나자 도저히 참을 수 없었다.

"저는 수행이란 게 어울리지 않는, 단지 천한 놈일 뿐인 것 같습니다."

"그러면 지난번 나무 사이에 잘 간직해 두었던 옷으로 갈아입고 마을로 돌아가거라. 다만, 옷을 갈아입기 전에 아무 생각이건 좋으니 이런저런 생각을 좀 해보거라. 출가하기 전, 출가할 때, 그리고 지금…. 그리고 정작 그렇게 생각할 때 네가 무엇을 생각하고 있는지를."

그는 잘 여며 둔 자신의 예전 헌옷을 바라보며 장로의 말을 되새겼다. 그리고 장로의 말이 희미해질 때쯤, 난생처음 스스로와 대화를 하게 되었다.

'내가 다시 저것을 걸치고 남의 밑에서 품팔이나 하려는 건가?'

'내가 무엇을 못 견뎌 하였기에 다시 이곳으로 걸음하게 되었는가?'

'내가 그러고도 재삼 여기 온 것은, 도대체 어디를 가려고 온 것인가?'

몇 차례고 그 나무, 아니 그 헌옷을 스승인 양 찾아가던 낭갈라꾸라는 결국 명상 주제를 채 받기도 전에 그곳으로의 발길을 끊었고, 명상에 든 지 얼마 되지 않아 아라한의 경지에 올랐다.

부처님께선 모든 일을 알아보시고 비구들 앞에서 그를 칭찬하시며, 그가 제 스스로 자신을 잘 경책하여 최고 경지에 이르게 되었노라고 말씀하셨다.

---

22) 졘 타인을 시켜서 착하고 건전한 행위를 함으로써 천상계에 태어나거나 길을 닦아 경지를 얻는 것은 불가능한 만큼, 거기에 어떤 다른 사람이 있어서 누가 자신의 보호자이며 누가 자신의 길잡이겠는가?

381 부처님의 가르침에 기꺼워진 마음되어
그기쁨이 제자신에 그득해진 비구라면,
만들어진 모든조건 남김없이 소멸되어
행복하고 고요해진 그경지에 가닿으리.

喜在佛教 可以多喜 至到寂寞 行滅永安
부처님의 가르침에서 기뻐할 수 있다면
(그러한) 기쁨을 배가倍加할 수 있나니,
(결국엔) 피안彼岸에 가닿아 적막함에 이르고
(모든) 행위가 소멸되어 길이 평안하리라.

pāmojjabahulo bhikkhu, pasanno buddhasāsane |
adhigacche padaṁ santaṁ, saṅkhārūpasamaṁ sukhaṁ ||
부처님의 가르침에 기꺼워하여 기쁨으로 가득찬 비구는
지어진 모든 조건들이 소멸된
행복하고 고요한 경지에 가닿을 수 있다.

믿음으로 신통을 얻은 장로 왁깔리

부처님께서 깃자꾸따 산이 있는 라자가하의 웰루 숲 승원에 계실 때, 가르침을 믿는 마음에 몰입하여 신통을 얻은 장로 왁깔리에 대한 이야기이다.

라자가하에 살던 왁깔리(Vakkali)라는 청년은 부유한 브라만의 아들이었지만, 못생긴 자신의 외모에 항상 자격지심을 지니고 있었다.

당시 라자가하 웰루 숲의 승원에 계셨던 부처님께서 몇 차례 왁깔리의 집이 있는 곳으로 탁발을 나오셨는데, 그때마다 왁깔리는 부처님을 먼발치서라도 뵙고는 여래의 준수한 외모에 반하여 항상 그 모습만 생각하고 있었다.

'만약 내가 출가하여 비구로서 부처님 곁에 있게 된다면, 매일매일….'

그리하여 브라만이었던 집안의 반대에도 불구하고 출가하여 비구가 된 왁깔리는 온종일 생각하는 일이라곤 어떻게 하면 부처님 얼굴을 한 번이라도 더, 그리고 조금이라도 가까이서 뵐 수 있을까 하는 것뿐이었다.

'왁깔리가 무엇에 집중하는 능력은 탁월한데 그것이 헛되이 쓰이고 있구나.'

부처님께서 그를 몇 차례 직접 불러 타이르고 가르쳐 보아도 그때뿐, 돌아서면 또다시 왁깔리는 부처님의 외모를 흠모하는 마음에 빠져 있었다.

"나는 이번 안거를 싸왓티 제따 숲에서 지낼 테니, 특히 왁깔리는 이곳 승원을 벗어날 생각을 말고 내가 준 명상 주제에 몰입하도록 하라."

청천벽력 같은 소리에 낙담한 왁깔리는 부처님께서 싸왓티로 가신 지 얼마 후, 모든 것을 포기한 채 잘못된 생각을 품고서 영취산 산정을 올랐다.

'지금 왁깔리에게 도움을 주면 되겠구나.'

이에 부처님께서 오색광명을 놓으시고 싸왓티로부터 왁깔리 앞에 음성으로 가르침을 펼치니, 왁깔리가 부처님을 다시 뵙고 싶은 마음으로 그 음성에 몰입하자 몸이 공중으로 조금씩 떠올랐다. 이에 더욱 몰입도를 높여서 공중을 가로질러 왓시까로 향하게 되었는데, 그러는 동안 그의 선정은 부처님의 겉모습에서 여래의 음성으로 옮겨지고, 제따 숲에 도착하기도 전에 아라한과를 성취할 수 있는 단계에 들게 되었다.

382   나이비록 어리어서 얼마안된 비구라도
       부처님의 가르침에 전념하는 수행자면
       구름에서 멀찌감치 벗어난달 처럼되어
       이세상을 그는환희 비추이게 되리로다.

       少莊捨家 盛修佛教 是照世間 如月雲消
       젊어서 집을 버리고 (출가하여)
       부처님의 가르침을 열심히 수행하면
       그는 세간을 비출 수 있으리니
       마치 구름이 사라진 달처럼.

       yo have daharo bhikkhu, yuñjati buddhasāsane |
       somaṁ lokaṁ pabhāseti, abbhā muttova candimā ||
       실로 어리더라도
       부처님의 가르침에 전념하는 비구라면
       그는 구름을 벗어난 달처럼
       이 세상을 비출 것이다.

## 382

장로 아누룻다와 그의 제자 사미 쑤마나

부처님께서 싸왓티 인근의 뿝바라마 승원에 계실 때, 장로 아누룻다와 그의 제자인 사미 쑤마나에 대한 이야기이다.

장로 아누룻다는 전생에 쑤마나(Sumana)라는 이름의 재가자로서, 과거불인 빠두뭇따라 부처님께서 당신의 제자 가운데 한 명을 천안제일(天眼第一)로 세우시는 것을 보고는 부처님께 큰 공양을 올리고 자신도 내생에 오실 부처님 아래에서 천안제일의 제자가 될 수 있도록 청을 드렸다.

그래서 빠두뭇따라 부처님께서는 쑤마나가 아누룻다란 이름으로 석가모니 부처님 아래서 천안제일의 제자가 되리라고 수기해 주셨다.

"그대는 지금으로부터 백천 겁 뒤에 오실 고따마 부처님의 천안제일의 제자로서 '아누룻다'라 불릴 것이다."

쑤마나는 많은 생을 천상에서 지내다 바라나씨의 가난한 집안에 태어나 재정관의 집에 풀을 베어다 주고 품삯을 받으며 살았는데, 그때 그의 이름은 안나바라(Annabhāra)였고 부호인 재정관의 이름이 쑤마나(Sumana)였다.

재정관은 부호였던 까닭에 많은 재물을 승단에 시주함은 물론, 오랫동안 수행자들에게 지극정성으로 공양을 올렸다. 그 당시 연각불 한 분이 멸진정(滅盡定)에서 나오며 받으실 첫 공양을 올릴 영광을 안나바라에게 베푸셨으며, 안나바라는 자신이 먹을 몫을 공양 올림으로써 큰 복을 짓게 되었는데, 그는 연각불에게 다음과 같은 서원을 말씀드리고 허락을 받았다.

"내생에 다시는 제가 '없다!'라는 말을 듣지 않고도 삶을 행복하게 살아갈 수 있도록 해주십시오."

자신은 많은 공양을 올렸건만 별 반응이 없었는데 안나바라는 단 한 그릇의 공양으로 큰 공덕을 이룬 것에 샘이 난 쑤마나는 많은 금전을 주고 안나바라의 공덕을 사려고 했으나 거절당하였다. 그러나 연각불의 조언대로 공덕을 팔 것이 아니라, 쑤마나는 물론 왕에게까지 그 공덕을 나눠 줌으로써 안나바라는 아주 풍족하고 행복한 삶을 살아갈 수 있었다.

안나바라는 또다시 많은 생을 천상에서 보내다, 드디어 석가모니 부처님께서 오셨을 때 싸끼야족의 한 왕자이자 부처님의 사촌동생으로 태어났으니, 그 이름이 곧 아누룻다이다.

아누룻다는 출가 전에 정말 '없다!'라는 말을 듣지 못하고 성장하였다. 하루는 친구들과 놀면서 계속 지는 바람에 준비해 놓았던 빵이 다 떨어진 적이 있었다. 그러자 그의 모친이 이제는 그에게도 '없다!'라는 말을 알게 하려고 빈 황금 접시만 보냈다. 하지만 전생에 연각불의 약속을 받은지라, 신장이 번번이 그 황금 접시에 천상의 빵이 생겨나게 하는 바람에 그는 결국 '없다'라는 빵이 제일 맛난 것으로 기억하며 성장하였다.

그러나 농사짓는 일과 출가하는 일을 놓고서 형제간에 서로 하나씩 맡기로 한 아누룻다는 농사짓는 일이 더 어렵다는 생각에 형에게 그 일을 맡기고 부처님 밑으로 출가하게 되었다. 그리고 열심히 정진하여서 드디어 부처님 제자 가운데 천안제일의 장로로 인정을 받았다.

천안(天眼)을 갖게 된 그는 자신의 전생을 꿰뚫어 보게 되었고, 여러 생을 거치며 인연을 맺었던 재정관 쑤마나가 금생에는 어느 시골의 어린아이로 있음을 알고 데려와 '쑤마나'라는 이름의 사미로서 자신의 시자로 삼았다.

쑤마나는 겨우 일곱 살이었지만 사미로서 삭발할 때 이미 아라한의 경지에 올랐다. 그는 스승 아누룻다의 복통을 치료하기 위해 아노땃따(Anotatta)라는 호수에서 물을 길어 오며 그곳의 용왕을 굴복시켜 자신의 수하처럼 부릴 수 있게 되었으며, 나중에는 모든 비구들을 제치고 부처님의 발 씻을 물을 다시 그 호수에서 떠오며 모든 이들에게서 그가 겨우 일곱 살의 사미라 하여 무시하는 생각이 사라지게끔 하였다.

부처님께서는 일곱 살의 쑤마나에게 파격적이게도 구족계를 수여하였는데, 그 말고 같은 나이에 부처님으로부터 구족계를 받은 이는 쏘빠까(Sopāka) 한 명이 더 있을 뿐이었다.

第26章

∞∞∞∞∞∞∞∞∞∞∞∞∞∞

ब्राह्मणवग्गो

어떤 이가 수행자인지 밝힌 장

범지품

梵志品

∞∞∞∞∞∞∞∞∞∞∞∞∞∞

383 브라만아 그대들은 용감하게 흐름끊고
브라만아 그대들은 모든애욕 떨칠지니,
만들어진 조건들이 사라짐을 알게되면
만든것이 아닌것을 그제서야 알게되리.

截流而渡 無欲如梵 知行已盡 是謂梵志
흐름을 끊고 (피안으로) 건너서
욕심 없기가 브라흐만 같으며
지식과 행위가 이미 다한 이,
그를 일러 범지梵志라고 한다.

chinda sotaṁ parakkamma, kāme panuda brāhmaṇa |
saṅkhārānaṁ khayaṁ ñatvā, akataññūsi brāhmaṇa ||
브라만이여!
그대는 용감히 흐름을 끊고 애욕들을 떨쳐 버려라!
브라만[1]이여! 조건되어진 것들의 파멸을 알면
그대는 만들어지지 않은 것을 알게 될 것이다.

승가에 대해 잘 몰랐던 한 브라만

부처님께서 싸왓티 제따 숲의 승원에 계실 때, 승가에 대해 잘 알지 못해 실수를 한 브라만에 대한 이야기이다.

브라만이라면 불교에 대해선 잘 알지 못하는 것이 보통이었다. 그래서 제따 숲에 부처님이 오랫동안 계셨고 싸왓티에 많은 재가신자들이 있음에도 싸왓티 안에는 여전히 불교에 대해 전혀 알지 못하는 브라만들도 많았다.

"오늘 제따 숲의 승원에서 큰 법회가 있는데, 그대가 아는 사람도 몇몇 올 걸세. 그 숲도 제법 잘 꾸며져 있으니 함께 나들이나 하지 않겠나?"

한번은 싸왓티에서 제법 이름 있는 학자인 한 브라만이 제따 숲 근처에 사는 옛 친구를 찾아왔다가 그의 손에 이끌려 부처님의 설법을 듣게 되었다.

부처님 가르침의 내용 중 상당 부분이 난생 처음 듣는 것이요, 같은 브라만 동료끼리도 거론한 적이 전혀 없었던 내용이라, 법회가 무르익어 갈수록 자신도 모르게 점차 빠져들었다. 법회가 끝나자 밀려오는 감동에 그 브라만은 친구에게 부탁해서 자기 집으로 열여섯 명의 비구들을 초청하여 공양을 올렸다.

"존경하는 아라한 성자님들, 여기 그리고 이곳으로 앉으시지요."

불교 승단에 대해 전혀 지식이 없던 브라만은 단지 존경의 의미로 모든 비구들에게 '아라한'이란 호칭을 사용하여 안내하였다. 그러자 몇몇 비구는 자신을 놀린다 여겼고, 다른 비구들도 그를 앞뒤 분간도 못하는 이로 여겨서 불편하게 생각하였기에 그 후의 공양청에 응하는 비구가 아무도 없었다.

부처님께서 그 사실을 아시고 비구들을 타이르셨다.

"비구들이여! 그는 너희들을 모욕하거나 불쾌하게 하려는 것이 아니라, 잘 알지 못하지만 그저 존경하는 마음에서 그러했느니라. 그 마음을 좋게 받아들이고 더욱 노력하여 하루 빨리 그 호칭에 걸맞는 수행자가 되려무나."

---

1) 브라만(brāhmaṇa)은 힌두교의 전신인 브라만교의 성직자로서, 그 의미는 '절대 존재 브라흐만(Brahman)이 되고자 노력하는 사람(a)'이다. 본서에서는 특정 종교의 성직자로서가 아니라, 각 교리에 따라 최고의 상태를 추구하는 수행자를 일컫는 말로써 불교에서의 불자(佛子)와 동일한 의미로 사용되었다.

384 수행하는 브라만이 두가지법 가지고서
　　　차안에서 피안으로 건너가게 되었을때,
　　　그리건너 간사실을 알고있는 그에게는
　　　얽혀있던 모든속박 사라지게 될것이리.

以無二法 淸淨渡淵 諸欲結解 是謂梵志
무위無爲의 두 가지 법으로
깊은 못을 청정하게 건넜기에
모든 욕망의 매듭이 풀어진 이,
그를 일러 범지梵志라고 한다.

yadā dvayesu dhammesu, pāragū hoti brāhmaṇo |
athassa sabbe saṁyogā, atthaṁ gacchanti jānato ||
브라만이 두 가지 법2)을 통해
피안彼岸으로 건너가게 되었을 때,
그때 (그것을) 알고 있는
그의 모든 속박들은 사라짐으로 가 버린다.

아라한이 된 30명의 변방 비구들

부처님께서 싸왓티 제따 숲의 승원에 계실 때, 부처님의 법문 한 차례에 아라한의 경지에 오른 30명의 비구에 대한 이야기이다.

한때 먼 변방 지역에서 수행하던 30명의 비구들이 부처님을 뵙고 직접 가르침을 청하고자 제따 숲의 승원에 방문하였다.

그들은 이미 오래전에 출가하여 나름대로 정진에 몰두하였으나 머무는 곳이 워낙 변방이었던 까닭에 그 지역에 와서 불교를 처음 전하던 한 수행자의 가르침만을 줄곧 의지할 수밖에 없었다. 그래서 짧지 않은 수행이었음에도 별 진전이 없던 비구들이 제법 있었는데, 그들이 뜻을 모아 먼 길을 재촉하여 제따 숲에 이른 것이었다.

"저희들로서는 부처님을 바로 찾아뵙기에는 너무 미진하여 장로님을 먼저 뵙고자 했던 것입니다. 부디 저희들을 살펴보시고 잘 이끌어 주십시오."

그들은 호화로운 대도시인 싸왓티의 풍경에도 사뭇 놀랐지만, 무엇보다 거대한 제따 숲은 어디건 앉은 자리가 훌륭한 명상처가 될 만큼 아늑했고, 이곳저곳에 들어서 있는 거처인 꾸띠(Kuṭī)들은 그리 호화롭지도 않으면서 위엄을 갖춘 비구들의 위상을 그대로 간직하고 있었기에 조금은 주눅이 든 상태였다. 그래도 우선 수소문하여 존자 싸리뿟따를 찾아뵌 것이다.

"세존이시여! 이들은 먼 변방에서 정진하다 부처님을 뵙고자 온 비구들이온데, 늘 말씀해 주셨던 두 가지 담마에 대해 설해 주십시오."

싸리뿟따는 그들이 비록 몇 가지 가르침에 근거하여 수행하다 온 변방의 비구들이었지만 이미 아라한의 경지에 오를 문턱에 이르렀음을 알아보고 곧바로 부처님께 인도하여 가르침을 직접 들을 수 있는 자리를 만들어 주었다.

"그것은 싸마타(Samatha)와 위빠싸나(Vipassanā)이니, 그 둘을 통해…."

역시 그들은 한 차례의 법문 끝에 모두 아라한의 경지에 올랐다.

---

2) 두 가지 법은 모든 망념을 그치게 하여 마음을 하나의 대상에 기울이는 싸마타(samatha, 止)와 그러한 지(止)로써 얻은 밝은 지혜에 의해 사물을 올바르게 보는 위빠싸나(vipassanā, 觀)를 가리킨다.

385 이언덕이 무엇이고 저언덕이 무엇인지
그저그두 언덕들이 온데간데 없어진이,
그리하여 두려움이 사라져서 초연한이.
그대가곧 브라흐만 나는그리 부르리라.

適彼無彼 彼彼已空 捨離貪婬 是謂梵志
저쪽으로 나아갔기에 '저쪽'을 없앴으며
저쪽의 저쪽은 이미 비어 버렸기에
탐욕을 버리고 음욕을 떠난 이,
그를 일러 범지梵志라고 한다.

yassa pāraṁ apāraṁ vā, pārāpāraṁ na vijjati |
vītaddaraṁ visaṁyuttaṁ, tamahaṁ brūmi brāhmaṇaṁ ||
어떤 누구라도 이 언덕이나 저 언덕,³⁾
(그) 양쪽 언덕이 (모두) 사라진 이의 경우,
두려움이 사라져 초연한 그를
나는 '브라만'이라 부르리라.

부처님을 골리려다 머쓱해진 마라

부처님께서 싸왓티 제따 숲의 승원에 계실 때, 죽음의 왕 마라가 부처님을 골리려다 면박만 당했던 이야기이다.

마왕 마라는 부처님께서 깨달음을 이루시기 훨씬 이전부터 하릴없이 괴롭히기도 해보았다가 겁도 줘 보았다가 급기야 딸들을 보내 유혹을 해보는 등 온갖 짓을 저질렀지만 그럴 때마다 번번이 무안만 당하고 물러났다. 그래서 부처님께서 깨달음을 이루시고 승단을 꾸려서 많은 제자들에게 가르침을 펼치신 이후에도 마라는 무너진 자기 체면을 살리려고 부처님에게 복수할 기회만 호시탐탐 엿보고 있었다.

마라는 비록 법회에 직접 참여하진 않았지만, 법문이 펼치지는 곳에서 멀찌감치 떨어진 허공의 한 곳에 숨어서 부처님께서 하시는 말씀 중에 혹시 실수하는 것이나 앞뒤가 안 맞는 것이 있지나 않는가 하고 귀를 기울였다.

그런데 마라의 귀에 들리는 모든 가르침은 앞뒤가 자를 재어 맞춘 듯 틈이 없었고, 어쩌다 저건 아니다 싶으면 그것은 단지 방편(方便)이었음을, 마라 또한 제법 수행깨나 했던 경험이 있어서 금방 알아먹을 수가 있었다.

그런데 여러 번 강조하는 피안(彼岸)이란 말이 그렇게 중요함에도 정작 부처님 마음속에는 그것이 그 어디에도 존재하지 않았다.

'저리도 피안을 강조하지만 정작 자기 마음에서는 찾아볼 수 없으니, 저건 분명 현혹하려 쓰는 말일 게다. 내 직접 캐물어 보아 당황하게 만들어야지!'

마라는 승단에 시주를 아주 많이 하는 상인 불자로 변신하여 부처님을 직접 뵙는 자리를 마련하고는 마음먹은 대로 질문을 드렸다.

이미 그가 사람으로 변신한 마라임을 아신 부처님은 달리 야단치지 않으시고 차분하게 게송으로 답하시니, 아직 온갖 욕망과 두려움이 남은 자신이었기에 '피안'이 인지됨을 알게 된 마라는 머쓱해져 황급히 자리를 떠났다.

---

3) 젠 이 언덕은 여섯 가지 내적 감역(感域)인 시각, 청각, 후각, 미각, 촉각 및 정신을 말하고, 저 언덕은 여섯 가지 외적 감역인 형상, 소리, 냄새, 맛, 감촉 및 사실을 의미한다.

386 애정벗고 명상잠겨 제자리에 앉았으며
해야할일 다하고서 번뇌마저 그쳐버려
가장나중 목적지에 닿아버린 그를두고
그대가곧 브라흐만 나는그리 부르리라.

思惟無垢 所行不漏 上求不起 是謂梵志
생각함에 있어 때를 없앴으며
행위함에 있어 새어 나옴이 없기에
더 이상 구하고자 하는 마음이 일어나지 않는 이,
그를 일러 범지梵志라고 한다.

jhāyiṁ virajamāsīnaṁ, katakiccamanāsavaṁ |
uttamatthamanuppattaṁ, tamahaṁ brūmi brāhmaṇaṁ ||
애정에서 벗어나 명상[4]에 잠긴 채
(제)자리에 앉아 있으며
해야 할 일을 다 하고서 번뇌가 그친,
최상의 목적에 다다른 그를
나는 '브라만'이라 부르리라.

어느 브라만의 의문

부처님께서 싸왓티 제따 숲의 승원에 계실 때, 부처님께서 '브라만'이란 말을 자주 사용하시는 것을 이상하게 여긴 어느 브라만에 대한 이야기이다.

　어느 종교나 교파든 그 안에 성직을 담당하는 사람을 일컫는 이름이 각기 있기 마련이다. 간혹은 서로 공유하며 쓰기도 하는데, 주로 전해져 내려오는 것을 그대로 답습하는 경우가 많다. 예를 들면, 세존이란 일컬음과 아라한이란 호칭은 이미 불교 이전에 브라만교에서도 사용했던, 존경하는 분에 대한 일반적인 높임말 가운데 하나이다.

　그런데 브라만교의 성직자를 가리키는 브라만이란 호칭은 브라만교에서 추구하는 절대 상태인 브라흐만이 되고자 수행하는 자라는 의미이므로, 당시 여타 신흥 종교에서 공유하기 힘든 호칭으로 여겨졌다.

　그럼에도 부처님께서는 이 '브라만'이란 호칭을 비구 가운데에서도 거룩한 성지에 오른 '아라한'의 이칭(異稱)으로 적지 않게 사용하곤 하셨다.[5]

　"세존이시여! 브라만은 사성 계급[6]의 가장 윗자리로서 출생으로 정해지는 것이온데, 그 아래 계급으로서 단지 출가하였다 하여 부르는 호칭으로는 적절치 않다고 생각됩니다. 그리고 그 유래도 브라흐만의 상태를 추구하는…"

　그것에 의문을 품은 한 브라만이 부처님을 뵙고 자기 견해를 말씀드렸다.

　"브라만이여! 이곳엔 어떠한 계급도 존재하지 않느니라. 그러므로 이곳에서 그 일컬음을 사용하는 것엔 제한이 없으며, 단지 최고의 가치를 추구한다는 그 정신을 받아들여, 그대가 나를 '세존'이라 부른 것처럼 사용할 따름이다."

　부처님의 말씀 끝에 그 브라만은 바로 예류과를 증득하였다.

---

4)　㉝ 명상은 대상을 지향하는 명상과 특징을 지향하는 명상으로 나뉠 수 있다. 대상을 지향하는 명상은 38가지 명상 주제 가운데 하나에 마음을 집중하는 수행을 통해 획득될 수 있는 여덟 가지 성취[八成就]인 색계사선(色界四禪)과 무색계사선(無色界四禪)을 말한다. 특징을 지향하는 명상은 세 가지 존재의 특징[三法印]에 대한 성찰을 통해 획득될 수 있는 지혜, 길(magga), 경지(phala) 등을 의미한다.
5)　제26장 범지품(梵志品)은 대부분의 게송이 "그를 나는 '브라만'이라 부른다."라는 문구로 마무리된다.
6)　사성 계급은 브라만교를 지탱하는 네 단계로 이루어진 사회 계급을 말한다. ⇒ ㉝ '사성 계급'

387 태양이면 낮동안에 창공에서 타오르고
달이라면 칠흑같은 한밤중에 빛나리라.
무사라면 무장하고 있을때가 빛이나고
브라만은 명상들어 앉았을때 빛이나리.
그렇지만 부처님은 당신의그 영광으로
어디서건 밤낮으로 환히빛을 발하리라.

日照於晝 月照於夜 甲兵照軍 禪照道人 佛出天下 照一切冥
태양은 낮에 (만물을) 비추고
달은 밤에 (만물을) 비추며
걸출한 군인은 군대를 빛나게 하고
참선은 도인을 빛나게 하지만
부처님께서 세상에 나시면 모든 어둠을 밝히게 된다.

divā tapati ādicco, rattimābhāti candimā |
sannaddho khattiyo tapati, jhāyī tapati brāhmaṇo |
atha sabbamahorattiṁ, buddho tapati tejasā ||
태양은 낮 동안 타오르고 달은 밤 동안 빛이 나며
무사는 무장했을 때 빛이 나고
브라만은 명상에 들었을 때 빛이 난다.
그러나 부처님은 (당신의) 영광으로 인해
어디서나 밤낮으로 빛을 발한다.[7]

*387

모든 빛을 압도한 부처님의 광휘

부처님께서 싸왓티 인근의 뿝바라마 승원에 계실 때, 여러 화려한 빛을 동시에 압도해 버린 부처님의 광휘에 대한 이야기이다.

안거가 끝나는 날은 관례에 따라 안거 기간 동안 있었던 여러 가지 잘못을 서로 고백하고 용서해 주는 기회도 마련되는 등, 민간과 마찬가지로 승가에서도 사부대중이 모두 참여하는 여러 행사가 진행된다.

부처님께 귀의한 빠쎄나디 왕도 의복은 물론 마차의 장식을 장엄하게 하고 수행원들을 대동한 채, 향 등 갖은 공양물을 준비하여 승원에 도착하였다. 법회장에 들어서는 왕의 모습에 모든 사람들이 감탄을 하였다.

그리고 마침 그때 장로 깔루다인(Kāludāyin)이 선정에 든 채 모임의 제일 안쪽에 앉아 있었는데, 막 적멸에 들려는 듯이 그의 몸을 감싸고 있는 황금색 기운이 점차 밝아져서, 이 또한 사람들의 이목을 끌었다.

날은 어느덧 저물어 달이 막 떠오르고 있었고, 태양은 붉은 노을 속으로 들어가며 막 시작된 가을날의 열기를 빨아들이고 있었다.

"오늘은 좋은 일이 있으려나? 예전의 법회는 이리 환희롭진 않았는데…."

그 모든 모습에 재가자들이 약간 웅성거리는 사이, 부처님께서 법석에 오르시고자 법회장으로 들어오셨다.

"세존이시여! 오늘 여기저기서 전에 없던 광명이 빛을 발하기에 모두 전에 없던 일이라고 얘기를 나누고 있었는데, 여래께서 들어서자 그 모든 빛줄기들이 부처님의 광휘에 가려지는 듯하다고 이야기하고 있습니다."

장로 아난다의 말에 부처님께서는 깨달음에서 일어난 빛이 그 어떤 빛보다 밝고, 또한 언제건 어디서건 그 빛이 다른 어떤 빛에도 가려지지 않으며, 또한 언제까지라도 그 빛이 바래지지 않는다고 말씀하셨다.

---

7) ㊀ 올바로 원만히 깨달은 분은 항상 다섯 가지 광명으로 빛난다. ① 악계를 극복하는 계행의 광명[caraṇateja], ② 악행을 극복하는 선행의 광명[guṇateja], ③ 사악한 알음알이를 극복하는 지혜의 광명[paññāteja], ④ 덕스럽지 못함을 극복하는 공덕의 광명[puññateja], ⑤ 비법을 극복하는 정법의 광명[dhammateja].

388　죄악떨쳐 버린자를 브라흐만 이라하고
　　평온한삶 사는자를 사문이라 일컬으며,
　　제자신의 더러움을 떨쳐버린 자를두고
　　안락한집 뛰쳐나온 고행자라 여기기에,
　　그런그를 두고서는 출가자라 일컬으리.

　　出惡爲梵志 入正爲沙門 棄我衆穢行 是則爲捨家
　　사악함에서 벗어났기에 범지梵志가 되고
　　올바름에 들어갔기에 사문沙門이 되며
　　나의 온갖 더러운 행위를 버렸기에
　　그것이 곧 집을 버린 것이 된다.

　　bāhitapāpoti brāhmaṇo, samacariyā samaṇoti vuccati |
　　pabbājayamattano malaṁ, tasmā pabbajitoti vuccati ||
　　죄악을 떨쳐 버린 자를 '브라만'이라 일컫고
　　고요한 삶을 사는 이를 '사문'이라 일컬으며,[8]
　　'자신의 더러움을 떨쳐 버린 자'는
　　그래서 '출가자'라고 일컬어진다.

* 388

출가자의 의미를 오해했던 어느 브라만

부처님께서 싸왓티 제따 숲의 승원에 계실 때, 신흥 교단 가운데 한 곳으로 출가한 어느 브라만에 대한 이야기이다.

싸왓티에서 제따 숲의 승원을 중심으로 부처님의 가르침이 자리를 잡아갈 무렵, 이에 뒤질세라 비슷한 시기에 일어났던 몇몇 신흥 교단들이 적극적인 포교에 나서기 시작하였다. 그리하여 항상 제따 숲의 승원에 견주어 자신들의 좋은 점을 알리거나, 혹은 있는 것 없는 것 들춰내어 험담하기에 바빴다.

그런 어수선함이 잦아들 기색이 아직 보이지 않을 무렵, 싸왓티에 살던 한 브라만이 제 딴에는 큰 뜻을 품고 신흥 교단의 유행자가 되었다.

'고따마는 제자들을 '출가자'라 부른다. 나도 출가하여 머리를 깎고 가사를 걸쳤으니, 이제 출가자로서 그들과 동등한 대우를 받아야 할 것이다.'

이렇게 생각한 그는 부처님께서 예전 몇 차례의 법회에서 비구로서 출가했으면 어떤 계급의 누구든지 출가자로서 인정하고 재가자들로 하여금 예우를 갖추도록 말씀하신 것을 기억하고, 부처님을 찾아뵙고는 자신의 뜻을 말씀드렸다.

"세존이시여! 저도 이제 출가하여 갖출 것은 갖추었으니, 무엇보다 출가자라 불릴 자격은 충분히 있다고 봅니다."

"나는 단지 집을 나서서 교단에 들어갔다 하여, 그리고 몇 가지 모습을 갖추었다 하여 출가자라 부르지 않는다. 자신의 모든 더러움을 떨쳐 버리고 그것에서 벗어난 자라야만 출가자라 불릴 자격이 있을 뿐이다."

그 브라만에겐 출가하여 수행하고자 하는 순수한 뜻이 있음을 아신 부처님께서 초발심자로서 갖추어야 할 것에 대해 일러 주시니, 그 가르침이 끝나자 그는 예류향(預流向)에 들게 되었다.

---

8) '브라만'이란 명칭에는 '절대 존재 브라흐만의 상태가 되기 위해 수행하는 자'란 의미가, '사문'이란 명칭에는 '고생을 감내하는 수행자'란 의미가 내포되어 있다. ⇒ 줜 '브라만과 사문과 비구'

389 누구라도 브라만에 해코지는 아니되나
그렇다고 브라만이 앙갚음을 보여서야.
브라만에 해코지를 하는자는 예끼이놈!
그런다고 앙갚음을 보인다면 더몹쓸놈!

不捶梵志 不放梵志 咄捶梵志 放者亦咄
범지梵志를 해코지하지 말라!
(그렇다고 해코지하는 자를) 내치지 말라! 범지여!
예끼! 범지를 해코지하는 자여!
(해코지하는 자를) 내치는 자 역시, '예끼!'로다.

na brāhmaṇassa pahareyya, nāssa muñcetha brāhmaṇo |
dhī brāhmaṇassa hantāraṁ, tato dhī yassa muñcati ||
(누구라도) 브라만을 해코지해서는 안 되지만
(그렇다고) 브라만이 그에게 (반감을) 보여선 안 된다.[9]
브라만의 살해자에게…
예끼! (못난 놈!)
그렇다고 그러한 그에게 (반감을) 보낸다(면)?
예끼! (못난 놈!)

390 애착느낀 것에대한 마음절제 가능할때
그이득은 그대에게 별거아닌 것아니리.
해코지를 하려하는 맘사라진 딱그만큼
그만큼의 괴로움이 어느샌가 사라지리.

若猗於愛 心無所著 已捨已正 是滅衆苦
만약 사랑에 의지하더라도
마음에 집착하는 바가 없으면
이미 (버릴 것은) 버려지고
이미 (바룰 것은) 바루어진 것이기에
그로서 뭇 괴로움을 소멸시킨 셈이다.

na brāhmaṇassetadakiñci seyyo, yadā nisedho manaso piyehi |
yato yato hiṁsamano nivattati, tato tato sammatimeva dukkhaṁ ||
애착을 느끼는 것에 대한 생각의 절제가 존재할 때
브라만을 위해 그 이득은 별것 아닌 것이 아니다.[10]
해코지하려는 마음이 사라지는 만큼
바로 그만큼 괴로움이 바로 가라앉는다.

인욕의 모습을 보여 준 장로 싸리뿟따

부처님께서 싸왓티 제따 숲의 승원에 계실 때, 여법한 인욕의 모습을 보였던 장로 싸리뿟따에 대한 이야기이다.

번화한 싸왓티의 저잣거리에서 언제부턴가 장로 싸리뿟따의 성스러운 덕행을 이야기하는 이들이 부쩍 늘었다.

"장로 싸리뿟따께선 인욕(忍辱)에 있어서 그 어떤 분보다도 뛰어나신 것 같아. 탁발을 나오셨다가 몇 번이고 화를 내실 만한 일을 당하셨는데, 단 한 번도 성을 내신 일이 없었다는구먼!"

"그래! 나도 한 번 보았는데, 탁발하신다고 서 계시던 집이 하필이면 그 숭악한 브라만교도 집이었어. 쌀 한 톨 주지 않고 꺼지라며 고래고래 소리치는데, 멀찌감치 서서 보고 있던 내가 다 민망하더구만. 장로께선 아무 일 없다는 듯 다음 집으로 옮겨가시더라고."

이제 막 장사를 시작하려 준비하던 상인들이 장로에 대한 이야기로 하나둘 말꼬리를 이어가자 서로 한 마디씩 보태려고 여기저기서 모여들었는데, 그 가운데 한 사람이 나서며 말했다.

"그거야 그 비구가 정작 험한 꼴을 안 당해서 그런 게지. 아무리 수행자라도 참는 데 한계가 있는 게 당연하지 않겠어? 그저 그분, 그분, 하며 그렇게 보니까 그리 보일 뿐이야!"

"그건 새로 온 자네가 그분을 못 뵈서 하는 말이야."

"옳다구나! 저기 오시는 분이 장로님 맞으시지? 그래! 자네가 한번 화내시게 해보게! 아마 어려울 걸?"

장로님께 실례라는 주위 사람들의 만류에도, 평소 관계가 별로 좋지 않았던 두 사람의 사소한 실랑이가 드디어 사건을 만들려는 듯, 그중 한 사람이 한적한 골목길로 들어서는 장로를 빠른 걸음으로 뒤따라갔다. 그리고 얼마 가지 않아 탁발을 위해 한 집 앞에 서 있는 장로 싸리뿟따의 등짝을 아무 말 없이 손바닥으로 냅다 갈겨 버리는 것이었다.

느닷없이 뒤에서 갈겨 대는 손매에 장로는 몸을 앞으로 약간 휘청하며 하마터면 발우를 떨어트릴 뻔 했다. 그럼에도 "이게 무슨 일이지?"라는 혼잣말을 무심코 나지막이 내뱉었을 뿐, 장로는 뒤도 돌아보지 않았다.

자신이 그러고도 속으로는 가슴이 철렁 내려앉음을 느꼈던 상인은 장로께서 별 반응도 보이지 않은 채 서 계시다가 탁발하실 다른 집으로 걸음을 옮기실 때까지 뒤편에서 어쩔 줄을 몰라 하며 멍하니 서 있었다.

"제가 잘못했습니다. 용서해 주십시오!"

싸리뿟따의 앞에 엎드려 용서를 구할 때도 싸리뿟따는 표정 변화가 없었다.

"저를 용서하신다면 부디 저희 집으로 가셔서 저의 공양을 받아 주십시오."

그렇게 싸리뿟따에게 감화를 받은 상인의 정성어린 공양을 발우에 담아 배웅까지 받으며 나오려 할 때 저잣거리 상인들이 몽둥이를 들고 몰려왔다.

"아무리 그래도 그렇지, 장로님에게 그리 대하는 놈이 어디 있어!"

그러자 싸리뿟따는 들고 계시던 발우를 그 상인에게 쥐어 주고는 뒤따르게 하였다. 상인들은 장로의 발우를 들고 있는 그를 어찌할 수가 없었다.

"장로님! 발우를 돌려받으십시오. 저런 놈은 혼이 좀 나야 합니다."

"내가 물으리다. 저 사람이 당신들을 때린 것이요? 나를 때린 것이요?"

"그야 저희들이 아니라 장로님을 때린 것입죠."

"그럼 내가 이미 용서하였으니, 여러분들은 괜히 그 일로 더 이상 마음을 쓰지 마십시오. 자신의 일처럼 생각하여 이리 마음 써 주시는 것은 고마우나, 정작 자신의 일이더라도 일어나는 화를 삭여야 할 것이거늘⋯."

싸리뿟따의 말씀에 상인들은 몽둥이를 내려놓고 마음을 다독였다.

---

9) 브라만을 해코지하는 자는 스스로 부끄러워해야겠지만, 그렇다고 그에게 반감을 보이는 브라만의 경우라면 더욱 부끄러워해야 할 것이다. 즉, 수행자를 공박하는 자는 용서받지 못하겠지만, 그렇다고 그것에 반감을 내보이는 수행자는 더욱더 용서받지 못할 것이다.

10) 圈 화를 잘 내는 사람의 마음에 쾌감을 주는 것은 화를 내는 것이다. 그는 화를 잘 내는 성격 때문에 부모나 아라한 등에게도 화를 낸다. 그에게 분노에 매인 사유를 삼가는 것은 결코 작은 일이 아니다. 번뇌가 부수어진 비구가 욕하는 자에게 욕설로 갚아 주지 않고, 공격하는 자를 공격으로 되갚지 않는다는 사실은 결코 작은 고귀함이 아니다.

391 육신으로 생기거나 언행으로 생기거나
생각으로 생긴사악 존재하지 않는사람,
身口意의 세장소가 잘조절된 그를두고
그대가곧 브라흐만 나는그리 부르리라.

身口與意 淨無過失 能攝三行 是謂梵志
몸과 입이 뜻과 더불어 청정하여 과실이 없으며
이 세 가지 행을 다스릴 수 있는 이,
그를 일러 범지梵志라고 한다.

yassa kāyena vācāya, manasā natthi dukkaṭaṁ |
saṁvutaṁ tīhi ṭhānehi, tamahaṁ brūmi brāhmaṇaṁ ||
누구라도 육신으로 인하고 언행으로 인하며
생각으로 인한 사악함이 존재하지 않는 이,
(신 · 구 · 의) 세 가지 장소들이 조절된 그를
나는 '브라만'이라 부르리라.

첫 비구니 출가자 마하빠자빠띠

부처님께서 싸왓티 제따 숲의 승원에 계실 때, 부처님의 이모이자 양모이며 후에 출가하여 첫 번째 비구니가 된 마하빠자빠띠에 대한 이야기이다.

싯달타 태자의 모친인 마하마야(MahāMāyā) 왕비의 동생이자 후에 부처님의 양모가 된 마하빠자빠띠 고따미는 갓 태어난 자신의 친아들 난다(Nanda)에겐 유모의 젖을 물리고 싯달타 태자는 자신의 젖으로 키우는 등, 태자의 성장에 모든 정성을 다한 분이었다.

후에 태자가 출가하여 깨달음을 성취한 뒤에 고향으로 법문을 오셨을 때 마하빠자빠띠는 여자도 출가하도록 허락해 주십사 청을 드렸지만 부처님께서는 이를 거절하셨다.

그러고 얼마 후 숫도다나 왕이 세상을 떠나자 왕비 마하빠자빠띠는 부처님의 허락도 받지 않고 왕실의 여인들과 함께 머리를 깎고 승복을 입은 채, 당시 부처님께서 계시던 웨쌀리로 와서 자신들이 교단에 들어갈 수 있도록 다시 한 번 간청하였으나, 부처님께서는 또다시 그 청을 거절하시었다.

그러자 시자 아난다가 부처님에게, 마하빠자빠띠 왕비께서 예전에 부처님을 얼마나 지극정성으로 양육하셨고, 이젠 왕비 생활을 버리고 고초를 감내하며 이곳까지 와서 승원 밖에서 어떻게 지내는지 상세히 말씀드리고 출가 허락을 부탁드렸다. 그제야 부처님께서 여덟 가지 특별한 계율을 주며 직접 왕비를 출가시켜 주시니, 승가에 출가한 첫 번째 비구니가 되었다.

그 후 비구처럼 비구니들 또한 친교사와 아사리를 통해 구족계를 받게 되었는데, 그런 격식을 갖추지 못한 마하빠자빠띠를 비구니 장로로 대접하는 것에 많은 비구니들이 불만을 품었다. 그리고 급기야 비구니들의 주요 행사에 마하빠자빠띠를 제외시키기까지 하자 부처님께서 말씀하셨다.

"마하빠자빠띠는 여래가 직접 계를 주었으니 친교사나 아사리가 없다는 말은 옳지 않으며, 그리고 무엇보다 여래의 가르침에 따라 여법하게 수행하고 있으니 그 무엇 때문으로도 그녀를 의심해서는 안 된다."

392 완전하게 깨달음을 얻은이가 일러주는
그런법을 그대에게 일러주는 사람이면
그런이가 누구든지 그에게로 귀의하라!
신심깊은 브라만이 火神에게 귀의하듯.

若心曉了 佛所說法 觀心自歸 淨於爲水
만약 부처님께서 말씀하신 법을 마음으로 깨달았다면
마음을 들여다봄으로써 제 스스로 돌아간 것이니
(청정하여 맑기는) 물이 된 것보다 깨끗하리라.

yamhā dhammaṁ vijāneyya, sammāsambuddhadesitaṁ |
sakkaccaṁ taṁ namasseyya, aggihuttaṁva brāhmaṇo ||
완전한 깨달음을 얻은 이에 의해 설해진 법을
어떤 누구로부터라도 알 수 있다면
그에게 헌신적으로 귀의해야 한다.
마치 제화祭火[11]에 브라만이 귀의하듯이.

매일 사방으로 절을 올린 장로 싸리뿟따

부처님께서 싸왓티 제따 숲의 승원에 계실 때, 장로 싸리뿟따가 여전히 외도 수행을 하고 있다는 오해를 받은 일에 대한 이야기이다.

장로 싸리뿟따는 우빠띳싸(Upatissa)라는 마을에서 태어났기에 그의 출가 전 이름은 우빠띳싸였다. 하지만 출가 후에는 장로의 모친 이름이 싸리이므로 그녀의 아들이란 의미에서 싸리뿟따,[12] 즉 사리불이라 이름하였다.

그에게는 출가 전 서로 탁마하던 가까운 벗이자 출가 후엔 부처님의 10대 제자로서 항상 함께했던 목갈라나 존자가 있었다.[13]

우빠띳싸는 한때 싼자야 밑에서 수행하기도 하였으나, 부처님의 최초 다섯 제자 가운데 한 분인 앗싸지(Assaji) 비구의 위의 갖춘 모습을 보고 결국 부처님의 제자가 된 까닭에 앗싸지 비구에 대해 존경하는 마음을 늘 지니고 있었다. 그래서 멀리 떨어져 있을 때도 그분이 어느 방향에 계시는지 알아보아 공손하게 절하였고, 그 방향으로 항상 머리를 두고 잠자리에 들었다.

"세존이시여! 장로 싸리뿟따는 아직도 외도 시절의 습성을 버리지 못하고 사방천지의 여섯 방향으로 항상 기도를 올리고 있습니다. 게다가 잠자리에 들 때면 오늘은 이 방향으로 누웠다가 내일은 저 방향으로 누우니, 아무래도 겉으로만 여래의 가르침을 따르는 시늉만 할 뿐인 것 같습니다."

싸리뿟따와 가까이서 함께 수행하고 생활하던 몇몇 비구들이 그의 행동에 의심을 품고 부처님께 말씀드리니, 부처님께서 말씀하셨다.

"외도의 수행을 하고 있는 것이 아니라, 다만 처음으로 자신에게 죽음을 초월하는 진리를 전해 준 스승의 은혜를 잊지 않는 행동일 뿐이다. 그리 한결같아야 할 것에 한결같은 싸리뿟따를 너희들은 배워야 할지니라."

---

11) 인도의 제례에서 화신(火神)은 그 자체가 숭앙의 대상이기도 하지만, 모든 신들에게 바치는 공물들이 화신을 통해 전달된다고 여기는 까닭에 화신에 대한 귀의를 특별하게 여긴다.
12) '싸리뿟따'는 싸리(Sāri)라는 여인의 아들(putta)로서, 소리옮김한 것이 사리불(舍利弗)이다.
13) 두 존자의 간략한 행적에 대해선 게송 11~12번의 '싸리뿟따와 목갈라나, 그리고 싼자야' 편 배경담 내용 참조.

393 떡진머리 좋은가문 그무엇에 의해서나
태어남에 의해서도 브라만이 못되나니,
누구라도 진리있고 옳은법이 존재하면
그가순수 한자이며 그가바로 브라흐만.

非族結髮 名爲梵志 誠行法行 淸白則賢
(특정) 종족이라거나 머릿결을 묶었다 하여
범지梵志라 이름 될 수 있는 것은 아니다.
정성스런 행위와 법다운 행위에
청렴하고 결백하면 곧 어질다 할 것이다.

na jaṭāhi na gottena, na jaccā hoti brāhmaṇo |
yamhi saccañca dhammo ca, so sucī so ca brāhmaṇo ||
떡 진 머릿결[14]에 의해서도 가문에 의해서도
태생에 의해서도 브라만이 되지 못한다.
누구라도 진리가 (존재하고) 법이 (존재하면)
그가 순수한 자이며 그리고 그가 브라만이다.

떡 진 머릿결을 한 브라만 고행자

부처님께서 싸왓티 제따 숲의 승원에 계실 때, 떡 진 머릿결을 하고 고행하던 한 브라만에 대한 이야기이다.

제따 숲에서 그리 멀리 떨어지지 않은 곳에서 떡 진 머릿결을 한 채 고행하던 한 브라만이 있었다. 그는 오랫동안 머리를 깎지도 감지도 않은 채, 그렇게 자라난 긴 머리카락을 그대로 위로 틀어 올리고 지내며 고행을 하였다. 그래서 상투처럼 틀어 올린 머릿결(jaṭā)을 한 사람이란 의미로 자띨라(Jaṭila) 브라만이라 불렸다.

'고따마는 자신의 제자들에게 '브라만'이란 매우 고귀한 호칭을 남발하고 있다. 그들은 나처럼 예전의 고행자들이 하던 떡 진 머릿결도 갖추지 않고서 머리카락을 모두 잘라 버리니, 게다가 나처럼 태생이 브라만도 아니면서 브라만이라 일컬으며 무슨 진리를 깨달으려고 하는 겐지….'

그래서 자띨라는 제따 숲으로 부처님을 찾아뵙고 자기 생각을 말씀드렸다.

부처님의 가르침을 따르는 승가가 안정이 되고 수행처도 브라만들이나 외도들이 무시하지 못할 만큼 커지자 여러 유형의 수행자들이 승원을 방문하여 부처님을 뵙는 일이 잦았다. 그러한 예방객들에 대해 승원에선 다소 민감한 반응을 보이기도 하였지만, 정작 부처님께선 그 어떤 누구에게도 길을 열어 놓으신 채 의견을 들으시고 그에 맞는 여래의 가르침을 펼치셨다.

"브라만 수행자여! 예전에 선인들이 수행의 한 방편이자 고행의 표상이었던 떡 진 머릿결을 하고 있다는 그것 때문에, 그리고 다만 브라만 계급의 부모에게서 태어났다는 그것 때문에 불리는 '브라만'이란 호칭은 진정한 수행자에겐 가치가 없는 것이다. 누구라도 그에게 진리가 존재하고 담마가 존재한다면 정작 그를 진정한 '브라만'이라 해야 할 것이다."

---

14) 'jaṭā'는 머리카락을 모아서 말아 올린 것으로, 작은 것은 상투와 유사하다. 일반인들에겐 신분의 표식이 되기도 하며, 수행자의 경우엔 유파에 따라 오랫동안 손질하지 않은 떡 진 머릿결 채 그냥 크게 말아 올려 얹어 놓음으로써 고행 기간이 길었음을 나타내기도 한다.

394 어리석은 사람들아 떡진머리 그게뭐며
그대입은 가죽옷이 무슨소용 이겠는가.
그대속은 이리저리 엉망이고 진창인데
겉으로만 멀쩡하게 꾸며댄들 뭣하리오.

飾髪無慧 草衣何施 内不離著 外捨何益
머릿결을 장식한들 지혜가 없다면
풀 옷을 입는다고 무슨 베풂이 있을 것이며,
안으로는 집착을 여의지 못하면서
겉으로만 내려놓는다고 무슨 이익이 있겠는가.

kiṁ te jaṭāhi dummedha, kiṁ te ajinasāṭiyā |

abbhantaraṁ te gahanaṁ, bāhiraṁ parimajjasi ||
어리석은 이여!
그대의 떡 진 머리가 무슨 소용이며,
그대의 짐승 가죽옷[15]이 무슨 소용인가?
그대의 속은 엉망인데 겉만 (그럴싸하게) 꾸미는구나.

박쥐 흉내를 낸 브라만 수행자

부처님께서 싸왓티 제따 숲의 승원에 계실 때, 박쥐 흉내를 내어 공양을 강요하던 사기꾼 브라만 수행자에 대한 이야기이다.

사기꾼인 한 브라만 수행자가 괴이한 몰골을 한 채 싸왓티로 들어가는 길목에 있는 까꾸다(kakudha) 나무의 가로진 굵은 가지에 올라가 두 다리를 가지에 걸치고 박쥐처럼 거꾸로 매달려 동네 사람들을 향해 소리 질렀다.

"내게 은전(銀錢)을 내놓아라! 내게 금전(金錢)을 내놓아라! 나를 시봉할 시종을 보내라! 주지 않으면 나는 여기서 떨어져 죽어 버릴 테고, 그래서 원귀가 되어 이 싸왓티를 모조리 파괴해 버릴 테다."

그의 소리를 듣고 모습을 본 비구들은 자못 신기해 하였다. 사람들도 하루 온종일 그러고 있는 브라만에게 현혹되었던지 적지 않은 은전을 챙겨 주었으며, 사기꾼 수행자는 신이 나서 그것을 챙긴 뒤에 이내 사라져 버렸다.

비구들로부터 이 해괴한 브라만에 대해서 들은 부처님께서 말씀하셨다.

"그땐 비록 실패했지만, 그는 전생에도 사기를 치던 수행자였느니라."

전생에도 브라만 수행자였던 그는 어느 날 신자가 주는 도마뱀 고기를 맛보고는 그만 그 맛에 빠져, 매일 자기 수행처로 문안을 오던 왕도마뱀을 잡아먹기로 마음먹었다. 그래서 여기저기서 구한 버터나 타락 등을 자기 무릎 아래 놓아두고 왕도마뱀이 조금이라도 더 가까이 다가오기를 기다렸다.

낯선 먹거리, 어딘지 모르게 어색하게 앉아 있는 모습, 손 가까이 둔 몽둥이. 왕도마뱀이 다가가려던 걸음을 멈추고 뒷걸음질을 쳤다. 브라만이 몽둥이를 집어던졌으나 잽싸게 그것을 피해 달아나며 왕도마뱀이 말했다.

"떡 진 머리를 하고 양가죽 옷을 입고 있은들 속은 엉망이 되었는데 겉만 그럴싸하게 지키려니, 그게 어딜 가겠소이까!"

---

15) 명상 수행자가 짐승 가죽으로 옷을 해 입거나 앉는 자리를 만드는 까닭은 수행으로 형성된 몸의 좋은 기운이 땅으로 빠져 나가는 것이나 땅으로부터 올라오는 나쁜 기운을 막으려는 조절 기능도 함께 고려되어 있다고 전해진다.

395 누더기를 걸쳐입은 그한몸은 야위어서
     툭불거진 핏줄마저 실낱같이 가늘지만,
     홀로숲속 들어앉아 명상잠긴 사람이면
     그대가곧 브라흐만 나는그리 부르리라.

     被服弊惡 躬承法行 閑居思惟 是謂梵志
     입은 옷은 해지고 누추하더라도
     몸소 법을 받들어 행하고
     한가로이 기거하며 사유하는 이,
     그를 일러 범지梵志라고 한다.

     paṁsukūladharaṁ jantuṁ, kisaṁ dhamanisanthataṁ |
     ekaṁ vanasmiṁ jhāyantaṁ, tamahaṁ brūmi brāhmaṇaṁ ||
     누더기를 걸친 채
     야위고 핏줄이 불거져 있으며
     홀로 숲속에서 명상에 잠겨 있는 사람,
     그를 나는 '브라만'이라 부른다.

## 395

비구니로서 두타제일인 끼싸고따미

부처님께서 라자가하 웰루 숲의 승원에 계실 때, 비구니로서 두타행이 가장 뛰어난 끼싸고따미에 대한 이야기이다.

끼싸고따미는 싸왓티에서 부호의 아내로서 유복한 생활을 하고 있었다. 그러던 어느 날 하나뿐이던 아들을 사고로 잃고는 정신이 거의 나간 채, 죽은 아들을 보듬어 안고 이곳저곳을 전전하며 모든 의사와 온갖 수행자며 주술가들에게 도움의 손길을 구하였다.

"여인이여! 네가 어느 집이건 죽은 이가 한 사람도 없었던 집에서 흰 겨자씨 한 줌을 얻어 오면 내가 네 아들을 다시 살려 내도록 하마."

그러던 중에 한 노인의 말에 따라 부처님을 뵈었더니 이렇게 말씀하시기에, 이제는 아들을 살릴 수 있다는 희망으로 싸왓티 전체를 몇 날 며칠이고 정신없이 뒤졌다. 그러다 죽음에 대한 진리를 깨달은 그녀는 부처님께 돌아와 출가하였다. 그리고 마치 죽은 아들을 살릴 방도를 찾아 헤매던 심정으로 수행에 몰두하여, 얼마지 않아 비구니 가운데 두타제일의 제자가 되었다.

그 후 언젠가 제석천왕이 권속들을 거느리고 부처님을 친견하러 내려왔을 때 끼싸고따미 또한 부처님을 친견코자 허공을 가로질러 웰루 숲의 승원으로 접근하다 제석천왕의 무리를 보고 잠시 물러나 있었다.

"여래시여! 제가 승원에 막 내려올 때쯤에 제 식솔이 아닌 것 같은데 허공에서 저희를 보더니만 부처님을 향해 합장만 하고 발길을 돌리는 이가 있었습니다. 누추한 차림이긴 하던데, 혹시 이곳의 수행자이옵니까?"

"천왕이시여! 그녀는 여래의 딸로서, 두타행을 닦는 비구니 가운데 으뜸인 수행자입니다. 비록 누더기를 걸친 채 볼품은 없었을 것이나, 출가 전에 겪은 자신의 슬픔에 매몰되지 않고 그것을 이겨 내어 그 힘으로 참된 명상에 전념하고 있습니다. 태생은 브라만이 아니나 그녀가 바로 진정한 브라만이라 할 수 있습니다."

부처님의 말씀에 모든 이들은 그녀가 이미 사라진 허공을 올려다보았다.

396 모친이곧 브라흐만 그모친의 아들이라
     단지그런 이유라서 브라만이 될리없네.
     누구라도 萬石이면 만석꾼이 되겠지만
     한石으로 만石대접 그럼에도 집착않는
     그대가곧 브라흐만 나는그리 부르리라.

     我不說梵志 託父母生者 彼多衆瑕穢 滅則爲梵志
     (범지梵志인) 부모에 의탁해 태어났다 하여
     나는 범지라 말하지 않나니,
     저 수많은 흠결과 더러움이 소멸되었을 때
     곧 범지가 될 뿐이다.

     na cāhaṁ brāhmaṇaṁ brūmi, yonijaṁ mattisambhavaṁ |
     bhovādi nāma so hoti, sace hoti sakiñcano |
     akiñcanaṁ anādānaṁ, tamahaṁ brūmi brāhmaṇaṁ ||
     (브라만인) 모친의 태생을 지닌 채
     (그 모친의) 자궁으로 태어난 자를
     나는 '브라만'이라 부르지 않는다.
     만약 (누구라도 일정한 재물을) 소유한 자가 된다면
     그는 분명 '보!'[16]라는 호칭의 사용자가 될 수 있나니,
     (재물을) 소유하지 않(고도 '보!'를 사용할 수 있)으며
     (태생에도) 집착하지 않는 (그러한) 그를
     나는 '브라만'이라 부른다.

## 396

그를 왜 브라만이라 부릅니까

부처님께서 싸왓티 제따 숲의 승원에 계실 때, 브라만이란 호칭을 승가에서 쓰는 것이 불만이었던 한 브라만에 대한 이야기이다.

싸왓티에 사는 한 브라만은 제따 숲에 계신 부처님께서 법회 때 제자들에 대해 자주 브라만이란 호칭을 사용하는 것에 대해 불만이었다.

'간혹 법회에서 듣는 세존의 새로운 가르침은 제법 귀를 기울일 만한데, 왜 당신의 제자들을 브라만이라 부르시는지 모르겠어! 브라만으로 태어나서 출가한 이들은 그렇다 치더라도, 그 누구처럼 천민이 출가했는데 일찍 출가했다고 브라만보다 높이 앉히고, 게다가 그를 브라만이라 부르는 것은 아무래도…'

그래서 그는 부처님을 따로 찾아뵙고 자기의 생각을 말씀드렸다. 그러자 부처님께서 이렇게 말씀하셨다.

"브라만이여! 여래는 제자가 단지 브라만의 신분으로 태어났다고 하여 그를 브라만이라 부르지 않느니라. 그가 어떻게 태어났건 얼마만큼의 재물을 가졌었건 그 모든 것과 상관없이, 그런 모든 것에 집착하지 않는 수행자로서 올바른 명상에 드는 제자라면 그가 바로 브라만이라 불릴 자격이 있기에 그리 부를 뿐이니라."

브라만은 자신이 어릴 적 브라만 학인일 때 스승으로부터 들었던 유사한 가르침을 문득 떠올리며 부처님께 정중히 예를 취하였다.[17]

---

16) '보(bho)!'는 약간 손아래 사람을 부르는 친근한 명칭으로, 불교의 비구가 브라만을 부를 때도 사용되었다. '보!'는 그렇게 부를 수 있는 상대방의 신분을 나타내는 말이 아니라 그런 호칭을 사용하여 다른 사람을 부를 수 있는 사람의 신분이 어떤지 가늠하는 기준이 된다. 예를 들면, 한 비구가 친근하게 지내는 브라만에게 '존자여!'라고 하는 것과 유사한데, 신도는 그 브라만에게 '존자여!'가 아닌 '존자님!'이라고 불러야 결례가 되지 않으므로 신도의 입장에서 브라만을 부르며 이 호칭을 사용해서는 안 된다.

17) 주요 우빠니샤드(Upaniṣad) 열여덟 책 가운데 하나로, 사마베다 계통에 속하는 와즈라쑤찌까(Vajrasūcikā) 우빠니샤드는 총 아홉 편의 적은 분량으로 구성되어 있다. 본 우빠니샤드에서는 바람직한 사제(司祭)로서의 브라만 상(像)이 어떤 것인지를 제시하고 있는데, 단지 태생에 의존한 계급의 부여를 배격하고 있다는 점에서 그 가치가 인정되고 있다. 이 책에서는 '육신이 브라만인가? 태생이 브라만인가? 지혜가 브라만인가? 아니면 업(業)인가? 혹은 법도(法度)인가?' 등의 질문을 던지며, 궁극적인 절대 존재인 브라흐만을 추구하는 인간 브라만의 참된 모습이 어떤 것인지를 고민하는 내용이 담겨 있다.

397 그어떠한 누구라도 모든속박 끊어내고
그무엇도 두렵지가 않은마음 가지고서
온갖집착 넘어서서 모든것에 초연한이,
그대가곧 브라흐만 나는그리 부르리라.

絶諸可欲 不婬其志 委棄欲數 是謂梵志
욕심낼 수 있는 모든 것을 끊어 버리고
그 뜻을 음탕하게 하지 않으며
욕구가 몇 번이(고 일어나)건
그대로 내맡겨 놓아 버리는 이,
그를 일러 범지梵志라고 한다.

sabbasaññojanaṁ chetvā, yo ve na paritassati |
saṅgātigaṁ visaṁyuttaṁ, tamahaṁ brūmi brāhmaṇaṁ ||
어떤 누구라도 모든 속박을 끊고
(그 무엇도) 두려워하지 않으며
집착을 넘어서서 (모든 것으로부터) 초연한 이,
그를 나는 '브라만'이라 부른다.

백척간두에서 곡예를 부린 욱가쎄나

부처님께서 라자가하 웰루 숲의 승원에 계실 때, 대부호의 아들이었으나 스스로 원하여 곡예사가 되었던 욱가쎄나에 대한 이야기이다.[18]

라자가하에서 부호의 아들이었던 욱가쎄나는 사랑하는 곡예사의 딸을 쫓다, 어느덧 대나무 봉 공중제비에서 최고인 곡예사가 되었다.

어느 날, 곡예사가 된 후 처음으로 고향 라자가하를 찾은 욱가쎄나는 드넓은 광장에서 자신의 최고 묘기인 대나무 봉 공중제비를 화려하게 연출하고 있었다. 부처님께서는 그에게 아라한의 경지에 오를 때가 되었음을 미리 아시고, 그 날 당신과 제자들이 탁발과 공양을 마치고 돌아오는 길에 그의 묘기가 펼쳐지는 광장을 지나가셨다.

제자들이 뒤따르는 부처님께서 그 광장의 어귀에 들어서자 한창 흥이 오른 묘기에 빠져서 허공을 쳐다보며 욱가쎄나의 동작 하나하나에 일제히 탄성을 자아내던 많은 사람들이, 갑자기 한켠으로부터 웅성이더니 모든 이의 시선이 너나없이 모조리 욱가쎄나로부터 부처님에게 옮겨졌다.

높은 곳에서 아래쪽의 갑작스런 변화를 지켜보던 욱가쎄나는 질투심인 듯 묘한 감정을 느꼈다. 심지어 허공에 있는 욱가쎄나의 시선까지 거두신 부처님께서는 장로 목갈라나를 시켜 앞서 올라간 적이 없는 높은 곳까지 장대를 높여 더욱 많은 공중제비를 도는 묘기를 보여 주도록 하셨다. 그리고 가장 높은 백척간두에서 한 발로 정신을 모으고 서 있는 욱가쎄나를 위한 간결한 가르침에 이어 한 수의 아름다운 게송을 들려주셨다.

"욱가쎄나여! 진정한 수행자는 과거, 현재, 미래의 존재 다발에 대한 집착을 버리고 생로병사에서 해탈을 얻느니라… 어떤 누구라도 모든 속박을 끊고 그 무엇도 두려워하지 않으며…"

게송의 여운 끝 무렵에 욱가쎄나는 허공에서 아라한의 경지에 올랐다.

---

18) 게송 348 '곡예사 욱가쎄나' 편의 배경 이야기 가운데 일부분에 대한 세부적인 이야기이다.

398　고삐라고 할만한것 속박이라 할만한것

　　　이런저런 모양갖춘 온갖차꼬 끊어낸이,

　　　모든장애 파괴하고 깨달음을 일궈내는

　　　그대가곧 브라흐만 나는그리 부르리라.

　　　斷生死河 能忍超度 自覺出塹 是謂梵志

　　　생사의 물길을 끊어 버리고

　　　인내할 수 있었기에 뛰어넘어 (피안으로) 건넜으며

　　　스스로 깨달아 구덩이에서 벗어난 이,

　　　그를 일러 범지梵志라고 한다.

　　　chetvā naddhiṁ varattañca, sandānaṁ sahanukkamaṁ |

　　　ukkhittapaligha ṁ buddhaṁ, tamahaṁ brūmi brāhmaṇaṁ ||

　　　고삐와 속박은 물론

　　　모든 부속품을 포함한 차꼬를 끊었으며[19]

　　　모든 장애를 파괴하고 깨달(음을 얻)은 이,

　　　그를 나는 '브라만'이라 부른다.

## 398

눈에 보이는 가죽 끈과 보이지 않는 가죽 끈

부처님께서 싸왓티 제따 숲의 승원에 계실 때, 두 브라만이 누구의 소가 힘이 센지 겨루던 일에 대한 이야기이다.

싸왓티에서 항상 소소한 일로 티격태격하지만, 그래도 사이좋게 지내던 두 브라만이 살고 있었다. 그 가운데 한 브라만은 굉장히 붉다는 뜻의 마하로히따 (MahāRohita)란 황소를 기르고 있었고, 다른 브라만은 살짝 붉은 빛을 띠고 있다는 뜻의 쭐라로히따(CullaRohita)란 황소를 기르고 있었다.

"아무래도 울음소리나 몸집으로 보아 우리 집 쭐라로히따가 훨씬 세지!"

"무슨 소리를! 조금 작아 보여도 탄탄하고 검붉은 빛깔인 마하로히따가 힘이 센 건 누가 봐도 알 수 있을 걸?"

이렇게 승강이를 벌이다가 결국 둘 모두를 강가 모래밭으로 데려나가 젖은 모래를 잔뜩 실은 수레를 끌어 보게 하였다. 젖은 모래를 실은 수레는 이미 모래밭에 한 치나 잠겼는데, 그것을 멍에에 가죽 끈으로 이어서 끌게 하니 수레는 꼼짝 않고 가죽 끈만 팽팽해졌다. 그러다 끝내 끈이 끊어지고 말았다.

"그 참! 몇 겹이나 되는 저 질긴 가죽 끈도 모조리 끊어지고 마네!"

마침 목욕을 위해 강가를 찾았던 비구들이 신기한 구경거리를 먼발치에서 지켜보았다. 그리고 승원으로 돌아와 부처님께 말씀드렸다.

"비구들이여! 두 브라만이 자기 소를 자랑하다 끊어 버린 가죽 끈은 눈에 보이는 것이다. 우리 눈엔 보이지도 않고 질기기는 그 가죽 끈에 비할 바가 아닌 끈이 있다. 분노와 갈애라 불리는 가죽 끈이 그것이니, 수행자라면 그것을 반드시 끊어 버려야 한다. 마치 힘센 황소가 가죽 끈을 끊어 버리듯."

비구들은 자신들의 생각이 그저 눈에 보이는 것에서 머물렀다는 사실에 새삼 부끄럼을 느꼈다.

---

19) '고삐'는 잇는 기능을 하므로 증오와 같은 것이고, '속박'은 묶는 기능을 하므로 갈애와 같은 것이며, 차꼬인 '족쇄'는 한 번 차면 헤어나기 어려운 것이므로 윤회와 같은 것이다.

399 여법하게 행하여서 결백하다 여기기에
비난학대 물론이요 투옥까지 견뎌낸이,
인내력을 지녔으며 강인하게 견뎌내는
그대가곧 브라흐만 나는그리 부르리라.

見罵見擊 黙受不怒 有忍辱力 是謂梵志
욕을 보거나 매질을 당하더라도
잠잠히 받아들일 뿐 성내지 않은 채
욕보임을 참아 내는 힘이 있는 이,
그를 일러 범지梵志라고 한다.

akkosaṁ vadhabandhañca, aduṭṭho yo titikkhati |
khantībalaṁ balānīkaṁ, tamahaṁ brūmi brāhmaṇaṁ ||
결백하기에 비난과 학대와 투옥을 견뎌 내는 이,
인내력을 지녔으며[20] 강인(한 정신력을 구비)한 이,
그를 나는 '브라만'이라 부른다.

성질내러 갔다가 출가하게 된 네 형제

부처님께서 싸왓티 제따 숲의 승원에 계실 때, 욕 잘하고 성질내기 좋아하던 네 명의 형제가 줄줄이 출가하게 된 이야기이다.

싸왓티의 브라만 악꼬싸까에겐 욕 잘하고 성 잘 내는 형 바라드와자가 있었다. 물론 자신도 그랬고, 아래 동생 둘도 그랬다. 그런데 형수인 다난자야니(DhanañJayanī)는 부처님께 귀의하여 재가자로 예류과를 성취할 정도였다. 그녀는 평소 재채기나 기침을 하고서도 버릇처럼 짧은 게송을 암송했다.

하루는 남편과 친구들의 식사 시중을 들던 그녀가 하마터면 음식을 든 채 넘어질 뻔하고서 또 그 문구를 암송했다. 그러자 남편은 친구들 앞이라 창피하기도 한데다 걸핏하면 하는 붓다께 귀의한다는 말에 더욱 성을 내며 아내를 나무랐다.

아무리 야단쳐도 부처님의 역성을 드는 아내를 이기지 못한 바라드와자는 마침내 씩씩거리며 제따 숲의 승원에 가서 부처님을 찾았다.

"아니! 무슨 말씀을 어떻게 하셨길래 제 아내가 저렇습니까? 혹시 무엇을 어찌하면 세상 편히 잠이나 자고 아무것도 슬프지 않는 뭔가가 있나요?"

"브라만이여! 분노를 없애면 편안히 잠자고 분노를 없애면 슬프지 않네."

붉으락푸르락하는 자신과 달리 편안한 얼굴로 답하시는 부처님과의 문답이 몇 순배 오가지 않아 바라드와자는 이내 부처님의 제자가 되어 버렸다.

형이 출가했다는 소리를 들은 악꼬싸까는 부처님이 요술로 형을 꼬드겨서 데려가 버렸다며 한달음에 찾아와 온갖 욕지거리를 퍼부었다.

"주인이 손님의 선물을 받지 않았을 때 손님은 그 선물을 그냥 가지고 돌아갈 수밖에 없지 않겠나? 브라만이여! 그대의 성과 화를 가지고 돌아가시게."

그렇게 악꼬싸까는 물론이요, 연이어 찾아와 화를 내며 횡포를 부리려던 나머지 두 동생도 모두 부처님의 제자가 되어 아라한의 경지에 올랐다.

---

20) 젠 열 가지 매도함을 통해 욕하거나 때리더라도 참는 자를 말한다. ① 너는 사기꾼이다. ② 너는 치졸하다. ③ 너는 바보 천치이다. ④ 너는 못된 낙타이다. ⑤ 너는 어리석은 황소이다. ⑥ 너는 당나귀이다. ⑦ 너는 비열하다. ⑧ 너는 짐승이다. ⑨ 너는 복이 없는 놈이다. ⑩ 너는 지옥에서나 행복할 놈이다.

400　무슨일에 있어서도 한결같이 화내잖고
경건도덕 갖춘채로 새어나옴 하나없는,
평온하며 마지막몸 결국에는 받은그를
그대가곧 브라흐만 나는그리 부르리라.

若見侵欺 但念守戒 端身自調 是謂梵志
만약 능멸이나 속임을 당하더라도
다만 계행 지키기를 마음에 품고
몸을 바루어 스스로 조절하는 이,
그를 일러 범지梵志라고 한다.

akkodhanaṁ vatavantaṁ, sīlavantaṁ anussutaṁ |
dantaṁ antimasārīraṁ, tamahaṁ brūmi brāhmaṇaṁ ||
화를 내지 않고
경건함과 도덕력을 갖춘 채 새어 나옴이 없는,
평온하며 마지막 몸을 받은 그를
나는 '브라만'이라 부른다.

속가 모친에게 욕을 먹은 장로 싸리뿟따

부처님께서 라자가하 웰루 숲의 승원에 계실 때, 속가로 탁발을 나갔다가 여법
한 모습을 보여 준 싸리뿟따에 대한 이야기이다.

부처님을 모시고 웰루 숲에 머물고 있던 장로 싸리뿟따가 5백 명의 비구들과
함께 날라까(Nālaka) 마을로 탁발을 나간 적이 있었다. 날라까 마을은 싸리뿟따
의 모친이 계시는 속가가 있는 곳이었다.

많은 수행자들이 날라까로 탁발을 나온다는 소식을 미리 접한 싸리뿟따의 모
친은 자기 집에 만반의 준비를 해놓았다. 그리고 앞서 지나갈 것 같은 집들에는
양해를 구하여, 결국 당신의 아들과 모든 비구들이 자기 집 너른 마당에 여법하
게 차려진 야트막한 공양석에 올라 공양을 받을 수 있도록 하였다.

"장로님. 공양을 받으시고 저희에게 축복을 내려 주십시오."

"예끼, 이 모진 놈아! 이 많은 재산을 거들떠보지도 않고, 남이 먹다 남긴 밥
이나 먹는 놈! 그것도 모자라 쉬어 빠진 죽도 얼씨구나 처먹는 놈! 구걸하다 없
으면 남의 집 숟가락이라도 빠는 이놈아!"

"그래, 많이 드시고 가셔. 많이나 드시고 가시라고."

반가움과 설렘과 서운함으로 맞은 아들의 발우에 정성들여 준비한 음식을 덜
어 드리던 싸리뿟따의 모친은 몇 차례 되지 않는 손놀림이 채 끝나기도 전에 마
음의 격랑을 보였다. 어쩌다 음식을 조금씩 흘리기도 하면서.

가까이 앉아 있던 몇몇 비구들과 모친을 시중들던 하인들은 이 모습을 보고
적잖게 놀라기도 하고 고개를 돌려 눈시울을 붉히기도 하였는데, 정작 싸리뿟
따는 안색은 물론 눈빛조차 아무런 변화를 보이지 않았다.

"역시 장로님이야. 옆에 있던 내가 다 맘이 아프더구면."

"겉으로야 그랬지만 그래도 내심 마음이 많이 아프셨을 게야."

탁발을 다녀온 비구들이 두런두런 이야기를 나누던 곁을 지나시던 부처님께
서 싸리뿟따의 시자인 라훌라에게서 사정을 들으시고 말씀하셨다.

"눈빛이 마음이니, 마음의 변화는 눈빛으로 새어 나오기 마련이니라."

401   연잎위에 올려놓은 물방울이 떨어지듯
        바늘끝에 올려놓은 겨자씨가 떨어지듯,
        온갖욕망 대하고도 얽매이지 않는그를
        그대가곧 브라흐만 나는그리 부르리라.

        心棄惡法 如蛇脫皮 不爲欲汚 是謂梵志
        마음으로 사악한 법 버리기를
        마치 뱀이 허물 벗듯이 하여
        욕망으로 더럽혀지지 않는 이,
        그를 일러 범지梵志라고 한다.

        vāri pokkharapatteva, āraggeriva sāsapo |
        yo na limpati kāmesu, tamahaṁ brūmi brāhmaṇaṁ ||
        연잎 위에 놓인 물방울처럼
        바늘 끝에 놓인 겨자씨처럼
        그는 욕망들에 있어서 얽매이지 않나니,
        그를 나는 '브라만'이라 부른다.

## 401

연잎이 된 비구니 웁빨라완나

부처님께서 싸왓티 제따 숲의 승원에 계실 때, 비구니로서 아라한의 경지에 오른 후에 큰 어려움[21]을 겪었던 웁빨라완나에 대한 이야기이다.

웁빨라완나는 아라한의 경지에 오른 후에도, 그리고 큰 어려움을 겪은 후에도 예전처럼 포살처에서의 봉사를 변함없이 행하고 있었다. 물론, 처소는 부처님의 염려 덕분에 적지 않은 비구니들과 함께 안전히 수행할 수 있는 비구니 전용의 승원이 생겨서 그곳에서 지내게 되었다.

"아무리 아라한이라도 비구니인데 그게 별건가? 번뇌가 모두 사라졌다 치더라도 사라진 건 자기 내부의 번뇌일 뿐이겠지…."

"그래, 그렇겠지? 아라한들이라고 대추나무나 개미 언덕이 아닐 바에야, 따뜻한 체온에 아직 싱싱한 육신을 지녔다면 당연히 감각적인 쾌락은 느껴지지 않을라고! 그리고 아라한이라 하더라도 비구니잖아!"

출중한 외모를 가진 웁빨라완나에 대한 관심은 예전부터 비구 승원 여기저기서 확인할 수 있었다. 그러다 그런 일까지 생겼으니 당연히 수행은 뒷전인 몇몇 비구들의 한담 거리로 회자되었으며, 그렇게 비구들의 입방아에 오르내린다는 사실이 결국엔 부처님 귀에까지 들어갔다.

"수행승들이여! 번뇌를 부순 자들은 감각적 쾌락의 욕망을 즐기지 않고 그것을 채우려고 하지도 않는다. 연잎 위에 떨어진 물방울이 잎사귀에 스며들거나 머물지 않고 망울져서 굴러 떨어지는 것처럼, 송곳 끝의 겨자씨가 잠시도 붙어 있지 않고 이내 떨어져 버리는 것처럼, 바로 그처럼 번뇌를 부순 자의 마음에 감각적 쾌락의 욕망은 스며들지도, 머물지도, 심지어 달라붙지도 않는다."

부처님의 가르침이 전해지자 한담하던 무리들이 입을 닫음은 물론, 내심 그들의 한담에 귀를 쭈뼛거렸던 이들도 생각을 닫게 되었다.

---

21) 비구니 웁빨라완나가 겪었던 어려움에 대해서는 게송 69번의 배경담 참조.

402 이세상에 누구라도 제자신의 괴로움이
한순간에 사라진듯 소멸됨을 깨달은이,
모든짐을 내려놓고 초연해진 사람이면
그대가곧 브라흐만 나는그리 부르리라.

覺生爲苦 從是滅意 能下重擔 是謂梵志
태어남이 곧 괴로움이 됨을 깨닫고
그로부터 속마음을 소멸시킴으로써
무거운 짐을 내려놓을 수 있는 이,
그를 일러 범지梵志라고 한다.

yo dukkhassa pajānāti, idheva khayamattano |
pannabhāraṁ visaṁyuttaṁ, tamahaṁ brūmi brāhmaṇaṁ ||
어떤 누구라도 이 세상에서
자신의 괴로움의 소멸을 깨달은 이,
짐을 내려놓고 (모든 것으로부터) 초연한 이,[22]
그를 나는 '브라만'이라 부른다.

* 402

출가해 버린 노예를 붙잡은 브라만

부처님께서 싸왓티 제따 숲의 승원에 계실 때, 자기 노예가 도망가서 출가해 버리자 그를 잡으러 다녔던 브라만에 대한 이야기이다.

도망 나온 노예는 출가할 수 없다는 계율이 제정되기 이전의 일이다. 싸왓티에서 제법 산다는 브라만 집에서 한 명의 노예가 도망쳤다. 그는 노예지만 젊고 똑똑했으며 주인의 신임에 법회까지 따라다녔던 터였다.

승원 밖에서 기다리라는 주인 브라만과는 달리 승원의 수행자들은 노예인 자신에게 사뭇 친절했다. 그리고 그런 수행자들 덕분에 먼발치에서나마 부처님의 가르침을 한두 번 귀동냥하게 되었다. 그런 그가 한밤중에 주인집을 빠져나와 출가해 버렸고, 얼마지 않아 아라한의 경지에까지 오르게 되었다.

"내 이놈을 꼭 잡고야 말겠다! 내가 저놈을 어떻게 대해 줬는데…."

친구처럼 여기고 품삯도 넉넉히 챙겨 주었던 노예가 도망쳤다는 말에 주인 브라만은 화가 머리끝까지 올랐다. 사람까지 풀어서 몇 달에 걸쳐 시내고, 교외고 그가 갈 만한 곳은 모조리 뒤졌지만 그 어디에서도 그를 찾을 수 없었다.

"네 이놈! 잘 만났다. 네가 감히 도망을 쳐? 게다가 출가했다고 백주대낮에 얼굴을 들고 돌아다니기까지 해? 겁도 없는 놈!"

하루는 탁발 행렬에서 우연찮게 그를 발견한 주인 브라만은 부처님도 아랑곳 않고 우선 그의 가사 자락부터 움켜잡으며 버럭 고함을 질렀다.

"브라만이여! 그는 이미 모든 짐을 놓아 버린 자입니다."

"모든 짐을 내려놓았다면, 이놈이 아라한이라도 되었단 말씀입니까?"

"그렇습니다, 브라만이여! 그는 짐을 놓아 버린 거룩한 님입니다."

부처님의 말씀에 가사 자락을 움켜쥐었던 손에 힘이 빠지는 것을 느낀 브라만은 어느덧 자기 노예였던 그를 향해 합장을 하고 있었다.

---

22) 쥔 자신의 괴로움의 소멸을 깨달았다는 것은 괴로움을 구성하는 자신의 오온(五蘊)의 소멸을 분명히 안다는 뜻이며, 짐을 내려놓았다는 것은 괴로움을 구성하는 오온의 짐을 내려놓았다는 뜻이며, 초연하다는 것은 네 가지 멍에[四軛, cattāro yogā]에서 벗어났기에 초연해진 자를 말한다.

403   속이깊은 지혜지녀 현명하다 불리우며
         옳고그런 길에대해 바른시각 간직한이,
         그리하여 목적지에 결국에는 닿은이를
         그대가곧 브라흐만 나는그리 부르리라.

         解微妙慧 辯道不道 體行上義 是謂梵志
         섬세하고도 현묘한 지혜를 이해하고
         도道와 도 아님을 분별하며
         최상의 도리를 몸소 행한 이,
         그를 일러 범지梵志라고 한다.

         gambhīrapaññaṁ medhāviṁ, maggāmaggassa kovidaṁ |
         uttamatthamanuppattaṁ, tamahaṁ brūmi brāhmaṇaṁ ||
         심오한 지혜를 지녔기에[23] 현명하며
         옳고 그른 길에 대해 정통한 이,
         최상의 목적에 다다른 그를
         나는 '브라만'이라 부른다.

* 403

허공에서 발길을 돌린 케마 비구니

부처님께서 싸왓티 제따 숲의 승원에 계실 때, 지혜와 아울러 뛰어난 두타행을 갖추었던 케마 비구니에 대한 이야기이다.[24]

어느 날, 도리천의 으뜸 천왕인 제석천왕이 해가 뉘엿뉘엿 넘어가는 초저녁에 많은 권속들을 거느리고 제따 숲의 승원으로 내려와 부처님의 설법을 기쁜 마음으로 듣고 있었다.

한창 법회의 분위기는 무르익고 해는 지평선을 겨우 넘기며 하늘을 붉게 물들이고 있을 때, 비구니 가운데 지혜는 물론이요 두타행[25]까지 고루 갖춘 장로니 케마가 부처님을 친견하기 위해 좌선하던 자리에서 일어나 곧장 허공을 가로질러 승원의 상공으로 들어섰다.

부처님의 설법을 경청하던 중에 허공으로 약간의 기운이 쏠리는 것을 느낀 제석천왕이 고개를 들어 바라보니, 웬 비구니 수행자가 허공 저 건너편에서 다가오다가 부처님을 향해 공손히 인사만 올리고는 이내 사라져 버렸다.

"세존이시여! 조금 전 웬 수행자가 허공에서 부처님께 인사만 드리고 돌아서는 모습이 보였습니다."

법문이 끝나고 이런저런 질문과 부처님의 답변이 오가는 가운데 제석천왕이 부처님께 말씀드렸다.

"제석천왕이여! 그는 여래의 딸 케마로서 지혜제일의 비구니니라. 그의 지혜는 매우 깊어서 무엇이 참된 도(道)이며 어떤 것이 참되지 않는 것인지 잘 밝히는 지혜를 가졌으며, 두타행 또한 으뜸이니라."

---

23) 웹 다섯 가지 존재의 다발[五蘊]과 열두 가지 감역[十二處] 및 열여덟 가지 인식의 세계[十八界]와 같은 심오한 일과 관련하여 효과적인 지혜를 갖추었기에 심오한 지혜를 갖추었다고 말할 수 있다.

24) 케마 비구니에 대한 이야기는 게송 395번 두타제일 비구니 끼싸고따미에 관한 이야기와 유사하다. 이러한 배경담과 대조되는 형태지만 맥락에선 유사한 내용으로서, 의상 스님께 천공을 드리려고 내려온 천녀들이 마침 같이 계시는 원효 스님 주위의 신장들 위세에 눌려 접근도 하지 못한 채 한참을 힘들어 했다는 설화가 있다. 그런데 동일한 내용으로 등장 스님만 바뀐 설화가 중국불교에도 다수 전하는데, 본 배경담과 끼싸고따미의 배경담이 거의 동일한 것도 그와 같은 유형으로 볼 수 있다.

25) 두타행은 웹 '우정의 질을 규정하는 원리들' 가운데 관련 항목 참조.

404 세속인과 유랑인들 그모두와 왕래않고
집도없이 이리저리 수행으로 萬行하며,
바라는게 있더라도 아주적은 사람이면
그대가곧 브라흐만 나는그리 부르리라.

棄捐家居 無家之畏 少求寡欲 是謂梵志
집에 머문다거나 집이 없다는 두려움을
(모두) 떨쳐 버리고
적게 추구하여 욕심을 줄이는 이,
그를 일러 범지梵志라고 한다.

asaṁsaṭṭhaṁ gahaṭṭhehi, anāgārehi cūbhayaṁ |
anokasārimappicchaṁ, tamahaṁ brūmi brāhmaṇaṁ ||
세속에 사는 이들과 유랑하며 다니는 이들,[26]
그들 둘 모두와 섞이지 않고
집 없이 만행萬行하며 적게 바라는 그를
나는 '브라만'이라 부른다.

귀신에게 계행을 점검 받은 띳싸 장로

부처님께서 싸왓티 제따 숲의 승원에 계실 때, 띳싸 장로가 한 동굴에서 안거를 나며 겪은 일에 대한 이야기이다.

언젠가 장로 빱바라와씨띳싸(PabbhāravāsīTissa)는 부처님으로부터 명상 주제를 받아 홀로 수행하기 위한 적당한 장소를 찾고 있었다. 그러다 인가에서 그리 멀지않은 곳의 동산 한켠에서 자그마하나 제법 깊은 동굴을 발견하고 차분해지는 느낌을 받은 장로는 그곳에서 안거를 나기로 결심하였다.

'지금 밖에 청정한 비구가 왔구나. 하룻밤 정도 머물고 가시겠지.'

그 동굴에는 여신이 살고 있었는데, 장로가 동굴 입구에서 유심히 안쪽을 바라보는 모습을 보고 황급히 애들을 깨워서 자리를 피해 드렸다.

그러나 다음날 탁발을 나갔다 돌아온 장로를 보고 여신은 당황하였다. 그렇게 며칠이 더 지나자 갈 곳이 마땅치 않았던 여신은 장로를 쫓아내기로 마음먹고 장로에게 공양을 올리는 여신도의 아들이 신병에 걸리게 하였다.

"네가 장로에게 의사 노릇을 하게 못하겠다면 단지 장로가 발 씻은 물을 네 아들 머리에 퍼부어 주도록 만들어라. 그러면 내가 병을 낫게 해주겠다."

여신은 장로가 의사 노릇을 하여 계행을 어기게끔 계획하였으나 여신도의 완고한 거절에 그렇게라도 하면 되겠다 싶어 단지 생각이 나는 대로 말했다. 드디어 장로가 발 씻은 물을 아이의 머리에 붓자 병을 낫게 해준 여신은 동굴 입구에서 장로에게 계행을 어겼으므로 동굴에서 물러가라고 으름장을 놓았다.

"자, 이제 당신은 계를 어긴 비구이니 여기에 머물 자격이 없소!"

'내가 그 물을 아이에게 부은 것은 계행과 상관이 없다. 그러면 저 여신이 신통력으로 낱낱이 살펴보아도 나의 계행엔 문제가 전혀 없단 소리잖아?'

장로는 호통을 쳐서 여신을 그곳에서 몰아내고 안거를 무사히 보냈다.

---

26) 세속에 사는 이들이란 재가자로서 집착의 삶을 살아가는 이들이며, 유랑하며 사는 이들이란 사회 신분상 한곳에 정착하지 못하고 지속적으로 떠돌아다니는 삶을 살 수밖에 없는 이들이다. 유랑민과 출가자 모두 집이 없다는 것은 같으나 그것이 자의(自意)냐 타의(他意)냐에 차이가 있다.

405 움직이는 것들이나 움직이지 않는것들
그런모든 존재들에 폭력쓰지 아니하며,
죽이거나 남을시켜 죽게하지 않는그를
그대가곧 브라흐만 나는그리 부르리라.

棄放活生 無賊害心 無所嬈惱 是謂梵志
생명을 놓아주어 살아가게 하고
적이 되어 해치려는 마음도 없기에
번거로워 고뇌할 바가 없는 이,
그를 일러 범지梵志라고 한다.

nidhāya daṇḍaṁ bhūtesu, tasesu thāvaresu ca |
yo na hanti na ghāteti, tamahaṁ brūmi brāhmaṇaṁ ||
움직이는 것이나 움직이지 않는[27]
(모든) 존재들에 대해 폭력을 삼가하며
(그들을) 죽이거나 죽이게 하지 않는 그를
나는 '브라만'이라 부른다.

오해로 매 맞고도 성내지 않은 비구

부처님께서 싸왓티 제따 숲의 승원에 계실 때, 아내를 꼬드겨 데려간다는 오해를 받아 주먹질을 당하고도 성을 내지 않은 비구에 관한 이야기이다.

한 비구가 부처님께 명상 주제를 받아 정진하여 아라한의 경지에 올랐다. 그래서 안거를 마치고 자신이 얻은 경지를 부처님께 보여 드리고자 승원으로 돌아가고 있었다. 그런데 도중의 한 마을에 사는 부부가 심하게 싸우다가 남편이 문을 박차고 나가 버리자 아내도 친정으로 가겠다며 짐을 싸서 집을 나가 버렸다.

'여긴 도적떼도 심심찮게 나온다는 거기잖아? 어쩌지? 그래! 저기 수행자가 한 분 가시네. 멀찌감치 뒤따라가야지. 그들이 수행자까지 어쩐지 않겠지?'

음습한 숲의 입구에서 덜컹 겁이 난 여인은 앞선 먼발치서 숲길을 걷고 있는 비구의 뒤를 따라가기 시작했다.

'이 숲길로 들어간 게 분명한데, 제 혼자서는 무서워서라도…. 그러면?'

집에 돌아온 남편은 아내가 옷가지도 챙겨서 집을 비운 것을 보고 후회하며 온 마을을 뒤지다 숲길 어귀에 이르러 불현듯 이상한 생각이 들었다.

'그러면 그렇지! 저기 가는구먼. 연놈이, 앞서거니 뒤서거니 하며….'

다짜고짜 달려들어 비구에게 주먹질을 하던 남편은 당황한 아내가 하는 말에 더욱 약이 올라 비구를 몽둥이로 흠씬 때리고 아내를 붙잡아 집으로 돌아갔다. 피투성이가 된 비구는 겨우 승원으로 돌아와서 치료를 받으며 사정을 말했다. 그리고 다른 비구들의 '스님은 화도 안 나십니까?'라는 핀잔에 웃음만 보였다.

"분명 거짓말입니다. 억울하게 당하고도 화가 나지 않을 리 있습니까?"

부처님께서 다른 비구들의 말을 듣고는 이렇게 말씀하셨다.

"비구들이여! 그렇지 않느니라. 번뇌를 부순 자는 폭력을 내려놓았기에 그에게 애꿎은 위해를 가한대도 화를 내지 않느니라."

---

27) '움직이는 것'의 원어는 'tasa(움직이는, 심장)'이므로 생명을 지닌 모든 것으로, '움직이지 않는 것'의 원어는 'thāvara(고정된, 산)'이므로 생명이 없는 모든 자연물로 볼 수 있다. 붓다고사는 갈애가 있는 것과 없는 것으로 구분하기도 했는데, 아라한은 갈애가 없는 것에 속한다고 하였다.

406 적대하는 이속에서 적대하지 아니하고
폭력적인 이속에서 폭력쓰지 아니하며,
집착하는 이속에서 집착하지 않는이를
그대가곧 브라흐만 나는그리 부르리라.

避爭不爭 犯而不慍 惡來善待 是謂梵志
다툼을 피하여 다투지 않고
(남이 잘못을) 범하더라도 성내지 않으며
사악하게 다가오더라도 착하게 대하는 이,
그를 일러 범지梵志라고 한다.

aviruddhaṁ viruddhesu, attadaṇḍesu nibbutaṁ |
sādānesu anādānaṁ, tamahaṁ brūmi brāhmaṇaṁ ||
적대하는 이들 가운데에서도 적대하지 않으며
폭력적인 이들 가운데에서도 침착하며
집착하는[28] 이들 가운데에서도
집착으로부터 자유로운 그를
나는 '브라만'이라 부른다.

* 406
사미라고 곯을 뻔한 아라한들

부처님께서 싸왓티 제따 숲의 승원에 계실 때, 이미 아라한의 경지에 오른 네 명의 사미가 공양청을 갔다가 푸대접을 받은 이야기이다.

어느 마을의 젊은 부부가 자그마한 공양청을 위해 음식을 준비하고 있었다.

"여보! 당신이 승원에 가서 나이 지긋하신 분으로 네 분만 모셔 오세요."

순박하기로 마을에서도 이름난 남편이 승원에 가서 공양청을 올리니 승원에서는 어리지만 이미 아라한의 경지에 오른 네 명의 사미를 보냈다.

"아니? 여보! 저런 어린애들만 데려오면 어떻게 해요! 보기에도 어엿한 장로님을 모셔 와야지. 어서 다시 가서 한 분이라도 모셔 오세요!"

앙칼진 목소리로 남편의 등을 떠밀고는 네 명의 어린 사미들에겐 한쪽에서 잠시 기다리라고만 하였다. 그런데 남편이 승원에 다시 들어가 어렵게 모셔 온 싸리뿟따는 네 명 분의 공양만 준비되어 있다는 소리를 듣고 발우를 되받아 아무 말 없이 나가 버렸으며, 또다시 모셔 온 목갈라나 존자도 똑같이 행동했다.

부부가 한참을 그러는 동안 시장해 하는 사미들의 장난기 어린 투정으로 제석천왕의 자리가 뜨거워지기 시작했다. 사태를 파악한 제석천왕이 나이든 수행자로 변신하여 지나다 남편의 눈에 뜨여 초대를 받았는데, 들어와서는 사미들을 보고 넙죽 절을 올린 다음 제일 아랫자리에 가서 앉았다.

"아니? 이번엔 아예 노망난 노인네를 데리고 오셨구먼!"

부부와 이런저런 실랑이를 몇 차례 벌이던 제석천왕이 제 모습을 드러내어 그들을 훈계하고 네 분 사미들의 수행과 공덕을 칭송하니, 그제야 부부는 자신들의 경솔함을 뉘우치고 진심으로 공양을 올리게 되었다.

승원으로 돌아온 사미들의 이야기를 듣고 비구들이 '그래! 그 푸대접에 화가 나지 않으시던가?'라는 말에 그렇지 않았다고 하자, 듣는 모두 그 말을 믿지 않았다. 그저 부처님께서 그 모습을 지켜보시며 미소를 지으실 뿐.

---

28) 집착한다는 것은 오온(五蘊) 등에 주재자로서의 자아(自我)가 있다고 믿는 데서 시작된다.

407 바늘끝에 올려놓은 겨자씨가 떨어지듯
탐욕이며 잘못이며 거만이며 위선이며,
제아무리 질기어도 떨쳐버린 그런이를
그대가곧 브라흐만 나는그리 부르리라.

去婬怒癡 憍慢諸惡 如蛇脫皮 是謂梵志
음탕과 성냄과 어리석음과 교만과
모든 사악함을 떨쳐 버리길
마치 뱀이 허물 벗듯이 하는 이,
그를 일러 범지梵志라고 한다.

yassa rāgo ca doso ca, māno makkho ca pātito |
sāsaporiva āraggā, tamahaṁ brūmi brāhmaṇaṁ ||
마치 겨자씨가 바늘 끝으로부터 (떨어져 나가듯)
탐욕과 잘못과 거만과 위선이 떨어져 나간 이의 경우,
그를 나는 '브라만'이라 부른다.

동생을 꾸짖어 내쫓으려 한 장로 마하빤타까

부처님께서 라자가하 웰루 숲의 승원에 계실 때, 출가한 동생이 아둔하다 꾸짖으며 승원에서 내쫓으려 한 장로 마하빤타까(MahāPanthaka)의 이야기이다.

라자가하의 마하빤타까와 쭐라빤타까[29] 형제는 조부의 손에서 성장하며 부처님의 법문을 듣다가 모두 출가하였다.

빤타까 형제의 모친은 라자가하의 부호로서 브라만 집안의 귀한 딸이었으나 부친은 그 집안의 노예였다. 사랑하던 두 사람은 죽임을 당할까 두려워 외진 곳으로 도망하게 되었는데, 첫 아이가 생기자 친정에서 해산하고 싶었던 그의 모친이 집으로 돌아갈 것을 고집하여 길을 떠나게 되었다. 그러나 돌아가면 아내를 잃을까 두려워 망설이는 남편으로 인해 길거리에서 아이를 낳게 되었는데, 길(pantha)에서 낳은 아이(-ka)라 하여 빤타까(Panthaka)라 불렀다.

부부는 둘째까지 길에서 낳았기에, 첫째는 마하(mahā)빤타까라 부르고 둘째는 쭐라(cūla)빤타까라 이름하였다. 두 아이가 어느 정도 자란 뒤 드디어 라자가하로 오게 된 빤타까 형제의 부모는 빤타까 조부의 제안에 따라 형제를 조부에게 맡기고 얼마간의 재물을 얻어 타지로 다시 떠났다.

조부의 손에서 자라던 형제 가운데 형이 먼저 출가하여 정진하더니 이내 아라한의 경지에 올랐다. 소식을 들은 동생도 출가하였는데, 형에 비해 원체 아둔한 쭐라는 심지어 게송 한 수도 외지 못해 대중들에게 놀림을 받았다.

"너는 아무래도 수행할 근기가 되지 못하는 듯하니 집으로 돌아가라!"

보다 못한 형이 모진 말로 동생을 채근하는 것을 곁에서 보고 듣던 비구들이 아라한도 경우에 따라 자기 감정을 잃고 행동하는지, 아라한에게도 극히 미세한 번뇌는 남아 있는지를 부처님께 여쭤보았다.

"비구들이여! 번뇌를 부순 자에겐 탐욕이나 성냄과 어리석음의 어떠한 번뇌도 없다. 마하빤타까는 무엇보다 가르침을 중시한 것일 뿐이니라."

---

29) 동생인 쭐라빤타까의 행적에 대해서는 게송 25번 배경담 참조.

408   폭력과는 거리멀고 교훈적인 성품에다
진실되어 여법하게 옳은말을 일컫는이,
그말투로 누구에건 화를내지 않는그를
그대가곧 브라흐만 나는그리 부르리라.

斷絶世事 口無麤言 八道審諦 是謂梵志
세간의 일을 끊어 버린 채
입으로는 거친 말이 없도록 하고
여덟 가지 바른 길로 진리를 살피는 이,
그를 일러 범지梵志라고 한다.

akakkasaṁ viññāpaniṁ, giraṁ saccamudīraye |
yāya nābhisaje kañci, tamahaṁ brūmi brāhmaṇaṁ ‖
폭력적이지 않고 교훈적이며 진실된 말을 할 수 있는 이,
(그러한) 말로써 누구에게라도 화내지 않을 수 있는 그를
나는 '브라만'이라 부른다.

험한 입을 지닌 장로 삘린다왓차

부처님께서 라자가하 웰루 숲의 승원에 계실 때, 난폭한 말버릇에 입이 험하기로 이름난 장로 삘린다왓차에 대한 이야기이다.

"야, 임마! 너, 일로 와봐!"

"어이, 거기 신도! 왜 세존께서 말씀하시는데 뒤에서 떠들고 지랄이야!"

장로 삘린다왓차(Pilinda Vaccha)는 사미는 물론이요, 젊은 비구들에게도 심심하면 상스러운 말을 내뱉기 일쑤였으며, 재가자들에겐 나이가 적건 많건 가리지 않고 시정잡배가 같은 패거리를 대하듯 말하였다.

"세존이시여! 삘린다 장로는 누구에게나 말을 너무 막하는 듯합니다. 같은 수행자로서 듣기 민망할 때가 한두 번이 아닙니다."

재가신자들도 부처님 앞에서나 잠자코 있을 뿐, 다른 장로나 비구들에게 섭섭한 속내를 털어놓기 수차례, 결국 몇몇 비구들이 부처님을 뵙고 삘린다 장로를 불러다 타일러 주실 것을 간청 드리기에 이르렀다.

부처님께서 장로를 불러 그런 사실들이 있었음을 확인하셨다. 그런데 막말을 해댄다는 그가 말투와는 걸맞지 않게 매우 맑은 눈빛을 지닌 것을 보시고는 그의 전생을 살펴보셨다.

"비구들이여! 삘린다 장로를 너무 심하게 나무라지 말라. 그가 말이 험하고 투박한 것은 사실이나 말투만 그럴 뿐 속내는 그렇지 않느니라. 그는 5백 생이란 긴 전생 내내 천하게 태어나 천하게만 머무르며 그런 천한 말을 쓰다 보니 금생까지 그 습이 남아서 그런 것일 뿐이니라."

부처님께서는 어지간한 수행력으론 쉽사리 감당해 내지 못하는 것이 바로 습의 찌꺼기라 지적하시며 말씀하셨다.

"누구든 그의 말이 의심스러우면 행동을 지켜볼 것이요, 그의 행동이 의심스러우면 그 눈빛을 들여다볼지니라. 그러니 여법한 수행자라면 나머지 둘이 눈빛과 다르지 않아야 하느니라."

409 긴것이건 짧은거건 작은거건 큰것이건
좋은거건 나쁜거건 무엇이건 할것없이,
주어지지 않은것은 내것이라 않는그를
그대가곧 브라흐만 나는그리 부르리라.

所世惡法 修短巨細 無取無捨 是謂梵志
세간의 사악한 법이란 법은
길거나 짧거나 거대하거나 미세하거나
취함도 없고 버림도 없는 이,
그를 일러 범지梵志라고 한다.

yodha dīghaṁ va rassaṁ vā, aṇuṁ thūlaṁ subhāsubhaṁ |
loke adinnaṁ nādiyati, tamahaṁ brūmi brāhmaṇaṁ ||
이 세상에서 긴 것이건 짧은 것이건
작은 것이건 큰 것이건 좋은 것이건 나쁜 것이건
주어지지 않은 것은 취하지 않는 이,
그를 나는 '브라만'이라 부른다.

866

옷 도둑으로 몰렸던 장로

부처님께서 싸왓티 제따 숲의 승원에 계실 때, 옷 도둑으로 몰렸던 장로에 대한 이야기이다.

유난히 길었던 것 같은 장마가 끝나자 싸왓티 근교에 사는 한 젊은이가 장롱 속에 넣어 두었던 옷들을 꺼내어 집 앞 길가의 나지막한 덤불 더미에 아무렇게 나 널어놓아 말리고 있었다.

부처님의 제자들도 안거가 끝나자 각처에서 제따 숲의 승원으로 모여들어 세존의 법문을 듣고 있었다. 그러던 중에 제법 먼 곳에서 오느라 늦게 도착한 한 아라한이 그 젊은이의 집 앞을 지나다 흡사 버려진 듯한 옷가지들이 있기에 가사를 깁는 데 쓸 양으로 몇 개를 주워 들었다.

"이보시오! 거기, 머리 깎은 양반! 왜 남의 옷을 집어 가는 게요?"

"당신 옷이요? 나는 그저 버려진 것인 줄 알았소이다. 옛소!"

"예끼, 이 양반아! 내가 봤기에 망정이지, 멀쩡하게 생겨 가지고."

장로는 머쓱한 표정만 한 차례 짓고는 걸음을 재촉하여 승원에 도착하였다. 그날의 법회는 이미 모두 끝난 터라, 안면이 있는 몇몇 비구들과 안거 동안의 법담을 나누던 장로는 별다른 생각 없이 조금 전 승원으로 오던 길에 옷 도둑으로 몰릴 뻔한 이야기를 해주었다.

"그래! 그 천이 값어치나 나가게 생겼습디까? 색깔은 흙물 들이기에 좋겠습디까? 멀쩡한 곳은 이리저리 몇 뼘이나 됩디까?"

이야기를 듣던 비구들이 너나없이 그 옷에 온갖 관심을 드러내었다. 그런데 정작 장로는 그것이 버려진 것 같아 취하려 했을 뿐, 그것이 어떠했는지 별 기억이 없다고 하였다. 그러자 비구들은 그 누구도 장로의 말을 믿지 않고, 오히려 자기 자신을 속이며 거짓말을 하고 있다고 알게 모르게 비난하였다.

"비구들이여! 그렇지 않다. 장로는 사실을 말하고 있느니라. 장로와 같은 이는 주어지지 않은 것을 취하지 않나니, 그러기에 버려진 것으로 알고 욕심 없이 집어 든 것이므로 별다른 기억이 남아 있지 않았던 것이다."

410 이세상에 있어서나 다음세상 가서라도
한가닥의 바람마저 찾아볼수 없는사람,
기댈곳도 내려놓고 초연해진 그를두고
그대가곧 브라흐만 나는그리 부르리라.

今世行淨 後世無穢 無習無捨 是謂梵志
지금의 세상에서 청정함을 행하여
다음의 세상에서 더러움을 없앰에
익힘도 없고 버림도 없는 이,
그를 일러 범지梵志라고 한다.

āsā yassa na vijjanti, asmiṁ loke paramhi ca |
nirāsayaṁ visaṁyuttaṁ, tamahaṁ brūmi brāhmaṇaṁ ||

이 세상에서나 다음 세상에서나
어떠한 바람도 찾을 수 없는 이,[30]
기댈 곳마저 내려놓고
(모든 것으로부터) 초연한 그를
나는 '브라만'이라 부른다.

411 지혜로써 의심에서 자유로이 되었기에
　　　그 어떠한 욕구마저 찾아볼 수 없는 사람,
　　　열반이란 그 깊이에 이미 가서 닿은 그를
　　　그대가 곧 브라흐만 나는 그리 부르리라.

　　　棄身無猗 不誦異言 行甘露滅 是謂梵志
　　　자신을 내어던져 기댈 바를 없애 버리고
　　　별다른 말을 읊조리지 않은 채
　　　감로가 될 적멸寂滅을 행하는 이,
　　　그를 일러 범지梵志라고 한다.

　　　yassālayā na vijjanti, aññāya akathaṁkathī |
　　　amatogadhamanuppattaṁ, tamahaṁ brūmi brāhmaṇaṁ ||
　　　지혜로써 의심으로부터 자유롭게 되었기에[31]
　　　어떠한 욕구들도 찾아볼 수 없는 이,
　　　열반의 깊이에 다다른 그를
　　　나는 '브라만'이라 부른다.

공양물을 기다렸던 장로 싸리뿟따

부처님께서 싸왓티 제따 숲의 승원에 계실 때, 약속된 공양에 욕심을 내었다는 오해를 받은 장로 싸리뿟따에 대한 이야기이다.

어느 때 장로 싸리뿟따가 비구 5백 명과 함께 지방의 한 승원에서 안거를 보내게 되었다. 싸왓티의 남서쪽에 위치한 그 지역은 궁벽한 데다 마을의 규모 또한 그리 크지 않았지만 간혹 서쪽 해변의 큰 무역항으로 향하는 대상(隊商)들이 지나가며 얼마 동안 묵어가는 곳이었던 까닭에 예전에 한 상인의 시주로 승원이 건립되었었다.

그러나 상인들의 행렬이 그냥 지나치거나 다른 길을 이용하는 경우에는 승원의 시주도 제한적일 수밖에 없었다. 그해도 지나가는 상인의 숫자가 예년 같지 않아서 5백 명이나 되는 비구들이 수행하며 사용할 생필품이 늘 부족한 상태로 안거를 보내고 있었다.

안거가 한창일 무렵, 너무 심해진 폭우로 한 대상이 예정에도 없이 그 마을에 며칠 머물다 대상의 우두머리가 승원의 실정을 알게 되었다.

"저희가 돌아오는 길에 필요한 물품을 구입해서 승원에 공양을 올리도록 하겠습니다. 저희도 이번 행로에 특별히 나선 것이니, 아마도 몇 날 며칠까지는 다시 이곳에 도착할 수 있을 것입니다."

안거 중에는 충분히 돌아올 수 있을 것이라는 상인 우두머리의 말에 비구들은 희망을 갖고 부족한 공양에도 정진을 게을리하지 않았다. 그런데 약속된 날을 훨씬 넘겨서도 상인들은 아무런 소식이 없었다. 결국 안거 마지막 날의 행사인 자자(自恣)[32] 때까지도 상인들의 모습은 보이지 않았다.

"아마도 며칠 안에 지난번 약속한 상인들로부터 공양물이 들어올 것입니다. 반드시 올 것이니 신경을 써서 공양물을 받아 놓도록 하십시오. 그리고 제게도 사람을 보내 연락을 주시기 바랍니다."

안거를 마치고 제따 숲에 계시는 부처님을 뵙기 위해 잠시 승원을 비우는 싸리뿟따가 공양물을 담당하는 소임자에게 이렇게 당부하였다.

그러자 싸리뿟따가 공양물에 집착한다는 소문이 일어났다.

"상인들이 사정이 있어서 약속해 놓고도 안 오면 그만이지, 그것을 굳이 소임자에게 당부해 가며 기다릴 것은 뭐야!"

"장로 싸리뿟따도 별 수 없구먼. 약속된 공양물이 제법 되는가 보네? 공양물이 도착하면 자기에게 연락을 달라고 했다지 않나!"

이야기는 점차 번져 나가며 안거를 마치고 활발하게 만행(萬行)하는 수행승들의 입을 타고 급기야 제따 숲의 대중들에게도 전해졌다.

"수행승들이여! 여기 모여 무슨 이야기를 하고 있는가?"

이야기를 나누던 비구들은 자신들이 들은 장로 싸리뿟따의 소문을 부처님께 있는 그대로 말씀드렸다. 그러자 부처님께서 말씀하셨다.

"수행승들이여! 그렇지 않느니라. 싸리뿟따처럼 갈애를 벗어난 이는 욕망이 없느니라. 장로 싸리뿟따가 공양물을 기다린 것은 단지 공양을 약속했던 상인들에게 시주하는 공덕의 손실이 있을까 봐 염려되었기 때문일 것이요, 그리고 안거 동안 함께 정진했던 젊은 수행승들과 사미들에게 요긴한 공양물을 챙겨 주고 싶은 마음에도 그렇게 했을 것이니라."

이 가르침이 끝나자 소문 때문에 의심을 일으켰던 비구들이 모두 의심을 풀었으며, 그 가운데 몇몇은 예류과를 증득하였다.

---

30) 어떠한 바람도 찾을 수 없는 이는 모든 갈애를 여읜 자로서 비록 갖은 행을 하더라도 모두 무위(無爲)로 행해지는 자를 말하는 것이지 아무런 의욕도 없이 무기력한 자를 일컫는 것은 아니다.

31) 圀 의심으로부터 자유롭게 된 자란 다음의 여덟 가지 주제에 대한 의혹을 벗어난 자를 뜻한다. ① 부처님(buddha), ② 승가(saṅgha), ③ 계율(vinaya), ④ 전제(前際, pubbanta: 과거 존재 다발), ⑤ 후제(後際, aparant: 미래 존재 다발), ⑥ 전후제(前後際, pubbāparanta: 과거 존재 다발과 미래 존재 다발), ⑦ 연기(緣起, idappaccayatā), ⑧ 사실(法, paṭiccasamuppannadhamma).

32) 자자란 하안거 마지막 날 정진하던 대중들이 보고[見] 듣고[聞] 의심[疑]한 세 가지 일에 있어서 자신이 범한 죄과를 비구대중에게 고백하고 참회하는 것을 말한다.

412 이세상에 마주하는 죄악들은 물론이요
공덕까지 두집착을 모두뛰어 넘어선이,
근심에서 자유롭고 더러움을 떨쳐버린
그대가곧 브라흐만 나는그리 부르리라.

於罪與福 兩行永除 無憂無塵 是謂梵志
죄악과 더불어 복록에 있어서
양쪽의 행위가 영원히 제거되어
근심도 없고 티끌 또한 없는 이,
그를 일러 범지梵志라고 한다.

yodha puññañca pāpañca, ubho saṅgamupaccagā |
asokaṁ virajaṁ suddhaṁ, tamahaṁ brūmi brāhmaṇaṁ ||
이 세상에서 죄악은 물론 공덕이라는
두 집착을 뛰어넘은 이,[33]
근심에서 자유롭고 더러움을 벗어나 순수한 그를
나는 '브라만'이라 부른다.

* 412

레와따 사미가 지녔던 엄청난 신통력

부처님께서 싸왓티 인근의 뿝바라마 승원에 계실 때, 어린 사미로 출가하여 숲에서 홀로 수행하던 레와따에 대한 이야기이다.[34]

존자 싸리뿟따는 87만 꼬띠의 재물을 버리고 출가하였고, 세 명의 누이와 두명의 형제도 나중에 출가하였다. 남아 있는 막내 레와따는 일곱 살이었는데, 그마저 출가할까 염려한 싸리 부인은 그의 결혼을 추진했다.

그러나 큰형 싸리뿟따의 수행 모습을 통해 제법무상을 알게 된 레와따는 결혼식 당일 신부가 탄 가마를 버리고 도망쳐 인근 승원에 사미로 출가해 버렸다. 그리고 집안의 시선을 피해 외딴 곳에 있는 숲으로 명상 주제를 지니고 홀로 들어가 수행하여, 첫 안거가 다하기도 전에 아라한의 경지에 이르렀다.

안거를 마친 싸리뿟따가 레와따를 방문하려 하자 부처님도 5백 수행승들과 동행하셨다. 그곳으로 가는 길이 험하였으나 동행하던 씨왈리(Sīvali) 장로가 악귀를 잠재우고 천상의 공양을 받아 내어 부처님과 대중들에게 제공했다.

레와따 또한 부처님께서 대중과 함께 오신다는 소식을 듣고 신통력으로 세존의 임시 향실은 물론 대중들이 머물 5백 칸의 중각강당을 지으니, 두 달 가량 머물며 그 누구도 불편함이 없었다.

"분명 그 사미의 공덕은 엄청날 게야. 그나저나 어떤 신통력이기에 이 중각강당을 혼자 힘으로, 그것도 일개 사미가…. 그러니 공덕이 더 엄청나겠지?"

저녁 무렵에 경행하던 비구들의 소리를 듣고 부처님께서 말씀하셨다.

"수행승들이여! 아라한에겐 이미 모든 악행은 물론 어떠한 공적도 없느니, 그는 그 둘을 모두 내려놓았느니라."

---

33) 젠 아라한조차도 보시 등의 선한 행위를 한다. 그러나 그러한 선행을 행할 때에 일어나는 번뇌를 부수는 사유는 선하고 건전한 사유가 아니라 결과를 낳지 않는 사유인 행위사유(行爲思惟)일 뿐이다. 그러므로 아라한의 어떠한 선행을 해도 그것에는 공덕이 없다. 하물며, 거룩한 길을 따라 악하고 불건전한 것들을 모두 부수어 버린 존자에게 악행이 없다는 것은 말해 무엇하겠는가? 착하고 건전한 것으로 악하고 불건전한 것을 대치하는 것은 마치 능숙한 미장이가 작은 쐐기로 큰 쐐기를 제거하는 것과도 같다. 궁극적으로는 착하고 건전한 것도 초월되어야 하는 것일 뿐이다.

34) 본 배경담은 게송 98번의 배경담과 동일하며, 말미에 언급된 내용이 다를 뿐이다.

413 구름에서 벗어난달 아주맑고 순수하듯
　　　더러움을 벗어나서 다시흐려 지지않고,
　　　즐거움의 존재마저 소멸이된 그러한이
　　　그대가곧 브라흐만 나는그리 부르리라.

　　　心喜無垢 如月盛滿 謗毀已除 是謂梵志
　　　마음으로 기뻐함에 때가 없음이
　　　마치 (보름날) 달이 가득찬 것 같으며
　　　헐뜯음과 해코지가 이미 제거된 이,
　　　그를 일러 범지梵志라고 한다.

　　　candaṁva vimalaṁ suddhaṁ, vippasannamanāvilaṁ |
　　　nandībhavaparikkhīṇaṁ, tamahaṁ brūmi brāhmaṇaṁ ||
　　　더러움을 벗어난 순수한 달과 같이 아주 맑고
　　　(휘저어도) 흐려지지 않으며
　　　즐거움이란 존재[35]마저 소멸되어 버린 그를
　　　나는 '브라만'이라 부른다.

## 413

배꼽에서 빛을 뿜던 장로 짠다바

부처님께서 싸왓티 인근의 뿝바라마 승원에 계실 때, 전생의 공덕으로 배꼽 주위로 신비한 만다라 빛을 뿜어 내던 장로 짠다바에 대한 이야기이다.

아주 오랜 옛날 깟싸빠 부처님 때 바라나씨에 사는 한 상인이 한번은 동북방의 변방 지역에 갔다가 한 산림원에게서 귀한 전단나무를 어렵게 구할 수 있었다. 그 후로 산림원은 정기적으로 좋은 전단나무를 마련하여 바라나씨의 그 상인에게 전해 주고 많은 돈을 벌었다.

그러다 깟싸빠 부처님께서 반열반에 드신 뒤 황금 탑을 세우는 데 필요한 전단나무를 가지고 다시 바라나씨에 들르게 되었을 때 산림원은 집안 대대로 아껴 두었던 최상의 전단나무와 그것으로 만든 전단향을 가져와 황금 탑 주위로 뿌려 장엄하고 보름달 모양의 만다라를 만들어 복장(伏藏)으로 공양하였다.

그 공덕으로 산림원은 많은 생을 천상에서 복락을 누리다 현생의 부처님 때 라자가하의 대부호인 브라만 가문에 태어났다.

"여기 좀 봐요! 아기가 방긋 웃을 때마다 배꼽 주위로 아름다운 만다라가 밝은 빛을 내며 나타나요. 그러니 이름을 짠다바(Candābha)라고 해야겠어요."

짠다바의 부친은 보름달 같은 그 빛이 사라지지 않자 아예 아들을 황금 수레에 태워 다니며 사람들에게 복을 빌게 하고 많은 돈을 벌었다.

"아무리 그래도 부처님께 공양 올리는 만큼 공덕이 크겠소?"

언젠가 뿝바라마 승원으로 가는 사람들에게는 권해도 소용이 없자, 궁금해진 부친과 짠다바는 승원으로 갔다. 그런데 승원에선 짠다바의 빛이 자꾸 사라졌다.

"내가 이 빛을 사라지게 하는 저 부처님의 신통력까지 배운다면…."

이미 훌쩍 커 버린 짠다바는 그런 욕심에 출가하여 정진하였다. 그런데 수행력이 깊어질수록 배꼽의 빛을 되찾으려는 욕심은 진리를 추구하는 마음으로 옮겨졌으며, 이내 불래과(不來果)를 증득하여 부처님의 참제자가 되었다.

---

35) 즐거움의 존재란 세 가지 존재[三有, tibhava]를 말한다. → 삼유는 게송 348번 각주 참조.

414 고통스런 진흙탕에 헷갈리는 윤회의길
그러한길 극복하고 彼岸으로 가닿은이,
명상하여 열망벗고 의심에서 벗어나와
무엇에도 집착않고 열정마저 버린그를
그대가곧 브라흐만 나는그리 부르리라.

見癡往來 墮塹受苦 欲單渡岸 不好他語 唯滅不起 是謂梵志
날뛰다 구덩이에 떨어져 괴로움 받는 어리석은 이를 보고
오로지 피안彼岸으로 건너고자 하여
다른 말도 좋아하지 않은 채
오직 적멸에 들어 (그 무엇도) 일으키지 않는 이,
그를 일러 범지梵志라고 한다.

yomaṁ palipathaṁ duggaṁ, saṁsāraṁ mohamaccagā |
tiṇṇo pāragato jhāyī, anejo akathaṁkathī |
anupādāya nibbuto, tamahaṁ brūmi brāhmaṇaṁ ||
고통스런 진흙길이자 미망迷妄인 이 윤회를 극복한 이,
명상하여 열망을 벗어나 의심으로부터 자유로우며
(인생의 격류를) 건너서 피안에 가닿아
(무엇에도) 집착하지 않고 (모든) 열정에서 자유로운 이,
그를 나는 '브라만'이라 부른다.

## 414

7년 7일 만에 태어났던 씨왈리 장로

부처님께서 꼴리야국 꾼다꼴리의 꾼다다나 숲에 있는 승원에 계실 때, 7년 7일 동안 모친의 태속에 있었다는 씨왈리 장로에 대한 이야기이다.

꼴리야국의 쑵빠와싸(Suppavāsā) 공주는 임신한 지 7년 동안 아이를 태속에 지니고도 아무런 산고가 없었다. 그러다 7년째 되는 날부터 시작된 산고는 온갖 고통을 동반하여 무려 7일 동안 지속되었다.

'원만히 깨달으신 세존께서는 이러한 고통을 제거하기 위해 가르침을 설하신다. 열반이야말로 참된 행복이니, 그곳엔 이런 고통도 존재하지 않으리.'

평소 부처님의 가르침을 따르던 그녀는 지독한 산고의 와중에 이러한 부처님의 가르침을 자신도 모르게 되뇌고는 남편을 시켜 부처님께 평소처럼 공양을 올리며 딱한 사정을 전하게 하였다.

"이제 꼴리야국의 딸 쑵빠와싸는 편안해지기를! 그리고 건강하게 건강한 어린아이를 출산하기를!"

부처님의 말씀이 끝나자 쑵빠와싸는 고통이 멈추고 건강한 아이를 낳았다. 그 후 그녀는 부처님과 수행자들을 초청하여 이레 동안 공양을 올리며 어린아이의 손으로 청정수를 받들어 부처님께 바치게 하였다.

그 아이가 커서 출가하길 원하자 부처님께서 받아들여 비구로 삼으시며 씨왈리(Sīvali)라 이름하셨다. 그는 비구가 되기 위한 삭발식의 순간에도 열심히 자신의 몸과 마음을 관찰하더니, 마지막 머리칼이 땅에 떨어지는 순간 아라한의 경지에 올랐다.

"세존이시여! 씨왈리 비구는 쌓은 복덕이 얼마나 많은지 머리를 깎는 동안에 아라한이 될 정도인데, 어찌하여 태중에 7년이나 머물러 있었습니까?"

"비구들이여! 그는 전생에 씨왈리라는 나라의 왕자로 태어났느니라. 그런데 부왕이 전쟁에 패해 나라를 잃자, 그 나라를 되찾는 과정에서 한 도시를 점령하였다. 그리고 혼란과 기아에 빠진 도성을 7일 동안 폐쇄함으로써 많은 이들을 극심한 고통에 빠트린 적이 있었다. 그는 이제 그 업에서 벗어났느니라."

415 이세상에 모든욕망 남김없이 떨쳐내고
쉬어서갈 집도없이 萬行할수 있는사람,
욕망이란 모든존재 소멸되어 버린그를
그대가곧 브라흐만 나는그리 부르리라.

已斷恩愛 離家無欲 愛有已盡 是謂梵志
은혜와 사랑을 이미 끊어 버렸고
집을 떠나 욕심을 없앴기에
애착을 일으킬 존재가 모두 다해 버린 이,
그를 일러 범지梵志라고 한다.

yodha kāme pahantvāna, anāgāro paribbaje |
kāmabhavaparikkhīṇaṁ, tamahaṁ brūmi brāhmaṇaṁ ||
이 세상에서 모든 욕망을 떨쳐 버리고
집도 없이[36] 만행萬行할 수 있는 이,
욕망의 존재가 소멸되어 버린 그를
나는 '브라만'이라 부른다.

* 415

49가지 유혹을 이겨 낸 비구

부처님께서 싸왓티 인근의 뿝바라마 승원에 계실 때, 기녀의 49가지 온갖 유혹을 이겨 낸 쑨다라 장로에 대한 이야기이다.

싸왓티의 부유한 가정에서 태어난 쑨다라싸뭇다(SundaraSamudda)는 무엇 하나 부족한 것이 없는 젊은이였다. 어느 날 사람들이 몰려가는 곳인 뿝바라마 승원에 발을 들인 그는 가르침을 듣고 이내 출가해 버렸다.

그는 싸왓티가 자신이 태어나 살던 곳이기에 수행에 적당치 않다 여겨 라자가하로 가서 탁발하며 지냈다. 그가 떠난 싸왓티에 화려한 축제가 열리자 그의 모친은 아들을 그리는 마음에 축제를 지켜보며 눈물을 짓고 있었다.

"마님! 무슨 일로 축제를 바라보시는 눈매에 눈물이 고이셨습니까?"

"축제를 즐길 아들이 출가해 버렸으니, 내겐 축제가 그저 고통일 뿐일세."

싸왓티에서 으뜸가는 기녀가 쑨다라의 모친에게 말을 걸어 왔다.

"그래! 자네가 내 아들을 데려올 수만 있다면, 이 집안은 자네 것일세!"

쑨다라의 모친에게 많은 돈을 챙긴 기녀는 라자가하에 7층 높은 집도 사고 사람들도 불러모아 쑨다라를 데려갈 계책을 꾸몄다. 기녀는 우선 사람들을 시켜 쑨다라가 매일 자기 집으로 탁발을 오게 하였으며, 거의 매일 탁발 오는 쑨다라를 온갖 계략으로 결국 7층 높은 곳에 있는 자그만 방까지 끌어들였다.

그리고 기녀가 내보인 49가지 남자를 유혹하는 방법들, 하품을 하고, 상대방의 말을 흉내내고, 겨드랑이를 내보이고···. 이제 한 자락만 더 풀면 거의 무너질 것 같은 쑨다라. 그럼에도 애쓰는 모습을 싸왓티의 부처님께서 건너다보시고 영상을 나투시어 '비구여! 갈망과 욕망에서 벗어나라!'고 하셨다.

그렇게 하여 기녀의 유혹에서 벗어났다는 소문에 비구들이 토를 달았다.

"세존이시여! 그것은 쑨다라 자신의 수행력에 의한 것이 아니잖습니까?"

"여래는 단지 한소끔 거들어 주었을 뿐, 결국 제 자신이 벗어난 것이니라."

---

36) 집을 떠나 출가하여 집을 새로이 갖지 않고 만행하며 수행하는 자가 출가인(出家人)인데, 이때 일컫는 집은 물질적인 집인 동시에 가족과 함께 생활을 영위하는 가정의 의미도 지닌다.

416 이세상에 모든갈애 남김없이 떨쳐내고
쉬어서갈 집도없이 萬行할수 있는사람,
갈애라면 모든것이 소멸되어 버린그를
그대가곧 브라흐만 나는그리 부르리라.

已斷恩愛 離家無渴 澈有已盡 是謂梵志
은혜와 사랑을 이미 끊어 버렸고
집을 떠나 목마름을 없앴기에
갈애를 일으킬 존재가 모두 다해 버린 이,
그를 일러 범지梵志라고 한다.

yodha taṇhaṁ pahantvāna, anāgāro paribbaje |
taṇhābhavaparikkhīṇaṁ, tamahaṁ brūmi brāhmaṇaṁ ||
이 세상에서 모든 갈애를 떨쳐 버리고
집도 없이 만행萬行할 수 있는 이,
갈애의 존재가 소멸되어 버린[37] 그를
나는 '브라만'이라 부른다.

전생의 업보로 엄청난 부자였던 두 장로

부처님께서 라자가하 웰루 숲의 승원에 계실 때, 전생의 업보로 엄청난 부자였다가 출가한 두 장로 조띠까와 자띨라에 대한 이야기이다.

장로 조띠까는 세속에 있을 때 그의 아내가 사방에 놓인 보석에서 나오는 빛으로 주위를 밝히며 산 까닭에 밝은 등불이 오히려 낯설었다고 한다. 그의 부는 나라의 왕보다 더하여, 빔비싸라 왕이 왕자 때 그의 집을 방문해 보고 왕이 된 뒤에 군사로 그를 겁박했다가 오히려 신중들에게 혼이 났다고 한다.

자띨라는 전생에 깟싸빠 부처님의 탑묘에 쓸 황금을 구하는 이에게 험담을 한 업보로 어릴 때 모친을 떠나 떠돌았지만 장사 수완이 좋아서 부호가 되었다.

조띠까와 자띨라는 아주 오랜 전생에 연각불께서 세상에 계셨을 때 형제로 태어나 연각불에게 자신들이 마실 사탕수수 즙을 진심으로 공양한 공덕으로 불가(佛家)와 인연을 맺고 공덕을 쌓기 시작하였다.

천상에서 온갖 복락을 누리다가 다시 부호 집안의 형제로 태어나서 형은 출가하여 열심히 수행하였으며 동생은 형의 인도로 엄청난 불사를 했었다. 그렇게 오랜 생을 걸쳐 쌓은 공덕으로 형제는 엄청난 부를 지닌 채 세속의 복락을 즐길 수도 있었지만 드디어 현세의 부처님께서 오셨을 때 그 모든 것들을 뿌리치고 출가하여 함께 아라한의 경지에 올랐던 것이다.

"조띠까 장로여! 그대는 이 엄청난 부귀에 미련이 정말 없단 말이오?"

조띠까 장로의 아내가 부처님과 대중들에 공양을 청하여 이레 동안 호화로운 가운데 여법하게 공양을 올리니, 한 비구가 부러운 듯 물었다. 그저 웃음 짓는 조띠까를 믿지 못하고 혹평하는 비구들에게 부처님께서 말씀하셨다.

"수행승들이여! 조띠까에겐 이미 어떤 갈애도 남아 있지 않느니라."

---

37) '갈애의 존재가 소멸되어 버린…'은 하나의 복합어 'taṇhābhavaparikkhīṇaṁ'에 대한 번역이다. 해당 복합어는 'taṇhā(갈애)bhava(존재)parikkhīṇa(소멸)ṁ'으로 세 개의 단어로 구성되어 있는데, 갈애와 존재를 병렬로 보면 '갈애와 존재가 소멸되어 버린…'으로, 갈애를 여섯 가지 갈애로 보고 존재를 세 가지 존재인 삼유(三有)로 보기도 한다. 게송 415번의 '욕망의 존재가 소멸되어 버린…' 또한 욕망을 병렬로 보아 물질적 쾌락의 욕망과 정신적 쾌락의 욕망으로 볼 수 있다.

417   세속적인 온갖멍에 이미내려 놓아두고
천상과의 멍에마저 넘어서서 가있는이,
세상모든 멍에들에 초연해진 사람이면
그대가곧 브라흐만 나는그리 부르리라.

離人聚處 不墮天聚 諸聚不歸 是謂梵志
사람 무리가 있는 곳을 벗어나
하늘 무리에도 빠져들지 않으며
어떤 무리에도 붙좇지 않는 이,
그를 일러 범지梵志라고 한다.

hitvā mānusakaṁ yogaṁ, dibbaṁ yogaṁ upaccagā |
sabbayogavisaṁyuttaṁ, tamahaṁ brūmi brāhmaṇaṁ ||
세속적인 멍에[38]를 버리고
천상과의 멍에도 넘어서서
모든 멍에에서 초연한 그를
나는 '브라만'이라 부른다.

418   실망에다 기쁨마저 없는듯이 내려놓고
      열정에서 벗어나서 침착하게 되버린이,
      용감하게 세상모두 정복해낸 사람이면
      그대가곧 브라흐만 나는그리 부르리라.

      棄樂無樂 滅無熅燸 健違諸世 是謂梵志
      즐거움을 버리고 즐거움이 없음도 버린 채
      온갖 불길을 꺼서 없애 버리고
      굳세게 온갖 세상을 벗어난 이,
      그를 일러 범지梵志라고 한다.

      hitvā ratiñca aratiñca, sītibhūtaṁ nirūpadhiṁ |
      sabbalokābhibhuṁ vīraṁ, tamahaṁ brūmi brāhmaṇaṁ ||
      기쁨과 실망을 버리고
      열정에서 벗어나 침착하게 되어
      용감하게 세상의 모든 것을 정복한 그를
      나는 '브라만'이라 부른다.

어릿광대였다가 출가한 어느 비구

부처님께서 라자가하 웰루 숲의 승원에 계실 때, 어릿광대였지만 출가하여 아라한을 성취한 나따뿝바까 장로에 대한 이야기이다.

장로 나따뿝바까(NaṭaPubbaka)는 출가 전 전국을 다니며 화려한 기예로 인기가 좋았던 곡예단의 수석 곡예사였다. 그가 무대에 올라 곡예단의 그 누구도 따라 하지 못하는 어려운 기예를 해낼 때면 사람들의 환호성이 천지를 가득 채우는 듯하였다.

곡예단이 바라나씨에서 한 철을 보내고 라자가하로 옮겨와 공연 준비를 하고 있었다. 곡예단이 도심의 공터에 곡예를 위해 천막들을 치려고 여기저기에 일손을 알아보았으나 약속이나 한 듯 인근 마을은 텅 비어 있었다.

"사람들이 모두 어디 갔지? 아직 축제 철은 아닌데?"

"사람들은 왜 찾으시는가? 저기 건너편 공터에 오랜만에 부처님이 오셔서 법문하시는 곳으로 다 몰려갔네. 누구는 법문 들으러, 누구는 법문 듣는 사람에게 먹거리 팔러, 누구는 친구가 가자 하니 그냥. 그게 축제지, 축제가 별건가?"

그래서 곡예단 사람들은 수석 곡예사를 앞장세워 그곳으로 일손을 구하러 갔다. 그런데 구름 같은 사람들이 한 곳을 향한 채 모여 있는 그곳은 축제장은 축제장이되, 조용하고 엄숙한 축제장과도 같았다.

'안되겠다. 우선 이 법회라는 것이 끝날 때까지 기다렸다가 일손을 구해 봐야지, 지금은 말을 꺼낼 수도 없겠구나.'

그렇게 그들은 뒤쪽에 앉아 법문이 끝나기를 기다렸다. 그런데 수석 곡예사는 차츰 부처님의 법문에 귀를 기울이기 시작하였다. 그리고 법문이 끝날 때쯤 이미 그는 예류향(預流向)에 들게 되었다.

그리고 법문이 끝났을 때 비구와 비구니 등 사부대중이 장엄하면서도 웅장하게 부처님께 예를 갖추는 모습을 보고 이제까지 경험하지 못한 분위기에 압도된 수석 곡예사는 동료들을 돌려보내고 승원으로 가서 출가해 버렸다.

이미 전국을 떠돌며 많은 경험을 한 그는 '나따뿝바까'란 이름을 받고 큰 장애 없이 수행에 정진하여 얼마 후 아라한의 경지에 이르게 되었다.

어느 날 그는 부처님을 위시한 대중들과 탁발을 위해 라자가하에 들어갔을 때, 마침 예전 곡예단이 머물렀던 공터에 몇몇 곡예사들이 무리를 지어 한참 기예를 뽐내고 있었다.

"벗이여! 저 모습을 보면 예전 생각이 나지 않는가? 예전처럼 어려운 묘기를 무사히 마친 뒤 듣는 우레 같은 박수 소리가 그립지 않은가 말일세!"

"그때는 그것이 화려하게 치장된 멍에란 것을 몰랐기에 그것에 끄달렸을 뿐, 이제는 그립지 않다네. 이젠 아무렇지도…"

화려한 곡예사의 묘기에 잠시 한눈을 팔다 하마터면 일행과 떨어질 뻔한 한 비구가 나따뿝바까에게 물었다. 그리고 생각 밖의 대답에 잠시 멈칫하더니 이내 못 믿겠다는 듯 코웃음을 쳤다.

"세존이시여! 나따뿝바까는 거짓말을 하고 있는 것이 분명합니다. 전생의 일도 아닌데 그리 쉽게 잊힐 리가 있겠습니까. 아마도 자기가 아라한의 경지에 올랐다고 믿게 하려고 그렇게 꾸며서 말하는 것 같습니다."

자신이 한갓 것에 한눈을 판 것이 무안하기도 한 그 비구가 여기저기서 나따뿝바까를 험담하니, 이를 들은 부처님께서 말씀하셨다.

"비구들이여! 나따뿝바까는 모든 집착과 욕망을 초월하였다. 그는 진실을 말하였으니, 그는 이미 아라한이기 때문이니라."

---

38) 멍에는 'yoga'의 번역어이다. 요가는 동사 '√yuj[소에 멍에를 지우다, 연결하다]'에서 온 말인데, 연결이라는 일반적인 의미 이전에 특별히 소에 멍에를 지운다는 의미가 선행되어 있는 단어이다. 멍에는 비록 속박과 얽매임의 상징처럼 흔히 사용되지만 밧줄로 포박된다거나 그물에 얽매인다는 것과 비교하였을 때 조금은 자발적이며 그리 불편하지 않은 것이란 의미 또한 내포되어 있다.

419 중생들이 파멸되고 태어남을 두루알고
그리하여 이세상에 집착하지 않은채로,
온전하게 가시어서 깨달음을 얻은이면
그대가곧 브라흐만 나는그리 부르리라.

所生已訖 死無所趣 覺安無依 是謂梵志
태어날 바를 이미 다하였기에
죽어서 (다시) 나아갈 곳이 없으며
편안함을 깨달아 의지할 바를 없앤 이,
그를 일러 범지梵志라고 한다.

cutiṁ yo vedi sattānaṁ, upapattiñca sabbaso |
asattaṁ sugataṁ buddhaṁ, tamahaṁ brūmi brāhmaṇaṁ ||
모든 면에서 중생들의 파멸은 물론 (다시) 태어남도 알고
세속에 집착하지 않은 채
잘 나아가시어[39] 깨달음을 얻은 이,
그를 나는 '브라만'이라 부른다.

420

神衆이나 건달바나 인간이라 하더라도
흔적없는 그의자취 무슨수로 알겠는가!
모든번뇌 소멸되어 존경받을 만한그를
그대가곧 브라흐만 나는그리 부르리라.

已度五道 莫知所墮 習盡無餘 是謂梵志
이미 다섯 갈래의 길을 (모두) 건넜기에
(누구도) 그가 떨어질 곳을 알지 못하고
익혔던 기운이 다했기에 남아 있음이 없는 이,
그를 일러 범지梵志라고 한다.

yassa gatiṁ na jānanti, devā gandhabbamānusā |
khīṇāsavaṁ arahantaṁ, tamahaṁ brūmi brāhmaṇaṁ ||
신중神衆이나 건달바나 인간들은
그의 지나간 자취를 알지 못하나니,
번뇌가 소멸되었기에 존경받을 만한 그를
나는 '브라만'이라 부른다.

두개골을 두드리던 장로 왕기싸

부처님께서 싸왓티 제따 숲의 승원에 계실 때, 해골을 두드려 그 사람이 죽어서 어디에 태어났는지 알아맞히던 장로 왕기싸에 대한 이야기이다.

라자가하에 살던 브라만 왕기싸(Vaṅgīsa)는 죽은 사람의 두개골을 두드려 보고 그 사람이 죽어서 어느 세계에 어떤 모습으로 다시 태어났는지 알아내는 신기한 재주를 지니고 있었다.

그를 아는 몇몇 브라만들은 그를 이용하여 재물을 모을 욕심으로 그에게 붉은 옷을 입혀 놓고 자못 추앙하듯 그를 떠받들며 사람들에게 선전하였다.

"이보시오, 여러분들! 우리가 극진히 모시는 스승 한 분이 계시는데, 산 사람의 전생과 내생을 볼 뿐만 아니라 죽은 사람의 두개골만 있으면 그 사람이 지금 어디에 어떻게 태어나서 어떻게 지내는지 단번에 알아내는 신통력을 지니고 계시다오. 그래! 당신은 돌아가신 부모님이 지금 어디에 계시는지 궁금치 않으시오? 아니! 그걸 알아야 어떻게든 해드릴 수 있지 않겠소?"

그렇게 이곳저곳을 다니며 제법 돈을 벌어들인 일행은 드디어 싸왓티로 들어와 사람들이 많이 다니는 장소를 물색하다 제따 숲으로 가는 길목에 자리를 잡게 되었다.

"이보시오, 여러분들! 여기 오셔서 우리 스승에게 조상에 대해 물어보시오!"

아침 식사 시간이 지나서 많은 사람들이 손에 꽃과 향을 들고 제따 숲의 승원 쪽으로 가고 있기에 왕기싸의 일행들이 사람들을 불러 보았다. 하지만 모두 들은 체도 하지 않고 제 갈 길을 재촉하고 있었다.

"아니, 이보시오! 어디에 가시기에 그렇게 앞만 보고 가시오?"

"부처님의 설법을 들으려고 제따 숲의 승원으로 가는 길이오."

"거기 간들 시답잖은 소리나 몇 마디 들을 게 뻔한데. 그것보다 우리 스승인 왕기싸에게 가서 돌아가신 조상들이 어디 계신지, 어떻게 계신지를 알아서 그분들 복덕을 빌어 드리는 것이 더 낫지 않겠소?"

"왕기싸가 누구든, 그리고 그가 무엇을 할 수 있든, 우리 부처님같이 탁월한 분이 어디에 다시 계시겠소. 기껏 두개골 두드려서 무엇을 알아내는, 그까짓 것으로 어찌 우리 부처님에 비교하시는 게요!"

다른 곳과는 달리 자신들의 말이 쉽사리 먹혀들지 않자 왕기싸는 일행과 더불어 행인들이 말하는 제따 숲의 승원으로 걸음을 옮겼다.

그때 부처님께서는 왕기싸가 오는 것을 미리 아시고 지옥, 축생, 인간, 천상 등의 네 곳에 각기 가서 다시 태어난 자의 두개골과 아울러 모든 번뇌를 부순 아라한의 두개골을 가져다 놓게 하셨다.

"그래! 어디, 하나하나 맞춰 보시게나."

왕기싸는 도솔천에 태어나 복락을 누리고 있는 사람까지는 두개골을 두드려 보아 단번에 알아내었으나, 마지막은 도무지 알 수가 없었다.

"부처님께서는 어떻게 아셨는지, 그 방법을 제게 일러 주십시오."

왕기싸는 부처님이 가진 그 능력만 자기 것으로 만들면 부처님처럼, 아니 부처님보다 더 뛰어난 자가 되어 보다 많은 사람들을 불러들일 수 있으리라 생각하였다. 그래서 부처님의 제안대로 우선 제자가 되기로 마음먹었다.

"내가 반드시 그 능력을 배워서 곧 나올 테니 조금만 기다리시오."

일행에게 눈속임으로 출가하는 것이라고 이유를 말한 왕기싸는 그날부터 승원에 들어가 비구로서 부처님께서 이르시는 대로 수행하였다. 부처님께선 그가 특이한 신통력을 지닌 점을 감안하여 그에 맞는 수행 주제를 주었다.

"잠시만 더 기다리시오. 뭔가 잡히는 게 있는 것도 같으니…"

밖에서 기다리는 일행에게 몇 번 오가는 사이 왕기싸는 조금씩 변하고 있었다. 그러다 얼마지 않아 부처님의 예견대로 그는 비구로써 정착하였다.

"여러분들! 이젠 그냥 돌아가시오. 나는 이제 부처님의 제자일 뿐이오."

---

39) '잘 나아가신 분[善逝, sugata]'이란 부처님의 열 가지 이름 가운데 하나이다. 부처님은 여실히 저 언덕으로 잘 건너가셔서 다시는 돌아와 생사의 바다에 빠지지 않는 까닭에 이르는 말이다.

421   과거에도 미래에도 그리고또 현재에도
        찾을만한 그무엇이 존재하지 않는사람,
        가진것이 없음에도 바람마저 여윈그를
        그대가곧 브라흐만 나는그리 부르리라.

        于前于後 乃中無有 無操無捨 是謂梵志
        앞에도 뒤에도 나아가 중간에도 존재하지 않으며
        잡을 것도 없고 버릴 것도 없는 이,
        그를 일러 범지梵志라고 한다.

        yassa pure ca pacchā ca, majjhe ca natthi kiñcanaṁ |
        akiñcanaṁ anādānaṁ, tamahaṁ brūmi brāhmaṇaṁ ||
        과거에도 미래에도 그리고 현재에서조차
        그 무엇도 존재하지 않는 이,
        아무것도 없으며[40]
        (모든) 바람에서 자유로운 그를
        나는 '브라만'이라 부른다.

* 421

남편의 도움으로 출가한 비구니

부처님께서 라자가하 웰루 숲의 승원에 계실 때, 남편의 도움으로 출가하여 결국엔 그 남편까지 부처님에게 인도한 비구니에 대한 이야기이다.

라자가하의 청신남 위싸카(Visākha)는 스스로 수행한 끝에 불환과(不還果)를 증득한 뒤 자신의 아내에게 모든 재산을 물려주려 하였다.

"당신은 어떠한 것에도 종사하지 않겠다 하시며 그것을 제게 모두 떠맡기시니, 어찌 제게 당신이 뱉은 침을 받으라는 겁니까? 저도 출가하겠습니다."

뜻밖이면서도 반가운 아내 담마딘나(Dhammadinnā)의 반응에 반색을 한 위싸카는 승가에 공양을 올리고 아내를 데려가 출가할 수 있도록 도와주었다.

출가하여서도 담마딘나 비구니로 불린 그녀는 얼마 후 아라한의 경지에 올랐다. 그리고 친지들이 공덕을 쌓게 하고자 라자가하로 돌아왔다.

'담마딘나가 왜 돌아왔을까? 비구니 생활이 어떠하더냐고 물어보면 수행자에게 실례겠지? 그래! 수행에 대해 질문을 던져봐야겠구나.'

이렇게 생각한 위싸카는 예전의 아내로서가 아니라 한 분의 수행자로 수행처에서 그녀에게 공양을 올린 뒤에 수행의 계위에 대해 예류향(預流向)을 시작으로 이런저런 질문을 해보았다. 그러자 담마딘나는 예전의 모습과는 달리, 깊은 명상을 통해 얻은 지혜로 위싸카의 질문에 조목조목 대답하였다.

"그러면 아라한향과 그 과(果)는 어떠한 것입니까?"

"그것은 부처님으로부터 직접 들어보시는 것이 좋을 듯합니다."

그저 궁금해서 몇 가지 물어보던 위싸카의 질문이 점점 깊어지다 아라한에 대한 질문에 이르자 담마딘나는 자신이 직접 답하는 것보다 부처님의 가르침을 접하게 하는 것이 낫다 여겨 부처님께 인도하였다.

부처님께서는 담마딘나를 칭찬하시고 위싸카에게 답하시었다.

"아라한은 과거에도 미래에도 그리고 현재에서조차…."

---

40) 아무것도 없다는 것은 모든 감각 기관의 대상에 대해 갈애로 인한 집착이 전혀 없음을 말한다.

422 으뜸으로 뛰어나며 용감하긴 황소같고

자기자신 복종시킨 위대하신 성인으로,

열망벗고 번뇌씻어 깨달음을 얻은그를

그대가곧 브라흐만 나는그리 부르리라.

最雄最勇 能自解度 覺意不動 是謂梵志

가장 뛰어나고 가장 용감하여

스스로 이해함으로써 (피안으로) 건널 수 있으며

깨달은 속마음이 움직이지 않는 이,

그를 일러 범지梵志라고 한다.

usabhaṁ pavaraṁ vīraṁ, mahesiṁ vijitāvinaṁ |

anejaṁ nahātakaṁ buddhaṁ, tamahaṁ brūmi brāhmaṇaṁ ||

가장 뛰어나고 용감한 황소[41] 같으며

(자신의 내면을) 정복한 위대한 성자聖者[42]인,

열망에서 벗어나 (번뇌를) 씻어 내고 깨달음을 얻은 그를

나는 '브라만'이라 부른다.

난폭한 코끼리와 장로 앙굴리말라

부처님께서 싸왓티 제따 숲의 승원에 계실 때, 난폭한 코끼리도 두려워하지 않았던 장로 앙굴리말라에 대한 이야기이다.

꼬쌀라국의 왕 빠세나디와 말리까 왕비는 부처님과 5백 명의 비구들에게 특별한 공양을 생각하고, 공양을 받는 모든 수행자들 곁에 훈련된 코끼리를 세우고 그 등에 오른 사람이 일산을 들게 하여 그늘을 만들도록 하였다.

그런데 훈련된 코끼리가 한 마리 부족하여, 할 수 없이 조련이 되지 않아 걸핏하면 난폭해지는 커다란 몸집의 코끼리까지 세우게 되었다. 그리고 그 코끼리는 앙굴리말라 장로 곁에 배정되었다. 사람들은 그가 살인을 했던 업보로 난폭한 코끼리 곁에 배정된 것이라 여기고 곧 일어날 난리를 내심 기다렸다.

그러나 대중들의 예상과는 달리 그 코끼리는 여느 코끼리보다 더 온순하게 자리를 지키며 일산의 그림자가 앙굴리말라에게 잘 가도록 하였다.

"장로시여! 그 난폭한 놈이 옆에서 흔들흔들 하던데, 두렵지 않으셨소?"

"예. 전혀 두렵지 않았습니다."

그래도 조금은 고소한 마음으로 앙굴리말라가 겁을 잔뜩 먹었기를 바라던 비구들은 그의 이러한 대답이 전혀 수긍이 가지 않았다.

"세존이시여! 앙굴리말라는 어느 순간에 난폭해질 지 모르는 코끼리 곁에 앉아서도 전혀 두려움이 일지 않았다고 합니다. 아마도 그렇게 말해야 두려움이 없는 아라한으로 인정받을 수 있기 때문에 거짓말을 한 것 같습니다."

앙굴리말라의 대답이 믿기지 않은 비구들이 부처님께 말씀드렸다.

"비구들이여! 앙굴리말라는 사실을 말했을 뿐이다. 그보다 더한 것을 곁에 두고도 그는 두려움이 없으리니, 그 같은 경지에 오른 누구나 그러하니라."

---

41) 인도 전통에서는 동물 가운데 으뜸을 소(혹은 황소)로 여기는데, 소는 명상하는 수행자의 면모와도 연결되는 까닭에 단지 동물뿐만이 아니라 모든 분야에서 '으뜸'인 것을 일컬을 때도 사용된다. 으뜸 가운데 으뜸을 이르는 말로 사용되는 'go(황소)tama(최상)'는 부처님의 별칭으로도 사용된다.

42) '위대한 성자'는 'maha(위대한)isi(성자)'의 번역어이다. 불교는 'isi(성자)'와 'muni(성인)'를 구분하진 않으나, 부처님의 별칭에 'muni'가 사용되듯이 어원적 의미에 따라 'muni'를 선호한다. ⇒ 주 '무니와 리쉬'

423 앞선生을 모두알고 천국지옥 내다보며
윤회의끝 성취하여 지혜이룬 성인으로,
모든것이 완성됨을 온전하게 이룬그를
그대가곧 브라흐만 나는그리 부르리라.

自知宿命 本所更來 得要生盡 叡通道玄 明如能黙 是謂梵志
숙명을 스스로 알고 근본 자리로 다시 돌아와
요긴함을 얻은 뒤 태어남이 다하면
밝게 통한 도道가 그윽해짐에
그 밝기가 침묵 성자와 같은 이,
그를 일러 범지梵志라고 한다.

pubbenivāsaṁ yo vedi, saggāpāyañca passati |
atho jātikkhayaṁ patto, abhiññāvosito muni ||
sabbavositavosānaṁ, tamahaṁ brūmi brāhmaṇaṁ ||
전생을 알고 천국과 지옥을 보며
그래서 윤회의 끝을 성취하여 완벽한 지혜를 이룬 성인,
모든 것의 완성을 이룬 그를
나는 '브라만'이라 부른다.

## 423

여래께 올린 공양의 공덕

부처님께서 싸왓티 제따 숲의 승원에 계실 때, 어떤 이에게 올린 공양의 공덕이 가장 큰가에 대한 이야기이다.

부처님께서 연세가 드시어 기력이 예전 같지 않고부터, 평소 가볍게 지니고 계셨던 위통이 위궤양 증세를 보이곤 하였다.

다시 그 증세가 심해진 어느 때, 부처님께서 장로 우빠와나(Upavāna)를 브라만 데와히따(Devahita)에게 보내어 아픈 상태를 설명하게 하셨다. 그러자 데와히따는 귀하게 보관해 두었던 당밀 항아리를 따뜻하게 데운 물과 함께 승원으로 직접 들고 들어와 더운 물에 목욕하시게 한 뒤 따뜻한 물에 당밀을 풀어 드시게 하였다.

다소 극심했던 통증이 가라앉아 편히 쉬시는 모습을 옆에서 지켜보던 브라만 데와히따는 평소 존경하던 분께서 직접 자신에게 공양 올릴 기회를 주신 것에 감사한 마음이 일었다. 그리고 부처님께서 자신의 공양을 받으신 후 편안해 하시는 모습을 죽 지켜보며 흡사 제 자신의 통증이 없어진 양 편안해지는 마음을 느꼈다. 그리고 올바른 공양의 공덕이 어떠한지 생각할 수 있었다.

"세존이시여! 어떠한 분에게 공양을 올릴 때 그 공덕이 가장 크다고 할 수 있습니까? 그리고 어떤 분에게 올린 공양에서 가장 큰 행복을 느낄 수 있는 것입니까?"

그러자 부처님께서 이렇게 말씀하셨다.

"브라만이여! 그대가 지금처럼 여래에게 올린 공양이 가장 큰 공덕을 지닌 것이니라. 누구라도 윤회의 끝을 성취하여 완벽한 지혜를 이루고 모든 것의 완성에 이른 이라면 그분에게 올린 공양에서 그대는 참된 행복을 찾을 수 있느니라."

부처님께서 편히 쉬시는 모습을 뵈오며 그만큼이나 평안한 마음으로 브라만 데와히따는 향실에서 물러 나왔다.

꼬리
주석
尾注

■ 건달바
(乾闥婆, ⓢ.Gandharva ⓟ.Gandhabba)

한역(漢譯)된 '건달바'는 산스끄리뜨 '간다르
와', 또는 빠알리어 '간답바'에 해당한다. 건
달바는 베딕에 연원을 두고 있지만, 불교와
일반에 통용되는 단어이다. 건달바의 공통된
특징은 예인(藝人)의 모습을 한 신중으로서
오직 향기만을 마시며 그 몸을 유지한다는 점
이다.

① 신격화된 태양 또는 무지개 등을 가리키는 말

『아타르와베다』에는 모두 6,333명의 간다르
와가 있다고 하는데, 그것은 신격화된 태양을
비롯하여 무지개, 달, 쏘마주, 구름 등을 말한
다. 즉, 다양한 자연의 상태가 제각기 신격화
되었을 때 사용되는 이름이 바로 '간다르와'
인 셈이다.

『리그베다』에 등장하는 '간다르와'는 천상이
나 대기 중에 살며 신들의 음료인 쏘마를 수

호하는 신이다. 그는 자신의 부모인 하늘과
땅에 빛을 주는 존재로서 황금의 날개를 가진
새로 묘사되므로 태양을 가리킨다.

② 욕계(欲界)의 중유(中有) 상태를 가리키는 말

'중유'란 사람이 죽는 순간부터 다시 태어나
기까지의 사이에 존재하는 식신(識身)의 상
태를 말한다. 이러한 욕계의 중유 상태를 가
리키는 말로 '건달바'가 사용된다. 중유에 머
무를 때는 단지 향기만을 마시며 그 몸을 유
지하므로 생긴 이름이다.

③ 부처님의 법을 수호하는 팔부신중(八部神衆) 가운데 하나

불법을 수호하는 팔부신중의 하나로서, 제석
천왕의 음악을 맡아 연주하는 신으로 여겨진
다. 항상 향기만 마시며 살고, 부처님의 설법
자리에 나타나 정법을 찬탄하고 불교를 수호
하는 역할을 한다.

4 인도 풍속에 등장하는 예인

인도 풍속에 등장하는 예인 가운데 '건달바'가 있다. 그들은 왕을 섬기지 않고 생업에 종사하지도 않은 채 떠돌아다니면서 오직 향기로운 음식 냄새가 나는 집을 찾아가 여러 가지 기악을 펼치며 구걸하는 사람들이다.

■ 꾸사풀 (吉祥草, ⑤.kuśa ⑰.kusa)

꾸사풀은 길상초로도 불리며, 띠와 유사한 모양을 지닌 감청색의 풀이다. 꾸사풀이 인도 문화에 언급되기 시작한 것은 신에 대해 언급하기 시작한 시기와 동일할 정도로 그 연원이 깊다.

인도 신화에서 신들과 아수라들이 우유의 바다를 휘저을 때 만다라 산을 뽑아와 바다를 휘젓는 기둥으로 삼고 거대한 뱀 아수키를 밧줄로 삼아서 기둥에 감은 뒤 양쪽에서 잡아당겼다. 그때 만다라 산의 기둥을 위식누(Viṣṇu)가 거북으로 변신하여 자신의 등으로 지탱하였다고 하는데, 거북의 등 위에서 아수키의 몸에 감겨 회전하던 기둥이 거북의 머리 뒷부분에 난 털을 쓸어내렸으며, 그렇게 쓸려 내려진 털이 해안에 닿아 풀이 된 것이 바로 꾸사풀이라 한다.

꾸사풀의 외형은 커다란 띠풀과 유사하다. 풀잎의 날도 띠풀과 유사하여 잘못 만지면 쉽사리 손을 베이는므로, 꾸사풀을 베려면 솜씨가 있어야 된다는 의미에서 '꾸사풀(kuśa)을 베다(la)'라는 말에는 '솜씨 있는(kuśala)'이란 뜻이 있다. 또한 그 잎의 날이 칼날과도 같이 날카롭기에 칼처럼 분별력을 상징하거나 지혜를 식별할 수 있는 상징으로도 사용된다.

꾸사풀은 소금기가 있는 강가 강 연안에서 주로 자라며, 일종의 키가 큰 덤불과 유사한 형태를 지닌다.

『금광명최승왕경소』에 의하면 길상초(즉, 꾸사풀)를 깔고 수행하면 장애가 일어나지 않고, 벌레를 쫓을 수 있으며, 그 향기가 정신을 맑히고, 날카로운 풀의 날로 인해 항상 조심하게 되며, 그로 인하여 교만심 등이 없어진다고 하였다. 인도에서는 고대부터 명상할 때 몸에서 생성된 에너지가 발이나 발가락을 통해 땅으로 흘러내리는 것을 꾸사풀이 방지한다고 믿었기에, 수행할 때 앉는 자리에는 반드시 꾸사풀을 깔았다고 한다.

■ 다섯 가지들

1 차안(此岸)에 예속되는, 끊어 버려야 할 다섯 가지

① 살가야견(薩迦耶見, sakkāyadiṭṭhi) : 오온의 집합체를 실재하는 것으로 생각하여 '나' 혹은 '나의 것'이라 집착하는 견해.

② 의심(疑心, vicikicchā)

③ 계금취견(戒禁取見, sīlabbataparāmāsa) : 외도의 계행이나 서원을 열반에 이르는 길이라고 집착하는 견해. 즉, 외도가 개나 소 따위가 죽은 뒤엔 천상에 태어난다고 하면 개나 소처럼 먹고 행동하면서 그것이 천상에 태어나는 원인이 되는 바른 길이라고 여기는 것 등을 말한다.

④ 욕탐(欲貪, kāmarāga)

⑤ 진에(瞋恚, paṭigha)

2 피안(彼岸)에 예속되는, 떨쳐 버려야 할 다섯 가지

① 색탐(色貪, rūparāga) : 색계에 존재하는

탐욕을 말한다. 탐·진·치의 삼독 가운데 하나인 탐(貪)은 욕계의 것을 욕탐(欲貪)이라 하고 색계와 무색계의 것을 유탐(有貪)이라 한다. 유탐 가운데 색계에 속하는 것이 색탐이다. 색계의 선정에 탐착하는 것을 말한다.

② 무색탐(無色貪, arūparāga) : 욕계의 탐(貪)을 욕탐이라 하고 색계와 무색계의 것을 유탐이라 하는데, 유탐 가운데 무색계에 속하는 것이 무색탐이다. 무색계의 선정에 탐착하는 것을 말한다.

③ 교만(憍慢, māna)

④ 도거(掉擧, uddhacca) : 마음을 들뜨고 불안정하게 하여 사마타(奢摩他)인 멈춤[止]을 방해하는 것을 말한다. 이에 반해 마음을 너무 가라앉게 하여 관찰[觀]을 방해하는 것은 혼침(惛沈)이라 한다.

⑤ 무명(無明, avijjā)

③ 개선해야 할 다섯 가지

① 믿음(信, saddhā)

② 유념(念, sati) : 혹은 '마음챙김'이라고도 번역한다.

③ 정진(精進, viriya)

④ 삼매(三昧, samādhi)

⑤ 지혜(慧, paññā(wisdom))

■ 데와닷따(Devadatta)

데와닷따의 이름은 범어로 'deva(하늘) datta(주어진)'인 까닭에 뜻옮김으로는 천수(天授)이며, 소리옮김으로는 제바달다(提婆達多) 등이 된다.

데와닷따는 부처님의 사촌동생이자 출가 제자인 동시에, 부처님을 배반하고 승단을 분열시키려 했던 불교사 초유의 악인으로 평가받고 있다. 그러나 『법화경』이나 남방 경전 가운데 단편적으로 그려지는 모습이나, 근년의 새로운 연구에 의하면 단지 혁신적인 개혁을 주창했던 까닭에 역사의 희생양이 되었다는 시각도 존재한다.

① 데와닷따의 태생

데와닷따의 태생에 대해서는 여러 경전에 다소 상이한 내용으로 기재되어 있다. 부처님의 가계를 보면 조부는 사자협왕(師子頰王)이며, 부친 계열에서 장자이자 부처님의 부친인 정반왕(淨飯王)을 비롯하여 백반왕(白飯王)과 곡반왕(斛飯王) 및 감로반왕(甘露飯王)이 있다.

데와닷따는 사자협왕의 네 번째 아들인 감로반왕의 아들이라고 가장 널리 알려져 있다. 그는 부처님의 사촌동생으로, 부처님보다 20세 정도 연하였다고 한다. 그리고 20여 년 동안 부처님의 시자였던 아난다와 친형제 간이다.

그 외에 부처님의 정비였던 야쏘다라(Yasodharā)의 동생이라는 설, 부처님의 또 다른 비였던 밧다깟짜나(Bhaddakaccanā)의 동생이라는 설 등이 남방 경전에 전한다.

② 데와닷따의 악행

부처님 재세 시 부처님에게 드러내어 이견을 표출했던 데와닷따는 자신의 세력을 형성하기 위하여 부처님과 승단에 위해를 가하는 것은 물론 승단 외적으로도 악행을 서슴지 않았다.

○ 부처님에게 직접적으로 위해를 가한 악행들

① 포악한 코끼리로 부처님을 압살하려 하다

: 아자따쌋뚜 왕에게 흉포하여 훈련이 불가능한 코끼리 다나빨라(Dhanapāla)가 있었다. 그는 왕의 허락을 받아 다나빨라를 데려가서, 부처님께서 탁발을 위해 성안으로 들어오실 때 조련사에게 그 코끼리를 부처님 쪽으로 풀어놓게 하였다. 성문을 향해 미친 듯이 질주하던 코끼리는 부처님 앞에서 갑자기 온순해져 다친 이가 아무도 없었다고 한다.

② 건장한 청년들을 매수하여 부처님을 살해하려 하다 : 코끼리를 동원하여 위해를 가하려던 일이 실패하자 데와닷따는 돈으로 건장한 청년들을 매수하였다. 그러나 칼을 들고 부처님을 해치려던 청년들은 부처님께서 부르는 소리에 자신들도 모르게 칼을 놓고 다가가 예의를 갖추었다. 그 후 그들은 부처님께 귀의하여 불교 신자가 되었다고 한다.

③ 자객을 고용해 바위를 굴려 부처님을 살해하려 하다 : 다음으로는 일반인이 아닌 전문적인 자객을 고용해서 시도하였다. 자객을 시켜 라자가하 밖의 깃자꾸따 산에 있는 흠파라야차 석굴에서 막 나오시는 부처님을 향해 굴 위쪽에서 바위를 굴리게 했는데, 다만 바위가 다른 돌에 부딪쳐 튀어나온 파편에 부처님의 다리(혹은 발등)가 상처를 입고 약간의 피를 흘린 것이 전부였다. 이것이 유일하게 여래의 몸에 직접적인 위해가 가해져 피가 나게 된 경우라고 한다.

④ 데와닷따 자신의 손톱에 독을 묻혀 부처님을 해치려 하다 : 승단과 사회적인 분위기가 자신에게 불리한 방향으로 급변하자 다급해진 데와닷따는 부처님을 직접 찾아뵙고 담판을 짓고자 하였다. 만약 부처님이 자신을 용서한다면 까삘라 성의 싸끼야족으로 돌아가 왕위에 오르겠지만, 여의치 않으면 손톱 밑에 묻혀 간 독으로 부처님을 할퀴어 독살하려는 계획이었다고 한다. 그러나 부처님께서는 침묵으로 그를 용서하지 않았으며, 그래서 부처님을 할퀴려고 하던 것이 오히려 자신의 몸에 상처를 냄으로써 결국엔 그 독에 의해 죽음을 맞이하였다고 한다.

○ **기타 악행들**

① 데와닷따 자신은 부처님을 몰아내거나 시해하여 승단을 차지하고, 아자따쌋뚜 왕자를 책동하여 부왕을 시해케 하여 마가다국 왕위를 찬탈하게 하려는 계획을 세웠다. 결국 아자따쌋뚜 왕자에 의해 유폐된 부왕 빔비싸라가 감옥에서 자결함으로써 왕위를 찬탈하려던 계획은 성사되었으나, 자신은 몇 차례의 시도를 모두 실패하고 스스로를 죽음으로 몰아넣었다.

② 웃빨라와르니(Uppalavaṇṇī, 蓮華色) 비구니를 살해하다 : 데와닷따에 의해 시도된 승단 분열 사건이 마무리될 쯤엔 아자따쌋뚜 왕도 부처님의 교화로 데와닷따를 멀리하기 시작하였다. 어느 날 그가 왕궁을 찾았을 때 왕의 접견이 거절되었는데, 마침 왕궁에서 나오는 웃빨라와르니 비구니를 보고는 그녀의 이간질로 그리된 것이라 여겨서 그녀를 심하게 질책하고 폭력을 가했다. 웃빨라와르니 비구니는 그 일로 인해 세상을 달리하였다고 한다.

③ 담마다나(Dhammadāna, 法施) 비구니를 살해하다 : 다시 어느 날 데와닷따가 라자가하를 나설 때 만난 담마다나 비구니가 그를 심히 훈계한 것을 참지 못하고 그녀를 때려서 죽음으로 내몰았다.

③ 데와닷따의 오법(五法)

직접적인 위해를 가하는 방법으로도 부처님을 극복할 수 없다는 것을 실감한 데와닷따는 나름대로 논리적이며 체계적인 방법으로 승단을 분리해 자신의 뜻을 관철시키려 하였다. 그 대표적인 활동이 오법의 전교이다.

○ 『오분율』권25에 기재된 오법의 내용은 다음과 같다.

① 소금을 먹지 않는다.
② 기름기 있는 음식을 먹지 않는다.
③ 생선과 고기를 먹지 않는다.
④ 걸식한다.
⑤ 봄에서 가을까지 8개월은 태양 아래 야외에 앉아 수행하며, 겨울 4개월 동안은 토굴인 실내에서 수행한다.

○ 『파승사』권10에 기재된 오법의 내용과 이들 규정에 대한 이유를 밝힌 내용은 다음과 같다.

① 버터를 먹지 않는다 : 소젖을 송아지에게 먹이기 위해서.
② 생선과 고기를 먹지 않는다 : 중생의 생명을 빼앗는 것을 방지하기 위해서.
③ 소금을 먹지 않는다 : 소금 속에는 먼지가 많기 때문에.
④ 가사를 시주 받았을 때 받은 옷감 그대로 꿰매어 입는다 : 멀쩡한 옷감을 가사의 용도로 시주 받았을 때도 당시 승단에서는 그 옷감을 조각내고 다시 꿰매어 가사를 지었다. 가사를 짓는 이의 불필요한 노고를 방지하기 위해서.
⑤ 촌락의 집에서 살지, 숲에서 살지 않는다 : 촌락의 집이나 승원은 시주가 보시한 것인데, 그곳을 버리고 숲만 고집한다면 시주의 보시를 버리는 것과 같기 때문이다.

④ 오법과 두타행(頭陀行, dhutaṅga)의 비교

오법은 새로운 교리 체계나 수행 방법이 아니라 기존의 수행 방식 가운데 고행을 강조한 것에 지나지 않는다. 그러므로 두타행의 기본 정신과 크게 차이가 나지 않는다. 이와 관련되어 각종 율전에 기록되어 있는 내용들을 종합해 보면 다음과 같다.

① 오법을 따르는 수행자들은 욕심이 적어지고 만족을 알게 되며, 욕망이 억제되고 두타행과 멸루(滅漏) 등의 정진에 두각을 나타내게 된다. 그러므로 당시 정진에 뜻이 깊은 사람들에게 기쁘게 믿고 따를 만한 것으로 인정되었다.
② 수행인이 오법을 받아들이면 비교적 빨리 열반이란 성스러운 결과를 증득할 수 있다.
③ 오법은 부처님께서 칭찬하고 널리 행하도록 권하신 두타행과 일치하는 것이다. 오법은 얻는 만큼 만족케 함으로써 욕락을 떠난 자가 되게 하는 뛰어난 법문이다.
④ 생선과 고기를 먹지 않고, 걸식에 의존하며, 추위가 없는 8개월은 야외에서 수행하고 겨울에만 토굴에 머무는 것은 선법(善法)을 증장시킨다.
⑤ 오법은 마가다국과 앙가국 사람들이 믿고 행하는 고행과 그 성질이 일치한다.

데와닷따는 수행에 있어 오법을 평생 실천해야 한다고 강조하며, 부처님의 팔정도(八正道)가 오법보다 못하다고 주장하였다. 그러나 고행만이 강조된 수행 방식의 부분적인 변화만으로 깨달음의 세계에 훨씬 쉽고도 빠르게 접근할 수 있다는 주장은 참된 수행에 뜻을 둔 사람들로부터 일시적인 호응은 얻을 수 있을지언정 부처님의 교단과 맥을 달리하여 발전할 수 있을 만큼의 새로운 교리 내용과 설득력을 지닌 것은 아니었다.

고행에만 지나치게 의지하여 수행하는 경우 높은 계위에 오를지라도 오른 계위만큼 더 굳어진 탐욕과 아집이 남아 있을 수 있다. 그럴 경우 대부분은 정견(正見)이 부족한 상태가 되므로 구경열반을 얻을 수 있는 길에 들어서기도 어렵기 때문이다. 이는 부처님께서 직접 경험하셨던 길이며, 올바른 길이 아니었기에 포기하셨던 길이다.

5 **데와닷따에 대한 다른 평가와 후대의 기록들**
○ **후기 문헌에 묘사되어 있는 데와닷따와 그 신도들**

① 5세기 동진(東晉) 법현(法顯)의 『불국기』 : 법현이 5세기 초 꼬살라국 싸왓티에 도착했을 때의 정황을 적은 글에는 "조달(즉, 데와닷따)의 무리들이 있었는데, 항상 과거 세 분의 부처님에게 공양을 올릴 뿐 석가모니 부처님에게는 공양하지 않았다."라는 내용이 있다. 그럼에도 데와닷따를 네 번째 혹은 현겁의 다섯 번째 부처님으로 받들어 공양하지도 않았다는 기록이 전한다.
② 7세기 당(唐) 현장의 『대당서역기』 : "이 나라에 절이 10여 곳이 있으며, 천신을 제사 지내는 사당이 50여 곳이 있다. 다른 세 곳의 가람은 버터를 먹지 않는 등 데와닷따의 가르침을 따르고 있었다."
③ 7세기 당(唐) 의정의 『근본설일체유부백일갈마』 : 현장보다 약 40년 후에 인도를 방문한 의정은 자신이 번역한 『근본설일체유부백일갈마』란 책에 주석으로 데와닷따와 관련

된 현황을 몇 가지 적어 놓았다. 즉, "서방에는 천수(즉, 데와닷따) 종족의 출가가 유행하고 있으며, 그들의 의례는 불교와 대부분 같은데, 오도윤회와 생천해탈 및 삼장의 학습 등에서 대체로 같았으며, 큰 절이 없이 한적한 촌락에 머물렀고, 걸식하며 정행(淨行)을 많이 닦았다. 갈대로 발우를 만들고 옷가지는 세 벌만 지녔다."는 내용 등이다.

○ **『사분율』에 기재된 내용**

① 장로 싸리뿟따의 찬탄 : 싸리뿟따는 평소 데와닷따를 훌륭한 가문 출신이고, 총명하고 큰 신통력을 지녔으며, 용모가 단정하다고 찬탄하였다. 후에 부처님의 지시로 그의 악행을 사부대중에게 밝혀야 할 입장이 되었을 때 상당히 당황하였다고 한다.
② 비구니 투란난타의 찬미 : 싸왓티의 한 거사가 싸리뿟따와 목갈라나를 집으로 초대하려 할 때 비구니 투란난타는 그 두 장로는 비열한 사람이라 혹평하며, 자신의 기준으로 보면 데와닷따와 그의 동반자 몇 명만이 공양받을 가치가 있다고 밝혔다.

○ **기타 대승경전에 기재된 내용**

① 『미란타왕문경』 제5품에서 미란타 왕이 나선 비구에게 데와닷따를 언급하며, 과거세 때도 데와닷따와 부처님이 자주 같은 곳에 있었는데, 많은 생사윤회 속에서 그 둘의 지위가 비슷했거나 간혹 데와닷따가 부처님보다 높을 때도 있었다고 하였다.
② 『법화경』 「제바달다품」에서는 데와닷따가 선지식으로 크게 찬탄되고 있으며, 결국 성불하였다고 설해져 있다.

■ 말 희생제(Aśvamedha)

애초에 아뜨만이 세상을 창조하다 자신의 몸을 부풀려 제례에 적합하도록 만든 것이 '말(馬)'이며, 그로부터 '말 희생제(犧牲祭)'가 시작되었다고 한다. 말 희생제는 왕권을 과시하고 왕국의 풍요를 기원하기 위해 베다 시대부터 시행되었다. 『마하바라따』에도 전쟁에서 승리한 유디싀띠라(yudhiṣṭira)에 의해 말 희생제가 시행되었다고 하였다. 말 희생제는 다른 국가를 정복한 왕이 스스로의 권력을 과시하기 위해 치르는 제례의 하나로서, 선정된 말에 사람을 딸려 1년 동안 자유롭게 돌아다니게 하여 그 말이 지나가는 지역에서 왕의 권위를 받아들이도록 한다. 그리고 되돌아온 말로 의례에 따라 희생제를 지냈다고 한다. 또한 첨가하여, 양(陽)을 상징하는 왕의 말과 음(陰)을 상징하는 왕비가 교접의 의식을 치른 후에 말을 희생시켜 그 피를 제단에 뿌렸다. 이는 가장 양한 기운과 가장 음한 기운의 결합과 더불어 다산(多産)의 원천으로 여기는 붉은 피를 통한 일종의 모방 주술(模倣呪術)로서, 왕국에 다산의 풍요를 기원함에 목적이 있었다.

■ 망상의 나래

옛날 옛적, 공부에 몰두하던 어떤 브라만이 있었다. 어떤 상인의 집에서 그에게 정기적으로 공양을 올리곤 했었는데, 그가 그 집에서 공양을 하지 않을 때는 조금의 보리를 보시하였다. 그 브라만은 그렇게 받아온 것을 집으로 가져와 쌀독에 넣어서 보관해 두었는데, 많은 시간이 흐르자 그의 쌀독이 보리로 가득 채워지게 되었다. 언젠가 벽에 걸려 있는 그 쌀독 아래에 놓인 침대에서 낮잠을 즐기던 브라만이 선잠에서 깨어나 이렇게 생각했다.

'요즘 알곡 가격이 상당한데, 게다가 저것은 먹거리로 가공까지 된 보리란 말이야. 그것이 나에게 20루피 어치가 있다. 그러면 내가 저것을 팔아서 마리당 2루피 하는 암염소 열 마리 정도를 살 수 있겠다. 그리고 6개월 동안 기르면 그들은 새끼를 낳을 것이고, 그 새끼들이 또 그렇게 새끼를 낳으면…. 그렇게 다섯 해가 지나면 4백 마리나 되는 매우 많은 염소들이 되는구나. 그리고 요즘은 네 마리의 암염소를 가지고 젊고도 새끼를 낳을 수 있어서 우유도 풍부하게 짤 수 있는 완벽한 구색을 갖춘 젖소 한 마리를 구할 수 있으니, 그러면 그 암염소들을 내다팔아 1백 마리나 되는 암소들을 집으로 데려올 수 있겠구나. 그러면 또 그들이 낳은 새끼들 가운데 어떤 것들은 수소일 것이니, 그들을 이용해 밭을 경작하여 많은 곡식을 생산하고, 그 곡식을 내다팔아 엄청난 금을 마련할 수 있겠다. 그러면 담장이 둘러진 집을 멋진 벽돌로 지어야겠다. 남녀 종복들이 매우 많고 모든 재물을 갖춘 나의 엄청난 부귀로움을 보고 분명 그에 가장 어울리는 어떤 브라만이 매우 어여쁜 딸을 내게 시집보내 줄 것이다. 그러면 나는 그녀에게서 장수하고 건강하며 가문을 이어갈 만해서 우리들의 운명을 북돋울 아들을 태어나게 만들 것이다. 그리고 나는 법도에 따라 아들의 탄생식 등 의식을 치르고 '쏘마샤르만'이라는 이름을 지어 줄 것이다. 그런데 아들이 한창 뛰어놀고 있던 중, 소들이 밖에서 나다니다 돌아오는 시간에 아내는 집안일에 열중하다 아들이 사고를 당해도 미처 돌보지 못하고…. 그러면 아들을 너무 사랑한 내가 안타

까움에 몽둥이를 들어 아내를 이렇게 때리게
될 것이다.'

그렇게 생각에 잠겨 있던 그는 막대기를 휘둘
러 그 쌀독을 후려치고 말았다. 그러자 쌀독
은 수백 조각으로 부서지고 그 안에 들어 있
던 보릿가루가 쏟아져 그의 머리 위로 쏟아져
내려앉았다. 그래서 보릿가루로 몸이 새하얗
게 된 그 브라만은 마치 꿈에서 깬 듯 스스로
매우 부끄럽게 여겼으며, 그리고 그 이야기
를 들은 사람들의 조롱거리가 되었다. (『빤짜
딴뜨라』 제5장 첫.번째 이야기 '신기루를 쫓는
브라만')

■ 명상인의 삶

명상인(瞑想人)은 수행자(修行者)를 일컫는
데, 불교 성립을 전후하여 브라만교와 요가
수행자 등에서 그 전형적인 삶의 형태가 관련
경전에 일목요연하게 제시되어 있다. 순서는
선행되는 것이 가능해졌을 때 뒤따르는 단계
로 넘어갈 수 있음을 나타낸다.

[1] 『**마이뜨리 우빠니샤드**(Maitrī Upaniṣad)』

① 쁘라나야마(prāṇāyāma, 調息, 숨결의 확대
조절)

② 쁘라뜨야하라(pratyāhāra, 制感, 감각 기관
의 억제 단속)

③ 드야나(dhyāna, 瞑想, 명상)

④ 다라나(dhāraṇā, 集中, 집중)

⑤ 따르까(tarka, 觀照, 관조)

⑥ 싸마디(samādhi, 三昧, 삼매, 즉 브라흐만
과 하나됨)

[2] 『**요가쑤뜨라**(Yogasūtra)』

① 야마(yama, 禁戒, 금지하는 계율)

② 니야마(niyama, 勸戒, 행해야 하는 계율)

③ 아싸나(āsana, 坐法, 앉는 자세)

④ 쁘라나야마(prāṇāyāma, 調息, 숨결의 확대
조절)

⑤ 쁘라뜨야하라(pratyāhāra, 制感, 감각 기관
의 억제 단속)

⑥ 다라나(dhāraṇā, 凝念, 집중)

⑦ 드야나(dhyāna, 禪定, 선정)

⑧ 싸마디(samādhi, 三昧, 삼매, 즉 브라흐만
과 하나)

■ 무니와 릐쉬
– 인도의 대표적 성인 명칭

릐쉬((S.)ṛṣi)는 동사 어근 '√ṛṣ(가다, 움직이
다)'에 뿌리를 둔 명사로서 '브라흐만을 향해
나아가는 자' 또는 '브라흐만이 되기 위해 행
위하는 자' 등이 기본 의미이며, 현인(賢人)
또는 성현(聖賢) 등으로 번역된다. 릐쉬는 신
이나 인간 또는 아수라와 구분되는 별도의 집
단으로 인식되는데, 그들은 절대 존재 브라흐
만의 음성을 듣고 이를 그대로 기억하여 '베
다(Veda)'라는 형태로 인간에게 전달한 자들
이다. 『베단따』에서는 7릐쉬(七賢)로, 『마하
바라따』에서는 다른 이름의 7릐쉬(七賢)로,
『마누 법전』에서는 뒤의 것에 3인을 더하여
10릐쉬(十賢)가 열거되며, 천체 북두칠성을
이에 배대시킨다.

• 베단따 7릐쉬 : 가우따마(gautama), 바랏
와자(bharadvāja), 위싀와미뜨라(viśvāmitra),
자맛아그니(jamadagni), 와시싀타(vasiṣṭha),
까싀야빠(kaśyapa), 아뜨리(atri)

• 마하바라따 7릐쉬 : 마리찌(marīci), 아뜨

903

리(atri), 앙기라스(aṅgiras), 뿔라하(pulaha),
끄라뚜(kratu), 뿔라스뜨야(pulastya), 와시식
타(vasiṣṭha)

• 마누 10릐쉬 : 마하바라따의 7릐쉬 + 닥
샤(dakṣa) 혹은 쁘라쩨따스(pracetas), 브릭구
(bhṛgu), 나라다(nārada)

무니(muni)는 동사 어근 '√man(생각하다)'
에 뿌리를 둔 명사로서 '생각에 잠긴 자' 또는
'침묵하는 자' 등의 의미를 기본으로 하여, 성
자(聖者) 또는 성인(聖人) 등으로 번역된다.
릐쉬가 절대 존재 브라흐만의 읊조림을 그대
로 전달하는 수동적인 면모를 보이는 반면,
무니는 본인의 내부에서 촉발된 충동적인 열
정을 침묵과 명상을 통해 구현해 가는 능동적
인 모습으로 표현된다.

베다의 시원과 역사를 함께하는 '릐쉬'라는
호칭에 비해 다소 후대에 자리잡았으리라고
여겨지는 '무니'라는 호칭은 어쩌면 베다가
사상적인 깊이를 더해 가며 철학적 요소가 첨
가되었을 시기에 확립된 것으로 생각할 수 있
다. 무니가 지니는 기본적인 관념은 탁발의
방랑 수행자로서, 방랑 수행자란 숲에서 나무
껍질로 된 옷을 입고 치렁치렁한 머릿결도 자
르지 않은 채 요가 수행 등의 고행을 통해 현
세를 초탈하여 모든 것으로부터의 해탈을 추
구하거나 이미 해탈을 성취한 자를 일컫는다.
'릐쉬'가 가장(家長)으로서 사회생활을 영위
하는 성직자적인 성향을 지닌 성자라면, '무
니'는 출가로 사회생활에서 벗어나 만행하며
고행을 통해 수행하는 성자를 말한다. 전통
브라만교나 힌두교의 관점에선 릐쉬가 전통
의 맥을 이어 가며 베다의 권위에 절대 복종
하는 보수 성향의 '훌륭한 이'라면, 무니는 전
통에 도전하기도 하고, 베다의 권위마저 사

고의 대상으로 간주하기도 하는 진보 성향의
'훌륭한 이'인 셈이다.

■ 물거품처럼

『금강반야바라밀다경(金剛般若波羅密多經)』
제32 「응화비진분(應化非眞分)」
一切有爲法, 如夢幻泡影, 如露亦如電, 應作如
是觀.
온갖 유위의 법은
꿈같고 그림자 같고 꼭두각시 같고
거품 같으며 이슬 같고 번개 같으니,
이러한 것이라고 관찰할지니라.

tārakā timiraṁ dīpo māyāavaśyāya
budbudam |
supinaṁvidyud abhraṁ ca evaṁ draṣṭavyaṁ
saṁskṛtam ||
(깜빡이는) 별, (눈의) 아물거림, (불면 꺼지
는) 등불,
환영, 이슬, 거품, 꿈, 번개, 그리고 구름.
형성된 (모든) 것은 이와 같이 보여야 한다.

■ 브라만과 사문과 비구

브라만교와 신흥 종교 및 불교의 성직자를 지
칭하는 '브라만'과 '사문'과 '비구'라는 명칭은
그 어원을 살펴보면 단계적으로 발생하였음
을 짐작할 수 있다.

① 브라만(brāhmaṇa)
- 절대 상태 브라흐만을 추구하는 자

어원을 동사 '√bṛh(성장하다, 팽창하다)'에
두고 있는 브라흐만(Brahman)은 브라만교에

서 궁극적인 추구의 대상으로 간주되는 절대 상태를 말한다. 브라만교의 사제로서 성직자를 일컫는 '브라만(brāhmaṇa)'은 이 브라흐만에 기초하여 형성된 말인데, 여기에는 '브라흐만이 되고자 하는 자', 혹은 '브라흐만이 되기 위해 수행하는 자'라는 의미가 담겨 있다. 어떤 이가 브라만 가계에서 태어났다 하더라도 단순히 브라흐만이 되길 원하여 무조건 수행한다 해서 그 절대 상태가 반드시 성취되는 것이 아니다. 우선 브라만으로 태어난 뒤에 학생기(學生期)와 가주기(家住期)를 거치는 동안 주어진 의무를 다한 다음에 출가하여 숲에서 임주기(林住期)를 보내며 본격적인 수행이 더해져야 성취될 수 있는 것이 브라흐만의 상태이다.

② 사문(śramaṇa)
- 수행을 위해 고생을 감내하는 자

사문(沙門)으로 소리옮김된 식라마나(śramaṇa)는 동사 '√śram(고생하다)'에서 온 말이니, '식라마나'란 수행을 위해 고생을 감내하는 자라는 의미를 지닌다.

인도로 이동한 아리안족이 유목 생활에서 농업과 상업 등의 정착 생활로 사회 전반이 탈바꿈하기 시작할 무렵 전통적인 브라만교 사상을 거부하는 신흥 종교들이 일어나기 시작하였다.

전통 사상을 거부한 신흥 종교들의 공통점은 이미 정착된 사회 계급에 주어진 의무를 거부하는 것을 기반으로 하는 계급 제도의 부정이다. 즉, 기존의 브라만 계급이라 할지라도 학생기와 가주기를 거치지 않고 바로 임주기에 들어서서 수행을 시작하거나, 브라만 계급이 아닌 그 이하의 계급인데도 아랑곳 않고 숲으

로 들어가 수행을 하여 브라흐만을 추구하였다는 점이다.

그렇게 기존의 사회적·종교적 과정을 무시한 채 모든 물질적인 것을 내려놓고 출가하여 숲으로 들어간 수행자들은 가장 기본적인 먹거리의 공급(즉, 공양)에 재가자들의 동의를 얻기 힘들어졌다. 그래서 숲에 앉아서 받는 공양이 직접 재가자들의 집을 방문하여 구걸하는 탁발의 형태로 변하게 되었고, 심지어는 단지 먹거리 해결을 위해 자기가 성장한 지역을 벗어나 여러 곳을 돌아다니는 유행(遊行)의 형태가 나타나게 되었다.

이처럼 전통 방식을 따르지 않은 채 탁발과 유행이라는 고생을 감내하더라도 수행의 뜻을 꺾지 않는 이들을 일러 사문이라 할 수 있다. 부처님도 사문으로 출가하셨다.

③ 비구(bhikṣu)
- 빌어먹으며 수행하는 자

비구(比丘)로 소리옮김된 빅수(bhikṣu)는 동사 '√bhikṣ(구걸하다)'에서 온 말이니, 비구란 구걸하는 사람, 혹은 구걸로 먹거리를 해결하며 수행하는 자를 의미한다.

비구의 뜻옮김인 '걸사(乞士)'라는 명칭은 '걸(乞)'로 밖으로 드러난 내용을 표현하고 '사(士)'로 그 속에 담겨진 의미를 드러낸 번역이다.

■ 브라만의 생활 주기
① 학생기(學生期, brahmacārin)

처음으로 성사(聖絲)를 몸에 걸치고 스승이 될 이에게 예를 올리는 재생(再生)의 의식인 입문식(upanayana)을 시작으로 학생기가 시

작된다. 입문식은 브라만의 경우 8세, 끄샤뜨리야의 경우 11세, 바이샤의 경우 12세에 행해지며, 학생기는 보통 12년이다. 입문식 후에 스승의 집이나 아쉬람에 머물며 기본적인 인성(人性) 교육을 받다가, 스승의 판단에 따라 시기가 되었다고 여겨질 때부터 베다를 공부한다. 스승의 허락을 받고 학생기를 마치면 집으로 돌아가 결혼을 함으로써 가주기에 들어가게 된다.

② 가주기(家住期, gṛhastha)

20세를 전후하여 집으로 돌아와 결혼과 함께 가업에 열중하는 시기이다. 자식을 낳아 조상의 은혜에 보답하고, 신을 숭배하고 조상을 돌보는 등 다섯 가지 유형의 제례를 이행하며, 배운 것을 전승하여 스승의 가르침에 보답한다.
- 절대 존재 브라흐만(Brahman)에 올리는 제례 – 베다 독송
- 조상(Pitṛ)에게 올리는 제례 – 식랏다제 (śrāddhā祭)
- 신들(Deva)에게 올리는 제례 – 호마제 (homa祭)
- 귀신들(Bhūta)에게 올리는 제례 – 발리제 (bali祭)
- 손님 등 타인에 대한 예절

③ 임주기(林住期, vānaprastha)

자식이 가주기에 접어들면 집안일을 자식에게 맡기고 부인과 함께 숲속에 머물며 청정한 신행 생활을 하는 수행의 시기이다. 임주기에는 『아란야까』 및 우빠니샤드 등의 철학서를 공부한다.

④ 유행기(遊行期, saṁnyāsa)

임주기를 통해 수행을 끝낸 뒤에 촌락으로 탁발 걸식하며 돌아다니는 유행자(遊行者)의 시기이다. 우빠니샤드 등에는 임주기까지만 언급되어 있으며, 사문기는 불교나 자이나교 등 신흥 종교에서 출가사문(出家沙門)의 사회적인 제도가 생긴 뒤에 그를 받아들인 것으로, 기원전 4세기 이후에 확립되었다.

■ 사성 계급(四姓階級)

'인도에 네 개의 카스트가 있다.'고 할 때의 카스트는 정확히 말하면 와르나(varṇa)에 해당한다. 와르나는 색깔을 나타내는 말로서, 어떤 집단이 하는 일을 종교 의식에서 색이 가진 상징성에 맞추어 정한 것이다. 브라만은 하얀색, 끄샤뜨리야는 빨간색, 바이샤는 노란색, 슈드라는 검은색에 해당한다. 색에 의해 크게 네 개의 집단으로 나뉜 가운데 각 집단 안에서 다시 수많은 갈래를 형성하는데, 그것을 자띠(jāti)라고 일컫는다.

정복자인 백인 아리안과 피지배자로서 검은 피부를 지닌 드라비다인으로 인해 형성된 사회 계급 구조란 설도 있다. 일반적으로 사성 계급을 뜻하는 카스트(caste)는 16세기 경 인도에 들어온 포르투갈인이 그 사회 계급이 단순히 혈통에 의해 결정되는 것으로 잘못 보고 사용한 '단일 혈통에 의한'이란 의미의 'casta'가 영어화된 명칭이다.

인도 신화에 따르면, 태초에 스스로 태어나 존재하는 자인 우주인간(Puruṣa)이란 존재가 있었는데, 그의 입은 '브라만'이라 하여 베다를 읊어 우주에 고루 퍼지게 하였고, 그의 팔은 '끄샤뜨리야'라 하여 우주를 보호하였으

며, 그의 다리는 '바이샤'라 하여 모든 먹거리를 일구는 일을 맡았으며, 그의 발은 '슈드라'라 하여 다른 부위들이 제 기능을 할 수 있도록 돕는 일을 맡았다고 한다. 나중에 인간들이 생겨나 우주인간이 했던 일들에 상응하는 일을 할 경우 그에 해당하는 부분별 이름으로 그 신분을 삼게 된 것이 사성 계급의 시초라 한다.

사성 계급별 주어진 의무는 아래와 같다.

① 브라만(brāhmaṇa)의 경우

• 학습의 의무(adhyayana) : 베다를 공부함.
• 교육의 의무(adhyāpana) : 베다를 가르침.
• 제례 봉행의 의무(yajana) : 자신을 위해 제례를 지냄.
• 제례 보조의 의무(yājana) : 다른 이를 위해 제례를 지내 줌.
• 보시의 의무(dhāna) : 다른 이에게 보시를 행함.
• 공양의 의무(pratigraha) : 다른 이로부터 공양을 받음.

② 끄샤뜨리야(kṣatriya)의 경우

• 3대 공통 의무 : 학습의 의무, 제례 봉행의 의무, 보시의 의무
• 보호의 의무(prajāpālana) : 백성을 적들로부터 보호함.

③ 바이샤(vaiśya)의 경우

• 3대 공통 의무 : 학습의 의무, 제례 봉행의 의무, 보시의 의무
• 경작의 의무(kṛṣi) : 농업
• 목축의 의무(paśupālana) : 축산업
• 통상(通商)의 의무(vaṇijyā) : 상업

④ 슈드라(śūdra)의 경우

• 봉사의 의무(sarveṣāṁsevanam) : 모든 이들을 위한 봉사 등

■ 38가지 명상 주제(전)

① 팔변처(八遍處, aṭṭha kasiṇa)
– 여덟 가지 두루 채움

변처(遍處)는 모든 곳에 두루 존재하는 대상을 관찰하는 선정을 말한다. 변처, 즉 까시나(kasiṇa)는 삼매 수행의 대상이 되도록 만든 특정한 형태의 도구인데, 이러한 도구를 대상으로 삼아서 본 삼매에 들도록 하는 수행을 까시나 수행이라고 부른다.

① 땅의 두루 채움〔地遍處: paṭhavīkasiṇa〕
② 물의 두루 채움〔水遍處: āpokasiṇa〕
③ 불의 두루 채움〔火遍處: tejokasiṇa〕
④ 바람의 두루 채움〔風遍處: vāyokasiṇa〕
⑤ 푸른색의 두루 채움〔青遍處: nīlakasiṇa〕
⑥ 노란색의 두루 채움〔黃遍處: pītakasiṇa〕
⑦ 붉은색의 두루 채움〔赤遍處: lohitakasiṇa〕
⑧ 흰색의 두루 채움〔白遍處: odātakasiṇa〕

② 십부정(十不淨, dasa asubhā)
– 열 가지 부정

① 팽창상(膨脹想, uddhumātaka) : 부풀어 오른 시체에 대한 지각
② 청어상(青瘀想, vinīlaka) : 푸르게 멍든 어혈을 지닌 시체에 대한 지각
③ 농란상(膿爛想, vipubbaka) : 고름이 가득 찬 시체에 대한 지각
④ 단괴상(斷壞想, vicchiddaka) : 부패해서 갈라진 시체에 대한 지각
⑤ 식잔상(食殘想, vikkhāyitaka) : 동물이 먹

다 남은 시체에 대한 지각

⑥ 산란상(散亂想, vikkhittaka) : 흩어진 시체에 대한 지각

⑦ 참작이산상(斬斫離散想, hatavikkhittaka) : 살해되어 흩어진 시체에 대한 지각

⑧ 혈도상(血塗想, lohitaka) : 피로 물든 시체에 대한 지각

⑨ 충취상(蟲聚想, puḷuvaka) : 벌레들이 모여 우글거리는 시체에 대한 지각

⑩ 해골상(骸骨想, aṭṭhika) : 해골과 뼈로 구성된 시체에 대한 지각

③ 십수념(十隨念, dasa anussatiyo)
- 열 가지 새김

수념(隨念)은 발생했거나 발생하는 어떤 현상을 그대로 따라 새김을 말한다.

① 불수념(佛隨念, buddhānussati) : 부처님에 대한 새김

② 법수념(法隨念, dhammānussati) : 가르침에 대한 새김

③ 승수념(僧隨念, saṅghānussati) : 승가에 대한 새김

④ 계수념(戒隨念, sīlānussati) : 계행에 대한 새김

⑤ 사수념(捨隨念, cāgānussati) : 보시에 대한 새김

⑥ 천수념(天隨念, devatānussati) : 하늘 사람에 대한 새김

⑦ 사수념(死隨念, maraṇānussati) : 죽음에 대한 새김

⑧ 신지념(身至念, kāyagatasati) : 신체에 대한 새김

⑨ 안반념(按般念, ānāpānasati) : 호흡에 대한 새김

⑩ 적지수념(寂至隨念, upasamānussati) : 적정에 대한 새김

④ 사범주(四梵住, cattāro brahmavihārā)
- 네 가지 청정한 삶

범주(梵住)는 색계와 무색계의 여러 하늘 사람들이 머무는 대상이 되는 것인데, 그곳에 머물고자 할 때 갖추어야 되는 것이 곧 자·비·희·사의 사무량심이다.

① 자범주(慈梵住, mettābrahmavihāra) : 자애의 청정한 삶

② 비범주(悲梵住, karuṇābrahmavihāra) : 연민의 청정한 삶

③ 희범주(喜梵住, muditābrahmavihāra) : 기쁨의 청정한 삶

④ 사범주(捨梵住, upekkhābrahmavihāra) : 평정의 청정한 삶

⑤ 네 가지 비물질계(四無色, cattāro arūpā)

① 공무변처(空無邊處, ākāsānañcāyatana) : 무한 공간의 세계

② 식무변처(識無邊處, viññāṇāñcāyatana) : 무한 의식의 세계

③ 무소유처(無所有處, akiñcaññāyatana) : 아무것도 없는 세계

④ 비상비비상처(非想非非想處, nevasaññānāsaññāyatana) : 지각하는 것도 아니고 지각하지 않는 것도 아닌 세계

⑥ 두 가지 지각

① 수렴적 지각(一想, ekasaññā(eka+sam+√jñā)) : 자양분의 혐오성에 대한 지각

② 분석적 지각(一差別, ekavavatthāna(eka+vi+ava+√sthā)) : 신체에 대하여 땅·물·불

· 바람으로 분석하여 관찰하는 것

■ 성문사과(聲聞四果)

성문사과는 성문승(聲聞乘)이 수행을 통해
증득하는 네 가지 과위를 말한다.

1 수다원향(須陀洹向)[=預流向], sotāpatti_paṭipannaka)

견도(見道)에 들어 처음으로 사성제(四聖諦)
를 관찰하는 단계로서, 성스러운 길에 들어선
경지이다. 사성제를 관찰하지만 아직 그 결과
에 도달하지는 못한 상태로, 견도의 초심에서
제15심까지에 해당한다.

2 수다원과(須陀洹果)[=預流果], sotāpatti_phala)

삼계의 견혹(見惑)을 모두 끊고 무루(無漏)의
성스러운 길에 들어선 경지. 인간 세계와 천
상 세계를 일곱 번 왕복하는 동안 반드시 아
라한과를 증득한다. 견도의 마지막인 제16심
에 도달한 경지.

3 사다함향(斯陀含向)[=一來向], sakadāgāmin_paṭipannaka)

욕계 수혹(修惑) 9품 가운데 제1품부터 제6품
까지의 여섯 개 품을 끊어 가는 단계.

4 사다함과(斯陀含果)[=一來果], sakadāgāmin_phala)

욕계 수혹(修惑) 9품 가운데 제6품까지 끊은
상태. 이 지위에 오른 성자는 금생을 마감한
후 한 차례만 더 천계와 인계를 왕래하면 더
이상 생을 받는 일이 없기 때문에 일래(一來)

라 이름한다.

5 아나함향(阿那含向)[=不來向], anāgāmi_paṭipannaka)

욕계 수혹(修惑) 9품 가운데 마지막 세 개 품
을 끊어 가는 단계.

6 아나함과(阿那含果)[=不來果], anāgāmi_phala)

욕계의 모든 수혹을 끊었으므로 다시는 욕계
에 태어나지 않는 경지. 'anāgāmin'은 고대 브
라만교에서 브라흐만의 진리를 깨달은 이는
다시 이 세상에 돌아오지 않는다는 의미에서
불교 이전부터 사용하던 용어이다. 불교에서
는 이 지위에 오른 성자는 금생을 마감한 후
색계나 무색계에 태어나고 욕계에는 다시 환
생하지 않기 때문에 불래(不來) 또는 불환(不
還)이라 이름하였다.

7 아라한향(阿羅漢向), arahatta_paṭipannaka)

불환과를 획득하고 아라한과를 지향하는 경
지.

8 아라한과(阿羅漢果), arahatta_phala)

색계와 무색계의 모든 견혹과 수혹까지 영원
히 끊어 번뇌가 남김없이 끊어졌으므로 다시
는 윤회하지 않는 지위. '존경받을 만한 분'
또는 '공양을 받을 자격을 갖춘 분'이란 의미
로서, 불교를 비롯하여 불교가 일어났던 당시
자이나교 등을 통해 널리 사용되었던 성인에
대한 존칭 가운데 하나이다.

■ 세 가지 또는 네 가지 상태

브라만교의 철학 사상이 가장 깊이 있게 표현된 초기의 우빠니샤드에는 깨어 있음과 잠듦 및 꿈을 꾸는 상태를 세분하여 브라만교 시각의 깨달음과 연계시켜 놓았다. '법이 충만한 이는 순수한 인식으로 행복하게 잠이 든다.'라는 『담마빠다』의 문장은 이러한 브라만교 교리의 흔적이 남아 있는 초기불교의 서술로 간주할 수 있다.

1 깨어 있음(覺醒, 자그리따 · jāgarita)

감각 기관이 감각 기관의 대상과 접촉하여 반응을 일으킴으로써 '지식' 등이 발생하는 상태. 감각(感覺)과 생각이 동시에 작용한다. 개체아(個體我)의 위치는 오른쪽 눈이다. 깨어 있는 상태에 머무는 자아(自我)를 '와이식와나라(vaiśvānara)'라 일컫는다.

2 얕은 잠에서 꿈을 꿈(夢中, 쓰와빠나 · svapana)

감각 기관은 작용을 멈춘 채, 다만 이미 저장된 이전의 기억에 마음(manas)이 작용하여 반응을 일으킴으로써 '지식' 등이 발생하는 상태. 감각은 작용하지 않고 생각만 작용한다. 개체아의 위치는 생각(antarmanas)이다. 꿈꾸는 상태에 머무는 자아를 '따이자싸(taijasa)'라 일컫는다.

3 깊은 잠에 빠짐(熟眠, 쑤슙띠 · suṣupti)

생각(manas)이 특정한 기도(氣道)인 쑤슙나나디(suṣupṇā-ṇāḍi)에 들어가면 생각 또한 작용을 멈춘 채 단지 육아(肉我, jīvātman)가 본연의 모습인 관조자(觀照者)로 존재하게 된다. 감각과 생각이 동시에 작용하지 않는다.

개체아의 위치는 심장의 빈 공간(hṛdayākāśa)이다. 숙면에 든 상태에 머무는 자아를 '쁘라즈냐(prājña)'라고 일컫는다.

4 하나가 됨(三昧, 싸마디 · samādhi)

육아(肉我, jīvātman)가 자아(自我, ātman)와 더불어 완벽하게 하나가 된 상태로서, 비록 숙면의 상태에서 깨어나 감각과 생각이 작동하더라도 그에 의해 발생하는 모든 행위의 결과에 전혀 영향을 받지 않으므로(즉, 자아 의식 등이 생기지 않음) 비록 깨어 있다 하더라도 숙면의 상태와 동일하다. 감각이나 생각 등 모든 것을 완전히 초월한 상태이다. 모든 것에 편재하는 자아의 속성이 드러날 뿐이다. 이 상태의 자아를 '네 번째'란 의미로 '뚜리야(turīya)'라 일컫기도 하나, 단지 자아 그것일 뿐이다.

■ 신지념의 항목별 분류(전)

1 32가지 형태(dvattiṁsākāra)를 통한 새김

마치 두 개의 구멍을 가진 부대 자루에 여러 가지 곡물이 들어 있듯이, 이 신체, 즉 32가지의 부정물(不淨物)로 가득 차 있는 부대 자루를 펼쳐놓고 하나하나씩 그 내용물을 열거하며 분석적으로 그 부정함을 관찰하는 것을 말한다. 이러한 수행의 과정은 혐오감을 함축하는 성냄이라는 연생(緣生)을 생성시키는 데 있는 것이 아니라 감각적인 쾌락에의 연생으로부터 염리(厭離)하여 그 조건을 소멸시키기 위한 것이다.

• 32가지 부정물 : 머리카락, 몸털, 손톱, 치아, 피부, 살점, 근육, 뼈, 골수, 신장, 심장, 간장, 늑막, 비장, 폐, 창자, 장간막, 위장, 배

설물, 뇌수, 담즙, 가래, 고름, 피, 땀, 지방, 눈물, 임파액, 침, 점액, 관절액, 오줌

② 아홉 가지 묘지의 사체(死體, navasīvathikā)를 통한 새김

아래 아홉 가지 유형의 사체를 관찰하되, 대상을 관찰하는 데 끝나는 것이 아니라 자신의 몸을 그것과 비교하여 관찰함으로써 '이 몸도 역시 이와 같은 것이며, 이와 같이 이루어진 것이며, 이것을 벗어나기 어렵다.'라고 인식한다.

① 묘지에 버려져 며칠이 경과한 뒤에 부풀어 오른 시체
② 까마귀, 독수리, 개, 승냥이 등의 각종 동물이 잡아먹거나 뜯어먹고 남은 시체
③ 살과 피가 있는 근육이 붙은 해골, 살은 없지만 피가 있는 근육이 붙은 해골
④ 살과 피가 없는 근육이 붙은 해골
⑤ 관절이 풀어져서 여기저기 흩어져 있는 손뼈, 발뼈, 정강이뼈, 넓적다리뼈, 골반뼈, 척추뼈 및 두개골과 사방팔방으로 흩어진 해골
⑥ 백골이 된 해골
⑦ 1년이 지난 해골
⑧ 더미로 쌓인 해골
⑨ 썩어서 가루가 된 해골

③ 네 가지 광대한 세계의 분석

[catudhātuvavatthana]을 통한 새김

네 가지의 비인격적인 요소인 땅·물·불·바람으로써 분석하여 관찰하는 것인데, 이 관찰은 부정관에서 독립된 것이 아니라 부정관을 수반하고 있다.

마치 숙련된 도살자가 소를 도살해서 사거리에 소의 각 부분을 질서정연하게 나누어 놓은 것처럼, 수행자가 신체의 각 부분을 지·수·화·풍의 네 가지 요소로 분류해서 놓아두고 관찰하는 것을 말한다. 우리의 신체는 내부적인 지·수·화·풍으로 구성되어 있고, 일반적인 지·수·화·풍은 외부적인 것으로 나눔으로써 순환적 생태 구조를 보여주고 있다. 머리카락, 털, 손톱 등의 개체적이고 거칠고 견고한 것은 모두 내부적인 땅[地]이며, 담즙, 가래, 고름, 피 등의 개체적이고 액체적인 것은 모두 내부적인 물[水]이며, 열, 노쇠, 소화, 먹음, 마심, 맛봄 등의 현상을 수반하는 개체적이고 에너지적인 것은 모두 내부적인 불[火]이며, 들숨, 날숨, 내리숨, 돌이숨, 올리숨 등의 개체적이고 진동하는 것은 모두 내부적인 바람[風]이다. 이러한 내부적인 원소들은 무상한 외부적인 것에서 유래하였으며, 신체가 죽은 뒤에 다시 흩어져 외부로 돌아간다.

신체에 대한 이러한 관찰은, 외부적인 지·수·화·풍이 광대할지라도 무상하고 무너지며 소멸하고 변화하는 것임을 앎으로써 내부적인 지·수·화·풍 또한 끝없이 변화함을 관찰하여 무아(無我)를 깨달아 육체에 대한 취착을 소멸시킬 수 있게 된다.

④ 내적인 두루 채움의 수행을 비롯한 '미세한 물질계의 명상'을 통한 새김

두루 채움에는 여덟 가지가 존재한다.

① 땅의 두루 채움[地遍處: paṭhavīkasiṇa]
② 물의 두루 채움[水遍處: āpokasiṇa]
③ 불의 두루 채움[火遍處: tejokasiṇa]
④ 바람의 두루 채움[風遍處: vāyokasiṇa]
⑤ 푸른색의 두루 채움[靑遍處: nīlakasiṇa]
⑥ 노란색의 두루 채움[黃遍處: pītakasiṇa]

⑦ 붉은색의 두루 채움[赤遍處: lohitakasiṇa]

⑧ 흰색의 두루 채움[白遍處: odātakasiṇa]

'두루 채움'이란 산스끄리뜨 'kṛtsna' 또는 빠알리어 'kasiṇa'의 번역어로서, 소리옮김으로 '까시나'라고도 한다. 까시나는 삼매 수행의 대상이 되도록 만든 특정한 형태의 도구인데, 이러한 도구를 대상으로 삼아서 본 삼매에 들도록 하는 수행을 까시나 수행이라고 부른다. 이러한 도구를 '까시나(전체, 모두)'라 부르는 이유는, 이러한 도구에 마음을 집중할 때는 도구의 특정 부분에만 마음을 챙기고 집중하는 것이 아니라 도구 전체에 집중하는 것이 가장 요긴하기 때문이다. (각묵 스님)

■ 오견의 속성

36갈래의 물줄기란 오견(五見)의 36가지 속성을 말한다.

① 오견(五見)

① 신견(身見, sat-kāya-dṛṣṭi)은 오온의 일시적인 화합체인 몸을 실제 존재하는 것으로 집착하는 견해이다.

② 변견(邊見, anta-grāha-dṛṣṭi)은 극단에 치우쳐 집착하는 견해이니, 죽은 후에도 자아가 상주 불변한다고 여기는 상견(常見)과 죽은 다음에 자아는 완전히 사라진다고 여기는 단견(斷見)이 대표적인 변견이다.

③ 사견(邪見, mithyā-dṛṣṭi)은 인과(因果)를 부정하는 견해이다.

④ 견취견(見取見, dṛṣṭi-parāmārśa)은 잘못된 철학적 견해를 세우고 거기에 집착하는 것을 말한다.

⑤ 계금취견(戒禁取見, śīla-vrata-parāmārśa)

은 바르지 못한 계율이나 금기 등을 지키면서 열반으로 이끄는 계행이라고 집착하는 견해이다. 즉, 외도가 개나 소 따위가 죽은 뒤엔 천상에 태어난다고 하면 개나 소처럼 먹고 행동하여 이것이 천상에 태어나는 원인이 되는 바른 길이라고 여기는 것 등을 말한다.

② 삼십육사(三十六使) - 오견의 36가지 속성, 곧 오견의 본질이기도 하다.

① 신견에는 삼계의 견고소단(見苦所斷, duḥkha-darśana-heya)인 세 가지가 있다.

② 변견에는 신견과 동일한 세 가지가 있다.

③ 사견에는 삼계의 견고소단과 견집소단(見集所斷, samudaya-darśana-heya)과 견멸소단(見滅所斷, nirodha-darśana-heya)과 견도소단(見道所斷, mārga-darśana-heya) 등의 열두 가지가 있다.

④ 견취견에는 사견과 동일하게 열두 가지가 있다.

⑤ 계금취견에는 삼계의 견고소단과 견도소단 등의 여섯 가지가 있다.

■ 오정심관(五停心觀)

불도(佛道)를 수행하는 데 있어서 최초의 위(位)에서 5종의 허물을 그치게 하기 위해 닦는 5종의 관법을 오정심관이라 한다.

① 부정관(不淨觀) - 탐욕스런 마음을 대치하기 위해 닦는다.

부정관은 초기불교에서부터 강조되어 온 수행법으로, 몸의 더러움을 관찰하여 몸에 대해 싫어하는 생각을 일으킴으로써 탐욕을 없애게 한다. 부정관은 크게 두 가지로 분류된다.

① 자신의 몸을 구성하는 것을 샅샅이 훑어서 그 더러움을 관찰하여 싫어하는 마음을 내는 것

② 다른 사람의 몸을 관찰하는 것으로, 죽은 육신이 썩고 짐승에게 먹히고 하다가 결국 한 줌의 가루로 변해 가는 모습을 관찰하여 싫어하는 마음을 내는 것

② 자비관(慈悲觀) - 분노하는 마음을 다스리기 위해 닦는다.

일체중생을 관하여 자비의 마음을 일으키고 성냄을 그치게 하는 관법

③ 연기관(緣起觀) - 어리석은 마음을 다스리기 위해 닦는다.

모든 법이 인연에 따라 생겨난다는 도리를 관하여 어리석음을 그치게 하는 관법

④ 계분별관(界分別觀) - 아집(我執)의 마음을 다스리기 위해 닦는다.

오온, 십이처, 십팔계의 모든 법은 모두 지수화풍공식(地水火風空識)의 화합에 지나지 않는다고 관하여 별도로 아(我)가 실체로서 존재한다는 견해를 그치게 하는 관법

⑤ 수식관(數息觀) - 산란한 마음을 다스리기 위해 닦는다.

들숨과 날숨의 순번에 따르는 숫자를 셈함으로써 마음을 한 가지 경계에 거두어 몸과 마음을 가라앉히는 관법

■ 오화이도설(五火二道說)

① 오화설(五火說) - 윤회의 과정을 설명

* 사람으로 태어나 수행하다가, 혹은 수행하지 않은 채 지내다 죽음을 맞는다.

① 제1화(火＝變化) : 화장(火葬) - 화장이 된다.

• 바르게 수행한 브라만은 화장 후에 신도(神道)로 들어가 결국 해탈을 맞는다.

• 신도로 들어가지 못한 사람들은 조도(祖道)로 들어가는데, 이 경우엔 화장 후에 그 영혼이 달로 올라간다.

② 제2화(火＝變化) : 강우(降雨) - 비가 되어 내린다.

• 영혼의 기운은 이 땅에 비가 되어 내려서 곡식에 흡수된다.

• 영혼의 기운이 깃든 곡식을 남자가 먹는다.

③ 제3화(火＝變化) : 정수(精髓) - 남자의 몸에서 정자로 결집된다.

• 남자가 가주기(家住期)가 되어 여자와 결혼한다.

④ 제4화(火＝變化) : 수태(受胎) - 자궁에서 난자와 결합하여 태아가 된다.

• 모태에서 태아가 성장한다.

⑤ 제5화(火＝變化) : 탄생(誕生) - 성장한 태아가 아기로 태어난다.

• 다시 사람으로 태어나 수행하거나, 혹은 수행하지 않은 채 지내다… 〔輪廻〕

② 이도설(二道說) - 해탈의 과정을 설명

① 신도(神道)

• 화염 → 낮 → 달이 차는 15일 → 해가 북반구를 지나가는 6개월 → 신들의 세계 → 태양 → 번개 → 영원히 돌아오지 않는 범계(梵界)

• 누구든 그렇게 아는 그들은, 그리고 누구

든 숲에서 신념으로 브라흐만에 대한 진리를 명상하는 그들은 신성한 화염에 가닿으며, 신성한 화염으로부터 신성한 낮에 가닿으며, 신성한 낮으로부터 달이 차오르는 보름에 가닿으며, 달이 차오르는 보름으로부터 북방으로 태양이 지나가는 기간의 여섯 달에 가닿으며, 여섯 달로부터 신들의 세상에 가닿으며, 신들의 세상으로부터 태양에 가닿으며, 태양으로부터 신성한 번갯불에 가닿는다. 신성한 번갯불에 가닿은 그들을 마음에서 형성된 개체아(個體我)가 가서 브라흐마의 세계들로 인도한다. 그들은 그곳 브라흐마의 세계에서 인간으로서 최상의 상태가 되고 그 세계와 아주 근접한 상태가 되어 살아가는데, 그들의 경우는 다시 이 세상으로 돌아오지 않는다.' (『브리핫아란야까 우빠니샤드(Bṛhadāraṇyaka Upaniṣad)』 6.02.15)

② 조도(祖道)

• 조도는 제사와 보시로 선행을 쌓은 자가 사후 화장의 연기와 함께 천계로 가서 조상들의 세계를 포함한 여러 장소를 거쳐 달에 이르고, 여기서 전생의 업력이 다할 때까지 머물다가 오화설(五火說)의 단계대로 지상에 재육화(再肉化)하는 과정이다.

③ 불교의 재생설(再生說)

재생설은 불교 고유의 것으로, 찰나의 시간에 무한히 변하는 것을 이야기한다. 찰나는 1/17 초이고 이 시간에 영혼이 넘어가면 분해되어서 다른 모습으로 다시 조합된다는 것이다. 윤회는 주체가 있어 변화하지 않지만 재생은 주체가 나중에 만들어진다. 금을 녹이면 또 금이 되는 것이 윤회라면 금을 녹여 은을 만드는 것이 재생이다. 고정불변의 실체가 없다

는 것이다. (미산 스님)

■ 우정의 질을 규정하는 원리들(전)

어리석은 자에게는 우정의 질을 규정하는 다음과 같은 원리들이 없다.

1 단행(短行)의 계행(cullasīla)

살아 있는 생명의 목숨을 빼앗고, 주지 않은 것을 빼앗고 … 기만하고, 고문하고, 가두는 것 등을 삼가는 일

2 중행(中行)의 계행(majjhimasīla)

일곱 가지의 축적, 27가지의 희극을 보는 것 … 다섯 가지의 기만, 이득을 위한 아첨 등을 삼가는 일

3 장행(長行)의 계행(dīghasīla)

신체적 특징을 보고 예언하는 열세 가지 점괘, 보석의 특징에 대한 25가지 이야기, 월식에 대한 24가지 이야기, 왕의 군사적 움직임에 대한 열두 가지 이야기, 비에 대한 열세 가지 이야기, 결혼 중매에 대한 열아홉 가지 방법, 24가지 처방의 화제 등을 삼가는 일

4 열 가지 대화의 주제[dasakathāvatthūni]

① 솔직한 대화
② 만족을 주는 대화
③ 버리고 없애는 대화
④ 홀로 사는 것에 대한 대화
⑤ 해결을 위한 대화
⑥ 계행에 대한 대화
⑦ 집중에 대한 대화
⑧ 지혜에 대한 대화

⑨ 해탈에 대한 대화

⑩ 해탈을 앎에 대한 대화

⑤ 열세 가지 두타행[十三頭陀行: terasadhutaṅguṇa]

① 세간을 멀리하고 고요한 곳에 머무는 '아란야에 머묾[在阿蘭若處]'

② 걸식하여 공양할 뿐 화려한 공양을 따로 받지 않는 '늘 걸식을 행함[常行乞食]'

③ 걸식할 때 일곱 집을 차례로 돌 뿐 빈부를 따지지 않는 '차례대로 걸식함[次第乞食]'

④ 하루 한 끼만을 한 자리에서 먹는 '한 끼만을 먹기[受一食法]'

⑤ 발우 안에 탁발된 음식으로만 만족하는 '양에 맞춰 식사량을 절제함[節量食]'

⑥ 정오가 지나면 미음 등도 먹지 않는 '오후엔 더 이상 먹지 않음[中後不得飮漿]'

⑦ 옷은 버린 천을 기워 만들어 입는 '누더기를 입음[着弊衲衣]'

⑧ 세 가지 옷 외엔 입거나 보관하지 않는 '삼의만을 입음[但三衣]'

⑨ 무덤가에 머물면서 부정관이나 무상관을 닦는 '무덤가에 머묾[塚間住]'

⑩ 쉴 때는 별도의 편한 곳이 아니라 나무 밑에서 쉬는 '나무 밑에서 쉼[樹下止]'

⑪ 가려진 곳이 아니라 드러난 곳에 앉는 '한데에 앉음[露地坐]'

⑫ 잠자지 않을 때는 늘 앉아 있고 눕지 않는 '앉아 있을 뿐 눕지 않음[但坐不臥]'

이 가운데 ③ 차제걸식(次第乞食)을 세분하여 수득걸식(隨得乞食: 최고 일곱 집을 한도로 탁발된 만큼의 음식만 먹음)을 별도의 항목으로 추가할 경우 열세 가지 두타행이 된다.

⑥ 통찰의 지혜[vippassanāñāṇa]

⑦ 네 가지 길[四向: cattāro maggā] ⇒ 주 '성문사과'

⑧ 네 가지 경지[四果: cattāri phalāni] ⇒ 주 '성문사과'

⑨ 세 가지 명지[三明: tevijjā]

세 가지 명지란 숙명명(宿命明)과 천안명(天眼明) 및 누진명(漏盡明)을 말하며, 혹은 육신통 가운데 숙명통과 천안통 및 누진통을 말하기도 한다.

⑩ 여섯 가지 곧바른 앎[六神通: chaḷabhiññā]

① 때에 따라 크고 작은 몸을 나타내거나 자유자재로 날아다니는 등 여덟 가지 종류의 초월적 능력[神足通: iddhi]

② 멀고 가까운 소리를 들을 수 있는 하늘 귀[天耳通: dibbasota]

③ 타인의 마음 길에 대한 앎[他心通: parassa cetopariyañāṇa]

④ 자신의 전생에 대한 새김[宿命通: pubbenivāsānussati]

⑤ 타인의 업과 과보를 아는 하늘 눈[天眼通: dibbacakkhu]

⑥ 번뇌 부숨에 대한 궁극적인 앎[漏盡通: āsavakkhayañāṇa]

■ 웨쌀리(Vesālī)

웨쌀리, 혹은 바이샬리로 불리는 이 도시는 불교는 물론 부처님과 특별히 인연이 깊은 곳이다. 수행자 싯다르타가 첫 번째 스승인 알라라깔라마를 만난 곳이 웨쌀리이며, 연로하신 부처님께서 4개월 후에는 열반에 드실 것을 공표하신 곳이 웨쌀리이기도 하기 때문이다. 그리고 웨쌀리를 떠나실 때 그 도시가 잘 보이는 강 언덕에 오른 노구의 부처님께서 병든 몸으로 웨쌀리를 되돌아보시며 "이로써 내가 웨쌀리를 보는 것도 마지막이 되리라."라고 말씀하셨다고 한다.

웨쌀리는 기원전 6세기경에 릿차위족의 여덟 개 지역 부족이 연합하여 인도 최초로 공화정을 이룩할 때 그 중심 도시 역할을 하였다. 역사에서는 이를 밧지 연합이라 부른다. 밧지 연합의 정치 제도는 각 부족의 대표 가운데 최고 지도자를 선출하는 공화정이었다. 그리고 각 부족 연합이 동참하는 회의에서 자유로운 토론을 거쳐 의사를 결정하는 방식은 현대의 의회 제도와 동일한 형태이다.

이러한 웨쌀리를 부처님께선 세 차례나 찾아가셨으며, 양모 마하빠자빠띠가 출가한 곳이요, 유녀 암바빨리가 귀의하여 망고 동산을 기증한 곳이기도 하다. 그리고 유마 거사의 고향이며 대승불교가 태동한 지역이기도 하다.

특히, 공화정인 밧지 연합에 대한 부처님의 평가는 매우 좋았다. 마가다국의 아자따쌋뚜 왕이 밧지 연합을 토벌하려 할 때 부처님께선 '국가가 쇠망하지 않는 일곱 가지 법'을 왕에게 설하셨는데, 그 예로 든 곳이 바로 밧지 연합이었다. 일곱 가지 법이란, ① 대화와 토론에 기반한 정치, ② 윗사람과 아랫사람의 화합, ③ 법과 규칙의 준수, ④ 부모에 대한 효도와 공경, ⑤ 남녀 간의 성윤리 확립과 덕이 있는 풍속, ⑥ 전통과 조상에 대한 존중, ⑦ 도덕과 수행자에 대한 존경 등을 말한다.

부처님께서 열반에 드신 후 진신사리가 봉안된 여덟 곳 가운데 한 곳이 웨쌀리이기도 하며, 불멸 100여 년 후에 계율 문제가 불거졌을 때 700여 명의 장로가 동참해 열린 2차 결집의 장소도 웨쌀리이다. 비록 싸왓티처럼 부처님께서 오랫동안 머무신 곳은 아니지만 부처님에겐 마음의 고향과도 같았던 곳이 웨쌀리였다.

■ 육사외도(六師外道)

베다 철학의 꽃인 우빠니샤드 사상이 만개하자 이를 바탕으로 생겨난 새로운 사상과 학설들이 B.C.5~6세기에 등장하였다. 이를 전통적인 브라만교의 시각에서 분류하면 유파(有派, sāstika darśana)와 무파(無派, nāstika darśana)로 구분할 수 있다. 여기서 구분의 기준이 되는 유무는 ① 베다 성전에 대한 절대적인 권위, ② 자재신 혹은 창조신 이싀와라(Īśvara)의 존재, ③ 내세의 유무 등을 들 수 있다. 베다 성전에 절대적 권위를 부여하고 자재신의 존재를 믿으며 내세를 신봉하는 것이 곧 전통적인 브라만교이므로 이는 유파이며, 이에 속하는 것은 전통 브라만교와 육파 철학(六派哲學) 및 힌두이즘 등이다. 후자인 무파는 상기 세 가지를 모두 부정하거나 부분적으로 부정하는 부류로서, 불교를 비롯한 자이나교와 유물론적인 경향이 강한 신흥 자유 사상가들이 이에 속한다.

그런데 이와 같은 구분은 브라만교 위주의 시각에서 전통과 비전통이란 잣대로 가늠한 것이므로 각 종교와 학파 사이의 사상적 차이점, 특히 신흥 자유사상가들의 사상적 차이점이 드러나지 않는다는 맹점이 존재한다. 그러한 신흥 자유사상가들은 브라만교의 전통과 권위에 정면으로 맞서서 자유로운 사상들을 펼쳤으며, 이들의 활동이 결국엔 불교가 인도 사회에 보다 쉽게 뿌리내릴 수 있는 사회적이며 문화적인 토양을 제공한 것이 사실이다. 이에 초기불교에서는 세존 당시 유행한 사문들이 설하는 다양한 사상을 62가지 견해로 정리하고, 불교를 제외한 대표적인 사상가들을 육사외도라고 일컬었다. 외도(外道)란 명칭은 이교도(異敎徒)라는 뜻인데, 이는 불교에서 이들을 경계해서 붙인 이름이기 때문이다.

① 도덕부정론과 뿌라나 깟싸빠(Purana Kassapa)

노비의 자식인 뿌라나 깟싸빠는 부처님과 신통력을 겨뤄서 진 경험이 있다고 한다.

도덕부정론은 선악의 구별은 절대적인 것이 아니라 인간이 제멋대로 정의한 것이라고 여겨 선악의 실체성을 인정하지 않는다. 선악 자체가 인간의 관념이 낳은 상대적인 것이지 절대적인 것은 아니므로 선행도, 악행도 실체적인 가치를 지니고 있지 않기 때문에 인간은 그것에 얽매일 필요가 없다고 주장하였다.

도덕부정론은 자연히 업(業)이란 없는 것이며 업에 대한 과보(果報)도 없다는 결론에 이르므로, 브라만교는 물론 불교에서도 인정한 업보 사상(業報思想)을 전면 부정한다. 인간의 모든 것은 운명이나 인과(因果)에 의해서가 아니라 단순히 우연에 의해서 좌우된다고 주장하고 있다.

② 불멸론과 빠꾸다 깟짜야나(Pakudha Kaccayana)

불멸론은 인간을 구성하는 것을 일곱 가지 요소로 파악하였으니, 즉 지(地), 수(水), 화 (火), 풍(風), 고락(苦樂), 생명(生命), 영혼(靈魂) 등이 그것이다. 이러한 일곱 가지 가운데 하나인 '생명'도 일종의 요소(要素)인 까닭에 생겨나거나 소멸되지도 않는 일종의 불생불멸로 인식하였다.

불멸론에 따르면 칼로 인간의 목을 자르는 것도 단지 이 일곱 요소 사이로 칼날이 지나간 것일 뿐이므로 죽음 역시 이 일곱 요소가 잠시 흩어진 것이라고 여긴다. 그러므로 그 가운데 한 요소인 생명도 사라짐 등의 현상을 겪지 않고 잠시 우리가 인식하지 못하는 다른 상태로 존재할 뿐, 영원히 상주한다고 주장한다.

③ 유물론(혹은 단멸론)과 아지따 께싸깜발린 (Ajita Kesakambalin)

유물론에서는 불교와 같이 물질적 구성의 최소 단위를 지, 수, 화, 풍의 사대(四大)로 보고, 이 사대만이 참된 실재이며 독립 상주하는 것이라고 본다.

유물론에 의하면 삶이란 사대가 결합된 상태이며, 죽음은 사대가 흩어져 있는 상태로 보았다. 불교와 다른 점은, 사후 세계나 영혼 등이 완전히 부정되며, 그러기에 현세라 할 것도 미래세라 할 것도 없다 여긴다는 점이다. 그래서 윤회는 물론, 선악에 대한 과보도 존재하지 않는다고 여긴다. 자연히 도덕도 부정되고, 현세의 삶이 최초이자 최후이므로 그저 즐기고 살아야 한다는 쾌락주의이자 철저한 유물론에 해당한다.

④ 결정론과 막칼리 고쌀라(Makkhali Gosala)

막칼리 고쌀라는 이른바 불교에서 말하는 사명외도(邪命外道)의 개조이다. 아지위까 (Ajivika)라는 교단의 교조이기도 한 막칼리는 자이나교와 유사한 교설을 펼쳤으며, 교세 또한 자이나교 다음가는 영향력을 발휘하였다. 후에 그의 교설은 자이나교에 흡수 통합되기도 하였다.

결정론, 혹은 숙명론이라 하는 사명외도는 극단적인 필연론(必然論)이다. 모든 생물은 지, 수, 화, 풍과 허공(虛空) 및 득실고락생사(得失苦樂生死) 그리고 영혼(靈魂)의 12요소로 구성되어 있으며, 우리들의 행동이나 운명은 모두 자연적 법칙에 의하여 이미 숙명적으로 결정되어 있기 때문에 우리들의 몸이나 마음의 힘으로는 이미 예정된 행로를 도저히 바꿀 수 없다 하였다. 마치 산꼭대기에서 굴러 떨어지기 시작한 돌이 굴러가는 대로 굴러가다가 결국 바닥에 부딪쳐야만 비로소 멈추듯이, 인간도 840만 겁이란 일정한 기간 동안 인연이 아닌 이미 결정된 윤회전생(輪廻轉生)을 무수히 반복하다 보면 마침내 해탈하는 날이 온다고 믿었다.

유정(有情)이 번뇌에 오염되는 과정이나 깨끗해지는 과정에는 아무런 인(因)이나 연(緣)이 작용하지 않는다. 일체의 유정·생물·영혼은 세력도 없고 힘도 정신도 없으며, 오직 자연의 정해진 이치와의 결합 상태 또는 자연의 성질에 따라서 서로 변화되고, 6종의 계층 중의 어느 곳엔가 속해 있으며 낙과 고를 감수하게 된다. 6종의 계층은 ① 흑(黑)은 사냥꾼·어부·도적 등, ② 청(靑)은 불교의 출가자들, ③ 적(赤)은 자이나교도들, ④ 황(黃)은 고살라파의 재가신자들, ⑤ 백(白)은 아지위까의 출가자들, ⑥ 순백(純白)은 막칼리 고쌀라와 난다왓짜와 끼싸쌍낏짜라는 막칼리 이전의 두 선구자를 말한다.

석존이 정각을 이룬 뒤에 바라나씨로 가던 도중에 최초로 만난 수도자 우파카는 아지위까였으며, 석존의 열반을 제자인 마하깟싸빠에게 알린 것도 아지위까의 한 사람이었다고 한다.

⑤ 회의론(혹은 불가지론)과 싼자야 벨랏띠뿟따 (Sañjaya Belattiputta)

싼자야는 부처님의 수장로인 싸리뿟따와 목갈라나가 한때 스승으로 섬겼던 사람이다. 두 제자가 부처님의 가르침을 접하고 자신들 수하의 모든 제자들과 함께 부처님께 귀의하자 싼자야는 그 충격에 피를 토하고 죽었다고 한다. 회의론에서는 인식의 객관적인 타당성이 있을 수 없다고 주장하며, 진리를 있는 그대로 인식하고 서술하는 것은 불가능하다는 불가지론(不可知論)이 주된 논조이다.

그러므로 사후의 존재나 선악의 과보 같은 형이상학적 질문에 애매모호한 답변만 하여 핵심을 피해 갔으므로 불가지론이라 일컬은 것이다. 가령 누가 '내세와 인과응보가 있느냐?'라고 물으면 '있다고 생각하면 있다고 대답하겠는데 나는 있다고도 없다고도, 있을는지도 없을는지도, 이렇게도 저렇게도, 아무렇게도 생각하지 않는다.'라고 대답하여도 그 말이 그냥 그대로 진리라 여겼다. 그러한 논법은 '뱀장어처럼 미끄러워 잡기 어려운 논의'라고 불려졌다.

⑥ 자이나교와 니간타 나따뿟따(Nigantha Nataputta)

니간타는 부처님과 같은 왕자의 몸에서 사문으로 출가하였다. 싼자야의 회의론을 극복하기 위해 상대주의적 인식론을 수립하였고, 거기에 입각해서 이원적(二元的) 우주론을 제시하여 불교와 더불어 당시 흥성했던 종교로 자리잡았다. 불교가 이미 인도에서 구축(驅逐)된 반면, 자이나교는 지금까지도 그 세력이 유지되고 있다.

극단적 고행과 불살생을 주장하는 윤리적 엄숙주의로서 불교와 거의 동시에 한 걸음 앞서 일어났다. 존재론적으로는 명(命, Jīva)과 비명(非命, Ajīva)의 이원론(二元論)이며, 인식론적으로는 부정주의(不定主義, Syādvada)와 더불어 상대주의(相對主義, Anekāntavāda)이다. 모든 인식은 개연적이고 일방적이라고 하였으니, 말하자면 어떤 일정한 때와 곳에서 일정한 사람이 보고 들은 것은 그때 그곳 그 사람에게 대해서만은 진리일 수 있다고 하였다.

우주의 구성 요소를 영혼(지와)과 비영혼(아지와)으로 나눈다. 영혼(넋)은 동물뿐만 아니라 식물이나 지, 수, 화, 풍에까지도 그 존재를 인정한다. 비영혼은 운동의 조건(Dharma)과 정지의 조건(Adharma)과 허공 및 물질 등 네 가지 종류로 이루어져 있다고 여긴다. 따라서 영혼과 비영혼을 합하면 다섯 가지 실체가 존재하게 된다. 물체는 원자(Anu, 즉 미세한 먼지)로 되어 있다. 영혼은 본래 그 자체는 자유롭지만 물질이 형성하는 업에 부착되면 그것이 원인이 되어 고통스러운 윤회가 발생한다. 윤회에서 벗어나 해탈을 얻기 위해서는 새로운 업의 부착[漏]을 억제해야 하므로, 불살생(不殺生), 불망어(不妄語), 불투도(不偸盜), 불사음(不邪淫), 무소득(無所得)의 다섯 가지 계율을 지켜 엄격한 고행을 해야 한다. 자이나교 수행자는 완전한 나체로 고행하기에 나형외도(裸形外道)라고도 불렸다. 후기에 흰옷을 입는 백의파가 나타나기도 하였다.

수행자가 고행을 하다 죽게 되면 성자로까지 추앙받았다고 한다. 살생을 엄격히 금하는 계율로 인해 농사 등도 짓지 못하므로 그 교도들은 주로 상업 등에 종사하였다.

■ 인도의 달력(月曆)

여섯 계절과 열두 달의 명칭. 다섯 계절로 일컬어질 경우는 헤만따(hemanta)와 쉬쉬라(śiśira)가 하나로 합쳐진다.

1 와산따(vasanta) - 봄

• 짜이뜨라(caitra) : 인도력(印度曆)의 첫 번째 달. 별자리 찌뜨라(citrā)에 보름달이 들어왔을 때이며, 양력의 3월 보름에서 4월 보름까지에 해당한다.

• 와이샤카(vaiśākha) : 인도력의 두 번째 달. 별자리 위샤카(viśākhā)에 보름달이 들어왔을 때이며, 양력의 4월 보름에서 5월 보름까지에 해당한다.

2 그리슈마(grīṣma) - 여름

• 즈야이슈타(jyaiṣṭha) : 인도력의 세 번째 달. 별자리 즈에슈타(jyeṣṭhā)에 보름달이 들어왔을 때이며, 양력의 5월 보름에서 6월 보름까지에 해당한다.

• 아샤다(āṣāḍha) : 인도력의 네 번째 달. 뿌르와샤다(pūrvāṣāḍhā) 및 웃따라샤다(uttarāṣāḍhā)의 별자리에 보름달이 들어왔을 때이며, 양력의 6월 보름에서 7월 보름까지의 시기에 해당한다.

3 와르샤(varṣā) - 우기(雨期)

• 쉬라와나(śrāvaṇa) : 인도력의 다섯 번째

달. 보름달이 별자리 싀라와나(śravaṇa)에 들어왔을 때이며, 양력의 7월 보름에서 8월 보름까지의 시기에 해당한다.

• 바드라빠다(bhādrapada) : 인도력의 여섯 번째 달. 보름달이 별자리 뿌르와바드라빠다(pūrvabhādrapadā) 및 웃따라바드라빠다(uttarabhādrapadā)에 들어왔을 때며, 양력 8월 보름에서 9월 보름에 해당한다.

4 샤랏(śarad) - 가을

• 아싀위나(āśvina) : 인도력의 일곱 번째 달. 보름달이 별자리 아싀위니(aśvinī)에 들어왔을 때이며, 양력의 9월 보름에서 10월 보름까지의 시기에 해당한다.

• 까르띠까(kārtika) : 인도력의 여덟 번째 달. 보름달이 별자리 끄릿띠까(kṛttikā)에 들어왔을 때이며, 양력의 10월 보름에서 11월 보름까지의 시기에 해당한다.

5 헤만따(hemanta) - 초겨울

• 마르가쉬르샤(mārgaśīrṣa) : 인도력의 다홉 번째 달. 보름달이 별자리 므릐가쉬라(mṛgaśira)에 들어왔을 때이며, 양력의 11월 보름에서 12월 보름까지의 시기에 해당한다.

• 빠우샤(pauṣa) : 인도력의 열 번째 달. 보름달이 별자리 뿌샤(puṣya)에 들어왔을 때이며, 양력의 12월 보름에서 1월 보름까지의 시기에 해당한다.

6 쉬쉬라(śiśira) - 한겨울

• 마가(māgha) : 인도력의 열한 번째 달. 보름달이 별자리 마가(maghā)에 들어왔을 때이며, 양력의 1월 보름에서 2월 보름까지의 시기에 해당한다.

• 팔구나(phālguna) : 인도력의 열두 번째 달. 보름달이 별자리 뿌르와팔구니(pūrvaphālgunī) 및 웃따라팔구니(uttaraphālgunī)에 들어왔을 때이며, 양력의 2월 보름에서 3월 보름까지에 해당한다.

■ 집안에 모시는 제화

브라만교에서 집안에 설치하는 불신제단(火神祭壇, agnikuṇḍam)엔 가장제화(家長祭火, gārhapatyaḥ), 남방제화(南方祭火, dakṣiṇāgniḥ), 봉헌제화(奉獻祭火, āhavanīya)의 세 가지 제화(祭火)가 모셔진다. 가정의 가장이 불신을 받드는 제례의 주인(奉火祭主, agnihotrī)이 되어 제식을 행하고 불씨를 돌본다. 가장제화는 집의 모습을 본 딴 까닭에 네모(□)형을 하고 늘 켜진 상태로 있으며, 달의 모습을 본 따 반월(△)형을 한 남방제화와 해의 모습을 본 따 둥근(○)형을 한 봉헌제화는 하루 세 차례 제례 의식이 행해질 때 가장제화에서 불길을 빌려 옮겨진 불씨가 점화되어 제례가 행해진다. 불신 제단 안에서 남방제화는 가장제화의 남쪽에 놓여 있고, 봉헌제화는 가장제화의 동쪽에 놓여 있다. '조상을 공양하는 불신'이란 의미를 지닌 남방제화는 조상에게 정성을 바치는 불길이며, '봉헌할 가치가 있는 불신'이라는 의미를 지닌 봉헌제화는 신들에게 정성을 바치는 불길이다.

집안에 모시는 제화를 다섯 가지로 분류할 때는 회합제화(會合祭火, sabhya)와 가주제화(家住祭火, āvasathya)의 두 가지가 추가된다. 세상을 유지하는 존재로서 위와 같은 다섯 가지 불신을 열거할 때 그 불신에게 바치는 것[供物]과 그로 인해 얻어지는 것[所出]은 다음과 같다.

• 천상이 불신이니, 불신에 공물을 바치듯 천상에 믿음을 바쳐 '쏘마'를 얻는다.

• 비구름이 불신이니, 불신에 공물을 바치듯 비구름에 쏘마를 바쳐 '비'를 얻는다.

• 대지가 불신이니, 불신에 공물을 바치듯 대지에 비를 바쳐 '먹거리'를 얻는다.

• 개체아가 불신이니, 불신에 공물을 바치듯 개체아(個體我)에 먹거리를 바쳐 정자(精子)를 얻는다.

• 여인이 불신이니, 불신에 공물을 바치듯 여인에게 정자를 바쳐 태아를 얻는다.

■ 칠각지(七覺支)

각지(覺支)는 보리(菩提)의 지위를 가까이함으로써 진실 그대로의 깨달음을 성취한다는 뜻이다. 다음의 일곱 가지 법이 깨달음의 지혜를 도와주므로 이르는 말이다.

① 염각지(念覺支, satisambojjhaṅga, 새김이라는 깨달음 고리) : 수행함에 있어서 항상 잘 생각하여 정(定)과 혜(慧)가 한결같게 하는 것으로서, 몸의 느낌과 마음과 법의 현상에 대해 집중적으로 관찰하여 알아차리는 것을 말한다. 예를 들면, 화를 내거나 욕심을 일으킬 때 자신이 화를 내고 욕심을 일으키는 것을 알아채는 것이다.

② 택법각지(擇法覺支, dhammavicayasambojjhaṅga, 탐구라는 깨달음 고리) : 지혜로 모든 법을 살피고 선악의 진위를 가려서 택하도록 하는 것으로서, 마음에서 일어나고 사라지는 모든 상태를 잘 살펴서 버릴 것은 버리고 일으킬 것은 일으키는 분별 능력을 말한다. 예를 들면, 염각지에 의

해 자신의 마음에서 성냄과 욕심을 보았다면 그것을 버릴지 혹은 지속할지를 재빨리 분별하고 결정하여 악법은 버리고 선법은 일으키는 것이다.

③ 정진각지(精進覺支, viriyasambojjhaṅga, 정진이라는 깨달음 고리) : 수행을 할 때 용맹한 마음으로 쓸데없는 사행을 여의고 바른 도에 전력하여 게으르지 않는 것으로서, 번뇌가 일어나도록 방치하고 게으름을 부릴 것이 아니라 힘써 노력하고 수행하는 것을 말한다.

④ 사각지(捨覺支, upekhāsambojjhaṅga, 평정이라는 깨달음 고리) : 좋고 싫음, 사랑과 미움, 너와 나, 옳고 그름 등의 모든 상대적인 것이 결국 자기 집착에서 나온 줄을 바로 보고 모두 버려서 그 마음에 치우침이 없게 하는 것이다.

⑤ 정각지(定覺支, samādhisambojjhaṅga, 집중이라는 깨달음 고리) : 마음이 바깥 대상에 끌려가 흩어져 있는 것이 아니라 움직임이 없는 정(定)에 들어 일체의 번뇌를 일으키지 않는 상태를 말한다.

⑥ 희각지(喜覺支, pītisambojjhaṅga, 기쁨이라는 깨달음 고리) : 마음을 집중시킴으로써 이루어진 기쁨과 즐거움을 가리킨다. 마음이 내면을 향해 깊이 몰입되면 모든 번뇌가 점점 사라져 큰 기쁨을 느낄 수 있다.

⑦ 경안각지(輕安覺支, passaddhisambojjhaṅga, 안온이라는 깨달음 고리) : 몸과 마음이 평안하고 대상에 대해 유유자적한 정신 상태를 만들어 고요함을 성취하는 것으로서, 여기서는 일체의 들뜨고 혼란스럽고 우울한 마음이 사라지고, 오로지 평온하고 안락한 마음만이 지속되므로 근심과 걱정과 고뇌가 없게 된다.

꼬리말

불교 북방경전어인 산스끄리뜨와 남방경전어인 빠알리어에 대한 교재 편찬과 보급 및 언어 학습을 위해 설립된 범어연구소(梵語研究所)와 부설 봉숭아(奉崇雅)학당에선 설립 초기부터 빠알리어 문장을 익히는 교재로 『담마빠다』를 사용하였다. 매주 2시간에 걸쳐 진행되었던 학당의 빠알리 강독반 제1기부터 제3기의 종강까지 총 423수의 게송으로 이뤄진 『담마빠다』를 평균 5~6수를 읽어 내기 약 2년 만에, 한 게송도 빠짐없이 차근차근 끝까지 읽어 내었다. 무엇보다 그 길다면 긴 기간 동안 학당에서 연찬의 자리를 함께한 스무 분 남짓의 봉숭아학당 학우님들께, 아니 그동안 함께했던 모든 학우님들 서로에게 공부 자리를 함께 해준 것에 대해 너나없이 주고받아야 할 감사의 인사를 이 글로 대신하고자 한다.

이 책은 그 내용 가운데 게송과 요약된 배경담을 읽기 쉽도록 정리한 것이다. 그러나 정작 범어연구소에서 애초부터 작정했던 빠알리어 교재로서의 책은 이런저런 이유로 아마 앞으로도 종이책 출간이 어려울 것 같다. 그래서 본서의 어학 교재를 PDF 파일로 전자 출판하게 되었다. 한글 프로그램으로 편집한 파일 그대로 PDF 파일 형식으로 출력하여 전자 출판한 것인데, 해당 파일은 아래의 온라인 카페에서 무료로 내려받아 사용할 수 있다. 해당 파일의 내려받기와 사용은 물론, 배포 등을 포함한 모든 활용이 자유로움을 말씀드린다.

＊범어연구소 인터넷카페 주소 : http://cafe.daum.net/sanskritsil

범어연구소 편집실

참고서적

1. 기본서적 − 빠알리어 및 한문

전재성 역주, 『법구경-담마파다』, 한국빠알리성전협회, 2012.

김서리 역주, 『담마빠다』, 소명출판, 2013.

거해 스님, 『법구경』, 샘이깊은물, 2007.

김달진 번역, 『법구경』, 문학동네, 2011.

정태혁 편역, 『법구경 인연담』, 정신세계사, 2014.

2. 참고서적

미즈노 고겐 지음, 김형준 옮김, 『팔리어 문법』, 연기사, 2001.

석현진, 『빠알리 문법』, 봉숭아학당, 2014.

백도수, 『초급 빨리어 경전 강독』, 민속원, 2001.

석현진, 『산스끄리뜨 문법』, 봉숭아학당, 2014.

스가누마 아키라 지음. 이지수 옮김, 『산스끄리뜨의 기초와 실천』, 민족사, 1990.

전재성, 『범어문법학』, 한국빠알리성전협회, 1998.

3. 사전

전재성 편저, 『빠알리한글사전』, 한국빠알리성전협회, 2005.

단국대학교동양학연구소, 『한한대사전(漢韓大辭典)』, 단국대학교출판부, 2008.

漢語大字典編纂委員會, 『漢語大字典』, 崇文書局, 2010.

Edited by T.W.RHYS DAVIDS and WILLIAM STEDE, *PALIENGLISH DICTIONARY*, The Pali Text Society's, 2009.

Edited by Vaman Shivaram Apte, *THE PRACTICAL SANSKRITENGLISH DICTIONARY*, Poona, INDIA. 1978. (Rep.)

Edited by Monier Williams, *A SANSKRITENGLISH DICTIONARY*, OXFORD University Press, 1899.

Edited by Franklin Edgerton, *Buddhist Hybrid Sanskrit Grammar and Dictionary*, Yale University Press, 1953.

옮긴이 · **현진(玄津)**

대한불교조계종 봉선사 월운 스님을 은사로 출가했다.
중앙승가대학 역경학과를 졸업하고 인도 뿌나에서 산
스끄리뜨 및 빠알리어를 수학했다.
현재 대한불교조계종 봉선사 범어연구소 소장, 대한불
교조계종 교육원 교육아사리, 대한불교조계종 봉선사
능엄승가대학원 전임교수로 활동하고 있다.
편역서로는 『중국정사조선열국전』(동문선), 『치문경
훈』(시공사), 『빤짜딴뜨라-다섯 묶음으로 된 왕자 교과
서』(아름다운인연) 등이 있다.

고려가사 · 한문 · 빠알리어로 읽는 게송과 배경담

담 마 빠 다

초판 1쇄 펴냄 2017년 11월 17일

옮긴이. 현진
발행인. 이자승 편집인. 김용환
출판사업부장. 최승천 책임편집. 김소영
디자인. 이연진 마케팅. 김영관

펴낸곳. 조계종출판사
출판등록. 제300-2007-78호(2007.04.27.)
주소. 서울시 종로구 삼봉로 81 두산위브파빌리온 230호
전화. 02-720-6107~9 팩스. 02-733-6708
홈페이지. www.jogyebook.com

ⓒ현진, 2017

ISBN 979-11-5580-101-7 03220
값 50,000원